U0586524

国家出版基金项目
NATIONAL PUBLICATION FOUNDATION

中国近代
思想家文库

◎

陈铮 编

黄遵宪卷

中国人民大学出版社
·北京·

总 序

　　对于近代的理解，虽不见得所有人都是一致的，但总的说来，对于近代这个词所涵的基本意义，人们还是有共识的。一个国家、一个民族走入近代，就意味着以工业化为主导的经济取代了以地主经济、领主经济或自然经济为主导的中世纪的经济形态，也还意味着，它不再是孤立的或是封闭与半封闭的，而是以某种形式加入到世界总的发展进程。尤其重要的是，它以某种形式的民主制度取代君主专制或其他不同形式的专制制度。中国是个幅员广大、人口众多、历史悠久的多民族国家，由于长期历史发展是自成一体的，与外界的交往比较有限，其生产方式的代谢迟缓了一些。如果说，世界的近代是从 17 世纪开始的，那么中国的近代则是从 19 世纪中期才开始的。现在国内学界比较一致的认识，是把 1840 年到 1949 年视为中国的近代。

　　中国的近代起始的标志是 1840 年的鸦片战争。原来相对封闭的国门被拥有近代种种优势的英帝国以军舰、大炮再加上种种卑鄙的欺诈打开了。从此，中国不情愿地加入到世界秩序中，沦为半殖民地。原来独立的大一统的中央集权的君主专制国家，如今独立已经极大地被限制，大一统也逐渐残缺不全，中央集权因列强的侵夺也不完全名实相符了。后来因太平天国运动，地方军政势力崛起，形成内轻外重的形势，也使中央集权被弱化。经历第二次鸦片战争、中法战争、甲午战争、八国联军入侵的战争以及辛亥革命后的多次内外战争，直至日本全面侵略中国的战争，致使中国的经济、政治、教育、文化，都无法顺利走上近代发展的轨道。古今之间，新旧之间，中外之间，混杂、矛盾、冲突。总之，鸦片战争后的中国，既未能成为近代国家，更不能维持原有的统治秩序。而外患内忧咄咄逼人，人们都有某种程度"国将不国"的忧虑。

　　"天下兴亡，匹夫有责"，读书明理的士大夫，或今所谓知识分子，尤为敏感，在空前的危机与挑战面前，皆思有所献替。于是发生种种救亡图存的思想与主张。有的从所能见及的西方国家发展的经验中借鉴某些东西，形成自己的改革方案；有的从历史回忆中拾取某些智慧，形成某种民族复兴的设想；有的则力图把西方的和中国所固有的一些东西加以调和或结合，形成某种救亡图强的主张。这些方案、设想、主张，从世界上"最先进的"，到"最落后的"，几乎样样都有。就提出这些方案、设想、主张者的初衷而言，绝大多数都含着几分救国的意愿。其先进与落后，是否可行，能否成功，尽可充分讨论，但可不必过为诛心之论。显而易见，既然救国的问题最为紧迫，人们所心营目注者自然是种种与救国的方案直接相关的思想学说，而作为产生这些学说的更基础性的理论，及其他各种知识、思想，则关注者少。

围绕着救国、强国的大议题，知识精英们参考世界上种种思想学说，加以研究、选择，认为其中比较适用的思想学说，拿来向国人宣传，并赢得一部分人的认可。于是互相推引，互相激励，更加发挥，演而成潮。在近代中国，曾经得到比较广泛的传播的思想学说，或者够得上思潮的，主要有以下几种：

（一）进化论。近代西方思想较早被引介到中国，而又发生绝大影响的，要属进化论。中国人逐渐相信，进化是宇宙之铁则，不进化就必遭淘汰。以此思想警醒国人，颇曾有助于振作民族精神。但随后不久，社会达尔文主义伴随而来，不免发生一些负面的影响。人们对进化的了解，也存在某些片面性，有时把进化理解为一条简单的直线。辩证法思想帮助人们形成内容更丰富和更加符合实际的发展观念，减少或避免片面性的进化观念的某些负面影响。

（二）民族主义。中国古代的民族主义思想，其核心是"非我族类，其心必异"，所以最重"华夷之辨"。鸦片战争前后一段时期，中国人的民族思想，大体仍是如此。后来渐渐认识到"今之夷狄，非古之夷狄"，"西人治国有法度，不得以古旧之夷狄视之"。但当时中国正遭受西方列强的侵略和掠夺，追求民族独立是民族主义之第一义。20世纪初，中国知识精英开始有了"中华民族"的概念。于是，渐渐形成以建立近代民族国家为核心的近代民族主义。结束清朝君主专制，创立中华民国，是这一思想的初步实现。第一次世界大战爆发，中国加入"协约国"，第一次以主动的姿态参与世界事务，接着俄国十月革命爆发，这两件事对近代中国的发展历程造成绝大影响。同时也将中国人的民族主义提升到一个新的层次，即与国际主义（或世界主义）发生紧密联系。也可以说，中国人更加自觉地用世界的眼光来观察中国的问题。新生的中国共产党和改组后的国民党都是如此。民族主义成为中国的知识精英用来应对近代中国所面临的种种危机和种种挑战的一个重要的思想武器。

（三）社会主义。社会主义作为一种模糊的理想是早在古代就有的，而且不论东方和西方都曾有过。但作为近代思潮，它是于 19 世纪在批判近代资本主义的基础上产生的。起初仍带有空想的性质，直到马克思和恩格斯才创立起科学社会主义。20 世纪初期，社会主义开始传入中国。当时的传播者不太了解科学社会主义与以往的社会主义学说的本质区别。有一部分人，明显地受到无政府主义的强烈影响，更远离科学社会主义。直到五四新文化运动兴起之后，中国人始较严格地引介、宣传科学社会主义。但有一段时间，无政府主义仍是一股很大的思想潮流。中国共产党的成立，从思想上说，是战胜无政府主义的结果。中国共产党把在中国实现社会主义乃至共产主义作为自己的奋斗目标。此后，社会主义者，多次同各种非科学社会主义思想的信仰者进行论争并不断克服种种非科学社会主义思想的影响。

（四）自由主义。自由主义也是从清末就被介绍到中国来，只是信从者一直寥寥。直到五四新文化运动兴起，具有欧美教育背景的知识精英的数量渐渐多起来，自由主义始渐渐形成一股思想潮流。自由主义强调个性解放、意志自由和自己承担责任，在政治上反对一切专制主义。在中国的社会条件下，自由主义缺乏社会基础。在政治激烈动荡的时候，自由主义者很难凝聚成一股有组织的力量；在稍稍平和的时候，他们往往更多沉浸在自己的专业中。所以，在中国近代史上，自由主义不曾有，也不可能有大的作为。

（五）激进主义与保守主义。处于转型期的社会，旧的东西尚未完全退出舞台，新的东西也还未能巩固地树立起来，新旧冲突往往要持续很长的时间，有时甚至达到很激烈的程度。凡助推新东西成长的，人们便视为进步的；凡帮助旧东西排斥新东西的，人们便视为保守的。其实，与保守主义对应的，应是进步主义；与顽固主义相对的则应是激进主义。不过在通常话语环境中人们不太严格加以区分。中国历史悠久，特别是君主专制制度持续两千余年，旧东西积累异常丰富，社会转型极其不易。而世界的发展却进步甚速。中国的一部分精英分子往往特别急切地想改造中国社会，总想找出最厉害的手段，选一条最捷近的路，以最快的速度实现全盘改造。这类思想、主张及其采取的行动，皆属激进主义。在中共党史上，它表现为"左"倾或极左的机会主义。从极端的激进主义到极端的顽固主义，中间有着各种程度的进步与保守的流派。社会的稳定，或社会和平改革的成功，都依赖有一个实力雄厚的中间力量。但因种种原因，中国社会的中间力量一直未能成长到足够的程度。进步主义与保守主义，以及激进主义与顽固主义，不断进行斗争，而实际所获进步不大。

（六）革命与和平改革。中国近代史上，革命运动与和平改革运动交替进行，有时又是平行发展。两者的宗旨都是为改变原有的君主专制制度而代之以某种形式的近代民主制度。有很长一个时期，有两种错误的观念，一是把革命理解为仅仅是指以暴力取得政权的行动，二是与此相关联，把暴力革命与和平改革对立起来，认为革命是推动历史进步的，而改革是维护旧有统治秩序的。这两种论调既无理论根据，也不合历史实际。凡是有助于改变君主专制制度的探索，无论暴力的或和平的改革都是应予肯定的。

中国近代揭幕之时，西方列强正在疯狂地侵略与掠夺殖民地和半殖民地，中国是它们互相争夺的最后一块、也是最大的资源地。而这时的中国，沿袭了两千年的君主专制制度已到了奄奄一息的末日，统治当局腐朽无能，对外不足以御侮，对内不足以言治，其统治的合法性和统治的能力均招致怀疑。革命运动与改革的呼声，以及自发的民变接连不断。国家、民族的命运真的到了千钧一发之际，危机极端紧迫。先觉分子救国之心切，每遇稍具新意义的思想学说便急不可待地学习引介。于是西方思想学说纷纷涌进中国，各阶层、各领域，凡能读书读报者，受其影响，各依其家庭、职业、教育之不同背景而选择自以为不错的一种，接受之，信仰之，传播之。于是西方几百年里相继风行的思想学说，在短时期内纷纷涌进中国。在清末最后的十几年里是这样，五四时期在较高的水准上重复出现这种情况。

这种情况直接造成两个重要的历史现象：一个是中国社会的实际代谢过程（亦即社会转型过程）相对迟缓，而思想的代谢过程却来得格外神速。另一个是在西方原是差不多三百年的历史中渐次出现的各种思想学说，集中在几年或十几年的时间里狂泻而来，人们不及深入研究、审慎抉择，便匆忙引介、传播，引介者、传播者、听闻者，都难免有些消化不良。其实，这种情况在清末，在五四时期，都已有人觉察。我们现在指出这些问题并非苛求前人，而是要引为教训。

同时我们也看到，中国近代思想无比的多样性与复杂性呈现出绚丽多彩的姿态，各种思想持续不断地展开论争，这又构成中国近代思想史的一个突出特点。有些论争为我们留下了非常丰富的思想资料。如兴洋务与反洋务之争，变法与反变法之争，革命与改良之争，共和与立宪之争，东西文化之争，文言与白话之争，新旧伦理之争，科学与人生观之争，中国社会性质的论争，社会史的论争，人权与约法之争，全盘西化与本位文化之争，民主与独裁之争，等等。这些争论都不同程度地关联着一直影响甚至困扰着中国人的几个核心问题，即所谓中西问题、古今问题与心物关系问题。

中国近代思想的光谱虽比较齐全，但各种思想的存在状态及其影响力是很不平衡的。有些思想信从者多，言论著作亦多，且略成系统；有些可能只有很少的人做过介绍或略加研究；有的还可能因种种原因，只存在私人载记中，当时未及面世。然这些思想，其中有很多并不因时间久远而失去其价值。因为就总的情况说，我们还没有完成社会的近代转型，所以先贤们对某些问题的思考，在今天对我们仍有参考借鉴的价值。我们编辑这套《中国近代思想家文库》，希望尽可能全面地、系统地整理出近代中国思想家的思想成果，一则借以保存这份珍贵遗产，再则为研究思想史提供方便，三则为有心于中国思想文化建设者提供参考借鉴的便利。

考虑到中国近代思想的上述诸特点，我们编辑本《文库》时，对于思想家不取太严格的界定，凡在某一学科、某一领域，有其独立思考、提出特别见解和主张者，都尽量收入。虽然其中有些主张与表述有时代和个人的局限，但为反映近代思想发展的轨迹，以供今人参考，我们亦保留其原貌。所以本《文库》实为"中国近代思想集成"。

本《文库》入选的思想家，主要是活跃在 1840 年至 1949 年之间的思想人物。但中共领袖人物，因有较为丰富的研究著述，本《文库》则未收入。

编辑如此规模的《文库》，对象范围的确定，材料的搜集，版本的比勘，体例的斟酌，在在皆非易事。限于我们的水平，容有瑕隙，敬请方家指正。

《中国近代思想家文库》编纂委员会

目　录

导　言

黄遵宪（1848—1905），字公度，号布袋和南等，广东省嘉应州（今属梅州市）人。1871年（清同治十年）岁试第一名，补廪膳生。翌年取拔贡生。1873年应乡试，次年赴京应廷试。1877年（清光绪三年）起，历任中国驻日本使馆参赞官、驻美国旧金山总领事、驻英国使馆二等参赞、驻新加坡总领事。甲午战争发生后，奉调回国，任江宁洋务总办，奉命办理江南五省未结教案、与日本交涉苏州开埠事宜。1897年，出任湖南长宝盐法道、署湖南按察使，参与湖南维新改革活动。戊戌政变后，被“放归”故里。黄遵宪是近代中国有作为的外交家、维新改革思想家，也是晚清诗歌创新的代表人物。

一、外交思想与经历

中国和日本的交往历史悠长。1877年1月（清光绪二年十二月）两国正式建立外交关系。清廷命何如璋为首任使日公使，张斯桂为副使。何如璋对黄遵宪“谈论时务之言论”早有所闻，奏请他任使馆参赞官。11月，黄遵宪随使由上海启程，12月抵日本东京，递交国书。黄遵宪从此开始了外交经历，贯穿着鲜明的“伸自主之权、保公众之益”的外交思想。

力主反对日本吞并琉球

琉球与中国从明代以来有五百多年的历史关系，是清代的“藩属”。琉球国定期向中国朝贡，清廷也以物品赏送琉球。日本与琉球也有历史联系。明治维新初，日本国力有所增强，1872年，日本政府将琉球改为藩。1873年，日本以台湾高山族人杀死琉球水手为借口，派兵登陆台湾，翌年迫使清政府订立《北京专条》，称日本犯台行为是"保民义举"，而"中国不指以为不是"。此后，日本更加紧吞并琉球的步伐。1875 年宣布废止琉球对中国朝贡和庆贺清帝即位等传统惯例；撤销福州琉球馆，贸易事务归厦门日本领事馆管辖；废止中国册封琉球国王；琉球的政治厘革要与日本研究决定；琉球与中国交涉事务要由日本外务省处理；1876 年，日本接管了琉球的司法权和警察权；琉球人去往中国必须由日本发放护照。

对于日本"阻贡"行为，琉球国一直反对。1877 年 4 月，琉球国王密遣陪臣紫巾官向德宏等抵达福州，向闽浙总督、巡抚递交国王咨文，详述日本"阻贡"情形，吁请中国救助。11 月，何如璋、黄遵宪一行到神户时，受琉球国指派的马兼才向何如璋等诉说蒙受日本压力的苦状，恳请中国向日本"兴师问罪，还复君国，以修贡典事"，摆脱日本的控制。

光绪帝据奏报，着总理衙门传知何如璋一行到日本后，了解情况，相机妥筹办理。何如璋到日后，"旁观目击，渐悉伪情"，于 1878 年 5 月致函李鸿章，指出"日本阻贡不已，必灭琉球"，"琉球既灭，行及朝鲜"。日占琉球，"台澎之将求一夕之安不可得"。中国"不可轻弃琉球"，对日本"阻贡""不得隐忍"。即使"因此而生衅，尚不得不争"，否则"恐边患无已时"。黄遵宪坚定主张保护琉球。何如璋致总理衙门和北洋大臣的文牍十之八九出自黄遵宪之手。同年 12 月，黄遵宪在与日本友人石川鸿斋笔谈时也指出，琉球"近为贵国小儿辈（执政之流）所欺凌。彼臣服我朝五百馀年，欲救援之"。谴责日本吞并琉球"属鼠偷狗窃之行，可耻孰甚"。但主持外交事务的李鸿章误以为"中国受琉球朝贡，本无大利"，琉球地处偏僻，"当属可有可无"，而没有采纳何、黄等人的意见，却寄希望于美国特使调停。终于在 1879 年 4 月，琉球被日本吞并，改为冲绳县。

抵制美国排华政策

1882 年 3 月（光绪八年二月），黄遵宪从日本使馆参赞移任中国驻美国旧金山总领事。黄遵宪抵任之时，正值美国掀起排华高潮之际。从 1849 年加利福尼亚州开始招进华工，到 1865 年中央太平洋铁路公司华工增加到 10 万人。1870 年，旧金山华工占四种行业总数的一半。华工在美国从事繁重的劳动。旧金山市政当局代表也承认，华工是"非常好的劳工"、"好的农业工人"、"好的铁路工人"，也是"很好的家庭侍仆"。加州最高法官也肯定，"加利福尼亚州的繁荣兴旺，实在应当归功于来此地的中国人所付出的辛勤劳动"。从 1876 年美国排华开始，清政府就不断提出抗议。美政府以不能干预地方事务推脱责任，或置之不理。

从 1880 年起，美国排华现象日趋严重。其理由是：华人有恶习和偏见，无法融入美国社会，华工抢了美国人饭碗。排华从西部开始，白人攻击华人居所，进而扩展到各州，1882 年 5 月 6 日，美国国会通过了《排华法案》，即《关于执行有关华人条约诸规定的法律》，规定 20 年（后改为 10 年）内不准中国劳工来美，已经居住美国的华人也不准申请加入美国国籍，等等。黄遵宪到任后，坚决抵制美国的排华政策，尽力维护华工和华商的权益。

1882 年，有中国商人从巴拿马到美国，美当局以华商未领中国官员执照为由，将他扣留。黄遵宪聘请美国律师，向司法部门交涉，指出即使按美国国会颁布的《排华法案》，也只是禁止华工入境、不准在美华人入籍，现在不准中国商人入境，这是违背 1868 年中美商约，即《天津条约续增条款》（或称《蒲安臣条约》）的规定。经交涉，被扣留的中国商人获准上岸，而且此后由他国来美的中国商人也都依照此例。黄遵宪向使美大臣郑藻如报告交涉结果时说，"自新例以来所蒙之耻辱，赖以一洒，差强人意"。

美国《排华法案》规定不准华人假道美国，存在诸多扩大化的现象。例如，有华人从美国旧金山出境，船经英属地域后，美海关不准其再入境。黄遵宪驰电向美国当局指出，这是"背条约，妨国例，且有违公法"。这本是由美境过美境，并非新的来美华人，符合国际惯例，也不违背《排华法案》。交涉结果，获准放行。经屡次类似事件交涉后，美司法总长终于通知外交部："华工假道美境者，与续来佣工不同，不能作为有犯限禁华工新例。"

洗衣业是旅美华工的重要职业之一。黄遵宪估计，当时旧金山从事洗衣业的华人有五六千人，约占当地华人的六分之一。1878 年 7 月，旧金山就发生美国人殴打华人事件，劫掠和烧毁华人洗衣馆事件。黄遵宪抵任期间，旧金山排斥华人洗衣业的情况严重。美当局以洗衣馆易于火灾、用水过多、洗涤不净、喧扰邻居等为借口，限制华人洗衣为业，数以千计华人就业受到威胁。黄遵宪一方面延请律师，与当局争讼；另一方面要求华人洗衣馆"妥立章程，自行检点"，不授柄于人，以维持华人洗衣业。

美国官吏还以华人居处不合卫生条件为由，逮捕华人入狱。黄遵宪亲自到监狱看望被捕华人。美国有每人卧室须有 500 立方尺空气的规定。黄遵宪看见被捕华人关在拥挤的监狱里，卫生条件恶劣，便令随行人员测量监狱的面积，当场质问美国官吏：难道这里监狱的卫生比华工居住地的条件好吗？官吏理屈词穷，只好将被捕华人释放。

对于黄遵宪为抵制美国排华、维护华工华商合法权益所做的努力，华工华商"无不感戴恩泽"。1882 年的《排华法案》，虽然 1943 年废除，但《美国法典》中仍留"排除华人"部分。直至 2012 年 6 月 18 日，美国国会才通过对 130 年前的《排华法案》道歉。

维护南洋归侨权益

1890 年 10 月，驻英法意比大臣薛福成上疏请设立新加坡总领事，并以黄遵宪"历练有识，持己谨严，接物和平，允堪胜任"，推荐其任总领事，兼辖槟榔屿、马六甲和附近各岛。翌年 10 月底，黄遵宪抵达新加坡。当时新加坡人口约 51 万，华侨近半，占所有落地产业和沿海贸易十之七八。黄遵宪经一个多月详察南洋各岛情况后，向薛福成报告称：南洋华侨与内地贸易存在相关的主要问题有船舶、财产、逃亡、拐诱、诬告数端，特别是存在如何对待南洋华侨的态度问题。有的把华侨"视为鱼肉，每每勒索讹诈，及不遂，则有富商而指贩卖猪仔者，以良民而诬为曾犯奸盗者"。后黄遵宪又向薛福成报告，称赞华侨"拳拳本国之心"，虽居南洋已百年，"正朔服色仍守华风，婚姻宾祭，亦沿旧俗"。华侨对"各省筹赈筹防，多捐巨款"，"邀封衔翎顶以志荣幸"。然而，他们却"不欲回国"。黄遵宪指出其原因是国内存在对华侨敲诈、打击、诬陷等现象。他建议必须"扫除积弊"，"必当大张晓谕，申明旧例既停，新章早定，俾民间耳目一新"，改变对待归侨的不良风气，消除华侨畏惧心理。1893 年 6 月 29 日，薛福成根据黄遵宪的报告和建议，上奏《请申明新章豁除海禁折》，指出国内有些"奸胥劣绅"对华侨"待之过苛"，这是"为渊驱鱼，为丛驱雀"的行为，提请"申明新章，豁除旧禁，以护商民而广招徕"。9 月，总理衙门奏称，"薛福成所奏种种积弊，自系实在情形"，请敕令刑部"将私出外境之例，酌拟删改，并由沿海各直省督抚出示，晓谕州县乡村，申明新章既定，旧禁已除"，"良善商民，无论在洋久暂，婚娶生息，一概准由出使大臣，或领事官给与护照，任其回国"。归侨"治生置业与内地人民一律看待，并听其随时经商出洋，毋得仍前借端讹索，违者按律惩治"。光绪帝批准"依议"。这道朱批奏折是清政府保护华侨合法权益的政策法令，其基本依据和内容采纳了黄遵宪的调查报告和建议。南洋华侨十分感激和一直怀念黄遵宪。

妥善办结五省教案

1894年8月，中日甲午战争爆发。11月，新任两江总督张之洞奏称，新加坡总领事黄遵宪"才识闳达，熟悉日本情形"，请令调回国，"迅赴江南，交洞差委，必于时局大有裨益"。光绪帝"着准其用"。黄遵宪奉调回国后，张之洞委之为江宁洋务总办。

鸦片战争后，来中国的传教士日益增多。有的传教士非法租占田地，建造教堂，有的包揽词讼，包庇不法华民教徒，有的干残害中国人的坏事，引起民众的义愤，反对外国传教士的事件此起彼落，这就是中国近代史上的"教案"。19世纪90年代初，长江中下游是发生教案较多的地区，至甲午战起，尚未全部了结。战争结束后，中法双方同意共同处理未结的教案。1895年春夏间，张之洞指派黄遵宪为代表办理江苏、江西、浙江、湖北、湖南五省未结的教案，与法国代表上海总领事进行谈判。

黄遵宪办理教案过程中，对传教士之"横行图赖"、"伪造契据"，"教民之恃势"作恶，均以现有约章为依据，分别处理。对其合理要求，"应予则予"，对其讹诈"应斥则斥"。至1896年8月，江南五省教案，均次第妥善清结，做到了"无赔偿、无谢罪、无牵涉正绅、无波及平民"。张之洞称赞黄遵宪与法国领事"精思力辩"，"挽回甚多"。

与日本交涉苏州开埠事宜

中国甲午战败，签订割地赔款的《马关条约》。黄遵宪闻讯，感到"新约既定，天旋地转"。认为这对中国"后患无穷"。其后，日本援引《马关条约》的一段条文，要求在苏州设立租界地。1896年4月6日，光绪帝谕军机大臣："电寄刘坤一，道员黄遵宪着暂留江苏，办理教案、商务各事宜。"两江总督刘坤一授予黄遵宪全权代表，与日本驻上海总领事珍田舍己交涉苏州通商事宜。

黄遵宪在与号称日本"第一流外交家"的珍田舍己谈判期间，"一月三往返"于江宁、苏州、上海间，"唇枪舌剑"。针对日方援引《马关条约》第六款中的一段"所有添设口岸，均照向开通商海口或向开内地镇市章程一体办理，应得优例及利益等亦当一律享受"的文字，要求在苏州设立租界地，黄遵宪指出，日方援引的那段文字，是承接上文"以便日本臣民往来侨寓，从事商业、工艺、制作"的，中、日、英文《马关条约》文本，都没有允许在苏州等地新添通商口岸租让一地给日本、听任日本自行管理的约定。

黄遵宪在驳回日方在苏州租界要求的同时，主动草拟了苏州通商议案六条，主要内容为：日本商人用地，允许其公赁，道路各物应交纳地租，居住地中的华人归当地政府管理，道路公地由政府建筑等。其基本点是"施政之权在华官，管业之权在华民"。总署认为黄遵宪"承办此事，深合机宜"。日政府调换交涉代表，对中国施压，迫使清政府接受日方开辟苏州租界的"横肆要求"。黄遵宪商办苏州开埠，本为"收回本国辖地之权，不蹈各处租界流弊"之半年努力，尽被推翻，他本人反而受蜚言中伤。他深感叹"时事日艰，年纪渐老"，凭自己"绵力薄材终恐无补于时"。

二、变法维新思想与实践

黄遵宪是晚清变法维新思想家和实践者。

编著《日本国志》

黄遵宪随使日本时，目睹明治维新数年后的日本国势开始由弱变强，感慨"中国士夫，好谈古义，足己自封，于外事不屑措意。无论泰西，即日本与我，仅隔一衣带水，击柝相闻，朝发可以夕至，亦视之若海外三神山，可望而不可及"。深感自己身为使臣僚属的参赞官，若"不从事采风问俗，何以副朝廷咨诹询谋之意"。于是立意编著《日本国志》，帮助朝野了解日本明治维新前的状况和现在的变化。几年间，黄遵宪在繁忙的使馆公务之余，粗学日文，采集大量书籍，与日本友人广泛交游，采风问俗，进行笔谈，交流中日两国的历史、文学、诗歌、民俗、政治、外交，"网罗旧闻，参考新政"，经过多年"朝夕编辑"，到1882年调离日本时，《日本国志》"甫成稿本"。后又经过修改，终于1887年《日本国志》编竣，分十二类、四十卷，约五十万字。

黄遵宪编著《日本国志》的目的，企望清廷以日本明治维新为鉴，实行维新变革，使国家由弱变强、由穷变富。他指出日本历史上曾"无一不取法大唐"，明治维新后转而"无一不取法于泰西"。该书编著的原则是"详今略古、详近略远"，把详记日本明治维新"改从西法，革故取新"后的状况作为重点，以期"适用"于中国。书中记述了明治维新初期，日本政治、经济、军事、文化、习俗等方面的发展变化。值得注意的是，书中记述日本军事方面的发展变化时，黄遵宪在所加的按语即"外史氏曰"中注意到日本学西法，实行兵制革新，军事实力加强，强调指出，"日本仿此法，行之八年，虽未尝争战于邻国，而削平内乱，屡奏其功，数年之后，必更可观"。对比眼下中国，"仍糜饷以养无用之兵"，慨叹道："今天下万国，鹰瞵鹗视，率其兵甲皆可横行，有国家者不于此时讲求兵制，筹一长久之策，其可乎哉！"

书成后，黄遵宪抄送一部呈送总理衙门，但没有产生预想的影响。甲午战争前夕，薛福成为该书作序，称其为"奇作"，认为"家置一编"，有助于"验日本之兴衰，以卜公度之言之当否"。甲午战后，《日本国志》出版，袁昶对张之洞说，此书如早流布，可避免战败赔款 2 亿两。《日本国志》出版也为戊戌变法维新运动的兴起作了舆论准备。

在湖南先行新政

黄遵宪到日本后，"初见卢骚、孟德斯鸠之书，辄心醉其说"，相信"民权之说"，主张中国实行民主国政治。驻美三年，他目睹民主国的弊病，"知共和政体万不可施于今日之吾国"，改而主张"渐进主义，以立宪为归宿"，认为"二十世纪中国之政体，其必法英之君民共主"。甲午战败后，已知"泰西之强，悉由变法"，而"中国必变从西法"的黄遵宪，投身到湖南的社会变革实践中。

参加强学会、创办《时务报》。1895 年 11 月，康有为分别在北京和上海设立强学会，黄遵宪认为康有为"聪明绝特，其才调足以鼓舞一世"，表示"强学会之设，为平生志事所在，深愿附名其末"，嘱梁鼎芬"代签名"参加上海强学会，北京、上海强学会被迫解散后，他便联络汪康年、梁启超等，创办上海《时务报》，宣传变法图存思想。

1897 年，光绪帝命黄遵宪任湖南长宝盐法道，署湖南按察使。黄遵宪在湖南，与巡抚陈宝箴及谭嗣同、唐才常、熊希龄、张标、皮锡瑞和梁启超等维新志士密切配合，设立湖南南学会、保卫局、迁善所、课吏馆、时务学堂、不缠足会等。他拟定《湖南保卫局章程》、《增改章程》和《湖南迁善所章程》、《改定章程》，颁发《会筹课吏馆详文》和《禁止缠足告示》等；发表南学会讲演等，宣扬采西人之政、西人之学以弥缝中国政学之敝，推行维新变革。

清理积案，整治监狱。黄遵宪在《日本国志》中已阐述的"以法治国"、保民权利的思想，在湖南任上付诸实践。他了解到湖南六七州县监禁羁管人数多达数千，被羁押人的生存条件恶劣，还受狱卒敲诈勒索、遭受凌虐，长时间不予审理。他着手清理积案、整治监狱，"通饬州县"官吏，"揆度地宜，体察民情，斟酌事势"，"若仍蹈故辙"，"奉职之不勤"，"本署司惟有执法以从其后耳"。他亲自审结了一批冤假之案，制定监狱《官约》15条。

呼吁保护妇女权利。黄遵宪一向反对中国妇女缠足的陋俗。他驻外期间，每每听见外国人讥笑中国妇女缠足，看到外国画报描摹形容、博物馆陈列缠足实物，被"指为蛮俗"时，总是"欲辩不能，深以为辱"，1898年初，黄遵宪是湖南不缠足会的发起人之一。同年4月29日，他在《湘报》刊发《禁止缠足告示》，历数妇女缠足的七大危害："废天理"、"伤人伦"、"削人权"、"害家事"、"损生命"、"败风俗"、"戕种族"。他认为"今以不缠足为富国强种根本"，"劝禁妇女缠足一事，自属当务之息"。他被"放归"嘉应后，见其堂妹婚后丈夫患神经病，久治无效而死，生下一子不数月夭折，身受双重打击的她，呕血辞世。黄遵宪写下感人肺腑的挽联："最不幸中国作女子身，绝无半点人权，玉折兰摧，哀死只应论命运；亦颇疑汝身躯非寿者相，洒尽一腔热血，香消膏尽，戕身毕竟误聪明。"此时，黄遵宪把对堂妹之死的哀情，升华到对封建时代中国妇女人权遭受践踏的抗议和保护妇女权益的呼吁。

三、普通教育主张与尝试

黄遵宪的维新变法主张和活动受到光绪帝的重视，传令黄遵宪"无论行抵何处"，"攒程速来京"觐见。1898年7月，授以三品京堂充任出使日本大臣。黄因病滞留上海治疗。

10月，发生戊戌政变，维新志士遭受沉重打击。黄遵宪也因此而被"放归"故里，退出晚清政治舞台。回嘉应后，他"未忘""生人应尽之义务"，把精力集中在兴办教育上。

黄遵宪随使日本，调任美、英，目睹这些国家强大与教育发达紧密相关。他敬告嘉应诸君子："深知东西诸大国之富强由于兴学，而以小学校为尤重，名之曰普及教育"，"又名之曰义务教育"。他针对有人主张普及教育把重点放在大学的情况，提出"所重在蒙学校、小学校、中学校"。教学内容"重在普通学，取东西学校通行之本，补入中国地理、中国史事，使人人能通普通之学，然后乃能立国，乃能兴学"。他强调，"凡兴办学务，必须有师范生"，"必须先开师范学堂"。为此，他联络一批地方文人，在嘉应成立兴学会议所，自任会长，以促使教育普及一乡、全省。他深信"此乃救中国之不二法门"。他把原东山书院改为师范学堂，计划一年免费培养各乡推荐的师范生 200 人左右。他还派杨徽五和黄之骏去日本弘文学院学习，待两年毕业回国任教，并委托杨、黄物色一名通华语的日本教师来嘉应任教。

黄遵宪认为"普及小学校，系专为大局计，专为将来计"，主张学习外国普及教育大纲，对学生施行德育、智育、美育，期望小学卒业后，其上者入中学、入大学，其次者亦能通算术，作书函，有谋生之资，可以立身、保家。他还打算办补习学堂、讲习会，以利肄业，以期速成。这是晚清普及教育的尝试。

四、诗歌创新理论与践行

黄遵宪生平先以诗闻名，是晚清诗界创新的代表人物之一。他有诗歌创新的理论、主张和创新实践。

黄遵宪认为，"诗之为道，性情欲厚，根柢欲深。此其事似在诗外，而其实却在诗先"。他倡导"我手写我口"，说"吾论诗以言志为体，以感人为用"。黄遵宪主张诗歌写作要有创新，要传承、借鉴，"而不为古人所束缚"，提出"诗之外有事，诗之中有人；今之世异于古，今之人亦何必与古人同"。基于这些主张，他在诗歌取材方面，"凡事名物名切于今者，皆采取而假借之"；述事方面，"举今日之官书会典方言俗谚，以及古人未有之物，未辟之境，耳目所及，皆笔而书之"；炼格方面，自古之大诗人，"迄于晚近小家，不名一格，不专一体，要不失乎为我之诗"。黄遵宪践行自己诗歌创作的主张，作品题材广泛，体裁多样，风格别具，显示晚清新派诗歌作品的特点。

黄遵宪十五六岁"即学为诗"，但"所作诗多随手散佚"。他生前自己结集有《日本杂事诗》和《人境庐诗草》。

《日本杂事诗》是黄遵宪准备编著《日本国志》"网罗旧闻，参考新政"的史料，"取其杂事，衍为小注，弗之以诗"，按国势、天文、地理、政治、文学、风俗、技艺、物产编次而成，以此答复"友朋贻书询外事者"。光绪五年（1879 年）初版《日本杂事诗》辑诗 154 首，光绪二十四年（1898 年）长沙富文堂出增删修订本，共辑 200 首，声明"此乃定稿，有续刻者，当依此为据，其他皆拉杂烧之可也"。该诗集是记述日本历史和明治维新后发生变化的史诗。故而王韬评论此诗"叙述风土，记载方言，错综事迹，感慨古今"，"意主纪事，不在修词，其间寓劝惩，明美刺，存微指"。

1889 年，黄遵宪任驻英使馆参赞期间，"愤时势之不可为，感身世之不遇"，乃收辑散佚的诗作，于 1891 年辑成《人境庐诗草》稿本 4 卷，录诗 247 首，1898 年"放归"故里，继续编辑，成 11 卷。1911 年（宣统三年）《人境庐诗草》首次刊印于日本。康有为称："公度之诗乎，亦如磊砢千丈松，郁郁青葱，荫岩竦壑，千岁不死，上荫白云，下听流泉，而为人所瞻仰徘徊者也。"《人境庐诗草》题材广泛，内容丰富，反映了 19 世纪后半叶至 20 世纪初，中国社会、政治、思想、军事、中外关系的重大事件，实录诗人四十年间的生活阅历、思想实践，抒发强烈的爱国情怀，发出期盼国家由穷变富、由弱变强的心声。

黄遵宪还有许多《人境庐诗草》以外的诗歌作品，体裁多样。晚年写作《出军歌》、《军中歌》、《旋军歌》各 8 首，共 24 首，每首末字联结起来，组成"鼓勇同行，敢战必胜，死战向前，纵横莫抗，旋师定约，张我国权"六句。梁启超看后叫"妙"！黄遵宪"自谓绝妙"，坦言"此新体，择韵难，选声难，着色难"，希望大家"拓充之、光大之"。

黄遵宪作诗"不名一格，不专一体"。既有适于儿童唱和的《幼稚园上学歌》、《小学校学生相和歌》，也有汲取民间歌谣风格的作品《山歌》和《新嫁娘诗》等。这是晚清诗歌创作的新亮点。

综观黄遵宪的诗，多富有鲜明的历史感、强烈的时势感、鲜活的生活感和创新精神。诚如梁启超所说，"近世诗人，能熔铸新思想以入旧风格者，当推黄公度"。胡适说"黄遵宪是有意作新诗的"人。郑振铎认为，"欲在古诗体中，而灌注以新鲜的生命者"，"惟黄遵宪是一个成功者"。

五、本卷说明

（一）黄遵宪著述颇丰，本卷选录其主要者五十余万字。选文力求反映集主的基本思想、政治经历、外交生涯、诗歌创新的主张和实践，了解其在中国近代政治思想史上的地位和影响。

（二）收文分类编排。全卷选文大体按内容和文体，分为：公牍、文录、函电、笔谈、《日本国志》按语和诗词六编，编内基本按作品时序排列。

（三）本卷收文出处注于文末。须说明者：本卷收文录自《黄遵宪全集》（陈铮编，中华书局 2005 年版）较多，凡未注出处的，系据该书，而该书具注明原出处。本卷收入时，少数文字有所更正。

（四）本卷有些收文，文字校勘情况注于页末。订正文字，注于行文中，分别采用以下符号标示：订正字上加［］，置于错字后；补正脱漏字上加〈〉；衍字，置于〔〕内；缺字或难以识别的字，用□表示。

公牍

上郑钦使*第十八号 七月二十三日

（光绪八年七月二十三日　1882 年 9 月 5 日）

敬禀者：窃○○于本月十四日肃呈第十七号一禀，当邀垂鉴。十八日奉到第七号钧谕，本日又奉到第八号钧谕并札文一件，一一读悉。

前禀所称："延请律师，于各会馆所收回华银内提出二元五毫支销，此项自庚辰春间以来系如此办法。"查绅董等所刊延请律师结数，是年延请尊治力律师等项用银万馀元，除支取签捐款项外，总会馆交出银四千五百元，即系此二元半所收之款也。窃计前总领事当已通禀有案，故一时漏未详叙，此项沿收至今。四月中议延律师，商定于此款支取，但计算不能敷用。○○查庚辰年绅董签捐之银尚有馀剩，意欲俟该项不敷时，借签捐之款以接济耳。各馆收银之数，今既详另禀，近来毫无加增。怜悯会所禀系影响不确之辞，不足信也。怜悯会当系耶苏教会，向与会馆不睦。○○亦知之此处填发护照由耶苏馆报填者甚多，并未经会馆手也。①

中华会馆与总会馆现议合报而为一。既据两馆绅董联名同递一禀，○○为之草立章程，亦经与各董商妥，仍声明俟呈请宪台核定后乃作为定章。此节亦详于另禀。近接欧阳锦堂兄来函，知檀岛亦设有中华会馆，其规模甚善，但其意欲将该馆章程求宪台照会驻美檀使转咨其外部，请发准照。此则未知可行与否？查各国善堂义会多系自禀地方官请发准照，会馆本宜仿照办理。○○常谓此间公馆，被贩佣之名，正坐未经禀明地方官之故也。惟禀由公使请其外部，不知于交涉体制何如？若果可行，则该馆藉以增重，于事亦有裨益也。经将此意转告锦堂，锦堂又询伊旧金山一节，亦以新例第十三条告之矣。

再，承示总署钞函，○○窃谓此事不可与言，容即缮禀详复。馀事均俟详后禀。

谨肃此敬请钧安，伏希垂察。

○○○谨禀

＊ 郑钦使，即郑藻如，字志翔，号豫轩、玉轩，广东香山县（今中山市）人。咸丰元年（1851 年）中举。历任江南制造总局帮办，直隶津海关兵备道，光绪七年五月至十一年六月（1881.6—1885.7）出使美国、日斯巴尼亚国（西班牙）、秘鲁国大臣。光绪八年初至十一年七月（1882.3—1885.8），黄遵宪任美国旧金山总领事。

① 原为旁注。

再禀者：金山一处，自咸丰年间始陆续创建会馆有六：曰三邑，曰阳和，曰冈州，曰宁阳，曰人和，曰合和。合和复于光绪五年歧而为四：曰肇庆，曰恩开，曰余风采堂，曰谭怡怡堂。会馆均系购地自造。馆中各有董事一名或二名，通事一名。其所办之事，则每次船来，各馆初到之客，馆人为之招呼行李，租赁居所。遇有事端，董事等为之料理，亦有病故无依亲之骸骨，为之捡运俾葬于故里者。此一事亦有不归会馆办理，各邑自立善堂代为营运者。其经费所出，则初到之客挂名于簿，俟其回华，向收数元或数十元，各馆章程不一，从前多系十数元。以供支应。从前金山矿务正盛，华工不多，华人之旅里者，均各有积蓄，捆载而归，于会馆应出之项亦乐于输将。而会馆复与轮船公司商定，凡会馆未经收费，未给予出港纸，则轮船公司不卖与船票。因是回华之人，竟无避匿不捐此款者，沿袭日久，均习为固然矣。

然而，各馆办事向少章程，所收银数亦无可稽考。董事、通事得其人，则办理较善；否则，族大豪强者盘踞其间，不肖之徒或购产业，从中渔利，藉充私橐。各馆除建会馆及供给董事等薪水外，亦未尝有一二善举足以餍众望而快人口者。

会馆之名称曰公司。公司者洋人科股经商之名也。洋人知各馆敛钱而未见有医馆、书塾之设，老病贫民流离于道路者，会馆又不为收恤，因疑各会馆贩佣之所，以谓华工日多，均由会馆代出盘川，从而克扣剥削以为利。从前屡经地方官提传各馆董事审问，虽讯无佐证，而谤詈不休。习教之人，因会馆供神，向不愿隶于会馆，而耶苏馆教规亦于回国之人敛钱作为馆费，以会馆收钱之有妨于己也，则益煽布流言，以蛊惑洋人。洋人益信其言，故会馆之名声坏。

光绪六年二月，嘉利科尼省设立一例，凡轮船、铁路公司，不得无故阻止搭客，不卖船票。因是轮船公司不以会馆出港纸为凭，任凭各人购票，会馆收资遂失所依倚。而近年以来，矿衰工贱，获利较难，回华之人非必有钱，故亦有不愿出资者，各会馆因将此款酌为核减。现在三邑收银五元，馆者亦在。阳和收银六元，曾经出过一次者不再收。宁阳收银八元，冈州收银八元，肇庆、恩开、余风采、谭怡怡、人和曾经出过者不再收。各收银十三四元、十五六元。各馆向规，老病贫民均免收。向来每馆于每人交出五毫为六公司费用，而光绪六年春，议延律师，各会馆复于所收银内，每人提出二元，合共二元五角，交总会馆支销。各会馆提拨此款时，并非加收，均系于本馆所收之内提出，惟该馆向章有曾经出过一次不复再收者，此二元五角因系交出总会馆，仍须向收。年来，各馆亦较有规模，于所收数目，均有进支单刊布众览，故各董事除所得薪水外，别无侵吞亏空之弊。到此。饬令各董事随时调处是非。各董事各顾体面，亦多竭力办公，为人信服，风气亦颇为少变。此自有会馆至今之实在情形也。

伏查从前之会馆进项较大，而不以公众捐资办公众善事，各馆实有不能辞其责者。其声名之坏虽不如外人所传，然亦实有以面谤之处，无怪乎人人恶之。于此而欲预其事，原本应加以裁抑，惟各馆创设，近者十数年，远者三十年，有馆舍以办公，亦或有产业以出息，就中有向来经理得宜，如三邑、阳和，皆有产业，可值数万，每岁可收息数千。冈州会馆，则以庙中供神灵应，每岁投充司祝，可得数千。馀亦各有一馆为该馆之业。根深蒂固，非伊朝夕，欲尽举而裁撤之，势固有所不能。

至于今日之会馆，进项既微，现在回华之人不交馆费，会馆并不能勒收。然幸而旧章相沿，各工视为固然，仍多收缴者。而每人交出二元二毫，以供延聘律师，拿办凶犯之需。各馆董事亦能为人理处争端，于事颇著成效。○○之意，乃转欲暂为维持。凡办一事，必准情度势而后能行，势不能改弦而易辙，惟当握其枢而潜转之，就其隙而弥补之，但使会馆所收之钱、所用之人有益于公，要无妨听其自立。近来资送贫病老民一事，为向来所有，○○四面游说，方劝励回，系怂恿华人有益之事，亦欲挽救会馆既坏之名，而归功于各董各商，兼使此辈藉以增重，诚能奋勇为善，于公事大局不无裨补。

惟查此次会馆除三邑一馆现有款项外，此事系三邑会馆倡办，该馆除捐送船票外，每人尚各给予三元，前禀漏未声叙。又，轮船公司因系捐送，船价从而减损，地方之收年税者，○○经请其优免，亦喜免收。附陈于此。其他各馆均系东挪西借，或指会馆所出以为还项，或借善堂他款以应急需，即可知会馆之并无馀蓄，欲更令其出专款奉公，诚恐非易。况现在有限华工，往来之人日少，款项必随而日绌。将来各馆有无变局，此刻未敢预知。亦惟酌度情形，随时商办，以冀其有益而已。

所有各邑会馆情形，谨缕陈宪鉴，伏求察核。又禀。

又禀者：合和会馆之分而为四也，其始不过一二人与余姓有隙，从中鼓弄，欲使分出两馆，以便自充董事之私。当时恩、开两邑与谭姓之人均不愿分，倡言苟分余姓，则渠两馆亦必分开。其意原藉以牵制，使之不分。不意无人调合，遂尔成事。自分开四馆之后，费用骤增，恩、开与谭怡怡均负债累。〇〇询之各邑绅董，皆谓该馆产业并未分各，且分馆之时，亦未有斗殴讼狱之事，各人多愿复合，不如合之为便。〇〇念现既限禁华工，往来人少，则款项更绌，诚虑该馆复加收出港之银，且会馆近多，遇事亦多不便，因先托人游说各处，后复陆续传到各族长乡望共十八姓三十七人到署询问，皆谓愿合，均令当面签书允字。现惟周姓以商之子弟为辞，谅亦不能以一人违众也。此事拟饬令他馆董事，妥为调处，俾使照旧。谨禀。是否有当，并求训示。又禀。

上郑钦使第十九号 八月初三日
（光绪八年八月三日　1882 年 9 月 14 日）

敬禀者：窃〇〇于上月二十三日肃具第十八号一禀，当邀垂鉴。旋于二十四日接奉批谕一件，又第九号钧函；二十七日、二十九日又奉到第十号、第十一号钧函，一一捧读祗悉。兹将应禀各事条具如左。

一、上月十三日电禀巴拿马华商一事，户部电告税关，饬令查照巡察使费卢所断办理，即指阿胜一案也。因"华"字误拆"戏"字，税关谓并无戏班来此，无须查办。后经宪台再告外部，税关接到第二次电报，仍谓费卢所断系船工，难以援照，而该商未领有华官执照，殊难确信为商人，扣留如故。〇〇意欲写单认保，且谓给发护照系证明其为商，保单事同一律，而关吏谓无此例，只可提讯。〇〇乃商之律师，在合众国衙门按察司哈门处提讯。此处合众国衙门有两官：一名哈门，系专管加利科尼一省者；一名苏耶，系兼管数省者。至前次审洗衣案及船工之费卢，系间年派来巡按数省者。二十日递呈，二十一日提讯。哈门因公家律师驳辩甚力，不欲遽断，遂谓俟后日会同费卢，再行讯判。延至廿四日，哈门、费卢二人会审。此处律师略说数语，官谓此案我已瞭然，只问公家律师有何辩论。公家律师乃大张辩口，大意总为无凭指为商人。哈门随辩随驳，彼此声色俱厉。费卢则谓：新例是禁工人，非禁商人，若商不准上岸，是绝通商也，于中美条约未合。律师已熟悉新例，持之甚力，亦宜复按条约主持公道。且如律师言，商人亦须有执照方许上岸，是也，然例中所言系指自中国前来之商人。若从他国前来之商人，彼等于新例未行时久在异国，今欲来美贸易，而令其先返中国请领执照，然后来，有是理乎！若律师疑商人无照，华工亦可冒认，不知工人商人，自有分辨。条约立于通商，新例主禁工人，因禁中国前来之工人，遂累及往来美国之商人，本官断不谓然也。于是断令该商上岸。当堂听审者数十人，官与律师驳诘甚力，合堂屡为哄然。○○窃观费卢为人刚强公正，当辩驳时，仍谓美国地大人众，何以不容为数无多之华人。当道巨公，不避嫌怨，倡言于众，其胆识甚足钦佩。第其判词至今尚未宣布，费卢嘱此处将华人历年出入口货税开报，殆欲考究华商有益美国之处，将利害详切言之，亦未可知也。行例以来，因商工事屡次兴讼，实出于不得已而为之。然西人通例，以兴讼为辨事，非以为争气，每遇公事，彼此不知适从者，莫不藉律师驳辨以剖其理，经长官断定以行其是。况此间之事无不与税关先行商定而后提讯，亦无干碍。美国政体，议例官、行政官、司法官各持其一，往往有议员议定，总督签行之事，而一司法得驳斥而废之。故审官、审官不由民选，有任之终身者。律师最为人所敬畏，其政体然也。照费卢当堂之言，此后自他国前来之商人，不领执照，亦能上岸。此事曾于二十五日寄电禀明。早欲驰禀，因待官批词，迟迟至今，仍俟全案批出，再行详禀。

一、船工一案，自费卢判断后，所有美国船工均经上岸，惟他国之船，船主仍不敢执行。欲请税关签名准其上岸，而关长则谓无签名登岸之例，不准所请。船主各怀小心，仍恐将华工放行，关吏扣留其船，斥为犯例，仍复狐疑不敢。近有一英国船名柯士突利亚，有华工五十四人，船主自请律师提讯，本月初二日又经官断，准之登岸矣。

一、前禀所述秘鲁之乱，近闻智军获胜。此间商店有接到七月一日利麻来函，称现经智军调数千人与乱民战，大捷，乱民逃遁，势将离散，利麻安堵如故。近日自巴拿马来之商人名刘荫洲，在秘鲁七八年，据述智军所获之地，其要隘处皆屯以精兵，悉张挂智国国旗，所有赋税、讼狱等事，皆归智国官办理。各国公使领事交涉之事，亦以智国往来。前禀欲与智利结约，未卜可行否。然欲图保护将来，似舍此更无善法。前有商人黎省三自秘鲁归，云秘鲁商家所联集者，系远安公所，中华会馆之人与众商无涉。惟查迭次所来禀多系中华会馆之名，是以函托该馆，○○后复寄信铺户，询问一切，以广耳目。近问刘荫洲，云是处商人与中华会馆不能一气。前奉批禀，业经寄去矣，并以附陈。

一、昨奉札文，内有二件寄欧阳随员、赖随员者。往檀香山之船于前数日开行，一时无从寄去。查新例第十三条，出使人员以官凭为据，谅伊随身尚无他项文凭，否则亦能设法，当不致阻滞也。至商人王香谷欲来金山，○○既以费卢所断告之，仍属其领一檀岛外部护照前来为妥。

一、马典一案，嘉省总督复外部文所述当时情节，自系粉饰之词。惟云滋事之人多系希腊、葡萄牙、意大利人，访问实然。现在该处地方官查拿凶犯颇属尽力，自因外部行文之故。惟此案尚未审结，闻将移嘉省臬署审讯，俟将来如何审断，再行禀陈。

以上五事，伏希察核。敬请

钧安

再，陈请拨汇银一万元。

上郑钦使第二十号 八月十五日

（光绪八年八月十五日　1882 年 9 月 26 日）

敬禀者：窃○○于本月初三日肃呈第十九号一禀，当邀垂鉴。初六日奉到第十二号钧函，捧读之馀，一一祇悉。兹谨将应禀各事，条具如左。

一、巴拿马华商一条，前经官断，准令登岸，前禀已详呈大概，惟久待判词，未经批出。至本月十二日，审官始将判词宣布。因系巡察使与按察司会审，故二人各有判词。查按察司哈门所断：凡自他国来此之华商，均无须执照，准其上岸，且谓由此前往英属墨西哥等国，如不久即回，即不领护照，亦听其往来自便。巡察使费卢所断大意：一则谓中美续修条，所谓准其整理酌中定限者，系专指续往承工者而言，其贸易、游历人等，本系声明往来自便，俾受优待各国最厚之利益。今新例于第六条乃云华商须凭执照方准入境。考新例亦专为限制华工而设，新例条中未明文意，皆可引条约善为解说，盖国会立例断无违背条约之理也。华商既准往来自便之人，自可无须执照；一则谓中国发给商人执照，原不过藉以表明此人系不在限制之内者，故藉之为凭据，并非为禁止彼等前来。彼等如未持执照，其所执职业亦可以言语证明。而其批词末段又明言，以本官之意，按照新例，华商来美须凭护照，然未行新例之前，其人不在中国，意谓其人既在外国，即其家即在外国。又其人曾来美国，则其所托之业、所识之友亦在美国，故可无须中国官给照。此语含有续约文意。据律师麦嘉利士又云：泰西律法，以其人寓居之所即认为其人住家之所，律意本如此也。至行例以后，新来客商则必须持照。则彼等来美无须执照。○○读其批词，似乎所包甚广，非特由域多利、檀香山、秘鲁、古巴前来之商人无须持照，即前在美国、现返中国，再由中国来美，似亦可无须持照。当经详细查询，复函问律师麦嘉利士是否如此。本月接麦嘉利士复函，谓按照判词，则华商于未行新例之前曾在外国居住者，如再由中国来，虽未领取中国执照，照新例而行，彼等亦可前来美国云云。据此，则华商之自他国前来及曾居美国再来者，均无须持照。是新例于商人领照一节，几几废其半矣。现以判词及麦律师复函告轮船公司，轮船公司即许寄电前往香港，令船主搭载此项曾居美国之商人矣。伏查此案初议提讯，原因税关接户部来电仍复扣留，无可如何。而税关钞示户部电文乃系令其查照巡察使费卢所断船工一案办理。当户部寄电时，华盛顿尚未知船工一案费卢如何判断也。窃念户部寄电不告以主意，转令其查照审官所断，是直以审官为折衷是非之准。今华商提讯即系户部主意，于两国交谊似无干碍。又念巴拿马等处中国无官，无从给照，而华商之来往者甚多，讼而不胜，不过仍照新例，无照不许上岸；讼而获胜，则或藉判词以驳新例，以后不须持照，大可为商人开一方便之门，当即先与律师商榷，复查该商所携带之汇票，所认识之友人，所住居之铺店，均确有业商的据，始行提讯。现经官断，华商由他国来者，均无须执照，适符初愿，良足欣幸。而判词更谓曾居美国之人来美亦无须执照，则更始愿所不及者也。此案判词经半月始行宣布，闻费卢脱稿屡改，盖一经成案，即可据以废新例，故郑重如此。而哈门判词中，复胪陈华商出入口货税之数，谓商务优于他国，不应阻滞其人。且谓新例以刻薄行之，乃系下等人举动。自新例以来，所蒙之耻辱，亦赖以一洒，差强人意。现拟将判词洋文刊布，分交各轮船公司，寄与各国，以便各处船主搭载，俟详细译就后再函告各处华商，令其如悉。兹谨先将洋文呈览，律师麦嘉利士复函并以附呈。

一、前次费卢所断洗衣馆判词及船工二案判词，现经黎随员子祥译出，黎随员所习西文远胜于语言，迭与反复详细查校，或可无误。惟西文实不容易，官府文书微宛曲折，尤不易寻其旨趣。兹谨照录，呈求交钧署翻译各员，细为校勘改正掷回，是所恳望。

一、金山本埠华商有三四家，为有要事，急欲来此者，久在香港守候，其伙伴迭经来署催问何时有照可领。○○既经告以不久即当派员。本日〔月〕初四日，复据各铺户一百三十馀家联盖图章，求为转禀宪台，早日设官给照。○○不敢壅于上闻，因即缮具公牍转呈，谅邀垂鉴。本月初六日，奉到钧函，云既函催裕泽生制府早日派员，并将款式寄去，亦以密告各商，令其静候。现据费卢所断，曾来美国者无须持照，既由轮船公司电告香港铺家，亦有自行寄电者，谅此数商人即可动身矣。

以上三事，统求察核。敬请

钧安

○○○谨禀

上郑钦使第廿一号

(光绪八年八月二十四日　1882年10月5日)

敬禀者：窃○○于本月十五日肃呈第二十号一禀，附呈巡察使费卢洋文判词，又洗衣馆及船工案译汉判词，想邀垂鉴。嗣于十八日奉到十三号，二十日奉到十四、十五号，二十二日奉到十六号钧函，敬谨捧读，祗悉一一。兹将应禀应复各事，条具如左。

一、巴拿马华商一案，经费卢判定，商人无须护照，亦准登岸。现既托傅领事将洋文判词分寄秘鲁、檀香山、域多利、巴拿马各轮船公司，以便船主揽载。昨与欧阳锦堂兄商，锦堂谓：宜请宪台将费卢所断持见外部，托其转交户部，请户部饬知各处税关一体遵办，并请其出示布告，庶各国船主闻知，更无推诿。○○思其言，极为有理，可否请宪台与柏立商行。

一、巴拿马商人一案，于八月十二日批出，○○即于十三日将洋文驰寄张芝轩兄，托其先行禀呈钧听，后又寄交十本，嗣又寄柏立一本。现经译出汉文，祈交翻译各员校正掷回。尚有哈门判词，俟译就再呈。

一、捧读钧示，拟为各国来往华商给发护照，具仰护商至意，无微不到。惟现据费卢所断，自各国来此之商无须持照，则此照似可毋庸发给，仍俟后体察情形，再行详复。至古巴刘总领事处，自应给发为便。

一、前承钧札，令议复余主事条奏四件，两承俯询，殊切惶悚。兹谨将拟议各节，缮折敬呈，是否有当，伏求察核训示。所以申复迟延者，缘原奏第一条有设立议学等语。○○意谓可行，月来议合中华会馆，即选与各绅商等商榷此事，现已议有头绪，拟俟后举行。如果将来能将学成者考取生员，一体乡试，则议学不日可成。因欲俟绅商等拟有端倪，庶不至空言徒托，是以具复较迟，尚求鉴察。

以上四事，伏希垂察。敬请

钧安

○○○八月二十四日谨禀　第二十一号

再禀者：承掷下汇票八纸，计银二百八十七元。遵即以一百八十七元交销除支借买物之数，另金钱百元并谭悦信一封，经托鲲侣安寄，并将换金汇水一节告之，必能妥办也。

再禀者：朝鲜近状，承示总署来电，知已妥结，极为忻慰。闻此事，丁、马诸公所携兵船先日本入境，朝鲜大院君闻大兵到境，款接优隆。七月十三日，马君设宴邀大院君饮，酒酣起宣上谕，遽以兵二百馀人拥之登船，丁军门伴守之，随即展轮驰往天津，一面复分派各兵守护王宫及诸城门，出示安民，现已一律安堵。此举智勇非常，甚快意。惟赔偿日本之款，殊惜其过多耳。

自花房公使复率兵舰前往，大院君亦遣使迎接。花房请谒国王，国王曾一见之。十三日，大院君被掳去。十七日，朝鲜与日本定约，凡七款：一、朝鲜国自定约日起，限二十日将逞凶首犯拿办，与日本官会审；二、日本被害之人，朝鲜妥为营葬，并给与抚恤家族银五万元；三、朝鲜国偿日本国费用银五十万元，每年交十万元；四、自今日本使馆派兵防护，一年撤退，所有修缮使馆并建筑兵营费用，由朝鲜措办；五、朝鲜特派大员充使往日本谢罪；六、元山津、东莱府、仁川港按：皆通商地方。商民游历里数，自今扩为五十里，按原约十里。二年之后，扩为数百里；又二年之后，以扬华津为通商地方；七、日本公使、领事并其属员家属，朝鲜给以护照，许其内地各处游历，各地方官见此护照，即妥为保护云云。观此约章，直与从前泰西各国要挟东方者无异。日本自得此约，喜出望外，而一二识者亦颇有议其政府，谓不应受此偿金，且谓今日威逼朝鲜，朝鲜积恨愈深，将来必不免祸患。此言深有益于亚洲大局。然而中国、朝鲜之人畏日本过甚，不悉其内情，殊可惜也。此事谅钧署一时未详，故敢以缕陈。马、丁诸公告谕措词甚得体，并钞呈钧览。

○○又禀

上郑钦使第二十二号 八月廿八日

（光绪八年八月二十八日　1882 年 10 月 9 日）

敬禀者：窃○○于本月廿四日寄呈议复余主事条奏清折一件，又呈第二十一号禀一件，谅既均邀垂鉴。兹谨将应禀各事，条具如左，敬求察核。

一、巴拿马华商一案，自经巡按使、臬司审断，谓商人无须护照亦准上岸。本月廿六日，有华商七名，自巴拿马搭船到此，有自秘鲁来者，有自智利来者，有自巴拿马来者。均未持照。此间铺户到署询问，当即由德律风告知税关，请其遵照官断办理。税关〈即〉行派人查询。其查询之法，系关其寓居何国、作何买卖、由彼处出港携凭否？一一问明之后，饬令本埠铺户递一结状，证明其人系属商人，即于廿七日早，一概俱令上岸矣。此为第一次无照放行之始。似此办法，则以后自他国前来之商人均可免阻滞矣。又，本日见此间新报云：户部将巡按使费卢审断华商一案，公同查验，均以为然，盖谓费卢所断有合条约，且善解新例之意云云。附钞呈览。

一、费卢判词译汉，前禀业经寄呈，兹复将哈门判词译就，谨呈钧鉴。哈门所断，竟于新例倡言抨击，读之殊快。此案判词经半月之久始行宣布，闻二居脱稿屡改，盖一经成案，即可据以废弃新例，故郑重如此。自新例颁行以后，深愧无颜见人，而关吏等复于例所未详者以刻核行之。前有自域多利经此回华之商人，两船俱傍岸，而关上人等令其以小艇驳运，缘绳而上，不许踏岸一步，闻之使人伤心！此次哈门所断，乃谓新例背国例、违条约、妨商务，又谓其不公、无理、苛刻、残虐。自新例以来所蒙之耻辱，赖以一洒，差强人意。

一、廿六日接到秘鲁中华会馆函一件，云潘宗本既被人杀死，又有商人来信，且谓并戮其尸，醢而食之，足见其罪恶贯盈，人人切齿也。兹原函钞呈。

一、此间○○自抵任以后，屡月未有命案。昨廿六日晚上七点钟，有赵阿卓被人炮死，凶首即逃未获。○○方拟严为踩缉，旋闻此赵阿卓无恶不作，前后经其手毙者数人，是人串通洋人巡捕，终日搜剔华人短处，行其讹诈勒索之诡计，亦系无人不恨恶之者，伏诛之夕，人人称快。凶首能否拿获，尚未可知也。

一、马典一案，据新闻谓有一西人推倒华人者，据嘉省上等司法署议以罚银五千元之罪，惟此刻尚未审定也。

以上五事，伏希垂鉴。敬请

钧安

○○○谨禀

附　呈：

按察哈门译汉判词一件；

秘鲁中华会馆来函一件；

译钞新闻二件。

上郑钦使第二十三号 九月初五日

（光绪八年九月五日　1882 年 10 月 16 日）

敬禀者：窃○○于八月廿八日肃寄第二十二号一禀，当邀垂鉴。廿九日奉到十七号钧函，外寄锦堂要信一封，登即转交；本月初三日又奉到十八号钧谕并批禀一件，一一捧读祗悉。

自华来美之商，以一时无从领照，盼望甚亟。伏读手示，即将屡次函促粤督及现在电催总署情形转告各商，以慰其望。

商人自各国来此者，方经官断，无须持照，业无阻滞。前呈哈门译汉判词，以匆匆译就，颇有谬误，因复烦□详阅洋文，文山细翻汉字，○○复节其未易解者就二人详细查问，加以润色。观其文意，批隙导窾，微婉曲折，大足以问执异议之口。兹谨以钞呈。各处商人叠有函问，不日拟即刻印，分散各国，以便来往也。

承钞示秘鲁施恩行善会禀词十一款。此间亦于初三日接到中华会馆一禀，谨录呈钧览。寓秘华人不睦，○○初未闻知，后询之华商，则丑诋会馆各人，然亦云欲访各事，则彼辈闻见较广。再询之自巴拿马来之刘荫洲，则云伊寓秘十年，是处商家势如抟沙，近年联合一远安公所，亦复无人理事。然商人各有身家，遇有事端，究属可靠。至中华会馆之董事，各人初亦业佣，后积有资财，变而为商，论其身份，本不足以餍众望，惟奋力为公，亦不无益处，若诋毁之词，则出于爱憎者之口，不可尽信云云。○○思其所言，似颇平允。观会馆所禀，谓是处有土客之分，有商工之别，各怀意见，固昭然若揭；惟托其打探各情，业经函嘱，不便再更，且只系托其探事，未托其办事，似亦无妨耳。

承示偶患目疾，不审痊愈否？企念之甚！

专肃，敬请

钧安，伏希俯鉴。

〇〇〇谨禀　九月初五日　二十三号

计　呈：

按察使译汉判词一件；

照钞秘鲁中华会馆来函一折。

再，上月廿四日另寄巴拿玛华商案洋文判词三十本，未卜赐收否？又禀。

上郑钦使第二十四号 九月十五日
（光绪八年九月十五日　1882 年 10 月 26 日）

敬禀者：窃〇〇于本月初五日肃呈第二十三号一禀，当邀垂鉴。十二日奉到第十九号赐谕，敬谨读悉。兹谨将应禀各事，条具如左。

一、本年二月新例将成之际，有回国华人请领执照，当由〇〇按照条约酌拟给发，其详具于二月廿二日申文及第三号禀中。自二月二十日起至四月初七日止，共发去五百一十八张。前于六月中具十四号禀，曾请将此款式商之外部，请其准行，未承赐复。旋有香港轮船公司寄函来询此照可否作准，能否搭载？〇〇函复令其载来。本十二日，阿拉碧船到此，载有一人持照者，当问税关如何，税关谓伊不能作主，或由户部指挥，或由臬司审断，方能上岸。〇〇即于十三日寄电请示，蒙复电谓饬洋员往商。本日未初复奉钧电，云户部电饬税关准华人上岸，税关接电，旋于申初许其人上岸矣。忻慰之至。查此项执照，户部既准其一张登岸，谅必其馀五百一十馀张亦不复扣留。宪台既密商户部，应请其函饬税关，以后见有此照，一概放行为恳。此照初约税关签押盖印，税关未允，旋送一款式并修一文书，请其存案。昨日因域多利商人事，见关长些卢云，谈及此事，亦云当为代请户部示遵云云。并以附陈。

一、例所不禁之华商人等，由此经域多利、檀香山、巴拿玛、秘鲁等处，税关按第四条，以其非工人，不肯给照。华商因来署请求，〇〇不得不给予执照以为凭据。前有一商人领照由金山出口，后由域多利绕入飘地桑进口，该处关吏业经放行。遵宪当于十四、十五号两禀中陈叙一一切，并寄款式，蒙复谕令扩充办理，回华商人因亦照发。不意昨有一商人由域多利回来，领有领署执照，税关仍复扣留。十四日午后，○○往见关长些卢云，请其放行。关长云："来者系属商人，既承面商，吾意原许放行"；但谓："领事发商人执照，即能作准与否，则吾不敢知，仍须户部指挥或臬司判断为准。"○○云："按新例第六条，商人等照由中国朝廷给发，领事系中国朝廷所派之员，且既奉钦宪命准发此项执照，应请准行。"些卢云又云："虽如此说，尚须请示户部，此一人先令其放行。"当即招笔记○○所语，云以函问户部，一面复嘱令是人放行。○○致谢而去。乃本日仍不令登岸，关长为人无他肠，但多病，少理事，而所用幕友朱霖及总巡冒顿、博郎等，皆系十分憎恶华人。此事既承其面许，忽又变局。此间与税关交涉事，不见关长，百无一允。此事乃允而复悔，一傅众咻，其难如此！现与傅领事商量，拟即提之审讯，谅经哈门审断，万无不准之理。且一经官断，便可成案，较为直捷。刻即与律师麦嘉利士大商明一切，容后再详禀。

一、本月初七日，有檀国驻扎日本公使名柯分拿偕其领事来见。据云到日本后约住半月，要往天津谒见李相，渠带有一檀国文书呈李相者，又带一二学生欲在中国读书。前闻檀岛有欲求结约之事，且窥其意旨，似乎不肯明言，因亦不复细询。客退之后，复思究不如探其口气，得知其实在消息。初八日前往答拜未遇。十一日北京船展轮，因又往送行。○○谓到日本后，若耽搁经旬，即恐天津冰冻，不能前往；即能往天津，如有事耽搁，亦虑冰冻，无南下之船。渠谓："吾只带一文书呈李相，至如何办事，尚无一定意见，即使商办，亦系交带驻扎香港之檀国领事为之周旋，伊一见之后仍归日本"云云。观此，则欧阳锦堂兄所闻檀岛欲求结约，又虑中国不允，不敢遽行开口之说，似不为无因。至其所赍书，或即为檀国学生留学中国，或自行表明檀国厚待华工，均未可知也。并顺以陈明。

以上三事，伏希察核。敬请

钧安

○○○谨禀　九月十五日　第二十四号

上郑钦使 附第二十四号 九月十六日

（光绪八年九月十六日 1882 年 10 月 27 日）

再禀者：由域多利前来之华商，○○初见关长，既面允其上岸，不意仍复扣留。据其幕客朱霖云：若有商人出证来者系属商人，便即放行。○○谓：护照中明云是商，何须更觅商人作证？如果不允，当提之审讯，听凭官断耳。旋与律师商量，告以此事，一则领事发照系各国通例；二则按例第六条，商人照由中国朝廷给发，领事亦系中国朝廷所派之官，且既奉钦使命，有发给此照之权；三则按例第四条，税关只给工人执照，华商由此往域多利、巴拿玛，如不领领事照，该处船主若不搭载，何以再来？律师麦嘉利士大亦云此案必胜，万无不准之理。当即将呈禀作就，拟于本日提讯。乃本早税关忽又将商人放行。傅领事又往见关长些卢云，谓以后见照仍复留难，则不如将此案审讯。关长乃复云："吾再思之，毋庸提审，此后见有领署所发之商人执照，即令放行可也。"此事算既了结矣。

再：禀中所云五百十八张之照，本日向税关抄到户部来电，知既一概允准，无须再与商议。兹将原电并译文钞呈钧鉴。或云寄电系外部大臣之名，原文寄呈，并求一查。再请

崇安

○○又禀 九月十六日

上郑钦使第二十五号 九月十八日

（光绪八年九月十八日 1882 年 10 月 29 日）

敬禀者：本月十六日肃呈第二十四号一禀，内述未行新例以前所发护照，户部已电饬税关准行，及例所不禁人等由此出口，所发护照，税关亦复准行等事，想邀垂鉴。户部寄关电报亦以钞呈。本日又见新闻，知此项行例以前之照，户部曾于西历十月二十号即中历九月十日会议行知税关，谓此照理应准行，其辞意与费卢、哈富文所判巴拿马华商案大意相同。观其所谓奉行新例，不能违约，又似乎续修条约以前，曾在美国之各项人等，以后再来，既无执照亦许上岸。今将汉、洋文并呈，求为

查询示明为幸。

至商人来往执照，关长既面云不再留难，应否再与户部声明，尚求酌裁。

本月十六日晚奉到第二十号赐谕，敬谨读悉。承掷示所译巴拿马案费卢、哈富文判词，明畅详尽。近日将此间所译者缮印，正在刻版，兹即令其改刊矣。洗衣馆案判词，容再呈上。

又：秘鲁中华会馆之第一号来函，曾于本月初五日抄呈，今于十六日复收到第二号来函，附抄呈览。

肃此，敬请钧安。伏希垂察。

○○○谨禀

上郑钦使第二十六号 十月初六

（光绪八年十月六日　1882年11月16日）

敬禀者：窃○○于上月十八日肃呈第二十五号禀，当邀垂鉴。廿七日奉到第二十一号、二十二号钧函，又摊认汇水钧札及不列号一函，本月初四日又奉到第二十三号、二十四号钧函，敬谨捧读，祗悉一一。兹将禀复各事，条具如左。

一、前拟将巴拿马华商案判词，请户部出示，后读新闻，知户部佛兰治既撮其案中要语，加以断词，刊布新闻。如此，则各处税关自必一律遵照，诚如钧谕，甚为得要，自无须再向外部提及矣。

一、前奉第十四号、第十五号钧函，命代别埠华商给发护照，原属无可如何之办法。论各国通例，公使、领事均有给照之权。惟远隔他处，寄照代发，既虑华工不免假冒别项人等以苦相要求，又恐彼国以何从确知为某项人，举以驳诘，于事究多窒碍。现自巴拿马一案断定之后，凡华商自外国来美，无须执照，均许上岸。此项代发护照，既毋庸再议；惟古巴刘总领事处，似仍以给发为便。

一、商人出港往来护照，前见税务司些卢云云此后见此执照，即令放行，前之由域多利回来者业既上岸。嗣又有由檀香山回来者，税关亦无复留难，谅可免反复矣。

一、未行新例之前，所发五百一十八张之照，既承户部电嘱税关放行，以后谅当照办。柏立谓恐成例后十馀日所发者，不免挑剔。此事

○○初亦念及，故前次寄电，不云未成新例之前，而云税关未发护照以前，正为此也。此间关吏博郎亦有此语。惟亚拉璧船载来之华人，即系西历五月六号既成新例以后所发之照，业既放行，谅不致复以此事挑剔也。

一、现在新例于发照验照各节，本由户部主政。户部佛兰治处事公平，平时以时联络，遇事默为嘱托，极中窾要。各国公使办事，每有如此者。

一、现奉钧札，命自冬季以后，将俸薪摊入汇水，谨当遵办。查向来章程，每百两库平，领金钱一百五十二元有奇，原属过优。乃复承函示，命将存款生息匀摊帮补，体恤至周，各员无不感激。惟公款各项汇水，节节摊入核算，稍为繁难，○○拟欲筹一简便之法，容再详呈。

一、现奉钧示，命○○自到任日起，每月薪水按五百两库平支报，优遇之隆，有逾常格，○○惟有尽心竭力，以图报称耳。

一、承寄来棉种二箱，命分寄香港嘁行梁鹤巢兄及上海商局郑陶斋兄，又五箱命寄上海商局，提单现均照收。俟慢车寄到之日，即当一一妥为分致，幸舒厪念。

一、承示曾袭侯有议复余主事条陈文稿，可否饬人抄示？不胜恳望。

以上九事，伏希察核。敬请

钧安

○○○谨禀

再禀者：自巴拿玛案审断之后，据巡察使费卢所断，谓新例所云护照，非指定例时其人曾居美国者而言。○○读其批词，似乎前在美国、现由中国复来之商人，似亦可无须执照。当据以问律师麦嘉利士大。律师复函谓，此项商人，实可无须执照。○○当判词及律师复函告知轮船公司，轮船公司即寄电往香港，令轮船搭载。近见户部致税关函，亦有本署断得于续修条约之时其人在美、未行新例之前既返中国，可无须按照新例领照呈验等语。○○以为有此项人等自香港再来，谅可免留难矣。本月初二日级滴轮船到埠，有前在美国之华商三名复来者，巡查关吏始云放行，后复阻留。○○初拟寄电求宪台商之户部，继念户部既明明有函告知税关，而税关乃竟不遵办，关长适他出，由幕友查霖主政。彼必有辞以蛊惑户部者，恐由户部行查，反致不免窒碍。又念此商人系来自广东，按照新例，以领照为便。禀由宪台商之户部，如彼谓该商何不领照，又虑难于回答。为此二端，决意以提讯为便。本初五日经臬司哈富文审断，又复放行。律师具禀之时，哈富文即谓税关办事竟不遵照臬司所断及户部来函，殊不可解。审讯之时，税关律师非立提亚仍极力驳诘。哈富文即以巴拿马案中所驳各节重复申述，谓税关不应阻难。断定之后，同船尚有华商二人，即经税关询问证人，一概上岸矣。兹将判词大意译呈钧览。再将［请］

崇安

上郑钦使第二十八号 十月二十九日

（光绪八年十月二十九日　1882 年 12 月 9 日）

敬禀者：窃○○于本月初五日肃呈第二十六号禀，初七日又肃呈第二十七号禀①，又呈刊刻巴拿马案判词公文之一件及判词五十本，想均邀垂鉴。二十二日奉到二十六号赐谕并户部译文，敬谨读悉。兹谨将应禀各事条具如左。

一、所刻巴拿马一案判词，均系遵照钧署所译原稿，惟字句之间有未甚明显者，略为点窜耳。所引续约第二款译作"可以整理，可以立限，或可以暂停前来"，比原文为明确，第以续约业既颁行，故仍用原文，非敢妄为更易也。

一、巡察使费卢既于两月前归华盛顿，漏未禀明。限禁华工新例驳正各节，最以此公为得力。后来臬司哈富文之判案，户部佛兰治之公启，皆根源于此。渠将巴拿马案刊数百本携归，当时告以将译汉文，普告华人，渠闻之甚喜。现既刊就，望以数本赠之。此公秉正不阿，甚负物望，亦望宪台与之往来，彼必愿为襄助。此间公家律师非立提亚遇事务与华人为难，船工阿胜各案，税关均听此人主持。即后来香港霍谦一案，其时既在巡按断定，户部布告之后，税关初云放行，闻亦系该律师主意扣留也。闻系由华盛顿之刑部派来，便中或与之言及，尤所企祷。

一、自新例颁行，例中护照各节，屡经官断，声明各项护照系为往来自便之据，非以禁其前来之据。自巴拿马华商一案，不特从外国来美

---

①　梅县档案馆藏稿中，未见第二十七号禀文。

无须执照，而臬司断词即更推及于华商曾寓美国者再来，亦无须护照。自阿拉璧船载来华人，不特有领事执照者准令上岸，而户部布告更推及于换约之时华工之在美国者再来，亦准上岸。此外，则华商由美国出口往来，领有领事执照，税关亦准放行。凡此各条，皆较前方便。奉行新例者，既不能藉口于无照不许上岸之条，格外留难矣。惟是由中国新来之商，现在当无从领照，为之阻滞。此事屡经宪台电请总署，函告粤督，尚未举行。此间铺户屡有来署催问，求为设法者。○○伏念旧商之所以不须执照者，乃因其人久在外国，按新例执照款式，无从而知其在中国作何事业、何处住址耳。若新商则除领执照，更无他法。日来孰念此事，中国官员不甚以出洋谋生之事为意，且执照兼用英文，故办理更觉为难。伏查中国各口税关，皆有洋人，皆亦通习汉、洋文之人，若由总署饬令总税司札行各海关发给此照，则易于集事，且无错误。前拟在广东、香港专派一员发给此照，继思有由天津、上海来者，则仍有不便。若由海关办理，则随处可领，似更方便。是否可行，务求察核。

一、新例中所最不便者，不许假道一节。此事背条约，妨国例，且有违公法，终必与之力争；争之，谅亦终必收效。新例颁行以来，有华人由金山出口，船经英属域多利，绕至飘地桑。当时关吏阻之，后经此间电报告以其人系由美境过美境，乃许放行。又有华人由呢托来出口，车过英属问拿打，行至亚加拉桥，亦被关吏阻留，后经户部示，亦谓其人由美境至美境，不能作为犯例。户部命以车票为凭。此二节事，亦系将新例通融办理，可以引作华工假道榜样。古巴刘总领事处，曾经宪台颁发执照款式，令其给与商人。近日有商人自古巴领照来者，○○询问其人，据称持照到纽约，关吏验照，即许放行。此一事亦可作华工假道引线。不许假道，彼国亦多有知其不可者，第藉口于逗留不归，故敢于行此苛政耳。不知华人之来美业工者，多系极贫下户，至由古巴返国之人，则皆薄有积蓄，乃作归计，断无有舍其向来所执之业，费百数十舟车之资，来此图工人微利者。此理甚明，无须疑虑。即谓虑其假冒逗留，亦尚可另筹他法，以直抵香港之船票为凭。至不许假道，则于事理均大不便也。闻近日总统集议员，曾谕以妥议此事，议官中如陆根辈，亦有昌言抨击。日来有无与外部议论，便望示悉，至为企幸。

一、未行新例以前所发执照，自户部电饬税关准行，近日东京船、伽力船由香港来此，均有持此项执照者。且有一张系西历五月六号成例以后所发者，税关均即查验放行，谅此更无留难矣。前承钧谕以前寄款式既交户部，命再寄呈，今谨寄来。此案前经诸文申报，现既准行，故亦谨缮印文，呈送钧察，伏乞察存。

一、近日有船自巴拿马来，有华商五名来自秘鲁，均领有美国公使文凭，到即放行。另有数名从智利各国来者，因未闻此处消息，并未携有各样业商凭据，故关吏扣留在船。后经傅领事面求关长，亦饬令本埠铺户认识放行矣。

一、近日连接秘鲁中华会馆第三、第四两号来禀，今将原禀寄呈，所许写信人笔金，近经汇去一百元作为五个月份工资。

一、前驳洗衣馆苛例，现将译汉判词刊印，兹谨寄呈二十五本，巡察使费卢亦望以一二本赠之。西历八月中，本处议例局又议成洗衣店新例七款，虽不如前之刻核太甚，亦甚觉其繁重难行。此例定于西历明年正月一号启行。现在既与律师麦嘉利士大商榷，届时妥为经理。新例七款并呈钧览。

一、马典一案，近日在该府地方审讯。一名奄闻，系从楼上推坠华人；一名美亚，系鸣锣聚众，并以巨绳牵倒房屋。西人有目击者，有借以锣者，有借以绳者，均来作证，实均系众供确凿。而承审官竟尔放释。闻此二人重资延聘律师，所有问官均得贿赂，是以释放勿罪。现尚有三四人未经审明者，谅亦必行放免，容俟结案后再以详呈。

以上九事，分条胪陈，伏希垂鉴。敬请

钧安

○○谨禀

再禀者：承命寄来棉种二箱，一寄香港梁鹤巢兄，一寄上海郑陶斋兄。又承寄来五箱寄上海招商局，均陆续收到。本月二十七日，东京船开行，即为转换提单，并由○○加用信函，分别妥为寄去矣。第二次所寄之五箱，据汽车公司交到浮收运费一十三元七角九分，除支取驳运各款外，尚余银元九元六角五分。现将清单另函寄交翰屏兄收查。附此禀明。

再禀者：前承钧谕，命具印支领整装银两，今谨以具呈。去岁星轺过日本时，承面谕向何钦宪借支规银一千两。本年正月经向借支，复由函告招商局总办，请其划还，并请其归入宪台存款核销，算此款于整装项下扣除，较为方便。计规银一千两应伸库平九百一十二两四钱一分，馀银五百八十七两五钱九分，可否请饬账房挪下。谨此附禀。

○○又禀

再禀者：前禀中华会馆与总会馆合为一馆，现既于十月初十日举行，将总会馆匾额撤除。是日复招各绅商会饮，各商皆甚为欢怿。前于庚辰年，旧中华会馆各绅劝捐延聘律师费，共捐得银一万馀元，除是年支销各款外，馀银五千馀元。该商等初以此款专系商捐，故另行存储，不许动支。本年聘律师麦嘉利士大，初虑总会馆所收回华银，不能敷用，届时当向该商拨支。现在两馆既经合并，○○劝令各商将是款交出。该商等旋于十月二十日集众交出，共银六千二百七十馀元，经照新章交与各会馆铺户轮流管理，以备公用。所有合并会馆一事，除缮呈公禀外，附此禀陈。

至合和会馆一事，有一二小人簧鼓其间，尚未办妥，并以声明。

上郑钦使第二十九号 十一月三十日、十二月三日
（光绪八年十一月三十日、十二月三日　1883年1月8、11日）

敬禀者：窃○○于本月初九日奉到第二十七号钧函，二十五日、二十七日又叠奉到二十八号、二十九号均谕，敬谨捧读，祗悉一一。兹谨将应禀应复各事，条具如左。

一、华工假道一事，敬谂宪台复照会外部与商论，顷闻华盛顿之司法总长函告外部，谓"以新例及续约，互相参观，凡华工假道美境者，与续来佣工不同，不能作为有犯限禁华工新例"等语。若是，则假道一层得以允行。凡寓居南美州[洲]及西印度工人，无不感戴恩泽，往来便利矣，忻慰之至。刻下钧署不审既接准外部复文否？其中有无另设章程，尚求详示。

一、限制洗衣馆新例，前经律师驳除，后议例局复于西历十月中另立新例七款。查华人来美佣工，除开矿、造路及供厨役外，其足以夺西人生业者，莫如洗衣馆，分散各邑，随处多有。即金山一埠论，业此者既有五六千人。而洗衣馆堆积衣服，易于燃火，用水过多，或

不干净，业工之人又间或歌呼达旦，喧扰居邻，亦不免有招忌面恶之处，因屡为人控。去年曾设一例，非砖屋不能开馆；本年又设一例，非有近邻十二名实业土人荐引，不能营业，均经驳除。此次新例七款，如第五款之"晚十点钟后、早六点钟前不能做工"；如第六款之"不许容留传染病人"，原应遵行；即三、四款之"防火灾、修水渠"，意亦不谬。惟必须议局领取牌照，诚虑借领照之名，苛刻挑剔，加以驱逐，故仍不能不与之争讼。现业饬洗衣馆，仍照前时联合章程料理，并烦律师预为经画，刻已到行例之期，不日即应审判。○○之意，如果幸而驳除，仍当令洗衣馆妥立章程，自行检点，庶冀免再兹事端也。

一、马典一案，于中历十月底在该府地方审讯，一名奄闻系从楼上推坠华人，一名美亚系鸣锣集众，并用巨绳牵倒房屋。西人有目击者，有借以锣者，有借以绳者，均来作证。实系众供确凿，而承审官竟尔释放。此案曾遣麦嘉利士大往办，而彼不肯往。据律师利亚顿云：闻此两人用重资延律师，所有问官均得贿赂，是以释放勿罪。利亚顿又云：此案彼辈亦受累不浅，亦稍足以惩后至，惟欲使成罪，实属万难，缘是处地方狭小，甚少上等公证人。所谓官长者，即彼辈耳。又工头司徒日前报失单，约计千余元。○○度之，实在损失无多。该处长官指为无凭。利亚顿又云：如欲追偿，须移出本处衙门审讯，但恐使费多，得不偿失。现犹有与奄闻、美亚同获之三人，未经审明，然大概必行释放，其司徒失物应否再为料理，刻下尚未有定见也。此案俟一概审结后，再将审案情节，烦律师抄齐，续以寄呈。

一、近阅新闻，云户部派一官名禹慎，往钵当臣地方查办华工及下等华妇犯新例潜入美国者。按钵当臣即系与英属域多利相连。近闻有华妇十馀人，由香港载至域多利。该处华商控于英官，指为娼妇，虽经官审无凭，而新闻传说谓该娼妇实系欲来美国者，故户部派官并及此节。查新例限禁华工，原未谋及妇人，近日钵仑华妇一案，既经户部允行，且谓妇人权利与其一律，似华工在此，其妻女均可以来。惟是金山妇女，娼妓多于良家。此处三合会党，每有一娼妇来，讹索分肥，往往哄斗，甚至有拐诱掳掠者。而置户穷民及无赖奸商，以重利所在，一妇女到金山可卖千馀金，香港之梁泰记亦贩卖营业。本年正、二月载来妓妇，即系伊贩来者。闻其人旧日稍有身家，本年因箱馆坏船事赔累，益至无所不为。百计营谋。○○常念此事，论限禁新例，实不愿其并禁妇人。而论金山情形，又实不愿娼妓假借而来，至滋事故。前呈拟驳新例，说帖中拟俟中国设官发给护照之时，凡有妇女欲来美国者，饬令金山铺户取具保结，由总领事查验，发给凭单。其人持取凭单，方能向发照官员请领执照，如此可以杜拐骗而省事端。是否可行，尚求训示。

　　以上四事，伏求察核。敬请

钧安

　　再禀者：近又陆续接到秘鲁第五、第六号来函，兹仍将原禀寄呈。因来函另有附信存此，故将原禀寄呈。顷承欧阳锦堂兄出示宪台复秘鲁函，知是处为请延写信人事，不免龃龉。查此事初承钧命，并未知秘鲁华商不睦情形，询之郑翻译，云无人可用。又见中华会馆来函，尚属明白，故即以托之会馆。又询悉是处华商之有名望，咸称有永安昌之刘家露、广利号之叶简卿、黎省三等。后乃知此数人即系远安公所之值理。故当时寄函，外书中华会馆列位，内即书刘、叶等名。现又据该馆古德函称，司笔写信人名黎普煌，号郎轩，系与刘、叶诸君集议延请者，可知此人并非向在会馆至招众恶之人，不知何以尚各怀意见。现经宪台谆切劝谕，谅当各顾大局矣。至该馆情形，八月中黎省三归国过此，甚为丑诋；其后询问刘荫洲、区伟卿各人，又颇为持平之论，谓殊不尽然。附此禀明。

○○又禀　十二月初三日

　　再，承示日本有栖王亲王道过华盛顿等，因其人到此寓巴黎斯酒馆，○○亦穿一裹圆袍、对襟马褂、小帽往拜，未遇。昨接其来函，云"初二日晨有暇，在馆拱候，亟欲一见"云云。复往见面，甚为款洽，并述及在伦敦曾见曾侯，在华盛顿曾见宪台，甚为忻慰等语。濒辞，复索○○手书，因赠以一诗并馈土物，于本日前往送行。其在日本颇立功业，兼充左大臣，即军机大臣。亦为民望所归，人素温厚。此间新闻或讥其骄傲，大约简于酬应，则有之也。附此禀复。

　　又，檀香山所派驻日公使近复由日本归来，询其行踪，据称未到天津，俟此次归国后，将再启程前往天津。云日本亦派一公使，名杉孙七郎，偕往檀岛，云系往贺檀主、檀后新宫之礼。而新闻或言檀使欲招日本工人，日本未允。杉使往檀，乃系查察檀岛如何情形，再行定议云云，未卜信否。并以附陈，统求俯鉴。

○○又禀　十二月初三日

再，承询寄香港、上海棉花水脚及寄秘鲁汇水，前复翰屏兄，烦其转禀，想邀鉴察。又承命择寄金山洋文新闻。从前金山新闻均由经领事署转寄钧署，惟本年每将新闻择译，因遂有抽出遗忘未寄者，现经妥嘱江的古庐报馆按时寄去。每岁并信资共六元七角，因综购一年，故价较廉，经由○○支付矣。

○○又禀　十二月初三日

上郑钦使 附二十九号

再禀者：中华会馆合并以来，当即查照会馆规条，将各会馆董事派充中华会馆董事，又另派绅董六十名，所以多派者，因遇有事端，则各饬令各乡望族长妥为料理，易于措手故也。○○因念此间铺户时有更易，即绅董亦时有更易，故未便将选派绅董各名禀呈。兹谨将所到名单呈览。

又，合和会馆一事，○○以该会馆分而为四，骤增无益用项，致有亏空，而该会馆馆舍又并未分拆，将来议分，终必争竞。因陆续遍传各姓父老三十馀名到署询问，当经金称允办。惟肇庆会馆有一黄秀瑚，不愿举行。此人最为狡猾，向居金山，专以鱼肉小民为业。从前议分会馆，即系经伊一人播弄而成。闻彼与肇庆会馆密议分馆之后，谢伊千金，现只收到三百馀元。○○知其如此，预为笼络，百方劝说，而彼终不愿者，则以实利所在，不能不力争也。闻锦堂兄云：前任时所有匿名帖，多系伊撰布者。八月间，谕饬冈州董事陈文泉等，妥为联合。○○初意俟合和会馆合并以后，再合中华会馆。乃陈文泉因伊另有私事，延未经理，黄秀瑚复乘间蛊惑，到处谣啄，甚至谤毁中华会馆新章，谓将伊会馆斥之在外。虽不为众论所容，而肇庆馆中一二姓亦有受其愚弄，先允而后悔者。因将中华会馆联合妥，将合和一事暂置后图。现拟于日间再行传齐该馆绅董，当众晓喻。如果多不愿合者，则此事作为罢论；如果三馆佥愿，惟肇馆不愿，则或将三馆先行合并；又或肇馆愿者亦十居其六七，则实未便以公众之事竟容一二人

抗阻，再当设法禀请办理。谨此禀明。再请
钧安

上郑钦使第三十号 十二月廿五日
（光绪八年十二月二十五日　1883年2月2日）

　　敬禀者：窃○○于本月初旬寄呈第二十九号禀，想邀垂鉴。本月十三日接奉第三十号钧谕，十六日曾容川到舍，复奉第三十一号钧谕，敬谨读悉。兹谨将应禀应复各事，条具如左。

　　一、据户部佛兰治寄税关文开："本署判凡华工于一千八百八十年更换续约之日在美国者，应准任便来美。倘于一千八百八十二年新例未批准之前离美国者，可不须按新例领照呈验"云云。本月中有一华工由香港至域多利来金山，查得其人系于一千八百八十一年九月由美回华，系应准其登岸者，不意税关仍然阻留。询其阻留之故，则称"续约于八十一年十月五号由总统批准宣布，应以是日为断。此华工在八十一年十月五号以前离美，不能任便来美"等语。复向税关抄得关上通饬关役文一通，内称："接户部函：华工于八十一年十月五号以后离美者，方许登岸"云云。○○阅之甚为疑惑，当与辩论，谓此项不在禁内华工，载在新例及户部函，均以八十年十一月十七为准，何以办理，忽又两歧？而税关仍置若罔闻，不得已于十九晚电请宪台察核商度。此船定于二十二日开行，而二十为礼拜六日，虑各署无人办事，所以将电报径寄洋文者，冀其便捷，且电文中可以节佛兰治函，庶便将此电持示外部也。嗣后仍当遵用码号电报，以寓慎密。旋于二十日午后，税关接户部电，谓订约之日应于八十年十一月为准。税关即许是华人登岸矣。此为第一次华工无照上岸之始。○○初闻税关语，尚疑该关另奉有户部文函，及见其通饬文，援据户部来函，即系佛兰治所断各语，乃知关吏系凭空伪造，盖关上人役均系百方憎恶华人，意欲尽行驱逐而后快者。照佛兰治函，则自八十年十一月十七以后、八十二年五月六号以前华工离美者，皆可复来。通计此项华工，应有数千人，故将八十年十一月缩改为八十一年十月，则此项人数较少。其诈伪巧猾如此。税关之通饬文系其幕友朱霖签名。此人最为狡猾。兹谨将来往电报及户部寄税关电钞呈钧览。

　　一、马典一案，现据律师利亚顿将此案审断口供各项，详细函知，谨先将译汉呈请察核，洋文随后抄呈。

一、洗衣馆新例七款，于西历正月一号举行。因未遵新例向议局领照，被巡捕拿办者，有十馀间，概行保出。既于本月二十二日在合众国衙门，经按察司苏耶、哈富文审讯，现未判断。其第五款之"夜十点钟后、晨六点钟前不准做工"，亦有被拿者。现在概令遵照新例于十点钟停工，亦未交律师争辩此节，盖此节本应遵行也。

一、在嘉省之轩佛地方，因番禺杨某家养小猪，蹂躏新宁李某菜园，当经彼此口角互殴，旋至各集徒党哄争，刀枪林立，竟似械斗，所幸未曾伤人。而彼此两造各禀巡捕，各出票拿禁十馀人。附近各埠，闻风响应，互相帮助，几酿大变。此间闻信后，惧其分邑树敌，愈闹愈大，立遣中华会馆司务赵文功并三邑会馆通事周邦礼前往调停，并给予一函，剀切劝谕。现在既于十九日照公议办妥，两造共订约，各将被拿之人保出，现在既经息事矣。

上郑钦使 附三十号

再，密禀者：伏承密示洋药一事，敬谨读悉。查中美续约第二款，内开"中国与美国彼此商定不准贩运洋药"等语。本年二月底，○○甫经接任，正值议院议立华工新例，其时税关接户部电报，饬令将华人运来洋药暂勿报税，应俟户部颁发章程，饬华商遵行。乃嗣后接户部定章，自西历八月一号，限禁华工例于八月四日举行。不许华商运洋药入口。然他国商人运来如故，久之而美国船、美国商运来亦如故，盖条约只禁华商运洋药入美，且只禁美国船、美国商运洋药入中国，未尝禁美国商运洋药入美国也。华人之为洋药一切贸易者亦如故。○○颇为疑惑。复将约中英文详加询问，则系将中国商民不准贩运洋药入美国口岸作一节，美国商亦不准贩运洋药入中国通商口岸，并由此口运往彼口，亦不准作一切买卖洋药之贸易，又作一节。○○以是始知美国立约之意，并非惧美人沾染，欲行禁令，徒以方订整理华工之约，欲借美国不运洋药入中国一语，以见好于中国耳。

本年西历十二月四号，本省议例局绅议立一例，凡贩卖鸦片者，须在此巡捕局领取牌照，每季卖烟三千元以上者，纳照费四十元，三千元以下者，纳照费二十元。议此例时，正在新旧议绅前后接任之际，当有局绅托人密询华商，如华商肯出银一千元，则此例便不能议成。华商惧开讹索之端，效尤日甚，不肯答应，此议遂成。十二局绅，签名者七人，四人不允，一人不在场。○○窃念此事，彼国不议禁而议加收牌照银，此例一行，每岁华商又吃亏数千元。顾华商在此贩烟一事，不免招恶，又碍难使律师控告驳除，因与傅领事默商消弭之法。傅领事乃往见本府知府，局绅议例，须经府官批准。先论及此例之不合，复告以议绅议此，本为索钱不遂云云。府官乃谓如此殊属不公，次日遂将例批驳。谓经由巡捕领取牌照，向无此例，故不准行。不意局绅即日又集众公议，在西历正月六号、正月八号，即新局绅接任矣。因又设法要诘一二局绅，遂不能成议，现既作为罢讼矣。此事甚赖傅领事之力也。至于议禁一节，彼国如设立章程，领事自当竭力帮助。彼国不禁而领事议禁，则徒托空言，势不能行。是否有当，伏祈察核训示。再请

钧安

上郑钦使第三十一号 十二月三十日

（光绪八年十二月三十日　1883 年 2 月 7 日）

　　窃○○于本月廿五日肃呈第三十号禀并钞电报各件，当邀垂鉴。伏读第三十号密谕，以上海美商拟用机器纺织绸缎，经沪关禁止，而美使杨越翰照会总署，指为违约。总署欲与外部论说，因饬查金山华商购买土货制造销售若何情形。各敬读祗悉。

　　伏查华商在此制洋鞋者约有数十家。亦有东主是洋人者，然多华人自为之，惟制洋衣者，多系洋人为东。制吕宋烟者约有百家，均系购买土货制造销售。他国不得而知，就美国而论，尚无禁他国商民购土货制物在本地销售之例。伏念此事，在他国则可，在中国则不可；在中国地方容外国商民以手艺改造土货销售犹可，用机器则万万不可。何也？西人之于商务，考求日精。其业商者流，类皆能竭尽智能，以争锥刀之利，故虽许外国商人购土货制物在本地销售，而本国商人各挟其雄资以相竞，断不至将利权拱手让人。华商富厚既不如西商，人而分门别户，各业其业，势如搏沙，团结又万不能敌西人纠股公司之力之大。又况泰西通例，凡外国商民，均归地方官管辖。商人有落地税，有牙帖税，官皆得而约束之。只有本国利权许本国人独占之事，断无本国商人反不如外人优待之理。今中外和约，税权既不能自主，洋商又无从管辖，如子口税等事，久听其纵横。通商至今三十馀年，外国之货入口侵灌，至今吾民失业者，既不知凡几！而西人贪欲不已，乃更欲操中国货物之权利。然使仿

照中国之法，以手艺制物，则中国商民，工贱耐劳，犹可以争。兹欲以机器制造织绸缎之不已，将进而缝衣裳；缝衣裳之不已，将进而制靴帽，乃至一切以人工制造之物，均可以机器夺之。中国商工恐将尽失其业，流离失所。总署坚持不许，所以为吾华吾民计者，至深远矣。

然现以此事商之外部，骤谓中国不许外人购土货制物在本地销售，则似与通商通例有所未符，彼必以为逆耳之言，而反訾议。展转筹思，虑难启口。惟所幸中美条约并未载及，即美使所引法、比等约，所载准其工作等字，自不能指机器。引此为解，此节尽甚可据以相争。以〇〇愚虑，未便举行之，实况所及，似宜专以不许机器制土货为词，缕陈情况，专与言情，或易动听。未便举行之实况①。

查各国机器初兴，亦时有工人纠众忿争之事，今中国风气未开，岂容遽许他人以机器夺吾民之业？此局若开，诚虑小民滋事。华工来此，胼手胝足，拮据劳苦，所获无多，而土人尚生妒忌，至有限禁之例。今美国以机器制吾土货，则是以安坐易得之利，反夺吾华工胼手胝足拮据劳苦之业，反观对镜，其理亦易明，亦人情之所同，而理有所不可者也。

再承钧谕，谓以自主之权论，亦非别国所应强迫，实为扼要。查公法中，各国待外人有指明某项事业要与土著有间，有不令外人擅为者。在雅典，则有重征外人货税，令外民讼事，须由土人具结作保。在佛兰西，则有外人遗产归入国主内库。在美国，亦有内江内河不许外人轮船揽载等条，诸如此类亦有之。现已设词托人细查。中国本有自主之权，既谓以机器制土货在本地销售，不许外人为之，亦公法不能议也。

总之要之，今日通商专尚势力，势均力敌，则口舌易于收效。然势力即有所不逮，事关于伸自主之权，保公众之益，即令彼辈合而谋我，吾终竟坚持不许，彼亦无如我何。盖今日局面亦断不至以商务而失和也，是在坚持定见而已。此事关系甚巨，办理亦良非易，所陈诚恐无当于万一，望宪台深思熟筹，与总署及各公使妥商，务其大局幸甚。

尝读海关输出入册，见中国溢出金银，岁近二千万。常谓必须以国全力保持商务，而后乃能国不患贫。平生志愿，区区在斯。宪台深思熟筹，与总署及各公使妥商，务期阻断，大局幸甚②。兹承谕及，恳恳愚诚，不

---

① 此为眉批。
② 此为眉批。

自觉其烦渎若此。伏祈密存而详训之，是所企祷。

上郑钦使第三十二号 正月十三日

（光绪九年正月十三日　1883 年 2 月 20 日）

敬禀者：窃〇〇于十二月三十日肃具第三十一号禀，当邀垂鉴。新正初一日奉到第三十二号钧谕，初六、初八日复奉到第三十三号、三十四号钧谕，捧读祗悉。华工假道事既据外部将户部章程知照，承示汉、洋文章程等项，一一敬悉。各项兹谨分条禀复如左。

一、承谕华工假道混冒之弊，必所难免，倘入境之后，匿不出境，未必美国默无一言，诚为思深虑远之语。查户部章程，虽未能明言匿不出境者作何办法，而中有"华工如未出境，须向本部报明"等语。苟使混冒者多，则彼国据以有辞，又虑将此章程益加刻核。〇〇熟念此事，凡假道华工求领事给照者，难以专信其口供，遽行给照，仍须有所据以为凭。所据之项，仍莫善于直抵所往之船车票。查华工往来檀香山、域多利、巴拿马者，均必须经过金山。此项华工由金山出口，易于稽查，其有直抵所往之船车票者，照票给发；即无此票，亦可饬令本埠铺户结保。至由香港往古巴者，经过美国大陆，现在既与怕思域公司商定，均卖直抵所往之船车票，每人收银一百元。户部章程一发，该公司即来领署询问，当即与劝商发卖此项船车票，并令减价，以便揽载。旋据该公司函称，议准价银每人百元，其由古巴返香港者，亦同该公司复派一华人通事往古巴揽载客。〇〇经将公司所议价数函告古巴刘总领事矣。将来专据此票，似亦可杜假冒混充之弊，舍此亦未有别项良法也。

一、户部章程第三款，所谓"带领华工多人取道行走"，系指车行公司揽载人及各种工头言之，苟有确据，关吏可以放行，法诚易简。此项取道人如经过中国设有领事之口岸，可毋须再按第一款章程，由中国领事给照。以管见似可听其任便往来，不必责令开列清单到领事处报查。盖假道华工有此种带领人，得以通行，则华工均之得受其益，不必领事更揽其权。且既有带领人偕行，则带领人专责其成，亦不必领事更预其事。至于由香港前来之人，或虑有拐诱贩卖之弊，仍可以船到日逐口清查，果有贩卖拐诱者，仍可设法扣留也。

一、承示汉、洋文护照稿，拟即照刻，以便给发。查章程内开："凡取道华工，每人须另将护照两纸交给税关。"此所谓"护照"者，曾容川译作"清单"。查此段洋文系用作地士劫的付里士，与第一段所谓素梯勿结译作凭照者不同。盖领事给予华工者，只护照一张，华工呈关验看后，仍随身携带。华工本人仍照依护照抄写两张呈关，一存入境税关，一寄出境税关也。○○阅看章程文义，即第二、第三条，华工之来，须领事执照者，仍须呈缴清单两张。此项清单，即将本人之姓名、年岁、入境、出境日期等项开列，以便关口查阅，未卜是否。惟是，华工本人不识西字，无从抄写，仍须领事处代为抄录耳。

本月初十日，东京船由香港来，有往檀香山人十二名，有往巴拿马人十一名。查船期尚远，难以留船守候，当即遵照新例，给发凭照，税关均即放行。除华人自带一张外，仍抄一张存关。因仍由本境出口，故只抄一张。此项照抄存关之一张并不用印，附此禀明。此项所发新定照式未及刊刻，与税关言明暂用常日所发护照，加上入境出境等项。

一、户部此次章程，领事遵行，每一船到，领事处必须饬人往查，又必须就船上查询给照，稍觉繁难。惟实在于假道华工有益，为职分应办之事，劳苦所不敢辞。第谓此事由领事经理，必使假道华工无一潜匿，则诚恐未能。盖领事亦只能询考其船车票及饬令铺户认识，详慎缮发而已。苟华工一经入境，竟自不往，领事亦无从查究。又，此项执照须载明出境日期，由金山至纽约，相隔万馀里，预询彼处轮船开行，无论本人未知，即轮船公司亦多未悉，或华工先行出境，或华工随后出境，而税关未及稽查，抑或华工按期出境，华人不通西语，于税关查验时，未及呈照验看，而税关误疑为未往，均为情理之所有，此亦不得不预为筹及者也。

一、承示将此次章程译汉摘要刊布，自应遵照。更拟自新例颁行以后，将某人应来，其应来者系如何办法，刊一简明清单，俾众咸知，庶无乖误。

以上五节，分条胪陈，是否有当，伏希察核训示。敬请

钧安

再，承命将中华会馆章程寄呈。兹将五本另包寄到，伏乞察收。○○附禀。

上郑钦使第三十三号

（光绪九年正月十八日 1883 年 2 月 25 日）

敬禀者：窃○○于本月十三日肃具第三十二号禀，条议华工假道事

宜，想邀垂鉴。十五日又奉到三十五号钧谕，敬读祗悉。兹谨分条禀陈如左。

一、假道章程第三款，"如有带领华工多人取道行走或有确供，即可作为凭据，准其假道"。此与中国向办华工出洋章程，诚如宪台致总署函所谓"两不相涉，两不相碍"。承询"中国照章所给之照，应否饬知金山领事，以便一体查验"。伏查古巴华工条款策五款所载给照各样办法，设法既极严密，今欲于取道时更加查验，以期周密。按金山领事处，每遇有船由香港来者，即派员往查，嗣后遇有前往古巴等处华工，自可逐口查询有无领取中国官员所给护照，其未领照者，自可极力查诘，是否系拐诱贩卖而来，倘有弊窦，仍可设法扣留。窃计若有拐诱贩卖之弊，当系不领执照之人；其既领执照者，当无他弊。金山领事处，惟应按章程随时稽查，似可不必更烦中国给照官员知照办理也。

一、承询"中国所给出洋执照，如遇其人系取道美国者，应否添入取道一层，抑竟不添"等因。伏查户部所定假道章程，系由中国领事给照为凭。中国所给出洋执照，即使添入假道一节，彼仍不能验照放行。窃谓中国给照，祈宜循照向章缮发，毋庸叙入此节，较为得体。

一、预防华工假道潜匿之弊，前拟请以直抵所往之船车票为凭，否则饬令金山铺户取保。日来熟念此事，凡由他国返中国者，或可毋须严防；惟由中国往他国者，不可不严防。由中国往他国，苟属旧客，尚可无须严防；惟新客则断不可不严防。今饬令铺户取保，则化卿或有未认识，专以直抵所往之船车票为凭，则此票亦竟可以掷弃。又拟设一连环互保之法，凡取道华工请领执照者，饬令其同伴或十人，或八九人，或五六人，连环互保。苟偷瞒一人，惟馀人是问。以此一节辅上二法而行，庶几较易防弊。

再，前次东京船到，所给之照，均以直抵所往之船票为凭。其前往檀香山者，更有铺户保结。合并禀明。

以上三节，谨摅管见，是否有当，伏希察核训示。敬请
钧安

○○○谨禀　正月十八日

上郑钦使第三十四号

（光绪九年正月二十日　1883 年 2 月 27 日）

敬禀者：窃○○于本月十三日肃具第三十二号禀，均系条陈华工假道事宜，想邀垂鉴。兹谨将应行禀复各事，条具如左。

一、洗衣馆新例，于去岁腊月二十二日即西历正月廿九号。在合众国衙门，经按察司苏耶与哈富文二人会审，日久未经判断。现闻此案苏耶之意，以为新例不便举行，而哈富文则谓是例可行。审官二人，彼此意见不符，须将全案供词寄至华盛顿之上等裁判所洋语谓之士必鳞葛。乃能核断。

一、金山地方，向来每岁命案数十起，多寻仇斗杀之案。去岁一年，侥天之幸，仅有赵阿卓被人炮毙一事。乃腊月初旬，在北加横街，有妓妇钻金，被蔡阿柏挟恨炮毙，凶首即行拿获。本月初旬，在白华转街，妓妇莲英被李阿愿刀刺，闻系相约殉死者。妓妇现尚医治，而该犯在监乘间自缢身毙。此外，又有邬某与张明斗殴，用铁棍击伤张明头颅，业经彼此议息。不意医生不精于医，终因伤重，于前数日毙命。又有雷某由他埠来此，在戏园门口与赵某索债，彼此斗殴，旋被赵某拔刀刺伤，行凶之人脱逃未获。一月之中，故杀者一起，误杀者一起，受伤者二起，令人忧闷。

一、前承第三十二号钧谕，谓"拟将杜绝妓妇、整顿匪类二事，一并告知外部"。查此间妓馆每易滋事，现在限禁华工，一俟中国设有给照官员，与之声明，华妇由中国来，除中国官员眷属及随带雇用人外，一概须有护照方许上岸等语。而中国给照，乃专由金山领事取具铺户保结，然后凭单给发，便可不禁自绝，此事办理尚易。至驱逐匪类一节，所见具陈于前拟条款稿中，诚虑未易得当，或者仅举限制华工章程，推类言之，谓华人来此之有损于风俗，有碍于平安者，皆系此种匪徒之故。外部如肯允从，则华人实受无穷实益也。

一、马典一案，前经将律师利亚顿来函译呈，兹复将洋文呈览。此事华人亏损尚小，惟情节殊属可恶。初办此事，原不敢期于必胜，但冀借此以稍警效尤。此刻应否再行文外部，伏乞宪台察核，训示遵行。

以上四事，伏乞察核。敬请钧安。

○○○谨禀　正月廿日

上郑钦使第三十五号 正月廿九日

（光绪九年正月二十九日　1883 年 3 月 8 日）

敬禀者：窃○○于本月廿日肃呈第三十四号禀，想邀垂鉴。前禀各条，尚有未尽之事、未达之意，兹谨再分条详细胪陈如左。

一、洗衣馆新例，因问官二人意见不符，故将全案移交华盛顿之上等裁判所审判。第闻华盛顿之上等裁判所案件繁多，以各属移案到日期，分别先后，尝有一案耽搁经年未能判断者。当未经判断之时，所有不遵新例各洗衣馆，仍可出票拘究，诚虑纷扰无穷。现据律师商榷，设法出票，另拿一未遵新例之人，令其入监拘押，律师即为是人修办驳词，寄呈华盛顿。盖如此，则上等裁判所之审官应为此次拘押之人，将案移前，早日判结也。律师复将两案驳词刊刻成帙，分寄华盛顿之司法各官。其驳词大意系指斥新例为不符合国例，不合条约，引例甚多，词甚博辩。因卷帙繁重，一时未能译出，今先将洋文寄呈钧览。

一、前陈议禁娼妓一事，查各国繁盛之区，无不有娼寮妓院，虽各设禁条，亦有未能除绝之者。论为政大体，原不在乎汲汲于此。第以金山华妇，娼妓多于良家，又有三合会党讹索分肥，往往滋事。前光绪三四年间，美国驻华参赞何天爵曾对总署言及，谓欲严禁娼妓。近年以来，每有华妇来者，必经香港美国领事取具铺户保结，又令妇人影像，以一张存领事处，以一张寄税关核对查明，方能上岸。此节现已废止不行，不知系美国所定之例，抑系领事自拟办法也。又闻美国国例，亦有"凡船由外国进口，如查明该船所载如有有伤风化各事，应饬令原船载回"等语，则此事自应由中国议禁为便。议禁亦应外部所闻。第与之声明，华妇来者由中国官给照为凭，一经外部订明，便成定局，所有中国官员眷属及随带雇用人等应以何为便，或华商家属随别国来者，应以何为便，此外有无窒碍，事不厌思，仍望宪台熟筹而行。

一、前陈驱逐恶人一事，美国参赞何天爵亦曾对总署言及禁止逃犯来此，但只言禁其前来，未及驱之回籍。兹议由领事查明，驱逐于他国，地方行领事法令，准之各国通例，原有未符，诚虑未易办到。但此事实于两国均有大益，不得不竭力图之。今进言于外部，如虑彼以其人犯罪，尽可控告地方官为词，则或告以此种恶匪多系中国乱党逃避来此，犯罪原在中国，不在美国；又如虑彼以在美国既不犯罪，亦可毋庸驱逐为词，则可或告以此种匪徒素不安分，在此连盟结党，凡凶杀扰乱之事，实多系其暗中主谋，又难于指实其罪状；如又虑彼以逐回中国治罪，有伤仁爱为词，则又或告以中国内难久平，此种乱党早经赦宥，今亦不过逐回，并不再行惩办等语。总之，紧就限制华工一事，连类言之，谓凡美国所指华人为伤风化、有碍平安者，不在各工，而在此种人，但能驱逐数人，两国均必有裨益，或者较易动听。盖限制工人以驱逐恶匪，均之未符万国通例，彼可行，此又安在其不可行也？若外部终未肯从，即又与之约，试办数年，亦无不可。○○于此事蓄念最久，前以假道一事，未经妥议，不敢多及。今复倾臆缕陈，以备采择。是否有当万一，统求酌夺训示，不胜企幸。

上郑钦使第三十六号 二月初六日

（光绪九年二月初六日　1883 年 3 月 14 日）

敬禀者：窃○○于上月廿九日肃呈第三十五号一禀，当邀垂鉴。本月初一日奉到第三十六号均谕，敬读祗悉。兹谨将应行陈复各事，分条具禀如左。

一、承命查询金山华商购买土货销售店数、人数等项若干，除所开铺名业于三十一号禀陈外，现查别吕宋烟者约有一万一千人，制洋靴者约有二千六百馀人，制洋衣者约有二千馀人。统计此项，华人为东主者居三之二，洋人为东主者居三之一。其资本多少难以确查。颇闻各国均无禁外国人制造土货之例，惟别项事业亦有设为大禁，止许本国人专利，不许外国人均沾之条。此事经设词询问律师麦嘉利士大，据称此种惟公法家乃能熟悉，伊尚须检书查考再复。麦嘉利士大事务繁多，近又有疾，既经催促早复，俟其复到，即当抄呈。

一、自来华人犯罪，经嘉省地方官定案监禁于桑困顿岛中者，约计有三百二十馀人。近因嘉省管库入不敷出，议行节用。有议员倡议将此项犯事人概行驱逐回华，大可省费。顷虽未议成，颇闻事有端倪。议员并云此项犯事人既经出境，不许其领照再来，亦不至于废法。盖亦由限制华工之例而牵连并及，且必有限制华工之例，乃可以行之无碍者也。由是以观，前议驱逐恶人一事，或能允从，亦未可知。惟○○前禀欲指此恶匪为中国乱党，细思措词未洽。盖西国于连盟结党、叛抗朝廷之人目为国事犯，以为系出公愤，非由私罪，两国订立互交逃犯之条，且有声明不交此种犯人者。但指此项为曾经犯法；素不安分之人，似较浑融耳。又三十四号禀中所陈娼妓莲英被李愿刺伤，现经渐就痊愈。又赵某在戏园门口刺伤，系黄阿雷，非雷某，现阿雷亦既全愈矣。附此禀明。

一、假道章程既详复于三十二号、三十三号禀中，想邀鉴察。前陈怕思域公司发卖直抵所往之船车票，由古巴至香港，每人百元。闻该公司议于纽阿连入口，盖由古巴至纽阿连，较之至纽约水路较近；由纽阿连至金山，较之从纽约来陆路又较近。该公司又派一人至古巴揽载搭客，谅即系遵照假道章程第三款，即令其人带领而来也。接据古巴商家来函，谓该处华人既贪程途之近，又喜价值之贱，甚为欢欣，多有图作归计者。惟是近见怕思域公司司事人又云，纽阿连地方最惧黄疸病传染，近又议一例严防传染病，自西历五月起至九月止，不许外国船载人入口。闻此例既议行，则此数月中，古巴华人之欲归国者，仍不得经由纽约矣。

一、去岁十一月初，交金山永和生号汇寄金钱一百元，交与秘鲁中华会馆之写信人黎朗轩收，日久未见复函，自第七号函后，亦未有续禀。而由远安公所黎俊英陆续叠寄四函来，其第三号函述美国公使欲选择华商暂行代理领事，并云经托美使转禀宪台。乃顷据中华会馆古德基函，述华商某欲代理领事，不孚众望，人情惶惑云云。其龃龉不睦情形已可想见。此事屡经函劝，并附寄以此间去岁告谕绅董文，令其联络一气，然彼此各树党羽，终不相下，似非派员前往不足以镇群情、联众心也。又本日有一法国人从秘鲁来者名柯士架，闻系法国绅富，以游历至秘鲁者。自述在秘鲁时见各华商，请其道经华盛顿，代求宪台早日持节前往，且谓驻秘有智利将军连治，如宪旌移驻，与该将军商榷一切，即可保护商民云云。○○经面许其此语转禀，复谢其雅意。古德基函即交此人带来者。远安公所来信，谨钞呈钧览。

以上四节，伏希察核。敬请
钧安

上郑钦使 附三十六号

再禀者：去年十一月十五日发来第三次经费一万元，此单早交嘉利科尼银行入数，作为总署存款。乃日昨银行司事人来说，此单不知何处失落，求为电请宪台询问李格士银行，有无别人持单收银。银行司事人又求代为电请宪台照发一单。○○告以如果李格士银行未有他人持单支银，自当代为函恳宪台再行补发。昨奉到复电，知此项银两，未有人取。可否求饬账房照依前发之单补给一张，并于单内写明照钞字样。一面仍求告知李格士行，此项某号数□□，惟单内有照钞字样者，方能支银，其原单作为废纸。○○俟单□□□仍向嘉利科尼行取回凭据，声明原交之单已经失落，作为废纸。如此谅亦可行。务求察核。

再，银行交来代寄电报银二元，今并以缴呈。

○○○又禀

上郑钦使第三十七号 二月廿四日
（光绪九年二月二十四日　1883 年 4 月 1 日）

敬禀者：窃○○于本月初六日肃呈第三十六号禀，当邀垂鉴。十五日奉到第三十七、三十八号钧谕，敬读祇悉。兹谨将应禀应复各事，分条胪具如左。

一、给发假道凭照，所拟联环互保之法，系指并无直抵船车票及无人认识者言之。现在所发假道凭据，凡由域多利、巴拿马来往者，均查明其所携车船票给发。惟前往檀香山到此欲上岸者，并饬令铺户担保然后给发。盖以往檀之人所购船票比到金山船价反贱、而檀岛工值又较贱于金山，一经上岸，多欲逗留不去者，不得不加以详慎也。刻下前往檀岛人数甚多，多未请领此项执照，实缘上岸不过游玩，既经离船，房租食用均需自备，故此种穷民多不欲上岸也。再，近日往檀岛者，卑宜积船载来十六人，北京船载来□十四人，日昨阿拉碧船载到五百七十五人。查粤省于此往□□设为厉禁，香港亦有禁，每船只许载二十人，此次竟载多人者，轮船公司所卖船票并不声明往檀，到此始另换船票也。以后如此办法，恐或源源而往矣。惟曾经派员查询各工，佥称自备资斧，并无拐诱贩卖者，要自来便阻滞。附此禀明。

一、前陈往来工人，如有拐诱贩卖诸弊，尽可设法扣留。若果该工人自称系被人拐诱贩卖，一经领事知照地方官，地方官必立行提讯，审明必立行释放，盖泰西各国于贩奴一事设为厉禁。公法家有云："异邦人携带奴婢入境，不得仍以奴婢待之"。又云："即贩奴船只遭风飘入例禁蓄奴之国，苟非有特设条约，则公法不能保其奴之不逃，亦不能为事主追还"云云。可知此一事，领事尽可设法料理，以后遇有假道之人，随时极力稽查，谅可防绝此弊也。

一、假道华工或有先后出境而税关未及查明，或按期出境而其人不通西语，未及缴照，均为事理所有。所以预言及之者，诚虑将此种既经出境之人疑为逗留，致多口舌也。现拟亦将此节向税关言明。至承询应否与税关商明彼此各关如何稽查之法，窃查现章既已严密，似乎不便更与设法矣。

一、此次假道章程，每有船到，领署必须派员往询，即就船上缮发凭照，因未领凭照之先，税关不肯放其人上岸也。或该华工等一时未有直抵船车票及未有人认识，又须再往，殊为烦费。现拟一法，凡船到有欲假道者，报明领署，领署即将假道人知照税关，并饬洋仆协同关役到船，将其人带到领署，然后询明年岁、量度、身材等项，缮发执照，交给本人，并将抄单由领署交到税关。如此无须在船给照，较省奔走；此处关长已经允行。此虽系私商办法，将来纽约谅亦可依此而行也。

以上五节，因承钧命嗣后如有关系假道事宜，随时禀陈，故不惮烦渎，分条详禀，伏希察核。敬请

钧安

一、假道凭照现经刊就，谨以二十张寄呈。其有汉字者，系交本人携带之凭照，无汉字者，乃系交存关口钞单。即希案收。此条补入第四条后。

金山中华会馆绅商民等上郑星使公禀[*]

（光绪八年初至十一年六月间　1882年初至1885年7月间）

敬禀者：窃闻威宣邻国，皇华扬使节之光；仁入人心，鲛客捧明珠而献。盖忠信感孚于豚鱼，斯声名洋溢于蛮貊。然从未有泽及化外，德被海隅，开声教于四千馀岁以还，布恩威于七万馀里之远，如我宪台者也。伏维大人，识穷两戒，学通四夷。国侨擅博物之能，定远具封侯之相。手持符节，能综五鸠；身耀绣衣，旋歌《四牡》。九重帝简，信为出使绝城之才；一个臣良，遂收保我黎民之利。盖自张旟出境，露冕宣风，而寒谷获乎回春，乔木迁而变夏矣。

---

[*] 黄遵宪自光绪八年初至十一年七月任旧金山总领事。该禀文推断写于光绪十一年六月郑藻如因病免任三国大臣职前。

在阿米利加之国，有扶兰士果之邦，自道咸四十年以来，聚岭海十馀万之众，羯戎同处，庞杂不伦。虽为罔利之场，几等昏荒之国。颓风日靡，有识怀忧。而公慎简贤良，善为保护。鞠我育我，爱克厥威；教之诲之，仁又多术。遂使鸮音渐革，鸲又潜锄。人人读谕蒙之书，事事以迁善为乐。钱输鹰眼，歌与子同仇；旗耀龙光，祝吾皇万岁。司隶之峨冠博袖，重睹威仪；妇人亦解珥脱簪，争行仁义。南海衣冠之气，竟由常侍带来；武城弦管之声，足使先生莞尔。此皆公之大德，民不能忘者也。加以毕夷异性，土客相仇。食比长蛇，苛如猛虎。闭重门而忽罹禁纲，逢狭路而遽尔拔刀。吾民已恝而不言，彼族益聚而谋我。于是通商弃约，逐客下书。四十里之闉，悬禁国中；一丸泥之关，拒人境外。白马之书虽在，盟竟可寒；黄鸟之什同歌，人难与处。而公守分明之约，争娆刻之章，凭三寸之舌以折其锋，披七窍之心以持其隙。盟府有恃而无恐，阴谋竟阻而不行。九鼎有言，五丁拔寒。卒之郑环未夺，赵璧能完。左右袒或且为刘，西南夷依然通汉。凡夫弧矢壮游，研桑世业，以逮凫氏桃氏鲍人筐人，或制吉莫之靴，或织扯黎之布，或操洒削之技，或业赁舂之佣，莫不珠去复还，舟旋却至。客有如归之乐，儿无失乳之啼。慰蓬蒿藜藿之劳，依然利市；看任辇车牛而至，未许闭关。斯又我公之勋，更仆难数者矣。故凡总领事维持保抱之功，悉由我宪台提挈指挥之力。仰斗星而幸分远耀，饮海水而敢忘发源。某等来自我东，远游穷北。喜黍苗之得泽，念桑梓而益恭。率土皆臣，犹食周朝之粟；他乡作客，翻衣召伯之棠。虽千顷之波，测指难窥大海；而中华以外，昂头竟戴二天。黔首何知？恋恋愿留鞭鞥；赤心可表，区区藉托丹砂。善有众征，颂无异口。所冀光昭英荡，又乘四路而来；庶几味比美芹，敢选百钱以赠。谨将微物，代达寸诚。另缮礼单，呈由总领事转递。统祈赐收，不胜荣幸。肃重丹禀，虔叩崇安。伏希慈鉴。

上薛福成禀文 *

（光绪十七年十一月　1891 年 12 月）

职道到任一月，详察南洋各岛情形，知英属新嘉坡等处，流寓华人

---

* 黄遵宪于光绪十七年十月到新加坡任总领事，文中说"职道到任一月"，此文当写于是年十一月。

日增，所有落地之产业、沿海之贸易，华人占十之七八，欧洲、阿剌伯、巫来由仅居十之二三。其往来贸易与内地互相关涉者，约有数端：一曰船舶。富商巨贾，有多至十数艘者，入境则地方有管辖之权，出海则领事有稽查之责。一曰财产。华人产业或在中国，或在外洋，两地睽隔，彼此谬辖；又有一家公产，一人遗弃，互相并夺，至于倾家荡产，诉讼未休。一曰逃亡。或在中国作奸犯科而匿外国，或在外国侵吞奸骗而逃归中国；已得其主名，亲见其踪迹，竟以案无根据，莫能指控，仇雠侧目，行路饮恨。一曰拐诱。拐匪踪迹诡秘，而中外又两不相接，故无从缉获。一曰诬告。有空拳而出，捆载而归者，乡邻姻族，视为鱼肉，每每勒索讹诈，及不遂，则有富商而指贩卖猪仔者，以良民而诬为曾犯奸盗者。

上薛福成禀文 *

（光绪十九年五月十六日　1893 年 6 月 29 日）

南洋各岛华民不下百余万人，约计沿海贸易、落地产业、所有权利、欧洲、阿喇伯、巫来由人，各居十之一，而华人乃占十之七。华人中如广、琼、惠，加各籍约居七之二。粤之潮洲 [州]，闽之漳、泉，乃占七之五。粤人多来往自如，潮人则去留各半，闽人最称殷富，惟土著多而留寓少，皆置田园，生子孙。虽居外洋已百余年，正朔服色仍守华风，婚姻宾祭，亦沿旧俗。近年来各省筹赈筹防，多捐巨款，竞邀封衔翎顶以志荣幸。观其拳拳本国之心，知圣泽之浃洽者深矣。惟筹及归计，则皆蹙额相告，以为长官之查究，胥吏之侵扰，宗党邻里之讹索，种种贻累，不可胜言，且挟资回国之人，有指为逋逃者，有斥为通番者，有谓其运军火接济海盗者，有谓其贩卖猪仔要结洋匪者，有强取其箱箧肆行瓜分者，有拆毁其屋宇不许建造者，有伪造积年契券藉索逋欠者。海外羁氓，孤行孑立，一遭诬陷，控诉无门，因是不欲回国。间有商贾至者，不称英人，则称荷人，反倚势挟威，干犯法纪，地方有司莫敢谁何。今欲扫除积弊，必当大张晓谕，申明旧例既停，新章早定，俾民间耳目一新，庶有裨益。

据薛福成《请豁除南洋海禁折》

---

* 所标时间为薛福成奏折时间。

上薛福成禀文 *

（光绪十九年六月六日　1893 年 7 月 18 日）

　　大小白蜡及石兰峨之吉隆一地，产锡最旺，华人日增，气象方兴未艾，拟请大小白蜡共设副领事一员，吉隆设副领事一员。去岁吉隆出锡益多，集工益众，商贾麇集，货物云屯。英官方于大小白蜡之间建火车路，以资转运，数年之后，将成一大都会。华人之商于大小白蜡、吉隆者，多获厚利。一年之中，大小白蜡增工役数万，吉隆增工役二万有馀。今岁佣工，由闽、越至新嘉坡者，已有三万六千，大抵散居于白蜡、吉隆者为多。流寓日众，良莠不齐，举凡财产、钱债、赌博、斗殴之事，虑其轻于犯法，易于启争，必设领事，可资约束而筹保护。此虽系英人保护之土，各国尚未设官，然此处寄寓只有华民，并无他族。是中国设官，更属名正言顺。先是总督施密司谓：白蜡、石兰峨等处皆华民，系英国保护之邦，不必尽用英律，因嘱将大清律例财产各条抄出。已为抄出户律户役门凡八条，施督即译英文，札交各处承审官一体遵办，为英人绝无仅有之事。施督于华民保护甚周，其行政时有将就华民之处，趁其在位，赶设领事，此亦事机之不可失者也。

湖南迁善所章程

（光绪二十四年二月二十二至二十三日　1898 年 3 月 14 至 15 日）

　　一、于长沙府城内外共设迁善所五所，归保卫总局管辖，依附保卫局而行。

　　二、于保卫总局中设一所，为迁善所办事处，于此收发公文，遇事则总办、坐办、提调均在此会议。

　　三、迁善所一切事务，均归保卫局总办稽查管理。

　　四、迁善所设一坐办大员，以保卫局坐办兼充。所有公文由总办、坐办会衔签行；亦设一坐办绅士稽查管理，亦会同总办签行。

　　五、设提调二员，以知府或同知充，每日轮流到所稽查一切。

　　六、驻所委员一员，以同通州县充，每日在所办理各务。

---

* 所标时间系薛福成出使日记续刻卷八光绪十九年六月初六日所记日期。

七、所中公事，亦归保卫局分局委员兼辖；所有收发犯人各事，应会同驻所委员办理。

八、每所设理事二员，以佐贰杂职充；副理事一人，以绅士充。所有所中失业人、犯人收羁到所，一切工役程课、督责看管，以及鞭笞拘锁用法之处，皆官主之；一切起居饮食、稽查保护，以及疾病困苦用恩之处，皆绅主之。

九、理事官绅相助为理，刑法为官专管，银钱为绅专管。

十、每所收留失业人，以四十名为额，此外尚有应行收留之人，先报名列册，俟有学成出所之，人额缺再补。羁管犯人亦以四十名为止，如尚有应行羁管之人，再择所中情罪较重者分送府县监，或系改过自新、学业有成者释放出所。

十一、此项失业人，由各小分局分段稽查。为年轻失教由其家长呈首者，或游荡无依、时在街市扰累讹索有人指控者，或贫困异常及懒惰不堪由其族长姻戚引送者，统谓之失业人，应各令缮具保结，拘传到所，责令学工，另有章程。

十二、犯人系由各分局委员判断，应将所犯何案、应禁多少日期，开单移送。入所后即责令学工；其情节较重，应充苦役者，另有章程。

十三、所有工作，如成衣、织布、弹棉、刻字、结辫线、制鞋、削竹器、造木器、打麻绳之类，每所延教习八人，每教习一人管工十人，教之工作兼督其程课。其有素属文弱、曾读书识字不能作工者，亦可督令抄写。

十四、湘省着名，如浏阳之葛布、辰州之楠木、永州之锡器、宝庆之竹器、桃源之绿布，将来均可分类制造；又有外洋入口之庆面、铁钉、烟叶，由华出口之草帽边各类，将来亦可延师学习仿造。

十五、以后通沟洫、修道路、筑城池各项土木工役，亦可将所中各犯及失业人押令充当。

十六、此项应需之纱布、丝绵、竹木各项成本，应备之物，先由所中预备，再行发交各教习，分给各人工作。

十七、各项业成，由委绅发出分售，除归还物料成本外，如失业人所作有赢馀，以三成给作零用，以七成分别存储，俟其出所时，给为资本；如犯人所作有赢馀，以五成弥补该犯饭食之需，以五成给该犯，俟出所时，给为资本。

十八、所中所作工役，均有定时、如每日应作若干时候。有定程，如每人应作多少工夫。如各工役执业勤奋有逾于常课者，所得卖物馀利，概行给予本人。

十九、每所应有失业人及犯人住房，每一间约住六人，编列号数，派定分住；每夕由委员、委绅点名一次，眼看归号歇宿，即行锁门，锁匙交给看管人及杂役，轮流守护，次日清晨启门。

二十、各犯初到，进所由委员分别派拨归号，并将该犯遍身搜检，如带有行凶器具、行窃事物及洋药烟具、洋烟尤须严查，凡到所各失业人及犯人有烟瘾者，另由所中发给戒烟丸药。水旱烟袋、洋火、火石、火刀、银钱等件，一概提出另记，俟保释时给还。其凶器、窃器不准给还。

二十一、各犯初到，仍上锁纽。一月以后，由委员察看安分习业者，准脱锁纽，以示劝勉。倘有不服管束及嘈闹斗殴者，由委员送保卫分局，分别惩责锁押，情轻者发回所中，勤作苦役；情重者发府县监。

二十二、每所应有工场一大所并天井、回廊，以为工人作工之地。

二十三、每所请教习八人，每人教工人十名，教令工作兼令管督。教习亦自行作工，以作模楷而资表率。

二十四、每所设看役人八名，以供奔走，以资弹压。此二项人，日夜轮流看守，不得稍离，亦分班当差，每四个点钟即换班一次，如保卫局巡查章程。

二十五、每屋一间，约住失业人三名、犯人三名，以八十名计，每所应有此项住房十三四间。

二十六、每人应给予床铺一张。凡到所之失业人及犯人，各给予衣服，冬间加给絮被一床，棉袄、棉裤各一件，夏给席一张。此两项人，服色各有分别，亦另有式样。

二十七、失业人每日给饭食银元五分，即一毫之半，每月一元五角。犯人给饭食钱四分，一毫十分之四，每月元二角。概归厨役承办。每日食饭有一定时刻，一定蔬菜。有不如法者，由委绅查明，将役惩罚责革。

二十八、每所除厨房、门房外，应有浴堂一所，每间一日，即令洗浴。有不洁者，照章惩罚。

二十九、每所设监禁一间，犯人不服管束、怙恶滋事者，经住所委员查明，仍上锁镣，发入监狱，满日再脱。

三十、五所之外，另设病院一所。犯病者由委员验明，送病院调治。病故，报县验明，给棺瘗埋，并饬知其亲族；如愿领棺自葬，准其领回，委员报明备案。

三十一、此项迁善所所需费用，均有一定款项，由官支给，每六个月将所用各款，照依保卫局局章，缮贴局门，悬示于众。

三十二、除有定款及上开人数外，如有乐善绅商情愿捐助，或将贫穷无业之人送来学工，或自认助养多少人，如每人每日饭食银元五分，每月一元五角，愿捐十五元者，即系助养十人。所中咸一律经理。惟此项人限于住所，必须朝到暮回。倘有各绅商另赁附屋，扩充各所，保卫总局亦允分派委员，照章经理。

三十三、所中坐办公费，归保卫局照支。提调月支公费八十元，驻所委员月支公费五十元，驻所理事每员月支公费十四元，副理事月支公费十四元。开办之后，再酌量事之繁简、定人员之多少、公费之厚薄。此外，杂役、门役、厨役各给月费，另有章程。

三十四、所有未尽事宜及应增应改章程，再随时由保卫局总办邀议事绅商议定照行。本所各委员亦只有行事之责，并无立例之权。

湖南保卫局章程

（光绪二十四年二月二十二日　1898 年 3 月 14 日）

一、此局名为保卫局，实为官绅商合办之局。

二、本局职事在去民害，卫民生，检非违，索罪犯。

三、本局设议事绅商十　人。一切章程由议员议定，禀请抚宪核准，交局中照行。其抚宪批驳不行者，应由议员再议；或抚宪拟办之事，亦饬交议员议定禀行。

四、凡局中支发银钱，清理街道，雇募丁役之事，皆绅商主之；判断讼狱，缉捕盗贼，安置犯人之事，皆官主之。

五、局中设总办一人，总司一切事务；会办大员一人、绅一人。

六、于长沙府城中央设总局一所；城中分东西南北，设分局四所，城外设分局一所，共分局五所。每所辖小分局六所，共设小分局三十所。

七、每分局设局长一员，以同通州县班补充；副局长一员，以绅商充。

八、每小分局设理事委员一员，以佐贰杂职充理事，委绅一员，以绅商充。

九、每小分局设巡查长一名，巡查吏二名，巡查十四名，小分局三十所，共设巡查四百二十名。

十、此项巡查并非差役，例无禁锢。凡充当巡查：一、须年在二十岁以上三十五岁以下者；二、须曾经读书识字，粗通文理者；三、须身体强健，能耐劳苦者；四、须性质和平，不尚血气者；五、须有保人；六、须考验；七、不准以曾经犯罪之人充当。

十一、此项巡查除奉有官票另行差委之外，其寻常职事：

（一）凡有杀人放火者、斗殴伤者、强窃盗者、小窃掏摸者、奸淫拐诱者，见则捕之。有民人告发，则诉其事于局，执票拘捕之；

（二）凡行路之人，无论天灾人事，遇有急难，即趋救之，醉人、疯癫人迷失道路者，即送归其家，残疾人、老幼妇女、远方过客，均加意维护；

（三）凡所辖地内，道路之大小，市街之长短，户口之多寡，必一一详记。所住人民，必熟悉其身家品行，若无业人及异色人，当默察之。

（四）凡聚众结会、刊刻谣帖煽惑人心者，见即捕拿；

（五）凡街区扰攘之所，聚会喧杂之事，应随时弹压，毋令滋事；

（六）车担往来，碍行道、伤人物者，应设法安排，毋令阻道；

（七）道路污秽，沟渠淤塞，应告局中，饬司事者照章办理；

（八）凡卖饮食，物质已腐败或物系伪造者，应行禁止；

（九）见有遗失物，即收存局中，留还本人。

十二、凡巡查，非奉有本局票，断不许擅入人屋；违者斥革兼监禁作苦役。

十三、凡巡查，不准受贿，亦不准受谢；查出斥革并监禁作苦役。

十四、凡巡查，不准携伞执扇，不准吸烟，不准露坐，不准聚饮，不准与街市人嘈闹戏谈；违者惩罚。

十五、凡巡查，准携短木棍一根，系以自卫，不准打人，并不许擅以声色威势加人。内处同事，外对众人，务以谦和温顺、忠信笃实为主。

十六、各分局巡查概分为两班，每日分六次，每四个钟点换班，每日从正午十二点起为第一班，至四点钟换第二班，至八点钟换第三班，至十二点钟换第四班，至四点钟换第五班，至八点钟换第六班，至十二点钟又换第一班，如是轮流，周而复始。每换班时，由局中派出后在街巡查，始行换回。换班回局后，所有食饭歇息之事，均在局中，不许他出。

十七、初次当差，均作四等巡查，其遇事有功或日久无过，可以递升至三等、二等，辛工亦可酌加。

十八、巡查如有行为不端之事，经本局查出或他人告发，查实照扣辛工，重则斥革监禁。另有章程。

十九、巡查吏专司侦探事务，搜索罪犯，帮同巡查长督率各巡查以从事。另有章程。

二十、巡查长所属各巡查归其督率，受其节制。

二十一、各小分局设理事委员一人，以佐贰杂职充，每日以日出到局，日入归家，督率在局各役，遵照章程经理事务，事必身亲在局。办事不许着袍褂，公务步行，查街不许乘轿。

二十二、小分局理事委员，遇事应禀知分局局长或移知各小分局，即用理事委员衔名，自钤小印径发。遇有巡查禀请出票拘传之时，亦准理事委员将总局给发之票照章填给。

二十三、凡地方人民，遇有犯案，经巡查拘传到局者，即由理事委员问明，禀送各分局分别办理。

二十四、凡地方人民，或因口角斗殴滋事申诉到局者，准由理事委员劝解和释；不能了结者，送分局办理；或于地方有损害，或于人民有碍平安者，经人告发，亦准由理事委员传问，系本局应理公事，即送分局办理。其户婚、田、土争讼之事，本局不得过问。

二十五、各小分局委员不准设立公案，不准擅用仗责。

二十六、小分局副理事以绅商充，帮同理事督率巡查，以办理局务。

二十七、小分局副理事应住局中，所有局中出入银钱、管理器物，是其专责。

二十八、分局局长以同通州县班充，每日以日出到局，日入归家，督率在局各员遵照章程，经理事务。

二十九、所有地方人民违犯本局禁令，即第十一条所载各事。或本局巡查不守本局章程，即十二、十三、十四、十五、十六条所载各事。由各小分局拘送到局者，由各局长讯问，除罪犯徒流以上应送总局办理外，馀均由局长分别轻重，随时发落。

三十、本局另设迁善所五所，即附五分局，办理所有拘传到案审实发落之犯人，即发交迁善所，令其学习工艺，充当苦役。另有章程。

三十一、各分局副局长以绅商充，帮同局长督率员役，以办理局务。

三十二、各分局副局长应住局中，所有局中出入银钱、取支器物，是其专责。

三十三、凡各分局及总局，均应设书识　名，专司缮写纪录之事；丁役　名，专司伺候讯案、接送犯人之事；杂役　名，专司奔走使唤之事。用人多少，视事之繁简，再行酌核。

三十四、总局设委员四人，以同通州县充，内专司文案二人，一切禀详、移札、文牍，均归拟稿，专司审案二人，所有各分局送到犯人，归其审讯。

三十五、此项文稿均别立格式，变通旧体，以期简易，以归迅速。除另设章程系寻常事件业经拟定者径由文案缮发外，其他一切文牍，均呈由会办，总办标行。

三十六、此项罪犯除情罪重大者案结之后仍发交长善监及府监收管外，其他均发交迁善所办理。

三十七、总局委绅二人，以绅商充，应住局中。所有各分局、小分局购置器物归其专办，一切公用器物由总局购备，发交各局支领应用。所有各分局支发银钱归其专责，应将用出之银钱随时登记，交由会办、总办查阅，每六个月刊刻一次，分派各局并悬贴局门。

三十八、本局会办大员一员，管理稽查局中一切事务，凡系缉捕盗贼、判断讼狱、安置犯人之事，均会同总办签行。

三十九、本局会办绅士一员，管理稽查各局委绅、各局巡查一切事务。凡系支发银钱、清理街道、召募巡查之事，均会同总办签行。

四十、本局总办一员，一切事务均归稽管。

四十一、本局事属创办，所有未尽事宜及应增应改章程，再随时邀集议定，交本局遵行。本局只有行事之责，并无立例之权。

四十二、本局除议事员绅及本局总办不支公费外，总局会办官一人，月支公费银一百二十元；会办绅一人，月支公费八十元；委员四人，每人月支公费六十元；委绅二人，每人月支公费五十元；分局局长官五人，每人月支公费五十元；副局绅五人，每人月支公费四十元；小分局要员三十人，每人月支公费二十元；委绅三十人，每人月支公费十六元；巡查长三十人，每人月支公费八元；巡查吏六十人，每人月支公费六元；四等巡查四百二十人，每人月支公费四元；凡巡查长、巡查吏、巡查饮食官服，均由官给。

四十三、本局议事绅士十　人，以本局总办主席。凡议事均以人数之多寡定事之从违，议定必须遵行章程。苟有不善，可以随时商请再议。局中无论何人，苟不遵章，一经议事绅商查明，立即撤换。

四十四、本局总办，以司道大员兼充，以二年为期，期满应由议事绅士公举，禀请抚宪札委。议事绅士亦以二年为期，期满再由本城各绅户公举。其有权举人之绅士，俟后另定章程。

会筹课吏馆详文

（光绪二十四年二月二十六日　1898 年 3 月 18 日）

为遵札会议详复事：

案奉抚宪札开："照得课吏馆之设，欲使候补各员讲求居官事理，研习吏治刑名诸书，而考其所得之浅深，用力之勤惰，第其等差，酌给奖资，寓津贴于策励之中，其才识高下，亦因之可见，法诚至善。惟仅只每月一课，分给奖资，候补各员藉资津贴，不无裨益；而于读书读律之道，未有当也。分人以财，谓之惠；教人以善，谓之忠。古者学而后从政，未闻以政学也。既有课吏之名，即应循名责实，必使候补正佐各员，皆知有向学之方，期得学问之益，日有所考，昼有所稽，学业有成，而后出而从政，不至茫无所知，徒假手于人，一听书吏提掇。且既已研究书籍，讲明义理，则志趣日正，神智日开，中材可成大器，实为造就人材、整饬法术之要。惟本部院事务繁多，不能常亲督饬，必须有大员总理其事，尤必先妥议章程，务求课吏之实。查该署臬司学有本源，讲求经济，近来办理刑名案件，准理酌情，深得例意，非久将回本任，职事清简，堪以总理课吏事宜，合行札委。为此，札仰该署司即便遵照总理课吏馆一切事务，克日先将课吏切实章程，会同藩司及善后局各司道妥为拟议，斟酌尽善，详候本部院核夺施行。一面将现行月课先行停止。毋违，切切。此札。"等因，奉此。

本署臬司查政治赖乎人材，人材成于学问。古者选士，升之司徒，论定后官，位定后禄。乡自比长党正以至乡大夫，国自小胥以至师氏保氏，其教于未用之先者，至详至密也。计吏统于太宰，旬正日成，月要岁会，廉善、廉正、廉敬以显其德，廉法、廉能、廉辨以察其材，其课于已仕之后者，至周至慎也。自选举变而士鲜实修，士途杂而官无实学。不独猥琐龌龊、脂韦巧黠之徒，以学制美锦为常，存何必读书之念；即起白科日者，小徒溺虚文而少实际，律例、兵农、簿书、钱谷均非平日所服习。一入仕途，心摇目眩，但惴惴然自顾考成，以有干吏议为惧，举一切事务，听命于吏胥，进退为谨。若其他计较锱铢，揣量肥瘠，行私罔上，无所不为，更无论矣。此其弊在于不学。惟不学而仕亦竟有侥幸肆志之时，于是举天下正途杂途充溢行省，咸争捷足，以官为市，以学为迂，遇有敦品力学之人，转从而非笑。贤者或毁方瓦合，中材则随俗波靡，轮班听鼓，退食委蛇，国计民生，教化风俗，均置之不问。是不学而从政，并未尝以政学也。赤芾三百，贻羞鹈梁，吏治之坏，伊于胡底。

湘省向设课吏馆，使候补各员研习吏治，酌给奖资，用意良厚。惟每月只一课，每课只一文，寻行数墨，以争一日之长短，而搜检夹袋，杜绝枪替，一切疏阔，又不能与试官考试比。故虽有课吏之名，仍于吏治无裨。且佐贰到省人员，恃有此每月数两之津贴，争捐分发，纷至沓来。上年冬间，报到者竟有三十余员，钻营奔竞，以求差使，亦势所必然。守此不变，非徒无益，抑且有损湖南本天下望。国士大夫负教养斯民之责，不思勤求治理，新我大邦，以上纾宵旰之忧勤，下拯生民之饥溺，自顾车服，能无惭惧。幸逢抚宪整新百度，无旷庶官，札饬署臬司总理课吏事宜，并会同藩司职道等筹议章程，详候核夺。本司职道等遵即反复筹商，就现在时势及应尽职分，宜切实讲求，以见诸施行者，约分其类为六：

风气习尚，士居民首，兴学育才，所以牖民智而开物成务也，故学校居首；

农桑种植，工艺制作，食货之经、生命之源，所以利用厚生而收复利权也，故次农工；

修城池以资保卫，治道路以便运输，通沟洫以救旱潦，而铁路轮舟尤为要务，故次工程；

读律者贵知其意，援例者贵得其情，成案者贵通其变，而条约公法更相辅而行，故次刑名；

清内捍外，安良除莠，寇盗奸宄，会匪棍恶，皆民贼也，故次缉捕；

海禁既开，交涉日密，通商游历，立堂传教，保护失宜，化导无术，皆祸端也，故交涉殿焉。

各类书籍，听习专门，质之馆长，登诸札记，辨其疑难，详为批答，俾日就月将，铢积寸累，复设为课格，填注分数。积分之法，亦有三类：曰勤业，曰善问，曰进益，分填合计，即仿日成月要之意，以九十分为合格。其已及格者，则以溢分之多寡为给奖之厚薄。每三个月大考一次，每半年各司道随同抚宪至馆汇考一次，核册列等，饬知令省各道、府、州、县，以资鼓励。分财即以教善征实，而非虚文。数年之后，人才日盛，可操券获也。

伏查前抚宪吴　创设斯馆，专课在省候补各员，其实缺及署理人员均不与焉。伏读抚宪札饬，既有课吏之名，即应循名责实，原可合全省官吏，共切讲求，课其论政之言，复课其行政之实。惟此项现任、实缺及署理人员，论其职事，虽不出六类之外，而课其政绩，自有两司计典，随时黜陟，此馆可毋庸兼及。如有志切向学，缮寄札问，馆长、总理自必一律批答。或有兴利除弊、切实求考者，亦应由馆中另禀抚宪察核办理。

附陈二条，以备采择：

伏读本年正月初六日上谕："设经济特科，令三品以上京官及督抚、学政各举所知，无论已仕未仕，均得奏保殿试擢用，并督饬各新增书院学堂，切实经理，认真训迪。"等因。时事当需才孔亟之秋，朝廷已深知不学无术之弊，若统全省官吏而课之，推科举之变格，宏课吏之规模，教于未用之先，询以方用之事。察吏之外兼以所学浅深，课其政之殿最，用以贤制爵、以功诏禄、以能诏事之意，一劝之以学。此则抚宪自有权衡，亦为司道等无须渎陈者矣。

所有奉札拟改课吏馆章程各缘由，是否有当，理合将会同酌议新章，详请宪台，俯赐查核批示祗遵。

保卫局增改章程

（光绪二十四年三月十一日　1898年4月1日）

一、总局委绅，每月公费银三十二元。

一、五分局委绅，即副局长。每月公费三十元。

一、所用各员，均由会办官选举，由总办定用。所用各绅，均由会办绅选择，由总办定用。

一、所用各员，系由会办大员自拣，抑或何人保荐；所用各绅，系由会办大绅自拣，抑或某绅商保荐，均须于名簿注明，以公众览。

一、所用各员绅，如不遵章程，不能称职，经会办员绅查明，即行撤换；由总办查明，亦即行撤换。其由各绅商指告者，经会办、总办查悉，亦即行撤换。各小分局员绅，或经分局局长、副局长查悉，禀由总办、会办察实，亦即行撤换。

改定湖南课吏馆章程

（光绪二十四年三月十八日　1898 年 4 月 8 日）

一、于府城中央备房一所，仍名为课吏馆。

二、馆中设总理一员，专司课吏一切事务。

三、设提调一员，以候补知府充。凡撰拟文稿、支发银钱、管理器具各事，均归提调办理。设理事委员一名，以佐贰杂职充，归提调差遣。

四、于馆中设一问治堂，聘请品学兼优、才识素著者二三人作为馆长，住居馆中，以襄助总理考课各事。

五、馆中各课，现分为六类：一曰学校；凡造士育才之法，均归此类。二曰农工；凡务财、训农、勤工、兴业之法，均归此类。三曰工程；凡治道路、通沟洫、修城池之法，均归此类。四曰刑名；凡考律例、清讼狱、处罪犯之法，均归此类。五曰缉捕。凡盗贼、会匪、恶棍一切查缉之法，均归此类。六曰交涉。凡通商、游历、传教一切保护之法，均归此类。

六、馆中设书藏一所，所有分课各类之书，有古籍，有时务，有总论，有专书，有图，有表，有书目，一一咸备，以供各员取阅。

七、凡到馆学业者，无论同通州县佐贰杂职，愿习何项，即自占一类，或兼二类、三类，亦听其便，到提调处自行注册。

八、既占某类，愿阅何书，即由提调向书藏领取，发交该员阅看。

九、所阅之书，各员应自行用笔点识，并将所见识于书眉，每日呈问治堂查核，查毕交还。

十、各员应设札记簿二本，由馆中领取。所看何书，或有疑难未解之端，或有推阐义理之处，即用行书缮入札记。此札记各备二本，每日呈送问治堂批答。呈送第二本，即领回第一本。

十一、问治堂馆长于各员札记逐日批答。有专答，专就其人所问难陈述者而答之；有通答，通论此事之是非得失而答之。所有通答，另饬人钞录，贴挂堂中，俟后汇聚成篇，再行选择刊布。

十二、堂中另设待问柜一器。各员除所习本业既于札记中批答外，凡馆长贴示之通答及同僚札记之专答有所疑难或有所阐发，可另取堂中待问格纸，陈其所见，投入柜中，以待馆长批答。

十三、在馆学习者，每日应于午前九点钟到馆阅看书籍，呈领札记，即于此时谒见馆长，当面请益，至十二点毕业。

十四、各员阅看之书籍、自缮之札记，听其回寓自行肄业。如有愿在馆中学习者，亦听其便。馆中别有书室一所，听其自携纸笔，就案查阅。不得携带家丁入室，不准在案上饮食，不准在室中眠卧，违者以犯馆规论。

十五、问治堂馆长每日于十点钟起接见各员，至十二点钟散席。各员之札记、馆长之批答，即于此时面交。

十六、总理应间日到馆，现定日期：每月以初二、初四、初六、初八、初十、十二、十四、十六、十八、二十、廿二、廿四、廿六、廿八、三十若系小建，于廿九日到馆。为到馆日期。

十七、总理到馆日，准于每日十点钟到十二点钟散，即于此时会同馆长接见各员。

十八、总理到馆，所有各员之札记、馆长之批答，即于此时送阅。总理立将某类某条随时摘出，面询某员，觇其答辞，以考其学业。

十九、馆中考课，用积分之法，分为三类：一曰勤业，就其到馆之时刻、阅书之卷帙、札记之条数，取其执业之有恒、请益之无倦者；一曰善问，就其札计[记]待问札，取其发言之精审、求理之深切者；一曰进益，就其人所学，取其志趣之奋发、才识之开敏者。

二十、积分之法，另编一表，注明某官、某人、所读何书，将上开三类刊入表格。其勤业、善问二类，每日由馆长填注；进益一类，每月由总理会同馆长填注，即照抄一分，呈送抚宪查核。

二十一、馆中积分之法，每月以九十分为合格。每日填注之一类以三分为则，多不逾六分。如勤业一类，每日到馆有定时、无旷课，准注一分。阅书能过十篇、点识均如法者，准注一分。札记能缮出一条以上、百字以上者，准注一分；如善问一类，除所问不切、不审者不注外，平常注一分，善者注二分，尤善者注三分。每月合计通算，如此类不及分、彼类有溢分者，或今日不及分、而明日乃有溢分者。逾九十分者，是为溢分，例得奖勉。

二十二、每月既将馆课分数注册，呈送抚宪，即照表榜示堂中。每三个月大考一次，稽核各员溢分之多寡，以定给奖之厚薄。

二十三、每年大考四次。每大考一次，奖银一千两，统计各员溢分之数，即照分数摊算银数，以分给各员。假如各员溢分之数合计溢至二千分，即照系每一分应得银五钱；假如某员溢至一百分，即系某员应得银五十两，无论多寡，概照此摊算。

二十四、每六个月再请抚宪及各司道到馆汇考一次，将各员溢分及不及分者总核注册，分别等第，列作六等：一、上上，二、上中，三、上下，四、中上，五、中中，六、中下，将姓名、官职等第榜示馆门，并饬知通省道、府、州、县各衙门。

二十五、凡在省候补现有差委人员，为职事所羁未便按日到馆，如有愿就馆学习者，亦许其自占一二类，取阅书籍，缮送札记，由馆长批答。其应注分数，通照上章，一律办理，另由总理分别传见。虽所溢分数不给奖银，仍照分注册，由总理将册按月呈送抚宪。或应留差，或应调缺，由抚宪查核定夺。

二十六、所有外府、州、县现任实缺人员，如有愿占某类、阅何书、自缮札记，寄到馆中者，馆长亦一律批答。

二十七、所有现任实缺各府、州、县，如有将该地方应改之书院、应修之水利，以及训农、劝工、捕盗、缉匪、刑名疑难之案、交涉应付之方，禀请总理核示者，亦分别批答。或有将该地方何项应兴之利、何项应革之弊、其民情习俗如何、官役积弊如何，原原本本，切实禀陈者，并可由总理另禀抚宪察核办理。

二十八、无论何项人员，如有能讲求时务、指陈利弊、缮禀条陈，确系切实有用者，总理另行延见，另禀抚宪察核办理。

二十九、馆中另有馆规，凡到馆学习者，均须遵照；有犯者，即记过。每记过一次，即扣减分数二分。

三十、馆中应用款项，暂将旧日课吏馆所支之款分别拨用，一概由提调收发。

三十一、现拟聘请馆长三人，每位支送岁修银八百两，一切夫马饮食之费，由馆长自备。此项岁支银二千四百两。如系京朝官或他省绅宦，拟另行酌送盘川银　两。

三十二、馆中奖银、每大考一次，支银一千两，合共岁支四千两。

三十三、提调月支薪水银四十两，理事委员月支薪水银十两。此二款合共支银六百两。

三十四、馆中一切费用，由提调酌拟，呈总理核定，按月支领。

三十五、开办之始，应先购备各类书籍图表，拟酌支银一千两。

三十六、现将馆中原领款项分别支用，如有不敷，再禀请抚宪酌拨。所有馆中未尽事宜，或将来有应改章程，再随时随事，禀请抚宪核办。

禁止缠足告示

(光绪二十四年闰三月九日　1898 年 4 月 29 日)

钦命二品衔署理湖南等处提刑按察司按察使、总理全省驿传事务、盐法长宝道随带加一级黄，为出示晓谕事：

照得天地生人，本无生女悲酸之意；父母爱子，时廑生疾毁伤之忧。故圆颅方趾、麻木偏枯则为疾；属毛离里、痛疾噢咻之谓慈。自薄俗流传，公理蒙晦，求工纤趾，肆彼忍心，毒螫千年，波靡四域，肢体因而脆弱，民气以之凋残，使天下有识者伤心，贻后世无穷之唾骂，今之缠足是已。本署司实怜之悯之，痛之惜之！特胪举其害缕言之：

一曰废天理。不良于行，天之所废。三刖其足，古之酷刑。今国家久废肉刑，上天不闻降割，赤子何罪，横加五刑。几席之间，忽来屠伯之酷；闺房之内，竟同狱吏之尊。谓天谓地，蹦蹐无所逃；呼父呼母，疾痛之弗恤。由斯而言，天理安在？

一曰伤人伦。母子为天下之至爱；夫妇本人伦所造端。而乃割慈忍爱，戮所生以为荣；折骨断筋，求所天之欢喜。舅姑以生偏爱，婢妾以争宠妍，妯娌以失和谐，姑嫂以滋谣诼。一家以此分好恶，四德不问其有无，人伦伤矣，何恩之有？

一曰削人权。夫讯不亲迎，《春秋》平等之微言；妻之言齐，《礼经》应有之义例。而乃曲附抑阴扶阳之说，只为冶容好色之求。以充服役，则视之如犬马；以供玩好，则饰之如花鸟。既不学以愚其心，更残刑以斲其性，遂使遇强暴则膝行而前，嗟实命则抱足而泣。锁闭在室，呼吁无门；战战在心，拳拳缩足。人权丧矣，何义之有？

一曰害家事。不利走趋，不任负戴，不能植立，不便提携。或箕踞以见家公，或跛倚而襄宾祭，或长跪而司浣濯，或偕行而待扶持，乃至馈饷之事，代役于徯夫，井臼之操，盛称为奇行，六极兼受其恶。弱毕生强，付于尸居，四万万人半成无用之物，二十一省各增内顾之忧，害于而家，凶于而国矣。

一曰损生命。既缚束之，又朘削之，既禁锢之，又幽闭之。其痛楚酸心、尪削致疾者无论矣。其或变故猝至，仓卒走逃，或谲谲出出之火灾，或浩浩荡荡之水患，又或生当乱离，俘作囚虏，受絷则鞭杖交加，偶仆则人马践踏，爷娘弟妹欲救而不能，缢溺屠颈求死而不得。至于张献忠之酷削趾以像天山，洪秀全之惨骈足以作人烛，此更耳不忍闻，口不忍述者矣。生命之损，非此阶之厉乎！

一曰败风俗。夫戕贼杞柳以为杯棬，道家犹讥其伤物；豢养鱼鸟施之笼网，君子犹议其不仁。今以人类等物，藉杀人以媚人，肢体何物，以供戏玩，骨肉至亲，使之诲淫，是何异乎刘龚嗜杀，涎蛟而下酒，郁林取乐，聚蝎以螫人。乃彼则全无心肝，众所笑骂。而此则举世相习而不察，千年沿袭而不改。谁为作俑，岂啻无后，世有地狱，正为斯人。风俗之败，无以逾于此矣！

一曰戕种族。五代以后，至今千年，神明之胄，层递衰弱，岂人材之不古若欤？抑他族之独为天骄耶？非也。盖人生得半于母气，今在母先损其胎元，禀赋已薄，则躯干不伟，孱弱多疾，则志气日颓。本实先拨，无怪枝叶之凋，鱼肉自戕，若待刀砧之供。辽宋以来，此风盛行，华夏之旧，积世逾弱。彼汉唐极盛，曾有天可汗之称，欧美大邦，绝无人为奴之事。反是以观，种族之戕，又奚堪设想乎！

凡斯利害，昭然目前，苟有天良，能无心痛！本署司早岁随槎，环游四国，先往东海，后至西方。或作文身，或束细腰，虽属异形，尚无大害。若非洲之压首使扁，印度之雕题饰观，虽有所闻，并未目睹。惟华人缠足，则万国同讥：星轺贵人，聚观而取笑；画图新报，描摹以形容；博物之院，陈列弓鞋；说法之场，指为蛮俗。欲辩不能，深以为辱！既闻寓居西人联合大会名为"天足"，意在劝惩。在彼以普度众生为名，使我增独为君子之耻。适新会梁君，即今之时务学堂教长，商立此会，首列贱名，而南皮张公，今湖广总督部堂，遂手书一叙，普告于众。近而沪苏，远而闽广，以小生巨，异步同趋，行之未及一年，入会已逾万众。今本署司从宦湘中，忝居民上，若畏避讪谤，置为后图，非特无以慰我黎庶，亦复何颜对我友朋！本署司平生之志，不敢不为士民告者也。

大清受命近三百年，会典通礼，明载服色，后妃福晋，依然同屦，凡我臣民，自当效法。恭读顺治十七年圣谕，有缠足者罪其父，若夫杖八十、流三千里。又嘉庆九年奉谕，今镶黄旗汉军应选秀女，内缠足者竟至十九人，殊为非是。此次传谕后，仍有不遵循者，定将秀女父兄，照违制例治罪。皇祖有训，普天共闻。只以本朝政体尚宽，汉人听其从俗，故官吏视为具文，士民逃于法网。夫王制首禁异服，史志明讥服妖，乃生今而蹈违制之罪，欲盎而为折割之人，抚膺以思，若芒在背。此又本署司官司之守，不敢不为士民告者也。

查光绪九年，湖南奏准：故杀幼媳，酌议监禁，勿听收赎。近有村妇，为九岁养媳缠足，恶其啼号，立时殴杀者。本署司遇有此案，必援照办理。同治十年，部议：凡宦家致死婢女者，除死者年齿已长，或邂逅毙命，仍照旧章办理外，如年在十五以下，验有水淋火烙伤痕，照金刃损折五伤以上，俱入情实。嗣后如有官民妇女因缠足致死卑幼及白契婢女，罪应绞候者，秋审时必援照此案，概入情实。孺子入井，皆有恻隐之心；妇人黑心，敢为姑息之爱。冀少免赤子之宛转啼号，断不纵恶姑之狠心毒手。此又本署司刑名之汇，不敢不为士民告者也。

本署司之出此劝谕，非谓能伸其禁制之权，兼虑乡曲愚民不免非笑之举，习焉不知，积重难返，滔滔皆是，藐藐谁听？然窃计数年之间，朝廷必重伸禁革之令；数十年后，天下必无缠足之风。理出于大同，弊去其太甚；道穷于必变，任重于先知。为此示仰绅商士民人等，一体知悉。所望不缠足一事，父诏而兄勉，家喻而户晓，早除一日，即早脱一日之厄；多救一人，即多得一人之用，以存天理，以敦人伦，以保人权，以修家事，以全生命，以厚风俗，以葆种族。本署司实有厚望焉。切切。特示。

通饬各州县札

（光绪二十四年四月十一日　1898年5月30日）

钦命二品衔署理湖南按察使司、盐法长宝道随带加一级黄，为通饬事：

案奉抚部院陈批：临湘县申报监犯欧召善患病保外医调一案。奉批。"据申已悉。查应免罪囚，法司核复文到之日，即行释放。又应追埋葬银两，勒限一个月追完。如十分贫难，量追一半；若限满勘实，力不能完，取结请豁，定例各有专条。此案监犯欧召善，因戳伤王昌合身死，拟绞监候。恭逢光绪二十年八月十六日恩诏援免，于二十二年四月十八日，奉准部复，行司转饬，遵照在案。该县于奉文后即应释放，何得因埋葬银未清，将其羁禁两年？自因不谙定例，以致错误。该县一处如此，其馀各属亦恐不免。仰按察司饬承将各厅、州、县申賫监犯月报清册，逐一查核。如有应释未释人犯，即由司札饬提禁交保，以清囹圄，而免淹滞，并饬该县知照。此缴。"等因。奉此。

查上年九月内，据湘潭县详报：钟俊才在保病故一案，曾奉抚宪批示："徒罪以上人犯始行收监，律有明文。钟俊才奸所登时杀死奸夫，律得勿论。无罪之人，本不应收监，仗罪以下，例归外结，并不咨达，亦无部复可奉。此案前据桂前司议详，当经本部院批结。该县不将其省释，致监禁一年有馀，今已病故，尚称未奉部复，大属不合。应饬各属清查，如有似此误监人犯，立即省释，毋使瘐毙。"等因。当经本署司录批通饬在案，以为各州、县奉文之后，必自触目警心，将监管人犯逐一清查，分别省释，不至再有滥禁之人。兹奉前因，并据该县申报到司，检阅卷牍，殊为诧异。夫以逢恩赦免之囚，而因埋葬银两未清，羁禁两年之久。该令既不勒限追完，又不查实请豁，提禁省释，殊不可解。足见各州、县平日于羁管人犯，全不留心。即各上司谆谆诰诫，亦复视为具文，慢上残下，殊可浩叹。

本署司自莅湘省，权陈臬事，亲见拟罪招解之犯，囊头械足，鸠形鹄面，匍匐案下，无复人色。询及管禁几时，身受诸苦，无不潸潸泪下，甚则伏地痛哭，不能仰视。所有监禁羁管一切情状，大都圜扉短墙，蹐天蹜地，食饮不饱，坐卧无所；而污秽所积，蒸为灾沴，死亡枕藉，血肉狼戾，传染毒气，无不生疾。医方诊病，官已验尸；汤药未进，席裹继出。即在寻常，亦已十囚五死，若遇天灾，更不堪问。以此种监狱，而禁卒看役，反据为利薮。一人受押，凡随身之物，一钱尺布，搜括净尽。食宿之地，溲便之所，一举一动，无不多方抑勒，甚至置之涸秽，戴以溺器，擅用非刑，恣其凌虐。缚于短凳，中贯长扛，使不得转动，谓之"施榨方"；系其肢体，半悬于空，使不得反复，谓之"吊半边猪"；缚手足大指以悬空者，谓之"扳罾"；反缚而悬者，谓之"倒扳罾"；并有"烟熏火炙"、"踩刺筒"、"鹰唧鸡"、"打地雷"、"猴儿偷桃"等类名色。种种酷虐，甚于地狱。稍有人心，尚为之口不忍述，耳不忍闻，何况若辈身受其苦？古人有言："画地为狱，议不入；刻木为吏，期不对。"盖狱吏之尊，罪囚之苦，古今同慨。而湘中讼狱之繁，人犯之多，其弊为尤甚：有滥控之犯，如藉故陷害，一纸牵诬，多至数十人者；有久羁之犯，如案情疑难，犯供游移，一押至十数年者；有牵连之犯，如命盗重案中之指作干证，曾经在场者，户婚、田土、钱债各案中之曾作中人媒妁及说事过钱者；有轻罪之犯，窃盗斗殴案中之形迹可疑、贫穷不堪，无人领归，无人取保者；又有前任未办结释放，后任不加觉察者；有初审留作证佐，原拟再审，久而置之不理者；有始因人犯未齐，暂羁候审，久而忘其所以者；更有门丁书役，内外串通，或藉案弋致，挟嫌安拿，私押差厅，肆其讹索；或案已审结，官许发放，族保未集，依旧淹留者。

国家设狱，原所以禁暴止奸。果系大盗要凶，恶贯满盈，孽由自作，犹可言也。其市井鼠窃之徒，室家崔角之讼，或由于饥寒交迫，或出于伶仃无告，亦不问所犯轻重，动辄长羁永禁，虽在缧绁，非其罪也。蹂田夺斗，罚已重矣。若夫失火之殃馀波之及，本为事外无辜之人，亦受牵连下狱之累，至使株连之罪，锢之终身，瓜蔓之抄，逮及十族。又如证人一项，实有益于问官，为民上者需之甚殷，本应优待，而亦夺其生理。豺虎是投，视作累囚，牛骥同皂，尤为无礼无义、不仁不智之甚者矣。牧令一官，为民父母，谁非人子，各有天良，而日坐堂皇，奄奄尸位，竟使无罪之民骈手絷足，横加禁锢，抚膺自问，能无悚怵？

本署司莅任以来，留心察吏，僚属中虽有一二操守难信之辈，而剥削民膏，淫刑以逞，如已革之余良栋、吕汝钧者，似尚无其人。而六七十州、县，监禁羁管至数千人之多，烦怨抑郁。抚宪至谓人怨神怒，上干天和，其故何哉？人皆有不忍人之心，岂一行作吏，遂视民如仇雠草芥，竟性与人殊耶！反复以思，或亦有不得已之故焉。一事报官，获犯到案，有上司之督责，有彼造之指控，而供词各执，人证未齐，定谳则未能，释放则不敢，惟有姑且监禁之一法。此其故由于不明，不明则不能决断，而监系者不知几案，不知几年矣；亦有不及知之事焉。一人之身，百事丛脞，有家丁之朦蔽，有胥吏之舞文，而积牍丛压，深居简出，左右之人辄伺其间隙以售奸，于是有私押私拷之弊。此其故由于不勤，不勤则不能清查，而监羁者不知几处，不知几人矣。由前之说，其责不专属之各府、厅、州、县；由后之说，其责不能不属之各府、厅、州、县。

今本署司敬与管狱有狱之官约，凡十五条：

一、凡律得勿论及例应减等者，现奉抚宪批示，除令局员督责司承稽核月报，调卷开单，另行札查外，并望各牧令先自极力清查，与各幕友调核案卷，禀明核办。

二、命盗重案中有滥控多人，日久未结，查明实非其罪者，将姓名事由开具简明清单，禀请核办。如经本署司核准批释，将来或事主原告再行上控，或抚宪、刑部有所驳诘，本署司实任其咎，不与各牧令相干。

三、窃盗斗殴，一切轻罪之犯，如监羁有年者，应饬令该团内绅士具保释放。如无人担保，亦可传集该姓户族，发交领回，责成约束。

四、各命盗重案中之被告，审明如系无干，立即省释；或本属在场，或稍有干系，并非凶盗，罪在笞杖以下者，分别交保，俟缉获正凶，再传案备质。

五、户婚、田土、钱债各案内之中证、媒妁及说事过钱人，如有不合，当堂照例笞杖发落；或其事不能遽结，均令在保候讯，不准收押。

六、州、县保户，率皆差役书蠹充当，无保即须收押，故保户得从中勒索规费。嗣后保户应听本人自择，铺户均可具保，不准书差从中捏禀，把持拦阻。保户出其保结，为书差蔽搁，不能通入，准于升堂时呈递，或拦舆禀呈。

七、欲防丁役私押私拷之弊，非随时自到监羁各所亲查，无由杜绝。清查之法，每月数次，得闲即往，并无一定时刻，庶使人猝不及防。另用粉牌，将监禁各犯姓名、收放月日书于其上，悬挂头门，俾众共览。榜中无名，官已省释，仍遭私押，许被害之人及其亲属随时拦舆喊控；绅士商户随时函告，查明立将丁役重办。

八、将监管人犯案由，自设一簿，或自开一单，置之座右，隔数日必一清理，逐日收封，册籍必须亲自标判，不可诿诸亲属幕友，庶所收人犯名数、姓氏常在目中，某案已结未结，某犯应释应审，时时警醒，以免日久遗忘。

九、监狱本典史专管，州、县宜随时督率稽查。丁役如有拷索克扣凌虐，均惟典史是问。其州、县管禁家丁及各羁所积弊，均责成典史是问，其州县管禁家丁及各羁所积弊，均责成典史稽查，禀印官察究，毋得徇隐。丁役有弊，典史如能自行举发，免其议处。经理得法，并准由印官照例请奖。

十、既经此次查办以后，前任移文交监羁人犯清册，接任者亲自点查有无多少，将此项清册开具简明案由，出具人数切结，随到任文书申报，〈以〉凭考核。

十一、此次文到后，立限一个月清理，将以前监羁人犯实有若干并释放人数，开单禀复。

十二、各州、县月报册中，羁管人犯多非实数。此次查办释放之人，有月报册中未及开载者，本署司并不责备。其实在不能遽释者，亦准声明案由，补造入册，期昭核实。

十三、此次查办后，月报册中仍有与实在监羁人数不符，以及应释不释，任意羁押，或经上控发觉，或遣委员查明，定即详明两院，从严撤参。

十四、管监、家丁、禁卒、看役，应由官捐廉，优给工食。如有索取规费，酷拷诈索，凌虐罪囚，曾经典史禀知，或民人控告，本管官不据实举发者，即照二十二年抚宪通饬办理。

十五、凡轻罪已决人犯，素鲜执业，又无户族的保，碍难遽释者，应由各府、州、县设立分所，教以工艺，期有恒业，化莠为良。现奉抚宪檄司，仿湖北迁善所章程详议饬遵，已于省城附保卫局设立迁善所，约可容四百人，会同绅士办理，拟另札通饬各属，一体照办。府、厅、州、县如能各就地方情形，先筹办法，禀候察核，尤所企盼。

本署司权理臬篆既半年矣，公牍往返，从不强人以难行之事，亦不责人以无补之言。此次查办人犯，凡我同僚，揆度地宜，体察民情，斟酌事势，如有不能行之故，与夫不得已之情，望即从实禀明，和盘托出。凡有可以通情分谤之处，本署司必独任其责，断不推诿。至于谳狱之不明，奉职之不勤，此在该牧令等自尽其心，非本署司所能代任。若仍蹈故辙，掩饰弥缝，作无益以害有益，是甘为不肖之尤，本署司惟有执法以从其后耳。

总之，本署司开诚布公，所厚望于同僚者，只此"实事求是"四字而已。合行札饬。札到，该即便遵照，毋再玩忽因循，狃于积习，致干严遣。切切。

特札。

通饬各府厅州县札

（光绪二十四年四月十三日 1898年6月1日）

为札饬事：

准藩司咨：奉督部堂张札开：光绪二十四年三月二十日，准督办铁路总公司事务大臣、大理寺少堂盛咨呈开：窃照粤汉铁路关系紧要，前据粤、湘、鄂三省绅商呈请通力合作，以保中国利权而杜外人觊觎，业经本大臣据情会奏。奉旨允准原奏。造端之始，以勘路为第一要义，应由三省遴委员绅，公同测勘，使知便商卫国，事〔势〕在必行。除已遴派洋工程司，并由湘、鄂两省及总公司各派译员导护前进外，合亟遴委熟谙译务明干大员，督同勘路。查有湖南候补蔡道乃煌，隶籍岭南，服官湘楚，堪以派委前往鄂省，禀商两广督部堂暨广东抚部院，并请粤省派员再行带领洋工程师，由广州勘起，至佛山、三水、韶州、乐昌，与湖南省之宜章县交界处为一大段，所有路经各该州、县，何处地势高低斜直，何处繁庶可设车站，有何物料足资工用，均应督同华洋各员，详审察看，周咨博访，笔记图绘，按日详注。遇有河渠山道，并须设法绕越，以省工料。勘验事毕，逐细具复，以凭会商核办。除饬蔡道遵照办理并分咨外，相应咨呈查照等因，到本部堂。准此。除分行外，合就札行。札到该司，即便查照，等因。行司移道。准此。合行札饬。札到，该府即便转饬所属，一体查照。此札。

严禁盗刻时务学堂课艺告示

（光绪二十四年五月二十一日　1898 年 7 月 9 日）

总理湖南时务学堂、盐法长宝道黄　为出示严禁事：

照得盗刻书籍，例有明条，而书坊射利恶习，辄敢冒名作伪，尤为贪利无耻。昨见府正街叔记新学书局刻有时务学堂课艺，本道与学堂各教习同加批览，深为骇异。其中所刊者，多非本学堂学生之真笔，即如中学叶教习，本广东东莞县人，该课艺刻为南海县人；西学王教习，本福建龙溪县人，该课艺又刻为上海县人，其为冒名伪作可知。

本学堂创开风气，为四方观听所系，如有发刻课艺，自应由本学堂编撰。若任听书贾随意搜辑，杂以伪作，倘或谬种流传，于人心风俗所关非浅。前因三月间实学书局刻有此种课艺，曾经本学堂访知，将所雕版尽追缴在案，刻新学书局何得仍蹈覆辙，殊属可恶已极。除由本道饬差提讯、毁销伪版外，合行出示晓谕。为此，示仰各书坊人等知悉，此后遇有刊刻本学堂课艺书籍，必须呈由本学堂鉴别其伪，核准批示，方许翻刻，不得复有假冒等弊。倘敢故违，一经查出，定将该书坊封闭严究，以示惩戒。切切。特示。

再行严禁盗刻时务学堂课艺告示

（光绪二十四年七月一日　1898 年 8 月 17 日）

盐宪黄　为遵饬再行示禁事：

案奉抚宪陈　札开：本部院日前风闻省城书坊云云，勿稍宽贷。切切。此札。等因。奉此。查冒刻时务学堂课艺，前经本道访闻，当即出示严禁在案。兹奉前因，除饬长、善二县查起版片、刻本销毁外，合再示禁。为此，示仰省城书贾并刻字铺店暨士庶人等一体知悉，嗣后尔等不得再行冒刻时务学堂课艺，希图射利，不顾误人。倘敢故违，一经查觉，定即遵照宪札，从严究办，决不姑宽。其各懔遵毋违。特示。

创办时务报总董告白

（光绪二十四年七月初六日　1898 年 8 月 22 日）

启者：遵宪、德潚于丙申五月，与邹君殿书、汪君穰卿、梁君卓如同创《时务报》于上海，因强学会馀款千馀金开办，遵宪并捐千金为倡，公推汪君驻馆办事，梁君为主笔。于今两年，荷承海内同志乐助至万馀金，赞成斯举。今恭阅邸钞，知已奉旨改为官报，以后一切事宜，即遵旨归官办理。谨此布闻。

嘉应黄遵宪　
达县吴德潚　同启

敬告同乡诸君子 *

（光绪二十九年十二月　1903 年 1 月）

鄙人环游海外，历十数年，深知东西诸大国之富强由于兴学，而以小学校为尤重，名之曰普及教育，谓无地无学，无人不学也。又名之曰义务教育，谓乡之士夫、族之尊长，各有教子弟之职，各负兴学之□

　＊ 据文中"近日，日本战胜俄罗斯"，为光绪二十九年十二月，日军在我国东北战胜俄军，占领旅顺。此文当写于是时。

也。又名之曰强迫教育，谓子弟既至学年，而不就□□□施罚于其父兄也。昔德意志攻法，既破法□，德皇大会□□□行赏，大□毛奇手执教师指挥之杖而进曰："今日之役，非将士之力，实学校教师之功也。"近日，日本战胜俄罗斯，论者谓日本之地仅占俄罗斯五十四分之一，日本人民仅占俄罗斯三分之一，而日本反胜者，由于日本小学校学生之数，转于俄罗斯也。□□之策，莫善于兴学，其效如此。

兴学之诏，始于戊戌，迨西狩还京以后，迭奉旨催办。既设管学大臣，又钦颁大学、中学、小学、蒙学各章程。然各省大吏，三令五申，卒督责而罔应者，非特无地无款，实无办法、无章程，伥伥〔怅怅〕乎莫知何所适从也。其误由于科第旧习，以为在京在省，应设大学堂，府治直隶州治，应设中学堂，而不知所谓大中小学堂者，必须循序渐进，历级而升。今小学未开，并无小学卒业生，而遽设中学，其草率举事、粉饰图名者，但将旧日书馆改题办学堂，无一定课程，无递升学级，无卒业年限，而学生又年纪参差，学业歧异，朝来而暮去，此作而彼辍，故年来官立私立学校虽多，然卒以陵节而施，欲速不达，未有尺寸之效，坐不知教育之理、教育之法故也。所幸上年腊底，管学大臣改良章程，声明各地学堂应从蒙、小学、师范学堂着手。而两广学务处，立定期限，亦谓本期专以预筹兴办各蒙、小学堂为宗旨，风声所树，志士响应，歧趋既正，知所向导，此实兴学之机会，亦即学界之幸福也。

凡兴办学务，必须有师范生，有教科书，有地方，有款项，四者缺一，不能兴学。而师范生非教育不能成。故鄙人之意，必须先开师范学堂。现在修理将竣之东山书院，即拟作师范学堂。鄙人已拣派二人往日本弘文学院学师范，前商之温慕柳太史，松口□派二人。明年夏间可以卒业回国。又拟聘一日本人能通华语者，或他省人学小学师范已卒业者，与之偕来，作为教师。所望吾乡诸君子，各就己乡中学拣择端谨有志、聪颖自爱之士二三人，开具名单，缄送兴学会议所，此事关系极要，务祈加意拣择，必求文理明通、品行俱优者，方可录送。如不得其人，将来膺教师之任，谬种流传，贻误不小。准于今年年底截止，过期不收。俟明岁开学时，传集就学，以一年卒业。现拟章程，来学之师范生不收学费，惟在堂食宿，每月应备饮食费约三四元之间耳。又新修学堂，约计寄宿寝室可容六十馀人，学生之自修室，约可容一百五六十人。如报名人数过多，尚须挑选方可收录。教科书者，准人生必需之知识，定为普通之学，而又考核学生年龄之大小，度其脑力、精力之所能受，分时分课，分年分级，采择各书籍中之精要，编为一定之书，以施教者也。中国向无此名，即如史书一类，若《廿四史》，若《通鉴》，若《纲目》，卷帙太繁，以之施教，即不切于用，其他类此。近年有志之士，始从事编辑。现在虽无十分完善之本，如南洋公学、澄衷蒙学、文明书局、大同学校，各处新刻本，比之旧本，已为远胜。此类书以新刻者为佳。拟俟今年年底，集购各本，精心选择。俟择定后，将书目普告于众，即由上海等处购回，以应诸君子之求取。

有师范矣，有教科书矣，于兴学一事知所措手，即易于施行矣。今所求于诸君子者：第一，先设办事之地，就各村乡中公地暂行借用，名曰"兴学公所"。公举乡中有声望者若干人，每月聚公一二次，以从事筹议。第二，调查学生之数。凡幼童十四岁以下，六岁以上，均为入小学年纪，由各姓族长、各族房长，调查应入小学者若干人，大约每一学堂多数容一百一二十人，少数容五六十人。准度人数，以为分分设学堂地步。第三，拣择开学处所。儿童年小，于离隔二三里之地就学，则往来不便，故当择适中之地设学。吾州人稠地狭，虽各大姓聚族而处，而馀地空房绝少，故不得不借各庵堂寺观以设学。前奉学务处札饬酌提庙产以充学费，当经会员选议，议定嘉应州所有各神庙佛寺，均留作各村乡设立小学之用。业经禀复大宪在案，诸君兴办小学，自可择地酌借。如因距离之远近，内容之大小，不合于用，即当集款，另行兴筑。

开学之地果能酌定，所应筹者款而已矣。约计蒙学、小学并为一学堂，初入塾者名为蒙学，所认之字取简易者，所读之书取浅显明白者。进则为小学矣。日本亦无蒙学，定小学年岁为四年，高等小学为二年。中国所谓蒙学，取旧有之名以名之耳。今酌定蒙学、小学卒业年限合作五年。岁约需费四百元内外。开办之初，购书籍、备桌椅及教科各器具，约费二百余元。聘一师，束修约百廿元，教师功课循常教育有效，岁修当增，增至二百元内外为度。至次年，器用之费较省，应加聘一师以助教，亦修金百廿元，因开学一二年后，每年有新增学生，应分级教授，故须多聘一师，以后准此。费用约亦相当。以每学六十人计，上等收束修六元，约二十人，合一百二十元。中等收束修四元，亦以二十人计，合八十元。次等者收束修二元。亦以二十人计，合四十元。尤其贫者，可公议酌减或免收。每岁本塾约可得二百四十元，所应筹津贴者，约二百元耳。一为绅富捐题，二为地方公款，三为寺庙公产，四为祖尝学谷学租。以诸君子热心提倡，苦心劝办，一乡开至三四学堂，计数当亦不难也。

东西各国小学校中，普通应有之学，曰修身，曰伦理，曰国文，曰算术，曰历史，曰舆地，曰理科，以天然物及自然现象启诱儿童，凡动物、植物、矿物等曰天然物，一切地文学中各事为自然现象，又有人身生理之学等类。曰体操。务使儿童健全无病，俾易于发荣滋长。又有手艺一科，英、法、美等国均重之，日本初行而中止，今复编入学制，别有附加二科曰画图、曰唱歌，则习与不习，听其自便者也。综其大纲，曰德育，曰智育，曰体育。今以之比较中国旧时教法，旧法第令读书，然以高深之理，施之稚昧之年，或怖其言，如河汉之无极，或塞其心，如冰炭之相容。而今则事事有图，明白易晓，使儿童欢喜信受，其益一也；所学皆切实有用之事，无用非所习、习非所用之弊，其益二也；既略知己国历史，又兼通五洲之今事，无不达时宜、不识世务之急，其益三也；分年月日时而授课，必使编定之书次第通晓，乃为卒业，无卤莽耕耘、灭裂收实之消，其益四也；统贫富贱之子弟于一堂，而一同施教，俾人人得以自奋，无上品无贱族、下品无高门之嘲，其益五也；无智与愚，无过与不及，自就学逮于毕业，人人均能有成，无学者牛毛、成者麟角之忧，其益六也。至于教师授业，有循序渐进之阶段，有举一反三之问答，有相观而善之比较，皆有章程，有次第，其法由心理学考求而得，学者试验而来，尽美尽善，非吾今日所能殚述。以鄙人之所期望，小学卒业而后，其上焉者，由此而入中学，入大学，精进奋发，卓然树立，可以增邦家之光，间里之荣；其次焉者，亦能通算术，能作书函，挟有谋生之资，粗知涉世之道，亦可以立身，可以保家，此固势有必至，理有固然者。鄙人深知东西洋各国小学校学务之重、学制之善，用敢殚竭其平日之所知所能，披肝沥胆，一一陈献于我同乡、我同胞诸君子之前，愿诸君子同心协力，亟起而图之也。

　　鄙人怀此有年，有志未逮，深愧未能普及各地。然我同州之兴宁、长乐、镇平、平远，有志兴学之诸君子，如以为然，愿送师范生来此就学，亦必一律收录。惟限于地方，多寡之数未能确定，亦望诸君子各设一兴学公所，非公所函送，即未敢滥收也。

　　普及小学校，系专为大局计，专为将来计。惟有心向学之士，现在年既长成者，无地就学，非特向隅，亦深惜其玩时而弃日。鄙人尚拟设一学堂，名曰补习学堂，兼综各科而择行之。又拟设一讲习会，略仿专门学校，俾分科肄业，以期速成，容后再与诸君子妥商举行。

嘉应兴学会议所会长　黄遵宪谨启

嘉应犹兴会章程 *

(光绪二十九年十二月　1903 年 1 月)

鄙人兴学之意,专重普及小学校,业已缮启公告。惟念我同志诸友,年既长成,不复能循序渐进,以求普通之学。负笈远游固未易言。而商量新学,难得良师,补习各科,亦无余暇,玩时废业,良为可惜。现拟设一讲习会,以期有志诸君,互收良友切磋之益。所有章程,分条具下,乞共商之。

第一,此会名曰犹兴会,以时务期知今,以新学求切用,以专门定趋向,以分科求速效,以自治为精神,以合群求公益。

第二,拟分各科:一曰政治(兼法律);二曰修身(兼伦理);三曰卫生(兼身体);四曰生计(兼实业);五曰教育(兼管理学校法);六曰历史(兼地理);七曰算术;八曰格致(兼动物植物力学汽学等类)。

第三,以上各科拟购齐应用各书以备阅看,每人自占一科或二科,编定功课自行评点。

第四,每人设一札记,于评点之余,自所见引伸,道攻驳,或有疑义;随时札记录,以便汇请名师评议。如一时无良师,暂以鄙人承乏,亦愿诸君子赏奇析疑,冀收教学相长之益。

第五,设一听讲所,每日定以一二时由专科学友演说所习,以告于众。其余各科环坐听讲,将本会各科,轮流演说,周而复始。

第六,赁一馆公同食宿,本会并未延师,无须束修。惟食宿各费,应由会友自备。

第七,本会设有规条,一切起居饮食,均有定则。务须整齐敬肃,不能随意自便。

第八,本会既有规条,于众友中公举二人为监课,公举二人为监仪,会中诸友应听其稽察。有不合者,先密为谏止,如不悛改,即公告于众,应责令出会。

第九,此项监仪、监课,应轮流选举,每半月即行更易,如再经众友公推亦可接办。

---

* 文中言"鄙人兴学之意,专重普及小学校,业已缮启公告",即上文《敬告同乡诸君子》。本文亦当写于光绪二十九年十二月。

第十，有愿入此会者，祈将名姓籍贯年岁住址开具，函送兴学会议所。务于本年十一月底送到，以便酌度人数，租赁地方及购办一切器具。

第十一，本会应用书籍，由会友自备。一切灯烛杂费，由会友公摊。

第十二，本会尚拟聘一教习英文兼教体操，大约每年束修约费五百元。如各友愿习此二项者，请于开名入会之函中声名，以便汇计人数，照数分摊。譬如入会者有五十人愿习此二项，每人应分摊十元，多寡准此。

兴学会议所会长　黄遵宪谨启

据郑海麟、张伟雄编校《黄遵宪文集》

文 录

《先哲医话》跋

(光绪五年正月 1879年2月)

《先哲医话》上下二卷，日本信浓人浅田宗伯撰。考文渊阁著录之书，凡医家类九十七部，一千五百三十九卷，列于存目者又九十四部，六百八十一卷。证之内外，药之气性，方之佐使，无不备也。然未有辑医论以成话者，医之有话，实自宗伯始。

夫医者，意也。病有万变，医无一定。自《和济局方》专主燥烈香热之品，而刘守真救以寒凉，至于张子和举一切病以汗、吐、下三法治之，东垣兴而重固脾，丹溪出而重滋阴，景岳作而重补阳。夫古之人覃精研思，竭毕生之心力以从事。当夫纵心孤往，必熟察夫天时之寒热，地气之燥湿，世运之治乱，人身之强弱，一旦豁然贯通，或凉或热，或补或伐，如良相治国，名将用兵，投之所向，无不如意。其一偏之论，皆其独得之秘也。或不察所由来，媛媛姝姝，守一先生之说，物而不化，是何异契舟求剑以为剑在是乎？至鉴其无效，转谓古方适足以误人，如陈起龙、黄元御诋谋先哲，不遗馀力，抑又慎矣！盖先医真积力久而有所独得，单词片语，皆精微之意行乎其间，虽涉一偏，学者能优而柔之，餍而饫之，复神而明之，用均无不效，又况其言之纯粹以精者乎！

是卷搜罗名言，间附评论，皆折衷精当。托始于后藤艮山，艮山盖唱复古之说者，而末卷多纪茝庭之论，于读经之审，运用之妙，尤三致意焉，非唯举先哲之法以示人，且示人以教法之方。浅田氏于此，何其力勤而用心苦也。日本之知汉医，自新罗、百济来，逮隋唐而盛。其后李、朱之说大行，丹水友松首倡复古，医学昌明至于今。此书所录，自享元至文政凡十三人，取其尤著者耳。

浅田氏名惟常，号识此，一号栗园，旧幕府医官，今隐居不仕，以医名五大洲，著医书三十馀种，斯其一也。顷疗余疾，因得读其书。他日归，将致之医院，以补《金匮石室》之缺云。

大清光绪五年正月　岭南黄遵宪公度跋并书（印）

《日本文章轨范》序 *

(光绪五年闰三月　1879 年 4 月)

天下事变，至于今日而既极矣。事变极则法无不备。然因他人之法，必择其善者立为轨范，使有所率而循焉，有所依而造焉，而学者乃不迷于所向。吾读五经四子之文，欲执一法以求之，曾不可得。古无所谓文，乃无所谓轨范耳。然自汉魏来逮于近世，萃天下贤智之士，以求工文章，无虑数十百家。不善者无论矣，其善焉者，各就其性情之所偏近，学问之所偏到，此长彼短，此是彼非，吾不知所择而一一学之，则驱车于蚁封马垤，且执鞭扬扬，欲与康衢大道同其驰骋，其败溃压覆也，必矣。杯盘也，爵罍也，不立之模而抟泥火中，鼓风而陶之，不为髻垦薛暴者又几希矣！甚矣。文之不可无轨范也。

石川鸿斋，日本高才博学之士，外而汉籍，内而和文，于书无所不读。近者撰日本名文若干篇，命曰《轨范》，以示学者，仿谢氏《文章轨范》之例也。嗟夫！学他人之法，不择其善者，而芒芒昧昧，竭日夜之力以求其似，不求其善，天下之事，无一而可，岂独文章也哉！

大清光绪五年闰三月　岭南黄遵宪公度撰 (印)

《养浩堂诗集》跋

(光绪五年九月　1879 年 10 月)

此卷诗格益高，诗律益细，即随意挥洒之作，亦皆老苍无稚弱气，可称作者。

诗之为道，性情欲厚，根柢欲深。此其事似在诗外，而其实却在诗先，与文章同之者也。至诗中之事，有应讲求者：曰家法，曰句调，曰格律，曰风骨，是皆可学而至焉。若夫兴象之深微，神韵之高浑，不可学而至焉者。优而柔之，咏而游之，或不期而至焉，或积久而后至焉，或终身而不能一至焉。栗香之诗，得之于天者甚厚。有才人学人穷年莫能究者，而栗香以无意得之。然其蓄积于诗之先，讲求于诗之中者，有

---

　* 《日本文章轨范》作者石川鸿斋读此序有评语："洒落奇伟，妙在意外，中段取譬喻，裁云缝月之高手，殆似读老苏之文。仆何物，叨蒙华人赏誉，真一代奇福，可以夸耀万世。鸿斋拜读。"

所未逮也。谬论请细思之。

光绪己卯秋九月于霞关使馆　黄遵宪记

《近世伟人传》第四编书后
（光绪五年十一月　1879 年 12 月）

"叩阍哀告九天神，几个孤忠草莽臣。断尽臣头臣笔在，尊王终赖读书人"。余之此诗，盖为蒲生秀实、高山彦九郎诸人作也。日本自德川崇儒，读书明大义者，始知权门专柄之非。源光国作《日本史》，意欲尊王，顾身属懿亲，未敢昌言。其后蒲生、高山诸子，始公然著论废藩。尊王攘夷之议起，一倡百和。幕府严捕之，身伏萧斧者不可胜数。然卒赖以成功，实汉学之力也。余读子阅《伟人传》，以君平为冠，喜引为同心。子阅此书，为近世功利说深中于人心，欲以道德维持之，故举诸君子以为劝。今四编告成，犹初意也。他日与子登富士之山，泛琵琶之湖，寻烟云缥缈、水波浩荡之处，我读君书，君读我诗，更相与酹酒，呼诸子之灵而吊之曰："尔其上告神武、崇神在天之灵，以护斯文乎！"吾知精魂义魄，旷世相感，必有被萝带荔、披发而下太荒者矣。

光绪己卯十一月　岭南黄遵宪公度

冈千仞诗评
（光绪五年十二月十九日　1880 年 1 月 30 日）

诗之为道，性情欲厚，根柢欲深。此事似在诗外，而其实却在诗先。舍是无以为诗。至诗中应讲求者，曰家法，曰格律，曰句调，曰风骨，凡此皆可学而至者也。若夫神韵之高浑，兴象之深微，此不可造而到焉者。优而柔之，渐而渍之，餍而饫之；或一蹴即至焉，或积久而后至焉，或终其身而不能一至焉，盖有天限，非人力之所能也。先生沉浸酣郁，其书满家，而中经乱离，惓惓君国，又深有风人之旨蕴蓄于中者，固可谓深且厚矣。此卷抚时感事，慷慨悲歌，不少名篇。顾炼格间有未纯，造句间有未谐；树骨甚峻，而亦过于露立，过于怒张，则讲求于诗之中者，似尚有所未至也。从事于学所能至者，而徐而俟之，他日造就，盖未可量也。譬犹龙驹凤雏，骨相既具，而神采未足；又譬犹名花异卉，苞蕊既含，而烂漫犹待。宪虽不才，拭目企之矣。

己卯腊月十九日　黄遵宪妄评

评《万国史记序》

（光绪六年五月　1880 年 6 月）

余与冈本监辅相知最深，其书成，举以示余。余恨其无志、无表，不足考治乱兴衰之大者，因为之发凡起例，冈本氏大以为然。何星使喜其书，亦惜其杂采西史，漫无别择，谓其叙述我国处，词多鄙陋不足取信。顾以汉文作欧米史者，编辑宏富，终以此书为嚆矢。书综纪万国，序上称三古，可谓一纵一横，论者莫当。

余从前亦欲作此书，自草条例，凡为列国传三十卷。为志十二：曰天文，曰舆地，曰宗教，曰学术，曰食货，曰货殖，曰武器，曰船政，曰兵法，曰刑律，曰工业，曰礼俗；为表十七：曰年表，曰今诸侯表，曰疆域表，曰鄙远表，曰土产表，曰货殖表，曰税表，曰国债表，曰民数表，曰教表，曰学表，曰职官表，曰兵表，曰船表，曰炮台表，曰电线表，曰铁道表。顾以其书浩博，既非一朝一夕所能竟，又非一手一足所能成。积稿压架，东西驰驱，卒未成书。今观冈本氏所著，益滋愧也。

光绪庚辰五月识

《仙桃集》序

（光绪六年五月　1880 年 6 月）

古之人有以巾闻于世者，一为郭林宗之折角巾，一为陶渊明之漉酒巾。今乃又得之浅田先生之道士巾。先生疗余疾，余赠以巾。先生大喜，招其同志饮酒赋诗，属而和者数十人。数十人者又仿其巾而模造之，于是浅田巾之名名于通国。夫以先生之高风亮节，隐居不仕，亲戚情话，琴书消忧，所谓天子不得臣，诸侯不得友，其于二子，殆庶几焉。

顾东汉之末，宦官窃权，党锢狱起，知名之士，多被其害。林宗褒衣博带，周游群国，特委蛇以避难耳。而陶靖节值晋亡宋兴，其不为五斗米折腰，欲为胜国之顽民，不欲为新室之勋臣耳。余读其《述酒》诸诗，于沧桑之变，盖三致意焉。则取巾漉酒，亦借以浇其胸中之块垒已也。先生年少不陷于党祸，至今日则时方太平，优游足乐，弹冠而出可也，束带而立亦可也，夫何慕于二子而以黄冠为？先生顷哀其诗属余序，余以此意质之。先生方左执卷，右执杯，折巾一角，呼童漉酒，科头箕踞，大笑而不答。既而曰："子毋足知我！且饮酒。"

光绪庚辰夏五月　岭南黄遵宪公度撰

评《与某论冉求仲由书》

（光绪六年五月二十九日　1880 年 7 月 6 日）

德行颜渊一节，谓祇就厄于陈蔡时说，自是确然。然据以谓圣门之列四科者，不止此数人，则可疑；诸贤为不称其实，则未足也。

批驳处极有条理，具见读书用心。虽然，蒙窃以为圣门诸子未可轻议。由、求之为政事才，实不容疑也。《论语》一书称二子之为政事才者，不一而足，盖夫子尝称道之，此足取信于天下万世矣。作者所疑聚敛附益，及仕卫殉难二节，揣圣门大贤，断不至病民以媚季氏，为自好者所不为。陈氏厚施，民歌舞之，卒移齐祚。求之为此，或别有深心，欲使季氏敛怨，即以尊公室，未可知也。求以治赋称，抑或国用不足，欲以取之民者散之民，亦未可知也。夫子所谓鸣鼓而攻，或非夫子之言，或夫子有为言之。蒙考《论语》一书，实不出一手。自仲尼没，而儒之党派各分，弟子各就其所闻以记。汉之经生，分门别户，齐论鲁论，各有源流，观《汉书·艺文志》可知。即或求也并无此事，记者以误传，经生亦以误授，亦未可知也。此不容疑也。谓仲由死卫，为无见几之明，此近于据成败以论英雄。且夫子知其必死，无一贬语，而后人反加訾议，是智过夫子矣。亦不容疑也。

至谓二子无政绩足记，有治蒲三善事，不得谓无一足纪也。书缺有间，所流传于今日者，千万之一耳。且古人朴实，无盗名欺世之心，不如后人之墓志家传，连篇累牍，赖赖不休，固未易使其政绩传于后世。圣门七十二贤，其无事可记者，居十之八。宋明以后，从事孔庙之儒者，蒙读道学诸传，其所称述，往往近于圣人无一瑕疵。蒙不敢信宋后儒者，而疑孔门诸贤也。此又不容疑也。

谓春秋时待士极优，因责求、由不见用于世。不知若叔向，若子产，或出公族，或出世家。《左传》所谓羊舌氏世其家。至管夷吾举于士，则千古称鲍叔之荐贤、桓公之知人矣，皆未便与由、求疏远单寒之士同语也。以孔子之圣，而栖栖皇皇，不得展其志，又何论由、求？此又不容疑也。

作者又疑由、求不应仕季氏。当时政权半由季氏，二子不仕鲁则已，苟仕鲁，舍季氏其谁氏？明季［李］贽议许澄［衡］不应仕元，谓为失身胡虏，不知许氏践元之土，食元之粟，当时君天下者为元，苟不仕元，其将谁仕？季氏虽非元比，而论者所责，则同此迂阔矣。蒙又比之，当德川氏盛时，二百馀藩，奔走恐后，究其实，则僭霸耳。然苟责此二百馀年之臣，谓为无君，奚为而可！季氏所为，尚不如德川氏之手握政权，而谓二子呈媚僭窃之家，尽力乱贼之门，则可谓不论其世也。此又不容疑也。

读古人书，当观其大，当论其世。心有所疑者，则当博考旧说，融会而贯通之。圣人为万世一人，其门弟子之贤，亦必非后人所能及。蒙读朱注，于诸贤短处指摘不遗馀力，每讥其妄。故今读此篇，不自觉其言之烦碎也。山中无书，不获征引，以证成吾说。然断之以理，亦似可以共信。质之吾□□□□□□□□□□鹿门以为何如？蒙不学，虽谬妄，亦万不敢自居于师。谅之，恕之！

光绪庚辰五月二十九日在宫下楢屋浴起附赘此　岭南黄遵宪

《明治名家诗选》序

（光绪六年六月　1880 年 7 月）

居今日五洲万国尚力竞强、攘夺搏噬之世，苟有一国焉，偏重乎文，国必弱，故论文至今日，几疑为无足轻重之物；降而为有韵之声诗，风云月露，连篇累牍，又益等诸自郐无讥矣。虽然，古者太史巡行郡国，观风问俗，必采诗胪陈，使师瞽诵而告之于王。《春秋》为经世之书，孟子谓其因诗亡而作。昔通人顾亭林之言曰："自诗之亡，而斩木揭竿之变起。"盖诗也者，所以宣上德、达民隐也。苟郁而不宣，则防民之口，积久而溃，壅决四出，或酿巨患焉。然则诗之兴亡，与国之盛衰，未尝不相关也。

自余随使者东来，求其乡先生之诗。卓然成家者，寥落无几辈。而近时作者，乃彬乎质，有其文。余尝求其故，则以德川氏中叶以后，禁网繁密，学士大夫每以文字贾祸，故嗫嚅趦趄，几不敢操笔为文。维新以来，文网疏脱，捐弃忌讳，于是人人始得奋其意以为诗。余读我友城井氏之所选，类多杰作。其雍容揄扬，和其声以鸣国家之盛者，固不待言；偶有伤时感世之作，而缠绵悱恻，其意悉本乎忠厚，当路者亦未尝禁而斥之，是可以觇国运矣。以余闻欧罗巴固用武之国也，而其人能以诗鸣者，皆绝为当世所重。东西数万里，上下数千年，所以论诗者，何必不同。尚武者不能废文，强弱之故，得失之林，其果重在此欤！抑有为之言，不必无用；而无用之用，又自有故欤！后有辒轩采风之便，其必取此卷读之。

大清光绪六年六月　岭南黄遵宪公度序（印）

《藏名山房集》序
（光绪六年六月　1880 年 7 月）

天下万事万物，有迹可循者，皆后胜于前，独文章则今不如古，近古又不如远古。盖文章所言之理，今人所欲言者，古人既言之，掇拾其唾馀，窃取其糟粕，欲与古之人争衡，必有所不能。文章家之足自立者，其惟史乎！吾今日目之所接，耳之所遇，身之所遭，皆吾之所独，古之人莫得僭越之。文章家之史之大者，为古所绝无，其惟今日五大部洲之史乎！自欧米诸国接踵东来，举从古未通之国，从古未闻之事，一旦发泄之。问其政体，则以民为贵，以共和为政，以天下为公；问其学术，则尽水火之用，竭天地之蕴，争造化之功；问其国势，则国债库藏，动以亿数，徂练之师，陆则枪炮以万数，水则轮舶以百数；问其战争，则伏尸百万，流血千里，其甚者，寻干戈二三百载，不得休息。以及百丈之船，万钧之炮，周环地球；顷刻呼吸之电音，腾山蓦涧，越林穿洞；日行数千里之火车，飞凌半空之气球，凡夫邹衍之谭天，章亥之测地，齐谐之志怪，极古人所谓怪怪奇奇者，莫不有之；极古人荒唐寓言之所不及者，又有之。苟以是笔之于书，则夫欧米诸国，从百战百胜，艰难劳苦，以通东道者，皆适以供吾文章之用也。岂不奇哉！

昔人论史迁文，谓非独史才，亦网罗者博，有以资之。今五洲万国二千年之事，岂啻倍此。吾意数十年后，必有一学兼中西者，取列国之事，著之于史，以成古今未有之奇书。而不意东来日本，乃几几得之于冈子千仞。冈子向官编修，曾译米、法二志行于世。所为文章，指陈形势，抒写议论，类不受古人牢笼。余每读其文，未尝不叹为方今良史才也。往余与冈子相遇于昌平馆，冈子卒问余曰："子每言不能为文，果何能？”余奋笔书曰：“能知五部洲之事。嘻！夫非曰能之，吾欲尽熟彼事，而后治吾文也。”今若俄、若英、若德、若奥、若意，皆纵横寰海，以强盛闻。冈子尚有志译其书，余不将囊笔鼓箧、捐弃百事而从之游也乎！

光绪六年六月　岭南黄遵宪序

朝鲜策略[*]

（光绪六年八月　1880 年 9 月）

地球之上有莫大之国焉，曰俄罗斯。其幅员之广，跨有三洲，陆军精兵百馀万，海军巨舰二百馀艘。顾以立国在北，天寒地瘠，故狁然思启其封疆，以利社稷。自先世彼得王以来，新拓疆土既逾十倍。至于今王，更有囊括四海，并吞八荒之心。其在中亚细亚，回鹘诸部落蚕食殆尽。天下皆知其志不小，往往合纵以相拒。土耳其一国，俄久欲并之，以英法合力维持，俄卒不得逞其志。方今泰西诸大，若德、若奥、若英、若法、若意，皆眈眈虎视，断不假尺寸之土以与人。俄既不能西略，乃幡然变计，欲肆其东封，十馀年来，得桦太洲于日本，得黑龙江之东于中国，又屯戍图们江口，据高屋建瓴之势。其经之营之，不遗馀力者，欲得志于亚细亚耳。朝鲜一土，实居亚细亚要冲，为形势之所必争。朝鲜危，则中东之势日亟。俄欲略地，必自朝鲜始矣。嗟夫！俄为虎狼秦，力征经营三百馀年，其始在欧罗巴，继在中亚细亚，至于今日更在东亚细亚，而朝鲜适承其敝。然则策朝鲜今日之急务，莫急于防俄。防俄之策如之何？曰亲中国，结日本，联美国，以图自强而已。

何谓亲中国？东西北皆与俄连界者惟中国。中国地大物博，据亚洲形胜，故天下以为能制俄者莫中国若，而中国所爱之国又莫朝鲜若。朝鲜为我藩属已历千年，中国绥之以德，怀之以恩，未尝有贪其土地人民之心，此天下所共信者也。况我大清龙兴东土，先定朝鲜而后伐明，二百馀年字小以德，事大以礼。当康熙、乾隆朝，无事不以上闻，已无异内地郡县，此非独文字同、政教同、情谊亲睦已也，抑亦形势毗连，拱卫神京，有如左臂，休戚相关而患难与共。其与越南之疏远，缅甸之偏

　＊　1880 年 8 月 2 日，黄遵宪与朝鲜赴日本修信使金宏（弘）集笔谈时说，“今日情势，日本万不能图朝鲜，仆策中既详言矣”；翌年 7 月 8 日黄遵宪致王韬函又云：“去岁八月，有修信使金宏集来此，弟为之代作策论一篇，文凡万字。”此件当作于 1880 年 9 月。

僻，相去固万万也。向者，朝鲜有事，中国必糜天下之饷竭天下之力以争之。泰西通例，两国争战，局外之国中立其间，不得偏助，惟属国则不在此例。今日朝鲜之事中国，当益加于旧，务使天下之人晓然于朝鲜与我谊同一家，大义既明，声援自壮。俄人知其势之不孤而稍存顾忌，日人量其力之不敌而可与连和，斯外衅潜消而国本益固矣。故曰亲中国。

何谓结日本？自中国以外，最与朝鲜密迩者日本而已。在昔，先王遣使通聘，载在盟府，世世职守。至于近日，则有北豿虎同据肩背，日本苟或失地，八道不足自保；朝鲜一有变故，九洲、四国亦恐非日本能有。故日本与朝鲜实有辅车相依之势。韩赵魏合纵，秦不敢东下；吴蜀相结，魏不得南侵。彼以强邻交迫，欲联唇齿之交。为朝鲜者，自当捐小嫌而图大计，修旧好而结外援，苟使他日两国之轮舶铁船纵横于日本海中，外侮自无由而入。故曰结日本。

何谓联美国？自朝鲜之东而往，有亚美利加者，即合众国之所都也。其土本为英属，百年之前，有华盛顿者，不愿受欧罗巴人苛政，发奋自雄，独立一国。自是以来，守先王遗训，以礼义立国，不贪人土地，不贪人人民，不强与他人政事。其与中国立约十馀年来，无纤介之隙。而与日本往来，诱之以通商，劝之以练兵，助之以改约，尤天下万国之所共知者。盖其民主之国，共和为政，故不利人有。而立国之始，由于英政酷虐，发奋而起，故常亲于亚细亚，常疏于欧罗巴，而其人实与欧罗巴同种。其国强盛，常与欧罗巴诸大驰骤于东西两洋之间，故常能扶助弱小，维持公义，使欧人不敢肆其恶。其国势偏近大东洋，其商务独盛大东洋，故又愿东洋各保其国，安居无事。即使其使节不来，为朝鲜者尚当远泛万重里之重洋而与之结好；而况其迭遣使臣，既有意以维系朝鲜乎？引之为友邦之国，可以结援，可以纾祸。吾故曰联美国。

夫曰亲中国，朝鲜之所信者也；曰结日本，朝鲜之所将信将疑者也；曰联美国，则朝鲜之所深疑者矣。

疑之者曰：日本自平秀吉兴无名之师，荡摇我边疆，陵夷我城郭，荼毒我人民，赖明师攻守而后退；近年日本变从西法，鹰瞵鹗视，益不可测，江华之役，西乡隆盛志在生衅，亦因岩仓大久保诸人力争而后已，彼其志曷尝须臾忘郢哉！条约之结，亦要盟不得不从耳，反与之昵，是何异开门而揖盗乎？

曰：西乡之议攻朝鲜也，二三大臣独排众议，执不可。彼非不欲荐食边鄙，以厚自封殖，顾度德量力，有所不能，则不如其已耳。朝鲜立国数千年，未尝无人，未尝无兵，无论攻之未必胜，即万一获胜，撤师则无复叛，留兵则无力，况日本有事朝鲜，中国势在必争。尔时日本遣使臣谒李伯相，伯相告以必争，又劝以徒伤和气，毫无利益，故其谋不行。彼知以日本攻朝鲜，已难操必胜，况加以中国之左提右挈，东征西讨，则日本必不支，故西乡之说卒不得行。既不敢行，又以朝鲜密迩近邻，存无滋他族，实逼处此之心，故汲汲然讲信修睦者，其意欲朝鲜自强而为海西屏蔽也。揣时度势，为日本计，必不得不出于此。况今日之日本，外强中干，朝野乖隔，府帑空虚，自谋之不暇乎！兵家有言，"知己知彼"，故必知日本所以结朝鲜之故无可疑，然后知朝鲜之结日本亦无可疑。

疑之者又曰：绘图测地，我险既失，仁川一港，乃我帷阃，容彼往来，藩篱尽撤，非志图人国，彼安用测沿海之暗礁，侵畿辅之要地为哉？

曰：古有禁贩卖地图于邻国，杀之无赦者；古有引外国使臣绕道往来，不使其知我险要者，今非此之谓矣！今天下万国，互相往来，近而中东，远而欧美，凡沿海岩礁，皆编为图志，布之天下，以便航海，而远则海滨，近则国都，皆有外使终年驻扎，此通例也。盖力不足自守，虽拒之户外，而法取越南之边鄙，英与缅甸之国政，亦不克自保；力足以自强，虽延之卧榻，英之民遍居彼得俄都，俄之民遍居伦敦英都，亦无足为害也。自强之道在实力，不在虚饰。日本之所为，乃万国之通例，非一家之诡谋也。况日本既不能谋人，则俾熟吾道，乃可以资救援；朝鲜素未知航海，则自识其险，乃可以资守护。从前日本因兵库开港，使臣驻京，抵死坚拒，至于一战再战，而后幡然改图，今行之亦十馀年矣。王公守国，乌系乎此哉！

疑之者又曰：朝鲜风气未与外熟，见彼东人异言异服，或群聚观看，或偶尔诟辱，维彼日人志在恫愒，至于管理之官亦敢拔刀以杀。苟和好出于真诚，岂漫无约束，竟肆恶以逞毒哉？

曰：日本性情好胜而不让，贪利而寡耻，见小而昧远，每每如此。特如此事，则两国细民猜嫌之未泯，非彼政府之意也。前草梁一馆虽曰通商，而朝鲜所以困辱而禁制之者，实无所不备，彼心怀愤怒，非伊朝夕，加以釜山所居，类多对马穷民，彼辈无赖之徒，只求自利，安知大体？斗殴琐事，固非约束之所易及。观日本政府于拔刀一事，撤去山之城，亦可知其志矣。为朝鲜者，但当恪守条约，于彼之循理者，力加保护，然后于彼之无理者，严请究办，情意相孚，庶耦俱无僣矣。苟拘之于薄物细故不能捐弃，而坐失至计，非智者所宜出也。

疑之者又曰：日本与我壤地相接，种类相同，子言结日本，吾固信之矣。若夫欧美诸国，去我数万里，饮食衣服不与我同，嗜币不通，言语不达，彼急急欲与我结盟者，非图利而何？彼利则我害，子言联美国，此鄙人之所大惑不解者也。

曰：美之为国，分国施政，而合三十七邦为合众国，统以统领，故得土不加广邻。其南邦有名檀香山国者，意求内附，彼且拒绝，而其国尚多旷土，其土多产金银，其人善于工商，为天下首富之国，故得土不加富。其不贪人土地，不贪人人民，此天下万国之所共信者也。而顾与英、法、德、意诸国迭来乞盟，此即泰西所谓均势之说耳。今天下万国，纵横搏噬甚于战国，而列国星罗棋布，欲保无事，必期无甚弱、无甚强，互相维持而后可。苟有一国焉行其吞并则力厚，力厚则势强，势强则他国亦不克自安。欧洲一土，群雄角立，彼俄之眈眈虎视者，既无间可乘，故天下知其志必将东向，东向必自朝鲜始。俄苟有朝鲜，则亚西亚全势在其掌握，惟意所欲，而挟亚洲全局之势反而攻欧罗巴，势殆不可敌。泰西公法，毋得翦灭人国，然苟非条约之国，有事不得与闻。此泰西诸国所以欲朝鲜结盟也。欲朝鲜结盟者，欲取俄国一人欲占之势，与天下互均而维持之也。保朝鲜所以自保也。此非独美为然。然英、法、德、意以朝鲜地瘠，必赖战胜攻取，迭有创伤，以劫盟约，尚非其所愿。惟美国一国自以为信义素著，久为中东两国所信服，欲以玉帛，不以兵戎，故其来独先。然则美国之来，非特无害我之心，且有利我之心。彼以利我之心来，反疑为图利，疑为害我，是不达时务之说也。

疑之者又曰：朝鲜国小民贫，而与诸大国结盟，诛求无厌，供亿无度，不将疲于奔命乎？风俗既殊，礼节亦异，接之非其道，不将疑而滋衅乎？

曰：古所谓牺牲玉帛，陈于境上，以待强国，以疲吾民者。古人以小事大之礼也，而今则无是。今之小国，若比利时，若瑞士，若荷兰国，皆自立，未闻诸大国之督责之、苛求之也。即使臣聘问、领事驻扎、资粮屝屦，皆彼自供。初至不过一朝见，终岁不过一宴飨，举凡郊劳赠贿，皆无有也。既无所供，安有疲应？至于仪文之末，酬应之细，彼亦犹人情。彼但知我无轻慢鄙夷之心，彼尚有何督过？况朝鲜贫瘠，无所利于通商。彼今者但欲缔盟而已，尚未必遣使臣、设领事乎，而又奚疑焉？

疑之者又曰：传教之士，煽诱小民，干预国政，稍稍以法裁抑，则动启哄争，或激事变，既与结约，应许传教，后患安有穷乎？

曰：天主教之专横，天下所共知。顾其敢于横行者，恃法兰西左袒之耳。自法败于普，撤归护卫教王之兵，意大利遂以偏师夺取罗马，逐其教王，教王失所倚，势遂骤弱。至于近日，法亦屡抑教士。国变势，而天主教门益衰矣。但于立约之始，声明传教之士须遵国法，若有违犯，与齐民同罪，彼教士不得肆恶，则吾民不至滋事。至于美国所行乃耶苏教，与天主根源虽同，党派各异，犹吾教之有朱、陆也。耶苏宗旨向不干政，其人亦多纯良。中国自通商以来，戕杀教士之案层见叠出，无一耶苏教者，亦可证其不为患也。彼教之意亦在劝人为善，顾吾中土周孔之道胜之何啻万万，朝鲜服习吾教，渐摩既深，即有不肖之徒从之，万不至迁乔木而入幽谷。然则听令传教，亦复何害？斯又不必疑也。

疑之者又曰：诚如子言，天下有疏欧亲亚素称礼义之美国，联以为交，未尝不可。顾英、法、德、意从而效尤，接踵而至，则若之何？

曰：苟欲防俄，正利英、法、德、意诸国之结为盟约、互相牵制耳。且朝鲜即不利诸国之来，能终禁其不来乎？今地球之上，无论大小国以百数，无一国能闭关绝人者。朝鲜一国，今日锁港，明日必开；明日锁港，后日必开，万不能闭关自守也必矣。万一不幸俄师一来，力不能敌，则诚恐国非己有，英、法、德、意不愿俄人之专有其土，则群起而争，溃坏决裂，殆不可收拾。前此有波兰一国，俄、德、澳取而分之；去年土耳其之役，俄师未撤，诸国交起，亦割分边地与澳与英与德而后已。朝鲜苟为之续，非吾之所忍言也。即曰仗先王先公之灵，群神群祇之福，天祚朝鲜，必无此事。而英、法、德、意迭遣兵船，要劫盟约，不战则不胜其扰，战而不胜则如缅甸之受制于英，安南之受制于法，亦事之所常有。幸不至此，则结一不公不平之条约，百端要求，百端剥削，非经历十数年兵强国富，不能更改，亦不知何以为国。正为防俄之吞并，惮英、法、德、意之要挟，联美国乃不得不亟亟焉。诚使趁美国使者之来，即议一公平之条约，则一列泰西之友邦，即可援万国之公法，既不容一人之专噬，又可为诸国之先导。为朝鲜造福，即为亚细亚造福。此之不为，尚疑乎哉！

群疑既释，国是一定，于亲中国则稍变旧章，于结日本则亟守条规，于联美国则急缔善约，而即奏请陪臣常驻北京，又遣使居东京，或遣使往华盛顿，以通信息；而即奏请推广凤凰厅贸易，令华商乘船来釜山、元山津、仁川港各口通商，以防日本商人之垄断，又令国民来长崎、横滨，以习懋迁；而即奏请海陆诸军袭用中国龙旗为全国徽帜，又遣学生往京师同文馆习西语，往直隶淮军习兵，往上海制造局学造器，往福州船政局学造船，凡日本之船厂、炮局、军营，皆可往学；凡西人之天文、算法、化学、矿学、地学，皆可往学。或以釜山等处开学校，延西人教习，以广修武备。诚如是，而朝鲜自强之基基此矣。

盖于无事时结公平条约，一利也。中东两国与泰西所缔条约，皆非万国公例，其侵我自主之权，夺我自然之利，亏损过多，此固由未谙外情，抑亦威逼势劫使之然也。今朝鲜趁无事之时，与外人结约，彼不能多所要挟。即曰欧亚两土风俗不同、法律不同，难遽令外来商人归地方管辖，然第与之声明归领事官暂管，随时由我酌改，又为之定立领事权限，彼无所护符，即不敢多事；而其他绝毒药输入之源，杜教士蔓延之祸，皆可妥与商量，明示限制。此自强之基一也。

于通商亦有利焉。我亚西亚居天地正带，物产甚富。中国自唐宋以来，设市舶司，与人通商，所用金钱，皆从外国输入，数百年来，不可胜数。至于近日，金钱稍有流出，则以食鸦片之故也。日本受通商之害，则以易洋服、用洋货之故也。苟使不食洋药，不用洋货，则通商皆有利无害。朝鲜一国虽曰贫瘠，然其地产金银、产稻麦、产牛皮，物产固未尝不饶。吾稽去岁与日本通商之数，输入之货值六十二万，输出之货值六十八万，是岁得七八万矣。苟使善为经营，稍稍拓充，于百姓似可得利，而关税所入，又可稍补国用。此又自强之基也。

于富国亦有利焉。英国三岛止产煤炭，法国[①]止产葡萄，秘鲁止产金银，皆以富闻于天下。他若印度之丝茶，古巴之糖，日本之棉，皆古无而今有，以人力创兴之，竟得大利。朝鲜土尚膏腴，物亦饶有，其人亦多聪明、善工作。彼极南之奥大利亚，极北之监察加，皆从古人迹不到之地，尚可开辟榛芜，化为沃壤，况于朝鲜之素居正带者乎？苟使从事于西学，尽力以务财，尽力于训农，尽力于惠工，所有者广植之，所

---

① “止产煤炭，法国”数字，据郑海麟等《黄遵宪文集》补。

无者移种之，将来亦可为富国。又况地产金银，人所共知，若得西人开矿之法，随地寻觅，随时采掘，地不爱宝，民无游手，利益更无穷也。此又自强之基也。

于练兵又有利焉。中国圣人之道不尚武、不尚巧，诚以自治其国，但求修文守质，以期安静，不欲以器凌之习、机械之器导民以启争也。然但使他人不挟其所长，我亦守旧而不变。今强邻交迫，日要挟我，日侮慢我。同一乘舟，昔以风帆，今以火轮；同一行车，昔以骡马，今以铁道；同一邮递，昔以驿传，今以电线；同一兵器，昔以弓矢，今以枪炮。使两军有事，彼有而我无，彼精而我粗，不及交绥，而胜负利钝之势既判焉矣！朝鲜既喜外交，风气日开，见闻日广，既知甲胄戈矛之不可恃，帆樯桨橹之无可用，则知讲修武备，考求新法，可以固疆圉、壮屏藩。此又自强之基也。

既可以图利，又可以图强。国无寡小，但使有人、有财、有兵，即足以自立。彼瑞士、比利时犬牙交错于诸大之中尚能为国，况以朝鲜之素称名都、独当一面者乎？朝鲜既强，将来欧亚诸大必且与之合纵以拒俄；苟其不然，坐视俄师之长驱，坐听他人之瓜分瓦解，而害可胜言哉！语有之曰："两利相衡，则取其重；两害相衡，则取其轻。"况利害相去之甚远，而可不早决计乎！

嗟夫！朝鲜一国，三面滨海，古称天险，惟西北壤地与我相接，数千年来，仰戴声灵，倾慕德化，惟知有中国。中国为政之体，极不愿疲中以事外，凡在藩服，惟冀其羁縻勿绝，服我王灵，但不敢箕踞向汉，即不愿损一兵、折一矢以立威。而朝鲜因是之故，朝野上下，皆修文教，守礼义，中国之衣冠礼乐，屡世恪守而莫敢失坠。老子所谓："虽有舟舆，无所乘之；虽有甲兵，无所陈之，民至老死，不相往来。"诚天下之乐国矣。譬之家有慈父，其子饱食安居，无所事事，此朝鲜之大幸也。而不幸至今日，乃忽有天下莫强之俄罗斯与之为邻，而海道四辟又无险之可扼。然犹赖其国僻处东隅，民贫土瘠，故未至如印度之纳土与英，如越南之割地与法，如南洋加喇巴、小吕宋诸国之并于荷兰、并于西班牙。彼俄罗斯者又立国偏西，有诸大国与之牵制，未暇东顾，遂得如天之福世世相承，以至于今日。至于今日，防俄之策，其不得不亟亟然竭朝鲜一国之力以防俄。小固不可以敌大，寡固不可以敌众，弱固不可以敌强，而又幸而有中国可以亲，有同受俄患力不足制朝鲜之日本可以结，有疏欧亲亚、恶侵人国之美利坚可以和。斯盖自先世箕子以来，迨乎今代，世宗立国，群后在天之灵所呵护而庇佑之，乃有此一机也。期所以乘此机者，正在今矣。前此三十年，中国以焚烟故，议罢互市，而一战于广东，再战于江宁，今且通商者十九处，结约者十四国矣。前此二十年，日本以劫盟故，志在攘夷，而一战于马关，再战于鹿儿岛。今则遍地皆西人，举国学西法矣。当二三十年前泰西诸国船舶犹未坚，枪械犹未精，英、法、美诸国之所要求者不过通商，故虽战而败，败而仍和，虽所缔条约所伤实多，而尚无大失。今则俄人之所大欲专在辟土，其船坚炮利又远胜于前，俄近将桦大洲屯兵移驻珲春，又于长崎购买五十万银煤炭运往晖春，又遣大兵船二十馀号派来太平洋。而朝鲜锁港之说，仍与二三十年前之中国、日本相类，苟不知变计，恐欲求战而败，败而和，不可复得也。

嗟乎！嗟乎！时势之逼，危乎其危；机会之乘，微乎其微，过此以往，未知。或知举五大部或亲或疏之族咸为朝鲜危，而朝鲜切肤之灾乃反无闻之，知是何异处堂之燕雀遨游以嬉乎？惟智慧能乘时，惟君子能识微，惟豪杰能安危。是所望朝鲜之有人急起而图之而已。急起而图之，举吾策所谓亲中国、结日本、联美国，实力行之，策之上者也。踌躇不决，隐忍需时，亲中国不过守旧典，结日本不过行新约，联美国不过拯飘风之船，受叩关之书，第求不激变，第求不生衅，策之下者也。尔虞我诈，自剪其羽，丸泥封关，深闭固拒，斥为蛮夷，不屑为伍，迨乎事变之来，乃始卑屈以求全，仓皇失措，则可谓无策矣。

朝鲜立国千数百载，岂谓无人能悉利害，而顾甘于无策乎哉？决计在国主，辅谋在枢府；讲求时务、无立异同在廷臣；力破积习、开导浅识在士夫；发奋兴起、同心协力在国民。得其道则强，失其道则亡，一转移间，朝鲜之宗社系焉，亚细亚之大局系焉。

夫忠言逆耳利于行，良药苦口利于病，岂故为危悚之言以耸人听哉！吾借箸而筹此策，非吾心所忍，顾以时势之所逼，不得不出于此，乃不惮强颜以代谋，撄怒以苦诤。若夫吾策既行，济之以智勇，持之以忠信，随时而变通，随事而因应，下孚其群黎，内修其庶政，斯又环海生灵之庆，非此策之所能尽者矣！

据郑海麟、张伟雄编校《黄遵宪文集》

《牛渚漫录》序

（光绪七年三月　1881 年 4 月）

余尝以为泰西格致之学，莫能出吾书之范围。或者疑余言，余乃为之征天文算法于《周髀》盖天，征地圆地动之说于《大戴礼》、《易乾凿度》、《书考灵曜》，征化学之说于《列子》、《庄子》，征光学之说于《墨子》，征电气之说于《亢仓子》、《关尹子》、《淮南子》，征植物、动物之说于《管子》、《抱朴子》，闻者始缄口而退。挽近士夫喜新鹜奇，于西人之医事，尤诧为独绝。见其器用之利，解剖之能，药物之精，辄惊叹拃舌，谓为前古之所未有，转斥汉医为迂疏寡效，卑卑无足道。噫嘻！何其不学之甚也！

余考古之俞跗能割皮解肌，结筋搦髓，华佗于针药所不能及者，辄使饮麻沸散破腹取病，复为缝腹，傅以神膏，此皆西人所谓穷极精能者，而古之汉医于二千馀年之前，固既优为之。若吾之望气察色，见垣一方，变化不测，洞阴究阳，则为西医之所无。然则汉医何遽不若西医乎？司马温公之论佛法，谓其精微不能出吾书。余谓西学无不如此。特浅学者流，目不识古，以己所未闻，遂斥为乌有，可谓蚍蜉撼树，不自量之甚也。

日本浅田先生为汉医，于举世心醉西法之时，坚守故说，百折不变，盖先生学问该博，多读古书，故实有所见而云然也。先生于刀匕馀暇，曾汇辑古人关涉医事之说，名为《牛渚漫录》。余受而读之，非惟医家诸说尽拔其萃，而于天地间万事万物之理，即此一篇，亦可以旁推而交通之。嗟夫！西人之学，每偏于趋新；吾党之学，每偏于泥古。彼之学术技艺，极盛于近来数十年中，古不及今，其重今无足怪也。吾开国独早，学术技艺，数千年前已称极盛，吾之重古人，古人实有其可重者在也。不究其异同，动则剿袭西人知新之语，概以古人所见，斥为刍狗，鄙为糟粕。乌乎，其可哉！余故读是编而叹息久之。

大清光绪七年春三月　岭南黄遵宪公度撰

《北游诗草》序

（光绪七年春　1881 年春）

冈君将游北海，余饯之柳桥水阁。酒酣，赋赠一律，有"归来倘献富强策"句。君大悦，曰："能道吾志。"盖北海一道，为日国北疆，实为豺虎所垂涎。君生东北，固悉外情，屡著论，论开拓防御之方。戊辰王师北征，藩主以为奥羽盟主，没收封土，改封二十八万石。君献策曰："门阀世臣，诸失邑土者，移住北海，为国家辟草莽，可以谢罪于天下。"两伊达、片仓诸氏皆然之，率臣隶往拓其地，驱熊罴，除荆棘，郁然成都邑。君此游，阅历其地，一一赋诗咏之。归京日，出稿示余。其诗雄健磊落，写物状，纪风土，无一徒作者，使读者如身游其地，目击其状，而于北门锁钥不可一日忽之者，一篇中三致意焉。夫儒生迂阔寡效，为世所诟病也久矣，独日国屡收其效，尊王废藩之论，既出于一二儒生。而北海一道，莫大版图，无穷利益，举从古明君名相所未及经营者，一韦布之士，乃有以倡其议，而奏其功。今读君诗，尤足以感发。吾知后此执耒耜、操牙筹而往者日多，或将为日国之印度、之澳大利亚，亦终不可知。儒生空言无补，得君其亦可一雪此言也乎！伊达氏即今年劝业会所得第一名誉赏牌者也。

大清光绪辛巳春　　岭南黄遵宪公度撰

《读书馀适》序

（光绪七年五月　　1881 年 6 月）

从古硕学之士，必有二三著述为生平精意所寄者，而出其馀力，又往往缀为杂文，以发抒事理，考证古今。在作者或不甚爱惜，然承学之士，每欲为之永其传，诚以出自名儒，断非浅植者流所能为也。余考杂说之书，《四库》著录凡八十馀部，其出于高材鸿儒之撰述者，十居其五；而出于门生后进之所编辑者，又十居其五。盖博雅君子，积学既深，即随手掇拾，不必求工而书自足传。至亲所受业之人，即其师之遗簪弃履，尚什袭珍藏之不暇，况于其书，其郑重而欲传之，固其宜也。

余未渡东海，既闻安井息轩先生之名；逮来江户，则先生殁既二年，不及相见。余读其著作，体大思精，殊有我朝诸老之风，信为日本第一儒者。物茂卿、赖子成辈，恐不足比数也。先生之书，既风行于世，顷其门人松本丰多氏，复举其《读书馀适》见示，盖先生盐松纪游之作，而松本氏手录而存之者也。余受而读之，纪事必核，择言必雅。譬如狮子搏兔，虽曰游戏，未尝不用全力。又譬之画龙者，烟云变灭，不得睹其全体，而一鳞一甲，亦望而知其为龙也。学问之道，固视其根柢何如，能者不能以自掩，不能者亦不能以袭取，信哉！往岁余友曾以息轩遗文命余序，余深愧才学不称，执笔而复搁者再。今松本氏促余序此编，惴惴然而后下笔，犹自觉有举鼎绝膑之态也。

大清光绪七年夏五月　岭南黄遵宪公度序　小野堂书

《养浩堂诗集》序
（光绪七年六月　1881 年 7 月）

余每读少陵怀谪仙诗曰："何时一樽酒，重与细论文。"未尝不叹良朋聚首为人世不易得之事也。夫文字之交，臭味相同，得一奇则共赏，得一疑则共析，比之亲戚之情话，骨肉之团聚，其乐有甚焉者；然而此乐正不数数觏也。今之人抗心希古，长吟远慕，每恨与古人生不同时。既同时矣，而两地睽隔，一秦一越，终身不相闻，不知谁某者容亦有之。即幸而彼此缔交，而渭北春树，江东暮云，惜别怅离，不得相见，其睍想又当何如！余与栗香，一居东海，一居北海，所谓风马牛不相及者也。自余有随槎之行，居曲町者四载，乃衡宇相望，昕夕过从。自是以来，濹堤之赏樱，西湖之折柳，龟井之看梅；春秋佳日，裙屐觞咏，未尝不相见，相见未尝不谈诗。栗香之诗，清新俊逸，余叹为天才。既为之校阅四五过，复系以评语累千万言。余生平交友遍天下，南北东西，大都以邮筒往复，商量旧学而已。不意于异国之人，乃亲密如此，窃自诧此缘为不薄矣。昔江辛夷一客耳，赖子山阳至度越阡陌远往长崎，待之九十日，卒以阻风，船不果至，空结遐想。余才虽不逮古人，而比之古人为幸良多。虽然，余亦倦游，行且归国，他时持此一卷，诵"重与细论文"之句，栗香其亦同此情乎！

光绪七年夏六月　岭南黄遵宪公度撰　荆州杨守敬惺吾书

《春秋大义》序
（光绪四至七年间　1878 年至 1881 年间）

日本藤川三溪以所著《春秋大义》求序。余读其书，识议明通，断制精确，一字一义，必求其当。余既条举所见，系之简端，复发策而序之曰：

　　尊《春秋》者，莫先于孟子。孟子自称为窃取其义，而一则曰《春秋》天子之事，再则曰其事则齐桓、晋文，盖专以此事求《春秋》也。孔子之言曰：我欲托之空言，不如见诸行事之深切著明。《春秋》之事，诚天下万世是非之准、得失之林矣。彼说经者徒以辞求，穿凿附会，愈失而愈远，至以断烂朝报疑《春秋》为无用，亦未尝比其事而观之耳。

　　《春秋》之事，莫大乎尊王攘夷，汉土之读书者尽知之。而推而行之日本，其致用也远，其收效也尤速。日本自源、平以来，将军主政，太阿倒持，七百馀载，玉步未改，俨有二君，王章弁髦，不尊已甚矣。迨乎德川末造，欧米诸国接踵而来，皆以兵威劫成盟约，红髯碧眼，羊狼虎视，族类不同，语言亦异。于是举国之人，以其从古未通，骇然不知为何物，群名之曰夷，纷纷竞起倡尊攘之说。豪杰之士，或陷狱以死，或饮刃以殉，碎身粉骨有不恤者，为尊攘也；麌岛关镳战者再，弹丸雨飞，流血成海者，为尊攘也；七卿西奔，二藩合纵，锦旗东指，声罪黜霸，为尊攘也。凡所以鼓动群伦，同德同力，卒覆幕府，以成明治中兴之业，皆《春秋》尊攘之说有以驱之也。何其奇也！

　　夫《春秋》之事夥矣，而后世儒者谓专在尊攘，此亦南渡以来，愤宋室孱弱，有为之言，求之《春秋》，未必悉当。而日本行之，其效乃如此。此亦如直不疑之引经断狱，其谓子为君则非，其缚太子则未尝不是也。嗟夫！通经所以致用也，苟实事求是，归于有用，则虽郢书燕说，而亦无不可，又何必一字一义之必求其当也哉！

　　以余闻藤川子固抱用世之志者也，故书此说以归之。

《畿道巡回日记》序

（光绪四至七年间　1878年至1881年间）

　　天下万事万物，皆托于地。举凡山川之夷险，物产之盈虚，民生之聚散，皆与国之盛衰相关，故善为国者，莫善于治地。地如此广莫也，万事万物之傅焉者，如此其纷繁也，必非不出户庭所能周知，故善志地者，莫善于记游。古人志地之书，以《三坟》、《八索》为最古，书皆不传。传者若《禹贡》，若《山海经》，皆身所经历叙述闻见之书也。然自东汉以后，词章日盛，山水方滋，学士大夫排日纪游之作，自马第伯

《封禅仪》以下，无虑数十家，类皆模范山水，雕镂词章，夸丘壑之美，穷觞咏之乐。其尤雅者，亦不过流连旧墟，考订故迹，以供名流词客之清谭耳。求如李文公之《来南录》、孙文定之《南行记》，盖不可多得也。

自余来日本，知日本士大夫喜游，天性又善属文，故所见游记最多。然大都文人习气，无益于用。顷者生田水竹以《畿道巡回日记》见示，书凡数万言，于所闻见，能见其大。其叙事质而不俚，立论庄而不腐。余乃不禁为之熟读而三叹也。日本之为国，独立大海中，生田子所未至，独二州耳，然足迹限于一隅。方今轮船、铁路，纵横交错于五大部洲，生田子苟无事，何不裹数年之粮，西穷禹域，南访交趾，至澳大利亚折而西，泛舟过印度，达麦西，经波斯，入欧罗巴中原，遍历俄、德、意、法、英诸大国，然后越大西洋，吊华盛顿之所都，寻阁龙之所辟土，复绕太平洋而归。苟以其山川、物产、民俗笔于书，必更有可观。生田子未老，且有济胜之具，其亦有意于此乎？嗟夫！余倘能屏弃百事，遍游天下，舍生田子其谁从哉！

《皇朝金鉴》序
（光绪五至七年间 1879 年至 1881 年间）

日本之史，以汉文纪事者，莫善于《大日本史》，而其书实出水户藩士之手。水户藩号多贤，有青山云龙氏者，世以史学鸣。其伯子延先，继《日本史》后，为《纪事本末》一书，而史体益备。余来日本，即闻青山氏名，后得与其季子延寿交。

延寿官于史馆，平生所著述，多涉国史，与之征文考献，无能出其右者。顷复出其所著《皇朝金鉴》，索序于余。其书分类排纂，采辑古来明君良相、名儒大贤之事迹可为法鉴者，盖《世说》、《言行录》之体也。

今欧米诸国，互相往来。世之论者，好远骛博，辄惊其强盛，以为事事皆可取法，而以己国为鄙僿无足道。虽孩童妇女，亦夸拿破仑，誉华盛顿。老师宿儒，昧昧姝姝，守一先生之说者，遽斥为固陋。此其说似矣。虽然，余窃以为天下者，万国之所积而成者也。凡托居地球，无论何国，其政教风俗，皆有善有不善。吾取法于人，有可得而变革者，有不可得而变革者。其可得而变革者，轮舟也，铁道也，电信也，凡所可以务财、训农、通商、惠工者皆是也。其不可得而变革者，君臣也，父子也，夫妇也，凡关于伦常纲纪者皆是也。

日本立国二千馀年，风俗温良，政教纯美，嘉言懿行，不绝书于史。吾以为执万国之史以相比校，未必其遂逊于人。则以日本之史，教日本之人，俾古来固有之良，不堕于地，于世不无裨益，则亦何事他求哉？抑吾闻各国学校所以教人者，莫重于国史。米利坚立国仅百年，于地球最为新国，其学校亦以米国史为重。

圣人有言：“切问近思，理固然也。”若夫译蟹行之字，钞皮革之书，今日之日本，正不乏人，余老友青山先生固不肯为，亦不能为也。

先祖荣禄公述略[*]

（光绪十七年二月　1891年3月）

府君讳际昇，字允初，先曾祖第六子也。幼随诸兄读书，警敏，善属文。二伯祖早夭，曾祖以襄理乏人，命之弃儒而业商。逮曾祖没，曾祖母李太夫人就养于云南，府君奉以行：驰驱蚕丛鸟道间，山行板舆，水行安舻，有呼唤，未尝不在前，遇安息，则咫尺不相离也。居云南二年，太夫人不乐，府君又奉以归，凡历一万六七千里，费时一年有奇，太夫人胥忘其劳。府君已归，仍业商，以辰出、以酉入，就太夫人问今日安否？饥耶寒耶？凡官文臧否，政之得失，士夫之贤不肖，必罄举以告。某村某乡相斗殴，有何鬼神，语连蜷不休，或引述小说家言，附会今事。又令儿孙辈背诵《千家诗》、《三字经》，给以儿童戏物，引作笑乐。伺太夫人倦，乃相率退，盖二十馀年如一日。

太夫人年八十，老且病，男女孙曾十数人，然延医察病，尝药量水，惟府君率吾母亲其事，他人未尝与；即与，太夫人亦不甚喜也。病至弥留，神明乱矣，忽呼府君，摩顶数四，继乃张目，执府君手曰：“汝作我好儿孙，汝亦有好儿孙报汝也。”太夫人室供一佛像，府君每夕必烧香，朔望则茹素，具衣冠肃拜，或诵《心经》数十遍。继祖母梁，不得太夫人欢，府君怒，或施夏楚，累数月不交一语。及太夫人殁，未

---

[*]　黄际昇病殁于光绪十七年二月初九日（1891年3月18日），据此定为二月（3月）所作。

尝见府君拜神，其于继祖母，亦不闻有谴诃声，人益知其大孝。

府君既以奉母故，不出乡里，而治事之才为众所推服。咸丰初，林文忠公奉命督师，有兵过州境，时知州文壮烈公晟于前夕半得檄曰："明午具三千人食。"则大惊，夜漏未尽，遣人延府君，凌晨往。壮烈起迎曰："奈何，仓卒何以备？"府君曰："借典肆钱三百万，人给以百钱。"曰："固然，然无炊具、无食具，何以了此事？"府君曰："吾诚为之。"日将午，炊烟起，遣人鸣锣号于众曰："州官买饭供兵食！"则争出熟饭，又市鱼肉蔬菜，陈于广场，兵自购食，犹有馀钱，咸扪腹帖耳去。壮烈叹曰："黄老六天下才也。"

旧例，纳粮必罄纳，乃给以收票，贫户纳不足额，则不给，积欠愈多，胥吏转因其欠以为利。府君言于壮烈公，创设粮房于堂皇侧，无论多寡，先给小票，清数则汇易大票，至今便利之。

乙丑三四月大饥，斗米至千五百钱。府君先与州人士设立义仓，至是议者欲按户散赈。府君持不可，曰州人虽贫，而惜声名，重廉耻，今曰赈，则以持筹领米为愧。旧家贫士，不得分润者多矣，且仓米无多，如此恐不足数日粮，粮罄又何以为继？计不如卖粥，碗三钱，人得钱六，足饱一日，收其资，可以继籴，此名曰买，而实为赈也。从其言，全活者众。

咸同之间，流寇窜扰。府君辄偕州人募勇团练，屡保危城，而府君不自以为功。

府君晚岁，声望益重，族党姻邻，遇事辄就质府君。府君出一言，则满座尽欢，嫌疑悉释。有求为官吏缓颊者，辄曰："子理直，何待言；不直，言之何益？讼则终凶，毋如息讼。"其倔强不理者，则诘责瞋骂，声若振霆，而理如破的，亦皆缩阻散去。遵宪知交遍海内外，亦见有二三治事才，而匆猝之间能肆应如此，则吾未之见也。

寿八十三。元配梁夫人，汲县知县念祖公之孙女，监生重熙公之女也。世承诗礼，以柔顺闻，年三十四卒。继配萧夫人；继配梁夫人。子四人：长即吾父鸿藻，咸丰乙卯科举人，由户部改官广西知府、思恩府知府；次翰藻；次鸾藻，同治庚午科举人，信宜县训导：均元配梁出。府君初以长子由户部主事加级，屡遇覃恩，递封至中宪大夫。长孙遵宪，初由二品衔分省候补道，遵筹饷例，请封资政大夫；继以出使美国总领事官、出使英国参赞官积劳，特旨赏给三代从一品封典，诰封荣禄大夫。

图南社序

（光绪十七年十一月　1891 年 12 月）

　　吾尝读《易》，离为文明之象，而其卦系于南方。考之《诗》、《书》所记，经传所载，《诗》之十五国，《春秋》之诸大国，其圣君名臣、贤士大夫，立德立言经纬天地者，大抵为北人，而圣人乃为是言者则何也？盖时会所趋，习俗递变，古今时地，日异而月迁，若今之句吴于越，周断发文身之邦，椎髻卉服之俗也，而数百年来，冠冕之盛，甲于天下。推而至于八闽、百粤，咸郁郁乎有海滨邹鲁之风。乃至粤之琼州、闽之台湾，颛颛独居大海之中，古所谓蛙黾之与处，鱼鳖之不足贪者，而魁梧耆艾、英伟磊落之士，亦出乎其中。盖天道地气，皆自北而南，而吾道亦随之而南，圣人之言，不其然欤！

　　南洋诸岛，自海道已通，华民流寓者甚众，远者百数十年，颇有置田园，长子孙者。大都言华言，服华服，俗华俗，豪富子弟，兼能通象寄之书，识侏卢之字，文质彬彬，可谓盛矣！夫新嘉坡一地，附近赤道，自中国视之，正当南离。吾意必有蓄道德、能文章者应运而出，而寂寂犹未之闻者，则以董率之乏人，而渐被之日尚浅也。前领事左子兴观察，究心文事，创立社课，社中文辞多斐然可观。遵宪不才，承乏此间，尤愿与诸子讲道论德，兼及中西之治法，古今之学术，窃冀数年之后，人材蔚起，有以应天文之象，储国家之用，此则区区之心，朝夕引领而企者矣。抑庄生有云："鹏之徙于南溟也，风之积也不厚，则其负大翼也无力，而后乃今将图南。"今故取以名吾社，二三君子其共勉之。

　　光绪辛卯十一月　黄遵宪叙

山歌题记　光绪辛卯

（光绪十七年　1891 年）

　　十五国风，妙绝古今，正以妇人女子矢口而成，使学士大夫操笔为之，反不能尔。以人籁易为，天籁难学也。余离家日久，乡音渐忘，辑录此歌谣，往往搜索枯肠，半日不成一字。因念彼冈头溪尾，肩挑一担，竟日往复，歌声不歇者，何其才之大也？

　　钱唐梁应来孝廉作《秋雨庵随笔》，录粤歌十数篇，如"月子弯弯照九州"等篇，皆哀感顽艳，绝妙好词，中有"四更鸡啼郎过广"一语，可知即为吾乡山歌。然山歌每以方言设喻，或以作韵，苟不谙土俗，即不知其妙。笔之于书，殊不易耳。

往在京师，钟遇宾师见语，有土娼名满绒遮，与千总谢某昵好，中秋节至其家，则既有密约，意不在客，因戏谓："汝能为歌，吾辈即去，不复嬲。"遂应声曰："八月十五看月华，月华照见侬两家（以土音读作纱字第二音）。满绒遮，谢副爷。"乃大笑而去。此歌虽阳春二三月不及也。

又有乞儿歌，沿门拍板，为兴宁人所独擅场。仆记一歌曰："一天只有十二时，一时只走两三间，一间只讨一文钱，苍天苍天真可怜！"悲壮苍凉，仆破费青蚨百文，并软慰之，故能记也。

仆今创为此体，他日当约陈雁皋、钟子华、陈再芗、温慕柳、梁诗五分司辑录。我晓岑最工此体，当奉为总裁，汇选成编，当远在《粤讴》上也。

晓岑老兄同年鉴之

公度遵宪并记

先考思恩公述略 *

（光绪十八年正月　1892 年 2 月）

府君讳鸿藻，字砚宾，号逸农，先祖长子也。少俊颖，年十三丧母，哀毁如成人。曾祖母李太夫人奇爱之，携之往滇，及归，而闻誉隆洽，声携一黉，小试诗文，无不能者。顾屡试不得志，知州文壮烈公有子名星瑞，极赏府君文，屡试高等，至癸丑始进学。学使者，河南吴南池祭酒保奏。益发愤力学，逮咸丰丙辰举于乡。主试者王啸山侍御发桂。时年十八岁矣。当是时，家业鼎盛，府君请于先祖，输资为郎，遂以主事分户部贵州司行走，资粮刀布，仍取之于家。

府君日与都中贤士大夫游，文酒之会，欢宴无虚日，学业乃日进，若邓铁香鸿胪承修、钟遇宾侍郎孟鸿、何子莪宫詹如璋、龚蔼人方伯易图、秦文明廉访焕其尤著者也。或谑府君："人言长安不易居，故宋有黄居难，今以君处境，当继白居易为黄居易矣。"然中更丧乱，家乡

---

* 黄思恩卒于光绪十七年十二月二十七日，据此述略定为光绪十八年正月作。

荡尽，府君乃不得不分印结金以赡家，俸薄仍不足，复于天津、芝罘主潮人商业会馆。潮人会馆例延乡宦作董事，雍正间曾奉谕令董事保护商人，其体制略如领事。既久上春官不得第，益郁郁不乐，思改外官，而力未能也。

岁戊寅，遵宪随使日本，俸稍厚，乃改知府分发广西。到省后，迭委要差。壬午充文闱外监试，己丑充文闱内监试，是冬檄署思恩府知府。思恩为王文成公旧治，有阳明书院，久倾圮矣，府君修复之，乞中丞请于朝，以文成公例入祀典。又请御书扁额，得"教衍云岩"四字，悬于书院。府君以朱陆学派，异流同源，因主张良知之说，举其平苗猺之功以劝勉，思人复知向学。及去任，遂以府君画像供座侧焉。广西土瘠产薄，安阳马中丞丕瑶创兴蚕利，府君一意奉行，先祖复贻书督之。府君与绅士约以种桑多寡课殿最，遣人往潮州购种分布。时以微服巡行塍野间，与老农村姬课晴话雨，笑语为乐。不数月，蔚然成林。中丞大喜，语僚属曰："以儒术饬吏治，黄太守之谓矣。"又手书柱铭以赠云："学道能精明世故，性天内见涵养工夫。"盖纪实也。

府君平生多顺境，咸同之间，发贼陷嘉应后，复聚歼于州，府君适居京，前后客京师二十年。庚申英法之难，府君又适归家。处乱世间，未尝见兵革，未尝厄水火，未尝遭风波。弱冠至老，居曾祖母丧外，未尝服缟素服。家政概由先祖综理。逮先祖开八秩、开九秩，府君率子弟上寿，又于同僚中广征诗文。称觞之日，州人士之登堂者盖十人而九，冠盖填咽于道，彩帏锦帐溢于门楣，时论荣之。

己丑撤棘，中丞宴两主试于独秀峰，甫行酒，乐作，时五弟遵楷得乡举，电报适至，中丞、主试各捧觞贺曰："上有老父，下有佳子弟，福寿康强，政事文学，萃于一门，两省僚吏中，罕有其匹，此福信不易得也。"府君虽逊谢，意亦良慰。居思恩一年馀，闻先祖讣，乃徒跣驰归。府君素强健，平生不服药，至是以积毁，每举哀辄喘，岁晚感寒疾，不数日遂卒。

府君不事生产，南宁、梧州厘务，实粤西饷源。粤西毗连粤南，李扬才之乱，法兰西之难，王师联翩出关，飞刍挽粟，羽檄交驰，皆挹注于此。而府君受事，循环转运，算无遗策，不苛不滥，卒无失时，人始知其综核才。然处膏脂不能自润，宦粤西十年，卒之日，馀囊不及三百金也。

府君性和易，能鼓琴，尤善铜弦琴。喜剧谈，宾客满座，依依不少休，时杂以诙谐，文采葩流，枝叶横生，使听者忘倦。客不至，则遣小胥四处邀约，无贵贱老少，必强之来。音吐清亮，隔屋若相酬接。

少时喜读书，往往于半里外，犹能闻其声。所著有《逸农随笔》、《二笔》、《三笔》、《四笔》、《五笔》，其说因果、寓劝惩，体例如《阅微草堂》，论诗文、述掌故，则《容斋随笔》之类。已刊行《退思书屋诗文稿》若干卷藏于家。

子五人：遵宪、遵谟、遵路、遵楷、君实。

南学会第一、二次讲义

(光绪二十四年二月十九日　1898年3月11日)

诸君，诸君！何以谓之人？人飞不如禽，走不如兽，而世界以人为贵，则以禽兽不能群，而人能合人之力以为力，以制伏禽兽也，故人必能群，而后能为人。何以谓之国？分之为一省一郡，又分之为一邑一乡，而世界之国只以数十计，则以郡邑不足以集事，必合众郡邑以为国，故国以合而后能为国。

自周以前，国不一国，要之，可名为封建之世。封建之世，世爵、世禄、世官，即至愚不道，如所谓生于深宫之中，长于妇人之手，骄淫昏昧，至于不辨菽麦，亦觍然肆于民上，而举国受治焉。此宜其倾覆矣，而或传祀六百，传年八百！其大夫、士之与国同休戚者，无论矣；而农以耕稼世其官，工执艺事以谏其上，一商人耳，亦与国盟约，强邻出师，犒以乘韦而伐其谋。大国之卿，求一玉环而吝弗与。其上下亲爱，相维相系乃如此。此其故何也？盖国有大政，必谋及卿士及庶人，而国人曰贤，国人曰杀，一刑一赏，亦与众共之也。故封建之世，其传国极私，而政体乃极公也。

自秦以后，国不一国，要之，可名为郡县之世。郡县之世，设官以治民。虑其不学也，先之以学校；虑其不才也，继之以科举；虑其不能也，于是有选法；虑其不法与不肖也，于是有处分之法，有大计之法。求官以治民，亦可谓至周至密，至纤至悉矣。然而，彼入坐堂皇、出则呵道者，吾民之疾病祸难、困苦颠连，问其所以，瞠目不能答也。即官之昏明贤否、勤惰清浊，询之于民，民亦不能知也。沟而分之，界而判之，曰此官事、此民事，积日既久，官与民无一相信，浸假而相怨相谤，相疑相诽，遂使离心离德，壅蔽否塞，泛泛然若不系之舟，听民之自生自杀，自教自养，官若不相与者，而不贤者复舞文以弄法，乘权以肆虐，以民为鱼肉，以己为刀砧。至于晚明，有破家县令之称，民反以官为扰，而乐于无官。此其故何也？官之权独揽，官之势独尊也。凡上下相交之政，如所谓亭长、三老、啬夫、里老、粮长，近于乡官者，皆无有也。举一府一县数十万人之命委之于二三官长之手，曰是则是，曰非则非；而此二三官长者又委之幕友书吏、家丁差役之手，而卧治焉，而画诺坐啸焉，国乌得而治！故郡县之世，其设官甚公，而政体则甚私也。

诸君，诸君！诸君多有读《二十四史》者，名相良将，能吏功臣，可谓繁夥矣。惟读至《循吏传》，则不过半卷耳，数十篇耳，二三十人耳。无地无官，无时无官。汉、唐、宋、明，每朝数百年，所谓循吏者只有此数，岂人性殊哉，抑人材不古若欤？尝考其故，一则不相习也。本地之人不得为本地之官，自汉既有三互之法，如今之回避；至明而有南北互选之法，赴任之官，动数千里，土风不谙，山川不习，一切俗禁茫然昧然。余尝见一广东粮道，询其惯否？彼谓饮食衣服均不相同，嗜欲不通，言语不达，出都以后，天地异色，妻奴僮仆日夕怨叹，惟愿北归。以如此之人，而求其治民能乎不能？此不相习之弊也。一则不久任之弊也。今制以三年为一任，道府以下不离本省。是朝廷固知不久任之弊矣。然而，州县各官员多缺少，朝令附郭，夕治边地，或升或迁，或调或降，或调剂或署理，或代理或兼摄，甫知其利，甫知其弊，尚欲有所作为而舍此而他去矣。而贤长官，量其时之无几，力之所不能，亦遂敛手退缩而不敢动；又况筑台者一篑而九仞，移山者由子而逮孙，凡大政事、大兴革均非一朝一夕之所能为，虑其半途而废也，中道而止也，前功之尽弃也，则亦惟置之度外，弃之不顾耳。明之循吏，首推况钟，其治苏州凡十九年，闻辕门鼓乐嫁女，乃曰："吾来此时，此女甫乳哺耳。"惟久于其任，乃以循吏称。今安得有十九年之知府耶！诸君试思之，不相习，与宴会时之生客何异？不久任，与逆旅中之过客何异？然而皆尊之为官矣！

嗟夫，嗟夫！余粤人也。粤处边地，谚有之曰：天高帝远，皆不知有朝廷，只知有官长耳；亦不知官长为谁何？何名字？但见入坐堂皇、出则呵道者，则骇而避之，曰："官，官！"举吾民之身家性命，田园庐墓尽交给于其手，而受治焉。譬之家有家长，子孙数十人，家长能食我、衣我、妻室我、田宅我，为子弟者，将一切惰废，万事不治，尽仰给于家长耶，抑将进德修业以自期成立耶？诸君，诸君！此不烦言而决，不如子弟之自期成立明矣。委之于家长犹且不可，乃举吾之身家性命、田园庐墓委之于宴会之生客、逆旅之过客而名之为官者，则乌乎其可哉！然则如之何而后可？所求于诸君者，自治其身、自治其乡而已矣。某利当兴，某弊当革，学校当变，水利当筹，商务当兴，农事当修，工业当劝，捕盗当讲求，以闹教滋祸者为家难，以会匪结盟者为己忧，先事而经画，临事而绸缪，此皆诸君之事。孟子有言："匹夫匹妇，不被其泽，若己推而纳之沟中。"况吾同乡共井之人，而不思援手耶？范文正做秀才时，便以天下为己任，况一乡一邑之事，而可诿其责耶？顾亭林言风教之事，匹夫与有责焉。曾文正公论才，亦以风俗为士夫之责。愿与诸君子共勉之而已。

诸君，诸君！能任此事，则官民上下，同心同德，以联合之力，收群谋之益。生于其乡，无不相习，不久任之患，得封建世家之利，而去郡县专政之弊。由一府一县推之一省，由一省推之天下，可以追共和之郅治，臻大同之盛轨。

余之言略尽于此，而尚有极切要之语为诸君告者。余今日讲义，誉之者曰"启民智"；毁之者曰"侵官权"，欲断其得失，一言以蔽之曰：公与私而已。诸君能以公理求公益，则余此言不为无功；若以私心求私利，彼擅权恃势之官，必且以余为口实，责余为罪魁。乞诸君共鉴之，愿诸共勉之而已。诸君，诸君！听者，听者！

刘氤庵《盆瓴诗集》序
（光绪二十五年九月　1899 年 10 月）

韩退之之铭樊宗师也，曰："惟古于词必己出，降而不能乃剽窃。"其答李翊书又曰："惟陈言之务去。"以昌黎之文起八代之衰，而摄其要，乃在去陈言而不袭成语，知此可与言诗矣。自《风》《雅》变而为《楚辞》，《骚》些变而为五七言诗。上溯汉魏，下逮有明，能以诗名家者，大抵率其性之所近，纵其才力职明之所至。创意命辞，各不相师。倡之者二三巨子，和之者群儿。大张其徽旗，以号以众，曰某体，曰某派；沿其派者，近数十年，远至数百年，千馀年，而其体不易。土生古人之后，欲于古人范围之外成一家言，固甚难；即求其无剿说、无雷同者，吾见亦罕。今读刘氤庵先生《盆瓴诗集》，其殆庶乎。

先生于学，无所不窥。其于诗也，深嗜笃好，朝夕吟诵不少辍，积书稿至尺许。国朝诗人，流别至多，几至无体之可言，无派之可言。然百馀年来，或矜神韵，或诩性灵，幕客游士，涉其藩而猎其华，上之供诗话之标榜，下则取于尺牍之应酬，其弊极于肤浅浮滑，人人能为诗，人人口异而声同。今先生之诗，尽弃糟粕，举近人集中所有宴集、赠答、游览、感遇一切陈陈相因之语，廓而清之，虽未知比古人何如，抑可谓卓然能自树立之士矣。

往岁，曾重伯太史序吾诗，称其善变，谓世变无穷，公度之诗变亦无穷。余奚足语此？然征之先生之诗，亦可证所见之略同也。吾梅诗老，自芷湾、绣子、香铁诸先生没，大雅不作，寂寥绝响。庄生有云："逃空虚者，闻人足音，跫然而喜。"余读先生诗，奚啻空谷之足音也乎！余未识先生，然先生之季紫岩广文，与余为文交，故久识其为人。他日者，邂逅相遇，尊酒论诗，其必有相视而笑、莫逆于心者欤！

光绪二十五年九月　小弟黄遵宪序

《古香阁诗集》序
（光绪二十六年十月　1900 年 11 月）

有中原之旧族，三代之遗民，过江入闽，沿海而至粤，迁来已八九百年，传世已二十五六代，而岭东之人，犹别而名之曰客民。其性温文，其俗俭朴，其妇女之贤劳，竟甲于天下。予向者祝《李母钟太安人百龄寿序》，所谓五大部洲各种族之所未有者也。盖中人以上，类皆操井臼，亲缝纫；其下焉者，鞿履叉髻，帕首而身裙，往往与佣保杂操作，椎鲁少文，亦不能无憾焉。

润生女士，曦初之女也，与予内子为姊妹行，长媵于李。李故望族，与予家有连，所居又同里。予年十五六，即闻其能诗。逮予使海外，归自美利坚，始得一见，尽读其所为《古香阁诗集》。其诗清丽婉约，有雅人深致，固女流中所仅见也。

予历使海邦，询英、法、美、德诸女子，不识字者百仅一二，而声名文物如中华，乃反异于是。嗟夫！三代以后，女学遂亡，唯以执箕帚、议酒食为业，贤而才者，间或能诗，他亦无所闻焉。而一孔之儒，或反持"女子无才是德"之论，以讽议之，而遏抑之，坐使四百兆种中，不学者居其半，国胡以能立？近者风气甫开，深识之士，于海滨创设女学，联翩竟起，然求其能为女师者，猝不易得。宣文夫人绛纱受业，此风邈矣。近世如王照圆、梁端能为《列女传》注，以著书名者，亦不可复覯，仍不能不于诗人中求之。若润生者，殆其选欤？

中国女学之陋，非独客人，而椎鲁少文之客人中，竟有以诗名者，士不贵自立乎？抑以予所闻，予族祖工部廷选，有妻曰黎玉贞，著有《柏香楼诗文集》三卷，志称其博通经史，诗文高洁，无闺阁气，因序此集，而并志之，以劝勉客人焉。

光绪二十六年十月　黄遵宪公度序

《梅水诗传》序　光绪辛丑
（光绪二十七年　1901年）

语言者，文字之所从出也。语言与文字合，则通文者多；语言与文字离，则通文者少。余于日本《学术志》中，曾述其意，识者颇韪其言。吾部洲文字，以中国为最古。上下数千年，纵横数万里，语言或积世而变，或随地而变，而文字则亘古至今，一成而不易。父兄之教子弟，等于进象胥而设重译。盖语言文字扞格不相入，无怪乎通文字之难也。

嘉应一州，占籍者十之九为客人。此客人者，来自河洛，由闽入粤，传世三十，历年七百，而守其语言不少变。有《方言》、《尔雅》之字，训诂家失其意义，而客人犹识古义者；有沈约、刘渊之韵，词章家误其音，而客人犹存古音者。乃至市井诟诉之声，儿女噢咻之语，考其由来，无不可笔之于书。余闻之陈兰甫先生谓："客人语言，证之周德清《中原音韵》，无不合。"余尝以为客人者，中原之旧族，三代之遗民，盖考之于语言文字，益自信其不诬也。

里人张榕轩观察，少读书，喜为诗，钞存先辈诗甚富，近出其稿，托仙根明经广为搜集，重加编订。余受而读之，中如芷湾、绣子两太史，固卓然名家，其他亦雅驯可诵。嘉道之间，文物最盛，几于人人能为诗。置之吴、越、齐、鲁之间，实无愧色。岂非语言与文字合，易于通文之明效大验乎？

自物竞天择、优胜劣败之说行，种族之存亡，关系益大。凡亚细亚洲古所称声明文物之邦，均为他族所逼处。微特蒙古族、鲜卑族、突厥族茶然不振，即轰轰然以文化著于五洲如吾辈华夏之族，亦叹式微矣！文章小技，于道未尊，是不足以争胜。凡我客人，诚念我祖若宗，悉出于神明之胄，当益骛其远者大者，以恢我先绪，以保我邦族，此则愿与吾党共勉之者也。

《攀桂坊黄氏家谱》序

（光绪二十八年一月六日　1902 年 2 月 13 日）

　　黄以国为氏，或谓出于金天氏，自台骀封于邰川后，为沈、姒、蓐、黄诸国；或谓出于高阳氏，自伯翳赐姓嬴后，为江、黄诸国。三代以前，荒远难稽，其散居河北者，亦不可考。惟郑樵《通志》称黄氏嬴姓，陆终之后，封于黄。今光州定域［城］，西有黄国故城，为楚所灭，子孙即氏黄。其说可信，此即吾宗之所自出也。

　　汉尚书令香，居江夏，世之黄氏，咸以江夏为望，后衍为二支：一为隋开皇间，由江夏迁浙之金华，析为五大族，分居于丰城、剡、监利、分宁、弋阳，其裔孙有庭坚、有潜著于时；一于五代时，自光州固始从王潮入闽，家于邵武，散居于莆田城、福州、龙溪、漳州，其裔孙有伯思、有干，族益光大。嘉应一州，十之九为客人，皆于元初从闽之宁氏县石壁乡迁来，虽历年六百，传世二十馀，犹别土著，而名之曰客。吾始迁祖，初居镇平，亦来自宁氏，其为金华之黄欤，为邵武之黄欤，则不可得而详也。昔山谷老人自序出于金华，而其谱止及于分宁，七世以上，皆略而弗著。至晋卿学士，祖其说，作族谱图序，亦断自九世祖以下。

　　古者图谱有局，掌于史官。自局废而士大夫家自为谱，各以其所闻论著，不能旁搜广览，以征其实，故往往矛盾参差，至不可读。谱不过十世，详于近，略于远，盖慎之至也。吾宗自文蔚公迁于攀桂坊，及吾而八世，今亦师其意，以文蔚公为断。自始迁祖至文蔚公，凡十数世，邱垄之尚完、祭享之不废者，编为前编。始迁祖以上，则不得不付之阙如矣。既以世系绘为图，举名字生卒之概引为表，复举德行事业之可知者，述为传略，总名之曰家谱。

　　吾闻之林海岩先生曰："客人者，中原之旧族，三代之遗民。"今稽之吾族，来自光黄间，其语言与中原音韵相符合，益灼然知其不诬。自念得姓受氏，四千馀岁，实为五部洲种族之最古者。始兴于汉，中衰于魏晋，以逮于唐，入宋而复盛。其入粤者，则明盛于元，入本朝而盛于明，中叶以来，又盛于国初。盛衰兴废，世族之常。若子孙无状，降为皂隶，辱我门楣，非吾之所忍言，如能保宗祊而承世禄，继继绳绳，不坠其业，抑亦庶几。若夫立德立功立言，以图不朽，俾嘉应之黄，与金华、邵武二族并称于世，是则作谱者所祷以求之者夫！

　　光绪二十八年立春后八日　　遵宪谨序

函

电

致周朗山函 *

（同治十一年十二月中下旬　1873年1月中下旬）

朗山先生足下：

腊月八日上一书，系以诗当达左右矣。今仅录宪所学为诗一百有奇，有空白未书者，缘属稿未定，向畏诗名，未出示人。此一百中多九十，少暇，又不及细为点窜，而求教之心甚急，即命人缮写，其未妥者遂竟阙之也。

遵宪窃谓诗之兴，自古至今，而其变极尽矣。虽有奇才异能英伟之士，率意远思，无有能出其范围者。虽然，诗固无古今也，苟出天地、日月、星辰、风云、雷雨、草木、禽鱼之日出其态以尝［当］我者，不穷也。悲、忧、喜、欣、戚、思念、无聊、不平之出于人心者，无尽也。治乱、兴亡、聚散、离合、生死、贫贱、富贵之出而〈有〉我者，不同也。苟能即身之所遇，目之所见，耳之所闻，而笔之于诗，何必古人？我自有我之诗者在矣。夫声成文谓之诗，天地之间，无有声，皆诗也，即市井之谩骂，儿女之嬉戏，妇姑之勃谿，皆有真意以行其间者，皆天地之至文也。不能率其真，而舍我以从人，而曰吾汉、吾魏、吾六朝、吾唐、吾宋，无论其非也，即刻画求似而得其形，有［肖］则肖矣，而我则亡也。我已忘我，而吾心声皆他人之声，又乌有所谓诗者在耶？汉不必《三百篇》，魏不必汉，六朝不必魏，唐不必六朝，宋不〈必〉唐，惟各不相师而后能成一家言。必执一先生之说，而媛媛姝姝，则删诗至《三百篇》止矣，有是理哉？是故论诗而依傍古人，剿说雷同者，非夫也。

吾今日所遇之时，所历之境，所思之人，所发之思，不先不后，而我在焉。前望古人，后望来者，无得与吾争之者。而我顾其情，舍而从人，何其无志也？虽然，吾身之所遇，吾目之所见，吾耳之所闻，吾愿笔之于诗，而或者其力有未能，则不得不藉古人而扶助之，而张大之，则今宪所为，皆宪之诗也。先生顾其情，性情意气，可得其大概。至笔之于诗，则力有未能，则藉古人者，又后此事。惟先生

---

* 周琨，字朗山。同治十一年（1872年）黄遵宪应试拔贡生不售，周为广东学政使何廷谦（地山）幕宾。是年冬周北归，次年三月十九日卒。函中云"腊月八日上一书"，推定此函写于同治十一年十二月初八后。

教之!

致王韬函 *

（光绪五年四月二十六日　1879 年 6 月 15 日）

紫诠先生大人阁下：

　　前把臂得半日欢，觉积闷为之一舒。承赐《弢园尺牍》，归馆读之，指陈时势，如倩麻姑搔痒，呼快不置。昔袁简斋戏赵瓯北，谓启胸中所欲言者，不知何时逃入先生腹中，遵宪私亦同此。但宪年来愤天下儒生迂腐不达时变，乃弃笔砚而为此，始得稍知一二。而先生言之二十年前，冠时卓识，具如此才，而至今犹潦倒不得志，非独先生一人之不幸也。为太息者久之！

　　比来笔砚稍安否？有贤主人周旋其中，想不至寥寂。然信美非吾土，想登楼一望，时动秋思。二十九日，宪与杨星垣为主，乞阁下同往旗亭一酌。未申之交，谨候高轩，好联辔偕往也。虽无旨嘉，然唤取红巾翠袖揾英雄泪，亦或可一泄吾辈胸中磊落不平之气耳。

　　日本文士想识面者日多，然颇有明季社会习气，相轻相诋，动辄骂人。前十数日，《朝野新闻》有伪为弟诗者，诗专言球事。后又有和其韵以毁我国者。仆皆一笑置之而已，然可见其好言生事也。

　　仆所著《日本杂事诗》本欲刊布之，以告中人之不知外事者。然惧其多谬，故私以请正一二素交君子，而不谓遂致流传。其中云云或有触忌讳者，现在两国交际正在危疑之时，宪甚不欲以文字召怨。存重野先生处者，宪托言急欲上木，向其索还，尚有一本未以归我，阁下来乞顺便抽归。此诗脱稿后，欲求先生改正之，未审赐诺否？

　　梅雨连绵，胸辄作恶。布纸述怀，不自觉其语之刺刺不休也。惟为国为道自爱。不庄。

小弟遵宪顿首　四月廿六日

---

　　* 函云"仆所著《日本杂事诗》本欲刊布之，以告中人之不知外事者"；又说"此诗脱稿后，欲求先生改正之"。黄遵宪在《重刊〈日本杂事诗〉自序》中说："此篇草创于戊寅（光绪四年）之秋，脱稿于己卯之春。"此函当写于光绪五年四月廿六日。

致王韬函

（光绪五年七月十一日　1879 年 8 月 28 日）

紫诠先生大人阁下：

相聚不多日，匆匆告归，此怀何可言。新桥握别之时，莼鲈秋思，归心忽动。贾阆仙诗云："此心曾与木兰舟，直到天南海水头。"为公诵之。先生此行，名山胜水，醇酒妇人，如到极乐国。归装后，得文诗积寸，亦一快事。惟宪不能无怅然。

宪与阁下虽新相知，而钦仰高谊已久。星使尤爱重公，意欲罗致幕府。顾以南岛属藩之事，波澜未平，行止靡定，虽经上书当路，极推君才，而此间属员有额，方且告归请撤，未便增设。濒行再三挽留，意盖有在，及阁下述中丞有书劝归之言，乃不复启口。既虑此间小局，阁下未肯俯就，又念时方多事，以君之才，苟有用世志，诚不难凌云奋飞，一蹴千里。惟宪私心窃冀亟欲得阁下共处朝夕，时领教益，今既不能，因是独介介耳。

宪著《日本杂事诗》凡百五十馀首，今抄清稿呈上，有便尚乞痛加斧削，乃付手民。苟得附大著丛书中，则附骥名显，尤为荣幸。款式拟同《海陬冶游录》，甚善。惟诗中小注应如何排印，统乞卓裁。又诗中新僻之字，如甿灵，如棋䜩等，及日本伊吕波假字，恐须别刊，务求费神。宪意欲得二百五十部。前托交阁下十金，知万不敷，乞早函示，以便邮来。

《扶桑游记》，沈君略润色，仍即以交锄云山人。

阁下此来，东国文士齐声赞叹无异词。鸡林之市白香山诗，百济之乞萧子云书，古人无此清福也，健羡健羡。

归舟风浪如何？极以为念。此函到日，想阁下亦到港矣。

干甫先生，宪读其文，重其人，乞代达意。

西望轸郁，榛苓在怀，惟珍重，为道、为国、为文，千万自爱。不尽欲言。

己卯七月十一日　弟遵宪顿首谨白

致王韬函 *

（光绪五年七月二十一日　1879 年 9 月 7 日）

紫诠先生大人阁下：

　　前奉书并寄呈《日本杂事诗》。星使语宪曰："紫翁磊落人，以琐屑事烦之，毋乃过与？"宪默然不能语，继而思有不得已者在。出门万里，平生故人贻书督责，欲少述一二，竭九牛之力且不能毕抄，故不能不刻。泰西通例，使馆书记例不得在任刻书，盖虑其中有刺讥，亦古人居国不非大夫之义也。此欲刻而不能于东京刻之也。乞老先生谅之而已。

　　卷一之下，因匆猝抄就，多有谬误，今条举别纸，求交与校对者，千万拜恳。重野为作序、石川为作跋，后再寄来。先生曾诺赐序，未审能宠锡之否？固所愿也，抑非敢冀也。

　　此书到日，到港当既久。凉燠之交，凡百珍重。不尽所怀。

　　干甫先生均此致意。

七月二十一日　弟遵宪顿首谨白

　　《扶桑游记》何如？"未雨先缠绵"改语句，调近俗且索然无味，弟与之争，即谓"谬"当作"绵"。句，梅史改之，真乃点金成铁，精光顿减。当梅史下笔诗此语，弟尝与争。即其他云云，弟意亦谓应删不应改。

　　先生天才秀涌，如海如潮，当其即席挥毫，文不加点，失于繁复，不及检核者亦容有之，偶加删简，未必不佳。至点窜字句，则人心不同，如其而然，即使老杜执笔，亦不可改谪仙人诗，况馀子乎？此卷之欲加删简者，本未能免俗之见。举花柳冶游过于放浪者，稍稍律之可耳，何必及其他哉！故仆读是书，此节之外不敢赞一辞。其有旁及者，弟以欺锄云诸公意谓删诗不尽关郑风耳，盖世情可笑之甚者，谬谓精当，犹此意也。先生试取原本观之，弟有一语赞其改笔否？

　　梅史因丁艰夺情，吏部行驳文来，近既归去。少此一人犹可言也，瀚涛之太夫人亦仙逝，亦匆匆束装而去。同行十九人，弟最所爱赏者，风流云散，此信其何以堪。知念并及。

廿一夜三鼓　公度又书

---

　　* 函说《日本杂事诗》写成寄给王韬，并请王韬及日人重野成斋作序，事在光绪五年。

致王韬函*

（光绪五年十月二十四日　1879年12月7日）

紫诠先生大人阁下：

遵宪顿首顿首。九日辰奉到惠书，祇悉一是。迟迟未及复者，闻行旌犹在揭阳，又闻大力者将挟之而出，至今犹未知先生行止之何若也，企想无已。

拙著既承排印并蒙俯赐校核，感惭尤不可言。若见其未妥者，但如阁下之意随手改削之可也。此种诗岂值得为之校订哉！

何大臣所著，弟以来谕奉告，彼云俟改削后再以寄呈。

至前日之馈金，阁下以为多出十元者，即为仆刻书之费，如何？

尊著《扶桑游记》闻尚未告竣。有友人蒲生子作《佳人传》，今以一帙寄呈。

临楮匆匆，鄙俚不文。即请

大安，惟祈垂詧。

弟遵宪顿首　十月廿四日

别有寄洪干甫一信，付新闻一纸，祈阅后再交，并求卓裁。

前惠既刻之《杂事诗》，惟国造分司旧典刊中小注，以参议分任之误作区。日本宽永钱诚有孔有轮廓。弟见其货币史钱图，是不过百分之一耳。又及。

致王韬函**

（光绪五年十二月二十三日　1880年2月3日）

紫诠先生大人阁下：

腊八后七日奉书并《杂事诗》二本，想能邀澄鉴矣。廿一日得读手教，祇悉种切。

＊　函中说《日本杂事诗》承王韬"排印并蒙俯赐校核"，事在光绪五年。

＊＊　函说"腊八后七日奉书并《杂事诗》二本"，系指光绪五年同文馆刻本；又说"《杂事诗》既承印就"，指王韬为之作序的印本，事在光绪五年末六年初，此函当写于是年十二月二十三日。

翻译球案之人，果非出贵馆手，由延请而来者，彼或别有所为而然。先生经许其谢金，昨告星使，谓此金不便使先生食言，仍当如数寄来。惟乞将原文及《朝野新闻》并敝署所译者示之，问其何故独删此节，俟其答词，再以寄来耳。本谓本署初次照会失于无礼，议撤议激言者屡矣。自杨越翰新闻一出，反谓其行文无礼，乃缄口不复道。此盖中间人补救之力亦不鲜也。此事本无关轻重。台湾一案亦定议后互撤照会，惟彼国必欲挑此，恐中土之迂腐无识者，反谓以文字启祸，则悠悠之口，难与争辩耳。日本之处心积虑欲灭球久矣，使者之争非争贡也，意欲借争贡以存人国也。本系奉旨查办之件，曾将此议上达枢府，复经许可而后发端。此中曲折，局外未能深知，敢为先生略言之。

《杂事诗》既承印就，感荷何可言！前寄同文馆刻本，外间绝少，仍乞速为装钉〔订〕掷寄。既经印就，则无庸照同文馆本改刊。惟卷首"广东黄遵宪"，因对日人言，故举其省，实则于著书之体未审合否？应否改作嘉应？先生教之。此间踵门请索者，户限为穿。彼士大夫皆知窝芷仙即日本人称先生姓字之音。俯为校刊，声价顿增十倍，今乃知古人登龙之言非虚谬。左太冲赋藉皇甫一序而行，亦信不诬也。彼国士夫相见者辄问先生起居，宪俱为达意。

日本比来屡见火灾。国会开设之议，倡一和百，几遍国中，政府顾尼之，不得行。纸币日贱，数日中每洋银百元，值纸币百四十矣。民心嚣然，盖几有不名一钱之苦。漏卮不塞，巨痛如此，可慨也！夫日本似不足为患，然兄弟之国，急难至此，将何以同御外侮？虎狼之秦，眈眈逐之。彼其志曷尝须臾忘东土哉！祸患之来，不知所届，同抱杞忧，吾辈未知何日乃得高枕而卧也？

严寒，惟为国为道自爱。

潦草不庄，为忙故也，幸恕幸恕。

小弟遵宪顿首上笺　十二月廿三日

致王韬函 *

（光绪六年二月下旬　1880 年 4 月上旬）

紫诠仁兄先生大人阁下：

本月十二日由朗卿寄呈一函，外边银二十五元，想收到矣。十九日

　＊ 函中有"带到惠函并《杂事诗》诸件，一一照收。拙诗宪以大序，乃弟生平未有之荣"。王韬为黄遵宪《日本杂事诗》作序为光绪六年二月下旬，据此函酌定写于是时。

舍弟均选来署，带到惠函并《杂事诗》诸件，一一照收。拙诗宠以大序，乃弟生平未有之荣，感谢实不可言。不敷刻资，后即寄图十分来。

松田所刻之图，坊友约以半月后，且云寄书大阪，云其版久未印，今再新印，故迟迟也。

成斋诸书既着人送交，适于青山延寿家见之，并一一为达高意。鹿川亦见面，云其父望眼欲穿，得之不啻喜从天降也。想二公不日即有复音。角松扇当亲交。

自子沦归，不解语，有四五月不相见，当重游赠之，并索其写真。

干甫先生之序，仆何修得此，先为道谢，容再图报耳。匆匆中不能多及，即请

道安

弟遵宪顿首

致王韬函 *

（光绪六年三月十五日　1880 年 4 月 23 日）

再启者：前寄呈干甫先生一函，及《横滨日报》照刻《纽约哈拉报》数纸，缘原本系美统领随行幕友杨越翰以寄哈拉报馆者。

琉球争端初起，由星使与外务卿议论数回。彼极拗执，乃始行文与辨。日本于此一节自知理绌，无可解说，乃别生一波，谓此间初次照会措辞过激，不欲与议，彼原不过借此以延宕啰啍耳。嗣统领东来，本署将屡次彼此行文，逐一详审译呈，统领以为无他。杨越翰将一切情节寄刊报馆，独于日本外务与我之文，一讥其骄傲过甚，再讥其愚而无礼。其是否出统领意虽不可知，然彼之为此，盖主持公道，谓我与彼文无甚不合，而彼与我文乃实为无理，所谓以矛陷盾者也。此报一出，闻纽约报馆卖出数万份，而欧洲诸国照刻者亦多。因是而五部洲人皆知日本之待我极为骄慢，皆群起而议其短。因美国系中间人，中间人之言，皆信之也。报到横滨，横滨西报即为照刻，而《东京邮便新闻》、《朝野新闻》亦一一照刻。虽东人见之不悦，而语出他人，无所用其忌讳，故杨越翰讥诮日本之语，亦一一具载。

---

* 据函中有托购地图事，在光绪六年，此函当写于是年三月十五日。

　　弟初以为我国各报馆必有译出汉文者，久而寂然，窃疑为未见，故敢以一通径达贵馆也。果蒙不弃，录塞馀白。乃陆续接到贵报于中间录刻来去之文，将原报所有讥弹日本语概为删去。始而深讶，不知何故，继乃念阁下及干甫先生均未能深通西文，翻译人口诵之时，隐匿不言，即无从书之于笔，不足怪也。原报流传既久，敝署既将原文及译文寄呈总署及伯相，均承其命人将原文再译，与敝署所译意悉相符。贵馆译而删去，于公事原无甚得失，弟不知贵馆译人是西人抑是东人？抑我国人？不知彼出何心而有意为此？读所译汉文，神采飞动，非出公手，即是洪公。是二公亦受其欺矣。狂瞽之言，敢达清听。今将敝署译汉并日本新闻寄呈，至原文具在，请复校之。

　　《鹿门笔话》均寄呈清览。得信之后，望即以八十部还弟，弟此间既乌有矣。弟意尊馆存本必多，仍可加寄一二百部来东，必能尽卖。定价三十五钱，价殊不贵，若分钉上下二本，似可定作四十钱或四十五钱。事须及热，幸勿迁缓，千万拜祷。鹿门自作书后文一篇，龟谷省轩、蒲生子闿皆有序，其他东京文人多欲作序跋者，他日汇齐，当再补刻。

　　角松折扇既交去。弟自子纶归，不通语，久不上旗亭。昨为此扇特设一局，而角松适他出，招之不来。弟亲送其家，其母出见，泥首至地，至再至三，具言为角松谢王郎殷勤。又述角松思念，云自经品题，声价顿增，王郎数首诗，渠赖以一生食着不尽。弟闻之他人，言亦如此，可知其诚恳矣。

　　托书肆在阪购图，昨来告云，是版久不印行，须有人定购数十部方印，故迟误至此。弟思地图一事，晚出为佳，不必定需松田氏所著，另乞他命，或由弟择购。俟复缄，即驰寄。手此，即请
近安
　　干甫先生同此。

弟遵宪顿首　三月十五日

致王韬函*

（光绪六年四月十日　1880 年 5 月 18 日）

紫诠先生大人阁下：

---

　　* 函中云"崇厚乃下狱"，指崇厚因擅自与沙俄订伊犁条约而被革职拿问，定斩监候，事在光绪六年初。据此该函当写于是年四月初十日。

数日中叠奉到三月下浣所发三函，崇论闳议，信足以推倒豪杰、开拓心胸。其中所论，如谓藉各使维持，遣旧人续议，皆与鄙见不谋而合，殊自幸孺子之可教也。使臣下狱，无益于事，徒贻他人以口实，洵然洵然。而阁下所谓不可解诸事，亦一一不诬。虽然，以弟近日所闻，乃知其中有不得已者在也。

弟闻遣使之初，特出懿旨，枢府诸公告其由陆路驰往，与左侯会商而后去。而彼谓严寒酷冷，难以冒犯霜露、跋涉山川，卒由海道。泰西所谓头等公使，虽曰代君行事，然受命而出，乃得专行，即议定之后，亦必俟政府画诺而后能钤印画押。崇公之去，朝旨命之索伊犁，未尝令其结条约也。及将约稿寄回，又屡次驰书告以万不可许，而崇公一概不听，擅自启程。此即泰西之头等公使，亦万万无此事。彼徒以骄矜之气，为桀黠所愚，遂使天下事败坏决裂至于如此，可胜叹哉！

俄为劲敌，当路诸公素所深知，故虽明知万不可行，尚欲含濡隐忍以待他时。而台谏诸人连章交劾，未经宣布之前，留中章疏既有七分，其后攘臂奋袂、慷慨言事者至于无日无之。朝廷以不得已始下之议，而崇厚之罪实不能为之讳。又有一二人据理以争，负气过甚，非枢廷诸君所能屈服，于是拱手而听其议罪，而崇厚乃下狱矣，乃议斩候矣。

嗟夫！通商以来，既三十馀年，无事之日，失每在柔；有事之时，失每在刚，此又其一也。

中土士夫，其下者为制义、为试帖；其上者动则称古昔、称先王，终未尝一披地图，不知天下之大几何，辄诋人以蛮夷，视之如禽兽。前车之覆既屡屡矣，犹不知儆戒，辄欲以国为孤注，视事如儿戏，又不幸以崇厚之愚谬诞妄，益以长浮气而滋浮论，至于有今日，尚何言哉！尚何言哉！今日事既至此，苟使声明崇厚之罪，而不定案，告于天下，曰朝廷遣使，只命索还伊犁，乃崇厚所结条约，举属伊犁一地之外之事，据国书，则伊犁事尚未之及，故外人谓全权不得其实也。实为违训越权条约云云，实难曲从，则内以作敌忾同仇之气，外以示我直彼曲之义，然后急脉缓受，虚与委蛇，徐徐再议。俄人虽横，彼亦无辞，犹为计之得者。此弟所以读阁下所作诸论，为之五体投地，拜服不已也。天佑圣清，必无战事。

闻丁中丞有欲出之信。东南半壁，倚此一人，西望企祝，无有已时。

时事孔棘，同抱杞忧，引笔伸纸，不自觉觳觫如此，聊以当与先生一夕话耳，幸勿示人。匆匆不庄，惟为国自爱。不宣。

弟遵宪顿首 四月十日

致王韬函*

（光绪六年五月十五日 1880 年 6 月 22 日）

紫诠先生大人左右：

四月底得惠书并《杂事诗》，径即以二百六部送交成斋。此月六日又奉到一缄，知虞臣所赍物都既交到。不腆微物，乃辱言谢，益使人面热汗下矣。虞臣取去书，后当购物奉寄，万不敢屡渎也。见成斋云《杂事诗》今寄来者，必能卖却。唯日本书坊文芸堂近又有翻本，且加以圈点旁训，为日本浅学者所便，再行排印，恐不能与之争矣。成斋初云：此事书坊实为无理。向者陆军省翻刻《普法战纪》，成斋告以现有书在伊处发卖者，陆军省因是不卖。然查日本政府发行版权条例，无不许翻刻外国人著书之条，则彼为有辞，故难强阻也。

成斋处卖书金既经催索，未得复函。承示大著近日出版，景星庆云，天下皆以先睹为快。辱命弁言，弟万不敢。惟俟熟读后，再当涤笔敬书其后耳。

蒲生子《伟人传》四编既刻成，今邮来一部，请查收。

弟月来患喉痛，颇为困累，复书迟迟，职是之故。比稍愈，明日当作箱根之游，约十馀日方归也。

匆忙作此，春蚓秋蛇，几不成字，幸曲谅之。天渐暑，望自爱，千万千万！

弟遵宪顿首 五月十五日

致王韬函**

（光绪六年六月十九日 1880 年 7 月 25 日）

紫诠先生大人阁下：

---

* 据函中云"明日当作箱根之游"，黄遵宪庚辰游箱根，两旬始返，知此函写于光绪六年五月十五日。

** 据函中云"弟近日归自箱根"，知此函写于光绪六年六月十九日。函末云"命办诸事，条具别纸"，故"遵宪谨白"当为其"别纸"。

弟近日归自箱根，获读五月中所发二函、六月初所发一函，前后凡四五千言，其揣摩时势之谭，尤为批隙导窾，洞中要害。弟昨评冈鹿门一文，谓古人论事之文多局外之见、纸上之谭，可见诸施行者，百无一焉。乃今读先生所议，多可坐而言起而行者，真识时之俊杰哉！

来书仍欲东游，彼都人士皆引领而望矣。此间瓜代之期，计在九月。日本同文之国，续任使事者，必仍是台阁诸公。若得有消息，旧日令尹必举先生名以告，想马周之名应无人不识也。窃意东瀛学士推重先生，若得文旌常驻此国，譬如猛虎在山，百兽震恐，大可以消患未萌，于两国和好收效甚大。弟苟可以竭力，敢不勉为之？

弟以三年居东，行赋曰归。念日本山水素称蓬壶，屐齿不一至，虑山灵贻笑；而村乡风景，亦窃欲考风而问俗，故恣意为汗漫之游。居箱根山中凡二旬，而温泉七所，仅一未至，山路险峻，止通一线。而箱根驿有大湖在万山顶，宽仅十馀里，深至五十丈，乃知古人比之函谷，称为关东咽喉之地，盖真不啻金汤之固也。随后尚欲游日光，走上州，过北海，抵箱馆，他日归途，更由陆达西京，经南海诸国，访熊本城，问鹿儿岛而后返。但恨文笔屡弱，不足以自达其所见耳。

弟以不才滥膺今职，曾无片长可以告人。顷随何星使后，共编《日本志》，而卷帙浩博，明年乃能卒业。俟此事毕，若天假之缘，得游欧罗巴、美利坚诸洲，归再与先生抵掌快谭，论五大洲事，岂不快哉！

相见何日？思之黯然。命办诸事，条具别纸，即希澄鉴。炎暑，幸自爱。不宣。

小弟黄遵宪顿首　六月十九日

一、前命购地图，今展转觅得松田直所刻原本七份，谨以五份赠先生，馀二部乞代送洪干甫先生。区区微物，即求哂纳，不胜欣幸。

一、前命索问《扶桑游记》中卷，函到之日，尚未刊刻，弟一再催问，今日始竣工，由锄云翁交十部来，今谨寄呈，幸察收。

一、所寄成斋二缄，锄云、桂阁、白茅各一缄，均一一转交矣。

一、《众教论略》四编、《伟人传》四编、《清史逸话》均无刻本，俟后再寄。

一、此次托带书缄之何虞臣兄，乃星使同族。星使需寄家《杂事诗》，而弟处既无有，敢乞以十八部交渠。前借成斋代买之件，若未寄来，即在其中扣减；若既在道，则此十八部之价，他日由弟代为先生购书籍可也。

一、寄来影像三十二纸，内有角松一影，乞为哂收。

紫诠先生大人惠鉴

遵宪谨白

致王韬函[*]

（光绪六年六月底　1880 年 7 月底）

大著《扶桑游记》第三卷，由栗本匏庵交重野氏转命弟删。弟先于日报中读之，旋告之曰：此文简古，如风水相遭，自然成文，其天机清妙，读之使人意怡，所载诗尤多名篇，可不烦绳削也。上、中二卷，弟意谓其层出复见处，由于一时不及校读，此自可删；而梅史乃并及其他，仆当时即谓不可也。而成斋述匏庵意，屡强不已。弟因取归再读，见"阶下小蛇"数语，乃知栗本之意在此也。盖家康主政，传之子孙垂三百年，深仁厚泽，极为其臣民所尊敬。而栗本氏为幕府旧臣，维新之后尚以怀恋旧恩，不忍出仕，彼读此戏语，心有不慊耳，因谬为删之。此外，唯高丽钟铭下，"此足见高丽之臣于明，不臣于日"，亦为删去。缘高丽于日本，在隋唐之前有纳贡称藩之事，后即不尔。自丰臣氏一役之后，彼此往来皆以敌体，其为我藩属，日本人亦无不知之；而近年以威逼势劫，立通商约，内曰朝鲜为自主国，此为日人第一得意之笔。而论者犹或曰：彼明明中国属邦，何能认之为自主？若臣属日本之语，日本全国人无作此语者，此不须辨，故亦从删。未审有当尊意否？此第三卷，闻尚未付排印。读来函，知上卷、中卷，阁下各需十册，弟自当购以转送。

前次何虞臣向索《杂事诗》十八部，阁下不愿受值，弟拜赐多矣，谨当借此名花献老佛耳，下届有便即寄来。

存栗本、重野二处之书，弟未往箱根前即函告二君，所有书价即总须汇寄。归来又将尊函转达，一再催索，既无复函，殊不可解。直至今日，栗本始着人送来日本纸币四十元零，并附一单，今以呈上，俟数日间重野处有金送到，再行汇换洋银本日价每洋银一元值纸币一元三十七钱。

---

* 据函中云"弟未往箱根前即函告二君……归来又将尊函转达"，当写于光绪六年六月十九日函后，酌定为六月底。

汇寄；若无交来，亦当先寄也。

《日本杂事诗》由弟手交重野成斋者，初则九十四部，后又二百八十六部，共三百八十部。昨检查阁下来函，亦系此数。云四百部，当系一时误记矣。

前承惠赐《康熙字典》及《鸿雪因缘记》，于五月五日奉到。上次呈函未及声谢者，缘当时转交友人，欲卖之也。日本近岁自学西法后，读书稽古之士日益少。观栗本氏处存书，以阁下重名，所著书犹如此之难，他可知矣。此二书敬谨拜登。谢谢。

《蘅华馆诗录》既刻就，有目之士皆以先睹为快。弟计是书当较易销售，有便或先寄百部交成斋可也。

所寄美人影，来书中有一老翁，弟思之不解；继思当购诸图时并购《虾夷图》十数纸，或未及别而白之，误遗一纸其中，唐突西施，罪过罪过！

弟宪再启

致王韬函 *

（光绪六年八月二十九日　1880 年 10 月 3 日）

紫诠先生尊兄仁大人阁下：

前有栗本匏庵交到卖书银，当即转寄。弟自箱根归后，游兴勃发，旋复襆被独行，镰仓之江岛、豆洲之热海，皆句留半月而后归。归席未暖，又于富冈观制丝场，于甲斐观造酒所，于五子村观抄纸部。此月之尾，秋风渐凉，乃不复游。其中旋出旋归，案牍山积，遂至匆匆无半日暇。弟生长中土，凡天台、雁荡、白岳、黄山，皆不获一往，未知其何如。顾于日本，游屐所经，名山胜水，灵秀葱蒨，都见所未见，颇觉胸中尘闷为之尽洗。惟苦无伴侣，未谙语言，稍嫌寂寂耳。

在山中获读《蘅华馆诗录》，如见我故人抵掌快谭。窃以为才人之诗只千古而无对也。弟每读近人诗，求其无龊龊气、无羞涩态者，殊不可多得。先生之诗，尽洗而空之，凡意中之所欲言，笔皆随之，宛转屈曲、夭娇灵变而无不达。古人中惟苏长公、袁子才有此快事，然其身世

---

* 据函中云"弟自箱根归后"，知此函写于光绪六年八月二十九日。

之所经、耳目之所见，奇奇怪怪，皆不及吾子远甚也。深山得此卷，乐甚乐甚！此间文人仰慕先生过于山斗，若邮寄来此，不胫而走，为之纸贵也必矣。

《扶桑游记》上卷，觅之市廛，既不可再得。前者匏庵交中卷十本来，弟欲购上卷十五本，随中卷寄赠，乃既乌有，仅购得中卷五本，命舍弟交朗卿转寄，想当达掌签矣。下卷于前数日刻就。弟见报即索问匏庵，承其交十本来，今即驰递。若仍再需，务即示我，即当购呈也。

鹿门于七月初率其门生游北海道，临别宴弟于墨水酒楼，后未得其邮简，闻近将归矣。成斋代售诸书，弟屡催不应，后曾见面，乃自述所售之价多半知交，未经收取，总须至今年年尾乃能算账，命转达先生。渠以文鸣一世，然欲作数行札，乃难于上天，亦可怪也。日本知交，见多乞代问好，皆云不知何日再于上野之长酡亭，两国之中村楼，追随文酒，重续旧欢，其殷殷殊可念也。

海风多凉，秋暑未退，惟自爱。不宣。

弟遵宪顿首　八月廿九

致王韬函 *

（光绪六年九月十日　1880 年 10 月 13 日）

子诠尊兄先生大人阁下：

八月廿八日肃具一缄，附《扶桑游记》下卷十本，海鱼天雁，未审泳飞得达否？极以为念！

昨初三日复奉到手书，并附方观察函，祗悉一切。此案近闻既由彼族授使臣全权在京会议，其若何结局，即使馆且不得参议，更无论局外。万国公例，非使臣秉受全权，不能议事，闽中诸公欲援中国千百年前苏、张游说之例，以行之今日，其于外交茫昧若此，实可笑怜！然其人知重先生，此一节尚足取耳。呵呵！还君臣而复疆土，此事谭何容易，然终不能不于各执一说中折衷以期一是，彼此退让则妥结矣。此事无用忧劳也。

---

* 函说"八月廿八肃具一缄，附《扶桑游记》下卷十本"，知为光绪六年九月十日所写。

西邻之言，近况若何？多惠德音，至以为祝。

弟遵宪谨复　九月十日

致王韬函

（光绪七年六月十三日　1881 年 7 月 8 日）

紫诠先生大人左右：

　　月来叠奉惠函，欢若面语，复承颁赐《火器说》一本、何、张二星使处均即转呈，皆致意道谢。小照一影。别来倏忽二年，颜容都觉如旧，弟悬置座右，陈读大作，便如见先生鼓掌快谈当世务旁若无人时也，喜甚喜甚！比来眠食何似？海隅酷暑，作何消遣？驰系无已。

　　弟近以归期不远，所作《日本志》亟欲脱稿，辄随何公穷昼夜之力讨论此事。是书大概详今略古、详近略远，然卷帙浩繁，未易料理，固是猝猝少暇，友朋往来大都谢绝。然今年遂能毕此事否，仍未敢知也。中土士夫于外国事类多茫昧。昔辽主告宋人曰："汝国事我皆知之，我国事汝不知也。"即今日中外光景。日本年来依仿西法，类为依样葫芦。弟之穷年屹屹为此者，欲使吾国人略知东西事耳。

　　此间光景略如常。南藩一事，悬而未了，以彼饷绌国虚，万不敢更生他衅，然欲求立国复君，则非撤使罢市不足以持之也。

　　朝鲜近有委员十数人东来，多系贵族高官。去岁八月，有修信使金宏集来此，弟为之代作策论一篇，文凡万言，大意以防俄为主，而劝以亲中国，结日本，联美国。诚以今日世变，终不能闭关而治，与其强敌环攻威逼势劫而后俯首听命，不如发奋图强，先择一较为公平之国，与之立约。朝鲜之在亚细亚实由欧洲之土耳其，苟此国亡，则中东殆无安枕之日，故不惮为之借箸而筹也。金君携回此稿以奏其主，国王甚为感动，一时舆论亦如梦初觉。自去岁至今，改革官制，设有交邻、通商各司，又分派学生到北京、到津讨论兵事。此次所遣委员亦为探察一切。看其国势，不久殆将开关矣。至李万孙，乃其国中之一老儒，其所上疏皆不识时务之言，不足以为怪也。

　　前读新闻，昨承赐书，意以弟之受冤被诬，拳拳欲为代辩，具感雅意。惟此事既有成效，不必争此虚名，且中土士大夫如李万孙又不少，若知弟之为朝鲜谋，恐又有执人臣无私交，又属国不可外交之说以相纠绳者，是止谤反以招尤也。惟先生鉴谅之。所陈一切，暂勿布散为幸。

托交重野成斋各函均转交，曾无片纸见复。弟往其家，未见面亦不答拜，作如此模样，殊不可解。日本人情最薄，分手辄同陌路，是其土风固然。此间办理交涉有年，深知其狡诈反复、弃信无耻，独不料置身名流者亦复如是，良可叹也！鹿门似稍有血气。然先生委弟代卖之书，弟以使馆人不便发出，曾托其代任，彼亦辞谢，亦可知矣。成斋之事，弟既再无他法，只好听之。栗本氏处存书，昨日均交到弟处，其单开卖去九元馀，为《扶桑游记》扣去七元，然则弟去岁所代寄尊处之《游记》，乃彼所托卖，非彼所赠送也，而当初曾不声明，亦堪一噱耳。此书俟后再以寄到。

此间新任黎君交代之期当在秋仲。弟俟瓜期满后，即欲束装返国，或先行回籍，则当来天南遯窟一访高躅，亦未可知也。

《蘅华馆诗录》闻书肆有翻刻之本，为石川洪斋所点训，旁注以伊吕波，弟尚未见，未知既印成否也。

拨冗书此，不觉烦絮。即请

文安，惟鉴不具。

小弟黄遵宪谨上　七年六月十三日

致宫岛诚一郎函

（光绪七年六月二十二日　1881 年 7 月 17 日）

栗芗先生执事：

前趋高斋，快慰积愫。日来渐热，惟珍重为祝。

仆所撰《日本志》将近脱稿，中有海军一门，因海军尚无年报，拉杂采辑，虑不免有误，且尚有一二询请之事，因念令弟小森泽君今官海军，仆亦叨有一面之识，不揣冒昧，敬以奉恳。谨此敬问

时祉

小森泽先生祈代问好。

光绪七年六月二十二日　遵宪

一、今送到海军船舰表共四纸，中有错误者祈为改正，有疏漏者祈为补入。

一、问海军兵学校规则，明治四年正月十日太政官布告者，今犹用否？若有新规则，可以借示否？

一、海军新设规程局，敢问所司何事？

一、问海军兵卒专指下卒。规则可借示否？兵卒每月给俸一元七十钱，有等第否？

一、问海军每岁经费何项用多少？可示其大概否？

复中村敬宇函*

（光绪七年闰七月二十四日　1881 年 9 月 17 日）

拜复：捧读惠示，欲以仆所作《牛渚漫录序》附录于同人社杂志中。仆于文章，非所究心，此篇尤为鄙陋，乃蒙先生甄采，华衮之荣，无以逾此，敢不遵命。

仆向读《墨子》，以谓泰西术艺，尽出其中。至《尚同》、《兼爱》、《尊天》诸篇，则耶苏之说教，米利坚之政体，亦隐括之。自明利玛窦东来吾国，始知西学，当时诧为前古未闻，不知二千馀年之前已引其端。乃知信昌黎一生推许孟子，而有孔必用墨、墨必用孔之言，盖卓有所见也。仆曾钞出《墨子》中与西教相合者数节，今以敬呈。先生学综汉洋，幸为仆断其是否，感荷无既。残暑尚炽，千万为道、为斯文自爱，不宣。

光绪七年闰月廿四日

再启：《墨子》一书，文多明畅，独《经说上、下》二篇，词意深奥，未易句读，是以学人引之者甚寡。我朝毕秋帆尚书有校正《墨子》，颇为详确，然亦未能尽通其说。仆不自揣度，辄为训释。今举仆诗所引其最不可通者，注列一二，先生幸指正之。"均，发均县，轻重而发绝，不均也；均，其绝也莫绝"；言以发县物，轻重均，则发不绝；发若绝，则不均之故也；使均矣，而发有绝焉者，是发不胜物之故。论轻重相均，则无绝理，故曰"其绝也莫绝"。"一，少于二

---

* 中村敬宇为日本《同人社文学杂志》社长。该刊第 62 号（1881 年 10 月 10 日）刊有黄遵宪的《牛渚漫录序》和《黄参赞答社长中村敬宇书》等。

而多于五，说在建住"：一为初数，五为满数。建一以为基，可以生二生三生万。五之数已满，则住矣。故曰"一多于五"。"非半弗斲"：斲，犹剖也。《经说下》曰："半犹端也，前后取，则端为中也。"意谓剖数之一半，为可得两端，则算法较捷。"圜，一中同长；方，柱隅四讙"：言树一物于中，而周围之长相等，则为圆。讙，毕秋帆曰当作维。谓四维之隅有柱焉，则为方。"圆规写芰，方柱见股"：芰，尖形，谓圆虽以规成，实则由芰而生，即算学家所谓非尖不能成圆也。方，虽以四隅之柱定，而非股则不能成方，即算学家等边之说也。

致宫岛诚一郎函
（光绪十年六月十六日　1884 年 8 月 6 日）

栗香先生执事：

前者金子弥①君来，获读手书，并示大著。不朽盛事，亲睹其成，且羡且妒。书辞勤恳，雒诵再三，如挹风采，使人益增别离之情。

仆自别阁下来，于今三年矣。美为文明大国，向所歆羡，及足迹抵此，乃殊有所见不逮所闻之叹。碧眼红髯，非我族类，视我亚洲人比之，自郐以下，不足复讥。此邦人不可与处，是以读《黄鸟》之诗，不欲郁郁久居此地也。

追忆前与阁下诸君子文酒相从，何等欢燕。自中村楼一别，遂如七子赋诗，饷饩赵孟，此后不可复见。旧欢杳然，如隔天末，想阁下亦同此怅怅也。

仆遭家鞠凶，去年之春，忽倾慈荫。王事靡盬，不遑将母，或牵或挽，不得遽归。而自遭此变后，心情抑郁，冷如死灰。笔砚之事，大都损弃，久稽音敬，职是之故，谅邀鉴也。

诸事不足以道，惟近闻我国创建铁道，若数年之间，南北东西，纵横万里，均有是道，则捷转运而利征调，可富可强，不复受外人欺侮。兴亚之机，莫要于此。阁下闻之，当亦欢笑也。

旧日朋好，见时代仆致意。仆视日本，实有并州故乡之思，见贵邦人，如见吾乡人，券券之心，望因阁下达诸公为幸。有便幸惠德音。匆

---

① 当指金子弥平，曾参与创建兴亚会，曾任日本驻北京公使馆馆员。

匆不宣，千万自重。

我光绪十年六月十六日　黄遵宪自金山总领事署书

再，闻岩仓相国、得能局长之丧，极为怅悼。得能君与仆交谊尤厚，不意遂不可复见。亟欲致书唁慰其子，而未悉其名。若能代达鄙衷，并示得能少君之名尤感。　遵宪又及。

致李鸿章函[*]

（光绪十四年十一月十七日　1888 年 12 月 19 日）

　　窃职道前于出使日本参赞官任内伏读总理各国事务衙门奏案，内开："凡有关系交涉事件及各国风土人情，该使臣等当详细记载，随时咨报，数年以后，各国事机，中国人员可以洞悉，即办理一切，似不至漫无把握。可否请旨饬下东西洋出使大臣，将大小事件逐日详细登记，咨送臣衙门备案查核，以资考证"等因。奉旨："依议。钦此。"具仰朝廷咨诹询谋、慎重邦交之至意。职道既居东二年，稍稍读其书，习其文，与其国士大夫游，详稽博考，略悉其事。窃谓日本与中国紧相邻接，击柝相闻，比欧美诸国尤为切要。而其国自德川将军主政以来，禁绝通商，锁港二百载，暨一战于马关，再战于鹿（鹿儿）岛，乃隐忍成盟，联衡诸大，其变迁情势，与亚细亚诸国略相仿佛。而维新之后，如官职、国计、军制、刑罚诸大政，皆摹仿泰西，事事求肖，又足以观泰西政体。但能详志一国之事，即中西五部洲近况，皆如在指掌。窃不自揆，草为《日本国志》一书。逮由美回华，闭门著述，重事编辑，又阅二载，而后书成。凡为类十二，为卷四十，都五十余万言。其中若职官、食货、兵刑各志，确陈时政，伸为论说，亦五万余言。职道自奉使随槎，在外九载，尝慨中国士夫于外事不屑措意，通商五十年，惟《瀛寰志略》、《海国图志》二书，椎论创始，粗具大概，积岁已久，未有续书，即留心时务者，亦无所凭藉，以资考证。东西之人多谓中国士夫昧于外务，职道心焉惜之。职道自维南越鄙人，薄材棉力，绝无学识，乃自忘固陋，经营拮据，

前后八载，成此一书，实欲以拓中土之见闻，杜外人之讥议。区区微意，盖在于此。兹已缮录成帙，谨呈典籍，赐以训诲，无任欣幸。职道此书，以总署前有奏案，伏俟中堂训谕后，拟赍之以呈总署。如钧旨以为不谬，可否俯赐大咨，移送总署，以备查考，敬候卓裁。

据台北"中研院"近代史所藏"总理各国事务衙门清档"，录自李鸿章推荐《日本国志》咨文

致张之洞函
（光绪十五年六月　1889年7月）

窃遵宪自奉使随槎，在外九载。到日本后，周咨博访，维新以后，如官职、国计、军制、刑罚诸大政，皆摹仿泰西。但能详志一国之事，即中西五部洲近况皆如指掌。窃不自揆，创为《日本国志》一书，凡为类十二，为卷四十，都五十馀万言，其中若职官、食货、兵、刑各志，胪举新政，借端伸论，又六万馀言。黾勉经营，凡历八载，杀青已竟，复自展阅。不远千里，挟书自呈，欲得一言以为定论，可否俯赐大咨径送总理衙门，统候卓裁。

此书别无副本，道远邮递，或致遗失，请即给咨，声明其书由该员自行赍呈。

致蔡毅若观察书 *
（光绪十六年三月至十月间　1890年4月至12月间）

毅若我兄大人执事：

戊子之秋，羊城邂逅，饱聆雅教，感念不忘。尔后遵宪北之燕，南返粤，轮辕甫息，击楫遂行，踪迹及于四大洲，远游逮于四万里。劳劳鞅掌，竟疏音敬，想邀鉴谅也。

---

　* 函中云"遵宪到伦敦来，知香帅创办炼铁局一事"。张之洞创办汉阳铁厂及枪炮厂事于光绪十六年十月，黄遵宪屡陈办厂意见，当在是年三月抵伦敦任参赞至十月间。

闻南皮制府倚重大才，约往襄理。葛亮之如鱼得水，颜渊之附骥彰名，上下交推，两贤济美，可胜羡企。遵宪到伦敦来，知香帅创办炼铁局一事，造端宏大，命意深远，关心时局者，莫不拭目以待其成。遵宪反复熟筹，事有至难，所当搏以全力，济以坚贞，负重济远，乃克有效。既屡言之星使，今再为公陈之。

设局之先，首在觅矿。虽有佳矿，若离局略远，则搬运难而经费巨，故局必与矿相亲附。矿质不同，有宜生铁者，有宜熟铁者，有宜铜者。同名曰钢，有宜此器，不宜彼器者。制炼之法既殊，炉鞴即随之而异，故必察矿性以定机器。熔铁所需，莫要于煤。苟有矿而无炭，则取材远地，道远则费重，费重则物贵，故炭必与矿相维系。炭质亦不同，有坚牢者，有柔脆者。遵宪往视英国矿局，见其炉或高至十二三丈，或低至四五丈。询其何故，则谓聚炭于炉，欲使火力内蕴，馀威可以上烘，则炉愈高而炭愈省。然炭有美恶，其坚强者能积累数层以抵压力，若糜碎者则一经化灰，受铁压抑，或如蒸饼，或如积糟，或如烂泥，上下壅阏，气不相通，而铁不能化矣。故必审炭质以定炉式。西国各厂，类皆先得巨矿与炭之质，一再试验，俾精于化学者，评其性情，考其等第，而后谋设局之地，造器之模，参考成法，变通尽利，择善而为之。今此局本设粤地，迁移于楚，既未知矿与炭何如，遽纷纷然购备诸器，而经理其事者，于造炉则酌度于不高不卑之间，于炼钢则调停为可彼可此之用，如不合宜，则糜费既多，收效转寡。此购买之难一也。

遵宪前在日本，继在金山，如铸钱、造纸、作酒、造炮各局皆尝纵观，究未有如炼铁机器之壮观者。其为用也，有掊者，有持者，有辈者，有枒〔拐〕者，有拨者，有扬者，有按者，有搏者，有掀者，有筑者，有摩者，有挤者，有格者，有揣者，有掔者，有戛击者，有呼吸者，有牵引者，有输泻者；其为形也，有立者，有偃者，有欹者，有倚者，有排者，有累者，有盖者，有藉者，有注者，有喷者，有撑者，有拒者，有嵌者，有斗者，有似柱者，有似弓者，有似臼者，有似洼者，有似沟者；或庞然而大，或隆然而高，或岸然而长，重或二十馀吨，厚至十馀尺，槎牙纠蔓，缭曲散漫，奇形诡状，不能悉名。以泰西诸国道途之平坦，车栈之巨伟，器具之灵警，加以起重之机，拆卸之法，而其设局必观于水，必谋于野，而后便于运输，盖舟车之所不能胜，人力所不能为，有运行于数万里之海中，而不升转输于百馀步之陆地者。前购起重机器，曾电询香帅，未得复，星使以为可缓。而遵宪询之船厂，以谓有廿馀吨之镦，非得起重机万不能运。尔时星使既往比利时，而船将展轮，并于函中先行叙明，而不虞其力之不足，仍至颠覆也。况于武昌街之窄狭，店户之稠密，随处窒碍，则虑其能至岸而不能入厂也。江流之迅急，水势之无定，一遇水落，则重舟不能入港，又虑其能达上海不能达汉口也。至于驳船之不能任重，工役之不能娴习，又其小也。第二次船行，搬运各货，凡十四日乃毕。遵宪谓在英十四日，在中国必须一月，曾力请星使必与船厂定明展限，方可免逾时之罚。而马格里谓虽有此章，偶尔违限亦未必遂罚，竟不与言。此运送之难又一也。

建厂之先，首须择地。地必近水，所以利运济也。土必实址［壤］，所以防倾倒也。多开沟渠，所以淘汰也。多布轨道，所以便迁徙也。其它梁柱之属，砖瓦之类，多日铁所以期坚，耐避焦热也。又不必尽用，所以防烘蒸也。盖一经开工，雷轰电击之声，风驰雨骤之势，其震荡之威，足以排墙裂柱，非万分巩固不足以御。凡机器之方圆长短，缓急先后，位置所宜，排列有法，必审其器以画其地，即因其地而绘为图。今屋图既绘，尚不难按图而索。然一切机器为华人耳目之所未经，见之而不能名，名之而不知其用，势不能不借资于二三西匠以为之倡率。然奔走者多，指挥者少，语言不达，事事烦难。欲多募西匠，则为费太巨；欲选派华匠学习于西人，则需时过久。西匠之高手，颇有有学问有家业之人，即下等亦多识字，目染耳濡熟习于机器者，多知其用。而华人之为工匠者，类皆愚蠢粗拙，以力谋食者，寻常人巧既不能精，骤语以机器精微，则相视瞠目而不能发一语。虽华人聪明不逊西人，数年之后亦不难心知其意，而创辩［办］之初，仓猝召募，若驱乌合之众以从事战争，惴惴然惟败绩是惧。又况延订之西匠，或技巧不精，或鲁莽从事，一不合宜，则将凿枘容柄，以栈为楹，黄金虚掷，诸事瓦裂。此架造之难又一也。

创办之初，欲造铁轨。然机器之巨，事件之繁，势难移造于矿铁最富之区。西人之造铁轨，以行汽车，即因汽车以运铁轨，盖亦积累而后成功，相因而后成事，非易易也。今所购炼钢之炉有二：西人谓贝色麻钢质厚而力坚，于任重宜，故宜造车轨；无论炼熟铁、炼钢，必以熔生铁为根。今所定炉日熔生铁一百吨而已，不能造钢轨二百吨也。西门士马丁钢质韧而力均，于耐久宜，故宜造船甲。英国有一船厂，每船成，必经试验，记之于簿。业保险者视其簿以定价。其章程有云：凡造船用具［贝］色麻铜，不得保险。盖因其力不均称，时有瑕疵，易于蕨裂也。今矿质未知何如，铁路尚悬而无着，必先商榷应造之物。通年以来，洋货盛行，大而园［圆］条方板以制巨器者，无论矣，乃至剃发之刀、缝衣之针、嵌物之钉，亦日增月盛，以其制精而价廉也。既开此局，诚宜一切仿造，以保商务而夺利权。然造端之始，必不能与已成之局絜长而较短。美国论经济者，凡本国创造之物，必设为保护之法。如一千八百十四五年美国甫造铁板，则重课英国铁板，至课税之数，浮于物价。盖外来之物骤贵，自造之货乃可畅销也。西人名曰保护税。今中国收税，无本国自主之权，有彼此互订之则，且往往有自造之货流通于内地，而课以进口关税者。外产内侵，难筹抵制。此制造之难又一也。

既非一朝一夕之功，又非一手一足之烈，自宜同心合力，庶克有成。而中国大吏，习染既深，成见难化。有因其议非己出，而不欲附和者；有因其事不干己，而自愿旁观者；有诧为耳目所未经，不知所以措手者；有非其思议之所及，不知所以图效者；有因其经费难筹，不知所以为继者。枢府诸公，本无定见，因一人之奏议而行，或因一人之奏议而罢，中外各局，或作或辍者数矣。福州船局，左帅苦心经营，而吴仲宣诋为无成，凡百掣肘。吴淞铁路，群知其利矣，而沈文肃以二十万金购之，卒令毁坏，弃之无用。名臣尚尔，况其他乎？今既创此局，香帅始终其事，吾知其必成。假令香帅移督两江，或入参大政，继其任者，苟无同心，恐不难亏于一篑，弃之如泥沙也。既有成议，既有端绪，而承其后者既经订购，不过按期收货，如期给金，即有添购之器、改造之件，亦不过一稽核之烦，商订之劳，以图多一事不如省一事之便，则谓他日或至无用，亦非过虑、非激论也。此又办事之难，为中国通弊，而此事则尤甚者也。

遵宪到英以来，检阅前卷，接理此事，以谓应先得铁矿、炭矿，将铁与炭寄到英国，请人明验，然后定式购器，觅地造厂，既与商人订购机器，又必须包装包建造，至安装机器能运行之日为止，可以省数事之难。芝田中丞原不欲办，嗣经香帅一再电请，知事不得已，然不将其事博访周咨，详举以告，遽匆匆定议，既一误矣。遵宪详举其难，并非惮其难而欲中止也，盖前此数难，咎在于此。今成事不必说，惟随时弥缝，随时补救已耳。而后此数难，正赖诸君竭力经营，苦心筹划，以期有济，此区区之心也。

和戎以来，设局造炮，置厂造船，中外所措意，专以强兵为事，然皮之不存毛将焉附？遵宪在外十年，考求有素，以为今之中国，在兴物产以保商务。今香帅所创织布、炼铁二局，其意美矣。织布易于收效，今不必言。若炼铁一局，尤今之急务。西人以上古为金银世界，近今为铁世界，盖以万物万事无一不需此也。以中国之大，若直隶，若山西，若安徽，若福州，若粤东、西，即分设十数局犹不为多。然今日创设之初，万一无效，则他日指为前车之鉴，将裹足而不前，缄口而不敢议。故遵宪谓此一局，关系于亿万众之脂膏、数十年之国脉，至远且大。凡遵宪之所云云，既一再言之星使，并请其函告香帅。既有所怀，终不敢以位卑言微，甘自缄默，缕布腹心，幸阁下垂察焉。如订延聘匠首一事，贺伯生前既定约矣。嗣延威德，遵宪以为必须责成谛塞德厂担保，乃免以贱工充役，致误事机。后谛塞德允为担保。购卖［买］起重机一事，当时曾电讯香帅未复，星使以为可缓。遵宪以为有廿六吨之镦，香帅所未知，若无起重器，万不可行，乃始定购。此言之可而见从者也。运载机器一事，遵宪以为其粗重笨拙，非亟用者，可用帆船，以省运费，即用轮船，亦须将每批应运之货，招人承运，择其价廉便己者而行。如头批运货，其运费可以自雇一船，而所运各货仍分别贵贱，某项值多少，某项值多少，殊为未允。而星使终以麦格雷葛船行曾有每百扣十之议，仍交伊装运。此言之而不听者也。其他类此。

致宫岛诚一郎函

（光绪十六年十二月二十日　1891 年 1 月 19 日）

栗香先生足下：

井上子德来，得读惠书，欢若面语。别来遂九年矣。杜老诗云："九载一相逢，百年能几何。"况又仆客泰西，君居大东，踪迹阔绝，不可合并也乎！劳劳思君，不可言也。

仆自先慈见背，遂于乙酉之秋由美利坚归国。扃门息影，闭户著书。前在东京草创《日本国志》，至是发箧，重事编辑，凡阅两载而后成书。凡为类十二，为卷四十。曰国统志，凡三卷；曰邻交志，上编凡三卷，下编凡二卷；曰天文志，凡一卷；曰地理志，凡三卷；曰职官志，凡二卷；曰食货志，凡六卷；曰兵志，凡六卷；曰刑法志，凡五卷；曰学术志，凡二卷；曰礼俗志，凡四卷；曰物产志，凡二卷；曰工艺志，凡一卷。都五十馀万言。私谓翔实有体，盖出《海国图志》、《瀛寰志略》之上。所恨东西奔走，无暇付梓，不获与诸君子上下其议论，讨论其得失耳。

仆居曲町者四载，梦魂来往，时复恋恋。虽其后游美利驾，客英吉利、法兰西，此皆四部洲中所推为表海雄风、泱泱大国者，然以论朋友游宴之乐，山川风物之美，盖不逮日本远甚，仆竟认并州作故乡矣。春秋佳日，举头东望，墨江之樱，木下川之松，龟井户之藤，小西湖之柳，蒲田之梅，泷川之枫，一若裙屐杂沓，随诸君子觞咏于其间，风流可味。以是知我两国文字同，风俗同，其友好敬爱出于天然，岂碧眼紫髯人所能比并乎？

维新以来，庙堂诸公洞究时变，步武西法，二十年来，遂臻美善。仆于《日本志》中极称道之。至于今年，遂开国会，一洗从前东方诸国封建政体。仆于三万馀里海外闻之，咇举觞遥贺，况其国人乎，喜可知也。

足下年来何所为？颇有造述否？诗稿日积，当如牛腰。《平经正弹琵琶诗》，竟供御览，《清平调》三篇，彼谪仙香名，不得专美矣。江户诗人如小野湖山、森槐南，想俱无恙。仆于日本文士，相知者多，不能偻指一一数。特举一老辈一后生，以况其馀，见俱为我致意。

自仆去后，闻使馆文字之饮，时相过从，又往往道念及仆，且喜且慰。伯行星使精英、法方言，又工文章，其学识明达，论者比之曾劼刚少司农。虽为傅相郎君，然朝廷特简，盖以才能，非以门第登庸也。并以附告。

相见诚未知何日。临楮怅然，惟起居曼福为祝，不布所怀。

　　　　　　黄遵宪再拜　腊月廿日自英伦使馆作

再，去岁在京，有持宫岛某名刺来谒。及延见，乃知为从前侍坐之童子大八郎也。头角崭然，能作华语，栗香为有子矣。又述及购物馀金，欲以掷还。既悉此意，将来由子德君交到，再以布启。又及。

致胡晓岑函
（光绪十七年八月五日　1891 年 9 月 7 日）

晓岑先生同年执事：

别来匆匆，一十六载，音问疏阔，亦非意所及。乙酉以后，弟蜷伏家居，闭门著书，以谓吾兄因事至州，必可作平原十日之饮，而足音竟尔阒如。尔时著述鲜暇，曾不修一纸敬候起居。想阁下必以厚禄故人见疑。而岂知其此心拳拳，未尝一日忘我良友也。在家时每询善况，敬承我兄安贫乐道，谢绝尘嚣，实有北窗高卧，自谓羲皇气象。往在京师，记阁下见语云：嘉庆癸酉拔萃榜，唯彭春洲先生一人。想志在高山，既有窃比老彭之意。今阁下清风亮节，大雅不群，实能追前贤而与之颉颃。馀子琐琐，奚足计哉！

遵宪居日本五年，在金山四载，今又远客英伦，五洲者历其四，所闻所见，殊觉诡异，有《山海经》、《博物志》所不详者。然一部十七史几不知从何处说起，异日相见，乃能倾囊倒箧而出之耳。

惟出门愈远，离家愈久，而惓恋故土之意乃愈深。记阁下所作《枌榆碎事序》有云："吾粤人也，搜辑文献，叙述风土，不敢以让人。"弟年来亦怀此志，尝窃以谓：客民者，中原之旧族，三代之遗民。此语闻之林海岩太守。既闻文芸阁编修述兰甫先生言，谓吾乡土音，多与中原音韵符合。退而考求，则古音古语，随口即是。如母字，古音满以切，今天下皆读作有韵，独吾省犹存古音。因欲作《客话献征录》一书，既使乡之后进知水源木本，氏族所自出。而以俗语通小学，以今言通古语，又可通古今之驿，去雅俗之界，俾学者易于为力。既掇拾百数十条，有极新者（??）广雅（?）核博雅如王伯申父子不识核字，而（客）人名挑为（?），恰有此音。惟成书尚不易，且亦须归乡里中，得如公辈，互相讨论，乃可成耳。遵宪奔驰四海，忽忽十馀年，经济勋名，一无成就，即学问之道，亦如鹢退飞。惟结习未忘，时一拥鼻，尚不至一行作吏，此事遂废。删存诗稿，犹存二三百篇。今寄上奉怀诗一首，又山歌十数首，如兄意谓可，即乞兄钞一通，改正评点而掷还之。

弟于十月可到新加坡，寄书较易也。此请文安

弟遵宪顿　八月五日

据吴振清《罗香林所藏黄遵宪诗文手迹》，载《文献》2007年10月第4期

致实君函*

（光绪十八年五月六日　1892年5月31日）

实君贤甥执事：

---

* 实君，姓名待考。函云"去年七月……以王事有期，不克如愿"，当指光绪十七年七月离英径赴新嘉坡接任，未曾回国；又云"此间地近赤道，暑针每在八十度外……今亦渐以安习矣"，似为其抵新后的光绪十八年。

别来匆匆，忽半年矣。前者温厚吾、赖子垣两茂才来，询悉善况，知进德修业，孳孳不已，良用慰欢。今岁恩榜宏开，想时时温习举业。尊公学行，超越时流，即八比一道，亦精能深妙，殊绝于人。贤甥过庭之暇，以时即问，必多所裨益。鄙人于此事素少究心，海外奔走，益复茫茫。如有近作，冀抄示一二篇，藉觇文采。或者竭其一得，足相印证也。

去年七月，本欲挈内子辈同诣尊宅，以王事有期，不克如愿，至今怅怅。小女今岁归宁日多，良以鄙人举家南徙，儿媳辈皆少不更事，加以进学添丁，酬应纷烦，不能不藉小女代为维持，以求免族戚议责，想邀谅也。鄙人自丁酉①从海外归，以内子多疾，一切起居饮食，赖小女调护，故离别之后，时拳拳在心。小女亦素患脚软之疾，因所居卑隘，积受潮湿，移居楼上，稍就痊愈，未审近日如何？甚念！贤甥赴试，于何日起程？在省寓何所？如有佳寓，亦可与小儿同住，缘小儿初次出门，性又负气，诚虑其于应酬之事开罪于人。应得与甥同居，时以雅度化其褊狷，庶使鄙人心安也。

此间地近赤道，暑针每在八十度外，时时用醍醐灌顶，冷水浇背之法，初颇不惯，今亦渐以安习矣。内人辈居此尚安好。久欲作书，每以事中辍。今日抽暇，草此数行。此间政务虽不烦，然亦无几时得暇。每念作秀才时，伏案吟诵，自主自由，此乐遂不可复得。"少壮真当努力，时一过往，何可攀援"。诚有昧乎其言之也。即问
近佳。不宣。

外舅制遵宪启　五月六日

致子英函 *

（光绪二十年九月三日　1894 年 10 月 1 日）

子英仁兄大人阁下：

久仰大名，时深倾慕。顷承惠示，如聆德音。

阁下办赈十数年，乐善不倦，为数百万灾黎所托命，使五部洲闻风而兴起。遥企高风，快符下颂。弟承乏新嘉坡总领事之任，于兹三年。

---

① 丁酉，是光绪二十三年，黄遵宪已在国内，不存在"从海外归"。丁酉疑误。

* 子英，姓名待考。函中云"弟承乏新嘉坡总领事之任，于兹三年"，知为光绪二十年，此函写于是年九月三日。

本年五月因晋边奇荒，出而劝振。入秋以后，又因顺直水灾，惨过晋饥，仍又接办。数月以来，前后共捐银一十三万馀元，概由电汇寄合肥傅相察收。

南洋诸岛，年来因土产失收，商务日绌，而此次集款之多，转为向来所未有。弩末早成，马力殆尽。弟所派捐册，均陆续收回。近接京都王钹卿同年函称，京都同人劝办义赈，属弟勉为措办，将款寄请阁下转递。弟于此时，殊难措手。惟念京师筹款较难，而救灾如火，又不便须臾稍缓，今即筹备银一千元，伸规银七百三十两，缮取汇丰银行汇单，请阁下代收。收到即乞妥寄京师同人义赈局连聪翁舍人文冲查收，并求复示。是所祷躬，专此奉恳。即请

侍安。不宣

愚弟制黄遵宪顿首　九月三日

致建候函*

（光绪二十一年四月后　1895年5月后）

新约既定，天旋地转。东南诸省所恃以联络二百馀年所收为藩篱者，竟拱手而让之他人；而且敲骨吸髓，输此巨款，设机造货，夺我生业。吾辈幸为一卑官，不与闻其事；然射影已来，噬脐将及，其何以善其后耶？……时势至此，一腔热血，无地可洒，行且被发入空山，不忍见此干净土化为腥膻也。

致陈宝箴电

（光绪二十一年五月十日　1895年6月2日）

台既自主，亟宜杜彼借口，似应即将唐抚军革职。一面告倭以台人背畔，巡抚为民劫留，现已将其革职，按约交割需时，现正设法劝谕云云。一以明中朝守约之意，一以缓日本攻台之师。可否密商北洋，言之政府。

---

　* 中日于光绪二十一年三月二十三日签订《马关条约》。函中所云"新约既定"，割地赔款，设机造货等，即指《马关条约》。该函当写于当年四月后。

致王秉恩函[*]

（光绪二十一年六月二十八日　1895 年 8 月 18 日）

日来想一切复元矣。本欲趋访，又恐贤劳鲜暇，今有应商数事奉渎，谨条举如左：

一、应解上海耶松厂六万两，弟意以为筹防局可汇交义昌成代交，故欲筹防局径汇，以省周折。昨承手示，知此款仍须解运，自宜仍交商局轮装运。惟弟意此银到沪，或文托招商局转交耶松，或此间派一人到沪面交耶松。因与义昌成不熟，不悉其光景如何；又该店在虹口，未知耶松在何处，近便与否，其中颇多转折，似不如将银径存商局栈房，或由耶松往取，或送往该行校便。二者祈指示遵行。电文一纸并缄，乞阅过送松生兄代发为感。

一、前接良济洋行一函，自言比国郭克里厂代造俄国西比利亚铁路，于铁路各事，甚为熟悉，现作一《中国铁路说》，译就邮寄云云。昨日寄到说帖一件，请阅转呈督宪是祷。

一、鄂工局经费，今拟开折报销一次。弟前次赴鄂，来往盘费，并内留两月支用各款，共二百馀两，当时未奉札文，自不应照章支领，拟约略开报一百廿两或一百两，以冀稍为减累。是否可行，敬乞示遵。

一、蔡委员乃煜一款，前承手示，并户部新章，谅未必允收。此人现在沪候信，云将北上。祈告筹饷局，如定议不收，应将银单交由钧处掷还，以便交回前途，了此公案。

以上四事，统希察鉴。

雪澄长兄同年

遵宪顿首　六月廿八

致王秉恩函^{**}

（光绪二十一年六月二十九日　1895 年 8 月 19 日）

耶松一款，由"威靖"轮船装运商局每千两收费二两，此款应收百二十

两，保险及驳费尚不在内，不设银行，累赘如此。往沪，极为妥协，忻感何已。

傅都戎来，既见，经与订定，俟军装卸完后，即由该都司到筹防局领运初二方能办理。到沪交义昌成转交。弟与义昌成素不认识，拟请筹防局缮一公函，托为照料。此函并交傅君带去，弟处于解批外，亦拟作一函托办。此款弟奉札后即念筹防局在沪，素有交涉，办事较易，好在吾兄兼办两局，呼应较灵，俾弟奉行不至竭蹶。谢谢。

赵鄂川资各项，敬录雅爱，即开报一百二十两，撰缮清折送阅。得此弥补，亦非初意所及。至弟洋务一差，加意节啬，未必不敷，幸勿劳念也。

宝子年处送到公牍并请折，弟之川资一款，见其折稿乃念及也。弟既函询此款，如欲鄂公局代报，应于禀中增入此语，得复再办。此禀顷间子年着人取去。

雪澄老兄同年

遵宪顿首　廿九

承示近服丽参，参是无用之物，气亦无补益之法，然此物虽无益，亦无害也。自疑气虚，弟意颇不谓然。疲困之由，或由湿滞，或尚有暑耶，以公平常曩铄如此，偶尔小极，何至遂尔孱弱。幸留意斟酌珍摄为恳。

弟宪顿首

龙松岑诗送阅。阅后掷还。

致王秉恩函[*]

（光绪二十一年七月十四日　1895年9月2日）

银元局银元，现已送往支应局矣。鄂局来电，船到后始见，未及预备。昨已天晚，在下关无从觅役，故今日始运到也。

---

* 从书信内容看，当是黄遵宪任南京洋务局总办时的光绪二十一年（1895年）所写。

良济洋行所言铁路事，弟已告以此刻尚无开办信息。渠再三坚托，必欲转渎帅听，是以弟只照禀声叙，不下断语。然此事究非公事，容日由弟缮函托松生代禀可也。

公病后尚未赴席，亦不敢勉强。此亦通常酬应，无甚意趣也。刻仍驻荫馀善堂否？得暇当再走谭，乞勿枉顾是祷。

雪澄兄长同年

宪顿首 七月十四

致王秉恩函 *

（光绪二十一年七至九月间 1895 年 8 月至 10 月间）

手示均悉。义昌成信即由本局缮，并拟于后日发一电泰西银行，只较论两地银价，不收汇费。寻常见单兑银者，银行图得息银，由此地达彼地三十日程，银行即得此三十日息银也。电汇即算入此项路程几日之息，几日之息，他无有也。

子年一事，昨与函商，令其禀请本局代报。自行开报一语，弟曾告子年，渠谓不便。本局即可代为转报，亦转而已。并嘱其禀中声明，系于未设鄂局前领到之银，与公所见均同。顷子年既取回禀去，想即补入此数语也。汪委员在子年手领过四个月薪俸，弟意不可分歧各报，故嘱子年处不开其既领之款，由弟支回子年。耶松一款，立即拟电分致，即送鉴。

雪澄老兄同年

宪顿首 廿九

致张之洞电

（光绪二十一年九月二十日 1895 年 11 月 6 日）

教案现既议妥三事。徐州议定：一、将原房归教士；二、派中国教士住居料理，西士每岁巡察数次，并不久住；三、或将此房作义学、医馆。泰州议定：一、房归教会；二、教士无建堂之意，因泰州系通衢，

---

* 函中云 "耶松一款"，约写于光绪二十一年七至九月间的某月二十九日。

专备教士来往偶然驻足之所；三、滋事时被毁房、物，由地方给价修复。又，阳湖朱姓抵产案，议将原地归教会管业，作为教会公产，可以租给华人，为住居、贸易、耕种各项之用，惟并不建堂传教，教士亦不住居此地。按：徐、泰均系原拟办法，惟阳湖一处殊非拟议所及，惟绅士所不愿只在建堂传教耳。今此地不住教士，于事无碍；而绅士筹出备赎之积谷公款四千余两，可以领还，尚属有益。统求宪台核示，以便遵照签押。号。

据茅海建《张之洞档案阅读笔记》

致梁鼎芬函[*]

（光绪二十一年十月十一日　1895 年 11 月 27 日）

别来遂一月矣。得书如面，以公之拳拳于我，可知彼此有同心也。

此间初议教案，披隙导窾，势如破竹，数日之间既定三案。而忽接法使来电，横生波澜，尚须旬日，乃能毕议。议毕仍拟往苏一行。

内地通商一事，昨上广雅尚书函，详陈其利害。此事惟广雅能主持之。将来或在金陵会议。宪归自海外，碌碌无所短长，或藉此一端，少报知遇也。

钟山却聘，意不谓然。此后将安身何处？念甚。

次舟闻将来沪，如未启程，乞告以道希来函言，八月朔日在其家所商事，已照行矣。手上

节庵同年院长

遵宪顿首　十月十一日

致梁鼎芬函^{**}

（光绪二十一年十一月十二日　1895 年 12 月 27 日）

不意别来竟两月不归去。今之上海为士夫所走集，诚有如广雅尚书

---

　　* 函中云"此间初议教案"，"数日之间既定三案"，即上文所云"议妥三事"。当写于是年十月十一日。

　　** 函中云"强学会之设"，为光绪二十一年夏；函末署"长至后五日"，是年冬至为十一月七日，"长至后五日"为十一月十二日。

所谓汉之汝南、唐之东郡、宋之洛阳。然怀刺往还、杯酒接欢，欲求一心所敬爱如我节庵者，实不能再得一人。

强学会之设，为平生志事所在，深愿附名其末。长素聪明绝特，其才调足以鼓舞一世，然更事尚少，比日时相过从。昨示大函，为之骇诧，延致诸君，遵宪居海外日久，多不悉其本末。惟此会之设，若志在译书刻报，则招罗名流十数人，逐渐扩充，足以集事；乃欲设大书藏、开博物馆，不能不集款，即不能不兼收并蓄。遵宪以为，当局者当慎简，入会者当博取，固不能如康公之所自出，亦不能如梁子之不因入热。遵宪居间其中，为岭南二妙作一调人，君意何如？

季清于十月中北上。雪丞于近日南归，稍迟二三日即附登瀛洲船，同舟而归。相见不远，手此达意，即叩
节庵同年院长道安

遵宪顿首　长至后五日

邓石言今日始见，竟不知其与长素偕居也。既送三十元供游学之资，闻关季华在此，既嘱令往见，催索其所作行状。

铁老文集分存公与长素处，如可付刊，必力为襄助，此吾辈未了事。

石言之三弟，为宪妹夫，长素言聪颖不凡，并告公一喜。宪又及。

致王秉恩函 *
（光绪二十一年　1895 年）

傅都司札今晨既发交。昨日面嘱其赶起军装，准于明早下银。渠言军装卸完，即来知照，而至今未来，请由筹防局饬人一催，呼应较灵。筹防局司账者言，银现存，而局务忙，惟此事催逼甚紧，请饬令司账准于明午交带，勿迟勿延，至为感祷。

沈蔼翁函问萍乡煤款，此事未奉札，想系江南购煤之款，故不必由鄂局转解。惟函称楚材运往，自应照行，乞核示遵办。

义昌成处欲发一电，另寄一公函。

---

* 据函中云筹防局、购煤等事，此函当写于光绪二十一年某月初一日。

时勋是樊君别号否？祈示。手叩

雪澄老兄同年大安

宪顿首　初一日

致张之洞电

（光绪二十二年二月二日　1896 年 3 月 15 日）

忻悉沿途安好，谨叩新喜。前由宪台接总署咸电后，岘帅复约中丞联衔，电请总署：知照倭国简员，授以四处开埠商议暂行章程之权；亦由总署派员与商，拟即派黄道遵宪，总署宥电复开，已知照林董，得复再电饬黄道遵办。日内未有续电。职道拟即往苏、沪。江西教案，德帅派员已起程。奉谭督宪札，湖北有荆门州、湖南有澧州、武陵等案，请饬从速钞案。法领事三月间回国，趁其未归，将案办清，庶免另起炉灶，再生波澜。统求鉴核。职道遵宪谨禀。东。

据茅海建《张之洞档案阅读笔记》

致朱之榛函 *

（光绪二十二年三月十一日　1896 年 4 月 23 日）

敬再启者：弟此次奉命开议商埠事宜，诸承指示，得无陨越，羊公之鹤，幸未以蒙戒不舞贻羞。知我感荷之情，非言可喻。

香帅来电，昨奉中丞抄示，于允许将来一节极力翻腾，不知此系就现在推到将来，乃疑为弟所擅许条约，自必熟知，殆于各处通例，近日往来照会未及详察也。香帅生平作事，能发而不能收，计利而不计败，如近日宝带桥之商场、上海之铁路，当其发虑，若事在必成，未几而化为乌有。果于此事确有定见，应请其径电总署，以备考核。此议准驳之权在各大宪，一经驳斥，弟敢决彼国之必能允行。弟此议

即系请示之稿，所以先换照会者，不能据口说为凭以请示。弟并非议约大臣，不得以往时约已签押，设法补救比论。此亦不达外交之语也。

荒川来沪未见，俟询悉何时回苏，或与偕来。弟所拟地价岁租各事，能先与磋磨，将来较易就范。弟不能久住也。

国势如此，空言何益？总署深历艰难，故称为"用意微妙"。夒帅乃云："委曲从权，仍操纵在我。"真乃聪明人语。而公所见，与之略同，弟是以倾倒不已也。

新安先集舟中展读，益知门有通德，家录赐书。钦仰钦仰。专肃布谢。再请

勋安。惟鉴不宣。

弟黄遵宪顿首　三月十一

春江先生仁兄均此致意。

致朱之榛函 *

（光绪二十二年三月二十日　1896 年 5 月 2 日）

竹实先生大人执事：

顷承枉谭，忻感何已。自来办事人多，成事人少；论事人多，解事人少。士衡文赋有云："虽浚发于巧心，终受嗤于拙目。"可胜浩叹！国势如此，空言何补？弟辈惟自尽心力以冀少救时艰，毁誉得失，不必论也。

去年奉旨垂询补救新约，弟有上香帅条陈十条，虽不免策士蹈空之习，然比之今之论时务者，犹觉卑近而易行。行箧中偶有此稿，今此呈教，或者有一二可采。阅后掷还为幸。容暇再趋承大教。手布，敬请

勋安

教弟黄遵宪顿首　三月廿日

---

* 函中云"弟辈惟自尽心力以冀少救时艰，毁誉得失，不必论也"，指光绪二十二年与日使交涉苏州开埠事宜，此函当写于是年三月二十日。

致梁鼎芬函[*]

（光绪二十二年四月二十二日　1896 年 6 月 3 日）

由皖回鄂，所递函既到。顷复奉四月二日手书，欢若面语。歇浦为醉饱欢娱之地，无可与语者。

道希过此时，快晤数日，亦恨公不获与斯游。因事牵掣，句留在此，非所好也。

所议吴事，总署函称"用意微妙，深合机宜"。爨帅亦称"保我固有之权，不蹈各处租界流弊。以议约大臣指为万做不到之事"。方窃喜其不辱，而广雅尚书不考本末，横生议论，殊为可惜。此事彼国尚未批准，允否实不可知，未敢遽将曲折宣告外人。

雪澄同年过此，既洞悉一是，面询可得其详，亦有总署函电，可向索一阅。然仍乞公深藏之勿露也。匆匆，不多及，即叩
节庵同年道安

遵宪顿首　四月廿二

致朱之榛函^{**}

（光绪二十二年五月四日　1896 年 6 月 14 日）

竹实先生大人执事：

别来匝月，久未奉书，实因料理江西、湖南积年教案，纷纭缪葛，茫如乱丝，匆匆少暇。而苏州所议，总署函复，已允照行，此刻惟有坐待，以致前奉教言，久稽裁答，想邀谅也。

弟商办苏州开埠事宜，收回本国辖地之权，不蹈各处租界流弊，抚衷自问，差幸无负。然议成之后，条约具在，参观互勘，不难知其得失。而局外口说沸腾，尚不悉其用意所在，乃亦叹中丞始终主持卓识定力，实为难得。我公向来未办外交，而烛照数计于中外之利弊、当前之情势了然于心，口诵耳受，当机立断，所谓"运实于虚"，所谓"妙于

---

* 函云"所议吴事"，指光绪二十二年黄遵宪与日本交涉苏州开埠事。该函当写于光绪二十二年四月二十二日。

** 函中云"弟商办苏州开埠事宜"，此函当写于光绪二十二年五月四日。

斡旋"；所谓"虚文实政，相辅而行"，乃与总署"身历艰难"之语，如一鼻孔出气，何其神也。弟是以顿首投地，佩服无已也。总署之意谓："西人踵至，六条争回之利，藉后议证成；六条未画之事，藉后议补救。"诚为精论。将来意、法续议，如失利益陇蜀，将更无知足之心，如能照行胡越，亦可作一家之想。我公成算在胸，自无难措置裕如也。

　　近日教案将次就绪，旬当完毕，或将他往。弟于倭议必终始其事。如月内得有复音，必拨冗前来，再聆雅教。手此布复，敬请

勋安，惟鉴。不宣。

弟遵宪顿首　五月四日

　　再，近阅上海各报，言苏州机房工人挟众滋事，传闻不一，竟有谓厘局被毁者。闻之极为驰念。韩非有言："贤不敌势。"仓猝变生，不遭扰否？便中幸示一二，以慰悬企。再请勋安。不尽欲言。

弟又启

　　再，香帅前发电时尚未见弟函禀，嗣后更无续议。近有自鄂来者，述其颇悔前议，然其用意在力顾大局，要不失古大臣用心。迩闻蜀人侍御吴君密奏称：苏州开埠所议极善，请饬川督一律照行。已奉旨依议，密以奉告。

又启

致王秉恩函[*]

（光绪二十二年五月七日　1896年6月17日）

雪澄兄长执事：

　　近有自武昌来者，询悉善况，出奉板舆，人参帷幄，起居佳胜，闻

---

　　[*] 函中说"惟苏州开埠，彼国尚无复音，得复后仍须往苏一行耳"，该函当写于光绪二十二年五月七日。

望日隆，极以为慰。

月之朔日，曾电请孙君留鄂候文，当已邀鉴。弟之初意，原欲俟孙君查询一切，再行定议。乃近接芸阁来函，又晤仲鲁面述，乃知铁政新旧交换之际，官商转移之间，业已定局。以现在计，每月煤二千吨，可溢息一千元，焦炭千吨，亦可溢息千元，每岁可得二万元左右，而纠集股本，约有二万，便可集事。惟急就之章，仓猝难以召募，稍一贻误，又虑捷足者争此先得，大力者负而趋。不得已与仲鲁、芸阁各出五千，先行开办，即用孙荫兰、文陶甫司其事，而公推仲鲁为总裁。计此贸易，将来扩充，可分售上海，他处必胜于开平。诸矿所难者用人耳。公如有意，请就近查询，各事商之仲鲁。将来于弟分股本，可以分让。而公住鄂，亦易于料理。前已与仲鲁言之，乞为转商详示，无任企盼。

弟近办教案，易于就绪，惟苏州开埠，彼国尚无复音，得复后仍须往苏一行耳。匆匆手布，即叩

侍安

弟遵宪顿首　五月七日

致盛宣怀函 [*]

（光绪二十二年五月二十日　1896 年 6 月 30 日）

杏荪仁兄大人阁下：

昔游海外，久想风采，去秋获侍，殊慰渴怀。时局艰难，风气闭塞，非有通识大力，不足起废箴肓。海内如公，复有几人，手挽狂澜，众所属望。闻铁路之举，将以阁下独任其劳，似此钜工，舍公谁属，一切鸿画，想已粲然。弟自商约粗定，接办教案，头绪纷繁，日罕暇晷，自顾绵薄，辄用兢兢。

近与一二同志在此创一报馆，欲以裒集通人论说，记述各省新政，广译西报，周知时事，似于转移风气之道略有所裨。惟邮政未通，道里辽阻，分寄各省，其事颇难。顷同人集议，除托信局坐省邮递外，拟托

---

　　[*] 盛宣怀，字杏荪。函件整理者成村声称"封面有光绪二十二年的红印"，又函中所云创报馆指《时务报》，及苏州开埠事，亦当年事。

各电局代任其劳，每局约分派十数本。局中素有送报人，易于集事，照章例有费用，亦不敢空劳。内地民气闭塞尤深，计惟此途可以遍及，阁下义拯饥溺，谅有同情。今谨将所拟办事章程呈上数纸，若以为可行，乞费清神传语各处电局，属为将伯之助，不胜感铭。可否之处，皆望示复为祷。专肃布臆，敬请

勋安

诸惟鼎照不既。

愚弟黄遵宪顿首

前书缮就，拟寄武昌，闻公乘舟东下，走询尊寓，知公又回珂里。弟因苏州开埠事复来此间，前议六条，总署以为用意□妙，深合机宜。夔帅□□保我固有之权，不蹈各处租界流弊，虽外间不知者颇滋诟病，而当道不为摇夺。不意彼族狡谲，竟全行废弃，国势屡弱至此，念之实为寒心。中国士夫阁于时势，真不啻十重云雾。现与同志数人捐资设一报馆，冀为发聋振聩之助，而苦于派送无人，欲托各电局分任其事，知□□□□谅必邀俯诺也。章程送阅，乞湿正之。亟欲趋谒，未审能少赐须臾之暇一领大教否？书不尽言，再叩

勋安

遵宪再启　五月廿日

致朱之榛函*

（光绪二十二年五月二十一日　1896 年 7 月 1 日）

暑雨郁闷，昨接快谭，使人神爽。弟尝谓："与晓事人语，正如大暑中服清凉散。"公谓然否？日来调养，当可勿药必复元矣。

近日粤中汉军亦有纠众哄官一事，朝威不尊，民气益嚣，恐伏莽之忧方起也。本月十一日，徐州之丰砀一带有土寇滋事，旋即解散。士夫不达时务，如契丹主所谓："宋人视我隔十重云雾。"弟近约同志设一时务报馆，藉此大声疾呼，为发聋振聩之助。章程送阅，乞为弹正。时事实不

---

* 函中云"弟近约同志设一时务报馆"，事在光绪二十二年，此函当写于是年五月二十一日。

可为，观于苏议，益灰心短气，行当屏弃百事，从事于空文耳。惟珍
摄。不宣。

竹实先生执事

弟宪顿首　五月廿一日

致汪康年梁启超函*

（光绪二十二年五月二十四日　1896 年 7 月 4 日）

穰卿
任父　同年执事：

得十八、廿二日手书，藉悉一是。应复各事，用杜征南所谓跳行文
法，一一缕布。

盛杏荪方伯又回上海，差池不见，前函已由盛太公收寄。顷拟再作
一函，抄前书附去，匆匆不暇，明日再寄也。

朱竹实观察见公启，愿助一百元。此公聪明绝伦，惜以目废，不
然，一救时好封疆才也。陆春江亦愿襄助，多寡未可知。此外，方伯诸
公当可酌助。

此间有坐省，一名陈德懋，一名吴成松，专理各府县文报，托令代
办，诚为两便，即托人问商，或召之来可面议也。

前嘱刊公启单张者一二千张，如出知单，可每人派一分。前装订成
本者，可以贻同志，亦惜费法也。

托代《万国公报》及格致书院代派，此法可行。其主笔蔡紫黻，攻
系［击］之者多，然才调可爱，所译文亦可诵，可走访之，一联络也。

嘱黄春芳联络各报，亦可行，可先出公启示之。此报别具面目，申
沪各报，应不虑其攫夺也，何嫉妒之有？此报主义，在集捐资作公款，
阅报风行以后，或不虑支绌。然惜费以期持久，亦名言也，不可不时时
念之。

凡销售、承揽、开张一切商业公家言，此报中不可用，望以时检点
为嘱。为守旧党计，为言官计，所谓本馆论说，绝无讥刺，已立脚跟、

---

* 函中云"上年强学会太过恢张"，指强学会被解散，此函当写于光绪二十二年五月二十
四日。

踏实地矣。其他一切忧谗畏讥，伤禽恶弦，无怪其然也。谓穰卿勿视为性命身心之学，谓卓如当为敫前七伏，畏首畏尾不敢为，然以吾辈三人计，弟身在宦途，尤畏弹射，然公然明目张胆为之，见义则为，无所顾忌。上年强学会太过恢张，弟虽厕名，而意所不欲，然一蹶即不复振，弟实引以为耻。弟但虑其费少，不克久持耳，他非所恤也。

刘某者，此间洋务局襄办，能通倭语，小有聪明。弟奉岷帅奏留专办此事，此辈不以不能为耻，反有市井争夺贸意之心。及其事议成，盖觉无颜。逮广雅主持异议，于是口说沸腾，从而附和，嚣嚣噉噉，至于不可听闻。所谓蓁菲者，不过诬捏口语，增益其辞，谓弟攻击广雅耳，故有某某入鄂将生大波之言。弟于广雅，内感知己，外持公谊，无不可告人之事。弟保举监司十数年矣，并未请分发。近虽南北洋左提右挈，连章交荐，弟亦未就一官一职。平生不乐仕宦，于此思之烂熟矣。此岂宦海风波所能摇撼者，虽百刘秩，其如我何？同年梁节庵尝称我为"绛云在霄，舒卷自如"。彼等小人穿窬之盗，亦枉自作小人而已。此人熟次亮，当系陈言。将此告穰卿，嘱其宽怀，并嘱穰卿告节庵可也。

吾辈事期必成，非阻力所能阻。谓此刻勿盛气、勿危言，不可以发扬蹈厉，言者是也。现布置一切，如事事已备，仍于七月望日刊布。否则敬俟李苾园先生奏议复定，奉旨后举行，亦无不可。是非同异之言，太多闷损。弟生平空空洞洞，自谓同时辈流中差有一日之长也。

今日又见领事，复以专管界万难照行。此事在苏州恐不能结。顷又接岷帅电，以六安州教案一事，饬弟与领事妥议。二三日间，当仍来沪，凡百俟面谭。

酷暑逼人，汗涔涔如雨，不能多及矣。惟珍摄。不宣。

弟宪顿　五月廿四日

致朱之榛函 *

（光绪二十二年上半年　1896年上半年）

昨日又得承快论，使人倾倒，意气无所惜。宪尝谓与晓人语可以却

---

* 函中云"岷帅谕回沪商办"教案，又云所议地租条款添入事，推断写于光绪二十二年上半年办理苏州开埠事期间。

病，可以延年，信然信然。中丞俯照弟议，平心坚志，严为抵制，其刚明实不可及。士感知己，故乐于奔走也。

条议容再抄呈，刻因他事，写书人手腕欲脱，实匆匆不暇。

法遣兵船在皖，要挟教案，岷帅谕回沪商办，明日遂行。所借局轮，感谢何已。手请

竹实先生道安

遵宪顿首　廿六

再，顷承面示，欲于所议地租等项添入"他日专管将道路工费收还"一语，甚善。惟"前议俟外部核准后欲将道路编入"一语删去，如彼国不允，再行添入此节。此为无须商议之件，随时可添。惟此刻切勿提出，以免两歧。至祷。手此密布，敬乞垂鉴。又及。

致朱之榛函 *

（光绪二十二年七月二日　1896 年 8 月 10 日）

竹实先生大人左右：

违教又匝月矣。每与二三朋从抵掌谈天下事，辄推公为经济才，海内同志词章训诂、义理之学犹不乏人，而政事为独难，是以俯首下心倾服无已也。

《时务报》第一期已印就，今寄呈乞正。主笔者为梁任甫孝廉，年甫廿二岁，博识通才，并世无两。公徐观之，必不责其标榜也。体例文章倘有未善，尚求谠正，自当遵命。手此，敬请

勋安

弟遵宪顿首　七月二日

　＊ 函中云 "《时务报》第一期已印就，今寄呈乞正"，为光绪二十二年事，当写于是年七月二日。

致陈宝箴函*

（光绪二十二年七月三日 1896 年 8 月 11 日）

右铭老伯大人座右：

遵宪上年在沪，幸承训诲。窃谓中兴名臣曾、胡诸老，气象犹可想见，私衷快慰，窃自增气。三湘父老，闻荣戟遥临，先已欢跃。而大旱甘雨，劳来安集。果庆来苏，外腾众人之母之谣，内有子又生孙之喜，德音所被，闻者忻舞。正思上笺申敬，远承手教，感愧丛集。

遵宪自夔帅奏调，即决意北行，不意江、鄂大吏交章争调。奉夔帅电示，有"五省教案、四省通商，实交涉大关目，得台端一手议结，亦所深慰"之语。遵宪私计，此事数月可毕。现在安徽、江西各省教案均已次第清结，惟苏州开埠一事，经与领事订定缮换照会，而彼国政府尽行翻异，横肆要求，不审何日乃得就范也。前议六条，施政之权在华官，管业之权在华民。夔帅称为保我固有之权，不蹈租界流弊。遵宪区区之愚，亦窃幸得保政权。而外间议者未悉其命意所在，反挑剔字句，横加口语。诚使国家受其利而一身被谤，亦复何害！何意彼族狡谲，坚执约中照向开口岸一体办理之言，遂欲依样葫芦，自划一界，归彼专管也。

前奉总署电，有"黄道承办此事深合机宜"之谕。总署近函又有"仍饬黄道一手经理，力任其难"之言。是以岘帅、展帅争相引重，极力縶留。然更改彼议，领事无权；照依又万难曲允，进退维谷，徒深愤叹。夔帅生平未及谋面，其奖借之辞虽出于长者齿牙馀论，然知之不可谓不深。北洋为外政枢纽，而大府又开敏周通，无予智自雄之习。遵宪既不能自立，将欲因人成事，舍此更将谁属。惟一时为要务羁绊，无术抽身，以何托词乃能引避？月来展转，乃欲晋京引觐，候旨分发，不知果能如愿否耳。

时事日艰，年纪渐老，自分绵力薄材终恐无补于时，负长者期望。捧读温谕，感深次骨，引笔陈臆，惭悚而已。谨肃具禀，敬叩

钧安，伏惟垂鉴。

世愚侄遵宪谨禀 七月三日

---

* 函中说"惟苏州开埠一事，经与领事订定缮换照会，而彼国政府尽行翻异"，事在光绪二十二年。此函写于是年七月三日。

致盛宣怀函 *

（光绪二十二年七月七日　1896年8月15日）

杏荪方伯大人左右：

昨抠衣趋谒，未得良晤，殊深怅惘。《时务报》当已邀览，未审钧旨以谓何如。若蒙鼎力维持，为群流倡率，固所愿也，抑非敢望也。

宪于数日间拟回金陵，如少赐须臾之暇许以趋侍隅坐，重领教言，忻幸奚似。手请

勋安，惟鉴不宣。

教弟黄遵宪顿首　七月七日

大学堂章程乞赐一分，可否登报，并乞示悉。

致汪康年梁启超函 **

（光绪二十二年七月九日　1896年8月17日）

昨见盛杏翁，云已订嘱杨子萱缮公函，公寄各电局，凡有商局处，均有电局，不必两歧云云。既本日见杨君，乞订定一切，杏函附呈。

杏翁亦如黄幼农观察例，每岁捐银一百元。

顷见邹殿书，与之订定捐银一千元，先交五百。

第三期报，拟先将捐银数目刊布，以广招徕。移交强学会馀款，弟意欲缮作汪穰卿经手捐银若干，何如？星海云南皮不愿出名。

舍弟幼达处寄去多少？顷得来函，云可销二十分，下次即照此数寄去。又寄到八元，祈为挂号：一潮州会馆黄幼达，一关道署幕友徐次泉。

穰卿　同年兄
卓如

期宪顿首　七月九日

---

* 据函中"《时务报》当已邀览"，知为光绪二十二年七月七日。

** 函中所谈"第三期报"，指《时务报》第三期，此函当写于光绪二十二年七月九日。

致汪康年函 *

（光绪二十二年七月十一日　1896 年 8 月 19 日）

昨见盛杏荪，云愿捐银五百两，分年清交。拟以此说告黄幼农，请其照办。

公所言内地寄报酬加信资，告白中照录章程所载报价外，加此一节。此事似应照办，即祈草拟办法示愚酌行。

似可与某信局订定，此报归伊转派，价从便宜。大约两三个月后，邮政开办，即较易办矣。

专理邮递之事，须责成一人。所有捐款及挂号者，断不可漏。

龚景张太史心铭，家豪富，甚有志趣，馆在八仙桥有庆里，可送一分去。

各关道：镇江、芜湖、宁绍台，均有志此事者，似可每关送数本，他关道亦可送。

昨日面商"本馆告白"各节，日内乞将清稿送阅。

秋苹已借有法报，日内可以开译，其意决然不受奉金。其人甚耿介，姑如其意可也。

穰卿同年兄

宪顿首　七月十一日

致王秉恩函 **

（光绪二十二年七月十四日　1896 年 8 月 22 日）

雪澄吾兄大人同年：

荫兰回沪，携到手书，敬悉一是。即维侍奉曼福，闻望日隆，至为企颂。

斜桥空地，吴铁乔乃闻之胡仲巽者，见胡君询其事，为之言地主人他适，亦难于分购，而别开一纸，云可购之地甚多，公其有意乎？恐元

---

　* 函中云"面商'本馆告白'"事，为光绪二十二年，此函当写于是年七月十一日。

　** 函云"寓沪数月，所极意经营者在《时务报》"，又云"议苏州开埠六条"，该函当写于光绪二十二年七月十四日。

龙湖海之士，未必遽能为求田间舍计也。

织布局计日可收效，甚感甚感。近见钱念劬太守条陈练军事，未审公管营务兼综其事否？念念！

弟所议苏州开埠六条，彼族全行翻案，意谓前议并非照向开口岸章程办理，又非比各国一律优待，声明划一专界，归彼管辖，凡议中所有微妙之意，婉约之词，总署云尔。直抉其阃奥，而破其藩篱，总署仍有一手经理云电。然弟则何能为力矣。

五省教案，均次第清结，顷已照会总领事，指明各案俱在，不日即回金陵。行止未定，意欲晋京办引见，候音旨分发，或依北风，或巢南枝，或食武昌之鱼，饮建业之水，悉听彼苍苍者之位置，并不以人事参预其间也。半年以来，又苏又沪，奔走鲜暇，一事无成，苟使国家受其利，我任其咎，亦复何害！况议者弟未悉其本末耳。参观互较，久亦论定，今则但托空言，此弟所为绕床而行，抚膺长叹者也！

眷属来沪，尚安好。惟长媳在家于六月中夭逝，夫妇皆最钟爱，遭此不如意事，益使人百念灰冷耳。何时何地，乃得握手，一倾胸臆。伸纸怅罔，即叩侍安，不尽欲言。

弟遵宪顿首　七月十四日

寓沪数月，所极意经营者在《时务报》，以谓手无斧柯，此报可以作木铎，今已观其成，公见之谅不能不击节叹赏也。然经费支绌，非同志襄助，无以持久。现在捐款不过五千馀元，知公同心，千万留意。又及。

梁卓如真海内通材，年仅二十二岁。眼中得此人，平生一快事也。

致陈三立函*

（光绪二十二年七月二十五日　1896年9月2日）

月初旬上一缄，当邀鉴矣。五省教案已一律清结，即于廿一日回宁

---

　　* 陈三立，字伯严。函云"北上办引见，到津留住"，又云办理苏州开埠交涉事，当写于光绪二十二年七月二十五日。该函致陈三立而转交陈宝箴阅。

销差，即请咨北上办引见，到津留住。惟中丞赵公日来三次驰电催促赴苏，已恳岘帅电复，告以苏州一地如无局面，乞勿萦维等语。岘帅再三叮嘱必赴苏一行，明日即往，大约北上十之七八，留南亦仍十之一二也。

奔走半年，举呕尽心血之六条善章，彼族概行翻案，实可痛惜。此半年中差自慰者，《时务报》耳。能以吴铁乔让我作报馆总理否，亦可兼矿务。穰君恳勤可敬，惟办事究非所长也。公亦必谓然矣。

到苏后定期北行，再当驰报。手叩

侍安

伯严大弟学长

遵宪顿首 七月廿五日

致梁鼎芬函 *

（光绪二十二年八月初六日 1896年9月12日）

节庵同年左右：

在金陵时曾草一缄，托沈蔼仓赍呈，内有南皮尚书寿言，当邀鉴矣。

前谒新宁，以苏州商务，总署有"仍饬黄道一手经理，力任其难"之电，故一再萦维，既知其不可，嘱往苏，苏亦同此意。然决计北行，遂变销差而为请假，不复须咨文。今既拔赵壁赤帜，而划分刘氏鸿沟矣。惟未获之楚拜辞，因是为耿耿耳。到鄂恐复作句留，而时不可迟，故遂不来。

昨接葵帅复电，有"钦迟既久，忽奉好音，良深欣慰"之语，用意殊厚。初十日即由"海宴"北上矣。

见南皮制府札，于《时务报》力加推奖，通饬各属购阅。此半年来一快心事也！

公何时来沪？支月钱折子到日，可向范秉初取来，已缮存伊处。

倚装作数行，启程时不再电，当于枥〔析〕津相见也。手叩

道安

遵宪顿首 八月六日

---

* 函云"初十日即由'海宴'北上"，指黄遵宪奉旨赴京引见，时在光绪二十二年，此函当写于是年八月六日。

致陆元鼎函*

(光绪二十二年八月初九日前　1896 年 9 月 15 日前)

春江仁兄廉访大人执事：

昨以星夜入吴，匆匆修谒，立谭俄顷，未布所怀，甚为歉仄。抵沪后，奉电示询弟分薪水汇寄何处，译诵之馀，且感且愧。弟既未襄办苏州商务，实未便再领薪水。半年以来，两地驰驱，新议各条，承中丞电告，总署许以深合机宜，而彼族已允复翻，岂言无施，方且上惭大宪，下愧同僚，又益以虚縻廪禄，更□人无地自容，苟以循照局章，谓应行支领，弟实未敢拜受。若特出于中丞厚意，敬求阁下喜为婉辞；万一辞不获已，责以厚恩九百之粟，则力却转近□矫廉。一俟颁发到日，自当缮领缴呈备案。

委员李君宝濂已承电及，即令缮具墨领寄呈。该项如不便汇寄，请函告上海道署划支送来，准可□收。

弟准于初九十日坿"海晏"北上，知念并及。手泐布复，即请勋安，惟鉴不宣。

教弟期黄遵宪顿首　八月□

致汪康年梁启超函**

(光绪二十二年八月二十一日　1896 年 9 月 27 日)

遵宪于十五日到津。启程时不及待穰卿东下，殊以为歉。然留交一纸，设董事、加月俸，谅可照行也。

同舟张弼士言助银五百元。可先登报，银随后交。伊言南洋可派百馀分，俟十月底回去再办，须自第一期起云。到烟台发电湘中，催铁乔早来。

所携报已交慕韩，并见王莞生，言津郡可派至四百分，日新月盛，闻誉回驰，深为喜慰。初办此事时，弟谓生平办事多成就，未必此事独不成，然究竟无把鼻，赖二公心力思处议，相与维持，俾宪得袖手观

---

* 陆元鼎，字春江，浙江仁和（今杭州）人。同治十三年进士，光绪二十一年调江苏粮道，迁按察使等职。函云"襄办苏州商务"事，为光绪二十二年，该函即作于是年八月某日。

** 函中云"遵宪于十五日到津"，指奉旨赴京到天津，当写于光绪二十二年八月二十一日。

成。此亦山谷于东坡所谓赞扬不尽者也。

甫卸装，甚忙，先就报中数事言之，他不暇及。即问

穰卿
　　　同年道安
卓如

弟遵宪顿首　八月廿一日

致朱之榛函 *

（光绪二十二年八月　1896 年 9 月）

少坐待驾未回，殊深怅罔，回舟即解维，回沪数日间当北上。

数案已一概办结。商务事败垂成，甚以为惜。两省驰驱，半年奔走，而一事无成，惭无以对我知己。他日有缘再图良晤。手上
竹实先生

教弟期宪顿首

外留《时务报》一包，乞饬人代送，因弟处无人又无暇送去也。又及。

致汪康年梁启超函 **

（光绪二十二年八月二十五日　1896 年 10 月 1 日）

宪于廿一日草布一缄，是晚邓仲果到，携到手书，祗悉一一。条复如左，即希鉴察。

一、颂縠专司校勘兼及稽查，谓收发事宜。仲策司润饰兼编排，均属可行。二君月薪，即乞商定照办。

一、秋苹志趣好，性又耿介，亦愿就此馆，与诸君子讨论，以期进益。在沪濒行时，已函邀之，或竟能来。月薪现拟五十元，后再酌加。

　＊　函云"回沪数日间当北上"，指光绪二十二年八月黄遵宪奉旨入京引见。该函当写于是月。

　＊＊　函中云"宪于廿一日草布一缄"，指光绪二十二年八月廿一日函，此函写于同年八月二十五日。

或为别图一事，其平生不甚争此区区也。

一、此间新调一俄文教习来，名刘清惠，字荔孙，年廿四岁，美材也。原籍山阴，其祖父以幕游京，今遂为宛平人，曾进学。现与之订每月三次，每次交二三千字来，照章送津贴银廿元。昨已托其向俄领事觅报。现有《珲春报》，闻有满文、俄文合刊者。将来拟嘱其专译东西毗连界内事及俄国东方政略也。

一、吴铁乔既驰函邀约，到烟台时并发电湘中，促其早来。如竟肯来，到馆后拟请其专理馆中庶务，至外面应酬及他处函信，则由穰卿主持也。

一、少卿作如此举动，殊使人气短。苟安处一年，既名誉四驰，欲别求差使，似亦不难，亦可谓不善自谋矣。渠既欲他徙，自不必强留，请随时物色，以备任用可也。

一、凤葵九与刘公不甚睦，在局不甚得意，即照制造局薪水或酌加多少，试探其意向如何。托郑瀚生可也。

一、黄子元甚为美材，然不肯小就，能走访之，述弟意与之一商否？或转托其荐人，其他可问郑瀚生。现充自强军提调，寓虹口仁智里第八弄第三家。

一、穰卿言派至五千份未必赢馀，是也。年终核算，亦难计其赢馀多少。弟意照章每六个月作一结，结算时如至六千份，加薪十分之一，馀再递推。如总理、主笔不愿受此，此款似尚无多，仍由穰卿酌行可也。叶损轩何以失官，幸详言之。

一、举董事一节，复函均未之及。弟意此馆已为公众之报，不能不定此法，为长久计。此刻吾辈同心协力，以期有成，事尚易办；如他日穰卿离馆，易一总理，又将何如？亦须一熟筹之。

一、已经刊布章程，必须照行。不妥协处，可以酌改，然亦须由董事酌行。此项章程，可缮一份，挂之办事房。所谓办事时刻程度，可执此以责人，不然作事无度，又徇情不言，何以持久？

一、用人中拟补一条，除本馆不用外，如各人自行辞出，必须于一月前声明，以谓何如？

一、津郡能派至四百份，王宛生、孙慕韩之力也。王君初见，通才达识，殊不可及。此外则严有龄，真可爱，谭吐气韵，通西学之第一流也。

一、弟现留津，一时未晋京。夔帅已派水师营务处及随办洋务，然弟一时未到差也。

穰卿同年兄

卓如同年弟

遵宪顿首　八月廿五

致汪康年函[*]

（光绪二十二年九月十二日　1896年10月18日）

穰卿我兄同年执事：

弟到津后，前后布二缄，知邀鉴矣。比叠接八月廿四日、九月朔日、三日三缄，敬悉一是。兹将应复应告各事，条具如左，敬希察鉴：

一、第六期报迟至月之二三日始到，七期报亦迟至重九日始到。仲弢于六日到此，此报随其眷属之舟而来，故较迟。同人悬盼甚切，以是揣度，各处皆然，故本馆应于邮递一事加意。昨见沈子梅观察，托其于各通商口岸凡招商局船能至之地，均由局船代带，渠忻然允诺，即向索得寄唐凤墀一缄，今以寄呈，请赉函面托，请其分饬各船照办，至祷。局船到岸，只交本局，由本局送到派报处所，每包似须给以多少酒钱，嘱其报到即送，较免迟误。以纸包裹，既费成本，又费工夫，仍虑损湿，能别用竹篾，或用木板，专用两头以绳束紧，而露其四面，此西人运书之法，以免税关查验也。或用铁匣用洋铁匣，已托局船，即用轮递之法，船到时遣人到该船取回。与否？试商之，并须问局船账房，以何者为宜。局中各船已托其带，可送予一，非特酬劳，兼以招来。盖舟中阅看者多，必销售更广也。附陈于此。

一、存银在银号，事属可行。惟必须求其可靠者，公当任其责。收银单已阅，未知购报之款已收多少，亦欲知其数。凡经理收发银钱，必须将收款入存数，再行支用，方清眉目，至要至要。

一、封河后，北边寄报甚难。昨与慕韩商，渠云清江淮军转运局，向例每月两发，可以托渠代带。已托慕韩作函，续即寄来。

一、此报在馆所办事，实深慰感。惟扩充之法，尚须加意多觅显

---

* 函中云第七期《时务报》"迟至重九日始到"，该期出版于光绪二十二年九月初九日，此函当写于是年九月十二日。

宦，凡藩桌有驿递之责者，展转相托，照鄂善后局意分发各州县，裨益不少。报中派报处所，总须设法增加。各省大书院必须分送一二分。此亦如卖药者送药招牌，好销路自广也。

一、董事且缓议。用人之责，本在总理。弟意重在此次加薪及功课时刻二事办妥，再商其他。

一、云涛已来，甚好。薪水可廿元。颂縠月俸廿元甚当，惟应令其专司校勘兼及他事。校勘以上谕为最要，一有错误，易滋疑怪也。敬塘不能校勘，虽慎密可喜，而读书太少。颂縠较沉静，司此最宜。

一、卓如不愿仲策在馆襄助，其志趣可喜，应听其意。但出钱食饭则太琐琐，似不必也。

一、少塘加至七十元可行，欲挂招牌翻译之件亦可行。苟不因此废时误事，应听其便。乞传请少塘。近悦远来章，有二要语，勿忘记也。

一、刻书须刻有用书，不待言，又须求千人共赏之作，此较难耳。昨由龙君寄《聂军章程》，可摘要入报。又何思煌言茶利事，今又寄黄伯中《铁路章程》，均可酌用。

一、刘君崇惠前误作清。所译，今以寄到，与之约，每月交四次，每次二千馀字，后当托慕韩矣。

事太多，又倚装匆匆，今夕即登舟，故不能详备。昨谒爕帅，言穰卿年少时每相过从，弱不胜衣，言呐呐然不能出诸口，而与人酬接，举止亦不佳，然勤恳专一，卒能有成，何意今日竟能作如许大事。宪谓诚然，此馆实非君不能成功。附书纸末，以博欢笑。

铁乔不知何日来，以彼辅君，必能相与有成也。即请
道安，不尽欲言。

弟宪顿首　十二日未刻

前承垂询《日本国志》，此书久已在粤刊就，今寄九十馀部来，惟尚有改刊者，具如别纸，求为照办。他日尚欲将《日本杂事诗》改本交馆印行也。

宪又顿首

致张之洞电
（光绪二十二年十月二十九日　1896 年 12 月 3 日）

遵宪禀。密。宪定派往英，奉谕前日，或唆英使到署偶询，遂改德。德使谓，华预商英，不商德，英不愿接，德当照办。现据英使函，言明无预商事，亦无不接之言。已由署电许公，未得复。此次来京，召见两次，上垂意甚殷，廿五召见张侍郎，连称"好！好！"惟国事过弱，终虑不堪驱策，孤负圣恩耳。艳。

据茅海建《张之洞档案阅读笔记》

致盛宣怀函 *
（光绪二十二年底　1896 年底）

杏荪京卿大人左右：

彼此拜访，均劳燕相左，此京华通例，不足怪。所可恨者，未获一豁积悃耳！

《日本国志》虽杀青已竟，仅寄样本十部来，早为当道诸公及二三同志索去。在沪时，承公函问，亦无以应命。刻已校定，属印五百部，留时务报馆中，他日必以十部乞正。刘太史请代询寄处，亦必不负约也。

明日午前必趋谒，九点至十二点，何时为便？请示悉，庶得良晤。即请

勋安，不庄。

遵宪谨肃　廿八晚

报八册内有学堂章程，并送。

---

* 函云"彼此拜访，均劳燕相左，此京华通例"，是时黄遵宪已奉旨抵京待入觐，约系光绪二十二年底。

致前新嘉坡总督施密司函 *

（光绪二十三年正月　1897 年初）

　　握别以来，瞬经三载。忆仆忝任新嘉坡之际，得以相识尊颜，及识英之善政，并见诸华民之蒸蒸日上，为实得力①各属所不及。然当仆解任回华之际，曾致公文与实得力国家，藉申谢悃，言凡诸外国之人，寄居叻中所受国家益荫，我华人等亦均一律同沾，而国家复设保良局，以保护中国被拐之妇女，更整顿华佣之事，以期无弊。是皆在公任内所行之事，仆五中感谢，不可胜言云云。迨仆回华后，会晤各省大吏及总署王大臣等，曾屡道及公为人之宽大，及为政甚属公平，而王大臣及大吏，莫不甚为欣慕。

　　但回忆西历一千八百九十三年五月时，税务司总巡赫德君曾委派力劳君赴屿面谒足下，缘叻中常有私土甚多载往中国，求公复立新章，令诸人于寄土出口时，请领三联票据，方准其土出口。当时公曾经俯允，准其试办。惟此等办法，倘或英廷不准，抑实得力商民有不便之处，即可作为罢论云云。迨至六月三号，仆尝亲自奉谒，复蒙公亲与仆言，此事业经细查，此等烟土皆系华船之人所斗［购］，而由商人具保税项，若是则不能准照所请，行此新章，经由敝督函致赫德，云此事不便举行之故。迨阅三日后，仆再晤公，公复言中国总税务司再电来叻，求请将此事试办，并言此次若再推却，则情面甚为难过，今且为之试办等语。仆即经遵照台命，讵阅一月之久，并无一人至领事署中领此项三联单据，盖时诸华人因闻欲设立新章之故，纷纷争斗［购］烟土，一时濛［购］至八九百箱之数。时有华船五六十艘预备载土出口，惟因此一事，遂不能准其行。船中人役共至千有馀名，各人等乃共联禀到领事署及华民政务司，求将此事作为罢论。此禀未经核准时，有人语诸华人，谓此等新章，非由英京理藩院大臣及实得力国家所设，若控于案，此事可以即作罢论云云。诸船之人，一闻此说，即相与醵资，以谋抗拒。幸仆尽力经营，为之匡救，故此举遂搁而不行。迨后诸商共入公禀来称，诸船之众，已甘愿每土一箱先行寄存四十元，以保其偿税。此事仆经批饬，

---

　　* 德国拒绝黄遵宪使德事在光绪二十二年十月，推断该函写于翌年（1897 年）初。

　　① 实得力，即海峡殖民地（Straits settlement）简称。

将此一项交琼商蔡文宝处暂行存贮，候禀以详总署大臣核办，遂准各船出口。迨至七月十号，仆曾偕同翻译那三到贵署拜候，业将公禀一事向公陈说。公言诸华人等若果出于本愿，亦无违英国之律云云。惟当时未有奉到新嘉坡国家来文询及，故仆亦不便向辅政司照知，不知仆与公当日所谈之事，公曾有注于日记册否？然想我公至今当尚能忆及此事也。至诸华人所递之公禀，仆已转详总署，今将总署所存之案稿抄录一纸，以呈台鉴。

然不意自公锦旋之后，仆因公事致与华民政务司少有不合，而该司因无隙可乘于仆，故遂将存在蔡文宝处之项，提出交与库务司收贮。该司复向督署肆其颠倒是非，以致督署将情通知理藩院大臣，云仆此举乃强诸商人偿还税项。但是，此等存项乃系众商联禀甘愿偿交之件，而仆亦谕以此项不便擅收，务候我国之令，方可照行。然则此事果属强逼与否，请观以上情形，即能喻其一切矣。惟是叻地并非偿税之埠，其国家可以强行此新章与否，仆固不得越俎而谋，然当日仆意亦与公同，云欲强行此等新章，亦有甚难之处。但仆奉到总署之命以充总领事，今收到诸商之禀，自应详达总署，俾得知之。至于此项银元，自始至终并未到于仆手，不意谤者竟谓仆强逼诸人出此税项，以为私囊之计。窃念此事在公亦当梦想之所不及也。

近者德国朝廷因闻此等无端之谤，故遂递行辞却，不允仆充中国驻德大臣。夫仆固未尝有事令德国生嫌，亦并无事故与英国不合，所不甚能和洽者，惟在华民政务司一人而已。至赫德税务司之命，云将此新章强行一事，当日不过口谈，并无字据可为查核。至所云勒收此税一事，则今尚有公禀存案，可核而知。

回忆仆任叻四年，公亦任于叻中，仆之行事，公当悉其一切，无待再言。但恐贵国外部不能详悉此中委曲情形，故再肃函奉告。馀言不尽，崇此敬颂升祺，不一。

致汪康年函*

（光绪二十三年二月十一日　1897 年 3 月 13 日）

所寄缄自十月廿七前，均次第照收。一不列号，馀第一至第九。既经

<hr/>

＊ 函中说《时务报》第十五、十八九期"均照收"。该报第十九期于光绪二十三年二月初一日出版。此函当写于是年二月十一日。

照复，以后则叔乔、冬月十五来。伯唐各交一缄。漏书月日，正月廿九收到。报则十五、十八九次均照收，十四次收一本，十六、十七次犹未见也。所有各事，条复如右［左］：

一、馆中新聘章枚叔、麦孺博任父盛推麦孺博，弟深信其言。均高材生，大张吾军，使人增气。章君《学会论》甚雄丽，然稍嫌古雅。此文集之文，非报馆文，作文能使九品人读之而悉通，则善之善者矣。然如此，既难能可贵矣，才士也夫！都中论者仍多以报馆文为谤书。前刻某君来稿，大僚阅者尚少，然有日新月盛之象。语侵台谏，乃当世所敛手推服者，则以为犯不韪，弟言偶失检耳。照章程例不论人，非有意也。此后当力守此诫，其他泛论之语，有骂詈之辞，可省则省，愿与诸君子共勉之。至太史公上书院长，讥弹及此，既事寝，不足介意也。又照章，外来之稿，应附卷末，此又误也。

一、卓如薪水可增至百元。可与卓如商之。既舍使事而羁馆务，其眷属又来，用度较繁，自不可令其以杂务纷心。若卓如于报馆有大功，此天下之公论，非弟之私言，公谓何如？至集资出洋事，未易言，昨与卓如函既详告之，弟必当为之竭力也。

一、少塘已就担文律师馆，自难兼顾，若使专理沪关一股之事，或尚可徼卷。如竟作担文之一切翻译，则断不能也。昨有函来，自愿仍就报馆，乞公酌度，或多延一人，仍留少塘何如？

一、李虞琴在鄂时，曾屡访之，笃行君子也。就西学中，颇能言理致通西学者，如此等人甚少，弟甚佩之。惟在铁政局见其译文，则往往沓冗繁碎，又或不达意，盖其译文之法，专就西文一一摹仿之，故格格不吐也。弟谓此人延主校长为最上品，若在报馆则用违其才，将来必多繁难之处。至薪水亦似过多，然此事似尚可商办，一二年拓充后，总须以百金聘翻译也。若能有人与之对译则可行，然又须其人善于说辞，方易办也。虞琴之品可敬，然报馆专用其文，转失其所长矣。

一、秋苹可促之早来。伊不愿出洋，自可专心报务也。

一、美馆之周子仪、英馆之陈安生，均愿代译，甚善甚善。此法尚可拓充，惟津贴应比他处少减，以已领使馆厚薪故也。若已诺之，即不必言矣。

一、报馆译书，自属要务，且既载之报馆章程中。惟有一要事，切须熟商然后行事也：第一问译何类之书；第二问何类之书、应用何本。此时讲求西学，尚如七八岁孩子甫经上学时，必须斟酌其简而要者。如或不论多寡，或过求美备，则南皮饬译之书其前车也。此事必须与傅兰雅、李提摩太之属确商购定，乃可与人讲定翻译事宜。此语甚要，幸三思之。《知新报》多论学，此报仍须多论政。此报本意，原为当路诸人发聋振聩也。本报取材已富有矣，每本三十馀篇，彼诸公者匆匆少暇，已难遍阅，故编排此报，取舍之间，尤须留意，浓淡相间、庄谐杂陈。当为阅报者计其便否，不必专就刊报者诩其富有也。如夸多务得，细大不捐，转为非宜，幸告诸君熟商此意。

一、时务课文可行，投赠函多，其尤者，可分别作答，时时附刊报尾。此即弟所谓以报馆为学会之意也。

一、校对宜有人专司。如上谕尤须精审，前刻有遗漏，谕中名姓、官职者尤宜详慎。似应专派一人司校对，弟以为颂穀最宜。

一、延耀如不可用，应听其辞去，本非我辈所素识，初意延一能司印刷兼管银钱者，故采访及之，公当记其事也。

一、改租房屋，极是。但八月始移，甚不便。因去年酷热时，时时为寓馆诸人抱不安也。弟意不愿在租界内，然不定住房，一切事不能办，故急切租定，然尔时已有移居意矣。

一、印报改鸿文书局亦好，但十八期后墨色枯淡，纸质亦不匀称，必货同而后可谓之价平，如此则原经手人有词矣。此事姑勿论，必须改商照原墨原纸，庶阅报人无责备之辞，当精益求精，不可授人以隙也。年底刊出入账甚好，尚须抄存一份详细账，以便他人查阅。刊布账尾即伸〔申〕明此意，谓捐银百元者均可到馆查看。将来能另印铅版小字细账分致捐助诸公，尤善。

一、既刊布未收银者，应作函向问，如盛杏翁、张弼士皆所面订，此种阔人事繁，虑其忘记，故须问之。

一、新刊申明章程甚善。初草有三十元一种，因先收现银，一切经手费、寄信费均不管也。此刻报资宜益加抽紧核实，至四月中便须刊布。谓七月后接阅者必须先交报费，否则停派。以后必须如此办法，方可持久。

一、各书院、各学堂分送一份，甚好。

一、既有邮局，以后信局留滞、关役扣阻之患可以免矣。

以上十九事①统乞察鉴。

公之它顿首　十一日

---

① 原文仅列十六事。

致梁鼎芬函 *

（光绪二十三年正月至二月间　1897 年 2 至 3 月间）

　　别仅五月，波澜变幻，至不可测度，可谓咄咄怪事。宪之北上，本因弓旌之招，简书之责，欲于北门管钥分一席耳。使车之出，殊非意计所及，而左提右挈，或推或轭，几欲以大权相属，赫赫客卿，素有嫌怨，遂出死力相挤排，一之不已，而又再焉。以中外数大臣之保荐、九重之垂注，召见二次。南海侍郎晋接时，又垂询者再。命将所著书进呈。十九日降旨，时枢府以英使所言奏，上意不怿，云何以外人遽知之？词未毕，又言：黄遵宪即不往英，应改调一国。以臣遭际，可谓至荣，孤负圣恩，殊自恨耳。不敌一客卿之潛，国事尚可问乎？遵宪平生视富贵泪如，于进退亦绰绰。然而此刻胸中抑郁，为平昔所未经，乃知素无学问，遂失所主，假如昌黎之潮州、东坡之儋耳，又将何如？现在尚未奉明谕饬令勿行，有知交劝以引退者，宪意不谓然。诚以掉头不佳，有似怨怼，自为计则得矣，其如国体何耶！

　　居此数月，益觉心灰。译署几作战场，猜猜之吠，直无休日。此事其小焉者也。借岛泪舟之低尾，将来省我一押。念此转自慰耳。酷冷，甚念。即叩

节庵同年大弟道安

遵宪顿首

致汪康年函 **

（光绪二十三年三月初一日　1897 年 4 月 2 日）

穰卿同年老兄执事：

　　二月廿七日奉手书，知前呈两缄，均既邀鉴，甚慰甚慰。应告各事，仍条系如左，即希察览。

---

　　* 函中云"别仅五月，波澜变幻"，及"召见二次"等事。黄遵宪于光绪二十二年九月"奉旨入觐，又奉特旨预备召见"，此函当写于光绪二十三年一、二月间。

　　** 函云见寄到《时务报》第二十期，该期出版于光绪二十三年二月十一日，此函写于是年三月初一日。

一、改本《日本志》十数页已收到，即乞交书店换刻改装。粤省刻本，既嘱印五百部，将来以二百部留弟处送人，馀三百部再寄报馆发售，如君意或以为尚少，即求函告，仍可增印。所定价值，将来尚拟少增，君谓可否？与各处书坊换易之本，欲定价四元，发卖之本，欲定二两四钱，自收三元，馀付经手人。

一、上海改刻之本，一经刻就，乞印一份寄到，再要一份交卓如，寄广州应元监院梁诗五收。此间有一改刻抄本十数页，寄梁诗五代办，恐其在道或有遗失，或有耽搁，故将上海改刻之十数纸寄去备用。此书系托诗五监刻。诗五名居实，弟之三十年老友也，乙酉拔贡，己丑乡榜。张幼樵极赏叹其人，荐膺此席。渠于卓如倾倒之至，嘱弟为介绍，并告卓如知之。

一、卓如一时未成行，极慰海内士夫之望。京师知好咸谓苟往，亦必以乖午而归。弟劝其迟行，谓他日如失伍，则瓜期将届，梁上燕亦可自去自来也。

一、秋苹来否？极念之。

一、淮军转运之十六、十七期报，乃犹未到。

一、铁乔事再商，如不愿来，前书所商外，君意中有他人否？

一、函谓邮局每岁增费至一二千金。近见寄到二十期报，四面包裹，所费至四五角之多，寄书亦如此，此实误矣。邮局章程，寄新闻纸、寄书籍须露封一面，省费甚多，君应知此章，应请将章程译阅，亟亟改换。

一、京师阅报者，以十八期后纸墨不如前，颇有违言，谓华人卖货畅销以后，货色必低，恐一二年后愈弄愈坏。弟谓黑边小，则黑白不能如前此之明朗，然实不能家喻户晓，宜急与鸿文妥商，令其照旧。如询之别家，照旧无利可图，则宁可加价，断不可因惜费而误事也。不拟定定式，但谓价减，遂与定二年之约，此实疏误。弟意谓宜多增一人，料简一切，正指如此事，不然以君之焦劳鞅掌，恳恳勤勤，日夕尽瘁，而不觉劳。眼中固无此人，天下亦难再觅，而尚烦渫凑为哉。人各有能不能，弟自问即多不能之事，安可虚相推重，当面输心哉。此直当局筹商之事，非特友朋规劝之义也，惟三思行之。

顺候起居，不尽欲言。

遵宪顿首　三月朔日

致汪康年函 *

（光绪二十三年三月十日　1897 年 4 月 11 日）

穰卿吾兄大人左右：

多日未修笺敬，因患痔凡数十日，不得亲几砚之故。当由沪来津，或为我占，"得需之姤，曰需于沙"，小有言曰，臀无肤其行次，且今皆验矣。弟近日遭际，既详于任父函中，都中知好咸以弟膺使命，为弃台之后，差强人意之事，而变幻出之意外，遂以为气运使然。然否姑勿论，然弟实不能引为己过也。

《时务报》遂行风行，此实二三君子拮据经营之力。当商拟章程时，弟谓此事未必不成。然一年之间，印行至八九千份，则亦非始愿所及也。馆中百事，荷承垂询。每诵惠书，且感且悚。惟弟既难于喻度，即亦不敢为遥制，而事事皆悬于心目中，未尝敢忘，实愿与同志数人维持之而张大之也。

大江南北知好多矣，弟独以公为堪任此事，其卓识坚力，实足以度越时流。然今日之报推行至十数省，刊印至八九千张，公自以为求详得琐、求慎得缓为生平长短，不可谓非自知之明。而弟更以为经画如此之远大，事务如此之繁重，欲求其纲目并举，细大不捐，诚未易才，盖本非一手一足所能任也。既为公众所鸠之赀，即为公众所设之馆，非有画一定章，不足以垂久远、昭耳目，故馆中章程为最要矣。此馆章程，即是法律。西人所谓立宪政体，谓上下同受治于法律中也。章程不善，可以酌改，断不可视章程为若有若无之物。公今日在馆，恪守章程，公他日苟离馆，继公而任此事者，亦必须守此章程，而后能相维相系，自立于不败之地。宪纵观东西洋各国，谓政体之善，在乎立法、行政歧分为二，窃意此馆当师其意。

馆中仍聘请铁乔总司一切，多言龙积之堪任此事，铁乔不来，即访求此人，何如？而以公与弟辈为董事。公仍住沪，照支薪水，其任在联络馆外之友，伺察馆中之事。每遇更定章程，公详言其利弊、发其端，而弟熟商参议而决之，似乎较善。但如今日之遇事，俯询公之见，待可谓厚

---

* 函云《时务报》"一年之间，印行至八九千份"，为光绪二十三年；又云"弟三月中总当来沪"；又云"馆中仍聘请铁乔总司一切"。此函当写于光绪二十三年三月十日。

矣。然弟则有所疑难，或似未便于启齿，或曲相附和，又似乎非其本心，固无大益也。

所商各节，别纸条复。复贡愚于左，幸三思垂察之。弟三月中总当来沪，见面再商一切。胸中所欲言，非楮墨所能罄也。即叩

道安

遵宪顿首　十日

所云别纸条复，明日再寄，因昨书过多，而缄封又过厚故也。

致汪康年函*

（光绪二十三年三月十一日　1897年4月12日）

穰卿吾兄同年执事：

昨寄一缄，并附《日本志》改稿十数纸，计当收览。此书请即饬小儿将全数交到，其他已嘱粤省印刷五百份，将来仍有二三百部寄来。如以此数为少，幸即告知。成书十年矣，尚当作一后序，叙其迟迟印发之故，弟固不任受咎也。附《时务报》而行，谅必消流，此时闻声相思者甚多也。

今年新报，昨日获读，见彀似中丞、益吾院长手折，益为之色喜。此报如此风行，无负二三君子拮据经营之苦心矣。所复各条，具如别纸，不过自陈其所见，幸筹商之。他日过沪，再面罄一切。

弟现仍候旨，俟有明文，乃定行止。彼国续来转圜，政府以另有差委辞之。辞绝之后，弟乞总署给予一文，便可将关防缴回，而译署不允，谓且俟后命。然今已数月矣。此事枢府译署以案据具在，信其无他。今则西人亦悉其本末，弟但诿之气运，无可怨尤，然解冻后南旋之心益亟矣。手叩

文安不宣

弟宪顿首　十一日

---

* 函云"昨寄一缄"，即三月十日函，此函当写于同年三月十一日。

致汪康年函 *

（光绪二十三年三月二十一日　1897 年 4 月 22 日）

穰卿吾兄同年执事：

月朔日续布一书，当邀鉴矣。得小儿禀，知《日本志》概送尊处，应改之十数篇，已寄粤省梁诗五，催其速印。印就寄到，即请饬人改订，并撤去李批、张咨。伯严、长素均云，然弟之初意，经用公牍文字义系于官，亦非《三都赋》序之比也。

补入卓如后序，即由报馆发售。现又属印七百份，除二百份自以送人外，馀概存报馆，欲定一价，每部四元，凡京都、天津、上海、粤省交书坊换书，均照此数。惟报馆售现银则收三元，而弟自取回二两，君以为何如？再寄五百份不嫌多否？请察酌，速以告我。

《日本杂事诗》为初到东瀛时作，印活字版，有总署本，有香港报馆本，有日本凤文坊坊本。惟此书寓意尚有与《国志》相乖者，《诗》成于光绪五年，《志》成于光绪十三年，故所见不同也。时有删改。近居萧寺中，清暇无事，辄复补改数十篇，当在沪仿最精版式付石印，他日亦付报馆也。

所寄报已收到廿二册，中惟十四册只一本，日内欲分数本致当道要人。邮递诚为过费，不审可设他法否？当书籍计，用箱装付轮船，收水脚应省甚多。此非信函，邮局不得拦阻也。近日议邮政者甚多，侍御有○○○，督抚有谭文卿，极言其病国害民，弟意亦谓章程不善，必须改定也。馆中诸务，日以繁衍，凡百偏劳，念之不安。弟出京约在四月，到沪再面商一切也。手叩
文安。不宣。

弟遵宪顿首　三月廿一日

《日本国志》初属稿时，《地理志》附数图，一、兵制分管之图；一、学校分区之图；一、裁判所分设之图；一、物产图。既定体制、拟草稿，遂托陆军参谋部木村某以精铜刻版，与之订约，并交去百金。木村者，陆军绘图素出其手，忽为人告讦，谓其卖国，以险要形胜输之中国使署，遂

---

* 函云"弟出京约在四月"，此函当写于光绪二十三年三月二十一日。

锒铛下狱，扃禁甚严。数日后，其妻子始闻其实，来署哭诉。其时大山岩方官陆军卿，与弟素好，弟译言著书之故，并以约底送阅，乃邀释放，然其事遂作罢论矣。去岁托楢原陈政，即井上陈政。购通行地图，欲附《志》以行，而久无复音。乞兄商之梁卓如，告古城贞吉，择通行图之明爽者，多阅数份，乃可择定。嘱删易某店发卖之款识，定购数百份，他日存报馆中，附《志》而行，需图者别加图价。《志》中凡例有附图之语，自不能略而不备也。

又，地学会所刻图，闻亦在日本刊刻，或即由公商之其人，不必托古城君亦可。此事酌定，即复告我。

宪又白　三月廿一日

致汪康年函*

（光绪二十三年四月十一日　1897 年 5 月 12 日）

穰卿吾兄同年执事：

月初得环章，藉悉一是。往复各节，条具于左，敬希察鉴。

一、书言弟为公筹休息之方。此语似误会弟意。弟以为此馆既为公众所设，当如合众国政体，将议政、于馆中为董事。行政于馆中为理事。分为二事，方可持久。此不仅为公言之。至于公则或为董事，专司设章程兼馆外联络酬应。或为总理，守章程而行馆中一切事，皆归总理。即或以董事而兼总理，近与卓如书言及此。均无不可。馆事烦重，必须得襄理之人，以为辅助。此事今且阁置，他日到沪再详陈之，谅公意必谓然也。

一、邮费太重，前书曾言，仍交轮船当货寄，盖新报不比书信，不经邮局，于例无碍。如局船详知此意，即亦不必当货，可竟如从前办法，恳熟商之。近有徐御史论邮政，言报费太重，语极中肯。

一、纸价较昂，不能如旧墨色，能否更加光润，此事当可行。弟又思：如将边线增肥，将中间小行削瘦，则黑白分明，必较为好看。匡廓不必如初印之肥，然尚可加增，已将行间之线改小，用墨较省，书局必乐之。

一、秋苹现在何处？何以尚未来馆？甚念之。

一、湘抚又札行各县，可为喜贺。近见李孟符，言及今年乡试，士

---

*　函中说已见到第二十五期《时务报》，该期为光绪二十三年四月初一日出版，此函当写于是年四月十一日。

子云集省会，似可每省酌寄一二百份，以期拓充。陕西一省，孟符即可代办，可即寄百馀份托渠。如他省照行，又可增印二三千份也。

一、梁诗五处如寄到《日本志》改本，乞即改订代售。所定价如何，速以复我。现已印七百部，拟京、津各存百份，馀四百份概归报馆，君谓何如？

一、非报馆自印及代售之书，似可不必溢及于告白中为之论此事，亦恐滋为难。廿五期所刊，弟意不敢谓然也。

一、章君之文，亦颇惊警，一二月中亦可录一二篇。

以上八事，统希查核，顺请

著安

弟遵宪顿首　十一

致汪康年函[*]

（光绪二十三年四月十九日　1897 年 5 月 20 日）

前托购日本图，如能多购几样，各样先购一本。再择其善者印数百份，较为妥善。近日由日本使馆购得三百份，详载郡邑，过于繁密。弟意如有着色分画今之府县、古之藩国，并将镇台分管、学制分区、裁判分所附注者最善，可问古城君有无此本也。

诗五所刻改本寄到否？极念。前所以欲在上海改印者，求其速也。新购之图有便当先寄来。

弟六月初旬或可来沪，亟欲见面，一豁积悃。别来遂九月矣。

弟又启　四月十九日

致汪康年梁启超函[**]

（光绪二十三年七月二十七日　1897 年 8 月 24 日）

近得梁诗五函，知所补《日本国志》既寄到报馆，请穰兄查照。三

---

　[*] 函中云托购日本图系作《日本国志》附图用，事在光绪二十三年，此函写于是年四月十九日。

　[**] 函中云"明日登程"，指光绪二十三年黄遵宪由沪赴湘任，此函写于是年七月廿七日。

月间寄函，代为抽换装订。发售之价，每部三元，弟自收回二两。

今寄到《杂事诗》草稿，请任父饬人清誊。序续寄来。

报馆事拟自七月一日起，穰卿月支百元，颂縠月支四十元，卓如月支百廿元。

卓如两函并诗五函既到，应酬无暇晷，明日登程，舟中再作详函论一切。匆匆不多及。即叩

穰卿
任父　同年文安

遵宪顿首　七月廿七日

致汪康年函[*]

（光绪二十三年八月十三日　1897 年 9 月 9 日）

穰卿我兄大人同年左右：

在鄂匆匆草布一缄，谅邀鉴矣。宪甫经到湘，即闻湘中官绅有时务学堂之举，而中、西两院长咸属意于峄琴、任父二君子。此皆报馆中极为切要之人。以峄琴学行，弟所见通西学者凡数十辈，而求其操履笃实，志趣纯粹，颇有儒者气象者，实无其伦比，然屈于报馆，乃似乎用违其才。学堂人师，为天下模楷，关系尤重。故弟亦愿公为公谊计，勿复维絷之也。任父之来，为前议之所未及。然每月作文数篇付之公布，任父必能兼顾及此。此于报馆亦似无损碍，并乞公熟虑而允许之。

报馆之开，今一年矣。赖公精心果力，凡百维持，得至今日。今规模既已大定，而西学堂之设、学会之开，亦公平日志意所在，轻重缓急，兼权综计，公幸熟思之。任父处弟另有函殷殷劝驾，拟并函致峄琴。而轮舟刻期展行，不能久候，乞以此函转达峄琴，代述鄙意，是所至祷。

《日本国志》由粤中补刻后序各篇，知已收到，乞照前函装订发售为感。稍暇即有续函。匆匆不能多及。即请

道安。惟鉴不宣。

---

[*] 函中云"报馆之开，今一年矣"，指《时务报》创办一年，即为光绪二十三年，此函当写于是年八月十三日。

令弟颂毅兄均此致意。

弟宪顿首　八月十三日

致王秉恩函 *

（光绪二十三年八月后　1897年9月后）

雪澄吾兄大人执事：

初到湘时，谓接篆后当详举近状以告，乃延僚属，治文书，尽日之力犹若不足，到文日七十件，行字五十个，平生官书稿未尝令他人捉刀，今万万不能。然书吏幕友不能如吾意，技痒辄又为之，而大府之衙趋绅士之宴会，又奔走无已时，官场积习，昏庸者概置之不理，贤智者耗精敝神，亦无甚益，则亦姑置之，其不能为也，势也。

所惠《读律提纲》、《律表》，既为刑名家仅见之作，窃欲仿离经辨志、属辞比事之法，分合律例，编排成表，使援引无失，而用法与法外之意，亦附之而见，而此时亦病未能也。

闻毅若故后，各属总办概归之公，其劳瘁何如！前得电言，尊体可复元，而鄂中来者又言方以时调摄，未遽勿药，使人眷念之甚，不审前所谓"多步行，少服药"，能力行之否？念念。

时局日艰，外侮日亟，出京时曾以德事力言于庆邸、翁相、密老，谓无以厌其欲，祸变必不测。又言弃地之议，谓祸之荆门岛。清流羞道之，而我犯不韪言之，诚知其势之不容已也。诸公意似动，又因循至今，可叹也夫！平生本无宦情，而牵帅至此，实则弃官而去，尚有噉饭处，其艰难有异于公，今则未易抽身去矣。公私各事，同一浩叹！念公更郁郁，惟努力自爱。不尽欲言。

弟宪顿首　十六夕

敬再启者：顷见法总领事言："法人第札丹为法国铸铁会中人，向办铁道工程事务，曾由公使函请总署代达大帅。本日赴鄂，嘱代为先

　＊　黄遵宪于光绪二十三年六月出京赴湖南接任，八月抵湘，该函约写于当年八月或其后某月十六日。

容，俟上谒时，待以优礼"等语。谨此布达，求为代回，是所感祷。

宪又笺

致梁鼎芬函 *

（光绪二十三年八月后　1897 年 9 月后）

节庵大弟学长左右：

别后至湘，匆冗鲜暇，接宾僚，治文书，费日力十之八，加以酬应，便有日不暇给之势矣。此时亦未能有所树立，不及治狱舍。惟通饬各属，凡一案延至十数年，一事控及数十人，均分别省释。其户婚、田土、钱债之一切牵连干证人，概令取保，不许羁押。此则本公之德意而为之者也。

闻归计遂诀，为之怅怅。既已踪迹，不可合并，楚越亦何异？然相隔远则消息难，不能无介于怀也。

时会日艰，外侮益肆，沧海横流，真不知何处可以安身，又不独为公忧也。

由冯少竹手送到银五十元，薄助行装，乞为察存。行藏去留，望时以片纸见惠。他不多及。即叩

道安

遵宪顿首　十六夕

致张之洞函

（光绪二十三年九月十七日　1897 年 10 月 12 日）

密。电谕敬悉，具仰维持报务、护惜人材苦心。既嘱将此册①停派，并一面电卓如改换，或别作刊误，设法补救，如此不动声色，亦可消弭无形。前《知新报》述"俄使与上共食"、"百官郊迎"诸语，经言官纠参，幸枢府诸公亦知报有大益，且不愿居禁报之名，逼以报馆藉洋

---

* 黄遵宪于光绪二十三年六月离京赴湖南，署湖南按察使，八月抵湘。函中说"别后至湘"，及所办之事，即指此时公务。据此推定当写于是年八月或其后某月"十六夕"。

① "此册"，指《时务报》第四十册。见附录一。

人为护符，故寄谕但令粤督传谕该馆"纪事务实"而已。

卓如此种悖谬之语，若在从前，诚如宪谕，"恐招大祸"。前过沪时，以报论过纵，诋毁者多，已请龙积之专管编辑，力设限制，惟梁作非龙所能约束。八月初旬，此间官绅具聘延卓如为学堂总教，关聘到沪，而卓如来鄂，参差相左，现复电催从速来湘。所作报文，宪当随时检阅，以仰副宪台厚意。除禀抚宪外，遵宪谨禀。

附录一：张之洞致陈宝箴黄遵宪函

（光绪二十三年九月十六日　1897年10月11日）

《时务报》第四十册梁卓如所作《知耻学会叙》，内有"放巢流彘"一语，太悖谬。阅者人人惊骇，恐招大祸。"陵寝蹂躏"四字亦不实。第一段"越惟无耻"云云，语意亦有妨碍。若经言官指摘，恐有不测，《时务报》从此禁绝矣。报馆为今日开风气、广见闻、通经济之要端，不可不尽力匡救维持。望速告湘省送报之人，此册千万勿送。湘、鄂两省皆系由官檄行通省阅看，今报中忽有此等干名犯义之语，地方大吏亦与有责焉，似不能不速筹一补救之法。尊意有何良策？祈速示。涷。

附录二：陈宝箴致张之洞函

（光绪二十三年九月十七日　1897年10月12日）

咸电敬悉。《时务报》四十册尚未到，预饬停发，并嘱公度电致卓如，以副盛意。箴。篆。

据《张之洞全集》第九册

致朱之榛函[*]

（光绪二十三年十一月二十日　1897年12月13日）

别来匆匆遂二年矣。南北奔驰，所见当世贤豪极多，而求其经世治

---

[*] 据函中云"弟八月到湘，旋权枭事，今已三月"，当写于光绪二十三年十一月二十日。

事之才，仍于公首屈一指。然时局日难，韩非有言"贤不敌势"，况又未能膺大任而握大权乎！

弟八月到湘，旋权臬事，今已三月，自问毫无裨补，惭对知己，言之增赧。

同乡吴巡检从先刻由湘回苏，特作数行，令其趋候起居。此人素性笃实，兼通商务，本系弟约之来，而其人现因服阕，仍应回省听候差遣。倘有需驱策之处，必能效劳，不致孤恩也。

清献内召，而前车复来，一切局面谅仍旧贯。东南财赋之区，亦有岌岌可危之象，念此为之三叹也。手叩

竹石先生大安

弟宪顿首　廿日

《时务报》捐惠百元，饥溺之怀，昭然若揭。此款应由汪穰卿手收，弟亦可代交，他日再易收单可也。弟所求于公者，欲设法广派，非敢劳重惠也。又及。

致王秉恩函 *

（光绪二十四年二月二十一日　1898年3月13日）

雪澄吾兄大人左右：

前者族兄桐甫回银元局当差，曾嘱敬候起居。前询瑞记一事，又托张子遇观察面告，谅邀鉴矣。月之初旬，闻南皮尚书入觐，又发电志喜，谅俱邀鉴。不审尊体近来何似？有自鄂来者，详询一切，则言康强逾于往昔，或者多行步少服药，竟有明效耶。

香帅倘入参大政，公之行止奚若？仍回粤耶？国事诚不堪问，公之家事，不能不筹一善处耳。节庵同年仍住书院抑亦回乡？殊以为念。

弟仍署臬篆，兼及保卫局、迁善所、课吏馆及学会、学堂各事，殊觉日不暇给，久疏笺敬，良以为歉。所托代寄书板，现已函托少竹料

---

* 黄遵宪于光绪二十四年二月设立湖南保卫局、课吏馆和迁善所，三月由署湖南按察使回任长宝盐法道。函说"弟仍署臬篆，兼及保卫局、迁善所、课吏馆及学会、学堂各事"，当写于当年二月二十一日。

理。敝眷过鄂时，凡百照拂为感。即叩
侍安

弟遵宪顿首　廿一

堂上曼福

致张之洞电

（光绪二十四年闰三月十六日　1898 年 5 月 6 日）

捧读文电，感悚无似。宪台此行，倘进枢府，必兼总署。自三国协谋还辽后，彼以索报、以争利、以均势之故，割我要害，横索无已，至今日已明明成瓜分之局。俄、法、德皆利在分我土地，惟英以商务广博，倭以地势毗连，均利我之存，不利我之亡。故中国是必以联络英、倭为第一要义。

然联络英、倭，尚不足以保国；欲破瓜分之局，必须令中国境内断不再许某国以某事独专其利、独擅其权而后可；既不能理喻势格，何以阻其专利、擅权？故必须设法预图，守我政权，将一切利益公分于众人而后可。彼欲争揽于我者铁路，不如商立铁路条例，无论何人，均许其入股。彼所垂涎于我者矿山，不如商立开矿条例，无论何人，均许其开采。彼素责我以不愿通商，今即与之设开通之法，无论何处，均许通商。彼责我以不愿传教，今即与之商保护之法，有法保护，任听传教。自订约五十年来，凡彼所求于我者、责于我者，譬如昨死今生，一切与之图谋更始。所有均利之法、保护之法，但使于政权无所侵损。凡力所能行者，均开诚布公，与之熟筹举行。如谓华官不能妥办，宁可由中国国家聘雇西人，委以事权，俾代襄办举。从前未弭之衅端及他日应杜之祸患，均与之约束分明。

既许各国立〔入〕我内地筑路、开矿、通商、传教，应照万国公例，此均系各国子民自图之利益，不必由各国政府出头干预。不幸有进入内地亏产受害者，均照新议条例办理，专就商人、传教人本事，秉公妥办，不得于本事之外，牵涉他事，责偿于中国国家。倘再有无故侵我土地者，中国必以死拒。援大同之例，期附公法之列；藉牵制之势，以杜独占之谋；处卑屈之位，以求必伸之理。朝议一定，便邀约各国商办，并请各国公保不相侵占，务使中国有以图存。如此办理，英、倭必首先允诺，俄、法、德亦无辞固拒，或者瓜分之祸可以免乎？

国势既定，乃能变法，以图自强。变法以开民智者为先。著先于京师广设报馆，以作消阻闭藏之气，博译日本新书，以收事半功倍之效；再令各省设学堂，开学会，以立格致明新之堂。而先务之急，尤在罢科举，废时文，其他非一时所能猝及也。

窃为宪台熟计，如入参大政，必内结金吾，外和虞山，乃可以有为。倘若奉诏回任，不如留驻京师，专以主持风会、振新士气为己任，其补益较大。

以遵宪之愚，何敢及军国至计，顾受知最深，辱承下问，敢倾臆缕陈，伏惟裁鉴。谨叩荣行，并贺公子捷音。遵宪谨禀。咸。

据茅海建《张之洞档案阅读笔记》

致陈三立函*

（光绪二十四年春　1898年春）

屡奉台示，忧虞皇惑，不知所措，更不知何以作答。与此君①交二年，渊雅温厚，远过其师②，亦不甚张呈其师说，其暖暖姝姝，守一家之之言，与之深谈，每有更易。如主张民权，为之言不可，渠亦言民知未开，未可遽行。吾爱之重之。惟康郎琵琶嘈嘈切切，所来往又多五陵年少，遇事生风，或牵师而去，亦非所敢料。关东大汉、西游行者姑且勿论，惟学堂中所言民贼独夫与及《伪经考》、《改制记》，诚非童稚所宜听受。鄙意亟欲聘一宋学先生，即意在匡救。然闻意见不合而去。闻系用某名作关聘而某实未之知也。所延分校阳君某，亦不知其事。自此君北上，久未到学堂，未阅札记。今欲筹别由鹿门聘一分校。如此转移，是否可行，敬乞酌夺。久未晤，何日乃得相见，一吐其胸中所欲言也。一转移之法，似宜以留皮鹿门充时务学堂，谓先生不来，难以久旷，即以南学会学长互调，俟其来时，再行

---

* 函中云时务学堂、南学会、课吏馆等内容，推断当为光绪二十四年春所作。

① 此君：指梁启超。

② 其师：指康有为。

商劝。

欧阳子改作湘报馆主笔，乔茂萱舍课吏馆而去，遂出一枯窘题，令人无从措手。现在设法诱一友人来，待其入湘，当强令就此。此君在粤充粤秀监院，岁修千金，曾到海外，为乙酉拔贡、乙丑乡榜，《人境庐诗集》中所谓梁诗五居实者也。又及。

再，得一王本卿，仍少一人。意欲以沈之培、梁卓如分任之。

致张之洞电 *

（光绪二十四年六月二十七日　1898 年 8 月 14 日）

武昌张制台：奉电传旨敬悉。职道以感冒故未启程，月初稍愈即行。遵宪谨禀。六月二十七日戌刻发／亥刻收。

附录：催黄遵宪速来京电

（光绪二十四年六月二十四日　1898 年 8 月 11 日）

京师来电：奉旨，前经降旨电催黄遵宪来京，现在计已起程，无论行抵何处，着张之洞、陈宝箴催令趱程速来见。钦此。六月二十四日午刻发／六月二十五日子刻收。

致陈三立函 **

（光绪二十四年七月六日　1898 年 8 月 22 日）

师曾服鱼肝油有效，喜慰之甚。此治肺圣药，吐痰咳嗽，无不宜之，信受奉行，甚获大益。既服之有效，病愈可稍停，或百十日中停半月，或月停数日，盖日日无间，虑其如瘾，则非增加不能收效，如增其不利于口，或似乎胃滞，当代以鱼油丸。以此意告师曾知之。

宪又及

---

　　* 光绪二十四年六月二十三日黄遵宪奉命以三品京堂充出使日本大臣，该电及以下相关电文均为此事。

　　** 函末云"康所上折，先设制度局"，为光绪二十四年七月，当写于七月六日。

梁任父所寄各件，概以送览。定国是、废时文之举，皆公一手成之，徒以演习师说之故，受人弹射，可哀也已。

昨送疏稿，先乞掷还，尚未一交秉三阅也。各件阅毕，仍当送秉三。

宪服理中汤似有效，然极似大病后人，其形状正如西人所指为"东方病夫"，殊有虑也。

康所上折，先设制度局，即宪所谓三司条例司也，极为中肯。读此及《彼得变政》折，宪不能不爱之敬之。

伯严大弟

学长宪顿　初六

致陈三立函 *

（光绪二十四年七月七日　1898 年 8 月 23 日）

俞恪士来，忽奉赐书，欢喜踊跃，出于意外。念我伯严怜其幽忧之疾，远馈此药，厚意何可言也。

书言："时方汹汹，贤者不改其乐。"遵宪和易实甫词云："一味妇人醇酒乐，把百事乐尽歌才罢。"又《玄武湖歌》云："河山不异风景好，今我不乐何为哉？"诚不愿日本之渡辽将军，独乐从军之乐耳，公必知之。以此时为大梦将醒，希夷先生倚枕呵欠之候，诚然诚然。然尚晨鸡一鸣，大声疾呼，不然又为眠魔梦魇所牵引，恐遂长眠不醒矣。必如王仲任之坚执，张江陵之刚愎，诸葛武侯之拘谨，合而成一人，乃可以有为，顾何从而得此人哉！所希冀者，宸衷独断耳。天苟欲祚大清、保中国，安知不有此事耶？

光绪乙酉，遵宪从美利坚归，尔时居海外十年矣，辄谓中国非除旧布新不能自立，妄草一规模，谓某事当因，某事当革，某事期以三年，某事期以五年，计二三十年可以有成，尝与二三友人纵谈极论。既而又自笑曰：此屠龙之技，竟安所施，遂拉杂废之。嗟乎！不意今日耳中竟闻此变法变法云云也，恨不得与吾百严纵论其事也。

月来无事，时复作诗兼又填词目，与节庵、芸阁、实甫游处，颇有

---

* 函中云"不意今日耳中竟闻此变法变法"，当为光绪二十四年七月七日。

名士气，乃虽作诗笺，刻印雕虫篆刻，无所不为。伯严怜之耶，美之耶？无论何等文字，究欲得伯严评数字以为快。

季清座上所作之书已读之矣，谓欲和《贺新凉》词，恐属妄语，未敢信然。然他日者或竟有一纸翩然而下，亦未可定也。

秋凉可读书。惟珍摄。不宣。书上

伯严大弟我师

遵宪顿　七月七日

致张之洞电
（光绪二十四年七月八日　1898 年 8 月 24 日）

武昌张制台：宪初七交印，即日启程。湖南盐道遵宪。庚。七月初八巳刻发/未刻收。

附录一：催黄遵宪速即来京电
（光绪二十四年七月十日　1898 年 8 月 26 日）

总署来电，转出使黄大臣。裕病足不能步，昨访晤大畏，竟不能上楼。九月间，日君寿，又大坂督大操，皆不能行，成何事体等语。查裕使久病，确系实情，使臣在外，以联络邦交为重，非能卧治。希速即来京请训，赶八月杪到东，勿迟为要。卦。七月初十亥刻发/十一酉刻收。

附录二：催黄遵宪来京请训电
（光绪二十四年七月十一日　1898 年 8 月 27 日）

总署来电，转出使黄大臣。奉旨：前经有旨电催黄遵宪来京请训。兹据裕庚电称病难久待，恐误使事等语，黄遵宪着迅速来京，限于八月内驰赴日本接任，毋得稽延。钦此。七月十一日酉刻发/十二日午刻收。

致张之洞电

（光绪二十四年七月二十八日　1898 年 9 月 13 日）

宪廿三到沪，承派"楚材"，感激无已。报事昨奉有电，言鄂议作罢论，惟《昌言报》不能禁等语。敬悉。宪到此，即持敕拜汪，汪未来见。初言将人欠馆款，馆欠人款，概交官报。昨廿六函称：必待南洋公文到日，商酌声复；此馆系集捐而成，捐款诸公皆应与闻，断非康年一人所能擅行等语。汪前刊《告白》，称系己创，改作《昌言》，今又称馆系集捐，已难擅行，似交收尚无定议。遵宪所奉电旨，一曰：是谁创办，查明原委。查此馆开办，宪自捐一千元，复经手捐集一千余元，汪以强学会余款一千余元，合四千元，载明《公启》，作为公款，一切章程帖式，系宪手定。《公启》用宪及吴、邹、汪、梁五人名，刊印万分，布告于众。内言"此举为开风气，扩闻见，绝不为牟利起见"。又言"有愿捐赀相助扩充此报、维持此举者，刊报以表同志"。是此报实系公报。以公报改作官报，理应遵办。且宪系列名倡首之人，今查办此事，不遵议交收，宪即违旨，此宪所断断不敢者。旨又云：秉公核议，如何交收。昨由汪送到刊布结账存款：一、存现银；一、存新旧报；一、存自印书籍；一、存各种书籍；一、存器具，及代派处未缴书赀报赀，合共若干。宪以为，均应交出。其报馆应付人项及应派各报，官报亦应接办。如汪能照交，即行电奏，自可妥结。如汪不交，宪只得将核议各节，电奏请旨办理。宪自问所以尽友道而顾大局者，一则改为《昌言报》一事，绝口不提；二则所列结账，即有不实不尽之处，宪断不究问；三则所存各项，倘不能照刊报结账，如数交出，当为通融办理，或约展缓，或告接收之人，设法商量。此为宪心力所能尽者，若不议交收，非宪所敢出也。为汪计，理应交出，倘或不然，结局难料。再，宪有密陈者，汪在沪每对人言，此报改为《昌言报》，系宪台主持，惟宪实不愿此事牵涉及于宪台，流播中外。缕缕愚诚，伏求密鉴。又，《国闻报》所登有官民分办之说，宪以为倘系分办，即非遵旨。且前报系公报，非私报，不遵旨归官，将归谁手？又，两报分办，官报另起，旨中所谓"改作官报"，如何着落？此亦汪、康两党意见之言，切望宪台勿为摇惑。总之，此事系将公报改作官报，非将汪报改作康报也。倘蒙宪台鉴宪微衷，求宪台将宪遵旨核议交收之法，电汪即行遵办，免旷报务而误程期。抑或别有办法，并求指示遵办。大局幸甚，私衷感甚。再，宪病到沪小变，医言因积疾成肺炎，必须调养。现在赶紧调理，焦急万状。遵宪。午。

据茅海建《张之洞档案阅读笔记》

致张之洞电

（光绪二十四年八月一日　1898 年 9 月 16 日）

武昌张制台：遵宪在湘积受寒湿，久患脾泄水蛊，六月复患感冒，一时未能进京，当由宪台代奏。七月初旬，感冒稍愈，因屡奉诏旨，催令趱程，力疾就道。过鄂谒宪台，过宁谒岘帅，见具病状，均蒙饬令调养。惟遵宪万分焦急，仍欲力疾至京。至京如未能请训，再拟在京请假暂养。乃到沪病犹未痊。医生言，因积病伤肺，故言语拜跪，均难如常。如勉强登舟，海风摇簸，病势益增，转虑负天恩而误国事。不得已，暂拟在沪调养十数日，一俟稍痊，即行迅速趱程，断不敢稍有迟误。即求岘帅会同宪台、湘抚代奏乞恩。敬恳俯允，感祷无已。除电湘宁外，遵宪谨肃。东。

据茅海建《张之洞档案阅读笔记》

致张之洞电

（光绪二十四年八月二日　1898 年 9 月 17 日）

武昌张制台：东电敬悉。因过鄂小愈，曾电总署，遵旨趱程，故拟求会衔。现已有岘帅单衔代奏。又，总署知宪病状，九月内日主诞辰，经电裕使照常庆贺，程限自可展缓。承注感极。报事转电已交汪。日内复奏，即抄稿电陈。遵宪。沃。

致张之洞电

（光绪二十四年八月二日　1898 年 9 月 17 日）

窃遵宪前奉电开，奉旨：刘坤一电称，康有为电，奉旨改《时务报》为《官报》，汪康年私改为《昌言报》，抗旨不交等语……伏查丙申春月，遵宪奉旨暂留江苏办理教案、商务各事宜，因住上海。当时官书局复开，刊有官报。遵宪窃意朝廷已有变法自强之意，而中国士大夫闻见浅狭守旧。自知非广刊报章，不足以发聋聩而祛意见。先是康有为在上海开设强学会报，不久即停，尚存有两江总督捐助余款，进士汪康年因接收此款来沪，举人梁启超亦由官书局南来，均同此志。因共商报事，遵宪自捐一千两，复经手捐集一千余两，汪康年交出强学会余款一千余两，合共四千两，作为报馆公众之款。一切章程格式，皆遵宪撰定。公商以汪康年为总理，梁启超为总撰。刊布《公启》，播告于众，即用遵宪等名声明"此举在开风气，扩闻见，绝不为牟利起见"。又称"有愿捐赀襄助拓充此报、维持此举者，当刊报以表同志"。遵宪复与梁启超商榷论题。次第撰布。实赖梁启超之文之力，不数月间风行海内外，而捐赀助报者竟有一万数千元之多。是此报实为公报。此开设《时务报》馆之原委也。今以公报改为官报，理正势顺。遵宪行抵沪上，汪康年送到报馆本年六月结册，除收款、付款各项，业经收支销数，官报接收，毋庸追问外；据其所开存款各项：一、存现银，一、存新、旧报，一、存自印书籍，一、存各种书籍，一、存器具，一、存未缴之书赀报赀，共值额数均（约）一万数千元。遵宪筹商核议，窃谓均应交与官报接收。所有派报处所及阅报姓名，亦应开列册单交出，官报接收，即接续公报，照常分派，以便接联而免旷误。如结册中有未付之款，派报处已经收钱尚未满期之报，官报接收之后，亦应查照原册，一律接办。又，《公启》称"将来报章盛行，所得报费并不取分毫之利，归入私囊，或加增报纸，或广招译人翻书，以贱价发行"；又称"捐款在百元以上者，可以酌议成数，分别偿还，其不愿取回者，听"。官报接收之后，如果清算旧数，实有赢馀，此二条似亦可酌量办理。如此接收，官报与公报联络为一气，派报更易推广，于报务似有裨益。所有遵宪遵旨查明开报原委及秉公核议支收之法，是否有当，理合请旨遵办。除将《〈时务报〉公启》及《时务报》馆现在结册，另行赍呈总署、军机处备查外，伏乞代奏皇上圣鉴。出使日本大臣黄遵宪谨上。沃。

据茅海建《张之洞档案阅读笔记》

致张之洞刘坤一陈宝箴电

（光绪二十四年八月三日　1898 年 9 月 18 日）

武昌张制台、江宁刘制台、长沙陈抚台：密。新电奏查议《时务报》事，谨抄稿呈电。窃遵宪前奉电开：奉旨刘坤一电称：康有为电奉旨改《时务报》为官报，汪康年私改为《昌言报》，抗旨不交等语。该报馆是否创自汪康年，及现在应如何交收之处，着黄遵宪道经上海时，查明原委，秉公核议电奏。毋任彼此各执意见，致旷报务。钦此。

伏查丙申春月，遵宪奉旨，暂留江苏办理教案、商务各事宜，因往上海。当时官书局复开，刊有官报。遵宪窃意，朝廷已有变法自强之意，而中国士夫闻见浅狭，守旧自封，非广刊报章，不足以发聋聩而祛意见。先是，康有为在上海开设强学会报，不久即停，尚存有两江总督捐助余款。进士汪康年因接受此款来沪，举人梁启超亦由官书局南来，均同此志，因同商报事。遵宪自捐一千元，复经手捐集一千馀元，汪康年交出强学会馀款一千馀元，合共四千元，作为报馆公众之款。一切章程格式，皆遵宪撰定公商，以汪康年为总理，梁启超为总撰，刊布公启，播告于众。即用遵宪等名声明：此举在开风气，扩闻见，绝不为牟利起见。又称有愿捐赀襄助，拓充此报，维持此举者，当刊报以表同志。遵宪复与梁启超商榷论题，次第撰布。实赖梁启超之文之力，不数月间，风行海内外，而捐赀助报者，竟有一万数千元之多。是此报实为公报，此开设《时务报》之原委也。

今以公报改为官报，理正势顺。遵宪行抵沪上，汪康年送到报馆本年六月结册，除收款、付款，各项业经收支销数，官报接收，毋庸追问外，据其所开存款各项：

一　存现银；

一　存新旧报；

一　存自印书籍；

一　存各种书籍；

一　存器具；

一　存未缴之书赀、报赀；

共值确数约一万数千元。

遵宪筹商核议，窃谓均应交与官报接受。所有派报处所及阅报姓名，亦应开列册单，交出官报接受，即接续公报，照常分派，以便接联而免旷误。如结册中有未付之款，派报处已经收钱，尚未期满之报，官报接受之后，亦应查照原册，一律接办。

又公启称：将来报章盛行，所得报费，并不取分毫之利归入私囊，或加增报纸，或广招译人翻书，以贱价发行。又称：捐款在百元以上者，可以酌议成数，分别偿还。其不愿取回者，听官报接受之后，如果清算旧数，实有赢馀，此二条似亦可酌量办理。如此接受，官报与公报联为一气派报，更易于推广，于报务实有裨益。

所有遵宪遵旨查明开报原委及秉公核议交收之法，是否有当，理合请旨遵办。

除将《时务报》公启，及时务报馆现在结册，另行赍呈总署、军机处备查外，伏乞代奏皇上圣鉴。遵宪。沃。戊戌八月初三日辰刻发，八月初四日丑刻到。

致张之洞电

（光绪二十四年八月十六日　1898 年 10 月 1 日）

宪病调理未痊，自揣万难成行，二三日当请总署代奏开去差使，有负恩培，实深惶悚，惟有矢诚图报将来耳。近有人言，汪接梁电云，首逆脱逃、逆某近状，逆超踪迹何若。闻之骇诧。宪生平无党，识康系梁介绍，强学会亦梁代列名。乙未十月在沪见康后，未通一信。卓如实宪至交，偶主张师说，辄力为谏阻。此语曾经佑帅奏闻。在湘每驳康学，曾在南学会中攻其孔子以元统天之说，至为樊锥所诟争。此实佑帅所深悉，湘人所共闻。不意廿年旧交之星海，反加以诬罔。宪不与深辩。伯严曾一再函电代鸣不平。至《时务》改为官报，彼此僻处湘鄂，均不可干涉。星海忽攘臂力争，借我泄忿，斥为预闻。过鄂往见，面言其故，并未绝交，乃腾播恶声，似有仇怨，殊不可解。当此危疑时局，遏冤杜祸，均惟宪台是赖。宪素荷恩知，不敢不告。伏求密察婉释，无任企祷。遵宪。铣。

据茅海建《张之洞档案阅读笔记》

致陈三立函

（光绪二十七年　1901 年）

别三年矣，今日乃得公消息，此真临别握手时梦想所不到之事也。戊戌九月，由沪回粤，闻公举家往庐山，乃由邮局寄一缄于九江探询，想此函必付浮沉矣。函中无他言，但有寄粤信住址耳。山县僻陋，见闻稀阔。上年八月，于报中惊闻尊公老伯大人捐馆之耗，念苏子瞻祭司马温公文有云："上为天下恸，下以哭其私。"抚膺悼心，不可言状。回忆丁戊之间，公居母丧时光景，恨不得插翼飞去，一伸慰唁，然犹冀其讹传也，久而知为确耗。又知公家已移居江城，同乡中有宦于江洲者，因寄一缄，乃函到而其人于十月间已奉差万安。来函述公景况，则云既于腊月往郑，且挈眷俱去，尔后益无从通问讯矣。尊公究得何病？别时于湘舟中洒泪满袖，云相见无时，宪视为甚易。何意闲云野鹤竟不获再奉篮舆也。是年八月廿九日得来电云：将往庐山，以后野鹤闲云，相见较易。已安葬否？有葬齿诗传诵人口？系与太夫人合葬否？或言所卜墓在南昌山中，然否？生平奏疏、公牍并手著诗文有定稿否？想一时未付刊刻也。公家今住何处？有恒产否？想未必能自赡给。于岁需几何？能支持否？师曾举操何业？赐复时望一一详之也。

弟于戊戌七月晦日到沪后，又患脾泄，病困中一切如梦，并不知长安弈棋有许多变局。至八月六日读训政懿旨，十三日得杀士抄报，乃知有母子分党变故，然亦谓于己无与也。至十七日得湘电，有沦胥及溺之语，虽稍稍震惧，然犹谓过甚之辞。至廿三日，知湘中官吏一网打尽，始有馀波及我之恐。明晨未起，即已操戈入室，下钥锁门矣。当时上海道亦不知其奉何公文，初迫之入城，继增兵围守，擎枪环立，若临大敌，如是者三日。至廿六日，得总署报云："查明康未匿黄处，上意释然，已有旨放归矣。"或言弹劾者多，终以事无佐证得脱于罪。或又言某某初匿于日本使馆，或传为初匿于出使日本之馆，致生歧误，至今尚未知所犯何事也。

到沪病忽增，日泻数次，气喘而短，足弱几不能小立。医生或虑其不治。然从此日见减轻，久而始知身本无病，直以长沙卑湿，日汲白沙井寒水，致生积冷。当时服公药，虽仅能支持一时，而不足以扫除积病。临别前一夕，忽然失音，则以服燥烈药太过之故。至洞庭湖始复本音，旋服附桂一剂，音又失①。到沪后停药，因水土已易，即渐渐复原。九月到家，将养数月，即如常矣。

所居地电报局②均不能通。平生故人以党祸未解，亦无敢寄书慰问者。庚子之春，党狱又作，沈鹏、陈鼎、吴式钊相继斥逐。尔时合肥督粤，迭次以函电召邀，颇疑与党事有涉，不能不冒险一行。及到省相见，乃以设警察、开矿产之事相委。然事无可为，一意辞谢。及归，而团匪之变作矣。乱作以来，浮云苍狗，世态奇变，多出意外，而鄙人乃深山高卧，一切无干。追念三年中长沙之病，苟不奉使他往，迁延一二月，必死于楚。若使在楚无病，奉攒程来京之诏，迅速驰往，计到京之期，正在祸作之先，即幸而无事，浮沉在京，亦必与团拳之难，与直谏同死。当上海道看管，沪上西人义勇议定，苟有大变，即劫之出海，如听蔡钧入城之请，或亦死于道中乱刃。乃屡次濒死而卒不死，不知彼苍苍者生我之何用也？弟平生凭理而行，随遇而安，无党援，亦无趋避，以为心苟无瑕，何恤乎人言，故亦不知祸患之来。自经凶变，乃知孽不必己作，罪不必自犯，苟有他人之牵连，非类之诬陷，出于意外者。然自有此变，益以信死生之有命、祸福之相倚。弟未知将来死所何在！前尘影事，原不必再记，然死生亦大故，故不觉觍缕为公言之。相见何日？思之黯然。

致梁启超函 *

（光绪二十八年四月　1902 年 5 月）

公所撰《南海传》，所谓教育家、思想家，先时之人物，均至当不易之论。吾所心佩者，在孔教复原，耶之路得，释之龙树，鼎足而三矣。儒教不灭，此说终大明于世，断可知也。吾意增二条，曰博大主义，非高尚主义；变动主义，非执一主义。又欲易去儒字曰非柔巽主义。向读此条，深为敬服。意谓孔子没后二千馀年，所谓得不传之学于遗经者，惟此足以当之。但所恨引证尚少，其重魂主义一条尤鲜依据，能张皇其说否？

吾年十六七始从事于学，谓宋人之义理、汉人之考据，均非孔门之学。《诗集》中开宗明义第一章，所谓"均之筐篓物，操此何施设"者

---

① "至洞庭湖"至"音又失"夹注，据钱仲联《人境庐杂文钞》补。
② 《人境庐杂文钞》"电报局"作"电报邮局"。
* 此函据《梁任公先生年谱长编初稿》，系于光绪二十八年四月。

也。而其时于孔子之道，实望而未之见，茫乎未有知也。及闻陋宋学、斥欬学、鄙荀学之论，则大服，然其中亦略有异同。其尊孔子为教主，谓以元统天，兼辖将来地球及无数星球，则未敢附和也。往在湘中，曾举以语公，谓南海见二百年前天主教之盛，以为泰西富强由于行教，遂欲尊我孔子以敌之，不知崇教之说久成糟粕，近日欧洲，如德、如意、如法，法之庚必达，抑教最力。于教徒侵政之权，皆力加裁抑。居今日而袭人之唾馀以张吾教，此实误矣！公言严又陵亦以此相规，然尔时公于此见固依违未定也。楚人素主排外，戊戌三四月间，保教之说盛行，吾又虑其因此而攻西教，因于南学会演说，意谓世界各教宗旨虽不同，而敬天爱人之说则无不同然。耶之言曰："吾实天子。"回之言曰："吾为天使。"佛之言曰："天上地下，惟我独尊。"惟孔子独曰："可与天地参，可以赞天地之化育，我不过参赞云尔。"实则"参赞"之说，兼三才而一之，真乃立人道之极，非各教之托空言者可比之。孔子之天，异于佛而近于耶。佛之天多，故以己为尊，而以天为从。耶之天独，故尊天为父，而以己从之。今尊孔子而剿用佛说，曰以元统天，于理殊未安也。人类不灭，吾教永存，他教断不得搀而夺也。且泰西诸国，政与教分，彼政之善，由于学之盛。我国则政与教合。分则可藉教以补政之所不及，合则舍政学以外无所谓教。今日但当采西人之政、西人之学，以弥缝我国政学之敝，不必复张吾教，与人争是非、较短长也。演此说时，似公已离湘，不审闻之否？当时樊锥之徒颇不谓然，而湖北之谭敬甫、梁节庵则谓吾推外教与孔子并尊，罪大不可逭也。

　　年来复演此意成一论，言孔子为人极，为师表，而非教主。凡世界教主，无论大小，必嚣嚣然树一帜以告之人曰："从我则吉，否则凶。"释迦令人出家，而从之入极乐国；耶稣教人去其父母、妻子、兄弟、姊妹之乐，而从之生于天国。余谓此乃半出家。其后教徒变为教僧尼，不娶妻，不嫁人，亦本此也。摩诃末操一经、一剑，以责人曰："从我则升天堂，不从则入地狱。"此皆教主之言。而孔子第因人施教，未尝强人以必从也。耶稣出而变摩西之说，释迦兴而变婆罗门之说，摩诃末兴而变摩尼之说，皆从旧说中创新学，自立为教。而孔子则于伏羲、文周之卦，尧舜之典，禹汤之谟诰，未尝废之也。此与改制之说不甚符。虽然，《公羊》改制之说吾信之，谓六经皆孔子自作，尧舜之圣为孔子托辞，吾不敢信也。

　　各教均言天堂、地狱，独孔子于事鬼神曰："未能事人，焉能事鬼！"于明器曰："人生而致死为不仁，之死而致生为不智。"而其教人则曰："朝闻道，夕死可矣。"曰："死而后已，不亦远乎！"天之生人，自古及今未有异也。谓将来秉赋胜于前人，竟能确知天堂、地狱之确有可凭，此未必然，均之不可知。古之人愚，非天堂不足以劝，非地狱不足以诫，故彼教以孔子为不知天道，而陋之为小。后之人智，知天堂之不可求，于耶稣冉冉升天之说，今既不之信，西人以距离之远近求天，谓耶稣即如炮弹之速率，至今犹不及半也。何况于后来。后来格致日精，教化日进，人人知吾为人身，当尽人道于一息尚存之时，犹未敢存君子止息之念，上不必问天堂，下不必畏地狱，人人而自尽人道，真足以参赞天地。圣门中如子路之结缨，曾子之易箦，及启手启足、鸟死鸣哀二章，其了然去来，比禅门之坐化者，有过之无不及也。世界至此，人理大行，势必舍一切虚无元妙之谈，专言日用饮食之事，而孔子之说胜矣。佛言佛法有尽。尝为之反复推求，惟此时为佛法灭时也。古之儒者言卫道，今之儒者言保教。夫必有仇敌之攻我，而后乃从而保卫。耶稣禁设一切偶像之禁，佛斥九十六外道之说，回回于异道如希腊、如波斯，拒之尤力，故他教皆有魔鬼。大哉孔子，包综万流，有党无仇，无所谓保卫也。且所谓保卫者，又必有科仪礼节独异于他教，乃从而保之卫之，俾不坠于地。赞美和华，千人唱和，耶之礼仪也；宝象庄严，香花绕拜，释之礼仪也；牛娄礼拜，豚犬不食，回之礼仪也。大哉孔子，修道得教，无所成名，又何从而保卫之？既无教敌，又不设教规，保之卫之，于何下手？至孔子所言之理，具在千秋万世、人人之心。人类不灭，吾道必昌，何藉于保卫？今忧教之灭而唱保教，犹之忧天之堕、地之陷，而欲维持之，亦贤知之过矣。

其大略如右，以之示弟侄辈。彼习闻演孔保教之说，未遽信也。

近见《丛报》第二篇，乃惊喜相告，谓西海东海，心同理同，有如此者，仆自顾何人，安敢言学。然读公之论，于己有翻案进步之疑，于人有持矛挑战之说，故出其一二以相证。仆之于公，亦犹耶之保罗、释之迦叶、回之士丹而已。"中国新民"当出公手。万一非公所作，别有撰著之人，亟欲闻其姓名，又欲叩公之意见也①。

吾读《易》，至泰、否、同人、大有四卦，而谓圣人于今日世变，由君权而政党，由政党而民主，圣人不啻先知也。以乾下坤上为泰，言可大可上之理也。以坤下乾上为否，则指未穷未变时之事矣。由否而同人，为离下乾上。由同人而大有，为乾下离上。序卦之意可见也。而谓圣人之贵民、重文

---

① 吴天任《清黄公度先生遵宪年谱》无此段夹注。

明、重大同，圣人不啻明示也。大有一卦，当与比对看，坤下坎上为比䷇，刚得尊位，五阴从之，君权极盛时也，而其卦不过曰比。大象明之曰：先王以建万国、亲诸侯，自天祐之。系辞曰"履信、思顺、尚贤"，非民主而何？俟乾下离上为大有䷍，柔得尊位，而上下应之，此民权极盛时，其卦乃为大有，于大象赞之曰："君子以遏恶扬善、顺天休命。"且比之上六曰"比之无首"。由坎之险陷来。大有之上六曰"自天祐之，吉，无不利"，由离之文明来。圣人之情见乎辞矣。所尤奇者，孔子系辞曰："方以类聚，物以群分，吉凶生矣。"此非生存竞争、优胜劣败之说乎？在天成象，在地成形，变化见矣。此非猴为人祖之说乎？试思此辞，在天地开辟之后，成男成女之前，有何吉凶变化之可言？而其辞如此①。若谓品物既生，有类有群。此类此群，自生吉凶。由吉凶而生变化，而形象乃以成。达尔文悟此理于万物已成之后，孔子乃采此理于万物未成之前，不亦奇乎！往严又陵以乾之专直，坤之翕辟，佐天演家质力相推之理。吾今更以此辞为天演之祖。公闻之不当惊喜绝倒乎！二十年前客之罘，与李山农言及孔子乘桴浮海欲居九夷之奇。山农谓："孔子虽大圣，然今之地圆，大圣亦容有不知。"余曰："固然！然《大戴礼》已有四角不掩之语矣。且孔子即不知地圆，而考之群经，实未尝一言地方也。"山农大笑，今并举以博一粲。若谓以西学缘附中学，煽思想之奴性而滋益之，则吾必以公为《山海经》之山膏矣。

凡上所云，公意苟有所指驳，或有所引申，请删润其文，而藏匿其名字，如纪年论之作○○○曰为宜。至祷，勿忘。

《清议报》胜《时务报》远矣。今之《新民丛报》又胜《清议报》百倍矣。《清议报》所载，如《国家论》等篇，理精意博。然言之无文，行而不远。计此报三年，公在馆日少，此不能无憾也。惊心动魄，一字千金。人人笔下所无，却为人人意中所有，虽铁石人亦应感动。从古至今，文字之力之大，无过于此者矣。罗浮山洞中一猴，一出而逞妖作怪，东游而后，又变为《西游记》之孙行者，七十二变，愈出愈奇。吾辈猪八戒，安所容置喙乎，惟有合掌膜拜而已。前言误矣。李鸿章②

---

① 自以下"若谓品物既生"起至文末，吴天任《清黄公度先生遵宪年谱》缺。
② 手稿无下文。

致梁启超函*

（光绪二十八年五月　1902年6月）

（前略）二十世纪中国之政体，其必法英之君民共主乎。胸中蓄此十数年，而未尝一对人言。惟丁酉之六月初六日，对矢野公使言之。矢野力加禁诫。尔后益缄口结舌，虽朝夕从公游，犹以此大事，未尝一露，想公亦未知其深也。

仆初抵日本，所与游者多旧学，多安井息轩之门。明治十二三年时，民权之说极盛。初闻颇惊怪，既而取卢梭、孟德斯鸠之说读之，志为之一变，以谓太平世必在民主，然无一人可与言也。及游美洲，见其官吏之贪诈，政治之秽浊，工党之横肆，每举总统，则两党力争，大几酿乱，小亦行刺，则又爽然自失，以为文明大国尚如此，况民智未开者乎？因于所著学术中《论墨子》略申其意。又历三四年，复往英伦，乃以为政体必当法英，而着手次第，则又取租税、讼狱、警察之权分之于四方百姓；欲取学校、武备、交通谓电信、铁道、邮递之类。之权归之于中央政府，尽废今之督抚藩臬等官，以分巡道为地方大吏，其职在行政，而不许议政。上自朝廷，下至府县，咸设民撰议院为出治之所。初仿日本，后仿英国。而又将二十一行省分画为五大部，各设总督，其体制如澳洲、加拿大总督；中央政府权如英主，共统辖本国五大部，如德意志帝之统率日耳曼全部，如合众国统领之统辖美利坚联邦，如此则内安民生，外联与国，或亦足以自立乎。

近年以来，民权自由之说遍海内外，其势长驱直进，不可遏止；而或唱革命，或称类族，或主分治，亦嚣嚣然盈于耳矣。而仆仍欲奉主权以开民智，分官权以保民生，及其成功，则君权、民权两得其平。仆终守此说不变，未知公之意以为然否？已不能插翼奋飞，趋侍左右，一往复上下其议论，甚愿公考究而指正之也。

天下哗然言学校矣，此岂非中国之幸。而所设施、所经营，乃皆与吾意相左：吾以为非有教科书，非有师范学堂为之先，则学校不能兴，而彼辈竟贸然为之，一也；吾以为所重在蒙学校、小学校、中学校，而

---

* 此函载《新民丛报》第十三号《饮冰室师友论学笺》栏，题为《东海公来简》，署"壬寅五月"，今所标时间据此。

彼辈弃而不讲，反重大学校，二也；吾以为所重在普通学，取东西学校通行之本，补入中国地理、中国史事，使人人能通普遍之学，然后乃能立国，乃能兴学，而彼辈反重专门学，三也；吾以为《五经》、《四书》当择其切于日用、近于时务者，分类编辑为小学、中学书，其他训诂名物归入专门，听人自为之，而彼辈反以《四书》、《五经》为重，四也；吾以为学校务求其有成，科举务责人以所难，此不能兼行之事，今变学校乃于《十三经》外更责以《九通》、《通鉴》，毕世莫能究其业，此又束缚人才之法也，而彼辈乃兼行科举，五也；吾以为兴学所以教人，授官所以任人，此不能一贯之事，今学校乃专为翰林、部曹、知县而设，然则声、光、化、电、医、算诸学，将弃之如遗乎，抑教以各业，俟业成而用之治民莅事乎？而彼辈仍用取士官人之法施之于学校，六也。且吾意此朝廷大政，断非督抚所能画疆而治者。如有用我，以是辞之。（后略）

致梁启超函 *

（光绪二十八年八月二十二日　1902 年 9 月 23 日）

饮冰室主人函丈：

前月之杪，草草发一缄，以待函不至，谬谓为邮政过渡时代，乃发缄。三日即奉七夕后一夕惠书，惊喜过望，一日三摩挲，不觉又四十五回矣。以发书论似乎密，待后函至而后复，又虑其过疏，辄将函中所既及者分条胪举，藉以娱公。

所商日课，公未能依行，谓叩门无时，难以谢客，吾亦无以相难。今再为公酌一课程，除晨起阅报，晚间治学，日日不辍外，就寝迟，则起必迟；见光少，则热亦少，而身弱矣。于月、火、水、木四曜日草文，于金曜作函，于土曜见客，见学生尤便，彼亦得半日闲也。且偕见比独见不特师逸而功倍，亦使仁人之言，其利更溥也。公自榜于门曰某日见客。此固泰西贤劳之通例也。过客不在此限，亦可。于日曜游息。此实为养生保身第一善法，万望公勉强而行之，久则习惯矣。若兴居无节，至于不克支持，不幸而生疾，弃时失业为尤多，乃近于自暴自弃矣，乌得以自治力薄推诿哉！杀君马者，路旁儿，戒之戒之。

公言《新民报》独力任之尚有馀裕，闻之快慰。欲求副手，戛戛其

---

　* 函末署"中秋后七日"，为八月二十二日；函中说即将出版的《新小说报》，事在光绪二十八年。该函当写于是年八月二十二日。

难，此亦无怪其然。崔灏［颢］题诗，谪仙阁笔，此乃今日普天下才人、学人，万口一声认为公理者，况于亲炙之者乎？虽然，东学界中，故多秀异，即如宴花一出，不特无婢学夫人之诮，且几几乎有师不必贤于弟子之叹矣！公稍待之，必有继起者。尤俊异者，乞标举其名，列其所长以示我，当记之箧中，以志歆慕。怪哉！怪哉！快哉！快哉！雄哉！大哉！崔嵬哉！滂沛哉！何其神通，何其狡狯哉！彼中国唯一之文学之《新小说报》，从何而来哉？东游之孙行者，拔一毫毛，千变万态，吾固信之。此新小说、此新题目，遽陈于吾前，实非吾思议之所能及。未见其书，既使人目摇而神骇矣。吾辈钝根，即分一派出一话，已有举鼎绝脰之态。公乃竟有千手千眼，运此广长舌于中国学海中哉！具此本领，真可以造华严界矣。生平论文，以此为最难，故亟欲先睹为快。同力合作，共有几人，亦望示其大概。

　　报中有韵之文，自不可少。然吾以为不必仿白香山之《新乐府》、尤西堂之《明史乐府》。西堂以前，有李西涯乐府，甚伟。然实诗界中之异境，非小说家之枝流也。当斟酌于弹词粤讴之间，或三、或九、或七、或五、或长短句，或壮如陇上陈安，或丽如河中莫愁，或浓至如焦仲卿妻，或古如成相篇，或俳如俳技辞。即"骆驼无角，奋迅两耳"之辞也。易乐府之名而曰杂歌谣，弃史籍而采近事。至其题目，如梁园客之得官，京兆尹之禁报，大宰相之求婚，奄人子之纳职，候选道之贡物，皆绝好题也。此固非仆之所能为，公试与能者商之。吾意海内名流，必有迭起而投稿者矣①。

　　广智初次寄书既到，以后由此间直接，不必公费神矣。托敬堂尤便。敬堂尚未接局信，然吾促之往，渠亦愿行也。今后日本版之书，请直寄汕头洋务局，可期速到，省我盼望。《新民报》一出版即寄汕，尤盼。香港恒茂所托人已他往，且多转折，故必迟迟。有要密函，照前函所开，寄港裕和泰转州在勤堂黄老爷（不必名）收，必到。

　　作书既至此，忽接八月初三日手书。所奉各函，以此为最速，殊惊喜也。闻哥伦比亚学校转延马鸣大师，极为欣慰，亟盼其成。此缄既甚长，不能再增益之，稍留俟异日再详复矣。

　　吾有一物能令公长叹、令公伤心、令公下泪，然又能令公移情、令公怡魂、令公释憾。此物非竹非木，非书非画，然而亦竹亦木，亦书亦

---

　　① 吴天任《清黄公度先生遵宪年谱》节录至此，自"广智初次寄书既到"起下文无。

画。于人鬼间抚之可以还魂，于仙佛间宝之可以出尘，再历数十年，可以得千万人之赞赏，可以博千万金之价值。仆于近日，既用巨灵擘山之力，具孟子超海之能，歌《楚辞》送神之曲，缄縢什袭，设帐祖饯，复张长帆，碾疾轮，遣巨舶，载之以行矣！公之见此，其在九月、十月之交乎？

迳来遵体安否？如何？阿龙必日益长大矣。惟珍重自爱，千万千万！

布袋和南　中秋后七日

纸尚未尽，非吾辈作书通例。搁笔吸淡巴菰数口，忽念及演义，报得一题曰"饮冰室草《自由书》，烧炭党结秘密会"。公谓佳否？具此本领，足以作《小说报》、读《小说报》否？

致梁启超函*

（光绪二十八年八月　1902 年 9 月）

《国学报》纲目，体大思精，诚非率尔遽能操觚。仆以为当以此作一《国学史》，公谓何如？公言马鸣与公及仆足分任此事，此期许过当之言，诚不敢当。然遂谓无一①编足任分撰之役者，亦推诿之语，非仆所敢出之。公谓养成国民，当以保国粹为主义，当取旧学磨洗而光大之。至哉斯言！恃此足以立国矣。虽然，持中国与日本较，规模稍有不同。日本无日本学，中古之慕隋唐，举国趋而东；近世之拜欧美，举国又趋而西。当其东奔西逐，神影并驰，如醉如梦。及立足稍稳，乃自觉己身在亡何有之乡，于是乎国粹之说起。若中国旧习，病在尊大，病在固蔽，非病在不能保守也。今且大开门户，容纳新学，俟新学盛行，以中国固有之学，互相比较，互相竞争，而旧学之真精神乃愈出，真道理乃益明，届时而发挥之，彼新学者或弃或取，或招或距，或调和，或并行，固在我不在人也。国力之弱，至于此极，吾非不虑他人之挽而夺之也。吾有所恃，恃四千年之历史，恃四百兆人之语言风俗，恃一圣人及十数明达之学识也。公之所志，略迟数年再为之，未为不可。此大事，后再往复，粗述所见，乞公教之。

＊《新民丛报》第二十号（光绪二十八年十月十五日）节载此函，署名"法时尚任斋主人"。今据《梁任公先生年谱长编初稿》系于是年八月。

① 《新民丛报》第二十号"饮冰室师友论学笺"自"何有之乡"起至"乞公教之"节略。

吾所谓不喜旧学，范围太广，公纠正之，是也。实则所指者，为道咸以来二三巨子所称考据之学、义理之学、词章之学耳。六月中复公书中，有时中孔子，固欲取旧学而光大之也。公倘以此段刊入论学笺中，且将演孔字藏起；所论忠孝，乃犯天下之大不韪，亦暂秘之。凡书中有伤时过激语，亦乞随意删润。盖其中多对公语，非对普天下人语。且向来作函，随手缮写，未尝起草，故其文亦多粗率，公自改之，勿贻公羞。屡易名最妙。

近方拟《演孔》一书，书凡十六篇，约万数千言，其包含甚广，未遂成书者，因其中有见之未真、审之未确者，尚待考求耳。今年倘能脱稿，必先驰乞公教，再布于世。

公所著《黄梨洲》①，仅见于扪虱之谭，然已略得大概。吾意书中于二千年来寡人专制政体，至于有明一代，其弊达于极点，必率意极思，尽发其覆，乃能达梨洲未言之隐、无穷之痛。梨洲之《原君》，固由其卓绝过人之识，然亦由遭遇世变，奇冤深愤，迫而出此也。每读其书，未尝不念环祭狱门锥刺狱卒时也。明中叶后，有一李贽者，所著之书，官书目中，谓其人可杀，其书可焚，其版可毁，特列存目中以示戒。谅其论政必多大逆不道之语，论学必多非圣无法之言。公见之否？旧学中能精格致学者，推沈梦溪，声、光、化、电、力、气无一不有。其使辽时，私以蜡以泥模塑地图，即人里鸟里之说，亦其所创也。前有《梦溪笔谈》一书存尊处，今必乌有矣。然此书尚可购觅，日本应亦有之。他日必有人表而出之。康熙间有刘献廷，亦颇通各科学。然寻其所言，当由西教士而来，不过讳言所自耳。非如梦溪之创见特识，无所凭藉，自抒心得也。

留学生事，吾意两国交涉，有同文、兴亚会诸君子调停其间，必有转圜。若彼国竟蔑弃之，则苍苍者有意倾我黄种矣。殆不然也。至于大龟果否曳尾而去，究未敢卜也。言至此，为学生惜，为国事痛，又重自伤悼矣②！

致梁启超函*

（光绪二十八年十一月一日　1902年11月30日）

公欲作曾文正传，索仆评其为人。仆以为国朝二百馀年，应推为第

---

① 《新民丛报》又从"公所著《黄梨洲》"起至"公见之否"止摘刊。

② 以下手稿残缺。

* 《新民丛报》第二十四号（光绪二十八年十二月十五日出版）节载此件，题为《法时尚任斋主人复简》，署"壬寅十月"。函末署"十一月朔日发"，当为光绪二十八年十一月初一日。

一流，即求之古人，若诸葛武侯，若陆敬舆，若司马温公，若王阳明，置之伯仲之间，亦无愧色，可谓名儒矣，可谓名臣矣。虽然，仆以为天生此人，实使之结从古迄今名儒、名臣之局者也。其学问能兼综考据、词章、义理三种之长。旧学界中卓然独立，古文为本朝第一。然此皆破碎陈腐、迂疏无用之学，于今日泰西之科学、之哲学未梦见也。郭筠老渐知此意。彼见日本坊肆所卖书目，惊骇叹诧，谓此皆《四库》目中所未有，曾贻一函，询日本学问勃兴之状何如。其功业比汉之皇甫嵩，唐之郭子仪、李光弼为尤盛。然彼视洪杨之徒，张总愚陈玉成之辈，犹僭窃盗贼，而忘其为赤子，为吾民也。仁宗之治川楚教匪也，诏曰："自古只闻用兵于外国，未闻用兵于吾民。蔓延日久，多所杀戮。是兵是贼，均吾赤子。"故教匪不行献俘礼，不立太学纪功之碑。文正乃见不及也。此其所尽忠以报国者，在上则朝廷之命，在下则疆吏之职耳。于现在民族之强弱，将来世界之治乱，未一措意也。所学皆儒术，而善处功名之际，乃专用黄老，取已成之功而分其名于鄂督官文；遣百战之勇而授其权于淮军李鸿章，是皆人所难能。生平所尤兢兢者，党援之祸，种族之争，于穆腾额忘其名，不甚确。之参劾湘军也，亟引为己过；于曾忠襄之弹纠满人也，即逼使告退。今后世界文明大国，政党之争，愈争愈烈，愈益进步。为党魁者甘为退让，必无事能成矣。其外交政略，务以保守为义，尔时内乱丝棼，无暇御外，无足怪也。然欧美之政体，英法之学术，其所以富强之由，曾未考求。毋乃华夷中外之界未尽泯乎？甚至围攻金陵，专用地窖，而不愿购求轮船、巨炮。比外人之通商为行盐，以条约比盐引，谓当给人之求，令推行于内地各省，则尤为可笑者矣。一生笃志守旧，然有二事甚奇。以长江水师立功，而所作《水师诏忠祠记》，乃以为不变即无用，视彭刚直胜百倍矣。遣留学生百人于美国，期之于二十三十前归为国用。苟此公在今日，或亦注意变法者与，未可知也。然不能以未来之事概其生平也。凡吾所云云，原不可以责备三四十年前之人物。然窃以为史家之传其人，愿后来者之师其人耳。曾文正者，论其两庑之先贤牌位中，应增其木主，其他亦事事足敬，然事事皆不可师。而今而后，苟学其人，非特误国，且不得成名。文正之卒在同治末年，尔时三藩未亡，要地未割，无偿款，无国债，轨道、矿山、沿海线之权未授之他人。上有励精图治之名相，文祥。下多奉公守法之疆臣，固俨然一大帝国也。文正逝而大变矣。吾故曰："天之生文正，所以结前此名臣、名儒之局者也。"佛言："谤我者死，学我者死。"若文正者，不可谤又不可学者也，不亦奇乎？

　　作此段毕，自读一过，颇许为名论，知公之读之，共击节叹赏也必矣。继又念望公之意见，或者即与我同，亦未可知。本此意以作一传，可以期国势之进步，可以破乡俗之陋见，湘人尤甚，湘之士大夫尤甚。其价值决不在《李鸿章》一传之下也①。

　　公所述狄梁公之言，其意则是，而时固未可，吾不能为梁公也。自吾少时，绝无求富贵之心，而颇有树勋名之念。游东西洋十年，归以告诗五曰：“已矣！吾所学屠龙之技，无所可用也。”盖其志在变法、在民权，谓非宰相不可，为宰相又必乘时之会，得君之专，而后可也。既而游欧洲，历南洋，又四五年归，见当道者之顽固如此，吾民之聋聩如此，又欲以先知先觉为己任，藉报纸以启发之，以拯救之。而伯严苦劝之作官，既而幸识公，则驰告伯严曰：“吾所谓以言救世之责，今悉卸其肩于某君矣！”然自顾官卑职陋，又欲凭借政府一二人，或南北洋大臣以发擿之，又苦无其人。而吴季清又谓：“与其假借他人之权，不如自入政府，自膺疆吏之为愈。”吾笑谢之。及戊戌新政，新机大动，吾又膺非常之知，遂欲捐其躯以报国矣！自是以来，愈益挫折，愈益艰危，而吾志乃益坚。盖蒿目时艰，横揽人材，有无佛称尊之想，益有舍我其谁之叹！公读至此，必骇诧曰：不意此我老乃发此言。然公之所见急于求退者，乃旧日之我。盖尔时所怀抱，一则无所凭借；二则国势之艰危未至此极；三则未知人材之消耗如此其甚也。今且问公，仆作是语，公有以易之否？

　　数年闭门读书以广智，习劳以养生。早夜奋励，务养无畏之精神，求舍生之学术，一有机会，投袂起矣！尽吾力为之，成败利钝不计也。虽然，吾仰视天俯画地，仍守以待之而已。求而得之，是吾丧我，吾不为也。苟终无可为之时，是天厌之，吾亦不受咎也。吾之不欲明与公等往来者，以为使公等头颅无可评之价，盗贼无可指之名。昭雪褒示，或者终在吾手，故姑且濡忍以待时。虽然，弃而不可留者，年也；流而不知所届者，时势也。再阅数年，加富尔变而为玛志尼，吾亦不敢知也。公忍待之。

　　鼓勇同行之歌，公以为妙。今将廿四篇概以抄呈。如上篇之敢战，中篇之死战，下篇之旋张我权，吾亦自谓绝妙也。此新体，择韵难，选声难，着色难。日本所谓新体诗何如？吾意其于旧和歌，更易其词理耳，未必创

────────────────

①　《新民丛报》摘载至此，自“公所述狄梁公之言”以下不录。

调也。便以复我。虽然，愿公等之拓充之、光大之也。诗由《军国民篇》来，转以示奋翮生。

小说中之杂歌谣，公征取之至再至三，吾何忍固拒？此体以嬉笑怒骂为宜，然此四字乃非我所长，试为之，手滑又虑伤品，故不欲为。《军歌》以外有《幼稚园上学歌》十首、《五禽言》五章，庚子五月为杜鹃也。即当录寄，渐可敷衍，馀且听下回分解矣。

征诗必有佳作，吾代征之仓海君，即忻然诺我，闻已有《新乐府》二三十寄去。事征之十年以来，体略仿十七字诗云，收到否？此公又以《汨罗沉》四篇附寄，乞察存。

戊己庚辛汇抄近体诗凡八九十首，并附以跋，以《清议报》之时代之体裁最相宜也。分卷与否，听编者自主，不必拘也。诗藏箧中，不肯示人。然既已矢诸口，形诸歌咏矣。即以诗论，吾谓杜、李玉溪、苏、陆足并驾齐驱。然恐公读之，又诧为近体所未有也。技痒难熬，故难终秘。虽然，此诗布于世，于世界诗界或不无小补。使人知为仆诗，则于仆有妨碍也。愿公深讳其名。讳之之法，于诗勿置一词，但云不知何许人，于同居至好中亦秘之，庶几可也。三年以前，君平草报，有"赫赫宗周，褒姒灭之，几丧其元，霍子孟云"，使我至今心悸。

公欲将浏阳砚之拓本征诗，此砚之赠者、受者、铭者，会合之奇，遭遇之艰，乃古所未有，吾谓将来有千金万金之价值者此也。公之它之名偶一用之，而用之于此者，因取友必端之语也。既已补铭而刊刻之矣，若于拓本中讳此三字，使世人妄相推测，转为不宜。公之自序，但云由武昌或京师不知为何如人寄来，殆古之伤心人也。再过二三年乃实征之，更有味也。张君处已达意，渠感喜至极，是乃吾甥，砚非其手藏，补铭乃其手刻耳。

重伯昔誉吾书，谓"当世足与抗行者，惟任老耳，张廉卿、李仲约不足道也"。吾告以平生未尝习书，坚不肯信。既论知其语实，乃叹曰："唐以下无此笔法。沛公殆天授，非人力也。"天下嗜痂之癖有如此者，吾不敢述以告人云，今又证明之，益使我颜汗矣！公书高秀渊雅，吾所最爱。《人境庐诗》有一序，公所自书，平生所宝墨妙，以此为最。

每作公书，则下笔飒飒有声，滔滔汩汩，无少休歇。然作他人之书，万万不能尔意者。公之精魂相感召，即有足跳、手擎、奇丑之物来襄助我耶！公以寄我书为纵欲之具，吾亦觉吾所大欲节之太苦，忽发一大愿，每日作公书四千言，以一月为期，袭《左传》铸刑书之月、之名，书于日记，曰寄任书之月。此十万言出于吾手，入于公目，何乐如之！此事不必有，然此愿不可无也。

将搁笔矣，忽念及一解颐语。伯严近有书，语及公，称为"输入文明第一祖"。又云："君平尝语人云：'某公理想、学识为吾所不及。惟吾所著述，较有娘家耳。'今此公亦有娘家矣！君平又作何语耶？"仆复之曰："诚然。然将来产育宁馨儿，将似舅耶，抑绳祖耶？刻犹未敢知也。"吾前函君平论译事，请其造新字、变文体。后得一信片云："来书妙义环生，所以相期者甚厚，岂固欲相发乎？复书不宜草草，然又不能不需时"云云。今三月矣，公倘有函，语之曰有人见此明信，今复之否？若得其允诺，将二书抄示，亦近日学界中一大观也。

尚有一事奉托者，明春来日本留学者，一为小儿，十五岁，汉文有文气矣。一小孙，年十岁，仅识字。当令大小儿携之来，饮食起居有人照料，但乞公为谋一学堂，以何为宜耳。一堂弟，年二十三四，颇开通，但其意欲兼谋可供旅费之一席。仲雍则往东往西未定也。公得此函，为我一商，先以复我。公往美后，到横滨当觅何人，并乞订定。馀容续布。即叩道安。

尊夫人及阿龙并候。

布袋和南　十一月朔日发

致梁启超函[*]

（光绪二十八年十一月十一日　1902 年 12 月 10 日）

饮冰主人惠鉴：

上月廿八日作函甫千馀言，得公箱根两书，当即作复，于月朔发，并附抄戊己、庚辛诗八九十首，想邀览矣。日来复缮前函，书不过六千馀言，计费小时十一时之久，间以他事，二日乃卒业。而公日草稿万言，何其敏速惊人如此。记长沙时，一夕由义宁座中偕归，既丙夜矣，凌晨披衣起，公遣人以上义宁书见示，凡万馀言，七小时耳。人之度量相越不可以道里计，固如此哉！

---

[*] 函中说及《新小说报》刊载梁启超的《新中国未来记》小说，事在光绪二十八年，此函当写于是年十一月十一日。

昨初七日，又得箱根第三书。十日之间贻书者三，仆之感喜何如矣。此种不长不短之函，不十分累公，我得之增十分喜慰，感谢何已！

菊花砚近必收到矣。仆前言将"公之它"三字一一拓出，但云不知为何许人。今公意欲将三字藏过，仆复视字在纸末，藏过亦无迹，未审近已拓出否？仆必作一歌，但不能立限，须俟兴到时为之耳。吾意既表于铭中也。顷已将拓本示沧海君。渠甚高兴。此君诗真天下健者，渠自负曰："二十世纪中必有刻黄邱合稿者。"又曰："十年之后，与公代兴。"论其才调，可达此境，应不诬也。吾集中固有与公交涉之诗，丙申四月有赠诗六首，似曾录以示公，或是时公意不属，忘之矣。己亥有《怀人诗》一首，容再录上之。前寄《聂将军歌》，其中涂乙之字，欲以空格代之。明晨太后诏懿旨六七行。吾之五古诗，自谓凌跨千古；若七古诗，不过比白香山、吴梅村略高一筹，犹未出杜、韩范围。公所见既多，异日再下一评语，极乐闻之。《幼稚园上学歌》以呈鉴，或可供《小说报》一回之材料也。所谓恩物者尚未叙入，因孩儿口中难达此情状耳，后再改补。

《新小说报》初八日已见之，仅二旬馀得报，以此为最速，缘汕头之洋务局中每有专人飞递故也。果然大佳，其感人处竟越《新民报》而上之矣。仆所最赏者，为公之《关系群治论》及《世界末日记》。读至"爱之花尚开"一语，如闻海上琴声，叹先生之移我情也。《新中国未来记》表明政见，与我同者十之六七，他日再细评之，与公往复。此卷所短者，小说中之神采、必以透彻为佳。之趣味耳。必以曲折为佳。俟陆续见书，乃能言之，刻未能妄测也。仆意小说所以难作者，非举今日社会中所有情态一一饱尝烂熟出于纸上，而又将方言谚语一一驱遣，无不如意，未足以称绝妙之文。前者须富阅历，后者须积材料。阅历不能袭而取之，若材料则分属一人。将《水浒》、《石头记》、《醒世因缘》以及泰西小说，至于通行俗谚，所有譬喻语、形容语、解颐语，分别钞出，以供驱使，亦一法也。公谓何如？《东欧女豪杰》，笔墨极为优胜，于体裁最合。总之，努力为之，空前绝拘之评，必受之无愧色。

《新罗马传奇》又得读"铸党"、"纬忧"二出，乐极乐极。公不草此稿，吾不忍请人督责，公肯出此稿，吾当率普天下才人感谢公。

公往泰东，何时首涂？每念及此，若与公作远别者，殊可笑也。所谓生计上基础是某会所纠资否？公所询支那，支那当以五十万元作根据，多多则益善也。厂应在芜湖，因转运便，所用之白泥，又去芜湖近而去九江远也。前寄雏形数件，公收到否？胜此任者，意中尚无其人。此外以支木作圆台及各式几，以摹本假蒙坐几，作窗帘、作内车帷，内假尤佳。以象牙作一切妇女儿童玩具。总而言之，则以华人美丽之物，仿西人通行之式，以上等手工制造之耳。于粤人尤宜。公今新到地为吾旧游地，今近二十年矣。各工人犹能识吾名，其上等之豪商老店，兼能述吾政事。一领事无权之官，仆在任四年，自问无一事如吾意者，而吾民乃讴思若此。仆从前答复铁香先生函曰："观此知循吏亦大易为。"因念中国之民正如失母断乳之婴儿，有人噢咻之、哺字之，不论何食，即啼声止而笑颜开矣。吾所经历如美之领事官，湘之保卫局，其感戴皆出吾意外也。可怜可哀，搁笔三叹！

留学生事，每念之心伤。监督必代公使任，其有无，无关系，彼国举动如此，使人增长自立心，无如今日孩童国，不能不依赖人耳。曲徇政府，不如优待学生。与其缴一时之利，不如计将来大益，图全局幸福。公何不作一文以儆醒之？此刻为学生计，仍以东游为便。吾一幼儿年十五岁，能通汉文矣，一小孙年十岁，上学已五六年，既识字，亦略通文义。公为我筹画入何校为便。吾令小儿率之来，其饮食起居有人照料，公但为我择地择师耳。又有一弟进学矣，颇开通，意欲游学而兼一可省旅费之馆。小儿失学，年长而不中用，使之东游，欲以游历拓其学识耳。公速复我。东行后问何人，并指示之。惟自爱。不宣。

十一月十一日　布袋和南

致梁启超函 *

（光绪二十八年十一月　1902 年 12 月）

今日乃洒泪雪涕为公言一事，即保卫局之事也。自吾随使东西，略窥各国政学之要，以为国之文野，必以民之智愚为程度。苟欲张国力、伸国权，非民族之强，则皮之不存毛将焉附？国何以自立？苟欲保民生、厚民气，非地方自治，则秦人视越人之肥瘠，漠不相关，民何由而强？早夜以思府县会会议，其先务之亟矣。既而又思，今之地方官受之于大吏，大吏又受之于政府，其心思耳目，惟高爵权要者之言是听。即

————————

　　* 今据《新民丛报》第二十四号节载此函，题为《水苍雁红馆主人来简》，注时间为"壬寅十一月"。

开府县会，即会员皆贤，昌言正论，至于舌敝唇焦，而彼辈充耳如不闻，又如何？则又爽然自失，以为府县会亦空言无益。既而念警察一局，为万政万事根本。诚使官民合力，听民之筹费，许民之襄办，则地方自治之规模隐寓于其中，而民智从此而开，民权亦从此而伸。此管子作内政、寄军令之意也。怀此有年而未能达，入湘以后，私以官绅合办之说告之义宁，幸而获允，则大喜。开局以来，舆论翕然无异辞，则又大喜，谓此后可以扩充如吾之所大欲矣！乃不幸而政变遂作，虽以成效大著，群情悦服之故，鄂督入告之言云尔。不能昧良心而废众论，此局岿然独存，然既已名存而实亡矣！

团拳乱起，乘舆播迁，警察之说盛行于国中。近日奉旨，饬各省照袁世凯所奏，不准不办，岂非幸事。以经济家所许为要需，政治学所认为公益，以及中外商民，同心希望之善政，似宜大用大效，小用小效矣。而湖北一局啧有烦言，乃至京僚联名会请裁撤，则又何故？盖警察者，治民之最有实力者也。苟无保民之意贯注于其中，则以百数十辈，啸聚成群之虎狼，助民贼之威，纵民贼之欲。苛政之猛，必且驱天下于大乱。仆以为警察善政不归于乡官区长之手，而归于行政官，此亦泰西文明美犹有憾之证也。仆以为以民卫民，以民保民，此局昉之于中国，他日大同之盛，太平之治，必且推行于东西各国也。而今之中国遂无望矣。悲夫！悲夫！仆怀此意，未对人言。无端为复生窥破，仆为之一惊，恐此说明而挠阻之者多耳。今密以告公，然仍望公勿布之于世。一息尚存，万一犹得，藉乎以报我国民亦未可定。苟不幸，事终不成。仆遂赍志殁，愿公作一传，详述此意以告天下，或者东西大国采而行之，仆虽死亦必瞑目矣。仆告义宁父子曰："今者时势，即将古今名臣传、循吏传中之善政一一举办，亦无补于民，无补于国。"伯严愕然问故，仆徐告之曰："今之督抚，易一人则尽取前政而废之，三十年来所谓新法，比比然矣。必官民合办，费筹之于民，权分之于民，民食其利、任其责，不依赖于官局，乃可不撤，此内政也。万一此地割隶于人，民气团结，或犹可支持。即不幸，力不能拒，吾民之自治略有体制，扰攘之时祸患较少，民之奴隶于人者，或不至久困重儽，阶级亦较易升。譬之为家长者，令子若孙，衣食婚嫁之资，一一仰给于父兄，力又不能给，不如子若孙之能自成立明矣。"议遂定，然仆于此寓民权，终未明言也。此段上三纸勿刊布为恳①。

自尧舜以来迄于今日，生长于吾国之民，咸以受治于人为独一无二之主义。其对于政府不知有权利，实由对于人群不知有义务也。以绝无

---

① 自函首至此，《新民丛报》第二十四号不载，从下文"自尧舜以来"始载。

政治思想之民，分之以权，授之以政，非特不能受，或且造邪说而肆谤诬，出死力以相抗拒。以如此至愚极陋之民，欲望其作新民，以新吾国，其可得乎？合群之道，始以独立，继以群治，其中有公德，《新民说》、《公德篇》云："吾辈生于此群之今日，当发明一种新道德，求所以固吾群、善吾群、进吾群之道，未可以前王先哲所罕言，遂自画而不敢进也。"至哉言乎！有实力，有善法，前王先圣所以谆谆教人者，于一人一身自修之道尽矣，于群学尚阙，然其未备也。吾考中国合群之法，惟族制稍有规模，古所谓"宗以族得民"是也。然仁至而义未尽，思谊明而法制少，且今日无论何乡何村，其聚族而居者并不止一族，讲画太明，必又树党相争，其流弊极于闽、粤械斗而犹未已。故族制之法，施之今日，殊不切于用。吾又尝思之，中西风俗同异者多，将来保吾国粹以拒彼教者，必在敬祖宗一事。今姑不具论，附识于此。其他有所谓同乡者、同僚者、同年者，更有所谓相连之姻戚，通谱之弟兄者，大抵势利之场，酬酢之会，以此通人情而已，卑卑无足道也。其稍有意识者为商会、即某某会馆，潮州人最有规模，会馆馆长颇近于领事。为业联，吾粤省最多，如玉工、缝工、纸花工之类，近颇有力，有欧洲工党举动。然亦不足自立。其合群之最有力量，一唱而十和，小试而辄效者，莫如会党。自张陵创立五斗米教以来，竟以黄巾扰破季汉。其后如宋之方腊，明之徐鸿儒，近日之洪秀全，皆愚妄无识之徒，而振臂一呼，云合响应，其贻害遍天下，其流毒至数世而犹未已。彼果操何术以致此哉？其名义在平等，其主义在利益均分、忧患相救而已。法可谓良，而挟之仅以作贼，则殊可痛也！吾以为讲求合群之道，当有族制相维相系之情，会党相友相助之法，再参以西人群学以及伦理学之公理，生计学之两利，政治学之自治，使群治明而民智开、民气昌，然后可进以民权之说。仆愿公于此二三年之《新民报》中，巽语忠言，婉譬曲喻。三年之后，吾民脑筋必为一变，人人能独立、能自治、能群治，导之使行，效可计日待矣。即曰未能人人知独立、知自治、知群治，授之以权而能受，授之以政而能达，亦庶几可以有为。至于议院之开设，仆仍袭用加藤弘之之说，以为今日尚早，今日尚早也！

公之所唱民权、自由之说皆是也。公言中国政体，征之前此之历史，考之今日之程度，必以英吉利为师，是我辈所见略同矣。风会所趋，时势所激，其鼓荡推移之力，再历十数年、百馀年，或且胥天下而变民主，或且合天下而戴一共主，皆未可知。然而中国之进步，必先以民族主义，继以立宪政体，可断言也。

公所草《新民说》，若权利，若自由，若自尊，若自治，若进步，若合群，皆腹中之所欲言、舌底笔下之所不能言。其精思伟论，吾敢宣布于众曰：贾、董无此识，韩、苏无此文也。然读至冒险、进取、破坏主义，窃以为中国之民不可无此理想，然未可见诸行事也。二百馀年，政略以防弊为主，学术以无用为尚。有明中叶以后，直臣之死谏诤，党人之议朝政，最为盛事。逮于国初，馀风未沫，矫其弊者，极力划削，渐次销除，间有二三骨鲠强项之臣，必再三磨折，其今夕前席、明夕下狱，今日西市、明日南面者，踵趾相接，务催抑其可杀不可辱之气，束缚之，驰骤之，鞭笞之，执乾纲独断之说，俾一切士夫习为奴隶而后心安。其文字之祸，诽谤之禁，穷古所未有。由是愚懦成风，以明哲保身为要，以无事自扰为戒，父兄之教子弟，师长之训后进，兢兢然伸明此意，浸淫于民心者至深。故上至士夫、长吏、官幕、军人，乃至吏胥、走卒、市侩、方技、盗贼、偷窃，其才调意识，见于汉唐历史、宋明小说者，今乃荡然乌有。总而言之，胥天下皆懵懵无知、碌碌无能之辈而已。以如此无权利思想、无政治思想、无国家思想之民，而率之以冒险进取，耸之以破坏主义，譬之八九岁幼童授以利刃，其不至引刀自戕者几希！

公又以为英国查理士第一国会之争，法国路易弟十六革命之祸终不能免。非不知此事之惨酷，而欲以一时之苦痛，易千万年之和平。吾之以民权、自由之说鼓荡末学，非欲以快口舌。吾每一念及，鼻酸胆战，吾含泪而道也。嗟夫！至矣哉仁人之言。吾诵公言，亦为之鼻酸胆战也。虽然，欧洲中古以来，其政治之酷，压制之力，极天下古今之所未见。赋敛之重，刑罚之毒，不待言矣。动辄设制立限，某政某事为某种人不应为，某权利为某种人不应享。至于宗教之争，社会之禁，往往株连瓜蔓，死于缧绁，死于囹圄，死于焚戮者，盈千累万，数至不可胜计。较之中国，惟兴王之待胜朝，霸者之戮功臣，奸雄之锄异己，叔季之兴党狱，间有此祸，他无有也？教化大行，民智已开。固压力愈甚，专制力愈甚，其反动力亦愈甚。彼其卢骚《民约》之论入于脑中，深根固蒂，不可拔矣。一旦乘时之会，遂如列风猛雨、惊雷怒涛之奋激迅疾，其立海水而垂天云，固其宜也。

吾不敢谓中国压制之不力，然特别之事恒有之，普通之力不如此其甚。吾非不知中国专制之害，然专制政体之完美巧妙，诚如公语。苟时非今日，地无他国、无立宪共和之比较，乃至专制之名习而安之亦淡焉。忘今以中国麻木不仁、痛痒不知之世界，其风俗之敝，政体之坏，学说之陋，积渐之久，至于三四千年，绝不知民义、民权之为何物。无论何事，皆低首下心，忍而不辞；虽十卢骚、百卢骚、千万卢骚至口痦手疲，亦断不能立之立、导之行也。日本之开国会也，享其利而未受其害，东人以为幸事。然吾考其原因，将军主政六七百年，及德川氏之季，诸藩联合，以尊王讨幕为名，王室尊矣，幕府覆矣，而一切大政，仍出于二三阀阅之手。于是，浮浪之士，失职之徒，乘间抵隙，本万机决于公论之誓，以法国主义为民倡，深识远虑者从而和之，当局者无说以易此，迁延展转，国会终不得不开。其事之成也，有相因而至之机会也。然其得免于祸也，亦足见断头之台，长期之会，非必不能免之，阶级不可逃之天蘖也。

二十世纪之中国，必改而为立宪政体。今日有识之士，敢断然决之，无疑义也。虽然，或以渐进，或以急进，或授之自上，或争之自民，何涂之从而达此目的，则吾不敢知也。吾辈今日报国之义务，或尊主权以导民权，或唱民权以争官权，一致而百虑，殊途而同归，迹若相非，而事未尝不相成。嗟夫！吾读公"以乙为鹄，指甲趋乙"之函，吾读公"不习则骇，变骇成习"之说，有以窥公之心矣。以公往往过信吾言，怀此半年未与公往复者，虑或阻公之锐气，损公之高论也。而今日又进一言者，以无智不学之民，愿公教导之、诱掖之、劝勉之，以底于成，不愿公以非常可骇之义，破腐儒之胆汁，授民贼以口实也。公之目的固与我同，可无待多言，愿公纵笔放论时，少加之意而已。天祚中国，或六五年，或四三年，民智渐开，民气渐昌，民力渐壮，以吾君之明，得贤相良佐为之辅弼，因势而利导之，分民以权，授民以事，以养成地方自治之精神。征论英法，即日本二十年来政党相争之情①。况吾亦乌有焉，真天下万国绝无仅有之事也。

蹈厉奋发，忧勤兢惕，以冀同心协力，联合大力，以抗拒外敌。即向来官民之界，种族之界，久存于吾人心目间者，尚当消畛域，泯成见，调和融合，以新民命而立国本。而反纷纷然为蛮触之争、鸡虫之斗，何其量之狭而谋之浅也。彼之横纵交错，布其势力范围于我之各行省、各属地、各外藩者，既俨然以地主人自命，其视吾政府犹奴隶，视吾民人犹奴隶之奴隶，有识之士所为痛心疾首者也。今不自因为奴隶之

---

① 《新民丛报》第二十四号所载至此，以下不录。

奴隶，又未能养成地主人之资格，学为地主人之本领，乃务与奴隶争彼，或者左袒奴隶，以攻击奴隶之奴隶，抑摧灭奴隶之奴隶而并驱奴隶，患不可胜言也。譬之一家舆台皂隶，日喧呶于左右者之侧，有不勃然大怒，挥而斥之乎？有能默尔而息，置之不问者乎？

日本当明治二十七八年，政党互讧，上下交争，几酿大祸。及与我开战，乃并力一向，忽变阋墙而为御外。初不愿过取之民，舌剑唇枪，两肆攻击。马关会议，反责成国民力筹二万万银元，以充战费，众无异辞。诚知今日大势，在外患不在内忧也。今五大洲之环而伺我者，协而攻我者，不独日本日夜伺吾隙，以徼吾利。而爱国之士反唱革命分治之说，授之隙而予之柄，计亦左矣。今之二三当道，嚣嚣然以识时务自命者，绝不知为国民，由国民之为何义，天赋人权之为何物，民约之为何语，谬以为唱民权必废君主，唱民权必改民主。积其科名官职，富贵门第，腐败不堪之想，一意恢张官权，裁抑民权，举一切政事，沟而画之，别而白之曰：此官之权，于民无与也。果若人倘若不幸，彼政府诸公顽固如故，守此不变，勒固不予；而民智既开，民力既壮，或争之而后得，或夺之而后得，民气日张，民权亦必日伸。以物竞天择、优胜劣败之理，推之其变态，吾不知其结果，吾敢断言也。公以播此理想，图报效于国民，冀以其说为消弭祸患之良药。仆以为由此理想而得事实，祸患因而不作，此民之幸，即公之功也。又虑其说为制造祸患之毒药。仆以为民已有智，民既有力，而政府固勒之权，祸患末由而弭，此政府之责，非公之咎也。吾辈唯自尽国民一分子之义务而已。

若夫后生新进爱国之士有唱革命者、唱类族者、主分治者，公亦疑其非矣。吾姑无论理之是非、议之当否，然决其事之必幸无成也。西乡隆盛之起师也，斩竿木、荷耰锄而从者数万人，全国之民响应者十之二三，归向者十至七八。而以一少将扼守熊本，卒不能越雷池一步，展转而困毙，是何也？政府有轮船、有铁轨、有枪炮，而彼皆无之也。故论今日政府之弱可谓极矣！而以之防家贼、治内扰，犹绰有馀裕。事无幸成，徒使百数十英豪、万数千良儒，血涂原野，骸积山谷，非吾之所忍闻，反诸爱国者之初心，亦必悔其策之愚拙、事之孟浪。即幸而事成，而取一家之物，而又与一家；畏一路之哭，而别行一路。以今日之愚族，亦万不能遽跻于强台。以暴易暴，不知其非，吾恐扰攘争夺，未知其所底止也。且吾辈处此物竞天择至剧至烈之时，亟亟然图所以自存、所以自立者，固不在内患而在外攘。今日之时、今日之势，诚宜合君臣上下、华夷内外。此四字用古代名词。言势必所谓官者，绝不取之于民族，如上古封建之世卿，欧洲中叶之贵族，印度四种之刹帝利而后可。果若人言，又必今日为民听其愚昧，明日入官，即化为神圣而后可。果若人言，又必以二三千神圣之官，率此四百兆愚昧之民，驱之出生入死，安内排外，无所不能而后可。果使普天之下胥变为牛马世界、犬鸡世界、虫蚁世界也，彼其说可行也。若犹是人民世界也，吾知此蚩蚩无知之民，始居于无民之国，继变为无国之民，是不啻为渊驱鱼，为丛驱爵也，是直为天下列强之虎之伥、之鬼之魔也，是中华之罪人，是大清国之乱臣贼子也。虽然，今之新进后生、爱国之士，知彼辈之必误天下。恶彼辈之说，矫彼辈之论，铤而走险，急何能择？乃唱为革命、类族分治诸说，其志可哀，其事可悲。然以今日之民，操此术也以往，吾恐唱革命者，变为石敬瑭之赂外，吴三桂之请兵也；唱类族者，不愿汉族、鲜卑族、蒙古族之杂居共治，转不免受治于条顿民族、斯拉夫民族、拉丁民族之下也；唱分治者，忽变为犹太之灭，波兰之分，印度、越南之受辖于人也。吾非不知时危事迫，无可迁延，持缓进之说者，将恐议论未定，而兵既渡河，揖让救火，而火既燎原。虽然，此壤劫、此厄运，由四五千年积压而来，由六七大国驱迫而成，实无可如何也。公以为由君权而民政，一度之破坏终不可免，与其迟发而祸大，不如速发而祸小。仆以为由蛮野而文明，世界之进步，必积渐而至，实不能躐等而进，一蹴而几也。吾不征往事，征之近日，神拳之神，义民之义，火教堂、戮教民、攻使馆之愚，其肇祸也如此；顺民之旗，都统之伞，通事之讹索，士夫之献媚，京师破城之歌舞，联军撤退之挽留，共遭难也如彼；和议告成，赔款贻累，而直隶之广宗，湖南之辰州，四川之成都、夔州，又相继而起，且蔓延于一省，其怙恶也复如此。以如此之民，能用之行革命、类族分治乎？每念中国二千年来专制政体，素主帝天无可逃、神圣不可犯之说，平生所最希望专欲尊主权，以导民权，以为其势较顺，其事稍易。戊戌新政，新机动矣，忽而变政，仍以为此推沮力寻常所有也。既而团拳祸作，六飞播迁，危急存亡，幸延一发，卒下决意变法、母子一心之诏，既而设政务处，改科举，兴学校，联翩下诏，私谓我辈目的庶几可达乎。今回銮将一年，所用之人、所治之事、所搜括之款、所娱乐之具、所敷衍之策，比前又甚焉！展转迁延，卒归于绝望，然后乃知变法之诏，第为辟祸全生，徒以之媚外人而骗吾民也。设有诘于我者，谓公之所志，尚能望政府死灰之复燃乎？抑将坐视国家舟流而不知所届乎？仆亦无辞可答也。茫茫后路，耿耿寸衷，忍泪吞声，郁郁谁语！而何意公之《新民说》遂陈于吾前也，罄吾心之所欲言、吾口之所不能言，公尽取而发挥之。公试代仆设身处地，其惊喜为何如矣！已布之说，若公德、若自由、若自尊、若自治、若进步、若权利、若合群，既有以入吾民之脑，作吾民之气矣；未布之说，吾尚未知鼓舞奋发之何如也。此半年中，中国四五十家之报，无一非助公之舌战，拾公之牙慧者，乃至新译之名词，杜撰之语言，大吏之奏折，试官之题目，亦剿袭而用之。精神吾不知，形式既大变矣；实事吾不知，议论既大变矣。嗟夫！我公努力，努力本爱国之心，绞爱国之脑，滴爱国之泪，洒爱国之血，掉爱国之舌，举西东文明大国国权、民权之说输入于中国，以为新民倡，以为中国光，此列祖列宗之所阴助，四万万人之所托命也。以公今日之学说、之政论布之于世，有所向前之能，有惟我独尊之概，其所以震惊一世，鼓动群伦者，力可谓雄，效可谓速矣。然正以此故，其责任更重，其关系乃更巨。举一国材智之心思、耳目专注于公，举足左右，便分轻重。彼之恢张官权，裁抑民权者，公驳击之、指斥之可也。听其自消自灭、自腐自朽、自溃自烂，亦无不可也。公所唱自由，或故为矫枉过直之。然使彼等唱自由者，拾其唾馀，如罗兰夫人所谓天下许多罪恶，假汝自由以行，大不可也。公所唱民权，或故示以加倍可骇之说。然使彼等唱民权者得所借口，如近世虚无党，以无君、无政府为归宿，大不可也。一言兴邦，一言丧邦，芒芒禹城，惟公是赖。求公加之意而已。

　　吾草此函，将敛笔矣。吾哀泪滂沱，栖集笔端。恍若汉唐宋明之往事，毕陈于吾前，举凡尽忠殉国、仗义兴师，无数之故鬼新鬼、亡魂毅魄，乃至亡国之君、亡国之君之妃后、亡国之君之宗族，呜呜而哭，一齐号咷，若曰："吾辈何不幸，居于专制之国，遭此革命之祸也！"吾热血喷涌，洋溢纸上；又若英德日意之新政，毕陈于吾前，举凡上下议院、新开国会，无数之老者少者、含哺鼓腹，乃至吾国万岁、吾民万岁、吾君万岁之声，熙熙而来，一片升平，若曰："吾辈何幸，而生于立宪之国，享此自治之福也！"吾亦不自知若何而感泣，忽辍笔而叹也；若何而蹈舞，遂投笔而起也。嗟夫！孰使我哀哀至于此？吾憾公；孰使我喜喜至于此？吾又德公。书不尽言，吾复何言？

新民师函丈

　　老少年国之老少年百拜！

　　列国横纵六七帝，斯文兴废五千年。黄人捧空撑空起，要放光明照大千。

　　青者皇穹黑劫灰，上忧天堕下山积。三千六百钓鳌客，先看任公出手来。

　　此丙由四月赠公诗六首之二。此纸未尽，仿《新民报》例，附识于末。

致严复函[*]

（光绪二十八年　1902 年）

　　别五年矣。戊戌之冬，曾奉惠书，并《天演论》一卷，正当病归故庐，息交绝游之时，海内知己，均未有一字询问，益以契阔。嗣闻公在申江，因大著作而得一好因缘，辄作诗奉怀，然未审其事之信否也。诗云：一卷生花《天演论》，因缘巧作续弦胶。绛纱坐帐谈名理，以倩麻姑背蛘搔。团拳难作，深为公隐忧，及闻脱险南下，且忻且慰。然又未知踪迹之所在，末由敬候起居，怅怅而已。

　　《天演论》供养案头，今三年矣。本年五月获读《原富》，近日又得读《名学》，隽永渊雅，疑出北魏人手。于古人书求其可以比拟者，略如王仲任之《论衡》，而精深博则远胜之。此书不足观。然汉以前辨学而能成家者，只此一书耳。又如陆宣公之奏议，以体貌论，全不相似。然切理餍心，则相同也。而切实尚有过之也。《新民丛报》以为文笔太高，非多读古书之人，殆难索解。公又以为不然。弟妄参末议，以谓《名学》一书，苟欲以通俗之文，阐正名之义，诚不足以发挥其蕴。其审名度义，句斟字酌，盖非以艰深文之也，势不得不然也。观于李之藻所谓之《名理探》，索解更难，然后知译者之费尽苦心矣。至于《原富》之篇，或者以流畅锐达之笔行之，能使人人同喻，亦未可定。此则弟居于局外中立，未敢于三说者遽分左右袒矣。公谓正名定义，非亲治其学，通彻首尾，其甘苦末由共知，此真得失心知之言也。公又谓每译一名，当求一深浅广狭之相副者，其陈义甚高。然弟窃谓悬此格以求是，恐求之不可得也。以四千余岁以前创造之古文，所谓六书，又无衍声之变，孳生之法。即以之书写中国中古以来之物之事之学，已不能敷用，况泰西各科学乎？华文之

---

　　* 据王蘧常先生所藏抄件，标题下注"壬寅（一九〇二）年作"。

用，出于假借者十之八九，无通行之文，亦无一定之义。即如《郑风》之忌，《齐诗》之止，《楚辞》之些，此因方言而异者也。墨子之才，荀子之案，此随述作人而异者也。乃至人人共读，如《论语》之仁，《中庸》之诚，皆无对待字，无并行字，与他书之仁与义并诚与伪者，其深浅广狭已绝不相侔，况与之比较西文字乎？

今日已为二十世纪之世界矣，东西文明两相接合。而译书一事以通彼我之怀，阐新旧之学，实为要务。公于学界中，又为第一流人物，一言而为天下法则，实众人之所归望者也。仆不自揣量，窃亦有所求于公。

第一为造新字。中国学士视此为古圣古贤专断独行之事，于武墨之撰文，孙休之命子，坐之非圣无法之罪。殊不知《仓颉》一篇，只三千余文，至《集韵》、《广韵》，多至四五万，其积世而增益，因事而制造者多矣。即如僧字塔字，词章家用之如十三经内之字矣，而岂知其由沙门桑门而作僧，由鹊图窣堵而作塔，晋魏以前无此事也。次则假借。金人人梦，丈六化身，华文之所无也，则假佛时仔肩之佛而为佛。三位一体，上升天堂，华文之所无也，则假视天如父、七日复苏之义而为耶稣。此假借之法也。次则附会。塞□之变为释□，苾刍之变为比丘，字本还音，无意义也。择其音之相近者而附会之，此附会之法也。次则诶语。单足以喻则单，单不足以喻则兼，故不得不用诶语。佛经中论德如慈悲，论学如因明，述事如唐捐，本系不相比附之字，今则沿习而用之，忘为强凑矣。次则还音。凡译意则遗词，译表则失里。又往往径用本文，如波罗密、般若之类。又次则两合。无一定恰合之音，如昌顿、墨特、阅氏、焉支，皆不合。则文与注兼举其音，俾就冒与墨，阅与焉之间，两面夹出，而其音乃合。此为仆新获之义，无以名之，姑名之曰两合。荀子又言，命不喻而后期，期不喻然后说，说不喻然后辨。吾以为欲命之而喻，诚莫如造新字。其假借诸法，皆荀子所谓曲期者也。一切新撰之字，初定之名，于初见时能包综其义，作为界说，系于小注，则人人共喻矣。

第二为变文体。一曰跳行，一曰括弧，一曰最数，一、二、三、四是也。一曰夹注，一曰倒装语，一曰自问自答，一曰附表附图，此皆公之所已知已能也。

公以为文界无革命。弟以为无革命而有维新，如四十二章经，旧体也。自鸠摩罗什辈出，而内典别成文体，佛教益盛行矣。本朝之文书，元明以后之演义，皆旧体所无也，而人人遵用之而乐观之。文字一道，至于人人遵用之乐观之，足矣。凡仆所言，皆公所优为。但未知公肯降心以从、降格以求之否？

弟离群索居，杜门四年矣，几几乎以泥水自蔽，一若理乱不知也者。然新字新理，日发我聋而振吾聩，虽目不窥园，若日与海内贤豪相接，使耳目为之一舒，窃自忻幸。而浅学薄材，若河伯之见海，若望洋兴叹，茫无津涯，弥复自愧。加以老而补学，如炳烛之明，馀光无几，又自恨也。爱我如公，何以教之。草草布臆，不尽所怀。

据王栻主编《严复集》第五册附录《黄遵宪致严复书》

致黄伯权函 *

（光绪三十年三月二十五日 1904 年 5 月 10 日）

通侄阅悉：

昨得汝函，知已考得游学正取，举家忻喜，余尤为喜慰。余意以为，学校中多一吾家子弟，他日门闾之大，乡里之荣，皆于是卜之。后起之秀，尤属望在汝，汝宜不负期望也。

汝询问将来专门之业何项为宜，汝所答云"俟普通学卒业再定"。此语甚是。余念学务中所询，不过以此二项，看汝志趣何如耳。实则官费学生，以学政治学、法律学为便也。出洋在何时，派何国，能自主否？汝习英文，可派往欧美，但汝于普通小学未卒业，如往欧美，无学校可入，因年纪与学业程度不相合故也。西人普通小学大约八岁至十三四岁，汝今年二十，故不便也。能往东洋，学伴较多，又可兼汉文、和文，余以为往日本最好，但不知能自主否耳？

汝家均安好。余病近日有起色，然复元则尚需时也。

出门起居，汝自检点。手此，为君道喜。

公度手书 三月二十五日

致黄遵楷函

（光绪三十年四月二十八日 1904 年 6 月 11 日）

五弟①如晤：

---

* 该函写作年份据郑海麟考订为光绪三十年。

① 五弟即黄遵楷，字膙达，光绪己丑科举人，时署福建厦门同知。

今日甫能执笔作弟复函，深自愧恨。然今日犹能执笔述吾近况，又窃自欣幸。兄自前岁在汕得寒喘疾，时作时止，去年七八月，渐觉增剧，加意调理，入冬以后，竟尔安好，以为复元矣。开春以后，旧疾复作，遇阴雨则甚，乃惊蛰以前闻雷，自正月十八至三月初八，凡五十日，不见白日，兄并未下楼一步，坐书椅一刻，抑郁沉闷，如坐愁城中，稍一劳力，作一急步，则喘起，甚至安坐时，亦或气涌，所幸历时不久，仅十数分钟便止。然日渐羸瘦，饮食亦无滋味。继而睡眠亦不安稳，杂病日增，精神日愈。服陈丰治痰药无效。西医则谓年老肺弱，如天气清和，可望渐愈，服其治痰药又无效。惟三月中旬，天复放晴，始觉略愈，而骤增热度至八十馀度。间日辄酿雨，郁闷异常，病有增无减。至本月初间，得雨甫见顺境，近乃日有起色，以后当竭力调养。西医劝其往无雨之地，明春或往芝罘一游也。

勉帅于兄甚为殷拳。弟函谓兄如来闽，当邀入幕府，闻之感喜。兄于勉帅颇有知己之感，盖声气相求，其质直好义之处，颇有一二近似之处，故心心相印也。兄于数年前，经由内外大僚保荐，得旨存记凡十五次，中惟唐春卿侍郎一折，保其办理银行、铁路、一切财政，称其忠实廉直，近所罕觏，为吾所最喜。此外多赞称学问才调，并及阅历，半属皮相之言。春卿为兄三十年旧交，知之最详，若勉帅止见一二次耳，而知其品行，故兄尤心感也。前在江西时，承其邀约，本欲以游客前往，看有可以效力之处，再行留驻。嗣闻柯巽庵中丞略有意见，勉帅旋移节来粤，因而中止。陈再芎告徐观察，谓如果奏调，兄必能来，系属误会，以三品京员处司道之间，殊难位置。兄以为指定某席，专治某事，犹觉不便，况奏派某事乎？且廷旨苟不谓然，不更窒碍乎？今闽省事权归一，并无同城掣肘之人，勉帅又不拘以某事，尽可竭其驽钝，襄助一切，尽吾力之所能，以资一臂之助，即藉以稍表寸心。

读弟来书，旁皇不释者数日，然病躯若此，万难出门，惟呼负负而已。

弟办警察，比兄在湘时，我用我法，权自己操，自有不能如意之处，然以实心实力行之，必有效可观。年来警察谤议纷然，而兄于群疑众谤之交，孤行己意，本使持异议者称为成效大著，舆情悦服，俞廉三详鄂督，鄂督据以入奏云尔。何也？吾实以保民之意行之，非藉以行官权也。以上为四月廿日作。继以淫雨三日，又复病作，盖因肺弱，所食湿气，转输不灵故也。不知如何调摄乃能复元，虑此后不能再出任事矣。

通侄从槟榔屿归，精神耿耿，殊有蒸蒸日上之势。此次考游学，吾以为必得，不意既得而复失，然亦无关要紧也。吾以为不如自费直往日本为便。询熙侄意向，亦甚有志自爱，亦欲游学。然看其聪明，似逊于其兄，先往汕头，亦未为不可。此外，后起天资，以源侄为最，然成就与否，则视教育耳。延豫一变，颇有英气，此年来稍慰之事。但使吾家子弟在学校中者有数人，门闾之昌，总可计日而待也。庚弟不往日本，吾所遣清侄及杨徽五往学师范者，亦与偕行，到神户后，丰、豫亦随往东京。端兄所捐县丞，已办妥矣。年来所呕呕以求者，意欲以普及之教育，使人人受教，法在先开师范学堂，二年后师范卒业生已多，通州可遍设蒙小矣。东山书院两横屋已修好，惟扩充之屋，明年乃能毕工，第未知吾身体强弱何如耳！

吾秉赋不强，少时又受早慧之累，在坡在湘，二次大病，虽善自调摄，已日见老赢矣。平生怀抱，一事无成，惟古今体诗能自立耳。然亦无用之物，到此已无甚可望矣。惟望弟侄辈各自努力，以期立德立功耳。即问

近好

兄宪手书　四月廿八日

致梁启超函

（光绪三十年七月四日　1904 年 8 月 14 日）

饮冰主人惠鉴：

自今年惊蛰至立夏，积阴雨凡六十日。仆肺疾增剧，日坐愁困中，几不能凭几案亲笔砚。寻常肺病畏寒患喘，仆则畏雨，盖呼吸湿气，转输不灵也。此患得于伦敦蒙务中，经星坡、湖南二次病而增甚，今则老而益弱矣。然苟得空气干燥之地住居一二年，或犹可望治。四月以后，渐有起色。

得公上海所递书，循环捧读十数次。往时见公函，每惊喜踊跃，如杜陵手提骷髅之诗，可以愈疟。而此次转增我愁闷，盖以公失意之事多，忏悔之心切，亦使我怅惘而不知所措也。函中语长心重，诚非仆所敢当，所商榷云云，亦未易作答。坐是之故，忽忽又逾两月。比又得公南旋不见之诗，益知爱我之切，若一一按照前函而复，诚非数万言所能罄。今姑仿前约三百字之例，每一相思，辄作数十行商一二事，意倦兴

尽，亦听其中止，藉以慰公之情，亦良胜于无也。

公之归自美利坚而作俄罗斯之梦也，何其与仆相似也。当明治十三四年，初见卢骚、孟德斯鸠之书，辄心醉其说，谓太平世必在民主国无疑也。既留美三载，乃知共和政体万不可施于今日之吾国。自是以往，守渐进主义，以立宪为归宿，至于今未改。仆自愧无公之才、之识、之文笔耳。如有之，以当时政见宣布于人间，亦必如公今日之悔矣！仆前者于立宪之说，且缄阕而不敢妄言。然于他人之提唱革命，主持类族，闻之而不以为妄，谓必有此数说者各持戈矛，互相簧鼓，而宪政乃得成立。仆所最不谓然者，于学堂中唱革命耳。此造就人才之地，非鼓舞民气之所。自上海某社主张其说，徒使反动之力破坏一切，至于新学之输入、童稚之上进，亦大受其阻力，其影响及于各学堂、各书坊，有何益矣？若章、邹诸君之舍命而口革，有类儿戏，又泰西诸国之所未闻也。公之所唱未为不善，然往往逞口舌之锋，造极端之论，使一时风靡而不可收拾。此则公聪明太高、才名太盛之误也。东西诸国距离太远，所造因不同而分枝滋蔓，递相沿袭者，益因而歧异，乃欲以依样葫芦收其效果，此必不可能之事。如见日本浪士之侠，遂欲以待井伊者警告执政；见泰西景教之盛，亦欲奉孔子而尊为教皇，此亦南海往日之误也。

公自悔功利之说、破坏之说之足以误国也，乃一意返而守旧，欲以讲学为救中国不二法门。公见今日之新进小生，造孽流毒，现身说法，自陈己过，以匡救其失，维持其弊可也。谓保国粹即能固国本，此非其时，仆未敢附和也。如近日《私德篇》之胪陈阳明学说，遂能感人，亦不过二三上等士夫耳。言屡易端，难于见信，人苟不信，曷贵多言！仆为公熟思而审处之，诚不如编教科书之为愈也。于修身伦理，多采先秦诸子书，而益以爱国、合群、自治、尚武诸条，以及理化、实业各科，以制时宜，以定趋向。斯宾塞有言："民德不进，弊或屡易其端，而末由杜绝。"至哉斯言。仆近者见日本人之以爱国心、团结力，摧克大敌也。专以普及教育为目的，既发端于一乡，并欲运动大吏，使遍及全省。虽责效过缓，然窃谓此乃救中国之不二法门也。当道能提挈之、辅助之固善，否则乡之士夫，相应相求，亦或可造此规模。不幸而吾民之知、德、力未及建立，而吾国遂亡。然人格略高，求所以保种，而兴灭或亦稍易。往日《时务报》盛行，以后仆即欲以编辑大业责成于公，而展转未获所愿。今日仍愿公专精于此事，其收效实远且大也。

前读《管子传》，近见《墨子学说》，多有出人思想外者。益叹智愚之相去何啻三十里哉！仆尝谓自周以后，尊崇君权，调柔民气，多设仪文阶级，以保一家之封建，致贻累世之文弱，召异族之欺凌者，实周公之过也。至周末而文胜之弊尽见矣。于学术首唱反对者为老子，然老子有破坏而无建设。其所企慕者，乃在太古无为之治耳。至墨子而尚同、尚贤，乃尽反周道，别立一宗矣。于政治首立异说者为管子，然管子多补苴而少更革。以《管子》、《周礼》互相参校，大概可睹。至商鞅而教战教耕，乃尽废周制，而一扫刮绝矣。是四子者，皆指周公为的而迭攻之。而孔子则介乎四子之间者也。曰通三统，曰张三世。于文献也有征，杞征宋之言；于礼之损益也，有继周之想；其于周公不必尽反，亦不必尽从，尝疑梦见周公，盖因有不合者，仰而思之，乃征于梦也。若不过于墙见舜，弹琴见文，此思古幽情，虽衰老亦能为之，何必兴叹哉！盖一协于时中而已。

自周以后，始有儒称，实成周时庠序中教师之名耳。《周礼·太宰》四曰："儒以道得民。"注曰："儒，诸侯保民有六艺以教民者。"又《大司徒》四曰："联师儒。"注曰："师儒，教以道艺者。"其道在优柔和顺，以教民服从为主义，是周公创垂之教也。《礼记·儒行》释文："儒之言，优也，和也。"言能安人能服人也。《说文》："儒，柔也。"《广雅·释诂》："儒，柔也。"《素问》名曰："枢儒。"注："儒，顺也。"是皆历世相传之古训。甚至《广雅·释诂》："一儒愚也。"《荀子·修身》"偷儒"，注儒谓"儒弱畏事"。《札记·玉藻》："儒者所畏"注："儒，弱也。"则儒字益不堪问矣。若我孔子，则综九流、冠百家，不得以儒术限。儒乃孔子之履历，非孔子之道术，汉儒亦多未明白。然汉以前训诂家，尚无以儒为孔子道者。惟《淮南子·俶真训》，儒墨乃始列道而议。高诱注："儒谓孔子道。"然此注乃为此语而发，非通论也。闻南海有儒为孔子所建国号之语。是亦见释迦之创佛教，耶稣之创天主教、摩诃末之创回教，误以为儒教亦孔子所创也。世以周孔并称，误矣！误矣！公之《变迁论》以南北分学派，以空间说。此论不甚确，盖论地理而证以学派则可，论学派而系以地理则窒碍多矣！仆之此论，由周初以逮战国，以时间说。公谓此有当于万一否？幸纠正之。

光绪三十年七月初四日

此稿未完，下期再续。

致杨徽五黄簣孙函 *

(光绪三十年十一月二十二日　1904 年 12 月 28 日)

徽五、簣孙贤侄台惠鉴:

　　上月底由诗五先生转递一函,当已收阅。本月十一日接到徽五十月十日函,藉悉一切。所云诗五先生处汇银,兹于本初五日将银三百元交给诗五先生之夫人,并取有收条。付来诗五一信,烦即转交。此项三百元,即是二君学费,除前借丰儿一百元即抵还诗五手外,馀银二百元,可以按月向诗五支取。此项用完外,祈约计学费并盘川,搏节而用,共需多少,早为告知,以便筹划。前于上月底芬弟往港时,即函嘱裕隆泰汇寄四百元,不意其迁延至于倒闭,此为吾存寄裕隆泰之款,然款未支出,欠债中多此四百元,至今尚无着落也。以后在港托潘祥初亦可,但略费事耳。

　　师范学堂中事,意欲将拟定办法函告侄台,惟刻下尚未能酌定。

　　余病虽未增加而未能复元。大约天气不佳,胸中有饮食停滞,或事不如意,或劳苦不节,则数日为之不快。已成废物,惟躯壳仅存耳。

　　在东洋应预谋者,为延聘东人一事,其束修比照汕头之熊泽纯,大约订约二年并来去盘费,以二千元为度。声明系教速成师范生,此项系小学师范,以一年卒业者。前函所云古城贞吉,试一询问能来与否？其它后再函商。手问

文祺。不宣

遵宪顿首　十一月廿二日

致梁启超函 **

(光绪三十一年一月十八日　1905 年 2 月 21 日)

饮冰主人惠鉴:

　　腊八日聚数友噉粥,得士果函,中有公书外,有阿龙造象,又时务学堂留学诸君公赠撮影。为我致谢。前有诗云:"国方年少吾将老,青眼高歌

---

　　* 函云"余病虽未增加而未能复元",据此知为光绪三十年十一月二十二日。

　　** 据函称梁启超"公今年甫三十有三"推断,当写于光绪三十一年正月十八日。

望汝曹。"为我诵之。今腊不尽只三日矣。又得公书及秉三西京所发函，爆竹声中，屠苏酒畔，挟此展读，半年岑寂，豁然释矣。前方函告由甫，讯公所以疏阔之故，得此札已喜又忧。喜则喜吾之病中《纪梦诗》既入公耳，且与秉三促膝读之。《己亥杂诗》，公以为"成连之琴，足移我情"，此数字直入吾心坎中，安得尽发箧中诗，博公赞辞，作我良药也！忧则忧公意兴萧索，杂坐于秉三、皙子之间，神采乃不如人，面庞亦似差瘦也。

　　熊罴男子，最赏其神骏，戊戌别后，竟能超然事外，如申屠蟠之不罹党祸，可谓智矣。汉口之役，吾日日为渠忧，继见党碑所刻，刊章所素，并无其名，乃始心安。渠欲于汕头会我，亦拟得电后，天晴日暖，当力疾买舟一行。今尚未得电，知必以其家催归，径由沪返湘矣。顷草一函，托狄楚卿转寄，以慰其相思之殷。至见面筹商各节，弟之一身，如此痼疾，不堪世用，此可无庸议。若论及吾党方针、将来大局，渠意盖颇以革命为不然者。然今日当道实既绝望，吾辈终不能视死不救。吾以为当避其名而行其实，其宗旨：曰阴谋，曰柔道；其方法：曰潜移，曰缓进，曰蚕食；其权术：曰得寸则寸，曰辟首击尾，曰远交近攻。今之府县官所图者，一己之黜陟耳，一家之温饱耳。吾饵之饲之，牢之笼之，羁縻之，左右之，务使彼无内顾之忧，无长官之责，彼等偷安无事，受代而去，必无有沮吾事者。继任者便沿袭为例，拱手以事权让人矣。其尤不肖者，搜索其劣迹以要挟之，控诉于大吏以摘去之。总之，二百馀年，朝廷所以驭官之法，官长上求保位，下图省事之习，吾承其弊，采其隐，迎其机而利用之。一二年间吾之羽翼既成，彼地方官必受吾指挥而唯命是听矣。异日相见，再倾筐倒箧而出之。公先抄此纸，藏其名而密告之，何如？

　　近得南海落机山中所发书，嘱以寄公。今递来一阅，他日仍以还我。前岁获一书，言事事物物与吾同，无丝毫异者。所著《官制考》，屡索品题，如所谓保国当中央集权，保民当地方自治，此真所见略同者。二十年来，吾论政体即坚持此见，壬寅所寄缄曾略表之。即圣贤复起，亦必不易此语。惟此函所云："中国能精物质之学，即霸于大地。"以之箴空谭则可，以此为定论则未敢附和也。渠谓民主革命之说，在今日为刍狗，在欧洲则然，今之中国原不必遽争民权。苟使吾民无政治思想，无国家思想，无公德，无团体，皮之不存毛将焉附？物质之学虽精，亦奚以为哉？

　　所惠《中国之武士道》、杨序极精博，为吾致意。《中国国债考》，均得捧读。以公之才识，无论著何书，必能风靡一世。吾有一三十年故友，谓公之文有大吸力，今日作此语，吾之脑丝筋随之而去；明日翻此案，吾之脑丝筋又随之而转，盖如牵傀儡之丝，左之右之，惟公言是听。吾极赞其言。吾论诗以言志为体，以感人为用。孔子所谓兴于诗，伯牙所谓移情，即吸力之说也。此二书皆救世良药，然更望公降心抑志，编定小学教科书，以惠我中国，牖我小民也。

公二年来所谋多不遂，公自疑才短，又疑于时未可。吾以为所任过重，所愿过奢也。当公往美洲时，吾屡语由甫，事未必成。但以吾离美日久，或者近年华商其见识力量能卓然自立，则非所敢知耳。今读公《新大陆游记》，则与弟在美时无大异，所凭借者不足以有为，咎固不在公，公之咎在出言轻而视事易耳。公今年甫三十有三，年来磨折，苟深识老谋，精心毅力随而增长，未始非福。七年来所经患难不足以挫公，盖祸患发之自外，公所持之理足以胜之。惟年来期望不遂，则真恐损公豪气，耗公精心矣。

公学识之高，事理之明，并世无敌。若论处事，则阅历尚浅，襄助又乏人。公今甫三十有三，欧美名家由报馆而躐居政府者所时有，公勉之矣！公勉之矣！

弟所患为肺管微丝泡，舒缩之力不能完全，此在今日医术中，尚无治疗之方。然诚能善于摄养，或好天时，或善地时，自调停，亦不至遽患伤生，惟不能任事矣。余之生死观略异于公，谓一死则泯然澌灭耳；然一息尚存，尚有生人应尽之义务，于此而不能自尽其职，无益于群，则颓然七尺，虽躯壳犹存，亦无异于死人。无辟死之法而有不虚生之责，孔子所谓“君子息焉，死而后已”。未死则无息已时也。公谓何如？

此缄初作在腊底，雷雨时行，继以积阴，凡二十日，无一日晴。此在去岁时，必搁笔枯坐矣。今犹能作此数纸，可知稍愈于前矣。犹有病间时，公读此亦可稍慰。各努力自爱。不布所怀。

布袋和南　正月十八日

笔

谈

编者按：以下选录黄遵宪奉任清朝驻日公使馆参赞官期间，与日本友人大河内辉声、宫岛诚一郎、冈千仞、增田贡等，以及与朝鲜赴日本修信使金宏（弘）集交往，并以写字方式进行笔谈的部分内容。

与大河内辉声等笔谈

一、光绪四年八月十日 (1878 年 9 月 6 日)

桂阁①：秋暑未退，大致疏阔。今朝秋凉，乘兴而来，观燕斋文物排列，暨美人新来，颇感慕。君富潇洒风流，敢问美人艳姓丽号，籍贯妙龄，且会书画否？

梅史②：炎暑蒸炽，仆与阁下皆畏之，故十馀日疏阔也。任、梁两友去后，收拾书室，此后友人至者，庶可安坐。阿蝶每日需索，惮于供应，故别觅一广东婢，姓王名瑞，聊以供烹茗扫地而已。

桂阁：辟土地，霸三国。

梅史：广土众民，君子欲之。

桂阁：邵公于学乐馀而为知己（原文），今见此书而如故，冀驰贵信赐邵公书一叶于弟。此邵公出身、官爵、籍贯请明示。

梅史：余姚人。父为一品官。此人现为翰林，与弟同年作举人，故称同年。

桂阁：从花炮兴败以来，不接尊眉。敢问公署有一段风流冤家之佳话否？

枢仙③：近日公署公事照常办理，惟各人私事则无一顺遂，殊闷闷过日。不审阁下有别品无字妹可赠一人以消遣否？

桂阁：古诗曰"丑妻恶妾胜空房"。想君欲拣一婵妍，故难得也。

---

① 源桂阁，即大河内辉声，号桂阁。
② 沈梅史，沈文荧，字梅史，公使随员。
③ 廖锡恩，字枢仙，公使随员。

如欲拣如梅翁之广东婢者，则必多有。

枢仙：仆所期者东国之秀丽无字妹也。

桂阁：东国秀丽，以芙蓉峰为第一，如那白居易所言"芙蓉如面柳如眉"句，则为好。"无字妹"三个不解，盖曰无文字欤？

枢仙："无字妹"，谓未字人之女也，非无文字之谓。（妇人谓嫁曰字，《易》曰十年不字即无夫家者也。）

桂阁：有有，颇多有，未有其真然黄花女子，而口惟言未嫁耳。

枢仙：此亦不必深究，但观其貌如何耳。

桂阁：貌好者极多，情浓者亦极多，独不有其无字妹之真者也。

枢仙：若得貌好情浓者，余无憾矣。不识可购归否？倘仍是雇人，则恐余情殊为滥用。

桂阁：得貌好情浓者，则在财货之德，不在情爱之处。若论购归，则惟在君之方寸，非预所可言也。

枢仙：不先言明，终非正办。

枢仙：前日请书画纨扇已就否？

桂阁：罪在桂香女史。

枢仙：阁下曾写否？

桂阁：女史未写，弟何越俎？

枢仙：宜静以俟之可矣，毋过迫也。

桂阁：贵恙愈否？时一冷一暑，请自重。

公度：久不相见，想酷暑不出，道体定获佳胜。弟比来为病累，消瘦许多。前阁下招饮及贵舅氏纪家之召，均不能赴，多谢厚意。

桂阁：闻尊恙系痔疾，谓其病势如何？

公度：病痔十馀日不能坐，又时患呕吐，比尚未愈也。

桂阁：其剧者乃疼欤？痒欤？使美人舐之如何？

公度：为无美人舐，所以不即愈也。剧则痛痒皆相关，此刻尚未能久坐也。

桂阁：闻广东地方暑热酷烈，如今者处暑之时候，比之敝邦则如何？

公度：广东比此更热，然此间热至八十五度以上，使人烦闷，盖海气郁蒸，或土性异也。广东殊不尔。

（石川鸿斋也来了，他从怀里拿出这首诗稿来。）

赠梅翁侍僮王瑞氏

窈窕又婵娟，清姿恰如仙。丰肉还彻骨，靥辅宜笑嫣。辫发一条长，耳环垂两肩。短袍无五彩，不敢施钗钿。闻自南粤来，甲可二八年。翩趻能舞曲，长歌善四弦。形容异绿珠，复不似董贤。不知男耶女，眼瞛不亮然。主人笑不答，退问之史编。史编卜不兆，詹尹把笑捐。当日混缁素，今亦想前愆。借问秋夜梦，深闺与谁眠？

（梅史和韵而作）

秋宵月娟娟，抱月思飞仙。无奈花间蝶，相对口微嫣。碧玉娇回身，锦瑟长及肩。朝朝求罗绮，夜夜索珠钿。宠新矜玉貌，爱弛恃芳年。因觅康成婢，得此鲍四弦。献果礼诗佛，烹茗侍高贤。本无薝英姿，素面但天然。开镜舞粉黛，添香捧简编。良异断袖癖，庶无秋扇捐。柔情固易辨，佳期未可愆。如何佛印僧，欲嘲琴操眠。

鸿斋：觅郑康成婢云云，此僮定知善吟咏，亦足闺中兴，可羡。

桂阁：闻王美人在横滨，能知日本语，不知在横滨何地方、何商馆营生？何干的？

梅史：此亦友人所赠，不知旧属何处也。

桂阁："夜半无人私语时"，何不问之？

梅史：出家人何预人家事，佛印真假矣。

桂阁：弟尝游横滨商郑典臣，此人广东籍也，蓄妾徐氏，名玉笙，容貌艳丽，纤手细腰，弟于贵邦女子，未见如斯之美人。至今日见梅翁婢，而却不美此徐氏。

公度：梅翁但求果腹，不择精粗如此如此。横滨商又有一姓郑者，以一千八百金买一日本人为妾，今四年，言语举动，皆与广东人无二也。

桂阁：此郑名字何？

公度：名文饶，字诵之。

桂阁：王美人头发亦辫。弟见那郑家之徐氏，非如斯辫者，不知扮侍童否？

公度：广东婢皆辫发如男子，嫁则异矣。

桂阁： 佛印而不呈书于东坡，却呈书于晋卿，其意恐属晋卿之家姬是无疑。

公度： 阁下今观之，知为男女否？仆尚未敢骤决也。

桂阁： 所来之标致少年姓名官职居何？

枢仙： 是麦翻译之义子，姓金名备，是王黍园兄同乡人。

桂阁： 姓加卯刀二字，则可帝蜀国。

公度： 麦嘉缔为美国人，是〔人〕为一半美人。是人幼养于麦嘉缔家，通美国语言。

桂阁： 以何缘故为麦氏之螟蛉？

梅史： 此人之父为麦氏通事，早死，故麦氏育之。

（中略）

桂阁： 前日领《三国志》之高鉴，而此俗本那罗贯中之作欤？见其书中，注释叮咛，不知何人注焉？弟想此书罕世矣，购之亦有益欤？将无益欤？然而参考双方异本者亦不无益乎？请乞昭示。

梅史： 购之亦可。

桂阁： 请告此书作者暨注者之名，且赐高鉴。

公度： 此书在明中叶本甚古，其注释之名均不可考，中土流传之本，惟有金圣叹所批，知为罗贯中作而已。罗贯中为元末明初人，其他著述皆不可知，盖此种小说，民间盛行，而藏书家及《四库目》皆不著于录，故不可知。此书为明版无疑。

桂阁： 此书比毛声山别集《金批第一才子书》，其价大廉。盖敝邦人知有毛氏著，不知此书故也。不知此书如在贵邦坊间，则其价孰与毛氏别集之书贵？

公度： 明版之书，藏书者不重之。然既为古本，购之为宜。敝土未见之。

桂阁：《声山别集·凡例》所载曰"俗本"者盖是欤？俗本"乎"、"也"、"者"等字不正，且文字冗长，不知俗本的怎么书？

公度： 亦不知即指是等书否？声山为国初人，其时明版书流传极多，声山有学问，其校正之本，终胜于流俗。然在当时即为俗本，在今日即为古书，购之正可以校勘同异，知其所长也。

黍园① **：** 书系古语，今日可译以汉文而翻刻之如何？

---

① 王黍园，王治本，号黍园，任源辉声诗文顾问。

鸿斋：民间小说传敝邦者甚鲜，《水浒传》、《三国志》、《金瓶梅》、《西游记》、《肉蒲团》数种而已。

公度：《红楼梦》乃开天辟地、从古到今第一部好小说，当与日月争光，万古不磨者。恨贵邦人不通中语，不能尽得其妙也。

黍园：《红楼梦》写尽闺阁儿女性情，而才人之能事尽矣。读之可以悟道，可以参禅。至世情之变幻，人事之盛衰，皆形容至于其极。欲谈经济者，于〈此〉可领略于其中。

公度：论其文章，直与《左》、《国》、《史》、《汉》并妙。

桂阁：敝邦呼《源氏物语》者，其作意能相似。他说荣国府、宁国府闺闱，我写九重禁庭之情，其作者亦系才女子紫式部①者，于此一事而使曹氏惊悸。

鸿斋：此文古语，虽国人解之者亦少。

公度：《源氏物语》，亦恨不通日本语，未能读之。今坊间流行小说，女儿手执一本者，仆谓亦必有妙处。

鸿斋：近世有曲亭马琴②者，效《水浒传》作《八犬传》，颇行世，凡百有馀卷，今现为演戏行之岛原新富座。

公度：贵国演戏，尽态极妍，无微不至，仆亟喜观之，恨未知音耳。

桂阁：此书非为戏而作，故方演其戏，近来俗辈换其脚色，却失马琴本意矣。敝邦戏之妙者，以《忠臣库》等为第一，盖因为戏而作也。然其学问浅薄，非其《还魂记》、《西厢记》之类，皆可笑也。

公度：萨摩之变，既有演戏者，足下观之否？

鸿斋：已观之，大违实事。

枢仙：君前购《金瓶梅》，想已阅毕，恳饬贵价顺携到署，俾仆等一观，至嘱。

桂阁：诺，必不食言。

（中略）

桂阁：（武大郎家）紫石街头天暮处，莫将帘子骇官人。（见撤席、上了帘有感。）

---

① 紫式部，原称藤式部，改称紫式部，平安中期的女文学家，《源氏物语》著者，该书为日本文学中第一部小说。

② 曲亭马琴，即泷泽马琴，姓泷泽，名兴邦，别号曲亭马琴、信天翁、傀儡子等。江户时代小说家。

黍园：楼上无潘金莲。

桂阁：他云先在张大户家，使他死了，是以知为金莲。慎勿使孟玉楼小童入此室。

梅史：满口《金瓶梅》。

公度：敢先告退，有事未了。

桂阁：偶弟之来，请缓缓相谈，尊托公事去了？

公度：尚非限时刻为之者，少座可也。

枢仙：名古屋之春信近有消息否？

鸿斋：既谈梅君日前甘泉氏者，请公使写贯序，日日促仆两三回，序始成文之。公度君促名古屋妇乎？仆进退维谷矣。

公度：此亦如西门庆之闹王婆，情急势切，不能不尔也。

黍园：君何善为人作介，无怪敝〔愈〕于奔命也。是亦和尚多事，岂得谓慈悲心肠如是乎？

鸿斋：仆生于世，无一事夸人，唯欲窃积善事，灭罪障，故颇积阴德而已，却为其所苦心神，阁下以为如何？

黍园：只恐阴功未满，已惹烦恼。

（中略）

枢仙：名古屋之信，须急讨来，不然恐黄郎病入膏肓，将不可医，奈何奈何！

鸿斋：有一妇颜如舜花，年亦二十左右，日前索之，有老母曰："到西京，不日可归宅。"想必有好男而到者。此妇实系猫儿，现今春颇发英名，随财主去。闻财主已离别，今乃寡居，然未归也。

桂阁：想是与李桂姐一般，业已使鸿斋氏剪阿良之一柳〔绺〕发。

桂阁：名古屋者，不过我邦之一都会，难以曰大都，且其地窄狭，人情懦弱，虽女子犹有此病。妇人之性，惟爱其美，而不爱其性，是皮相耳。至其气质潇洒，志量贞洁，能事丈夫，则为东京良家之子为第一，岂何待那碌碌偏僻陬邑之女乎？

鸿斋：此妇颇好读书，日日来读汉籍，故知之也。一为西京人妾，以四百金所购，居一岁，再到大阪为猫，亦复来东京，其美貌虽西施、飞燕不可及也。欲知其真，仆处有写真像。

黍园：此公翁初愿所不及也。

梅史：和尚不诳语否？

鸿斋：仆不诳人，然此妇甚难配，若欲一见，仆可俱偕来。盖此妇自夸容貌，今浅草两国边写真标多揭载之，名小园，初为神奈川县令妾，后为西京本愿寺大教正妾，重后为蛎町米商妾，今乃寡居。其所配皆颇金满主，故骄奢最甚，侍女亦有二人，其居比公仆一唱一弹，客掷数十金。然性好读书，故来仆家闻讲义。今闻在大阪，不日可必来。然欲得之，所谓卜氏璧天下无二者，恐不肯也。

公度：写真先乞一观可乎？在大阪何为？其土籍东西京否？好读书，是汉文否？

鸿斋：仆教《文章轨范》，皆熟矣。今取写真请先一观。

公度：年不多，遂易数主，妇弃夫耶？夫弃妇耶？

鸿斋：骄奢殊甚，千金不足一月费，故夫弃妇也。然以容貌绝世，他夫交来求配，不知今有配否也。

黍园：他人不与也，但恐媒人先偷尝滋味。

梅史：献昭君如何不留下画图？

鸿斋：初撰东京三十六美人，又撰六美人，又撰三美，是三美之一。

枢仙：此假雨村业已占此甄氏丫头了，甄氏丫头乃阁下之爱妾也，谁敢在虎头上扪虱？

桂阁：葫芦庙内小沙弥颇张嘴。

黍园：想自闻大讲义，则前日骄奢岂化矣。

梅史：公度当改称兰成。

鸿斋：今写真来观，画图尚胜，抱寻常一样妇，勿流涎三尺。

公度：观之而后信。

（我打发房吉到鸿斋那里取小园的照像来。公度看了说。）

公度：是人性情沉鸷，吾畏之。

鸿斋：勿以澹台灭明，此人英敏散才，颇善弦歌，然闺阁中其老功手段，使人恍惚荡然，"沉鸷"二字，虽不当，不远也。

公度：其英敏可一望而知；详细观之，则其中沉鸷，未易得其欢心也。

桂阁：弟相此人圆眼耸腮，鼻孔朝天，长颈过度，毛发不稳，想是一般凶恶之风。

枢仙：圆则俱圆，耸则俱耸，朝则俱朝，其妙真不可思议者，试细参之。

桂阁：有闺中之妙味，固悍贼泼妇了，如那潘金莲、李桂姐可以证。

枢仙：此则当无凶恶之相，第聪明渐露耳。

桂阁：妇有长舌，惟厉之阶；哲妇倾城，亦可畏哉！

鸿斋：本为一华族胤，落魄流来都门也，故其容貌有出凡之相。然妲妃、杨妃之类，倾国倾城自是软。

公度：是人终久不沦落下贱者，在大阪何所为？

鸿斋：道顿堀。

鸿斋：石龙子曾曰此妇后年可必配贵族。阁下言然？

桂阁：否。"人生勿为妇人身，期年苦乐由他人。"

公度：光武曰何由知非仆耶？

桂阁：光武又曰娶妻当得阴丽华。

公度：彼为帝王，终娶阴丽华。有为者亦若是。

桂阁：已废郭后矣，以之为后亦可。

公度：谁氏？

桂阁：卑贱之小妇，不详其姓。不过彼虚称"衔愚夫"，假谓成濑氏辈族也，亦为不稳。世有此类颇多，勿必为真。

公度：食而知其味，乃可以言。即烦阁下觅一东京良家子如何？

桂阁：君之所尝食者乃鄙野之菜蔬耳，而非大牢之滋味。如一味之，则筋恐不遑措。

公度：尊论极是！尊论极是！尊论极是！有求于人，必先下之，故不敢违君言也。

枢仙：请问东京良家女可购而贮之金屋否？

桂阁：求之非金，得之非媒，惟情一字耳。

枢仙：无媒之者，情以何用？

桂阁：有情者乃逢良家女儿，可自诱之，何待媒乎？如那宋江于阎婆，武大郎于金莲，不知情之真者。

棽园：君谅无戏言也，如有戏言，罚当去势。

桂阁：宫辟颇妙。

棽园：公翁易名子山方可。

公度：若其母见问，则言既授其婿矣。

桂阁：攫夺颇妙。君所为却忠于阿良生母。

棽园：若媒者不力，罚亦如是。

鸿斋：卿等不仁，妄夺去宝物，若携来真妇，亦强夺之耶？《游仙窟》中一绿林徒。

梅史：国之利器，不可以示人。

公度：是亦未可知。

鸿斋：既媒灼假小园，阁下具开祝宴。

黍园：他日得真面目，假面当还君也。

桂阁：小园如归来，则弟请作主，聘似侑酒。

梅史：留此为息壤。

公度：是亦艺者否？——西京？

桂阁：又是西都宾来夸东都主人。

公度：仆以后刻一印曰"东都主人"。

梅史：一个娇姝，来自西都，赛过了石家绿珠。害得那书呆，朝思暮想，指望着同衾共枕，粉腻香酥。怎藏将小园春色，夺得来气喘吁吁。问冰人，献昭君，如何不留下画图？

公度：呀，盼得到佳期，汝是罗敷，侬是罗敷之夫，又何用一幅真真小画图？

黍园：终是你冰人太糊涂，说这么天上有，人间无，害得那小书生，病成相思，泪眼欲枯。

梅史：可与小园歌之。

桂阁：使小园为雪儿如何？

二、光绪四年九月九日 (1878 年 10 月 4 日)

（戊寅十月四日，我①在新买的洋伞上写了如下的一首诗，拿到黍园那里去，和他笔谈。）

> 良工制就伞形圆，刘氏门前羽葆然，讵是獭精成美女，恍随鹤驾化神仙。裁来素绢如鹏翼，蓄得名香杂麝烟，一柄轻轻携取便，玲珑巧样仿苍天。

桂阁：仆常用之伞也，希君与梅翁次敝韵题一诗。至其所剩，则仆顺次乞黄、廖等之次韵。

黍园：形如皓月一轮圆，信手携来便快然。

桂阁：《名文斋骈文稿》之约，君限以五日，现今已经历旬馀了，

---

① "我"，指源桂阁。

冀取出而贷焉。如此稿不在座右，则他稿亦不妨。

梅史：此稿弟因友人借去，忘其人名，大约非小山朝弘，则高谷龙洲，尚未索取也。

桂阁：想尊府中小册必载此人之居处，如记载着，则弟当往取来。

棃园：待梅史兄自问小山或高谷则可，君去问不大好。

梅史：弟今日有事，失陪。

桂阁：切愿君藏东来以前以后等之诗文稿则请贷焉，乃写了而已。

公度：弟所作诗文，皆随手录写，即随手散失，箧中实无一笔也。即如此扇中之诗，亦书扇时随书随作者。

桂阁：是必虚言，必定不耐携来之烦，故言如斯。余所言则非现时之事，暇时取出而示之，又使钜鹿氏代授与亦可，余进署之时受自钜鹿氏尤便。

棃园：应酬诗多不留稿。

桂阁：虽应酬诗不可不留其稿，想君诗多所忌讳于世上，故畏弟之示之于他人，而致此遁辞也。弟决不示外人，冀授尊稿。

公度：仆懒甚，一切皆不存，无论应酬诗也。梅史、枢仙、棃园皆未得见，何况君。

桂阁：如言则一篇诗稿了，何有无数篇文章之稿之理。君博学宏才，颇富文辞，曰不有其稿，亦人何实之乎？请枉意而借其稿，何必论东来以前以后。

公度：非不作也，不存也。仆谓诗文如人以为佳，听人编辑之可耳，何必沾沾然自存自抄自刻，自以送人乎？

桂阁：弟视尊诗文为甚可，意欲编辑之。虽然，不借其稿，则无编辑之道，请君为弟贷之。

棃园：即弟亦无稿。

枢仙：敝国文人，有几个人能存稿者，所有传稿皆后人爱其文章，辑而传之。若自以为可传世，自抄自刻，是妄人也，适为大雅齿冷耳。

桂阁：君自抄之传之，则是妄人了，弟论不然。弟纂诸君之稿而抄写之，以欲传敝国，何是妄人一班乎？

枢仙：惟有不敢自以为可传，故不存稿。支那三亿万馀人，读书作文者十之六七，以一人万首计之，该得多少，恐东海亦难容也。况阅世生人，人有数，而传之无数乎？

桂阁：何大人有《使东杂咏》之稿，沈氏亦有数篇诗文稿，弟已抄了。是等人又属妄人欤？如果为妄人，则君等亦一般之妄人了。

桼园：爱存者或存之，然亦不敢自辑以闻世；不爱者则不存。所谓妄人，乃自以为佳，刊刻行世。

公度：若支那人如日本之存诗文，则虽使焚稿成灰以填东海，犹可超而渡也。

桂阁：东海之广，思以尊稿填之，则请君假题数万首以填我品湾之一方，如今日之卑屈，岂何足填行潦乎？东海暂且不褐起，请君等借弟于尊稿，使敝库填塞为不能藏一个物，则幸甚也。

枢仙：实无存，非欺君也。

桂阁："老慷慨"、"老四海"，何语意？

枢仙：老字是北京话中口头语，如"好久"之意。

桂阁：是书官话了，不知别有纂北京土话者否？如那《红楼梦》中话，则照之而好否？

公度：其为北音一也。编《红楼梦》者乃北京旗人，又生长富贵之家，于一切描头画角零碎之语，无不通晓，则其音韵腔口，较官话书尤妙。然欲学中国音，从官话书学起，乃有门径。譬如学日本语，不能从《源氏物语》诸说入门也。

桂阁：弟转借此书于小矶氏，而欲抄写，请君许之。

公度：不如俟小矶抄出后，吾辈来此，日教以中音，将日本假字注上，阁下乃可学。不然亦何益也？

桂阁：小矶能贪睡，何日复落成了？不如弟自写，而就通辨者附以日本之训点则可也。

桼园：小矶首卷已抄。首卷拿去。

三、光绪四年十月二十七日 (1878 年 11 月 21 日)

（戊寅十一月廿一日午后，我①和鸿斋到公使馆去，为的是请何如璋教《明史稿》的句读。）

桂阁：爹尝许授《明史》之句读，所以携来，幸勿叱。

如璋：此书系初印版，不漫漶，甚可观，且留案头，俟有暇时当为君一览。日来何事？今晨下午一点半钟，当偕各公使到宫内省，问贵皇

---

① "我"，指源桂阁。

上出巡回来安。

桂阁：此书目录，别无施小圈、记句读之处，惟有上表而已。宫内省园中菊花盛开，想各公使亦有其同赏耳。

如璋：此则不知，须到去再说。

桂阁：此书儿深［生］怕毁损，故平生欲收此箱，希知悉。敢问署中随员几名相随到宫内省？

如璋：俱不去。一物无成而不毁之理，金石且然，况书乎？君何见之拘也。

桂阁：那帽名及玉名？

如璋：帽为江獭皮沽做者，系冬令时所用，顶为珊瑚。

鸿斋：今日祝仪，为皇上无恙还于本都也。赏菊系同族及宠臣。

如璋：此行即是此说。

鸿斋：阁下祭诗时，着此獭皮冠乎？

如璋：祭诗当用黄冠、卉服、芒鞋、竹杖。此系礼服，用之则不称。

桂阁：成之日，又进次册。其成之日请赐示。

如璋：全稿恐须十年告成。

桂阁：到鹤驾翔回之时，仅圈数本，决不为少，盖儿家残尊阅之书，颇大幸也。希暇日阅之。

如璋：大概《本纪》必可句读，明太祖、成祖"本纪"定须一阅，其馀择有功业者一观，其馀不欲批阅之也。观史如观戏，非好脚色不好看。

桂阁：康熙帝（或疑乾隆）楹联之句"日月灯光，汤武丑净"，盖是欤？

如璋：大意如此，《楹联丛记》中有之。

（这里来了一位叫黄房的琉球人。不一会儿，公度也来了；又一会儿，梅史也来了。）

桂阁：现琉球军已退，倭军锐锋，想君难当，非暂休兵养气，讵笔战之为？

鸿斋：琉球亲方各有文才学者乎？

公度：琉球小国，从古自治，近为贵国小儿辈（执政之流）所欺凌。彼臣服我朝五百馀年，欲救援之。

鸿斋：琉球洋中一小国，先年为萨人岛津氏所夺掠，尔来贡于我，闻亦贡贵国，使者往贵国，忘用贵国年号；来于我者，用我国年号。中有漂然不为二国者。

公度：近来太政官乃告琉球阻我贡事，且欲干预其国政，又倡言于西人，既与我言明归日本，专属鼠偷狗窃之行，可耻孰甚？

梅史：遂夷于九县，非惟我国之所不忍听，亦西邻之所不能平也。

桂阁：琉球人笔话何故不许阅？

公度：方与贵国议此事，他日事结，亦无不可观。此事不欲告日本人，少留日本情面也。

桂阁：我非日本人，东胜神州傲来国华果山人也，何妨观。而那琉球先生姓名如何？

公度：皆其使馆之官，一尚姓，一毛姓。

桂阁：两人官系何职？

公度：毛法司，尚耳目。

桂阁：君有营缮之任，所以弟忠告焉。此庭植松梅花卉，甚似失景致。不如崖上施木栏，而不妨眼前远大之美景。君以为如何？

梅史：夏秋西阳酷热，故须绿荫遮蔽。

桂阁：此策极劣，如有夏日热炎害人，则讵不垂檐帷御之？

梅史：帘帷之属，恐不足当之。

公度：既由广东购碧瓦阑行，筑于崖上。此庭种小花木，不碍眼也。

鸿斋：美优名俊辰吉者，夜夜财家来促同床，辰吉不敢肯，非抛大金者不同睡也。

公度：敬闻命。

鸿斋：女优更换脚色，今又一归来，比前优美貌十倍，桂阁恋恋不能去，恍惚忘我，魂魄飞天外。阁下一日同桂君偕行睹之如何？

桂阁：我持论曰：凡天下之佳丽，才气钟于美人者，非娼妓也，非弦妓也，非良家女子也，非女史也；如那女优，或扮男，或扮女，变幻万态，使丈夫恋恋相死者也。

公度：山川清淑之气，不钟男子而钟妇人，莫日本为甚，古所谓妇儿国、美人国，殆即指日本也。

鸿斋：山川灵秀之地，以我尾及三为最。尾、三之妇，比之东北，其胜百不啻；如东京，自古山川鄙陋，妇人亦不甚美。若欲得美人，莫若我尾、三，请赍粮游于尾、三。

桂阁：上我观雨楼一览如何？

鸿斋：戏场脚色第一回

加藤重氏者，有两美妾，在一室围棋，皆熟眠。二妾头发，逆立为蛇形，共相斗争，重氏观之，惊愕，忽起菩提心，一夜，截发为僧，登高野山。高野山，僧空海所开辟，禁妇女登山。重氏遗石童者，慕父，独步登山，半途遇父，父不子视，石童悲叹！其母在山麓，艰苦不能言。此回□往事。

公度：仆谓作人自圣人外皆作平等观。孔子吾不得为之矣，则为和尚可也，为官可也，为闲人亦可也，为色徒亦可也。吾未见和尚遂胜于色徒也，闲人遂不如作官也。

鸿斋：第二回

加藤氏有宝珠，比之隋珠，某侯恳望之，不与，将欲及一战，加藤氏力不能对之，因约与珠。即日使者来，加藤氏曰："此灵珠也，不使少女不遇男子者捧之，珠先失光辉。"某公因使一美少女迎珠。加藤氏出一好男子接之，饮以美酒及媚乐，美少女恍然飞魂于天外，遂与好男子密交。于是加藤氏谋作赝珠，与某少女。少女曰："珠失光辉，如何？"加藤氏曰："女既与男交，故失光矣。"少女惭怨，遂自刃死矣。

公度：此与《左氏》所谓使妇女饮之酒，同其狡谋，共争珠而赝作之，又与《家语》所谓赝鼎同也。少女自惭，杀身以殉，吾谓某侯失珠不足惜，失此少女，殊可哀也。

鸿斋：第三回

大阪有一艺妇，名梅枝，鲜妍如荞花，颇善舞。有忠兵者，与此妇密契，交情日深。有一财主欲购梅枝为妾，忠兵心神惑乱，欲购无金，偶有邮送他金，滥破匦而购之。忽罪恶暴露，虽得妇，身体维谷，因窃迹大阪，与妇偕至大和。途中艰劳，颇尝辛苦。

公度：异哉！夫子所谓窃妻而逃者也。

（我①拿出《国史略》来给公度看。）

公度：此篇自"政体"以下，祈代为译汉，但何以酬劳，祈足下自度，与王黍园言之。

鸿斋：政体以来迄尾译与欤？

公度：是书译毕，他尚有烦君者。一切纸笔之费，仆以为不如计篇数，如每十篇需多少，足下自审度之可也。

鸿斋：此文鄙拙，译之不甚佳，惟贯串意而已。仆尘事多端，请限

---

① "我"，指源桂阁。

今年毕业。

公度：是文虽鄙，阁下熟史，以意润色贯穿之可也。他日携归，可为君刊行之。

鸿斋：印行有限制，苟文部省书，不能再印之也，惟为阁下译之耳。在修史在，不有人祸，有天刑，观文公与刘秀书可知。仆不信柳子厚驳议。

公度：所谓印行，行于中土耳，无所谓版权免许也。仆阅史，喜阅志，故求足下先为此。

鸿斋：译新闻纸布令者，有其人乎？未否？

公度：此间本有翻译冯姓者为之，然仆观之，不译亦知其事也。通西人语言文字者多，通日本语言文字者少。

桂阁：我邦文字之作用有数样，虽邦人未能悉辨，《万叶集》、《源氏物语》、《伊势物语》等数本，是谓之国语，犹贵邦之官话，然今人寡知之者。邦人硕学鸿儒，读贵邦典籍，又少知之者。其外平生普通之言异，于其州郡而又异焉，所以邦人亦不能解。

公度：遣人购地毡，又嫌欧人之太华而俗。

桂阁：不如铺日本席，如此则腰冷难堪。

公度：因其冷，故铺毡。铺席仍冷，仍需褥。

桂阁：此褥坚硬如石，又似瓦，招冷何招暖？

公度：西京有坐褥，文而华，五色相间，何名？欲托人在大阪购之。

桂阁：必定是西陲织物，其价值弟不能知。

公度：西京亦有卓毡，亦文而华。

鸿斋：闻阁下登卖茶楼，恋慕小万，真然否？

桂阁：今日雨天，萧条无以遣闷，愿君为主，伴弟与鸿斋而游小万室如何？小万当时于弟抛财则不肯，想君抛财必来，请试试。

公度：是不如君为主，而君不往，则阿万必来。

桂阁：未闻为人抛财，使其人恣径其娱，而我傍观之愚也。

公度：若君去，则万又不来。

鸿斋：桂阁曰：同小万欲观女伎场，君肯否？黄君慕小万，小万不想黄，如何一夜梦，恐不能同床。

公度：往小万之室，索然无味。仆之好色不如好声，好淫不如好色。老子高兴登楼一醉，鹍弦乱拨，笑声哗然，是一乐也。至缠头酒食之费，殆非所吝，亦未尝欲以此鸣豪，问钜鹿可知也。

桂阁：否。小万之幽室，结构广袤，容数客，颇便呼酒食，恍若一小酒楼，而其费又少。至鹍弦乱拨，亦复便，何迂而待登卖茶、湖月等乎？魏少年这斯惑恋百代之色，而阙信于朋友，初村之遁逃偷财，盖起自此事。君参赞官，掌管使馆庶务者讵不责问之？

公度：惑溺于色，是何足责？人患不好色耳，好色而善用情，推之可为孝子，可为忠臣，是人吾方病其不好色也。

桂阁：余亦既然一孝子一忠臣了，所以屡拥红裙。可惜君独今日不能访小万，虽欲为忠臣孝子，得乎？如欲为忠臣孝子，则请为东主而游他之室中。

公度：凡不知所自起，一往而深者为情；若此心不动，而曲徇他人之言，是伪也。伪则可为不忠不孝。

桂阁：君知其伪言之为不忠不孝，而前日告曰："币自归我，他日我为主，聘小万。"今所言则食言矣。

公度：所谓他日，安知其指今日乎？

桂阁：今日亦自前日见之，则他日也。果如君主"他日安知其指今日"云云，然今日亦他日也，今日为主又颇当。

公度：经籍中所谓他日者，如"他日君出"、"他日归"，皆无定之词。

桂阁：他字君所言固非其定之事，余以今日愿往，虽今日又他日也。况小万必伴君来，所以促之。

公度：弟本约魏君以今日往，雨遂阻兴；足下又屡促之，仆不受逼促，故不愿往。

桂阁：君不愿往，小万愿来，弟亦愿往，魏君亦愿往，雨何惧？况雨天萧条，天气静寂，颇便酌酒；且人各有报恩德之仪［义］，弟前日抛财飨君，君报之，又至当之论也。

子纶：他不愿，弟当促他，他本邀弟同往故耳。

桂阁：促之何自君乎？黄君密思，游小万处颇好。

桂阁：古人曰"报仇以恩"，况朋友乎？纵令投木桃，报琼瑶，又可谓好矣。如此一事，君不可不报弟前日之宴。

公度：责报不可出自友。

桂阁：君不知其报之为何物，故弟故促之，又朋友之信义也。君不忙，则畅谈无妨否？

公度：今日无事，惟早起忽患头风；午后诸公来，又令梳发人抽之，乃觉清爽如常。

桂阁：凡人气郁则生病。头风之患，盖不可过焉，当是时，如有使其气爽快，则病患可退。其法惟在呼美人，啖佳肴耳，况于美人之待君之驾临乎，不得郁病而何有？

公度：何不一往催小万乎？

桂阁：以弟充酒食之任，君尝任小万之聘职，而花月、卖茶皆价贵兴少，又不便呼小万，不如直向小万家而游，岂不廉宜且便乎？

公度：或卖茶楼，或花月楼，雨晴即偕往可也。小万家仆未尝一往。

桂阁：家在日枝街，新桥之侧也。闻他家玉宇雕栏，灿烂辉煌。而君登卖茶或花月，小万如前日而不应招，则空归而费财于画饼。到小万之家，则百发百中，恐他不能逃。

鸿斋：小万虽艺妓，实卖色鬻淫者，若欲同床共睡，不费数金，不能达本怀也。试掷十金，则有十金之情，掷百万，则有百金之味，欲使鸳声快活动床，非投数千金不能探其真情也。所谓倾国倾城者，不鉴前车覆辙乎？

桂阁：良话良论真良实良。

四、光绪五年十一月六日 (1879 年 12 月 18 日)

（己卯——明治十二年，光绪五年，公元一八七九年十二月十八日，我①要访问何公使，把名片递给何绍文——绍文是公使的仆人，又名天育，先和绍文笔谈。）

绍文：贵下到来，拜何大人？

桂阁：如公闲，则赐晤。君幸传话。

桂阁：昨日阁下往观吹上御苑，试骑射否？

如璋：以雨阻，外务省有信来，告延期。此后未知何日。名为犬追物，究竟是何物事？

桂阁：此犬追物者，昔时诸侯所专用，以萨摩太守岛津氏为第一。现于吹上苑而演者，则岛津氏旧臣。盖此事大关礼式，可见我邦

---

① "我"，指源桂阁。

古礼格严，风俗淳美也。弓箭衣帽鞍鞯等一一有称有法。阁下等初观之，恐不能解其精细，得一精其事者在傍，一一言之，则阁下等或以归中土而为谈柄。仆亦蒙许观，奈朝廷有法，不能同阁下坐在傍，执笔研而说话。如在傍而一一话其事，则大有所乐。不知通辨官中能识其事否？

如璋：何以名犬追物？

桂阁：不过铁骑之演习也。以犬为敌兵，放是于旷野，追射以中者为胜。又有称丸物者，以革造帘形，一人乘马系绳引之，一人追驱射之，皆一样昔日铁骑之演习。

如璋：然则马追犬，非犬追物也。犬则何事而为人之的乎？一笑。此间译官，唯鲤门一人，恐其年幼，亦不识此礼之名称。第马射一节，吾土尚以此校武士，惟所着之礼服或不同耳。校射时有以皮为的者，亦有以圆球为的者，谓之射地球。其人有翻身仰射、侧身倒射，各逞其技巧，其名目难以枚举。

桂阁：凡演射之法，各国略同。我邦亦有此事，如犬追物则浑用此法（按："物"则"者"之误矣。又有大笠悬、小笠悬、流镝、马骑射等），我邦旧有此习，藩士悉善弓马，仆于是知之。惜乎阁下观"犬追物"大有旧礼之存者，而不能穷其礼式之精。如仆为译官，则译言一一说话，以告我昔日礼仪之正。

如璋：异日观犬追物时，当邀阁下同往，大约此等事观者人多，亦不必尽有分别。

桂阁：此日仆之席与阁下不同，颇似无便宜。他日详一部《犬追物考》以奉呈。

省轩：龟谷行，君知否？

如璋：知之。

桂阁：如不嫌，则来此处如何？

如璋：省轩先生久未晤，想近况必佳。昨日梅史已回国，先生与桂阁来此，少一坐谈之客矣。

省轩：久不得拜，此方浊尘万斛，愿听洪讲开心茅。

如璋：日间文字酬应极忙否？现仍寓旧所，抑已移别处也？

省轩：日间甚忙，然逢文字友则抛百事接之。敝寓依然，时赐枉驾，幸甚！

桂阁：昨归旧国留几月？

如璋：不过三旬，旋来。

省轩：梅史去，惆怅欠一良友。

如璋：梅史以事去，今日想已开行。

省轩：仆又一丈夫，别离无泪。唯梅史去，仆潸然有句曰："丈夫把别偏多泪。"

如璋：有一杨友在北京，书法极佳，学问亦博，欲招其来署，未知来否？

桂阁：阁下请察其情。有杨翁者，才学宏博，仆自今延颈而待杨翁来署。请问杨翁名字官职？

如璋：杨名守敬，字惺吾，湖北人，辛酉举人。顷寄我《楷法溯源》数十本，钩刻考据俱精详，暇日呈君一览。惺吾古君子，非好色之徒。

桂阁：仆初学楷法于东京市川孔阳①，字米庵，以颜真卿为书祖。仆腕弱笔钝，不能窥其蕴奥，惭恼惭恼！

如璋：惺吾之书法，古雅之极。若杨、梅合之，则成毒矣。

桂阁：杨书法盖法谁氏？

如璋：源于篆隶，不拘一家。

桂阁：又来而代梅史，能挑小园子。梅也，杨也，亦一样园中之物。

（中略）

鸿斋：今日有约，与龟谷访阁下。龟谷今在公使处。此人博学奇才，仆日本人为友者，唯此而已。

公度：仆最赏其诗文，向读其诗文，曾评曰："二十年后必有负天下盛名。"

鸿斋：如重野川田，一时得显官，然腹笥空寂无一物。其他皆不足论。如龟谷真英杰，取人失澹台，其谓之乎？

公度：仆来此，最钦慕者，龟谷子一人。重野川田氏之文，再过十年，亦如今日，盖无复进境矣。龟谷未可量也。

鸿斋：敝国作诗文〈者〉，有一病，曰不多读书也。今以诗文为家者，恐不读千卷之书。为龟氏多读书而能诗文，其比亦少矣。

---

① 市川孔阳，即市河米庵，名三亥，字孔阳，号米庵、百笔斋。书法家，书法崇尚米芾，以教授书法闻名，门人达五千人，著有《三家书诀》、《笔谱》等。

公度：仆之蓄于胸中未告人者曰日本人之弊，一曰不读书，一曰器小，一曰气弱，一曰字冗，是皆通患，悉除之，则善矣。

鸿斋：仆辈未免此病，顶门一针，可愧可愧！

公度：大约日本之文，为游记、画跋、诗序则甚工；求其博大昌明之文，不可多得也。近来《曾文正文集》，亦日本之所无也。

鸿斋：昔僧空海①游于贵国，归来以书鸣于世。嵯峨帝②召之，赐紫衣高爵，因曰："朕近得墨本，遒劲殊妙，想华人高手者。"乃示之空海。空海曰："是余在中华所书也。"帝曰："勿欺，尔书劣于此，今以此为自书，恐虚语也。"空海曰："在大国，气象自伟大也，故书势亦伟大也。今归日本，日本国小，书亦自缩小，是所以劣于前。"因是想之，国之大小，必显于书；仆一游贵邦，将经名山大川，养其胸中郁闷之气，然则如仆拙恶，诗文亦自有所见乎？冀阁下归国伴仆去。

公度：空海云云，稍似英雄欺人语。然核其理，则太史公所谓游名大川以壮其气也。此理自不可诬。虽然，日本之为文，亦习为之也。先辈之所以教人者多为此种琐记、小序，则转相仿效，难以变矣。须得如阁下多读书之人，倡为其说，一以昌明博大为宗，则后进亦未可量也。

鸿斋：荆川之文似荆汉，震川之文似震泽，子厚在柳州，当如柳州山水。仆以为一游贵邦，得观天台、雁宕、西湖、嘉陵，亦自有所得乎？如画山水，妄以想象写江南风景，其实心不安。若一游，写其真，亦必胜前时乎？

公度：日本山水灵秀清奇，未必输我，惟博厚高大之处或不及也。

鸿斋：东京近傍，山水平坦无所见。如信甲颇有胜地，比之五山、太湖，不当十之一，故人心亦自如此。

公度：请略少坐待龟谷氏，仆即来。

省轩：今日过谒，或人云阁下往横滨不在。从来往往以此言拒客？

公度：阍人不择客而拒之，足见其无用也。向送梅史归，仆亦极感厚意。梅史归，失一文墨客矣。

省轩：弟与梅史交久矣，一朝相别，会期无日，使人为数日恶也。

---

① 空海，真言宗开山祖、入木道祖师。年十五入京都大学研修儒学，后倾心佛教，随遣唐使至中国，得密教玄底。回日后，受敕许立宗开教，为真言宗开山祖。著有《秘密曼荼罗十住心论》、《文镜秘府论》等。

② 嵯峨帝，即嵯峨天皇，名神野，第五十二代天皇。博通经史，能诗文、书法。对官制作过些改革。

公度：即仆亦与彼相见，未知更在何日？

省轩：先日所呈大著序，不知中用否？

公度：敬谢敬谢！虽然，序中有言"未及细看是诗"。仆意更欲他日刊印之后呈正，再乞序也。

省轩：宫岛栗香请诸君子评其诗，已成否？

公度：仆向日评其诗，久已还之矣。但仆持论，或以为过刻。

省轩：阁下近来有何著述？

公度：近来方编《日本国志》，恐至明年此时方能脱稿，为目十有二：曰国统，曰邻交，曰天文，曰地舆，曰职官，曰食货，曰兵，曰刑，曰学术，曰礼俗，曰物产，曰工艺，成书约有五六十卷。

省轩：所引用之书已具否？弟有所知，亦应言之。

公度：其之备不全者，当一一请教。虽然，仆之此书，期于有用，故详近而略古，详大而略小，所据多布告之书，及各官省年报也。

省轩：弟曾在史官，欲为国家造一代大典，网罗十馀函，分门数十，其书未成，弟亦罢官。寻皇城系祝融，草本举付乌有，诚可慨叹也。惟有《职官表》一册仅存，后之史官，冒为己著，其实弟成之也。

公度：是大可惜！今日内务省出版之书，层出不穷，无一人为此事，亦一大憾事。《大日本史》只有兵刑二志，蒲生①氏《职官志》亦可补其缺，以外则寂寥无闻矣。诚得有志之士数人，编为巨典，仿《通政》、《通志》，则二千年来典章文献，不至无用，仆日夕引领望之，曾与今史馆诸公重野川田氏言之，不知其能否也。

省轩：敝土先辈，眼孔甚小，无见及之者。独伊藤东涯②著《制度通》，公见之否？

公度：未见。源君美有此意，仆见其序，不见其书。此后则止有蒲氏君平③而已。

省轩：此书直购一部。

公度：此刻史馆有塙田守巳？

① 蒲生，即蒲生裒亭，名重章，字子闿，号裒亭。幕末明治时代汉学者。明治间历任议政官史官、大学校三等教授、少史。著有《近世伟人传》、《裒亭诗钞》、《裒亭文钞》等。

② 伊藤东涯，名长胤，字原藏。德川中期儒者。著有《制度通》、《学问关键》、《经史博论》、《绍述先生诗文集》等。

③ 蒲氏君平，即蒲生君平，名秀实，字君平。出身商户。立志研究古典。著有《山陵志》、《职官志》、《皇和表忠录》、《不恤纬》、《蒲生君平遗稿》等。

省轩：塙忠敝今官史局，其父保巳①以盲著书。

公度：有保巳一书为底稿，尚可为此。过二三十年，恐益无人为之，典章文献，终恐寥落矣。

省轩：羽仓胜堂著《甘雨亭丛书》，亦塙之类也，卷数未满五十。

公度：闻保巳以盲著书至千卷之多，真一奇男子也。

省轩：闻塙悉谙记所听之书，蒲生《伟人传》讥塙恐近诬，且非君子之言。

公度：中菁之言，即有之，亦不必道也。

省轩：白石著书百馀部，多有用书。

公度：恨其多和文，而外间又不流传。东京书籍所收不足此数。

省轩：《白石诗草》，仆藏之。

公度：仆止在《甘雨亭丛书》见其诗，全集未得见。

省轩：有韩人序跋，盖选本也，其诗何如？

公度：白石多读书，故胸襟气象，有甚好处，然诗未能（中间二字为蠹鱼所袭）。木下贞干②之诗亦然。

省轩：今日领洪诲多矣，请此辞。

公度：愧甚，不敢当，仆受教多矣。

鸿斋：顷所愿评文，近日携来，伏乞赐一览，下妙辞。

公度：敬诺。敝国之不受者，亦敬谢其意也。

桂阁：仆初知采汀令弟，好文墨，愿缓缓畅谈，必是有益。

公度：仆此二弟也未来，其人颇善雕刻，工音乐，盖天姿卓绝，而不喜读书，为武事。人各有性，不可强也。

桂阁：君亲称其弟曰天姿卓绝，想必名士，如使君称其妇曰风采端丽。

鸿斋：采汀君现在此馆人欤？

公度：仆有一弟在此，然年幼无知。

桂阁：十年曰幼。见现在署内之令弟，察年过弱冠，何以言幼？

公度：古人所谓十九年犹有童心，彼无知识，谓之幼可也。

鸿斋：笠翁李渔尚称白发少年，然则如仆未至孩也。

桂阁：鸿翁近世老莱子，及班白尚作儿戏。

---

① 塙保巳，即塙保巳一，姓获野，名寅之助。江户时代和学者。编有《群书类丛》1273 卷，著有《鸡林拾集》、《皇亲谱略》等。

② 木下贞干，号顺庵。儒学者。著有《木下顺庵诗集》、《锦里文集》。

鸿斋：有一公子，与青衣间行，途上遇小蛇，公子曰："可怕！"青衣曰："微小，何足惧哉？"公子曰："我亦微小，汝不惧乎？"青衣赧然，不复为仕而去。如小雪微小，以为不足惧。小园曰："彼食蛇，何有不怕？如君小蛇，合三，恐不足也。"仆愕然。世俗所谓小囊小姬，不知其量，真然。

公度：宫岛绝诗律诗有佳者，古诗则尚未成家。

省轩：敝土人希能古诗者，不独栗香也。

公度：足下古诗大可成家，数今日之所造诣，既非馀子所能及矣。

省轩：长复无事，日把《少陵集》读之，似少有悟，将录近制，乞大政。

公度：阁下诗学杜甚好，专意习之，必有进境，近制愿拜读。仆不能作诗，然自喜论诗，颇得要领，足下暇日与仆一谭，不知果有所见否？

省轩：敝土诗近来纤靡成风，识者愧之。与栗香辈谈，亦慨之。与有志之士二三辈约，欲矫之以宋唐，愿得阁下提撕，一振颓风，以扶大雅。

公度：仆不肖，何敢当此？愿得随诸君子后，力著一鞭耳。诗之纤靡，一由于性，一由于习，习之弊又深于性。欲挽救之，仍不外老生常谈，曰多读书，以广其识，以壮其气。多读杜、韩大家，以观其如何耳。

省轩：有向山黄邨①者，颇能诗，相识否？

公度：仆未得读其全集，间见一二诗，似南宋江湖一派，然论其造诣，可谓工矣。

桂阁：省翁曰：一日与阁下与仆俱访向山氏如何？黄邨曩为德川氏之官吏，仆亦知之矣，未为叙话，颇欲见之。

公度：仆未访其家，其为人温雅，可交也。

省轩：家在麻生，旧幕时为外国奉行。其诗颇精细，未能博大沉郁耳。

公度：是有性焉，有习焉，不可强而能也。虽然，诗之为道至博而大，若土地焉，如名山大川，自足壮大；则一丘一壑，亦有姿态，不可

---

① 向山黄邨，名一履，字欣文，号黄邨。曾参预外交事务，任驻法公使，明治后任教授，与诗友唱和度晚年。著有《景苏轩诗钞》等。

废也。

桂阁：仆曾游戏，园有二客相语曰：那活泼而扮丑者，使其人益勉为之，则可寐妙；那俊俏扮生者亦然，又益力励之则可，此其奥；且也，末也，皆各凭其能为之，不可使强异打扮。余在旁闻此言而感曰："人生万事，浑如斯兮！"阁下所论，实与之相同。

公度：是则至理随时有所见，而能悟道，是见聪明。人之秉受于天，如器焉，小者不可为大，是不可强也，性也；同一小者，可以为杯，可以为盘，是可学而能也，习也。

桂阁：仆好友善笔话者数十名，有议论确实而欠风雅者，有潇洒淡泊而欠学问者，省翁独有才有学而不有所欠，仆得省翁为好友，盖天佑我也。

公度：省翁信好友，日夕乞教，必有所益。

桂阁：现今我邦人而笔谈有学如比省翁者，别以谁氏？

公度：有青山延寿亦博雅，然其为人孤峭而冷严，非阁下所能友也。

桂阁：仆气宇亦能可伤观世音，或为谨敕，或为潇洒，或为寡默，或为多辩，随时悉能焉。虽遇青山季卿，恐不露马蹄。

公度：惟我能之，足下未也。

桂阁：阁下试延我过季卿家，仆当假为谨严沉默，求爱于那二女儿。阁下在旁，观我之不露马脚。蟾洲诗奇拔甚多，宦中有诗曰："报国何时时便□，与君把臂少怡欢，感恩一滴丈夫泪，期洒三千世界间。"君以为如何？

公度：果然奇特，乃极似仆诗。

桂阁：笔战寡敌手，愿驰伻呼一文士。

公度：一枝足矣。

桂阁："三猴弄一豚，豚颈硬直，不能回绕。"烦君乞好对。

公度：石川灌大河，龟谷幽深，正在左右。

省轩：此诗在楠亭所作，小园磨墨，小雪伸纸，弟颓然以醉笔书之，亦一时雅集也。

公度：想见名士美人一时雅集，恨仆未得与也。

省轩：恐被小万妒杀。

公度：阿万既为秋月夺去，仆谓校人之鱼，可谓得所矣。

桂阁：本日和汉名士会集，请君为索一豪兴。

公度：仆不敢当名士，诸葛公乃可谓名士也。

鸿斋：明后日岸田吟香①（新闻记者精锜水之主人）将一游贵国上海，顾与子纶同船乎？

公度：仆不能书，不敢强不知为知。

省轩：阁下之书，有唐人之风，想应有所学。

公度：仆平生极不喜作书，有生以来未尝端坐陈古人之帖而临之，故丑陋若此，言之惭矣。

鸿斋：阁下书顾学东坡者，而今则废之，然其气韵自溢纸上。凡今世之人，多化于赵松雪，加董华亭软弱之态。阁下则不然，本学何人书？请示教！

公度：仆实未尝学之，若谓其似谁，明古人学我也。

鸿斋：余尝云龟翁之书，不似其为人，挥笔如风扫落叶，如万马出营，妇人若观之，必可爱之。桂君之书，过于怒张，美人见之，必避三舍。梅翁仿佛妇女子。

公度：仆之为书，亦难博女人爱。

桂阁：仆书要随意应变，现三十二相，宜曰观音书法。

鸿斋：桂君自比观世音菩萨，以佛印评之，则三十二相之中，马头观音是也。佛见女人曰：外面如菩萨，内心如夜叉。如仆谓外面如阎罗，内心如地藏菩萨乎？地藏藏于地，犹虚空之藏于空，如仆乃藏于儒，如龟翁藏于诗文，如桂翁藏于谭，如阁下乃藏于官者，如梅史藏于妇室者乎？

桂阁：鸿翁劝我同游中华，其举极好。敝邦人无财者，使少有财者，入我所思之道，借其财金，我欲谓之于乘尻马。鸿斋者可谓欲乘尻船。

鸿斋：桂翁妄以仆恶言。仆虽不敏，不欲为尻船。宁为鸡口，不为尻船，苏秦之谓也。如桂翁，敝邦谓先船，虽有馀财，为公妇所摈。

桂阁：仆不为鸿斋所欺捐财。如阁下归国之时，则一往梦罗敷山下耳。

公度：罗［敷］仆尚未至，他日当与君同醉梅下一梦美人耳。

鸿斋：阁下若游罗敷，不必偕桂翁，天下妇女嫌忌桂翁如虻蜂，若

---

① 岸田吟香，幼名银次。学西学，与西人海蓬合编《和英语林集成》，发行《海外新闻》，经营过航运业务，曾任日本侵台从军记者。后在东京开设乐善堂成药店，"精锜水"眼药水远销中国。晚年创立东亚同文会、同仁会。

偕桂翁，徒醉眠耳，美人恐不入梦；偕仆，妇人充满一梦中，亦必虚劳耳。

桂阁：鸿、龟欲乘尻船游旗亭，阁下亦乘尻船否？

公度：屍［尻］船不解。

鸿斋：先船则东道之主人也，尻船则陪游者。

公度：仆不愿也。

桂阁：何故不愿？

公度：仆亦不知其何故。

桂阁：食色人所欲，何故辞之？

公度：今日偶不欲耳。

（星垣来了。）

桂阁：君亦同往，宜促公度。

鸿斋：桂君频荐阁下，将登一酒楼欢游也。阁下肯否？

公度：他日再谋。

桂阁：本日仆欲将西洋馔飨阁下，阁下果肯否？

公度：敬谢，敢固辞。

（下略）

五、光绪六年一月五日 （1880年2月14日）

（庚辰二月十四日早晨，我①偕石川鸿斋到曾根俊虎②的家里，和张蔼昉（滋昉）笔谈。）

桂阁：据为一君言，先生昨夜呕血，请问玉体已愈否？此位敝友石川鸿斋，又敝邦一儒，慕芳名，频索进谒，仆同车而来，盖厚朋友之厚谊也。请先生愿俱相交。

蔼昉：昨夜至新桥，归后至夜半丑刻，忽然吐血，约有少许，生平素无此病，颇觉愕然。旋延医来，服药，今日虽稍愈，而精神甚委顿，宾友石川先生远来过访，益赐佳叶，仆以病躯不获奉陪，请恕之。他日全愈，再属和也。

桂阁：宜保养玉体。客中或缺事，弟甚伤之矣。弟今日来高斋，其

---

① "我"，指源桂阁。

② 曾根俊虎，长崎人。明治初任海军少尉，随副岛种臣出使中国，上书建言侵占中国辽东半岛，后升海军大尉，驻中国公使馆武官。后因触犯上司及泄密嫌疑入狱。出狱后退职。

意在欲谢昨日删正之厚且至也。又想颖中语多芜杂，先生删少矣，弟甚不安心，故再将原稿奉还，愿赐再阅。

萧昉： 承关爱，甚感！颖语虽冗，然尚可用。仆今日执笔甚觉眩晕，故不能代润色也。

桂阁： 少愈则删正，而托邮便致此于敝庐，是祷。

萧昉： 虽不能畅谭，何妨少坐。

鸿斋： 初接芝眉，欣喜何堪！闻先生有微恙，恐得非过饮乎？若然，则宜在暖房静卧，勿系尘事。敝国酒烈，恐不适饮，冀勿多饮，请守摄生之术，他日再来问尊容。

萧昉： 承教，足见爱我之深。仆素喜饮，昨日所饮乃西洋酒三种，想过烈，故受其害耳。先生初次来访，仆适在房中，不克奉陪，殊觉失敬之至。他日稍愈，则当造府面谢。

（中略）

（虞臣、诗五、公度都到乐水阁来。）

桂阁： 虞翁初来，不可不治杯饮。敝楼狭小，僮婢不足，事多唐突，请移至于千秋楼，现使舟子佣，愿君不摈。如不喜扶桑馔，则请细示其撰式，仆快使厨僮试治可也。

公度： 以速为妙，路远，归途太晚，多不便。酒、鸭、点心、鸡蛋、面皆熟食，如此足矣。他物空费钱，敬谢敬谢，客又不喜食，故不必也。

鸿斋： 诸公有探梅之约，到向岛否？时已过四点，近于暮，以为如何？

公度： 天已晚矣，仆等拟等于六时回署。

鸿斋： 仆今一访省轩，省轩到本所，恐四时可归，归后恐不能来。

公度： 吾谓省轩必在此，携有一卷诗赠之，愿索其序，并乞其细阅详校，有错引典籍与事不当者告知，待改，又告其勿以示他人。省轩向日曾阅此诗未半，而其大夫人召之归。省轩旧有一序，吾以其未及看诗而作序，多揣摩之谈，故乞其再作。

鸿斋： 谨领承。龟谷近日访仆，仆通阁下之意，若携来一本，仆归路送之省轩。仆初览尊稿，大率订正后，又再熟览，尚有数件与省轩商量详之。

桂阁： 仆与石川氏奉陪，颇似无趣味。君如识敝邦人善笔话者住此边，则请示之，快呼迓以添兴。本日之会，惟见匆促而已，愿赋佳什以相乐清谈为幸。

公度：作诗更忙，索酒亦极忙，此乃不得不忙，忙乃主人之过也。

桂阁：客之过。

公度：主人安排一切，客不忙也。

桂阁：我乞登旗亭，思其便也。客强索鸭、蛋，客来悖主人之意，是自招忙也，岂何言客之礼？君有答辞否？

公度：我谓在此饮酒，思其便也；索鸭、蛋，思其便也。主人不便，则主人之过。

桂阁：我素思诸君聘妓佐酒之便尽意十分，言旗亭而君不用，是蔑主人也，不客之过也。

公度：出妻妾敬客，胜于呼妓。吾谓诗五、虞臣初来，主人敬客当如此。是敬主人，何云蔑乎？

桂阁：仆非野碕，何谓君所挑？

公度：仆见君如见君之夫人故也。

鸿斋：阁下剪爪不知弃，为祈雨欤？抑亦为见爱佳人欤？

公度：有麻姑长爪，为我搔痒，故仆去之。

鸿斋：今日宾客突然过此，故陪席者不以约期不来。龟谷近日来，归路访之可。今日龟到向岛舅家，恐非深更不归。

公度：龟谷本居下谷徒士町一丁目二十三——六七番地。

鸿斋：龟谷恐明日来敝房，以有他事也。桂翁谓聘妓，诸公馨观；妓本是售艺者，观之闻之耳，言语不通，何乐之有？不如拥娼妓以味其肉。盍劝主人赴灯花中？

公度：闻君为陆军教导团教师，是否？每月去几日？

鸿斋：每日一时间讲书，无虚日；午后一时，礼拜、水曜午前，若有事，仆欲为之帅之副参谋。

公度：教之读何书？生徒几人？

鸿斋：所讲《孙子》及八大家文集、《孟子》，生徒凡六百人。

公度：大声疾呼而后众生徒能点悟。《孟子》"善战者服上刑"一章如何讲？

鸿斋：堂制上狭下广，四方玻璃不通气，虽微声能通彻。生徒皆粗暴，动辄好斗，仆惟讲仁义而已。

公度：仆谓今日时势，当改《孟子》曰：义战者受上赏，连诸侯者次之，辟草莱、任土地者又次之。一西乡小村，二井上，三黑田。

鸿斋：此三子仅滕国者，不知齐、楚之大，不足共论军。

公度：《战国策》：宋有雀生鹯。雀之小而生巨，必霸天下。

鸿斋：治乱强弱自有时。齐、晋之为霸也，天所以生桓、文。敝国三百年来前有其人，今则无焉，非论王霸之时也，但为西蛮之奴隶而已。

桂阁：墨陀胜景，四时俱备矣。今日雪已消，花未开，所谓四时之间也，不足使诸君娱耳目。请花时必来。仲春始开，名彼岸樱。

公度：有唐花否？非花时以火烘之使开曰"唐花"，能早一二月，严寒积雪中有牡丹、芍药诸花。

鸿斋：在暖室之中开者，俗曰"室笑"，笑亦作咲，如春山笑。牡丹、芍药皆早二三月。蟋蟀皆置之暖处，使误候，先时皆鸣。卖秋虫者初夏尚在衢巷，盖虫之室笑也。

公度：此种语入诗太佳。

鸿斋：樱一种最晚开、花瓣多者，名杨贵妃樱，特为绝品，恨不使明皇观。愿携一根去，移种骊山如何？

公度：菊、牡丹、梅皆有此名，花中之魁，为阿环占尽矣。

鸿斋：大江南北距凡几里？黄河□大河也？

公度：黄河一曲绝数千里，其远不得以尺丈数也。

鸿斋：是发源于昆仑〔仑〕之谓也。仆所闻不然。其南北相距舟路凡几里？

公度：对面茫无津涯，犹所谓海客谈瀛州〔洲〕，烟波缥缈信难求也。

鸿斋：高楼邀宾四望开，花间分韵且争才，若诗不就将行罚，当效李家金谷杯。

桂阁：春日飨筵顷刻开，我楼无客不雄才，墨塘墨水浑相对，诗成欣然举大杯。

诗五：主豪宾雅几筵开，尽是雕龙绣虎才，何幸东州客星聚，天教移会墨江杯。

六、光绪六年三月一日 (1880 年 4 月 9 日)

（庚辰四月初九日，何、张两公使、黄参赞等都到我①家来看樱花。

---

① "我"，指源桂阁。

石川鸿斋、龟谷、省轩——行、冈千仞①——鹿门、高谷龙州、石幡贞等也来了。）

（张公使先到，我们在乐水阁笔谈。）

桂阁：前日拙稿赐细阅，何幸如之！惜乎文稿删正甚少，于仆心不安。

斯桂：文稿甚佳，无须多删。日前到麻布区去，过一桥，桥旁有一店，其牌额写"牛能知知卖捌所"是何物？

鸿斋：知知，敝〈国〉语乳也，则牛乳。

鹿门：捌字俗字，书无此书，谓配付之义，从手从别，以手别之之义。堤上樱标，远观却佳，先生赐一高咏，实此花之荣。

鸿斋：千住罗纱制处，不许纵览。来春开博览会，尔时偕与开室许观也。

（瓶中有棠棣之花。）

鸿斋：此黄花贵国名如何？黄宝珠，黄宝珠，真名欤？异名欤？

斯桂：大家都呼为黄宝珠，此地呼何名？

梅史：棠棣。

鹿门：郁李也，恐非草花。

桂阁：倭名曰耶魔富贵，以城州王川为最。

鹿门：先生乡贯四明，贺知章所生欤？所谓鉴湖，四明中湖水欤？

斯桂：鉴湖在绍兴府地也。

鹿门：天台山亦非四明乎？

斯桂：山跨绍兴、台州、宁波三府地也，四明山最大，天台山亦在其内。

鹿门：天台山中华胜地，骚客所艳称，先生曾游其地否？

斯桂：天台山之几处小地方，仆曾往游，其中大胜境未曾一到。雁宕为尤胜，乃天台之南山也。

鹿门：敝邦佛教分为八派，天台其一，意唐时高僧航渡传来者，不知今犹为缁徒宗地乎？

斯桂：天台山中缁流最多，古时或有高僧，今虽云亦有之，但恐不实，惟习拳棒者颇多；其不习拳棒者，多贪酒肉女色矣。

———————————

① 冈千仞，字振衣，号鹿门。世代为仙台藩藩士之家。明治年间历任东京府教授、修史馆协修、东京图书馆馆长等职。著有《尊攘纪事》等。

桂阁： 仆想阁下倦笔话，不强责之，愿作小诗词以警倭儒是幸！

斯桂： 寻春来到故侯家，小阁谈诗客不哗，万树樱花开正满，隔江红出水边花。

鸿斋： 万树樱开高士家，春来邀客客无哗，豹胎麟脯杯浮蚁，恨少婵鬒解语花。

桂阁： 春暮风光在我家，登楼一望笑言哗，移船招妓江中去，幻作波心镜里花。

鸿斋： 一年春事在君家，勿厌纷纷雅客哗，却喜绮筵无少妇，囊中不卖缠头花。

如璋： 鹿门先生是晚返家，为雨所霑否？

鹿门： 无忧是事。诸公大车系在门前，唯乘人车者死人事，是事不可数。赏花者只称上野、墨陀，仆谓二地皆俗地，不若飞鸟山幽邃，纯于野趣，扇、海老二亭，临溪洒洒，尤觉可人，不知阁下一探否？有此二亭可人，不必问樱花多少。

公度： 此论更仆不能尽悉数能终，然仆硝有所见。

（中略）

鸿斋： 《脊令解语》七册大斧。仆又作《八歧大蛇解》，若有备考证，请加阁下所著《日本志》。

公度： 冀一读。《杂事诗》有王紫诠刻本，俟再送呈一部。

省轩： 敬诵《杂事诗》，胸储二酉，华驱风云，其所考证，凿凿中窍，诚不堪叹服！弟强指摘一二，以成下问之美，近日携之上谒。

公度： 今日见阁下寄紫诠诗极佳，前有紫诠序，后则阁下跋也。仆东来后，故友邮简云集，皆询大国事者，故作诗以简应对之烦，不意为王君携去，遽付手民，非仆意也。大国人见之，定不免隔靴搔痒之诮。阁下能为改润，感谢不胜。

省轩： 寄紫诠拙作，不知从何处见之？

公度： 《循环日报》中，《杂事诗》中多有人名地名避我朝庙讳改易者。

省轩： 《杂事诗》中论文处，有以古贺精里比赖盐谷诸子。精里论文尚有佳作，至杂文则不能作。赖盐之文，阁下有所见乎？

公度： 精里之文不多见，有《曹参论》一篇，可以步武苏氏父子。

省轩： 此人有学问、有气魄，故往往有佳构。恨当时文事未开，故其集少可见者耳。《杂事诗》刻于贵邦，想洛阳纸价为之贵。

公度：一刻于北京，一刻于香港，敝邦人见之，以为见所未见，书[诗]之工拙不暇问也。

省轩：阁下之书，叙樱花之美，儿女之妍，使读者艳想。此书一行，好事之士，航海〈而来〉者〈必〉年多于一年。

公度：近又有一好事人曰陈曼寿来神户，能诗与书。

省轩：吏乎？游客乎？上海人乎？

公度：卫铸生流亚，禾中人。

省轩：吴瀚涛能诗，惜返去。

公度：此人卓荦不凡，不独能诗，年仅二十三四耳。

省轩：诵其诗，想其人，已知其才绝群，憾不一相见也。

公度：今在家庐墓，他日终为有用材，与仆极知好，书法亦好。昨得一书，云躬耕黄山，俟三四年再出。

省轩：守丧乎？

公度：仆若久居日本，必招之再来。

省轩：大好。人有才有识，其诗必好，书法亦随之。徒作书赋诗，亦无益耳。

公度：文章之佳，由于胸襟器识。寻章摘句，于字句求生活，是为无用人耳。

省轩：诂章训句，徒费力于断简，经生之无用更甚。

公度：国家承平无事，才智之士无所用，故令其读书，所谓英雄入彀中也。譬如富家巨室，衣食充裕，其子弟能喜古玩、好书画，亦是佳事。谓此古玩、书画为有用则不可也，谓为无用亦不必也，视其所处之时地何如耳。

省轩：洙泗之教人，本活泼事业，故其教人，常以《诗》、《书》、《六艺》。后世天理人欲之说盛，而圣人经世之意□矣，是弟所慨也。

公度：孔子大成之圣，实为上下十二万年，纵横七万馀里，不能再有之人；其教人无所不备，不止《诗》、《书》、《六艺》已也。宋儒之学，为孔门别支，推其极不过学孟耳，彼不知圣人为何等人也。

省轩：内库所藏有楠正成①之砚，近出而赐成濑大域②。弟为大域

---

① 楠正成，即楠木正成。建武中兴的忠臣。后奉命伐足利幕府，失利自杀。明治间追赠正一位，祀凑川神社。

② 成濑大域，幼名桂次郎，号桂斋。书法家。入安井息轩门下修经学，遂号大域。明治天皇赐以楠木正成之砚。著有《十体一览》、《真书正真伪》等。

作长歌，不日录呈，愿痛正之。

公度：愿赐一读。宕阴有《神铃记》一篇，文佳绝，若得好诗，可与之亚。

鹿门：闻之石川君，阁下近草《日本志》，仿何书体？既曰志，与史异其体者，此事水户史官所欲为而不能为，盖无足以供史料者也。蒲生君亦有此志，中途而止，亦坐无史料耳。《日本史》仆有刑法、兵马二志。

公度：有志焉，而恐力未逮，至速亦须明年乃能脱草。志之目十有二：天文、地理、职官、食货之类。此事大难，恐不成书。

鹿门：《扶桑游》上卷刻成，已付沈梅史，寄赠王先生。第二卷重野序之，不日刻成，本稿在栗木锄云①所。

公度：彼欲索草稿。

鹿门：宜就锄云氏而谋之，仆不关此事。

公度：敬谢。今日得王紫诠书，嘱仆见足下，索《扶桑游记》草稿中下卷，云将自刻。今日即托阁下，俟暇询之锄云，如何，即以函告我，庶可转复紫诠。仆不知此人，闻家在本庄。尚有本多正讯②所著《清史□记》，紫诠序之，渠欲索刻本，仆未识本多氏，能代询之否？

鹿门：锄云氏为赏樱来，寓墨堤上一村亭，应后刻拉桂阁公往访，询《扶桑游记》事。

公度：北京所刻，寄到东京不过十馀部，故难以赠人，今仆家既乌有矣。

鹿门：大为憾事。紫诠氏还仆文稿，一一付评，曰在香港排印，宜写一本再寄。紫诠先生何所取而为此事，真不可解者。

公度：紫诠穷老不得志，故煮字疗饥，耕砚自活。如仆诗彼尚不惮刻而卖之，况君文乎？

鹿门：先生《杂事诗》天下争购，所谓长安纸贵者，王先生刻之以为自活之计，极得矣。惟仆文庸劣，不当半文钱者，若王先生果取仆文，命刻〈工〉并刻，贾无所偿。唯〈王〉先生恳恳至此，〈真〉知己。

公度：冈本《万国史记》，上海翻刻之。

---

① 栗木锄云，名鲲，字化鹏，号匏庵。曾继承家业有医官，后转为士籍，设立医学院、饲育绵羊等。明治初入东京日日新闻社任记者十二年。著有《匏庵遗稿》、《栗木锄云遗稿》。

② 本多正讯，名正讯，字士敏，号鲁堂。田中藩主。明治维新后为长尾藩主，后任长尾藩知事。

鹿门：昨夜见石幡贞，闻阁下今日会此，大喜，约进陪，应继来。此人新归〈来〉自朝鲜，熟韩地事情，必有新话。

公度：与之相识。渠作有《归好馀录》一书，仆见之。

鹿门：今方编《续录》，此书成，可领韩地一班。

公度：石幡贞颇通汉学，外务官员一人而已。

鹿门：此人曾从柳原公使游北京，有《航清纪游》，颇奇士。

公度：紫诠托其卖书，不知如何？

鹿门：闻所递《日本杂事诗》八十部，请者争至，以先睹为快。他书若求者寥寥。

公度：祈语成斋，若能代为尽卖，紫诠有托仆语曰：成斋处卖完敝处存本，假日紫诠百部，仍托成斋卖之。

鹿门：他日见成斋，应以是事告之。

公度：若买者少，则不必也。仆有二百部，系紫诠所赠。

鹿门：紫诠氏本细字不佳。先生在北京所刻大本，仆切欲。

公度：仆之殷殷问重野卖书消息，虑以此劣诗累紫诠耳。

鸿斋：先泛船，极观花之兴，归来再上斯楼，倾小酌。船中载酒，烈风亦可畏，不能暖酒也。缓步堤上，尘埃遮眼，甚不兴。阁下以为如何？

斯桂：江中涨，涂可填满，造三四间书楼，种几十本花卉，如何？

鹿门：此极好策。然如仆浮家泛宅，往来苕云间可也。书楼花卉，已是多事。

鹿门：墨陀花已经一游观否？

如璋：今日当同诸公往游。

鸿斋：已命船，上舟往观。

桂阁：千秋楼上近日之景致，饮客颇多，每日无剩席，至下午则辞客。楼婢等言，如斯势而支数旬，则腰痹足麻，盖其繁盛可想也。

公度：仆来此意在看花，不在饮酒；然不能强人人如我意，仆泛舟之后，将自往耳。

桂阁：仆颇畏喧杂，复畏河风，在家可待诸君之归，宜治杯茗，愿一见而归此处。

如璋：请觅一小舟，仆到墨堤一观樱花再来。

桂阁：阁下如有情于我，即往墨堤觅一二佳人来。

鹿门：沿岸舟行乎？上岸步行？阁下以为熟是？

如璋：不如上岸步游较为亲切。

鹿门：长命寺门前一小店楼，锄云氏小住，往物色之。

如璋：公等如可去，请在此相待。

斯桂：花已全开看未迟，我随裙屐走斜陂，回头笑指沽春处，植半楼前飏一旗。

鸿斋：单瓣已开重瓣迟，寻芳尽日步长陂，杖头仅有青钱在，也到前村觅酒旗。

如璋：才见有背一酒筒者，其醉态甚可掬。

鹿门：曲江春嬉亦如此乎？

如璋：大致如此。由此可回舟，下此无多花矣。

鸿斋：前日促观花，诸公踟蹰不果看。至今日花已散矣，可慨叹哉！

公度：前日若来，亦不过尔。

斯桂：招我来游墨水东，天然图画小楼中。半江萍藻沿堤绿，万树樱桃隔岸红。挥翰助谈逢旧雨，浮蛆打瓮醉春风。拟从彼岸移船去，游女如云一笑逢。

省轩：奉次张先生瑶韵：

樱花烂漫大江东，人在兰桡桂楫中。满岸清波新柳绿，一堤芳草夕阳红。烟深难认重重塔，春冷犹嫌淡淡风。且喜佳宾好词赋，年年常向酒边逢。

东韵用无妨乎？行未定草。

桂阁：和斯翁大人瑶韵，楼上望墨陀作，录呈粲政：

樱桃开满墨江东，收入楼头一望中。曳屐少年衣染艳，簪花娇女脸羞红。半瓶白乳茶寮水，一幅青帘酒国风。劝客登舟游彼岸，自惭抱病倚薰笼。

（红发女子恐其不美，结二语未能达意。）

如璋：写景如画。今日放舟看花，水陆俱领略之，可谓尽态极妍。又承设馔，顷已醉饱，请先告别，顺路尚可拜一客。

公度：今日之来，仆与石川子约看花耳。天晚无月，不便游矣。

与宫岛诚一郎等笔谈 *

一、光绪四年三月十七日 (1878 年 4 月 19 日)

(四月十九日，访月界院。正使何子峨君、参赞黄遵宪公度笔谈。)

[**宫岛**：始接黄君公度，尔后愿赐大教。余有具庆。老父七十二岁，老母六十六岁。今录近作，博一笑。]

戊寅元旦试毫

五子八孙双老亲，樽前共祝岁华新。

一团和气蔼然动，不独梅花笑报春。

伏乞大正   诚一郎拜

公度：如天之福，愿祝自今以往年年岁岁捧觞，祝亲子子孙孙绵绵延延也。黄遵宪拜。

宫岛：我邦依然东陬一桃源，不管世上兴衰已数千年。何图一自渔人一棹来于水源，不能独乐桃花开落。虽然，亦是今日地球上之大势，不得止也。

公度：贵国独据名土，一姓相承二千馀年，盖为万国所绝无。今日之外交，亦时势不得不然。然仆辈得因此而观其山川之胜，士大夫之贤，政教之良，不可谓非大幸也。

宫岛：敝国与贵邦结交谊始于今日，而学汉字盖隋唐以来，连绵不

---

* 笔谈所据《黄遵宪全集》本，对笔谈依据的底本、校补、校勘情况，均有具体标注说明，本卷径用其整理成果，而不另作说明。

绝。敝国本是东海孤岛，幸以贵邦之德，制度文章聊以增国光。今日更得拜晤，以后事事讲求，互讨论两国之是非，不无补益于政治。

公度：敝国《三国志》既称贵邦文物之盛，风俗之美。隋唐以来，往来较密。深惜当时未及结盟耳。所云制度文章以增国光，夫则何敢。然至今虽参用西制，其规模颇有存者。仆辈此来，考证古制，亦一快事。望时时惠教为幸。

[宫岛：何出言之谦。]

公度：窃谓今日之西学，其富强之术，治国者诚不可不参取而采用之。然若论根本，圣贤之言，千秋万岁应无废时也。即如近日尊王之举，论者谓发于赖子成之推重楠公，故其子首建此议，是言不为无因。

宫岛：此论明确，千岁不废。我邦敬神爱国，即千岁之国教。自入孔圣之学，忠孝二字之大义益显著。今日之西学，唯取其各制以量事强耳。

公度：圣贤之理，人同此心。所谓地之相距千有馀里，若合符节者。贵国人亦然。不过得孔孟所论议，益明其理耳。仆岭南人，文物始盛亦在唐宋后，较之贵国虽为同土，被圣人之教盖未之能先。尝窃论之，欧罗巴富强之法近既及亚细亚，孔孟之说将来亦必遍及欧罗巴。未审君谓然否？

宫岛：近顷闻欧罗人颇学孔孟之道，未知其名。宗教之道，本以圣学为第一。

公度：米利坚最多习之。近闻颇盛。顾耶苏教遍及天下，而行之中东两土辄废沮者，亦缘圣学为第一故也。欧人著书颇议敝国，而孔孟不敢置一辞，亦可见人同此心，同此理也。

公度：青山老人学问剧佳，品亦高雅，仆甚敬之重之。甚惜其年老而不得志也。

宫岛：敝国仕进之法未立。昔年尽以汉学入选，今日废藩新建县，渐渐应立仕途之法。青山老未得志，同叹。请宜怜恕。

公度：此茶为武夷上品，未审喜饮之否？

宫岛：[茶真佳，颇爽口中。]先生观墨堤樱花乎？

公度：前日曾往观。此花可谓奇绝，盖中土所无。朱舜水盛称之，无怪其然也。

宫岛：或云贵邦樱桃是也，仆久存疑。若于贵邦有此花，文人骚客艳称不□口。然而贵邦唯爱成都海棠，想贵邦未有此花。如何？请示教。

公度：其种实亦似樱桃，想接以别木。又此土膏腴，栽者亦善，故作此烂漫奇观。深惜吾邦前代诗人不来名国而歌咏之也。

[**宫岛**：堂上瓶花，邦人呼以椿花。贵邦亦然乎？]

公度：是花曰茶花，贵邦人名以椿。敝国之椿，大者至数十合围。《庄子》所谓大椿以八千岁为春秋者。是树无花，其叶可食。

宫岛：敝国茶花，其本不大，十月十一月之交着红白花。贵邦椿木不着花，盖别种。

公度：贵国之椿即茶花。其花叶时候皆同，盖同种而两土异名耳。

[**宫岛**：仆昨游向岛看花，偶得一绝，录以呈。]

游向岛口占

步到墨陀日已斜，长堤春意太纷奢。
香云一白茫无际，人在花中不见花。

公度：风调绝伦。

芳树千枝花影斜，纷纷裙屐亦豪奢。
衣冠诧是西来法，爱看侬家懒看花。

前游香岛读宫岛先生诗依韵奉和

宫岛：此般唯西来法颇妙。我辈穷措大，未到此等之佳境。

公度：若使先生辱临敝国，则亦诧为东来法矣。

宫岛：佳谑到此绝倒。

公度：顷有他事，未及奉陪，敢先告辞。容暇走诣尊斋，再领教也。

二、光绪四年五月十四日 (1878 年 6 月 14 日)

（六月十四日，养浩堂招何、张正副两公使、黄参赞公度、沈随员梅史开宴。来会者，重野编集官成斋、三浦监事安、青山延寿季卿、小森泽长政及译官某生也。）

梅史：日前得晤芝辉，心甚念念。阁下勤劳王事，想诸务烦重，所以不常造府。今幸休沐馀闲，得奉麈教，幸甚幸甚。尊大人前，乞叱名请安。

公度：园林剧好。今日初来，甚喜。比日想大好。堂上二尊人想杖履清适。

宫岛：二老幸健胜。今日愿拜何星使，不知许否？

公度：俟星使来，遵宪辈并请谒二尊人。

宫岛：两星使大人远辱来临，喜溢心胸。梅天之候，郁蒸恼人。阁下清福想多多。座上数名皆馆中同事，愿诸公同吾惠教，幸甚。

子峨①：蒙爱见招，又座中都是雅客，殊快人意。唯仆智识短浅，恐笔谈不能尽达其意。如何？

重野②：何公使大人：前日蒙高轩枉顾，仆适不在家，失奉迎，悚惧何堪。继当拜趋奉谢，亦以鄙冗迟延至今，不知所谢。

子峨：捡冈本君《东洋新报》，得读重野先生大著。纯茂渊懿，有经籍之光，不愧名家。想家中旧作必夥，他日仍当枉观也。

重野：过奖何当。仆燥发好文辞，但才识谫劣，且以生僻陬，未蒙大方提诲，辽豕自安。自今以往，拜趋门下，以乞教示。先生幸勿见弃。

公度：重野先生多日未相见，极以为念。比来想大好。

重野：久欠拜候，多罪多罪。时方向炎暑，台履清适，不堪欣慰。敝地梅天蒸溽，想当苦恼。何如？

子峨：三浦先生尊府何处？今日得接芝仪，实为厚幸。有暇请枉顾敝馆，一领雅诲。

三浦③：何公使阁下，久仰德望。今日始接芝眉，实为大幸。敝屋在滨町第二街一号，矮陋不敢希高过。他日将必诣高馆奉教。

公度、梅史：三浦先生阁下，久仰高才，幸晤芝眉，欢欣无量。

三浦：两先生座下，久仰德音，幸接芝颜，欢喜何穷。但仆武人，尤疏文字，不能笔语。愿以通辩得款语，幸甚。

公度、梅史：过谦过谦。仆辈何所知识，得亲炙光仪，极以为幸。

子峨：冈本先生在东京否？观所辑《东洋新报》，亦有心人也。稍暇当造访之。

重野：冈本名监辅，家在椿山，故别号椿山。椿山地名，俗称目白台。住东京。顷游上总，距此十六七里，本地里程。近日将归到。仆且致尊意，

---

① 子峨，驻日公使何如璋。
② 重野，重野安绎，号成斋。
③ 三浦，三浦安。

渠应欣喜出望外。

子峨：小森泽①兄在海军省，公务忙否？闻英国所购之船已到二号。管驾皆贵国人，抑英国人也？

小森泽：三舰航海中驾英人，而既到港后，我士官及水兵已尽转乘焉。现今三舰中扶桑、金刚、比睿。无一个英国人。

梅史：先生燃莲炬，披竹简，谅近日必多大著。天气渐热，谅道履安和。

重野：鄙生公私多冗，不与笔砚亲昵。加之才疏学肤，时有著作，亦皆芜陋，不足录焉，能供大方青盼。比日制佐濑得所碑文一篇，录在别纸，敢请赐批正。

宫岛：是成斋吊佐濑得所文，请正之。

梅史：雍容静穆，庙堂之文，而治世之音，安得不令人佩服。

重野：不敢当，不敢当。鄙文当呈之高馆，切请先生与黄先生肆意叱正，勿吝提撕。

梅史：才短识寡，何足当他山之石。

公度：大作蕴酿深醇，意味甚深。不审积稿多少？能惠一饱读否？向读《霞关临幸记》等篇，典雅深厚，盖骎骎乎比曾南丰。其尤佳处，乃似刘子政。佩服之至。

重野：揄扬太过，非所敢当。愧死愧死。

子峨：近刻有蒲生所著《伟人传》，先生见之否？其人如何？

重野：蒲生某仆稔知之。其人颇有慷慨气象。仆为作其小传，即在《伟人传》中，盖已经览。但其文辞则未为精练。若渠上谒，乞垂训诲，亦同人之幸也。

公度：青山②先生：前在高斋相见后二三日，曾往女师范学校。见长女公子，未及通语也。

青山：四五日以前愚女归省，亦有此语。当日校师不语贵邦人至，及君等临之，始传之于女子辈。以故愚娘等学画颇觉狼狈云。

梅史：久睽杖履，寤念殊深。辰维道履绥和，阖府均吉。

青山：仆以尘事坌集，久不叩使君阁，愧谢愧谢。过日见赠尊画团扇，二女拜赐，仆代道谢。至于画则婵娟可爱，比往日所赐墨梅，殆似

① 小森泽，小森泽长政。宫岛诚一郎弟，过继小森泽家养子。
② 青山，青山延寿（季卿）。

胜之。如何？

子峨：两位女公子好。昨到女师范学校，见其作画，笔极生秀，真美材也。

青山：顷间娘子归省，始知有大使来观。至其画，仆亦不知为何颜面也。书已不工，画亦当拙劣也。仆一两日中欲至公馆呈前日见托拙书，今日俄闻大使来宫兄宅，急赍至，乃呈左右。勿罪轻忽，幸甚。仆之书风日本风而未至者，诗者学坡之畅达，未能熟也。

子峨：诗已古雅，书尤老健。寄归以奉家君，不啻拱璧。异日当踵门叩谢也。

梅史：翁庆龙近人中有书名，先生览之若何？

青山：翁名仆不知之。使君若有藏幅，愿一见之。

重野：敝邦初严禁吃菰，而令遂不行。不知贵邦亦有禁菰之事否？菰或蔫，又作葭，何字为适当？

公度：淡巴菰三字本西人语，中人译之作此三字，有音而无义。至或作蔫、作葭，又附会而为此。其实为敝国古来所无之物，故亦无字。敝邦人多作菸字，未及考其何如。

重野：顷阅《全谢山集》，有《淡巴菰赋》。云菰出自吕宋，又云传自日本。而敝邦则相传得种长崎，盖贵邦商舶赍到也。彼此传说正相反。请教示。

公度：淡巴菰实出自吕宋，西洋人能凿凿言之。彼此皆从商舶赍来，其或先或后，则不得而知。至云出日本，则讹也。

重野：菰之入敝邦在二百年前。宽永年间。未审其入贵邦在何时世也？

公度：淡巴菰之来不过三四百年，盛行于明末。崇祯时尚悬为厉禁，吸者罪至斩。西洋人亦言盛行各国不过三百年。

重野：敝邦禁烟之令始发，有黠商榷买烟管以骤致富资，知令遂不行也。至今其商家犹存。

青山：闻大邦人好食蚝油。按字书蚝与蛎同，此物以蛎为之否？其味果如何？

子峨：此生食好，熟食尤佳。岭南香山港所产，其味浓厚。

青山：敬承。如油字不解得。此物唯生熟食，别无蚝油者耶？

梅史：蚝即蛎之别名。以为油，则用蚝盐榨出其汁而供调和，如酱油之类。

公度：贵国所产海苔昆布，敝邦人皆喜食之。鲨鱼翅尤为珍品。

青山：贵邦西蜀尤嗜昆布，真然否？嗜之者爱其味耶？或别有药能耶？

公度：蜀人吾所不知。岭南人喜食之，以为解热毒，化痰滞。味则索然无味也。

鱼翅本为索然无味之物，敝邦人用鸡鸭汁调蒸之，必烂而后佳。盖借他物之味以为味。敝邦人习尚之，殊不可解也。

重野：鱼翅得他物成味，可知人亦藉交游成德，所谓以友辅德。异邦殊域，握手交欢，见其所未见，闻其所未闻，洵人生之幸福也。

公度：由小物悟人交游，足仰大德。其所云云，仆亦同之。敢谢厚意。并志私喜。

宫岛：此张旭书轴，我旧藩主上杉氏之所藏。朝鲜之役，藩祖从丰太阁入高丽，获之而来，三百年珍藏，未知果真否。

梅史：张颠书得之韩人者，当是真迹。其用笔沉着蕴蓄，后跋亦清挺。观吴匏庵跋，知流入三韩亦不久。唐代墨迹存人间者甚少，得见此至宝，眼福应不浅。

宫岛：他一本张旭，友人某氏所藏。

梅史：张长史书虽云狂草，然未有粗浮险躁而可以谓佳者。后得一卷，毫无深静之致，跋书如出一手，盖市贾所伪为也。

宫岛：家君今年七十二岁，请赐寿言。他日以呈家君履历，幸领此旨。

席上赋呈何张黄沈诸公乞正   诚一郎未定

自有灵犀一点通，舌难传语意何穷。交情犹幸深如海，满室德薰君子风。

梅史：   奉和宫岛先生玉韵即乞郢政   沈文荧拜稿

东指蓬莱碧海通，挥毫雄辩乐无穷。高斋啸咏皆名士，苟令香薰散晚风。

公度：   率笔次韵以博一笑   黄遵宪

舌难传语笔能通，笔舌澜翻意未穷。不作佉卢蟹行字，一堂酬唱喜同风。

子峨：   次韵   何如璋

近西人有电器名德律风，足以传语，故以此为戏。

何须机电诩神通，寸管同掺用不穷。卷则退藏弥六合，好扬圣教被殊风。

子峨：尊公高年令德，愿得一瞻寿星。归寓当作芜词以祝。

宫岛：妓皆系柳桥籍，一名阿滨，一名阿梅，一名阿爱。皆请诸大家之名吟，愿各咏一诗以见赠。

书赠阿滨

好是相逢洛水滨，惊鸿翩若见丰神。果然标格环肥妙，题品由来出主人。

何子峨醉墨

忆昔寻芳湘水滨，明珠解佩不胜春。偶从仙岛逢仙子，人面桃花一样新。

张鲁生戏墨

金钗环侍席当中，绿酒微醺烛影红。我向水滨频细问，旁人莫笑马牛风。

东海黄公

滨町春色不寻常，绝妙金钗十二行。玉立亭亭纤影媚，就中独数窈窕娘。

醉梅史

书赠阿梅

情浓暮雨脸朝霞，信是人间萼绿华。我本罗浮山下客，欲扶清梦到梅花。

子峨

记曾点额寿阳妆，浓艳罗浮一样芳。听罢岳阳楼上笛，江城五月正飞觞。

鲁生

一曲江城唱落梅，当筵共醉酒千杯。霓裳缟袂翩迁舞，莫认人间筝笛来。

公度

梅额樱唇妆饰新，小蛮樊素斗丰神。就中仙子罗浮客，半厣宫黄粉色匀。

梅史

书赠阿爱

国色天香爱牡丹，翩然风韵本来难。婷婷袅袅十三女，如意珠宜掌上看。

子峨

花容玉貌耐人看，我亦钟情割爱难。何日贮来金屋裹，锦衾角枕共春寒。

鲁生

双鬟便既值千金，最小娇姬弱不禁。醉后欲倾东海水，一齐并入爱河深。

公度

爱听流莺调舌初，香含豆蔻十三馀。明珠十斛当时选，翠翠红红总不如。

梅史

宫岛：诸大家名吟，所谓咳唾成珠者。三校书得此珠，颜色生光。余代谢。

子峨：重野、青山两先生，今夕之会，如明道先生入妓席不逃，别有风致。赋之以呈。

我是今生杜牧之，华堂亲见紫云时。狂言欲乞君应笑，且醉当筵酒一卮。

重野：厌厌夜饮，不醉无归。

子峨："醉言归"、"醉言舞"。"彼美人兮，莫我肯顾。"

青山：君语真然。美人必云老物可恶。

子峨：他日招兄等再为雅会，赋之告辞。

旧雨不如今雨，他乡即是故乡。且订三山好会，拼他一醉流觞。

三、光绪四年六月三日 （1878 年 7 月 2 日）

（七月二日，访清国公使于月界院。）

子峨：馆中课程，顷当酷暑。闻贵国各官署例给假五十天，从何日始？君届时仍到馆中，抑过五十日后方到馆？

［**宫岛**：给假由七月十一日始，其间六十日，到九月十日终。各官便宜交替，互给三十天，即旧历六七月也。］

子峨：此例是贵国旧日通行者，还是维新后方有此例？

宫岛：吾辈始列朝班，在维新之二年后。初二三年之间，百事纷冗，无此事。明治六年夏初议立此例。

公度：此月放灯，于何日止？

宫岛：定是五十日。

公度：重野氏作大久保碑成否？

［**宫岛**：未闻成。］

公度：川田瓮江作木户参议碑，闻至今未成，是否？

［**宫岛**：木户遗宅顷编纂履历，未闻碑成。］

公度：有板垣退助者，亦维新功臣，闻已退居。其为人何如？［君知其人否？］

宫岛：明治之初年至六年，我辈大亲睦，共谋国事。其为人忠实果断，且有军功。今日所见少异政府议。

公度：其与政府异议者如何？

宫岛：板垣论以为，维新之初，天子下诏曰：广采众议，万机取决于公论，施行政治。今日政府之所见，全国士民知识未畅，朝廷先立国是，以施政事。此板垣与政府异其见也。

梅史：贵国近尚西法。西人言利与民权，皆致乱之道也。人皆争利，不夺不厌。民苟有权，君于何有？西人之说则然。无为权首，必受其咎。此公之谓也。

公度：然其为人忠实果断，则大可兼收而并用也。

宫岛：兼收并用何义？

公度：谓虽偶与政府不合，亦必有可补偏救弊者。朝廷用人，不必专以一格也。

宫岛：此论诚当。

公度：是人近在何处？又何所作为？

宫岛：现在土佐国高知县立社，名曰立志社，想是为扩张人民权利之说。

公度：士大夫退居，最以理乱不知、黜陟不闻为宜。自立一社，往往多事。明季士夫喜立社，推其弊至于乱国，可鉴也。

宫岛： 仆亦所见有略同者，是所以忧板垣也。

公度： 若如此，则忧板垣者岂第先生一人。

宫岛： 大然。虽然，板垣之建论初，废藩为县，解武士之常职，广扩庶民之权利，废刀剑以起海陆之兵备，解各藩之军备以归朝廷，此事板垣之力居多。唯与一途之腕力论异矣。

公度： 其所为皆是也。废刀则不必。若今所云云，近于墨人自由之说。大邦二千馀年一姓相承，为君主之国，是岂可行？

宫岛： 崇尊帝室，则吾邦固有之习气。旁注：风。前所云之政体，决不毁伤一姓皇统。我国武门执政七百年，全国人民气风大屈。今日宇内变通之际，仅仅武士守国，庶民亦漠然不知忧国家。所以废士职，励民心，在此也。全国三千万人任护国之责，而始传帝系于万万世，昭然者不疑也。

公度： 是事万万不可求急效。当先多设学校以教之，后定取士之法以用之，则平民之智识渐开，而权亦暂伸矣。

宫岛： 现今论议纷纭。虽然，到底所归如贵说。

公度： 若以素日不学无术之人遽煽自由之说，又大国武风侠气渐染日久，其不为乱者几希。故仆私谓教士取士为今日莫急之务。如铁道等事，其次焉者也。

宫岛： 教士取士之法，他日详受高诲。

梅史： 教士之法，须使知忠义大节，则尊君爱上，风俗归厚。若教之以趋利求利之法，而不知大义，则作乱者多矣。

子峨： 贵国维新之治已逾十年，上下之际，议论不一，情意不通矣。宜亟定取士任官之法。不妨多分科目，以收罗通国之英俊，则彼为平民者知进身有阶，气愤自平。此制与倡民权自由之说者，有其利而无其弊。次第行之，国本始固。否则上下不一心，其害有不可胜言者。卓见以为然否？

宫岛： 取士任官之法，请闻其尊论。

子峨： 欲取士由教士始，教士由学校始，学校教士须立章程，其道理则不外孔孟忠君亲上、仁义道德之说。小子初入学，须令其读《四书》，塾师为之粗解其义。稍长，则视其材质所近，如文章、词赋、天文、算法，凡西洋机器之类，分科造就。其业有成者，聚而考校之。择其尤者，授之以职事，由小而大。其奋勉者升之，不称者黜之。考而不及格者使之再学，定期再试，自不赴考者亦听之。考须有时，每县约取人数亦须有定额。其中节目繁多，有宜因地制宜者，非一言可尽也。再刻下人情有纷扰不定者，鄙意宜特令各县官撰其才异者，先授以官，亦收拾人心之一法。否则各有所私，徒滋人言，非弭乱之道也。经久之计，则须定选士取士任官之法，始行之无弊也。高见以为然否？

梅史：知义而知兵则有益于国，知兵而不知义则有害于国。孔孟之道亦不去兵，尧舜之世亦不废兵。不过有本末轻重不同耳。

子峨：顷闻欧美有所谓贫富贵贱一致之教，入其会者，不论何国人，皆同志同心。此将来该各大乱之道也。不出三五十年矣。

[**宫岛**：贵国进士及第之法可得闻乎？

梅史：一县所举曰秀才，一省所举曰举人，合十八省而考取曰进士，在殿内皇帝亲试之，其所取第一人曰状元及第，第二人曰榜眼，第三人曰探花，皆赐同及第。]

四、光绪四年七月十一日（1878 年 8 月 9 日）

（八月九日，黄遵宪公度、沈文荧梅史、廖锡恩枢仙被访。）

公度：久不见，想道体佳胜。仆月来患痔，今既愈，然人为之消瘦。酷暑不得出门，今稍凉，故偕二公过访也。

宫岛：过日得接华翰，知仁兄患痔。又前访高馆，不得相晤，颇劳心。

梅史：前日惠临，值炎暑，未得剧叙，别后甚念之。今日往麻布町看基地，至则其地买［卖］于他人。乘凉爽奉访，得晤幸甚。近因在馆之马车夫酗饮，欲换一人，不知有朴实谨慎者否？近欲造公署，约用地三四千坪，不知有相宜而价廉者否？价能每坪半元甚妙。

宫岛：公署何方为便宜？

梅史：能远近适中更好，然亦不拘。

宫岛：城市之地高低孰为好？

梅史：太高则遇雨人力车上下不便，低者能不积水亦佳。

公度：大著高绝。仆于此道未窥门户，率意妄言，幸恕。

宫岛：拙稿经评定，觉一新。邦人不解音节，如格律亦不免于暗中摸索。自今仰教高门，犹得穷渊奥乎？

公度：足下七古似稍逊一筹，揣足下未及多读耳。如子才力，何患不成家？仆当罄所知以相告。仆亦暗中摸索者，未敢为是也。

梅史：古诗长者，须有精神，方能不散，否则浅薄矣。观阁下大稿，气旺力足，当能办此也。

宫岛：果如黄君言。仆不多读，故识见浅薄。若欲作古诗，则当师何人而可？作诗又必要读历代史书乎？

公度：喜学某家，则多读某家。至于历代书籍，多读则气味自古，才力自富。与诗若相关，若不相关。足下此刻学古诗，且多读李杜苏三家。三家喜谁氏？

宫岛：仆平生喜读杜诗，但未至窥其域耳。

公度：喜杜诗最妙。

梅史：不必全读。他日弟为君选出读之可也。

宫岛：汉魏六朝诗有何集？

梅史：仆当送一书来，借君读之。

宫岛：余自幼时好作诗。唯僻邑乏良师，未能领受大方之教。今遇黄沈二方家，得叩其蕴奥，何等喜幸！仆不知所言。

梅史：他人竞作新声，如玻璃器具，必不耐久。阁下诗金相玉质，可为传世之宝。弟之推重以此，非虚誉也。此诗何不将圈出者抄一编付梓？

宫岛：拙集他日果及刊，敢请二公大序。

公度、梅史：敬诺。叙文且俟兴佳属草，以阁下所属，不敢草草也。

枢仙①：久欲趋谒，无缘得达。今日始从沈黄二子登堂，少仰渴想。望不我弃，饱聆大教，幸幸。

宫岛：廖翁初被枉高轩，多谢多谢。日前于汽车中匆匆一晤，当日到横滨否？

枢仙：日昨在汽车遇阁下率文郎三人，半道分驰。匆匆一晤，深愧言语不达，又无管城子以为通事，殊不能释然于怀。仆到横滨，晚即回署。阁下乔梓何往？几时始返？望详示之，以释积闷。

宫岛：仆携三儿纳凉池上本门寺。有诗曰："杖鞋来叩古禅关，树影蝉声白日闲。自有吟心尘不染，僧房深处坐看山。"即乞正。

枢仙：　依韵奉和请即有正

　　　　　　　　　　　　　　　　　　　　　　　　锡恩

---

① 枢仙，廖锡恩。

不是披书爱掩关，一年几日得身闲。羡君摆脱名缰外，车上相
逢亦说山。

宫岛：席上即吟，有此高和。先生深熟此道，他日必当受教。

枢仙：仆于沈黄二子案上得观大作，幽情逸韵，爱玩不释。惜事忙
时逼，未及卒读。望梓成速赐一部为祷。

公度：闻青山季卿游日光山坠马伤背，今尚未归，是否？

宫岛：顷闻归家而未愈。

公度：前闻其二女公子亦往山中视其父疾。其长女通汉学，青山盖
相依为命者。然少者亦甚佳也。

宫岛：青山季卿颇富女子。女子能解文学，且屡得兄等之赏誉，颇
增声［身］价。

公度：仆欲于东京娶一闺中女为妾，足下能为我作蹇修乎？

宫岛：仆昨夜登新桥酒楼，有一名妓竹者，频说公度之事。何必要
找娶一闺女？

公度：曾画一团扇贻之。新桥尚有一小万，年二十许，有名士举
止，仆亦喜之。然仆欲娶为妾，不欲艺者。良家子肯嫁外国人为妾否？

宫岛：良家子素不许嫁外人，且兄等期满归国，便掷弃之耳。

公度：携归。

宫岛：兄尊府自有正夫人贞静以俟兄归，兄今于殊域聚妾，夫人其
谓君何也？止之止之。

梅史：公度至贵邦，如周穆西征，曰赤鸟氏美人之所出也，宝玉之
所在也。必欲娶一美而后心安。

枢仙：黄君夫人亦是能逮下而无嫉妒者，可以出结。

宫岛：小万亦能解人情。他日将呼小万、小竹以招兄等，而偿今日
之责。兄等能来否？一笑。

梅史：阁下见招，必赴也。

五、光绪四年十一月十四日 (1878 年 12 月 7 日)

（十二月七日，黄遵宪、沈文荧、廖锡恩被访。）

梅史：久欲奉访，忙冗遂迟。寿诗已书就，并怀君一诗呈缴，乞莞
正之。尊老大人前代请福安。

寒夜有怀

移居霞关峰，林泉适幽兴。岁晚发寒花，香心霜雪净。秉烛夜相对，寂处思耿耿。念我素心友，弥日旷高咏。起步望青霄，徐辉灿参井。

拙句录请栗香仁兄大人正之　　　　　　　　沈文荧初稿

宫岛：老父寿诗大书殊好，永为家宝。寄怀尊作，幽远高淡，多谢多谢。

枢仙：前日命作尊大人寿诗，写在裱成册帙乎？抑别纸缮写乎？请知示。

宫岛：此一卷现在副岛氏宅，他日呈册帙以乞大作，幸赐寿言。

枢仙：昨曾作一诗赠副岛翁，录呈尊览。

泱泱扶桑国，如公有几人。来盟曾建节，学道旧传新。望系苍生重，诚求赤子真。东山应再起，翘企及西邻。

宫岛：天候新寒。厨下有酒可一酌，恨无下物供酒。

梅史：少饮甚佳，何必治馔。

宫岛：过日同副岛于使署赐华馔，其味不忘。

公度：足下能喜吾国馔，他日弟当再卜约副岛先生同来一饮也。新居几案未备，既购之广东，未来，此刻未能肃客也。

宫岛：副岛翁亦大喜华食，曰如游贵邦。

公度：吾国之馔不能咄嗟为之。豕鸡鹅鸭及一切海错，皆以水火调齐，使其真味远出。或烹或饪，或炙或燔，大抵皆由酝酿而出，故味厚而浓。若求急效而负近功，是为不知味者。先宜求鸡鸭美材以立其根本，次则问烹饪之法以别其体裁，次则调水火之功以善其制造。三者失一不可，尤在根本。根本不立，则绝无体裁，虽有善庖，亦不能制造也。

宫岛：作屋所以庇身，作食所以养体。贵邦之治馔，犹工匠择材。庖人匠工，同是一事。至言至言。

梅史：水火之齐，其后先有候，其配合有宜，如治国然。别材因时，故负鼎者可为阿衡，此事正不易易也。

公度：仆往友人家，每设酒醴。而惠临敝庐者，乃不能具一酒馔，亦以咄嗟立办之难也。苟贪立办之名而勉强为之，卒不可以食。既劳民，又伤财，究何益？盖各国自有规模，不能以中人所食之馔遽学日本之法也。

宫岛：敝国食味太过淡泊，无足食者。今日闻诸君之教，始知贵邦治馔如此其能丁宁，故有此浓厚之味。宜哉其能适口而善养体，亦见厨人苦心。

梅史：邻居咫尺，过从颇易。他日踏雪访君，不必如剡溪纡远也。

宫岛：君居芝山，仆屡相见。自霞关移居，却是契阔。真如"春明门内是天涯"之句。自今雪朝花夕，不绝往来，以畅襟怀，岂不快乎？

梅史：定当践约，以领嘉话。

枢仙：雪朝月夕，恐君与金屋阿娇携手遨游，互相歌啸。我辈如游方道士叩门，宁不讨厌乎？一笑。日之夕矣，当归晚餐。且有一客在馆相待同食，敢辞。

宫岛：请一酌防寒如何？

梅史：天晚，谢谢。

六、光绪五年二月十日 （1879 年 3 月 2 日）

（明治十二年己卯三月二日，清国出使大臣参赞官黄遵宪公度、出使随员沈文荧梅史来访，特谈琉球之事。）

公度、梅史：闻贵体违和，比当全愈，特相偕过访。

荧
　　同白
宪

宫岛：仆卧病三旬，殊不适服食，不访公馆亦将数旬。过日少愈，访何大人话少时。想两贤而来大好。廖兄之兵库，信否？

公度：廖枢仙兄于正月杪赴神户，临行嘱代请安。顷睹尊容甚光腴，谅已全愈。且保养甚善，似精神胜平时也。

梅史：春光明媚，天气温和，正是艳阳时候。惜乎将作归计，心绪怅，故偕公度兄来访，与阁下畅谈破闷耳。近因贵邦必欲郡县琉球，故公使与弟辈皆将返国也。

宫岛：琉球事情弟辈不谙得。朝议若果欲郡县之，必当与贵政府协议之。不知贵公使以彼事告外务省否？

梅史：此事公使已告贵邦外务省。而外务省来文装聋作哑，亦不论理之曲直，但言此事贵公使不必与闻之意。我国政府奉皇帝之命，令何公使就近与贵邦理论。今贵邦既不论是非曲直，则当归国复命。但该国朝贡已久，我国政府必不能漠然视之也。

公度：郡县之说，新闻纸所言不足尽凭。然贵政府若有事于球，非蔑球也，是轻我也。我两国修好条规第一条即言："两国所属邦土，务各以礼相待，不可互有侵越。"条规可废，何必修好？故必绝聘问，罢互市。吾辈不得不归也。

宫岛：新年来频于新闻纸上见琉球处分之议。我辈于球之事未有所见，且非职务之所关。但此事关涉两国，以破交欢，不堪慨叹。必当有理论明白之说，不知可得闻乎？

公度：凡事须彼此计较。若吾为此事，贵政府宁默尔乎？不能默尔而又不从吾言，尚何理论？吾辈且归，至于后事，未可知。或万一，当执鞭弭与君周旋也。

梅史：贵邦当局之意，以谓此事必球人在此控诸公使，故公使为之言。故令人恐吓琉球，使球人无复言，则我公使必不复论，所以遣松田前往。其实不然。我公使之来，受命于皇帝政府，力主其事。若非朝命及政府之意，则公使必不管也。至球人虽为贵邦挟制无复言，而我政府必不能漠然置之。盖球为我藩，欺球即欺我。虽与贵邦和好，其势不能得也。即贵邦已取其地，亦必力图返其地、立其君而后安。前之所以不张扬之，而令公使理论者，以贵邦前已误于人言，轻举妄动。今既和好，可以翻然改图。因公使之言而答曰：前者未有和约，故我欲取之。今既和好，自当舍之。如此转圆，则泯然无迹，不失两国体面也。今贵邦政府贪其地而不顾理之是非，将来用兵而致祸患，仆甚不解其惑也。且仆为贵邦筹大局，亦不宜与我国失好。今西人收取日本金银，以致有纸无银。他日倘责国债，势必以地偿之，其居心甚不可问。而贵国不忧此，乃欲失好于我国，一不可解也。中国之地大于贵国数倍，其富亦数倍，人民又多，兵饷之多于贵国，不问可知也。新平大乱，将帅士卒皆经百战。贵国与我国失好，能保必胜否？此二不可解也。贵国财竭于府藏，民贫于昔日，反侧之徒尚未安。苟有事于外，则变必生于内。不求自治，而欲启外患以召内乱，此三不可解也。

公度：台湾之役，谋国者费多少苦心，为亚细亚大局而后议和。早知如此，不如遂一决裂。我政府有函来，言此悔之折骨。谓深悔是事草率言和也。我国近始遣使交邻，此事而遂置之，何以为国？足下试为吾辈筹画，岂有遇此事犹腼面在此与贵国及他邦往来者乎？

宫岛：贵公使告我外务以书翰，外务必当答贵公使。其两样书翰，君持之乎？

公度：外务复我公使之书，只有虚辞，无一实语。近者我政府复有寄外务书，昨既钞以达外务，未得复也。

宫岛：欧洲争乱之气势，今将渐波及亚细亚洲，抑亦气运乎？但若贵邦与敝邦，则在亚洲最当勉交亲者。然而谈及此等之事，仆辈深慨之。

公度：我政府隐忍台役，即为维持亚洲大局起见。近日李爵相且驰书朝鲜，告以日本之可亲，俄人之可畏。且欲合纵两大，驱逐诸小，勿辱欧人之辱也。今贵国必欲绝好，吾亦无可奈何，不得已而应之。言及此，岂惟慨叹，实痛哭流涕之事也。李伯相之贻朝鲜书，即何公使以告伯相者。伯相之书〈曰〉：何公使到日本，知日本于朝鲜非能利土地人民，实欲联络亚洲大局云。

宫岛：过日窃与何公使论亚洲之大局，颇有益于敝国，想当有益于贵邦。今俄国之势隐然并吞亚洲_{黄遵宪旁注：朝鲜亦在其中}。贵邦危则敝国亦危，敝国危则贵邦亦或危。今日之势，唇齿相持，维持亚洲也。可不深畏乎！如彼琉球小岛，则必有两便之法。不知为何观乎？

公度：有两便之法，我政府固亦愿之。但若如近闻，则我弱小如此，何以为国？即不复能联络也。

梅史：此等事我辈与阁下皆不任之，从旁冷眼观之，为可慨耳。言之徒增怅，不如且谈风月。

宫岛：古来议治安之大道者，胸中必当有闲风月，若能谈之则妙。公度者在参赞官，想应有嫌疑。如君与我辈，则职外之闲散人，可以调和两国之交际，是真友谊也。

梅史：若能开悟贵邦政府，以继好息民，则仆辈亦愿出力。不然恐数万生灵不免锋镝也。凡事当论理。譬如我与阁下相交，阁下有一仆，而我夺之。阁下向我婉告，而我答曰："君不必问。"阁下能忍之乎？一家尚不可，何况贵邦堂堂之国？若平心与公使商之，则必有理可说也。

宫岛：近善和语，诚妙。

公度：以耳所闻者略言之，未尝学也。同馆皆作乡谭，引而置之庄岳之间，为楚语如故。谅终无解时。

梅史：此后八日，荧、宪作主人买舟游向岛，请阁下看梅，如何？

宫岛：谨从命。两君请缓坐，将呈薄酒。

公度：不敢当厚意，仆且欲告归。

梅史：今日尚有他事，欲归。久谈妨清闲，罪甚。他日再奉攀雅话。

公度：阁下之诗未能刻就，乞择其尤者钞十数篇见赐，当携之归也。

宫岛：谨诺，直钞数篇系两君圈点者以拜赠。兄等促归期，不知果然乎？将刻何日出帆？

公度：此固未定。仆如定期，再告。[近日为《日本杂事诗》，凡百篇，脱稿再以呈，归亦钞寄。]

七、光绪五年二月二十三日（1879 年 3 月 15 日）

（三月十五日，东京府开汤岛圣庙，拜观文宣王孔子圣像，文学遗老古贺谨堂为魁。盖继述大久保故参议遗言。清国钦差何、张二公使，参赞随员黄、沈二氏来拜行礼。冈千仞为干事。清使大喜，曰："昨年东来以后之大快事，亦两国交际之一大关门。"）

宫岛：传云此圣像来自朝鲜。

子峨：像亦俨然。然第渡海涉风涛，略瘦耳。

宫岛：今日公使所着之服，此乃礼服乎？

公度：《会典》曰补服，始于明，成于我朝。所戴珠曰朝珠，因位阶有差等。日本旧史所称冠位，意与我同。大礼小礼，以名为别。大织小织，以制为别。今我所戴水晶珊瑚，亦随官阶而别。大礼用珊瑚，小礼用水晶。别有绣蟒服，今日仅行拜礼，故未穿是服，朝会祭祀用之。

宫岛：此宿儒者古贺谨堂也，通称谨一郎。昔时当幕府之代，主宰此圣堂。幸希相识。

公度：古贺与精里先生一家否？

古贺①：精里即吾祖也。

公度：仆黄姓，名遵宪。东来读精里先生曹参王猛二论，以为可古大家之堂。不图得遇其文孙，乃须发如四皓。仰瞻先德，且喜且慰。

古贺：吾先亦出唐山刘氏也。归化二千年馀，书香则以祖为初。吾父侗庵著书四百馀卷、文诗六十卷，在日本为罕有。今与公等拜晤，如

---

① 古贺，古贺谨堂，通称谨一郎。

见同人，何喜之如。

宫岛：他日招古贺老于敝邸，请吾兄与何大人惠临，放谭今古。

公度：是灵帝后，与丹波同族否？

古贺：然。

八、光绪五年三月二十五日 (1879 年 4 月 16 日)

（四月十六日，访黄遵宪。）

宫岛：今日风恶，家居不堪无聊，特访贵馆遣闷。先生如无事诚大幸。尊著十月间成上卷，果可践约乎？

公度：此卷既钞就五十首，今日即以呈上。方校讹字未毕也。今日本欲走尊斋呈此诗。仆有一不情之求，望阁下于数日中即为改正。缘公使归不远，改正之后，即欲钞别本携还敝国也。未审能允许否？

宫岛：仆素无识薄才，欲改贵兄诗不能，唯改其事误谬以呈。公使归期在近，真否？

公度：归期在贵历五月中旬，近既检点行李矣。

宫岛：贵兄进退如何？

公度：仆或暂留此，亦未定也。

宫岛：副岛氏拜宫内御用挂之命，兄知之否？

公度：一等侍讲，是三等官矣。

宫岛：非，一等侍讲，官等即一等官，年俸四千元。唯非本官，御用挂，而职傍兼侍讲。

公度：是诗数日间吾兄改定，亟以次卷上呈。仆俟兄阅毕后，以示青山、龟谷二子。仆是诗恐贻方家之笑，然意在记事，故拙亦不辞。仆居此，多有知其不工文者。若执此种诗以律敝国人，以为大概如此，则敝国文士便当攘臂而起，诟骂仆不置也。

宫岛：仆爱慕足下之学才，平生赏叹不置。今作此诗以传世，足下名于东方百世不朽。而足下与我交厚，亦仆之荣也。

公度：望痛改之，极斥之。仆读君诗尚谬评如此，况君施于仆乎？仆生平无他长，唯乐闻过，能服善，区区所窃自许者。再俟一月，当别钞一册存尊处，有友来都可请正。

宫岛：敬诺。锦里诗文虽疏恶，足观当时文运，请一阅。

公度：其门人可谓盛极。承假是书，当敬读之。谢谢。

宫岛：黄氏与兄同姓，此人鸣于乾隆时乎？其诗磊落浑厚，幽远似李太白。

公度：黄仲则诗天才卓越似太白。仆谓太白死后，能学其诗，今古一人而已。顾其名不甚著，没时年仅三十五耳。惜哉！

宫岛：仆阅清国大家诗不多，惟如此名家亦未多见。抑乾隆之人乎？其才锋胜王渔洋远。

公度：仲则当乾隆时，末卷有小传甚详。其诗似在王渔洋上。渔洋一生处顺境，仲则不得志，又早夭。然所造就，已卓然可传。乾隆中人材鼎盛，如此种人，名磨灭而不彰，此外更不知多少也。

宫岛：与兄同姓。仆择此诗之尤者，以欲上之木，以传此名敝国。兄为一序。

贵邦上梓价高下如何？如仆诗数者价将几元？请教。

公度：比日本价为高。其精者每千字约一元。此刻木工价也，印刷之工及纸费在其外。

宫岛：贵邦价易。

公度：铅版排印价必贱。刻工日本最精。仆此诗将来改定，欲此间上木，未知需金约几何？

宫岛：托之书肆。许专卖，书肆偿此价。若不许专卖，则大约此诗一纸一元。

公度：仆许之专卖无不可，然他人欲翻刻则如何？须请版权否？

宫岛：唯外国之人于我邦有许版权否，仆未知。仆代先生以上之木无不可，则妙。然则不许他人翻刻。细问之政府以答。

公度：仆但欲刻就，自购百十部，归以赠友。若书贾任其赍，即听其专卖可也。若自刻之，费金殊多。自卖之，必无此理。

宫岛：仆与友人谋以告之兄，兄幸勿劳。

武进黄景仁《两当轩集》

从四至七　　　一册

从十二至十七　　一册

此他愿借用。

九、光绪五年闰三月十七日（1879 年 5 月 7 日）

（五月七日，黄遵宪公度邀我①于卖茶亭饮。前一日有书简。）

公度：仆此诗日本杂事，于古人似谁？

宫岛：流丽而清新者，在唐刘禹锡；有气骨而峭劲者，似东坡，又似明李献吉。

公度：仆自觉于古人不唯不及，亦殊不似。仆自为仆之诗而已。

宫岛：日本不解音节而作诗，可谓不可思议。唯因有平仄，仅可言诗。

公度：日本天性善属文，使以汉音读书，便与中土之吴越同。

宫岛：诗有乐器否？

公度：无之。今我读诗，诸君试闻。读诗皆如此。音节好否？

宫岛：极妙。

公度：我朝有王次回，专工无题香奁。君见其集否？

宫岛：未经一见。君藏之乎？

公度：仆未携来，问同馆中。有之即当以送阅。是人天赋艳才，最能写男女之事，无微不备。有一女，亦以词著。

宫岛：蠖堂山田氏，我乡之儒，为我幼年之师。此卷即《蠖堂诗集》，其诗如何？

公度：笔气甚好，唯稍疏耳。质甚美而学未足。气多甚好，唯此气未经陶炼耳。

宫岛：吴泰伯、秦徐福来住我土，贵邦诸书有之。若此人果来我土，必当深隐山中。若果立我朝，当初必有汉文。而汉文自王仁携《论语》来为始。

公度：君可谓善思。此事仆初疑之。继思君房之来在秦皇帝时，其时方焚书坑儒。福又假托方士，所携皆童男女，理不得通文学。故汉文至王仁而始来也。若吴泰伯之说，因史称勾吴之俗断发文身，而日本始亦同此，故以为是吴后。是本无确据也。

宫岛：敝邦儒者，足下以何人为巨擘？

公度：物茂卿高材卓识，仆私许为日本儒者巨擘。而颇不容于当时

---

① "我"，指宫岛诚一郎。

者，一以生长江户，关西学者颇致不满；一则由赤穗义士之狱，物氏不是之也。赤穗之狱，鸠巢是之，茂卿非之。仆以为二人之说皆是也。一伸国宪，一作士气。

宫岛：今贵国何地最出人才？

公度：文章则江苏、浙江，经济则湖南、安徽。

宫岛：江南多文士，宜然。湖南、安徽出经济之人，有何缘由？

公度：曾文正公、左宗棠湖南，李鸿章〈安徽〉，此其尤著者。其馀不可胜数。

宫岛：彼土想经战乱否？

公度：土寇之乱，皆削平之。诸公本皆书生。道光末年，湖南先达忧天下将乱，皆喜谭武说经济，遂成风气。

宫岛：贵邦今指为中原，不知何边？

公度：古所谓中原，河南、山东也，陕西也。今并江南称。仆广东人，中原人素鄙之。

宫岛：今亚洲扫地，皆受欧人之侮笑。而贵邦与我国首当外难，将来两国宜相维持也。

公度：五部知有李中堂耳。左在李上，若曾胡诸公，又在左上。左则六十八，李则五十三。

宫岛：左公惜春秋已高。

公度：外人不尽知左公长。苟得如左公者数人供其驱策，何忧外侮。

宫岛：现在北京满人多作世家。仄闻其俗徒自尊大，知有清国，不知其他。吾邦旧幕旗下八万，维新之前殆有其风。未知果然否？

公度：此亦不尽然，然大概如是。

今我恭亲王其才力皆出诸臣之上，即今上之叔父也。

一〇、光绪五年闰三月二十五日 (1879年5月15日)

（五月十五日，邀黄遵宪于卖茶亭小饮。）

[宫岛：贵邦有官妓始于何代？

公度：世谓始管仲女闾三百。然《左传》序南宫万有云："陈人使妇人饮之酒。"苟非娼妓，何以能尔？则春秋时当早有之。管仲治齐，始为之立法耳。

宫岛：于新桥妓中若小万、小竹等尤适吾兄之意者，今召之供杯酌。幸宜宽心徐酌。

公度：仆评小万似过江名士，一裙一屐皆有风致。六朝名士皆北人，故称过江名士。晋室东迁，当时名士有此称。其时名士专尚清谭，裙屐自喜。仆以之评小万，以其风雅云尔。

宫岛：吾兄以昔日之风采直评今妓，洵称风雅。戏赋一首。

> 歌喉圆转舞容斜，脉脉秋波扇半遮。正是江南妓王宅，媚花人映媚人花。

公度：结句绝世妙语，余为次韵。]

> 绝好容颜比舜华，偶然露眼髻微斜。累人不敢平头视，真在花中不见花。"人在花中不见花"，栗香词丈语也。[今偶用之]

[**宫岛**：公度曾谓吾邦艺妓按歌曲颇似僧人梵贝为赋

> 姿态矜庄意海深，三弦度曲悦吾心。一裙一屐皆风致，唯恨歌声似梵音。

戏赠公度

> 一年三百六十日，开口之笑有几回？今日何日夕何夕，座有美人与高才。

公度：此诗先生代仆作可也。

宫岛：又戏赠公度

> 爱君好色又怜才，一日肠应转百回。微醉凭他美人膝，借将银管吸烟来。

公度：何等才情，何等艳思！斯人可妒可爱。和栗香韵

> 一年三百六十日，日日凭他枕一回。温柔兼得醉乡乐，直过今生一世来。

> 绝代风流绝代才，客星光照几多回。美人膝与帝王腹，并向先生枕上来。

宫岛：帝王腹姑置不论，世上几千万膝，先生独爱此一膝。爱护珍重，温柔之味可知耳。先生何为不专有此膝？呵呵。

公度：旧填词也。姑录之博一笑。

似此千重心事，便花言巧语，犹难尽说。何况兼葭相倚处，相
对只唯脉脉。

宫岛：先饮一杯而把笔可也。

公度：仆于此等事皆过眼云烟，逢场作戏。藉以泄其胸中磊落之气
而已。其实小万之年岁不知其多少，其家亦不知其东西向在何处也。

宫岛：笔笔言言，善人圣贤之域。

公度：程子所谓目中有妓，心中无妓。仆不自知心目中之有无。彼
学圣贤，我作豪杰，与之分道而行也。

宫岛：笔与心反。笔若有语，则当向先生诉何愚弄之甚也。

公度：辛稼轩词有云："唤取红巾翠袖，揾英雄泪。"

宫岛：着着多情，是所以英雄为好色家。

公度：过眼云烟非不情也。乃用情之极后有此达观。

宫岛：到此可谓自负极矣。

公度：达观二字，对天下人言之耳。仆亦不自知为达观也。

宫岛：遁辞知其所穷，古人为先生设此语。

公度：天下之事本无所谓彼此，一切皆平等视。有多情人，遂有达
观人。有达观人，遂有多情人。两相比较，而后有此名。

宫岛：今日之游顿忘百忧，亦是人生之一大快事也。]

一一、光绪五年四月一日 (1879 年 5 月 21 日)

（五月二十一日访公度。）

[**宫岛**：仆近日欲游伊香保，闻此地温泉颇治疝疾。此行三周间辞
京，仍来告别。

此文岩仓右大臣题大久保故参议书翰帖者，今代请正。]

公度：此文甚佳，情婉而意深。

公度：嗟夫！使大久保尚在，则琉球一事必不至此。此事虽发于若
人，然能发之，必能收之。仆与何大使每论及此，为之咨嗟太息，而又
以叹今之无人也。仆为此言盖有所因。大久保自吾辈来，眷眷相交，颇
有唇齿相依之谊。渠若不死，必兴汉学，必联两国之交，能使是事化于
无形。渠未死前数日过敝署，颇露心腹语。且自言不学无术，从前遇事
求治太急云云。故其死也，何大人甚痛之。

[**宫岛**：考今之时，两国之交际，须益慎重，须益亲密。而其间通

辞或不免为卑陋轻薄，遂为失礼者，皆文之不善，语之不通之故。自今以后，特愿大方家互通两国言语，是仆之大愿也。]

公度：仆意在此开一和文和语学校，招少年之聪颖者习之，有三年可成材。公使大谓然。既请于政府矣，因争属藩，行止未决，故不果成也。

[**宫岛**：琉球之一案，到底是两国交际成否之关门也。]

公度：去年大久保参议在时，我公使尝与言及此。谓在东京设一学校，日本生徒二十人，敝国生徒二十人，共延四师。其后遂不果行矣。

[**宫岛**：然。此事曾闻之大久保。可惜！如君与我则宜期业于千秋，徐可成此事也。]

公度：此案悬而不结，虽女娲氏补天之手，不能引两国使亲密耳。无论今日不结，再过数年，交谊唯日疏耳。譬如鱼刺哽喉，终不能下咽也。

一二、光绪五年六月二十二日（1879 年 8 月 9 日）

（八月九日，访黄、沈二君谈。）

[**宫岛**：前日寿诗大书送来，永以为宝额。特来拜谢。久不相见，二公俱健，贺贺。

公度：不敢当厚意。伊香保温泉之游乐否？仆亟欲往日光一游，奈不得暇。

宫岛：三旬在山中。温泉殊妙，含铁与琉。如我肥体，尤觉快适。其他两毛、信越之诸山，朝夕呈紫翠于几案，爱抚不厌。但憾乏友人，时时怀词兄。

公度：游山当挟一美人可作良友者。

宫岛：此即杀风景。唯携儿一人耳，可谓谨愿极矣。

公度：携美人同浴尤妙。

宫岛：我兄有暇当携美人一游香山，异于新桥尘埃之地。尊著]《日本杂事诗》何日成？

公度：都既脱稿，将寄香港排印之。以后竣工，谨当奉赠。

[**宫岛**：每日雷雨，未觉清凉。

梅史：贵邦天气今年竟似中土，多雷多雨，炎暑而无地震。

宫岛：敝土蟠居海上，且多火山、地震。

公度：台湾亦多地震。

公度：此茗为别一种，味少近日本。

宫岛：茗名何？

公度：此茶不名于世，仆家之土产也。出不多，外人无购之者。名清凉山。

宫岛：此茗系贵家之产？谨而拜味。

公度：茶以武夷为佳，然上上者亦非人世所能购取。山中供佛外，豪家贵族得一二目而已。仆于潮州饮之，果甘美绝伦。

梅史：真武彝、芥片、龙井，皆不易得。得之不过一二目而已。味异与常。

武彝。福建，即古之北苑相近。

芥片。江苏宜兴，即古阳羡。

龙井。浙江杭州，在西湖中，近虎跑泉，辨才所住。

宫岛：此诗余曾和南洲西乡之诗，以寄赠。先西陲之事数月前也。请正。

梅史：诗豪俊。幸有末语，不然受叛人之累矣。所以立言贵得体。隆氏所望，欲于废藩后为丰太阁，而才不济。不得已而以兵胁上。不知叛名一著，人皆瓦解矣。其无识可知。

公度：西乡此种人，岂能老田间者？其叛也，愤郁不平，英雄技痒耳。其人但欲取快一己，无所谓爱国。

宫岛：人生一世之事业，盖棺论定。如西乡末路，余不能一言。

公度：比来萨人传言，有西乡星见于西南，闻之否？闻隆盛一生好禅不好色。

梅史：隆盛能忍嗜欲，盖其所图者专力于权势。奸臣如司马懿亦不置姬侍也。此等人大约阴狠。

公度：恨褚渊不早死耳。然西乡今实未死。始逃香港，后匿广东之罗浮，偕一僧复走南洋。有人言之凿凿可据。

宫岛：渊何人？

公度：渊者，宋齐间人。初负盛名，后为卖国贼。

宫岛：讹言西乡不死。余友陆军佐官某所率队兵实获西乡首级，并获怀中短铳与书翰二通。

梅史：或隆盛以此给人亦未可知。安知非纪信汉王衣冠也。

宫岛：山县、川村诸将亲检其首级及其遗体以与家族。

梅史：昔义经之死何曾无人检首级？

公度：是则政府以此给国人耳目，所以解叛徒也。如厨人濮之伪杀华登。

宫岛：先生等博学多识，故却来此疑。我辈本不多读书，又不多记故事。惟因其事与其故知之耳。

公度：西乡星尚在，亦一未死之据。

梅史：当时之事，惟学士如公等赤心为国，其馀有所图而为之也。

公度：此果子以密［蜜］浸姜，风味如何？

宫岛：颇美。贵邦制果子最工，不失自然风味。

梅史：此间有栀子花香，何也？

宫岛：天将晚，告辞。］

一三、光绪五年七月十七日 （1879 年 9 月 3 日）

（九月三日，访黄、沈二氏。）

宫岛：敝国德川之初，林罗山推宋儒，讲道学。物茂卿徂徕一出，大排斥之，以为无用之学。

梅史：唐虞时事，中土史往往太略。中土之学为宋儒所害，讲无益之心性，而实学皆置不讲，其害也佛老同。贵邦徂徕，第近代第一有识见人。学者但当读《论语》、《学》、《庸》、《五经》，求实学问。

宫岛：我常读《四书》。惟读本文，不读其注，盖有害无益。

梅史：本文自明白。但有一一古训及人名地名，略考之可已。

宫岛：如朱子《或问》诸类，如读一篇之演义，余颇厌之。

梅史：于坦途上着葛藤，反碍人行。

宫岛：人之居世，惟有衣食住耳。学问除此三者，更无别法。虽有圣人，于不食不衣之中，不能教民。唯与民同此利而已。朱子徒说心性，不要实学，于宋末天下，为何等之用？不知白鹿洞中惟餐烟霞乎？

梅史：以其学施之政事，第二个王安石也。治国第一当顺民心，而宋儒强拗性成。贵邦今日之西学亦虚浮，所谓使民足衣食者，吾未之见，但知百物贵而已。

宫岛：尊论大好。余于西学所取者，惟制造机器与军用诸具而已。他皆用我邦物可也。

梅史：银钱尽而民间大病，米谷贵而民不能生活。国债累累，西人索偿，将何以应？将来恐割地以偿，而地尽入于敌。

公度：《东京日日新闻》述君见克兰德君，赠以写真。上书一篇，文章殊佳。林根者何人？是美前统领为刺客所杀者否？

宫岛：然。克兰为林根所拔为陆军大将，及林根毙，寻为统领矣。

公度：顷不逞之徒有欲刺杀大隈、伊藤之说，闻之乎？

宫岛：未知也。方今屡作此等之妄说，抑亦何故？

公度：贵政府处琉球不当理，恐我国加兵刃，献媚外国，辱国无大于此云云。

一四、光绪五年八月二十六日 （1879 年 10 月 11 日）

（十月十一日，访黄、沈二氏。）

[**宫岛：**顷闻贵邦驻俄大臣崇厚已于俄廷议决返还伊犁之事，其所偿俄廷四百五十万金。果然乎？

公度：此事果然。外人曰偿金员数仅少，颇有伎俩云云。

梅史：先时伊犁叛人扰及俄国，故俄伐之而逐叛人。其后与之言，俄人云："伊犁本中国地，应归中国。我之取伊犁，亦非侵中国，因叛人来扰害，故不得不逐之。而其地与中国隔绝，故不得不暂行管理。今中国来索，理当归还。惟我国代逐叛人，其兵费中国亦应偿之。"其言有理，故偿之。若无理，则我国亦不能也。

宫岛：今俄国虚党蜂起，势尤危急。贵邦盍乘此时结此局，是好机也。

梅史：前七八年，俄人有书与总理衙门，已云归还。彼非以强弱为低昂也。

宫岛：能到此者，左公宗棠尽力之故。若无左公，则恐不能到此也。

梅史：前之中国所以不索，俄人所以不还者，因乌鲁木齐之叛人未平，中间隔断。俄即归之中国，亦道路不通，不能管理也。

宫岛：伊犁地方广狭如何？人口物产其数俱几许？

梅史：伊犁地南北一千二百馀里，东西二千七百馀里，三百八十万二千五百方里。地多矿，亦宜麦。前未乱时颇繁庶，惟天气寒冷。新疆新收复，仆已东来，人口未能详。

宫岛：乌鲁木齐地方广狭如何？

梅史：乌鲁木齐西南和阗、叶尔羌共东西七千馀里，南北一千馀里。

宫岛：自今以往，诸外国共不瞥视贵国，是即同洲之一大幸事也。此际贵国益严兵备，以御外侮，一变旧习，以张国威。我国亦可敬重贵国也。]

公度：吾国之事，非入局中者不知其艰辛。不如贵国之易于作事，易于收效也。譬如以手举二三斤物则从容，举数十斤则竭蹶矣，此理易明。请期之十数年后，君观其效。今政府皆知富强，然不能欲速也。日本欲以本国之事律我国，宜其枘凿也。

宫岛：我国今日之忧在轻进，自今学贵邦为大事不欲速之妙可矣。近吾国亦有大所戒。

公度：吾国既古，土人气质多开明，易于倡祸。故须缓缓为之，使人人知此事当为，则易矣。吾国沿边诸地与外人交接，知其事者，百之一耳。故一时不能强不知者习之也。

宫岛：贵邦必有强兵之日，可推知。自今数年之后，能知海外之情，政府与人民一朝奋起，于东洋大得力。仆辈惟望之耳。

公度：前十年中，船厂、兵舰、西洋练兵皆无之，今皆有矣。十年之内必有电线，可卜也。

一五、光绪五年九月一日 (1879 年 10 月 15 日)

（十月）

宫岛：今日来访何公使，请诗序而来，不相见。日日天气不佳，想大想。过日乞拙诗，有暇愿一阅。

公度：两日忙迫殊甚，未及细读。谨当如命。本署小使杀人奇变，想既闻之矣。

宫岛：愚民之愚，想烦贵虑。新纸种种，今日阅《日日》新纸，始知其确。而来想心绪不佳。

公度：此被杀之人极其温和恭谨，合署上下皆爱怜之。遭此奇变，岂非佛家所谓前世冤愆乎？因是独耿耿在心耳。至凶犯既自戕身死，准我国例律，须杀头偿抵，如此尚不足蔽辜也。是人身长面白，颇知书史，宛如一书生。脸上多胡，惟未经留之使长耳。

宫岛：何年？

公度：三十六。

宫岛：被杀之人为何役？我每每访公使时捧茶来人乎？

公度：此署中扫地薙草点灯及诸贱役，皆其人司之。

宫岛：容貌温润，常含微笑。如此之人，有大幸福之人相，然而逢此变，实可怜。

公度：公使之随役。如见客捧茶及出门谒客，皆其人随从。通名刺，记客名，即其所专司也。无一人不爱怜之。寻常寡言，常看书，书法极清润。署中不识字下人每求之代作家书。

宫岛：每每入门来通名刺，彼人每引我入室。今日不见此人，想彼人被杀，实可伤。公使今日实为之怜伤，心绪恶，为我言之。

公度：又有一服役老妇人，年五十馀。闻呼惊起，亦被伤右臂数处。幸伤轻，不至死也。

宫岛：平生〔日〕入堂关，关左有老妇，彼人乎？

公度：被杀之人即居于关右者。或阃内有事，老妇人将命出告之，故老妇人亦常常在关之左右也。此种事在敝国实为非常奇事，何意吾辈乃目见之。吾国禁佩刀，平民家不许畜兵器。而房屋深邃而坚牢，夜间实未易入。故此种事极其罕闻。吾国皆砖墙，窗不大，每房止一门出入，而此门有枢，内有关锁，实不能一推即进也。

宫岛：我国寻常我家屋之体裁如此：

（示意图略）

君邦寻常之房屋如何？

公度：敝国居式极不一，南北亦迥殊。

北人寻常之式：

（示意图略）

有长有内寝，即所书妇人室是也。在宿外者则在书斋之旁。

今所书皆墙砖，乃所谓炼化石也。

若南人多用三合土，用泥四分、沙三分、灰三分。以版护，用木杵筑实。此最为坚固，水火俱不坏。故南人多有五六百年房室。

请草画一式：

（示意图略）

宫岛：后墙如何？

寻常客，亲恳之友。寝室。

公度：一日食三回。

宫岛：平生与细君食乎？

公度：北人皆两食。

［宫岛：闻内君不接客，果然乎？］

公度：此亦南北不同。北人亦见客，南人则有姻戚者相见，友朋至好亦不见也。

宫岛：其居邸地大者如何？小者如何？

公度：有长在内寝，即画书妇人室是也。有宿外者，则在书斋之旁。今所画者皆墙。

宫岛：石乎？板乎？

公度：砖，所谓炼化石也。

宫岛：略如我辈等级之房屋体裁？

公度：请草画式。

（示意图略）

其大者不必言。论其寻常者，如今所居房之大，约五间。其旁隙地石墙相离，或数尺不等。十间馀，五间。

宫岛：保寻常家者年费资本何百元？

寻常之人一年衣食住入费一人费何金？又如此所画之房屋住人贮家赀何千元？大抵有分别乎？

公度：大略居此种房屋之人，其家中年费总在五百元以上。

宫岛：必因人口多少，夫妇两人子三人，婢何人？仆何人？

公度：［夫妇两人，子三人，］寻常一婢一仆已耳。敝国女人多自理庖厨者。

宫岛：非官员外，平生为所营乎？平生有所营乎？工或商？

公度：国中之富者不在官而在商，不在城而在乡。

［宫岛：富家因土地而收其利，或种茶又棉乎？］

公度：敝国居乡之人每有数百万家产者。譬若潮州产蔗糖之地，有一二家拓土种糖，自收厚利。富家想有土地，土地种糖、茶，又种棉。收其利而为家计。

宫岛：无徒食者，不营业而徒食者？

公度：此种人亦有之。敝国产业通例父传子，子传孙。如祖父营业，子孙亦有不营而安享其利者。

［宫岛：吾邦维新前宅地房室皆政府，不收其租。如贵邦现在如何？］

公度：吾国租税最为奇特，与万国不同。凡房室政府皆不收租。

敝国若以欧罗巴之法治之，利权皆操于上，则政府之富甲于五大部洲矣。

宫岛：发匪之乱，损土地之富产应多多。今复旧否？

公度：敝国三十年内寇之乱，不知者以为内政不修，而不知太平过久之故也。查明以前户口极盛时不过四千万人，而今日至四亿万。物产不足以养民，故生此极乱。而出外洋者，每每数百万人也。

宫岛：贵邦土地大清开国以来陪［倍］明几许？想三陪［倍］。

公度：土地加一倍，人民加十倍。此其故由于本朝贤圣之君世世相承，如康熙、雍正、乾隆三帝，不知比尧舜如何。三代以下，无此圣君也。有此至治之政而太平过久，所以有内乱。一张一弛，国脉之常也。

一六、光绪五年十月二十六日 (1879 年 12 月 9 日)

（十二月九日，访黄公度。）

［**宫岛**：向者少病，为欠趋谭。顷接华翰，十一日午后三时招饮，谨遵命。日来寒气弥加，想安好否？

公度：惠然有来，谢不可言。同坐者，重野、秋月、藤野数人而已，想皆素好也。寒日甚，然仆颇能堪之。仆住北京者四年，住山东者比此间尤寒也。

宫岛：东京比我乡寒气殊薄。羽前极寒，下二十度。

公度：北海道久下雪矣。地动可畏。昨闻箱馆地震失火，焚二千馀店。七日午前五时之震。

宫岛：此事仆未闻之，先生由何知之？

公度：昨日横滨商人有电报云：箱馆税关焚去，吾土人店颇多被焚者。未知其详也。今年吾土陕西、四川、甘肃皆震，其甚者山崩川竭，是则二三百年之所未有也。

宫岛：是亚细亚洲可戒之兆乎？

前日有小盗白昼入我书斋，窥我不在，盗取数部去。所借之佳书幸不陷盗手。

公度：盗书太雅。仆书苟被盗，亦所愿也。

宫岛：此贼恐系穷士族也。数部之书，换金仅二元，可悯又可笑。

公度：穷士族不自聊，乃至作贼，殊可怜悯。仆著论谓亚细亚之弱由于户口太盛，他日以乞正。吾谓古人定三十娶二十嫁之期，盖虑其过多。而画井授田，乃得计口而治仁术，不至穷也。

宫岛：我邦士族坐食几百年，今日废禄令出，而积日惯习未改，往往困穷。盗贼之多盖由之也。

公度：过三十年，士族乃可兴。此理吾征之吾乡。富者经乱荡然，其始必极穷，富贵之气未除故也。过是，渐习劳苦，乃得成人。

宫岛：阅历之言，可以为我鉴矣。

前日盗难之后，又有奇厄。]有童子《荒熊新闻》者揭姓名，曰诚一入枫山秘阁盗官本去，市街扬言者。仆归宅闻此事，又一惊。已诉之官，官缚社长下狱。今日世人贫穷，往往有糊口之计，仆大叹。

子峨：香港英人待狱中人极备。港中贫不能自存者，往往假犯小过，入狱以糊口。不料此中已有人接踵而起也。君所述之社长，今后不唯不怨君之诉，且将德君。然其私心又以为君已坠其术中矣。一笑。

君前所失书系何人取去？

宫岛：未获盗人，[而先获书。西久保町有书肆牧野兼吉者，一日有人伺兼吉不在家，携书而卖之其妇，便我家所取之书也。兼吉归，知其所欺，直诉之官，于是书得复。贼自名大坂府士族冈本阳之进，盖伪名也。]刻下盗贼充满府下，公署宜用意矣。[盗之来不在夜间，多在昼间。]

子峨：顷夜间添二人支更矣，唯日间则无复防之。

[东京新闻有多少家？大小有三十家否？]闻藤田之事已白，是否？有云假做纸币无其事，是否？然则警视忽捕之，何以自解？

宫岛：此事甚难事。[不能答也。他日应自明了。]

宫岛：近日有雅事否？

子峨：殊乏雅兴。惟此月系西历度岁，后月则我亦将度岁。世人扰扰，吾辈亦不得安静也。君便中与当局言之：安民之道，以食为先。顷米价日贵，非治安之道。愚意与其全国力兴商务，种植出口之物，不如劝农民力耕旷土，为足食之计。粮多则价自平，贫民易于得食，自不为盗。若丝茶之类，生民日用有定，多产则价贱，只为西人役而已，非计之得也。此治世要言，愿君记之。此有征验。前岁横滨蚕卵纸过多，价低而卖不去，十馀万元，所知也。去岁少做数十万张，而所得之价比前岁多。

宫岛：确言深服。

一七、光绪五年十一月五日（1879 年 12 月 17 日）

（十二月十七日，访黄公度。）

宫岛：此作送沈梅史席上和诗，请痛正之。

公度：音节意境骎骎入古人之室矣。惟结句无意，少弱。结句"离歌一曲不回顾，空将明月照相思"改作"三山风紧辄引去，欲倾海水量相思"。

宫岛：篇中多风字，如何？

公度：不关重复。复不忌字而忌意。

宫岛：古诗大抵复不忌字乎？

公度：即举此诗不犯复处言之。"悲风淅沥"，言饯别之景也，"归帆饱风"，想别后之景也，"三山风紧辄引去"又为隐括之辞，故意不犯复。若犯复字而犯复意，亦不可也。

公度：仆送梅史归："我欲赠君羢丸之宝刀，愁君锋芒逼人豪。我欲赠君雁皮之美纸，怜君忧患识字始。我欲赠君蓬莱方壶长春之草不死药，神仙今日亦何乐。鸡虫得失何足道，蛮触并吞徒扰扰。为君荡尽东海波，尘世纷纭终不了。海波茫茫夕阳红，回头旭影多朦胧。十年相见重话旧，再把子剑看子弓。新桥儿女长折柳，欲折赠君君岂受。西风萧萧吹马首，不如且醉此杯酒。"乞大正。

宫岛：妙篇杰作，足见先生之才不凡。如此诗，我辈不能梦作。

公度：阁下之诗实胜于仆，论诗则似不如我也。

宫岛：过誉，不敢当。

公度：仆作诗少，故不如君。然君作诗多，亦有不如仆处。

宫岛：我诗素乏学识，决不能及先生趾下。先生未免过誉之诮。

公度：此语实可不敢当。

宫岛：此一卷请痛删之。

公度：此卷亦大有好诗。魏叔子与其兄论诗文，其兄曰："必篇删其章，章删其句，句删其字，乃可为简练。"叔子笑曰："不如删题之为愈也。"仆删足下之诗，紫诠笑谓余曰："如子言，则天下可删之诗多，虽不作可也。"仆亦应之曰："若可删，自然不作可也。"

宫岛：紫诠评诗恐未免杂驳之见。紫诠评我诗，惟有赏赞耳，遂不有瓦玉之辨。

公度：紫诠天资绝人，下笔如流水。然若论诗文之奥妙，彼不如梅史也。

宫岛：仆亦同见。梅史选诗精确深密，大抵与我兄同。

公度：梅史亦天资绝人，下笔甚速。然彼阅人诗文亦一弊，曰不肯用心。虽然，其所见既多，有时草草下笔，或与作者之意相左，然此言要有理。

宫岛：此语当梅史心头。

此卷已又严削，请勿假借。诗虽小道，亦国风之本。今敝邦诗道大衰，因阁下挠正，欲兴起此风，所以有寸心也。

公度：谨当如命。

一八、光绪五年十一月八日 (1879 年 12 月 20 日)

（十二月二十日，访黄公度。）

宫岛：向者拜尝丰馔，过三日口角觉芬。今日来谢。

公度：惭不敢当。前者所言税所之子，既由钜鹿复告，当闻之矣。其中尚有未及言，弟本欲趋斋面陈。阁下来此，可一言。此间所用译人××氏为冶游，屡加禁戒，仍复怙恶不悛，久而亦只好听之。税氏子若来此，吾辈不得长暇与之言，弟亦不得通和语，未能长督责之。来则与××同住耳。将来日夕引为非类，在君不可以对故人子，弟辈即不可对君，故敢辞也。此意幸谅之。

宫岛：不得强请。

公度：是人年方十九耳。仆为此言，盖有所鉴。在此奔走之野崎，初极谨愿。近则时偕钜鹿作冶游，禁之未能听也。

宫岛：税氏之子为人笃实谨直，唯屡逼我，请来学贵馆。若得一回到贵馆学华语，则转学文部省可也。今日来见公使亦为之。今闻先生之言，颇有所顾虑。税所极谨恪，亦极淡泊之人，其子亦颇有父风。使彼交此等人，仆所不欲。

公度：税所子在东京否？

宫岛：顷自堺县来，居友人吉井氏宅。宅即永田町也，与我宅最接近，故日日来请不已。

公度：吉井宅离此不远耳。虑钜鹿既先识其人，彼说之使求阁下耳。此事初发言者阁下，其后〇〇屡言之。仆即察其辞意若有别情者，故虑其来后必不能十分谨愿也。前与公使商此事，渠谓来此有损无益，恐误良子弟，故辞也。吉井少辅之为人，恳实而忠厚，税所之父与之友，其子来此，或颇禁戒之。吾虑其既与钜鹿氏友，借此学语为引端，实则受○○之欺耳。请因此言徐察之可也。

宫岛：钜鹿之屡言之，我使钜鹿请阁下复告也。恐税氏之子未熟知钜鹿也。

公度：然则阁下先与税氏子言之，并与吉井及其父言之，告其所以。或他日来此，为××氏引为非类，仆辈不受任过，而后再与公使商之可也。

宫岛：大解阁下之微意。多谢多谢。

公度：钜鹿聪明绝人，日本未见其流匹。仆初来，亟爱之。奈彼之不听良言，终至成为荡子，无所不为，可怜也。夫其狡诈百出，尚有出吾辈意外者。

宫岛：仆初一见，以为轻薄荡子，不能成终身之业者。

公度：诚然诚然。○○氏在此，通应酬语耳。至于关系大事，未尝藉彼也。

宫岛：税所县令于堺县设一学校，欲雇贵国文士，月给八十元乃至百二十元。当其望者，贵馆今在否？

公度：学语耶？并学文耶？

宫岛：未详定见。

公度：使馆今尚无其人。然必欲延请，仆当徐为招一笃实谨愿之君子耳。

一九、光绪五年十一月十五日 (1879年12月27日)

（十二月廿七日，携税所笃三访使馆。）

宫岛：今日携税所子来谒，愿自今寄宿华馆，总从馆中规则，请有所教戒。

公度：自当如高谕。税子沈毅笃实，自是佳子弟。愧仆不学，无以副尊意耳。

宫岛：今岁将尽，可以新年来否？

公度：住馆一事再商之公使。仆书所言，为改文字，仆之所能尽力者耳。

宫岛：此子深望来公使馆，愿商议以报是祈。

公度：自当如命敬达。

宫岛：此子渐读《史》、《汉》了。

公度：读《日本外史》否？此间所读《史》、《汉》用何本？

宫岛：《史记》、《汉书》皆用和刻八尾版。

公度：日本所刻《史》、《汉》系依何本翻刻？

宫岛：自《二十一史》中翻刻来。

公度：今吾国通行之《史记》有明南雍本、明北雍本、明汲古阁本、本朝武英殿刻本、南海陈氏刻本、明陈子龙刻本、本朝毕沅刻本。《汉书》亦各有异本。此中以武英殿版本为最，南北雍、毛氏皆多误。此外专论文字者有《史记评林》、《史记阐要》诸本，故举以为问也。

宫岛：此本托书贾购之，以几月来？

公度：托书肆购之不易得。虽然，南海陈氏刻本一一摹仿，购此本尚易也。近来江南、浙江皆有仿照武英殿刻之本，亦不难购买。欲觅殿本原刻，价昂而书少，殊不易耳。

宫岛：殿本价何金？

公度：此无定价。武英殿原本《廿四史》值价在七八百金之间，若家藏分史单有一二部《汉书》、《史记》者，有数十金可购。

宫岛：武英殿系帝宫号乎？

公度：其书所以重者，我高宗皇帝钦定。当时乾隆中，博学儒臣分任编纂，核订至精，而版刻纸料皆上品故也。

宫岛：贵国当康熙、乾隆二帝之时，武治兼文治，有过古昔，三代无不及。况网罗明末硕儒大才，编纂诸经史，诚属未曾有之盛运。

公度：此果试尝风味如何？

宫岛：风味尤美。是何糖果？

公度：柚皮风干，以密［蜜］煎之。

宫岛：柚吾土亦有之，南地最多。皮黄而肉白，味酸而香烈。

公度：皮厚而香，肉甜而爽为柚。多红肉者。其大者与此盘等，小亦与此盘之中等。

宫岛：饮食调理以及果物糖制，恐于五部洲以贵邦为冠。

公度：制果之法，论其风味，恐不得不推首。惟收藏之法，精致之式，较逊外国耳。吾土人为此种事，能使物无弃材。

宫岛：此种之事，尤可学者。

公度：制果之法，吾国多日本凡数百倍，大可仿行之。吾土人养育制造之法极多，但精致不及西人耳。往者大久保在时，偶与论吾土养鸡之法，人家无不有之。所食不过食馀，而岁出之鸡不可胜用。大久保颇为叹赏，以为是亦日本当学者。

宫岛：我首学养鸡之法。今食东京之鸡，味不甚美，多自近县来者。较之米泽，其味最下等。养育不足故也。

公度：食草虫为最，次则食米。

公度：日本食鱼为常馔，而价殊贵。吾土有种鱼之法，亦大可学。春二三月间，鱼初生子。取其鱼苗长一寸者分种池塘，喂以草花，覆以浮萍，其息百倍。运载鱼苗，虽陆路千里，但摇荡其水使动，便可不死。若载之船，亦摇簸之，比陆路尤易也。广东之种鱼者皆购苗于江西之九江，此法江西人最工为之。

宫岛：所种之鱼何名？

公度：鲫鲤鳢皆可种，而鲤为最多。

宫岛：鲤之大可一尺者价何钱？

公度：在广东值二钱三钱。

宫岛：贵邦百钱即当我十钱。

公度：以千铜钱换贸易银一元。

宫岛：一鸡之价几许？

公度：此值二三十铜钱耳。当我二三钱。

宫岛：我米价比贵邦高低如何？

公度：日本贵。今吾乡米价每石值贸易银三元。犹不及日二元又十分之八。日本值十元，亦十二元，三倍其价矣。日本每石二百四十斤，吾土石一百八十斤，欠六十斤。然亦比日本贱，此外亦间有不同者。

宫岛：升斗石量，贵邦比我似少。不知何代改斗量之法？

公度：官之升斗石与日本同，民间所用有循其旧习，轻重不齐者。吾所言是乡斗石，故有异也。我朝治国极宽大，不欲尽夺其所习而强之不便，故有不同。然民纳税租，必以官斗折算也。

公度：昨日失火，筑地流寓我商之居概遭焚失，少顷仆将再往一视。何公使顷去查问矣。

宫岛：昨日在史馆，忽闻警。急使人捡之，火发箔町，直达海滨。我友柳原秋月、东久世皆住筑地，幸不罹灾厄。

公度：幸货物不甚损失。本年五月间，我上海之东门一街烧去。去今二十年前，湖北武昌府之汉口遭大火，焚店二万间，财物损失在四五千万银之间。又三十年广东西门外遭大火，并及西商之店，火后竟将金银熔成一块，约有三十丈之长。此生平所闻最大也。

宫岛：昨日之火，我测延烧凡一万户。

公度：共八千四百馀户。一户以损失三十元通计之，值价二十四五万。

宫岛：合家屋与财货，烧失百万元以上。

公度：白日失火，财货少损失者。

宫岛：暴风吹火，一时延及海滨。人且不能避，况财货乎？因考之似不下百万元，人亦多焚死。

公度：仆闻人言只焚死救火巡查数人而已。

宫岛：仅所闻焚死十馀人。老幼尸体倒卧桥上。明日新纸详细告之。

二〇、光绪五年十二月 (1880 年 1 月)

（一月）

宫岛：顷呈寸楮，不知达否？愚息大蒙厚教，不胜感荷。

公度：归去学习否？

宫岛：归宅唔哑到夜间不止。

公度：此诗韵，习完以后学语，易于为功。日本有反切，而无平上去入。故习其所无者，所以变易其旧音也。汉字一字只有一音，日本每有馀音，须去其馀音乃似。归为令郎言之。如曰风，日本必有一晓字音。今教令郎以上中下大小深浅等之字，加之实字，以悟入物理。譬如海曰深浅，山曰大小。他准之指南，渐得其方。

宫岛：空海入唐归朝之后，改汉字，造いろは。吉备造片假名いろは之字。此两人不造字之前，又无汉字。此时我朝有国歌，传于《万叶集》。以何字传此歌，君知之乎？

公度：王仁未来之先，以口耳相传而已。若谓是时无字，何以能记？则今之乡里鄙野不识字之人，其记古事往往在数百年之上，且有书籍所不载者。则口耳相传，不足怪也。

宫岛：曾问之伊地知君，如先生之言。余于是知先生之知识与彼翁无优劣，我惟有三叹而已。我朝以口耳传事千五百年，贵邦亦以口耳传，想三皇以上皆然。

公度：观神代史之诞妄，知其以口耳相传必矣。又观《万叶集》借汉字以填音，亦可知也。

宫岛：兄之识见如神。

宫岛：此新年之作，乞大正。

> 寥寥短发不堪搔，镜里渐看点二毛。官迹屡迁心自得，诗情虽减气愈豪。新年歌吹一场酒，十载悲欢三寸毫。霜雪满城春未到，梅花与我独事高。

公度：醇醇有味，诗律愈进矣。惟"点二毛"与上句微犯复。向与先生论诗，谓不可复意，此类是也。与其复意，宁可复字。今改作"头颅如此不堪搔，照镜偏惊见二毛"。如此则上虚下实，不犯复。篇中愈字仄声，改作逾。

宫岛：佩服。

公度：诗之为道，性情欲厚，根柢欲深。此其事似在诗外，而其实却在诗先，与文章同之者也。至诗中之事，有应讲求者，曰家法，曰句调，曰格律，曰风骨，是皆可学而至焉者。若夫兴象之深微，神韵之高浑，不可学而至焉者。优而柔之，泳而游之。或不期而至焉，或积久而后至焉，或终身而不能一至焉。严沧浪谓诗有别肠。余谓譬如饮酒，其一斗而醉，一石而醉，多得之于天，而非人所能为。足下之诗得之于天，莫能究者，而足下以无意得之。然其蓄积于诗之先，讲求于诗之中，有所未逮也。谬论，请细思之。

宫岛：至言确论，谨当服膺。

公度：足下诗本出于性情，唯到其根柢，则有未足者。宜读古书。

宫岛：古书以何书为可？

公度：《汉书》大好，《文选》亦好。

宫岛：《汉魏丛书》如何？

公度：是书为张天如所偏［编］者，稍好。然搜索未精，且亦多误。然都是汉魏六朝人著作，比宋明以下书容远胜之。

宫岛：张天如何代人？

公度：明人张溥。溥为明天启、崇祯间人，读书甚多，明末复社中之首也。

宫岛：杜工部诗集何集为可？余有《杜诗详解》，可乎？

公度：看此本看其注古事，其说诗不必都善也。杜诗善本以仇兆鳌

《杜诗详注》为第一，然亦多牵强附会者。评杜诗以五家评杜为第一。

宫岛："渭城朝雨"，今北京人与广东人相共唱此诗，音相异乎？

公度：各操土音则大异。然士大夫读书者必习通行之音，是名曰正音。若操正音，则相同也。

宫岛：今日何日，谆谆提海，所赐实多。归当眷眷服膺细思之。

二一、光绪六年一月 （1880 年 2—3 月）

［**宫岛：**久不相晤。日前惠赠高著一部，永以珍藏。今日仆微疾不上宫内，因得小闲。何料故人惠然而来，实足慰中怀。］

公度：前辱过访，适他出，公使陪坐少刻，失礼乞恕。《杂事诗》谬误当不少，仍求惠览时敢加斧削，以承见示。他日翻刻，庶可订正也。

宫岛：高著印行诚速，且书字奇丽，珍本也。若其谬误，亦他日呈愚见。

公度：伊地知君寓何所？他日当因阁下求一见。

宫岛：今犹在热海。

公度：新大藏卿佐野君闻精通汉学，文部卿河野君亦然。近年风气当稍变耶？［佐野公笔谈可否？］

宫岛：此佐野先年在欧洲作也，请一言。［佐君求订交公等，来此请媒久矣。此卷今经大阅，渠应忻欣。］

公度：《杂事诗》有友人阅之否？谓为何如？

宫岛：先生见我邦之事无大小不遗，实大方之手腕也。友人皆敬服此一部而来。

宫岛：劣儿蒙大顾，日日拜趋，殊受贵弟先生爱眷，不堪感佩。愿叱责是乞。

公度：舍弟每日教之，云郎君聪明，极易进境也。

公度：内阁诸公分离之事，为近今一变事。又闻太政官中？设六局日会计、兵事等。其制如何？国会开设之议有成否？

［**宫岛：**内阁分离之论，先年已有之，今日始施设之。但国会之议，明治五年仆已经上申内阁。当时仆为左院议官，故献此议，政府亦嘉纳之。而来政府更替，今日此议，则为在野之舆论，而政府亦颇厌之。仆深忧之，顷又献言大臣。

公度：然则国会之议，阁下距今九年前已所上奏。自今特望贵政府教育人材，以不谬舆论之所向。]

宫岛：[仆手钞拙稿] 共五卷，诗六百五十馀首。今更愿大手严削，因其删去多少，更缩为三卷亦无妨。犹如纪晓岚评苏集。卷末必要阁下跋语。序则请阁下并何大人之笔。仆作诗，十八、十九、二十最多。而后系国事，废笔墨，□般。

公度：谨当如命，[此次删定] 另用一色笔分别之。

[宫岛：共五卷，中四卷为编年，馀一卷自其中选出者，诗不与年关涉。但若事关涉于时，则为编年可乎？如此则诸家评语位置错乱。不知高见为如何？]

公度：诗集终以编年为大方。此种评，删弃之可也。纪晓岚校苏集，每卷既毕，系以总评，似亦可学。

[宫岛：谨遵雅意。]

公度：今日来此率意谈话，此中颇觉适然，有自乐之意。天晚应告归，他日俟伊地知君归京，订日偕访之。

二二、光绪六年二月二日 (1880 年 3 月 12 日)

（三月十二日，访黄公度。）

公度：[第二第三大著已阅了。系以△者可删。] 大著四、五两卷，仆欲将商量之评尽删去。盖平日就商，当举所知以求裨益。至于刻集，则不必下贬语。各有一理也。

宫岛：第一卷先生未删一首。

公度：既经先生自删一过矣。

宫岛：自删不自信。此卷殊为幼作，欲请先生严削，不能，遗憾甚矣。

公度：《竹夫人诗》第三联乃恶派。亦未入妙。[《僧家牡丹》]尚未恶派。

此题改作某寺。不大方。阿娇在前武帝，未练之故。明妃，元帝。阿娇，明妃同时。

为日本人存此诗如何？警戒。

[《赠楢溪大夫诗》，]梅史此评言其诗骨耳。第三联语少粗，通篇气亦稍怒张。如此种诗，在可删可留之间。其三诗皆老到。

[《洋船行》,]此以王氏论为是。梅史此言似三百年前人语。日本三十年前。种放隐士之盗虚声者,宋人。此评损梅史之德,删。[《芸田歌》,]此诗仆因其就聂夷中敷衍成长篇,无意境,故不取也。

梅史诗学颇深。梅史所言有理。梅史之评多佳者。

宫岛：我乡里之人中川雪堂近日来东京,欲见公等。六十三,有经学,苦诗。

佐野公笔谈可否?

二三、光绪六年四月 (1880 年 5 月)

(五月)

公度：今日作《日本史志》,必至今年年尾乃能脱稿。分十三目,书约三十卷。

宫岛：先生独力犹为此事乎?且有公事,应多忙。吾辈突然访高馆,费贵闲,甚无心。一卷何十叶?

公度：独力为之。每脱一稿,则何大使润色之。一卷三十叶左右。

其目曰：国势、邻交上下、天文、地舆有图、食货为目者六、刑法、兵为目二、文学为目三、礼俗为目十二、物产、礼乐、工艺十一。[有《礼俗志》一篇,中分十二目。有曰朝会,有曰祭祀者,此二事缺欠焉不详。阁下方官宫内省,必能缕悉之。幸于暇时别纸条示,感戴不尽。

一问　朝会日期。如天长节之类。

一问　常朝仪式。

一问　朝会时尚有卤簿否?

一问　朝会时仪式。

一问　宫中女官参朝仪式。

一问　天子亲祭之神。

一问　遣使祭告之神。

一问　祭祀仪式。

一问　祭祀时供设品物。

一问　祭祀时祝辞。

一问　臣庶家祭祀仪式。

以上所问,据现今所行而答。其古时制度,且略而弗道。阁下若有不及尽知者,祈转询之友人,是所至祷。]

宫岛：拜启：朝会祭祀许之。现以假皇居，未有确制。古制则详于邦典，阁下应悉知。朝会规则现于式部僚议定之，阁下若求之，则缓求之。比阁下尊著渐成，必应定制。虽然，大抵假定之制度有之，仆为阁下徐应编纂之。

顷自米泽有一诗人中川学堂来，闻仆行，欲见之阁下，特愿。

公度：以为未可，乞转以见示，拜赐多矣。

公度：博物馆中东京府下。列品有写真否？

宫岛：无。

公度：何处有之？能代觅否？

宫岛：问得能。

町田久成乃博物局长。

朝会现今取调中，祭祀已成。

町田久成，识此人否？

公度：工刻印之否？可求其刻否？

天晚告辞。

［宫岛：町田工石刻，仆为阁下代乞刻，颇易事。］

公度：仆于近日将往箱根。先生曾游是地，暇时乞详告我，为先路之导为乞。

二四、光绪六年五月二日 (1880年6月9日)

（六月九日，黄公度来访。）

公度：昨日天灾逼近华邸，大有池鱼之恐。天佑善人，庭轩无恙，今日特来慰贺。昨日仆到此门外，未及面君，遣魏氏通意。

［宫岛：昨日不幸在近失火，乍延烧数百家。敝庐幸免池鱼之厄，然园中梧桐芭蕉悉被火星，大半凋萎。家具一切搬移，仅避焰威。今日举家大疲劳，则止今日之宴。顷达此意于使馆，定当知悉。

公度：昨夕火星之流直达吾屋，亦可惊恐。

宫岛：昨夕钜鹿来援，吾兄之惠也。深谢。］

伊地知闻阁下之来，赠以三品。请品此味。

公度：感极。他日当偕兄谒之。十三日有暇。仆往岩谷家去。

宫岛：吾家老父母幸健。昨日从晚到夜，大尽力。今日无恙，请安意。

公度：敬求为遵宪请老人安。

[**宫岛**：何公昨夕令人存问，烦君请宜代谢何公。幸蒙天眷，阖家无恙。曾所借君之《镜烟堂集》一免盗难，一免火难，近日当奉上。]

公度：此集有百神拥护之耳，盖吾兄精神所钟。

今日想疲劳，不敢久坐，并将到岩谷氏家一问也。

二五、光绪六年五月四日 （1880 年 6 月 11 日）

（六月十一日访何公使，同日访黄公度。）

宫岛：前日之火灾，忽赐惠顾，感极。来谢迟迟，请恕。皇上巡幸，发东京在六月十六日。小官殊繁忙，为延当日之会。更约贵历五月十一日，勿此日。

公度：若仆未往箱根，必来。仆于贵历十六日往，或者再迟数日亦未定。若在东京，必不忘此会也。

宫岛：日前所诺朝会祭祀，拟译邦文为汉文，其告成应在巡幸发辇后。请恕。

公度：敬谢雅意。

大稿将携箱根读之。入今年来，他人文稿积几案者如山，都以箱根了此一切文字债也。

宫岛：曾所愿《蠖堂集》删定否？

公度：蠖堂诗留此过久，惭愧之至。并携往箱根了之。并其他友人之作，约有二十馀本。箱根无事，数日中能尽了之也。

宫岛：箱根同行之友谁？

公度：横滨之同乡商人也。

宫岛：先生此行果为病乎？

公度：久厌城市，欲一游山林耳，非有疾也。

宫岛：箱根仆未一往。此地温泉不适我体，为其山中有瘴冷云气。先生若往，则勿薄衣。又勿多浴，一日浴二三回为妙。但此地溪山最好，可养神气。

公度：仆体素羸弱，未知往箱根宜否？热海何如？

宫岛：热海与箱根相反，温泉热气甚强。距东京三十六里许。

公度：热海旅店便否？

宫岛：今春有火，馆舍荡尽，灾后恐旅宿不便。唯为慰神，无如往箱根也。

公度：往箱根者十之八。

宫岛：在山凡几旬？

公度：约二十日，速归则十五日。

宫岛：两三日暇，欲访君山中，未知果否。

公度：如此则至妙。

宫岛：吾乡中川雪堂者，山田蠖堂门人。为人有气概，颇善诗及画，盖出于蓝者。仆幼师事之。菊池溪琴读渠诗，颇敬重之。顷来东京，因仆求谒先生，而先生会有此行，可惜之至。若迟数日，以十八日来临我会，大幸无过之。

公度：箱根之行，仆订一友偕往。若迟亦无不可，然须与之商耳。或者他日仆归，偕阁下谒翁，何如？

宫岛：雪堂昨日谒岩仓公。本期谒何公使并先生然后归乡，而归期太迫，因急为此会也。

公度：如此则定十七日可否？

宫岛：何公有暇否？请通之何公。

公度：何公必有暇，愿转告。后明日即以函达。

宫岛：兄若十六日出馆，则仆以十五日会集亦无不可为。惟翌日系巡幸，洵是匆匆耳。

公度：仆迟二三日无不可者。十七日便否？

宫岛：十七日最为妙。今日发招胜与副岛之简。

公度：敬谢。十七日，定午后三时。

宫岛：近来有大作否？

公度：编《日本志》，时有序论，诗辞未之及也。

宫岛：菊池溪琴诗如何？

公度：溪琴之诗骨气极好，而造诣未至。至其长篇，时有剑拔弩张，不胜其力之态。其炼气未至耳。

宫岛：文章何人作尤佳乎？

公度：冈千仞文集数卷甚佳。有一友作《春秋大义》，亦颇佳。

宫岛：《春秋大义》，藤川三溪所编。三溪余知己，学问渊博，能窥见人所未窥。曾请同余谒先生。先生见其人乎？

公度：见其人。其书久留此，仆既为评点，订其来取，久未来。其书甚有确解，不腐不阔。祈先告之，仆归自箱根，再与此语。

宫岛：三溪亦有志之人。近日于上总边买地栽芦粟制糖，遂达其望。曾设捕鲸之策而不成。今仕修史馆，我深爱其文才。

我俗有称山师者，有一友问我曰，译之汉字则何字为当？

公度：无此名。此二字何取义？

宫岛：画空中楼阁以射利者谓之山师，邦言也。我邦掘取山中金银者，古来为最难。有贱丈夫思邀博大利，不择其果系矿山与否，力众人采掘。若果是矿山，所获之利亦极莫大①。盖百中一二耳，其馀大抵皆自破产失财，少能成者。故称射虚利者曰山师。

公度：常见诋毁米商者下此二字，今日乃知其解。米商盖商而博徒者也。

宫岛：山师世人恶之之称，不必限山也。此辈在贵邦有何称呼？

公度：《书经》所谓鸥义矫虔，解者谓鸥张其义，以矫诬世人，庶几近之。今也［世］俗通行之语，则曰射利而已。

二六、光绪六年六月五日 (1880 年 7 月 11 日)

（七月十一日访黄遵宪。）

宫岛：闻顷自箱根归。游住数旬，沈雨郁蒸，想清兴如何？

公度：居山中十数日苦雨，然亦觉快甚。

宫岛：箱根有七个温泉，兄居何地？

公度：居宫下。

宫岛：宫下山水居处景况如何？

公度：其地饮食居处甚便，山水未佳。

箱根山水极好，木贺堂之岛皆佳。每日必步往，居一日而还。七汤中止一汤本未往，馀皆展齿所经。

宫岛：兄往箱根在何日？而其还正［在］何日？

公度：六月廿三日往，七月十日归。

宫岛：连日在山水清气之中，见兄颜色甚好。

公度：大著二本既为删定，复系篇末以评语。凡用△者删去。

宫岛：谨拜其赐。

公度：螺堂之诗天资甚高，时有奇语，非人所能及。然其粗旷浅俗，

---

① 莫大：日语词，极多之意。

亦难以言诗。其一本仆既为删而评之,《桐轩集》二本不敢复动笔也。

宫岛：拙著共五卷,得大手笔删正,始觉妥安。洵是阁下数年之厚意。况付之阁下之名,亦仆大幸无过之者。《蠛堂诗钞》经评开①,又拜谢。

公度：见大著清稿在公使处者,曰某某删定、某某评批,最是俗例。若传之吾土,便为识者所鄙笑,虽有名篇,不再寓目。急宜删之。

宫岛：芜诗得大家删定始成篇。今刻集,记载大家名姓,意为公论,却是俗例。请教。

公度：无此体格。后人论定古人之集则有之。尊集只有作者名字足,于评语中系以某某曰已足矣,何必再标此数行乎?

宫岛：敬领高教。

公度：敝土刻集皆无圈点,无评语。然此二事沿日本通例,尚无不可。

宫岛：朝会祭祀两条,以二十四日为期,应奉送。

公度：谢谢。所询朝会祭祀事,望速以见示。详列近事,参古式。敬俟此事告我。

二七、光绪六年八月二十四日 (1880 年 9 月 28 日)

(是日午后四时,荻原西畴至,仍使人邀黄公度。)

宫岛：今敝历九月二十八日,即□〈火〉曜日。吾以今日误为土曜日,故来先生之疑,以贵历八月二十八日当土曜,致有今日废约之言。我已大谬。今我二十八日,为贵历之八月二十四日。然先生来信即谬为八月二十八日,彼此误日,可笑可笑。

公度：今日适作书时,忽思先生误所由来,以为误记阴历之二十八日,遂有此一误,真乃可笑。

宫岛：彼此各自皆误,而先生与荻原相会无些龃龉,亦不妙乎?然则历日不必有用于世者。一笑。

公度："山中无历日",吾与子同处城市而有山林之思,故不复计日。矧古人所谓极乐国如桃花源者,乃不知有汉,无论魏晋。今虽误日,不至误年,然则不如世外人远矣。

① 开,疑有误。

荻原：往日于飞鸟山庄初得接芝眉，欢喜为甚。当日杯盘狼藉，未得笔陈其情，至今为憾。不料今日得于闲处拜晤，欢喜欢喜。向于主人坐上拜诵贵撰《日本杂事诗》，敝邦上古政治民俗迄近日之变更，铺叙历历，细大无遗，笔锋颖利，实为大作。不胜感佩。

（以上两人黄、荻原，笔语略之。）

公度：几上《李义山集》，此为先生手批耶？抑钞录他人批耶？

宫岛：此是所借君纪晓岚《镜烟堂集》也。余颇爱之，故录此批。

公度：晓岚先生博极群书，其论诗不偏不倚，语之入微。

宫岛：余读晓岚评诗始于《镜烟堂集》，可谓前无古人矣。

公度：古人论诗各有偏嗜，尝甘忌辛，是丹非素，《文通》既言之矣。纪宗伯一出以公心，其多见古人书，又悉能知其所以然，而表而出之，真良书也。纪宗伯所评尚有《文心雕龙》一书，抉发精微，尤为佳绝。古人论文谓譬如轮扁，父不能喻子，师不能喻弟。纪公所评，乃真言人所不能言者矣。

宫岛：此《东坡诗钞》好否？

公度：此本甚佳。此为番禺赵古农钞取纪批而去其所不取者，若得纪批原本，观其去取，非独见东坡佳处，而其瑕疵为后人所不宜学者亦可以征，尤为有益。

公度：山阳之子名复者，君识其人否？

宫岛：善知之。曾所乞跋山阳尺牍之末载渠与我之书。

公度：其人未尝一见。云居向岛，是否此人？二子。字支峰。山阳之子三子。名醇者既为幕府杀死。宫岛注：复字士刚，醇字子春。

宫岛：山阳通称赖久太郎，艺州人。幼来京师，卜居鸭河，名曰山紫水明处。著书居此殆数十年，遂客死平安，葬东山。距今十七年前，余初到京师，访山阳遗宅。二子支峰出山阳临终自画肖像以示余，余赋七古赠支峰。支峰与余交善，维新后为教官，寓东京。今复在西京。

赖山阳先生旧宅观自画肖像赋此赠其子支峰

山阳先生真儒宗，宿心即此寻君踪。壁间遗像临镜写，褰衣升堂改我容。拜跪怅然莫由问，生晚怅未逢文运。新修外史论废兴，特书政记定名分。钦君著作千万言，举世人皆比典坟。今瞻君貌怀其德，衣冠俨然神气尊。唯貌与文共不朽，流泽洵堪光厥后。何幸山紫水明居，恍是仪范亲相受。

公度：山阳先生器识文章，仆谓日本盖无流匹。此诗放笔为之，神采奕奕，与人相称。

宫岛：余二十六岁初游京师，与支峰交。余接他藩人，支峰为始矣。

公度：支峰今为西京人。西京山水都丽名于天下，不知何日得蜡屐一游。

宫岛：敝邸此地有山林之趣。阁下他日有暇，一诗为我惠之，大愿也。

公度：此中花木大足宜人，不如我京华之十丈红尘，几无容觞咏地也。

宫岛：岭南如何？

公度：岭南广州城中富丽而整洁，日本实无此况。然城中居民及三百万，求有山林之趣，亦不可多得也。

宫岛：城中人家栉比，想是所谓人海。

公度：比屋鳞次，类多层楼。如此一席地，每每住居二人也。
此间所呼薙草人，以年计赁，抑以日计赁耶？

宫岛：大抵日计也。

宫岛：此间秋冷伤人，家君亦少病。

公度：骤凉，不可不珍摄。

二八、光绪七年六月二十日 （1881 年 7 月 15 日）

（七月十五日，黄遵宪见访。）

公度：仆以国恤之故，久未出门。今既百日，谨来谢屡次枉顾之劳。昨惠嘉果，一并拜谢。

［**宫岛**：不敢当。］

公度：昨读新闻，云阁下兼勤史馆，今既辞罢，专任宫内，是否？

宫岛：名籍在史馆，兼勤宫内。今特专任宫内，想应兼勤史馆。所以然者，宫内多事，一月得仅仅登史馆，故有此命。

［**公度**：仆前承命作大集序，仆谊不敢辞。昨既脱稿，今以赍呈，未审可用否。

宫岛：此序意思佳绝，足以观二人交亲。别后读之慰怀，多谢厚意。

公度：此序若欲付刊，再行改定，择一能书人书之可也。此序仍望先生改定。

宫岛：请君自书之。若付他人，他日遐想，自欠几分。非君手书则不太妙。]

公度：仆书劣。

宫岛：明嘉庆［靖］年间之人。此本系徂来之藏书。顷获此本，仆颇爱之。

公度：陈仁锡，明亡殉难。

陈仁锡为明崇祯间翰林，著述甚富，有《评鉴》诸书。是编所采辑八篇，皆有明一代大家著作，于经世大要略既具备。此书流传本甚少，可重也。

［**宫岛**：物茂卿既获此书，颇秘藏之。施诸经世，不为鲜少。此人有卓识。余今欲献此书皇帝。］

公度：于明人著述中论为有用之书。然明人著述殊为本朝人所不喜，即看卷首之图疏漏可笑极矣。

宫岛：有赵子昂之书，真乎？请。

公度：仆于书法实不辨好丑，决古人之真伪，更非仆所能。

宫岛：仆一切不知之。

公度：书之真伪非仆能辨，然下有项子京印。项墨林为第一赏鉴家，若此印不伪，则此书为真。明人，明三百年之第一收藏赏鉴家也。明以前故迹，经墨林钤印，则郑重加倍。

宫岛：贵邦职制政治，精细记载本即《大清会典》乎？若有佳本，请教。

公度：《皇朝通典》《通考》、《通志》。又有《大清会典则例》，是书凡五百馀册。

宫岛：宫中欲购一本，不知价几何？

公度：仆今忘之，约日本金一百二三十元可购也。

宫岛：托筑地贵邦之商可购否？

公度：北京公使馆。

宫岛：买之属无用乎？将有用乎？此本比《大清会典》如何？君所编纂志类，脱稿如何？

宫岛：顷于宫中购得《广东通志》一部，图画颇好。中有黄公度，系二百年前人。

公度：此公非广东人，南宋人字。《广东通志》中不知何以有黄公度？

宫岛：在职官部。姓氏官名。

宫岛：公馆中所携西洋译本不知有何书？

公度：皆敝国所译者，尽有之，不能悉数也。

宫岛：荻原裕昨日拜太政官御用出仕之命，专任外务部，继《显承述略》嘉永米使渡航之后。

公度：可喜可贺，乞为致意。

闻史馆新撰《明治史要》既脱稿，不知此书迄于何年？

宫岛：仅仅史要耳。其细目一年已将三百部。仅聚史料耳。

公度：仆所撰《日本志》十既成七八。中有海军一门，所载《船舰表》恐有错误。意欲烦先生代询令弟小森泽君，不审可否？

［宫岛：谨领尊意。］

公度：海军现在未有年报，其中未甚明白之事，都应请教。明日当开列一纸送到，乞以转烦小森泽君，感甚幸甚。

宫岛：韩人数姓来都下，［鱼允中、洪英殖，］君相见否？曾闻李万孙为激昂之论，顷捕缚之，不知果真乎？

公度：频见韩人。仆尝读李万孙论，既赏其文章，复叹其人殊有忠爱之气，以为可惜在不达时变耳。前见韩人议论及此，仆劝韩廷拔用此人。自来倡锁港之论者，一变即为用夷之人。今日贵国显官即有前日放火焚英使馆脱走之人，固［因］知李万孙辈将来大可用也。

宫岛：此卷仆曾于米泽之地创立西洋制丝场，［总效富冈。］时大久保［利通］、伊地知［正治］、吉井［友实诸君］等所往复之手翰，［取其有关系此事者，集为一轴，］仆注解之，昨日三条相公为题辞。［今皇上巡幸羽州，比圣驾过米泽，仆携此轴到山形县奉迎，以供圣览。欲请临幸制丝场，泂昭代之一大庆事。］他日译此手翰为汉文，以供尊览，请为一跋。

公度：富冈丝场为贵邦第一大事。此卷书翰多半伟人，足宝贵也。［今也皇帝临幸米泽制丝场，君持此卷奉迎，亲近皇帝，上奏设立之颠末，人世不多有之事。］

公度：伊地知先生将卜家热海，是否？

宫岛：半有此事。

公度：一两日与余谒公使君了此意。

宫岛：何公归朝在何日？

公度：约在日本九月之末，十月之初。天晚告别。明日再有函奉托问海军事。

二九、光绪七年九月九日 (1881年10月30日)

（十月三十日，访使署，与何星使、黄参赞晤。）

子峨：先生于何日回至东京？想远道初归，酬应必纷如。

宫岛：此行归旧里，以迎驾之暇日，与故友亲戚晤谈，颇慰十年之思。留凡四十日，便以本月十六日回东京。

公度：闻圣驾过米泽时极赞鹰山公遗泽，诚可欣忭。先生当作诗记之。

宫岛：此事实千秋快事，仆为之感泣。此行余携鹰山公真影，愿赞一语。余乡士族极多，皆能修业，生活之道已立。民亦据恒产，斯公之遗泽也。

> 十年为客故乡归，城郭半非人未非。桑柘阴中三万户，家家无处不鸣机。

公度：将来可成金穴。读之欣喜。

子峨：米泽是开化有成效，苟全国如此，复何患不富强。

公度：明治廿三年开设国会，仆辈捧读诏书，亦诚欢诚忭踏舞不已。君民共治之政体，实胜于寡人政治。况阀阅勋旧之所组织者。

宫岛：吾邦始开设国会，自今期十年。其间有馀裕，宜修成宪法而发布。君民共治固佳，但如英国组织，亦不可拟吾国耳。

公度：如德国似可，断不可为米国。

子峨：先生是王权主义。近日政府已定渐进章程，先生将如何？

公度：先生为王权党耶？抑官权党，民权党耶？

宫岛：现时党论纷如，余素不好党，只将为帝室显彰王章，以确定国本，仆之志也。

子峨：王党之权在官，自由之权在民。第上下势殊，未知胜负所在。

宫岛：仆过米泽，一万士人曾无结党之弊，将来颇乐之。

公度：望十年中贵藩鼓励人材，以备他日登用，一洗萨长政府之名。

宫岛：余过栗子隧道，此经费尽系人民，且感县令三岛氏积年忠悃，有此作。

> 六年开凿几辛艰，隧道新通巉壑间。至竟精神动天地，銮舆初幸羽州山。

公度：此事亦大可贺。

有云政府欲拜吉井君为参议而君辞之。

河野君先生识之否？此君作越后游否？仆恐其他日与板垣、中岛并而为三自由党魁。

福泽二三年前常持国会尚早之论，何以一变？其所著《时事小言》，君读之否？

福地亦然。在新富座击论开拓事，仆终以为过。

宫岛：国之大势，一波倒，一波又起。自今十年，始得平均，又非人力之所及也。

宫岛：余今清书拙著，苦无佳手。此等一二，孰为佳书？请采择之。

公度：先生自钞当留为子孙宝用。若付手民，此二本均佳。诗序经杨君书就，而有脱字。仆恳其再书。

子峨：中川先生承远寄佳笔，又承先生代递之劳，谢谢。

与冈千仞等笔谈

光绪五年二月 （1879 年 3 月）

公度：前辱函以一字师三字为错引故实。一字师之典屡见，不关昌黎。仆本无心及此，作此语者，仆以一字尚不敢当，况竟称之乎！久欲趋访，以解先生胸中之疑。今日枉顾，何幸如之！

冈：邦人不熟故典，岂止仆一人。真可一笑者。

公度：谨当达意，想必趋谒。此事公使久欲踵诸公昨年之例而行之，即于校中会在京诸名士。以事迁延未果，长耿耿在心。惟愿今年我两国释嫌修好，愈图亲睦，则公使之志得遂，得与诸君子迭为宾主，欢乐一堂，是所幸也。

冈：果有此盛举，此文之大荣。

我邦释典式，幕府之时，将军代朝廷使林祭酒举式。春秋二丁，命三百藩奉豆实，百馀年间不改其式。式有缞乐，三献式，一一折衷之明清礼书，颇为备。事见于《昌平志》。此书先生一见否？本日十五日应当览式礼不纯处，赐批正，幸甚。

公度：此礼必大可观，恨不得身睹之耳。敝国今时衣冠亦非古昔。然窃谓三皇五帝礼乐不相沿袭，正不必泥古。今天下万国礼俗不同，然而其发于中者，诚敬之心，未尝不一也。但使尽其诚敬之心，虽使今日欧米之人行其礼俗，群拜于殿下，先圣在天之灵亦必受缞。大国自德川氏崇儒重道，林氏世为学官，其所定之礼式必不谬。即少有差误，谓之不合于我则可，谓之不纯于礼则不可也。

冈：王家之中兴，首建大学。仆时征为助教，与同僚议起释典式。

是时国学者我邦从来有二学，一皇学。用事，谓无祭异鬼之理。未几，国是大变，崇信洋学，至废大学，别开洋校，专讲西学，汉学一般目为迂疏不足取，故大成殿一闭不开至今日。仆一昨年受府命总书籍馆务，窃慨此式不兴，异端谬妄横行无忌惮至此。极与馆僚议，每春秋设小式，聊表祭圣之诚。而力微，无由达之九重上。惟举此薄式，所谓告朔之饩羊，犹胜已者。

公度：孔子之道，其大如天，不可分国而尊之。孔子鲁人，若分国师之，则晋秦齐卫亦不必师。有是理乎？今欧米尊事耶苏，未闻斥为罗马人而各尚其国学也。宋元以来儒者诚不免拘迂，然万不可以此并议孔子。人同此心，心同此理。天不变，道必不变也。先生有见于此，亟为此举，以为转移教化之权，功可谓大矣。往昔大久保在时，与之论造士之方。吾谓去国学汉洋学之名，仁义道德之说取之汉学，而勿事其拘陋泥古之习；行政立事、造器务材惠工之法取之泰西，而去其奔竞纵侈之习；其他衣冠风俗因于日本，舆地史书专求日本，而相戒去其轻浮之气、见小之心，则庶几其可乎！大久保君拍掌称快者再。故亟亟议学校读书先以《论语》、《孟子》为本。惜乎其遽遭难而死也。

冈：此论万古不磨。洋人之学出于罗马，所谓罗甸语者，英佛日俄皆活用此语为各国言语学术。东洋各国，如朝鲜、安南及陋邦，皆用汉字以为国体风俗，犹洋人活用罗甸语。然则汉学东洋各国之学，汉学以外，岂有国学者乎？鲁卫则亚细亚之罗马也。夫子之大德至圣，万国仰其泽者。耶苏以忘〔妄〕诞不经之教，犹能庙食百世。况以夫子之大中至圣，百异于耶苏以一切方便谕野蛮人民之比乎！

公度：仆考耶苏之学，尽同于墨子。昌黎有言：孔必用墨，使登圣人之门，要当是一贤人。其妄诞不经之说，则以当时泰西人尚野蛮，不为神奇，不足以坚其尊信之心回教亦如此。耳。然考其大旨，多有与吾儒相合者。在当时野蛮中忽出此人，可谓天纵聪明。至于今日，传教之士竞竞然奉之如天，敬之如地，则可笑也。耶苏之教施之未经开化之国则可行，必欲施于东洋诸国圣贤早出之邦，抑又愚矣。

冈：往日以拙稿呈钦差览，紫先生征仆文，曰刻之香港，前日已告。将悉取近文付之三菱便，以呈王先生。敢请敢请。

公度：明后日即将奉璧。刻知公使尚未评就，仆将催促之。先生所译《法兰西志》，仆曾语紫诠以翻刻，他日当必及此。冈本氏之《万国史记》，上海既有翻刻本。

冈：仆于此书刻苦，殆一夜发白者。为冈本氏《万国》一样之看，抹杀多少苦心者，有眼者必知之。

公度：《万国史记》之书，不过一人口授一人笔译之作，未尝有费苦心。然吾土自《瀛环志略》之外，述西事者甚少，故喜而刻之。闻丁中丞撰《万国史》，卷帙既盈六百，书尚未成。此书一出，而冈本氏之书不必论也。《法兰西志》仆欲寄以一部，以备采择。阁下所著文笔雄深，若吾国有翻刻本，必当不胫而走。

冈：闻图及百卷之多。此书成，则东洋之惠。仆常有志于此事。惟连年眼疾，不能如意，此念遂已。今中华已有此著，可以已。陋邦洋学盛行以来，译书汗牛充栋，皆以伊吕波者。而洋学者未曾学作文，故其书郁涩不可读。黄遵宪旁注：中村正直言不通汉学不能译洋书，洵然。故其书随刊随灭盖无读之者，其能行四方者无几何。真乎哉，文章之难！所谓辞之不文，不可以传久者。

□：所谓行人一骑。

公度：仆向来亦有志于此。专纪政令，成图表十馀卷。而力量不足，采辑未备。闻中丞之著，亦遂已。须大贵富人乃能成，盖非独力所能。冈本之书曾以草稿见示，仆告以无志无表，不足以考其政治之得失、国计之盈虚。彼大谓然，因既付刊，亦不复改。

□：荔枝。鲜者极佳，此干者。

冈：纪传犹可为，志表不可为。此《三国志》无志及我日本史所以不及此也。近日史馆有命撰《食货志》，王朝及幕府。成斋诸人伍之，不知能成得否。

公度：仆诗中有曰："兵刑志外征文献，深恨人无褚少孙。"望诸君子速为此事也。

冈：《兵刑志》亦不成体。拉杂，强具名目耳。不特无史料，并无史才也。

公度：真论。蒲生《职官志》甚精正，然恨其沿革不尽详。

冈：我邦政书可观惟有一《令义解》尔。他皆出于后人想象揣摩，不足取。《延喜式》惟苦文字不成义，虽然，当时纪实颇有可征。山阳约诸书著《新策》，奕奕有精神。

公度：《江家次第》亦然，然不及《延喜式》之博。白石最精熟掌故，恨其书不尽脱稿。山阳不及白石之博，然山阳《外史》、《政纪》、《新论》多半本白石，遂成一佳书。犹《史记》取材古人，遂成一家之言也。

冈：白石该博空前绝后，又有文才。惜著书皆以国字，且繁碎不成书。此为憾。《甘雨亭丛书》中载白石《奥羽海运录》，文章纯雅，可以见全豹。此外，伊藤东涯该博，多有用著书。

公度：闻古贺侗庵著述等身，惜未刻。其子茶溪为仆言之。

冈：《新论》、《刘子》，侗庵本刘氏。此二书极多创见，侗庵本领略尽此二书。他日就茶溪翁求见为可，仆为阁下先通此意。芦东山《先哲丛谈续集》中有传《无刑录》为完书。

公度：此书精整而浩博，法家书如此类者甚少，必传。

冈：东山弟乡人，故弟幼见此书，钦遗风。近日司法省吏复在宫城法署见之，大惊，刻之省中。东山幽囚终生，建白剑黄舍，藩主临学之日，引宋故事，论讲师坐列，以是触罪。幽囚四十年有此著，故精神所注，自然异他人所为。世人不知有此书，埋没百年，而司法省有此刻，真表幽德潜光者。

公度：屈于一时，伸于千古，芦君可瞑目矣。仆见大邦人著书多矣，似此浩博而精整，亦绝无仅有。

冈：仆读先生《杂事诗》，草一篇文，未脱稿。他日净写以请正。

他日修文辞净书以呈。若得附卷末以传，大幸。惟刻之之日，不删后半，必触人忌，而删之则抹杀作者苦心所在。

公度：委婉其辞可也。若曰"亦必有人撰书者，顾我未之见"，则能勉励人，亦不触忌人也。

与增田贡等笔谈

光绪五年四月五日 (1879年5月25日)

（五月二十五日早，访王紫诠于筑地精养轩，紫诠喜出迎。）

增田：江东硕望紫诠王君足下：

贡阅贵著，其《瓮牖馀谈》载八户宏光事。宏光伤足下之抑塞，说涉纵横，而足下拒之。彼复自言江户将军之族子。将军姓德川，何其诪张也。《瀛壖杂志》记西洋器械，并及日本水龙之具，模写生动，笔笔有神。用意外国，何其切也。又读《弢园尺牍》，始信足下之利器断盘错。当洪贼之乱，沿江失守，足下慨然献策曰：招募洋兵，人少饷费。不如以壮勇充数，而请洋官领队，平日以洋法教演火器，务令精练。西官率之以进，则胆壮力奋，亦可收功于行间。议乃行，上海始有洋枪队。米佛英之提督为之奋力，所向无前，号为常胜军。其后金陵之克复基上海，上海之常胜，实足下献策之功也。贡顷著《清史揽要》，同治元年之记揭纲曰："贼侵上海，英佛米之水师提督合击破之。"其目曰："吴郡处士王韬献策，始有洋枪队之设，故得破贼。"已有此功，未闻赏及之，亦得无类忘筌乎！天涯倾想，望洋眼穿矣。忽闻观光驾至，贡之喜可知矣。乃待舍馆定来候，欲证缟纻之盟，敢非仿宏光纵横之辩也。

岳阳增田贡再拜

并赠一律述事实。

献策辕门拂海氛，曾无茅土报功勋。养成壮勇洋枪队，收拾威名常胜军。欲使凤鸣向东日，忽看鹏翼背西云。楚材晋用吾能解，江表伟人推此君。

紫诠：前读《清史揽要》，于同治元年忽睹鄙名，惊喜交至。继知出阁下手笔，则又感甚。因叹曰："此海外一知己也。"自此临风怀时不能忘。顾溟渤迢遥，安能觏面于万里之外。今弟泛槎来游，每见贵国文士，必询阁下近况。拟偕省轩先生一谒阁下，作登堂之拜，行执贽之礼。乃文旌惠然枉临，何幸如之！复读大著，过蒙奖誉，初何敢当。主主臣臣，弟甫里一逋客，天南一废民。穷而在下，老境颓唐，于文字学问，殊无真得。不知阁下何所见，而推爱若是，至投缟纻。弟愿附谱末，曷胜幸甚。

岳阳大人青及

愚弟王韬拜手上

增田：仆虽无似，愿为东道，到处说项斯。

明日张大使见访，先生亦临。

紫诠：猥蒙宠招，曷敢不趋赴。借杯杓以助清谈，并将数年之忧托管城子以写之，幸甚。

今日成斋诸同人约作后乐园之游，正在此时。阁下同往否？

紫诠：成斋氏诸同人见招，愿携先生同去。

（会寺田、池田某亦至，促余①欲同游于砾川后乐园，乃连车。至，日将午。黄遵宪先生至，出迎。）

增田：明日张斯桂公、王韬先生有顾弊庐之命，先生赐光临否？

公度：前者梅史与君订廿一日之约，师丹善忘，未及与言，弟实不知也。廿二日走横滨，方就道，梅史忽忆先生之言，约仆同往。仆实不暇，为代辞。归后方知参差，仆亦代为愧叹。亦欲致书述意，相遇于此。明日之约，仆实不得暇。仆于月曜、火曜日最忙也，惟祈鉴原，卜日再访高斋。遵宪拜

增田：弟午后每闲。命日报至，必清室候驾，当为文字饮。

公度：仆有《日本杂事诗》凡一百五十首，欲以呈正，但急切欲誊清稿。若能抽暇于十日中赐正掷还，则感荷不已。未审诺之否？

增田：宋景濂、张山来各有《日本竹枝》数首，而以身不到于此，犹有不尽善者。先生东来，洞览我国史至此浩多，一何盛，使人瞠若。请速得拜观。

---

① "余"，指增田贡。

增田：此园名"后乐"，故水户侯源光国所筑。明朱之瑜请援来，不还，为客卿。园门"后乐"之扁，之瑜所书。明人与贵邦为雠，使九原有知，则恐不喜逢诸公之观。

后乐园即事录呈大吟坛诲正　　　　　　增田贡未定稿

夷齐庙畔树萧森，追想西山后乐心。丘有夷齐庙。烟际游鱼跳碧沼，风前小鸟唤幽林。堂开绿野宾朋盛，园比平泉草木深。今日欣看名士集，砾川胜景可追寻。

紫诠：名园雅集得追陪，今日同倾河朔杯。四面环山皆树木，一样近水占楼台。清风百世臣心苦，史笔千秋生面开。喜见东西宾主美，鲰生何幸泛槎来。

增田：思昔黄门纷后陪，暑天退食唤荷杯。丛松谡谡招风阁，环水晶晶得月台。鲁玙旁注：文恭。扁题迎客揭，夷齐庙貌向人开。今日名园添一胜，西方美士抱琴来。栏上注：改"名园今日添佳事，清国衣冠探胜来"。

次韵

公度：　陪诸君游后乐园有感而作乞均正　　　　　　黄遵宪

泓峥萧瑟不可言，周遭水木围亭轩。初夏既有新秋意，褰裳来游后乐园。主人者谁源黄门，弊屣冠冕如丘樊。夷齐西山不可得，欲以此地为桃源。左携舜水右淡泊，想见时时顾空樽。呜呼源平霸者起，太阿倒持皈将军。黄门懿亲致自异，聊借薇蕨怀天恩。一编帝纪光日月，开馆彰考非为文。高山九郎好痛哭，相继呼天叩帝阍。布衣士，二三子，其力卒能使天王尊。即今宾主纷口尊，一堂款晤都温温。岂知当时图后乐，酒筋未举泪有痕。遗碑屹然颓祠古，夕阳丛鸦噪黄昏。欲起朱子使执笔，重纪米帛贻子孙。明治二年赐源光国子孙米帛。

紫诠：　四月四日偕公度先生燕集后乐园即步原韵以博一笑　　王韬

鲰生东游拙语言，叔度霞举何轩轩。幸陪游屐来此间，惟名士乃传名园。园为源公之创□，生薄冕绂潜丘樊。野史亭开勤荟萃，有异遗山于金源。惟公好士古无匹，时招俊彦倒酹樽。公学所造冠诸子，自足拨戟成一军。舜水先生寄高躅，眷念家国怀君恩。我来访古心慷慨，谁欤后起扶斯文。平泉绿野此仿佛，径留苔藓侵阶阍。泰西通市法一变，坐令西学群推尊。乾纲独秉太阿利，岂复跋扈如桓温。园中题字出遗老，摩挲犹有前朝痕。阴森古木坐浓绿，时未向晚日已昏。饮罢驱车偕子去，霸才谁是江东孙。

增田： 右赓韵 贡

园号取于宋相言，宁知又引清使轩。池塘竹树依然在，孰与洛阳留名园。义公桃李常在门，角巾私第脱笼樊。夷齐庙畔清风起，石梁如虹竟泉源。物换星移修外好，鹿鸣一唱酒满樽。江东豪士岭南俊，旗鼓骚坛两将军。延陵东里缟纻契，金兰相应亦君恩。鸟啼鱼跃日如岁，熏风细细水成文。灌木郁葱含烟雾，幽趣恰如叩禅阍。一斗百篇笔落纸，可知联翩文士尊。自今来多占佳境，好使池边钓石温。栏上注：故诗来多钓石温。盘桓偕体后乐意，不用先忧多泪痕。今日东西订雅集，付与画图传子孙。

与朝鲜修信使金宏集笔谈

一、光绪六年七月十五日（1880 年 8 月 20 日）

（七月十五日，大清钦使参赞官黄遵宪、杨枢来。）

宪曰：海程遥远，王事驰驱，贤劳可敬。得接阁下大名，于四月中，有釜山递来消息，既如雷灌。及［亟］盼旌麾早临，得以略论时事，饰［释］一切悃忱。今日初见，春风蔼然，使人起敬。第不知滞留此间，为多少日？钦使何公亟欲图晤，从容半日，畅彼此怀抱，不审何日乃得暇？使仆敬清命。

宏曰：今蒙两先生辱临，甚惬宿愿。钦使何公，业拟即谒请教，速有冗扰，又值家忌，迄此迟滞，悚甚。明当进候。

宪曰：朝廷与贵国休戚相关，忧乐与共。近来时势，泰西诸国日见凌逼，我两国尤宜益加亲密。仆辈居东三年，与异类相酬酢，今得高轩之来，真不啻他乡逢故人，快慰莫可言。

宏曰：敝邦于中朝，义同内服。近日外事纷纭，蕲望更切，他乡故人之谕，实获我心。

宪曰：以仆鄙意，若得阁下常住东京，必于国事大有裨益。方今大势，实为四千年来之所未有，尧舜禹汤之所未及料，执古人之方以药今日之疾，未见其可。以阁下聪明，闻见日拓，将来主持国是，必能为亚细亚造福也。

宏曰：此行约于数旬间竣事即还，不可常住。宇内大势，高论诚然，敝国僻在一隅，从古不与外国毗连。今则海舶迭来，应接戛戛，而国少［小］力弱，未易使彼知畏而退，甚切忧闷。然所恃者，惟中朝庇护之力。

宪曰：请此数语，足见忠爱之忧溢于言表。朝廷之于贵国，恩义甚固，为天下万国之所无。然思所以保此恩义使万世无疆者，今日之急务在力图自强而已。

宏曰："自强"二字，至矣尽矣，敢不敬服。

宪曰：闻高论，使人豁然开朗，又使人肃拜，亦乞波及。

宪曰：明日何时枉顾，归当禀告，必应扫径拱候也。天晚，敢告辞，笔谈数纸，乞以见惠，感甚感甚。

宏曰：明日拜圣庙仍转晋，计似稍晚也。

二、光绪六年七月十六日 (1880 年 8 月 21 日)

（七月十六日，往大清公署。）

宏曰：旌节久驻海外，声□①远播天下，引领东望，常切倾慕。今也萍缘幸凑，荆愿获遂，但叩谒此庭，是为悚仄。

璋曰：过誉，猥不敢当。阁下冒暑远役，此行良苦。昨日敝署黄参赞上谒，荷延接周至，谢谢。今日又承枉顾，得亲雅教，快甚。

宏曰：赐接款洽，极为逾分，愧甚悚甚。

璋曰：旌节已来，希在此多住几日，得以从容过从，畅聆大教，尤为快事。

宏曰：在此时敢不源源拜诲。

璋曰：我朝与贵国义同一家，今日海外相逢，尤为亲密，彼此均不拘形迹。容日，仆当趋晤畅谈也。

宏曰：盛教更为亲切然敬恭。

璋曰：使节之来，闻有大事三，不知既与日本外务言之否？唐突敢问。

宏曰：使事概为报聘，书契中有定税一事而已。

宪曰：钦使何公于商务能悉其利弊，于日本事能知其情伪。有所疑难，望一切与商。我两国如同一家，阁下必能鉴此。

宏曰：仆来此，大小事专仰钦使指导，而形迹亦不能不存嫌，所以稍迟迟，庶谅此意。

---

① 声□，当做声威。

宪曰：贵国与日本所缔条约，仆未见汉文稿。能饬人抄惠一分，感谢不已。

宏曰：谨当如教。仆向请大著《日本杂事诗》，仰重大名久矣。又《日本志》，未及见，敢问卷帙可将几许？

宪曰：今日承雅教，欢慰之极。仆著《日本杂事诗》，近游戏之心，不知阁下何处见之？然既承青览，他日过访，再当敬呈数部乞正。《日本志》，仆与何公同为之，卷帙浩博，可为三十卷，姑未清草。

宏曰：《杂事诗》见惠之教多感。《日本志》异日人①。视同一家，感刻何极。宠临之命，猥不敢当。

璋曰：此间天气较贵国何如？月来酷暑逼人，想阁下行装甫卸，酬应纷纷，亦苦劳顿否？阁下精神志气正是英发之时，虽天气稍暑不劳也。

宏曰：此间晚暑与敝处一般。涉海之馀不应无恙也。

璋曰：此间官府诸事均极整理，阁下有暇，不妨约宫本先生到如②处一览。

宏曰：指教可见相爱之至。才已偕宫本公历览一处而来。

璋曰：敝先生③是我国最通时务之人，今年逾六旬，神明犹如四十许人，亦异禀也。

宏曰：近读《万国公法》序文，先生蕴抱早已仰悉。年高德邵，神明益旺，尤可敬也。

璋曰：承高轩枉过，谢谢。改日走谒，畅聆大教。

三、光绪六年八月二日 (1880 年 9 月 6 日)

（黄参赞来。）

宪曰：行程之发有日，特来一话，能稍假容易，幸甚。

宏曰：行期此迫，怅甚。午后通有干，伊前可以拜诲。

宪曰：闻花房公使同行，信否？将附三菱商社轮船往耶，别乘何船耶？

宏曰：花房行期尚未闻。归时当乘三菱社船为计。

---

① 原文如此。
② 如，疑为此或各。
③ 原缺三字，据文意，似指公使馆副使张斯桂。

宪曰：仆平素与何公使商略贵国急务，非一朝一夕，今辄以其意见书之于策，凡数千言。知阁下行期逼促，恐一二见面不达其意，故迩来费数日之力草，虽谨冒渎尊严上呈，其中过激之言，千万乞恕，鉴其愚而怜其诚，是祷。

宏曰：见示册子，万万感铭，胜似逢场笔话多矣。得暇奉阅，仍当携归，俾我国人咸知上国诸公之眷念如是厚且挚矣。

宪曰：乞于暇时再熟览而深思之，第其中所未及，有近日商量之禁输出米、定税则二事，何公使尚有一二意见，徐陈大概。敢问此二事既议妥否？

宏曰：防米、定税，向与外务公干。两言不相合，且非委任，实难擅行，姑俟归后再行议妥。彼谓我全昧商务，而遽尔重税，必滋葛藤，非渠坚执云。本国从未识外国事情，此等处极是难办，甚闷甚闷。

宪曰：何公使每见日人，常劝其事事务持大体，且告之曰："既欲两国之交以防俄，而多所要挟，益滋朝鲜疑惧，恐大局亦坏。"彼亦深以为然，故不甚坚执也。第输米一事，查日本全国产米甚富，所仰给于朝鲜者，惟对马岛耳，输出亦不足为大患。且我有所输出，彼亦有所输入。若遇饥馑，亦有利益。若欲防其输出太多，则惟有税则由我之一法。加税而防之，则操纵皆自我矣。前所送日本约稿，今纵不必防其值三十之重，但与之声明税则由我自定之一语，则事事不掣肘也。

宏曰：指教明晰，甚感。输米事，彼亦曰重其税而抑之，又限石数而节之，何害于国。我又诘其转售他国，则曰在公法，万国谷价常欲均平云。第俟定税时，另立重税却好。税尚未定而米税之自我先言，恐无济于事。

宪曰：万国公法不禁输米，若遇凶年，亦何以禁？英、德之米麦常仰于俄，而今年不熟，亦禁输他国，亦不得有后言。故曰不如声明税则由我自主之一语为善也。仆料禁输之事，彼不难应命，盖此事于彼无关大要也。特为朝鲜本国计，与其一切禁输致碍他日凶年之输入，不如加税防之之由我自主也。

宏曰：今观日人动静，只以我未识外事，代为闷查，苟得交情益固，似不以从前得失挂心。此果出于其情，而无可疑否？

宪曰：今日情势，日本万万不能图朝鲜，仆策中既详言之矣。其望朝鲜强，欲与朝鲜联衡，实出于真情。特其国人好胜贪利，不甚阔达，故时时有所碍难耳。朝鲜急图外交，于一切通弊了然于胸，彼自不能多所要求也。税则一事，以彼近事为言，所谓以矛陷盾，极为妙事。

宏曰：往在丙丁，敝土奇荒，彼输米到釜港出售，南民多得此粒食，始不出于好意。

宪曰：从前输米一事，彼非有别心，极欲望朝鲜之缔交，而为是而市欢心也。其所以如此者，仆策中详述之。而日本旧日收税收米不收金，是皆政府之所储，贩之又可以图利耳。

宪曰：收税之法有一极妙策，但使我定一值百抽多少之立意。如欲值百抽十，则于贸物到关时，由税吏占量时价，货值一百则取其十。彼商人不愿，则官吏受而购之。既与时价等，转卖之人，亦不至亏，彼商人无怨言。此日本税则中所不将事事物物逐一胪列者，即用此法也。此万国通行之例，能知此，无难事耳。

宏曰：此策果绝妙，仆亦来此闻之。欲为此，则税关得其入，且有财然后可行。

宪曰：此事究可行，关吏能知物价人为之足矣。受卖货物，不必国有财，盖明值百之货，结以九十，则不吃亏。总之，此刻贵国讲论税事，尚无关大得失。惟切记切记，与他人立约，必声明细则由我自主之一语，以待他日。不然则如日本需十数年乃能议改，而尚未定矣。日本新拟约稿，本系法文。由法译英文，由英译汉文，故其文义颇未明显。其中用意甚深，措辞极微，即花房公使所谓考求十数年而后有此也。恨为日无多，不及与阁下述其故，然后阁下解人，细观之，必知其情。但能师其大意，为益多矣。

宏曰：节节精到。税人多寡不足计，迟速不足论，惟自不被人牵制，为今日最急切之要务，敢不敬服。

宪曰：税之多寡，于国关系不重。惟输出之金银多于输入，则民生窘而国计危矣。财为生人养命之源，拱手而致之他人，民贫而乱作矣。日本通〈商〉十数年，输出金银至于十二千万之多，朝野上下，半不聊生，此税则由他人商定之害也。苟能重课进口货，则外货米源不多，即金银输出不多，何至于此。故税则自定之语，一乃全国安危之所系，不可以不谨也。

宏曰：输出价值多于输入，则通商有利，安见其害？敝处输入想亦不多，而输出则国贫无产，尤当少少矣。输入之物，非公然与人，不失我之钱耶？欲救其弊，不得不师彼之所为，务农兴商，使我之出品亦足以取人之金钱而后可耶。敝国朝野，只有凛遵成宪，安于俭啬而已，万不可议此也。

宪曰：去年一岁，朝鲜输出之货多于输入价值七万有馀。今日通商尚无害，他日须设法防之，筹策救之耳。朝鲜苟能终闭关，未始非乐国，特无如不能何也，噫！

宏曰：通商虽无显害，日后应接极难，以是为苦。闭关亦不足无上善策，我国读书人皆以通商为不可，此论于时务何如？窃想中朝亦多有主持正大之论者矣。

宪曰：今日尚欲闭关，可谓不达时务之甚。仆策中既详及之，请归而与当局有力者力主持之。扶危正倾，是在君子。

归国之后，他日欲通音讯，当从何处寄乃不付浮沉？

宏曰：惠函由釜山领事馆转寄似好，或由北京永平游太守递送，如何？

宪曰：由北京转寄①时日，由釜山寄又虑万一为人偷视。若得釜山商人住址，收到此间□商人寄去。交东莱府伯，乃妥善耳。

宏曰：敝土无商业可信者，釜山有办察官常住，若此处商人到釜交伊，可免浮沉。

宪曰：仆意所虑偷视，按日本邮便规则，本无虑。特虑万一有急报，不得不密耳。寻常书函由釜山领事官交府伯，必无阻碍否？

宏曰：寻常书函由领事交府伯无碍，密线苦未易。

宪曰：机事务密，万万如此。惟今日形势，万国皆无所讳，在有心人求之耳。

宏曰：当更深思，明晬时再告。

宪曰：明日再晬，仆有一团扇在院西手，乞赐书数字，明日见还。又有何公使之友人代购朝鲜碑帖一纸，请归国后择其都市通行，每样购二三份。其远道难致者则不必也。费神感甚。

宏曰：仆笔甚劣，恐徒污扇面。然吾辈相与，恐工拙亦不须计，当如戒。碑帖归后广求副教。东人罕嗜金石，得之未易，多少不敢预告也。

宪曰：都市中有者购之足矣。琐事不足介意，他日或有，由釜山寄来亦可。

宪曰：今日承麈教，怅慰莫甚。天涯相聚，可谓奇缘，未知何日再

———————

① 疑有脱讹。

得良晤耳。

宏曰：天涯相逢，又当相别，此恨何堪。未知钦使何当复命。若得复见，阁下于金台之上，何幸何幸！

宪曰：本系三年任满，即为爪［瓜］代之期。但代者未闻其人，恐在此再驻耳。若得相见于北京，幸甚幸甚！

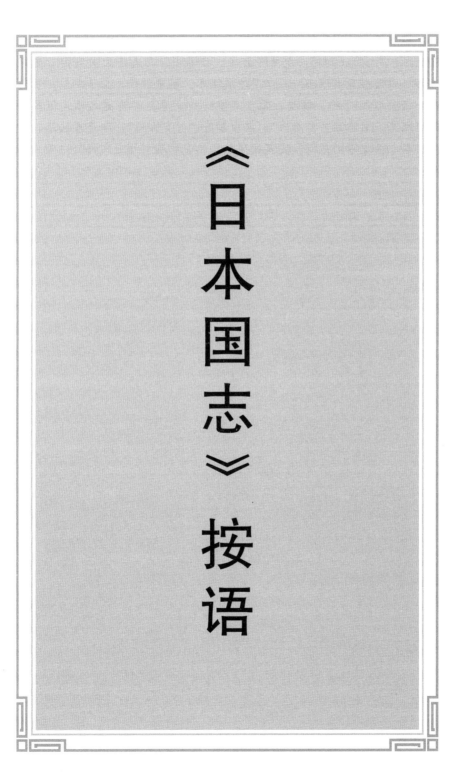

《日本国志》按语

编者按：黄遵宪任驻日使馆参赞官期间，"自念今之参赞官即古之小行人、外史氏之职"，于是习其文、读其书，与其士大夫交游，采风问俗，创著《日本国志》一书，方成稿本，奉命调任，几乎中辍。至光绪十三年（1887年）编竣，凡十二类、四十卷。其为史志体，不敢居述作之名，自称为"外史氏"。书中加有"外史氏曰"，即著者按语，阐发其对相关史事的见解。受篇幅限制，本卷仅录"外史氏曰"31则。

卷一 国统志一

外史氏曰：环地球而居者，国以百数十计。有国即有民，有民即有君。而此百数十国，有一人专制，称为君主者；有庶人议政，称为民主者；有上与下分任事权，称为君民共主者。民主之位，与贤不与子，或数年一易，或十数年一易，无所谓统也；君民共主，或传贤，或传子，君不得私有其国，亦无所谓统也。一王崛兴，奕叶绳武，得其道则兴，失其道则废，故夫君主之国，有传之数世者焉，有传之数十世者焉。如商之历祀六百，周之卜年八百，其最久者也。若夫传世百二十，历岁二千馀，一姓相承，绵绵延延而弗坠统绪者，其唯日本乎。自神武肇基，泊今皇嗣位，贤主令辟，史不绝书。虽其间女帝乘权，历世十一，觊觎僭窃，不谓无人，然卒未有挈神器而移之外家，传之异姓，授之嬖宠者，匕鬯不惊，宗社如故，可不谓奇欤？将军擅权，此起彼仆，至有进陪臣而执国命，起奴仆而称人主者，当时之君，如周之东，仅拥虚位，乃至设监置戍，供亿匮乏，求为编户细民而不可得，然历年七百，卒无人焉犯不韪而干大命者，太阿下移，玉步未改，斯又奇矣。霸政久窃，民心积厌，外侮纷乘，内讧交作，于是二三豪杰乘时而起，覆幕府而尊王室，举诸侯封建之权拱手而归之上，卒以成王政复古之功，国家维新之治，蒙泉剥果，勃然复兴，又一奇也。且夫物极必反，事穷必变，以一线相延之统，屡蹶而复振，宜乎剑玺之传，与天壤无穷矣。然而近日民心渐染西法，竟有倡民权自由之说者。中兴之初，曾有万机决于公论之诏，而百姓执此说以要君，遂联名上书，环阙陈诉，请开国会而伸民权；而国家仅以迟迟有待约之，终不能深闭固绝而不许。前此已开府县会矣，窃计十年之间，必又开国会也。嗟夫！以二千五百馀岁君主之国，自今以往，或变而为共主，或竟变为民主，时会所迫，莫知其然。虽有智者，非敢议矣。作《国统志》。

卷三 国统志三

外史氏曰：余既编《国统志》，于皇统绝续之交，霸府兴废之故，国家治乱之由，复择其要详之小注。综其变故之大者，有四事焉，今汇叙于篇末：

一、在外戚擅权，移太政于关白。天智时，内大臣镰足有功王室，赐姓藤原氏。其子不比等，文武、圣武两帝皆纳其女。孝谦，其外孙女也，不比等始为太政大臣。其后，自光仁以至崇德二十七世，非藤原氏出者，独光仁、桓武、仁明、宇多、后三条五帝耳。不比等四世孙良房纳女于文德，生清和。文德欲立长子惟乔，而惮良房不敢立。清和即位，良房始摄政。其子基经废阳成，立光孝，始立关白之号，谓万机先关白之也。基经二子时平、忠平。忠平摄政于朱雀时，与其子实赖、师辅并列三公，于是有天庆之乱。冷泉二弟为平、守平，村上欲立为平为冷泉储贰，而实赖等以非藤原氏出，阻之，而立守平，于是有安和之变。师辅三子，曰伊尹、兼通、兼家。兼家三子，曰道隆、道兼、道长，皆兄弟争政。伊尹女生华山，兼家女生一条，兼家乃使道兼赚华山逊位于一条。其后三帝，皆道长女所出。道长二子赖通、教通，相继执政。赖通生师实，师实生忠实，忠实疏其长子忠通而爱其少子赖长，于是有保元之乱。其后忠通子孙更执朝政，于源平之际，至于一姓分为五派，更为摄、关，然其势衰微，不足道矣。当其盛时，皇后太子非藤原氏出，即藤原氏出，非摄关女，均不得辄立。即勉强树立，而宣立后之诏，拜东宫之官，盈廷诸臣至无一人敢执其事者。阳成废而退院，华山赚而为僧，举朝悚息，莫敢异议，而其由旁支入继大统者，辄涕泣感恩，谓非大臣力不得立，事无大小，先告关白。偶因一语不合，则以退要君，必优诏慰谕，强起视事而后已。盖历代之君，专昵其闺帏燕好之私，内有所制，外有所惮，而诸藤妃嫔操奁镜，执巾栉，遂夺大政，而移之外家矣。虽有一二刚明之主，冀收大权而申独断，然积重之势不可挽回，盖非一朝一夕之故，所由来渐矣。极藤原氏之横，贿赂遍于朝廷，田园遍于通国，而诸国吏治废弛，盗贼蜂起，所在武人横行肆扰。当是时，源、平二氏数镇东边，每用武人以奏功效，因袭之久，既如君臣，诸国武士，半其隶属。宝龟中议汰冗兵，百姓堪弓马者，专习武艺，以应征调。至贞观、延喜之后，百度弛废，上下隔绝。奥羽、关东之豪民，辄坐制乡曲，藏甲畜马，自称武士。而自藤原氏执政，官多世职，将帅之任，每委之源、平二家，于是所在武士，分属源、平；源、平用之若其隶卒。而诸藤原氏犹未之悟也，方且以门阀相高，以格例为政，鄙视武士，不列齿数，虽立战功，吝而不赏。然一遇有事，仍委之源、平二氏，二氏各发隶属赴之，如探物于囊，莫不立办。诸藤利其便也，又且廷［延］为爪牙，倾排异己，乃至父子兄弟争执朝权，于劫一朱器台盘，亦令调兵相助。忠实长子忠通，次子赖长。忠通方为摄政，忠实欲令让于赖长，请之法皇，不可。忠实怒曰："摄政，朝廷所授，氏长者，吾所与。"乃令左卫门尉源为义遣兵入忠通第，夺传家重器朱器台盘，以授赖长。逮乎保元之乱，则上皇倚源氏，朝廷倚平氏，互相争斗。平氏仆而源氏起，大权复移于将门矣。嗟夫！上至圣武，下迄源、平，藤氏之执朝权者，凡二十馀人，历四百馀载，虽未有新莽、曹操其人敢于僭窃者，而骄纵奢逸，召祸酿乱，终举其千岁不拔之基授之于向所奴隶之武人，而藤原氏亦与王室俱衰共颓，仅存空名，不亦哀哉！

一、在将门擅权，变郡县为封建。上古国郡置造长，奉方职者，百四十有四，犹封建也。孝德时，废国造，置国司，任国守者六十有六，犹变封建为郡县也。于是郡县七道治以守介，而在朝之官有田、有食封、多者不过三千户。有功田。有大功者始许世袭。自相门执权，封户日多，各国庄园居其十八，守介所治一二而已。故国司常不赴任，举其地方豪族武人以自代。源赖朝兴，国司置守护，田园置地头，督赋税、备寇贼，武人任职遍六十州，总其权于帅府，封建之势始矣。北条氏因其旧制，守护之任，犹得考课，易置如古之国司，然往往因袭，传之子孙，渐成封建之势。建武中兴，以新田、足利诸族有灭北条氏功，思以土地收人心，概以一姓连跨数州，名虽守护，实则封建。足利氏叛，乃夺诸氏所有予子弟功臣，令其世袭。士马出于斯，刍粮出于斯，争战出于斯，封建之势成矣。足利氏之初，务以大封啖将士，迨所志已遂，而雄藩尾大，势不可制。及其衰也，内臣构难，外国党援，狼吞虎噬，反以自毙。织田氏起于陪臣，一时部将多属英杰，攻略所得，辄以分赏。其志盖欲尽锄故国取而代之也。丰臣氏继兴，见织田氏所志甚难而功不克成，于是又变一法焉。兵威所加，但求降服，苟能归附，即还故封。虽蟠踞八九州者，亦因而抚之，不少杀削。以故一时群雄咸俯首听命，然而身没未几，海内分崩。盖日本封建之事，足利氏未享其利，而先承其弊；织田氏欲去积世之弊，而未及图其利。丰臣氏苟贪一日之利，而未能祛其弊。至德川氏，而封建之局乃一成而不变焉。德川氏之盛时，诸侯凡二百六十馀国。既分封土地，得众建力少之意，复广植子弟，为强干弱枝之谋，而又据其险要，操扼吭拊背之势，令诸侯筑邸第，质妻孥于江户，间岁则会同于东，使诸侯恋于室家，疲于道路，有所牵制而不敢逞。以故父老子弟不见兵革，世臣宿将习为歌舞，弦酒之欢溢于街巷，欢虞酣嬉，二百馀载，可谓盛矣。夫源氏种之，织田氏耕之，丰臣氏耘之，至德川氏而收其利。柳子厚曰："封建之势，天也，非人也。"岂其然乎？抑非德川氏之智勇，不克收此效乎？然如岛津之萨摩，毛利之长门，锅岛之肥前，始于足利、织、丰之间，袭于德川之世，族大宠多、兵强地广，他日之亡关东而覆幕府，又基于此。斯又人事之所不及料者矣。

一、在处士横议，变封建为郡县。自将军主政六七百载，王室之危甚于赘旒，北条、足利二世最为悖逆，然卒未有躬僭贼而干大统者。盖既已居其实，不必争其名，且存之则我得挟以驱人，废之则人将挟以谋我。此或奸雄窃贼操术之工者，而王室一线之延，正赖以不坠，得以成今日中兴之业。当将军主政时，尊之曰幕府，曰霸朝，甚则称国主，称大君，称国王。足利义满称臣于明，受封曰日本王。义满后又赠太上皇号，德川家宣与朝鲜国书，自称曰日本国王。而自将军以下，大夫臣士，士臣皂隶，皂隶臣舆台，各分其采邑，以养家族。举国之食租衣税者，臣将军之臣，民将军之民久矣，夫不复知有王室矣。德川氏兴，投戈讲艺，文治蒸蒸。亲藩源光国始编《大日本史》，立将军传、家臣传，以隐寓斥武门、尊王室之意。又以为伯夷者，非周武而忠殷室者也。因躬行让国，慨然慕其为人，为之立祠于家。光国又尝表章楠正成之墓曰："呜呼！忠臣楠子之墓。"其后，山县昌贞、高山正之、蒲生君平，或佯狂涕泣，或微言刺讥，皆以尊王之意鼓煽人心。昌贞，号柳庄，甲斐人。尝著《柳子》十三篇，以拟《孙子》。首篇曰《正名》，谓："名不正则言不顺。今以神圣大统之所属，亿兆瞻仰之所归，屈于一武人，名之不正孰甚焉！"后与竹内武部聚徒讲武，有上变者告其考究江户、甲斐两城要害，举动非常，卒坐是伏诛。正之，字仲绳，上野人，慷慨多奇节，有泣癖，语王室式微则泣，闻边防有警则泣，访南朝蒙尘诸将殉难之迹则泣，谭孝子节妇忠臣义仆之事则泣。每入京师，必先至二条桥，遥望阙稽首曰："草莽臣正之昧死再拜。"后西游，自刃于久留米旅寓。君平，名秀实，下野人。尝作《今书》，论赋役之弊；作《山陵志》，以寓尊王；作《不恤纬》，以寓攘夷。路过东寺，见足利尊氏像，大声数其罪，鞭之数百乃去。上书幕府。有司以非布表所宜言，议处之重法，有解之者乃免。君平自此号默默斋，不复言事。既而，源松苗作《国史略》，赖襄作《日本政记》、《日本外史》，崇王黜霸，名分益张。而此数君子者，肖子贤孙，门生属吏，张皇其说，继续而起。盖当幕府盛时，而尊王之义浸淫渐渍于人心，固已久矣。外舶纷扰，幕议主和，诸国处士乘间而发，幕府方且厉其威棱，大索严锢，而人心益愤，士气益张，伏萧斧、触密网者，不可胜数。前者骈戮，后者耦起，慨然欲伸攘夷尊王之说于天下，至于一往不顾，视死如归，何其烈也！

迨幕府愈治愈棼，威力日绌，萨、长、肥、土诸藩群起而承其敝，而诸国处士又潜结公卿，密连大藩，以倾幕府。逮乎锦旗东指，幕臣乞降，而中兴功臣之受赏，由下士而跻穹官者，相望于册，又可谓巧矣。故论幕府之亡，实亡于处士。德川氏修文偃霸，列侯门族，生长深宫，类骨缓肉，柔弱如妇女，即其为藩士者，亦皆顾身家、重禄俸，惴惴然惟失职之是惧。独浮浪处士，涉书史，有志气，而退顾身家，浮寄孤悬，无足顾惜。于是奋然一决，与幕府为敌，徇节烈者于此，求富贵者于此，而幕府遂亡矣。前此之壤夷，意不在攘夷，在倾幕府也；后此之尊王，意不在尊王，在覆幕府也。嗟夫！德川氏以诗书之泽，销兵戈之气，而其末流祸患，乃以《春秋》尊王攘夷之说而亡，是何异逢蒙学射，反关弓而射羿乎？然而北条、足利、织田、丰臣诸氏，皆国亡而族灭，独德川氏奉还政权以后，犹分田授禄，赏延于世，而东照之宫、日光之庙，朝廷犹岁时遣币以祀其先，斯又诸士之所以报德川氏者也。若夫高山蒲生诸子，明治初年下诏褒赠，赏其首功，烈士之灵，九京含笑，亦可以少慰也夫。

一、在庶人议政，倡国主为共和。尊王之说自下倡之，国会之端自上启之，势实相因而至相逼而成也。何也？欲亡幕府，务顺人心，既亡幕府，恐诸藩有为德川氏之续者，又务结民心，故国皇五誓，首曰万机决于公论。论者曰：此一时权宜之策，适授民以议政之柄而不可夺。数年以来，叩阍求请促开国会者，纷然竞起，又有甚于前日尊王之说。余尝求其故焉。盖自封建以后，尊卑之分，上下悬绝。其列于平民者，不得与藩士通婚嫁，不得骑马，不得衣丝，不得佩刀剑，而苛赋重敛，公七民三，富商豪农，别有借派；间或罹罪，并无颁行一定之律，畸轻畸重，惟刑吏之意。小民任其鱼肉，含冤茹苦，无可控诉。或越分而上请，疏奏未上，刀锯旋加，瞻仰君门，如天如神，穷高极远，盖积威所劫，上之于下，压制极矣。此郁极而必伸者，势也。维新以来，悉从西法，更定租税，用西法以取民膏矣；下令征兵，用西法以收血税矣；编制刑律，用西法以禁民非矣；设立学校，用西法以启民智矣。独于泰西最重之国会，则迟迟未行，曰国体不同也，曰民智未开也，论非不是，而民已有所不愿矣。今日令甲，明日令乙，苟有不便于民，则间执民口曰西法西法；小民亦取其最便于己者，促开国会亦曰西法西法。此牵连而并及者，亦势也。重以外商剥削、士民穷困、显官失职之怨望，新闻演说之动摇，是以万口同声，叩阍上请，而不能少缓也。为守旧之说者曰，以国家二千馀载，一姓相承之统绪，苟创为共和，不知将置主上于何地，此一说也。为调停之说者曰，天生民而立之君，使司牧之，非为一人，苟专为一人，有兴必有废，有得必有失，正唯分其权于举国之臣民，君上垂拱仰成，乃可为万世不坠之业，此又一说也。十年以来，朝野上下之二说者，纷纭各执，即主开国会之说，为迟为速，彼此互争；或英或德，又彼此互争，喧哗嚣竞，哓哓未已。而朝廷之下诏己以渐建立宪政体许之民，论其究竟，不敢知矣。

卷四　邻交志一·华夏

外史氏曰：余闻之西人，欧洲之兴也，正以诸国鼎峙，各不相让。艺术以相摩而善，武备以相竞而强，物产以有无相通，得以尽地利而夺人巧。自法国十字军起，合纵连横，邻交日盛，而国势日强，比之罗马一统时，其进步不可以道里计云。其意盖谓交邻之有大益也。余因思中国，瓜分豆剖，干戈云扰，莫甚于战国七雄。而其时德行若孟、荀，刑名若申、韩，纵横若苏、张，道德若庄、列，异端若杨、墨，农若李悝，工若公输，医若扁鹊，商若计研、范蠡，治水若郑白、韩国，兵法若司马、孙、吴，辩说若衍、龙，文词若屈、宋，人材之盛，均为后来专家之祖。一统贵守成，列国务进取。守成贵自保，进取务自强，此列国之所由盛乎！特其时玉帛少而兵戎多，故未见交邻之益耳。日本之为国，独立大海中，于地球万国，均不相邻，宜其闭门自守，民至老死不相往来矣。然而入其国，问其俗，无一事不资之外人者。中古以还，瞻仰中华，出聘之车，冠盖络绎。上自天时地理、官制兵备，暨乎典章制度、语言文字，至于饮食居处之细，玩好游戏之微，无一不取法于大唐。近世以来，结交欧美，公使之馆，衡宇相望，亦上自天时地理、官制兵备，暨乎典章制度、语言文字，至于饮食居处之细，玩好游戏之微，无一不取法于泰西。当其趋而东也，举国之人趋而东；及其趋而西也，举国之人又趋而西。乃至目营心醉，口讲指画，争出其所储金帛以购远物，而于己国之所有，弃之如遗，不复齿数，可谓骛外已已。由前之弊，论者每病其过于繁缛，失则文弱；由后之弊，论者又病其过于华靡，失则奢荡。交邻果有大益乎？抑天下之事利百者弊十，势必有相因而至者乎？然以余所闻，日本一岛国耳，自通使隋唐，礼仪文物居然大备，因有礼义君子之名。近世贤豪，志高意广，竞事外交，骎骎乎进开明之域，与诸大争衡。向使闭关谢绝，至今仍一洪荒草昧未开之国耳，则信乎交邻之果有大益也。抑日本自将军主政七百馀年，一旦太阿倒持之柄拱手而归之于上，要其尊王之说，即本于攘夷之论。攘夷之论所由兴，即始于美舰俄舶迭来劫盟时也。则其内国之盛衰，亦与外交相维系云。作《邻交志》，上篇曰华夏，附以朝鲜、琉球为外篇，下篇曰泰西。

卷七　邻交志四·泰西

外史氏曰：泰西诸国，互相往来，凡此国商民寓彼国者，悉归彼国地方官管辖，其领事官不过约束之、照料之而已。唯在亚细亚，理〔领〕事得以己国法审断己民，西人谓之治外法权，谓所治之地之外而有行法之权也。治外法权始于土耳其，当回都全盛时，西灭罗马，划其边境与欧人通商，徒以厌外政纷纭，遂令各国理事自理己民，固非由威逼势劫与之立约者也，故其弊犹小。而今日治外法权之毒，乃遍及于亚细亚。余考南京旧约，犹不过曰设领事官管理商贾事宜与地方官公文往来而已，未尝曰有犯事者归彼惩办也。盖欧西之人皆知治外法权为天下不均不平之政，故立约之始，犹不敢遽施之我。迨戊午岁，与日本定约，遂因而及我，载在盟府，至于今，而横恣之状，有不忍言者。当日本立约时，幕府官吏未谙外情，任其鼓弄。而美国公使为定约稿，犹谆谆告之曰："此治外法权，两国皆有所不便，而今日不能不尔，愿贵国数年后急改之。"其后岩仓、大久保出使，深知其弊，哑哑议改。而他国皆谓日本法律不可治外人，迁延以至于今。夫天下万国，无论强弱，无论大小，苟为自主，则践我之土，即应守我之令。今乃举十数国之法律并行于开港市场一隅之地，明明为我管辖之土，有化外之民干犯禁令，掉臂游行，是岂徒卧榻之侧容人鼾睡乎？条约之言曰"领事与地方官会同公平讯断"，无论其徇情偏纵也，即曰执法如山，假如以外国人斗殴杀吾民，各交付其国领事，则英律禁狱三年，佛律禁锢百日、罚佛狼百，美律徒刑八十日，俄律徒刑一年，兰律徒刑三十日。而我国杀外国人，则论抵命，且责偿金矣。同罪异罚，何谓公平！假又华商英商同设一银场，负债甚巨，闭店歇业。彼英商者以一纸书告其领事，曰家产尽绝，彼即置身事外。而华商，则监狱追捕，或且逮其妻孥，及其兄弟矣。同事异处，又何谓公平！既已许之不由地方官管辖，刑罚固有彼轻此重之分，禁令又有彼无此有之异，利益又有彼得此失之殊，彼外人者，盖便利极矣。而我之不肖奸民，冒禁贪利，图脱刑网，辄往往依附影射，假借外人，以遂其欲。彼南洋诸岛寄寓之华人，不曰英籍，则曰兰籍；更何异于为丛驱爵乎？此诚我之大不便者也。不公不平之事，积日愈多，则吾民之怨愤日深。通商以来三十馀年，耦俱相依，猜嫌不泯，而士大夫、细民论外事，辄张目裂眦，若争欲割刃于外人之腹而后快心者，虽由教士之横，烟毒之深，亦未始非治外法权有以招之也。此亦似非外国之利也。虽然明知其不便，今欲改而更张之。彼外人者，习于便利，狃于故常，必有所不愿。且以各国人情、风俗、宗教、政治之不同，一旦强使就我，其势又甚难，而现行条约隐忍不改，流毒之深，安有穷期？窃以为今日之势，不能强彼以就我，先当移我以就彼。举各国通行之律，译采其书，别设一词讼交涉之条。凡彼以是施，我以是报，我采彼法以治吾民，彼虽横恣，何容置喙？而行之一二年，彼必嚣然以为不便，然后与之共商，略仿理藩院蒙古各盟案件，以圈禁罚赎代徒流笞杖，定一公例，彼此照办，或庶几其有成乎！若待吾国势既强，则仿泰西通行之例，援南京初立之约，悉使商民归地方官管辖，又不待言矣。至于近日租界之案，有华人与华人交讼，彼领事亦觍然面目并坐堂皇参议听断者；有烟馆赌博，我方厉禁，而租界为逋逃主萃渊薮肆无忌惮者，斯又法外用法，权外纵权，为条约之所未闻，章程之所不及。我总理衙门与英公法使①议，有洋泾滨［浜］设官章程十条。是皆由于地方官吏畏懦瞻徇，一若举租界之地方人民亦与别国领事共治之。吾恐各国外部且不料领事之纵恣如此也。莫急之务，尤亟当告之公使，达之外部，扫除而更张之。

卷九　天文志

外史氏曰：自地而上，皆天也。日月之照，星辰之明，天之覆万国者，莫不同也。苍苍者，其正色耶。舟车之所至，人力之所通，海之所际，地之所载，万国之观天，亦莫不同也。所未同者，各国推步之法耳。余观中国之志天文者有二：一在因天变而寓修省。自三代时，已有太史，所职在察天文、记时政，盖合占候纪载之事而司以一人，故每借天变，以儆人事。《春秋》本旧史而纪日食。后世史志因之，因有日食

---

①　英公法使，疑为英法公使。

修德，月食修刑之说。前代好谀之主，有当食不食，及食不及分，讽宰相上表，率百僚而拜贺者，其谬妄固不必言。而圣君贤主，明知日月薄蚀，缠度有定数，千百年可推算而得，然亦不废救护之仪、省惕之说者，诚以敬天勤民，实君人者之职，而遇灾修省之意，究属于事有裨，故亦姑仍旧贯，而不废举行，此中自有深意也。彼外人者，不足语此，遂执天变不足畏之说，概付之不论不议矣。一在即物异而说灾祥。自伏胜作《五行传》，班孟坚以下踵其说，恒雨、恒旸、恒燠、恒寒、恒风，皆附会往事，曲举证应。其他若荧惑退舍，宋公延龄，三台告坼，晋相速祸；以及德星之聚颍川，使星之向益州，客星之犯帝座，皆一一征验，若屈伸指而数庭树，毫厘之不爽者，何其妄也！夫星辰之丽天，为上下四方，前后古今之所共仰，而人之一身，不啻太仓之一稊米，乃执一人一时之事以为上应列宿，有是理乎？余观步天之术，后胜于前。今试与近世天文家登台望气，抵掌谈论，谓分野属于九州，灾异职之三公，必有鄙夷不屑道者，盖实验多则虚论自少也。若近者西法推算愈密，至谓彗孛之见，亦有缠道，亦有定时，则占星之谬，更不待辩而明矣。日本之习天文者甚少，日月薄蚀，以古无史官，阙焉不详。而星气风术之家，中古惟一安倍晴明精于占卜，后亦失传，故占验均无可言；即有之，要不足道也，今特专纪其授时之法。考日本旧用中历，今用西历，皆袭用他人法，其推步又无可称述，第略志其因革耳。若乃体分噩滇，色著青苍，则刘知幾有言："今之天即古之天也，必欲刊之国史，施于何代不可也。"余亦以为外国之天，犹中国之天也，苟欲限以方隅，志之何地，亦不可也。作《天文志》。

卷一〇　地理志一

外史氏曰：于茫茫大地之中，画疆分土，而名之为国。其壤地莫不相接，其疆场莫不相夺，其强弱大小无定形，则有日辟国而日蹙国者，上下千古，横览九州，莫不然矣。而日本之为国，乃独立大海中，旷然邈然，不与邻接。由东而往，凡历一万五千馀里，乃至美利坚；由西南而往，凡历二三千里，乃至上海、台湾；即最之与邻近之朝鲜，亦历数百里而后能至。自神武纪元以来，二千五百有馀岁，未尝举尺寸之土与人，亦变未尝得尺寸之土于人。虽近日开拓虾夷，交换桦太，吞灭琉球，似有异于前之版图者，然虾夷本羁縻而州，桦太非固有之地，琉球乃瓯脱之土，得非果得，失亦非失。盖自有日本以后，即守此终古，一成而不封，不亦奇乎？余闻欧西有瑞士，山水清华，士女明媚，以介居诸大间，各谋保护，不相侵扰，世人比之桃源。惧［讵］东方之日本，乃以远隔强国，自成乐土，天殆故设此二国，使之东西并跱欤！自德川氏以禁教故，丸泥阒［闭］关，谢绝外客，子孙世守其法，胶柱拘泥，二百馀载，无所见于外者无所羡于内，无所闻于内者，亦无所又［见］于外。当是时也，上以武断为政，下以卑屈为俗，熙熙穰穰，娱乐无事。而欧洲诸国，鹰瞵鹗视，强弱相并，轮一争战，则国步日进。北则有彼得加他邻，明毅果断，气吞南溟；西则有若拿破仑，雄才伟略，诸侯稽首。闲［又］西则有若华盛顿，艰苦卓绝，独立一洲。或英人吞并五印度，抚有而国；或俄人建万里铁道，以通浩罕。客船电线，争鹜纷起，机巧夺天工，人智欺鬼神。凡西人兵威、宗教，几几乎弥纶地球而无所不至。而日本绝门自守，无见无闻，曚然未之知也。直至坚船巨炮环伺于门，乃始如梦之方觉、醉之甫醒。虽曰锁港逐不［客］，国体如此，亦未始非地势使之然也。嗟夫！事变之极，开辟未闻。以日本四面濒海，古称天险，二千馀载，户无外患。而自轮船铁道纵横于世，极五大洲之地，若不过弹丸黑子之大，各国恃其船炮又可以无所以达。昔林子平有言："日本桥头之水，直与英之伦敦、法之巴里相接。古所恃以为藩篱者，今则出入若庭经矣。言念及此，地险足恃乎？"余观亚细亚诸国，印度覆矣，土耳其仆矣，安南、缅甸又倾踣矣。日本自通商颇［以］来，虽颇受外侮，而家国如故，金瓯无缺，犹得以日本帝国之名，捧载书而从万国后，壤地虽曰褊小，其地［经］营筹画，卒能自立，亦有足多矣。然而日本论者方且以英之三岛为比，其哑哑力图自强，虽曰自守，亦理有以小生巨，遂霸天下之志。试展五部洲舆图而观之，吾诚恐其鼎举而膑绝，地小而不足回旋也，作志。

卷一三　职官志一

外史氏曰：世儒议《周官》，或真或伪，纷如聚讼。其诋之尤力者，则曰刘歆以媚莽，苏绰以乱周，王安石以误宋。一若苍姬六典，苟袭其说，必贻乱阶者。夫莽之矫揉造作，侮圣蔑经，不足论矣。宇文氏特借《周官》官号以粉饰治具耳，于国之治乱无与也。若夫荆公，当北宋积弱以后，慨然欲济以富强；又恐富强之说为儒者所排击，于是附会经义，以间执儒者之口。其误宋也，乃借《周礼》以坚其说，并非信《周礼》而欲行其道也。然而世之论者纷纷集矢于经矣。宋欧阳公者，号知治体，其论《周礼》，谓六官之属，见于经者五万馀人，而里闾县鄙之长、军师卒伍之徒，仍不与焉。王畿千里之地，为田几井，容民几家，王官王族之国邑几数，民之贡赋几何，而又容五万人者于其间，其人不耕而赋，将何以给之？则疑其设官之繁如此。或者伸其说，又谓《周礼》举市廛门关，山林川泽，所有鸟兽鱼鳖、草木玉石，一切货贿之属，莫不设之厉禁而尽征之。入市有税，入门有税，入关有税，避而不入即没入之，地所从产又官守而以时入之，是则天之所生，地之所长，人之所养，俱入朝延［廷］，不留一丝毫之利以与民。虽王莽之虐，恐其力亦不能悉如书中所载，以尽行其厉民之事，则又疑其赋敛之重如彼。然以余观泰西各国，其设官之繁，赋敛之重，莫不如是。而其国号称平治者，盖举一国之财，治一国之事，仍散之一国之民，故上无壅财，国无废政，而民亦无游手。然则一切货贿之税，即以养此五万馀人。以是知《周礼》固不容疑也。泰西自罗马一统以来，二千馀岁具有本末。其设官立政，未必悉本于《周礼》，而其官无清浊之分，无内外之别，无文武之异；其分职施治，有条不紊，极之至纤至悉，无所不到，竟一一同于《周礼》。乃至卝人之司金锡，林衡之司材木，匠人掸人之达法则、诵王志，为秦汉以下所无之官，而亦与《周礼》符合，何其奇也！朱子谓《周官》如一桶水，点滴不漏。盖综其全体，考其条目，而圣人制作之精意乃出。苟执其图便己私之说，以贻误责《周礼》，《周礼》不任受过也。嗟夫！圣人制作之精，后世袭其一二语以滋贻误，或遂诋为渎乱不经之书，斥为六国阴谋之说。古人有言，"礼失而求诸野"，则曷不举泰西之政体而一证其得失也？日本设官，初仿《唐六典》；维新之后，多仿泰西。今特详志之，以质论者，作《职官志》。

卷一四　职官志二

外史氏曰：自将军奉还政权，其时主少国疑，未能收太阿之柄归于独断，不得不仍以西京世族、强藩巨室参与政事，故太政官之权特重。日本官职，不叙正一位。当中叶时，国皇每亲临政所，裁决万机，盖太政官中即以国皇居首坐，然其事出于御裁者少矣。副岛、板垣之请起民撰议院也，谓方今政权上不在帝室，下不在人民，而独归于有司。此论一倡，众口嚣嚣，群欲仿西法以开国会，或斥为巨藩政府，或指为封建馀威，虽出于嫉妒、怨忿者之口，然萨、长、肥、土皆于国家有大勋劳，一国之大权必有所归，势重者权归之，固有不得不然者在乎？今特谱维新以来大臣、参议更替表，俾觇国势者览观焉。

卷一五　食货志一

外史氏曰：余读历代史《食货》诸志，于户口之编审，田亩之丈量，赋税之征收，府库之出纳，钱法之铸造，亦只言其大概。于国家全盛，则曰"家给人足"；于国家末造，则曰"比户虚耗"。苟欲稽其盈虚盛衰之况，则无所依据以确知其数。至于一国之利害，与外国相关系，如通商出入、金银滥出之事，则前古之所未有，尤历史之所不及。余观西人治国，非必师古，而大率出于《周礼》、《管子》。其于理财之道，尤兢兢致意，极之至纤至悉，莫不有册籍，以征其实数。其权衡上下，囊括内外，以酌盈剂虚，莫不有法。综其政要，大别有六：国多游民，则多旷土，农一食百，国胡以富？群工众商，皆利之府，欲问地利，先问业户，是在审户口；惟正之供，天经地义，洒血报国，名曰血税，以天下财治天下事，虽操利权，取之有制，是在核租税；权一岁入，量入为出，权一岁出，量出为入，多取非盈，寡取非绌，上下流通，无壅无积，是在筹国计；泰西诸国尽负国债，累千万亿数无涯际，息有重轻，债别内外，内犹利半，外则弊大，是在考国债；金银铜外，以楮为币，依附而行，金轻于纸，凭虚而造，纸犹敝屣，轻重由民，莫能桎止，是在权货币；输出输入，以关为口，利来利往，以市为数，漏卮不塞，势且倾踣，虽有善者，何法能救，是在稽商务。六者兼得，则理财之道得，而国富矣；六者交失，则理财之道失，而国贫矣。日本维新以来，尤注意于求富，然闻其国用，则岁出入不相抵，通商则输出入不相抵。而当路者竭蹶经营，力谋补救。其用心良苦，而法亦颇善。观于此者，可以知其得失之所在矣。作《食货志》。

卷一五　食货志一·户籍

外史氏曰：古之时土满，今之时人满。古之时地利未尽辟，物产未尽殖，天下皆有用之民，故民寡者国弱，民众者国强；今之时土地不足以容众，物产不足以给人，天下多无用之民，而民之众寡，乃无与国之盛衰。余尝考古户口之数，偏安小霸者无论矣，汉、唐、元、明之极盛，不过六千万。夏禹时，人口千三百五十五万三千九百二十三。周成王时，千三百七十万四千九百二十三。汉孝平元始二年，五千九百五十九万四千九百七十八。东汉和帝永兴元年，五千三百二十五万六千二百二十九。晋武帝太康元年，千六百一十六万三千八百六十三。隋炀帝大业二年，四千六百一万九千九百五十六。唐明皇天宝十四载，五千二百九十一万九千三百九。宋英宗治平三年，二千九百九万二千一百八十五。元世祖至元二十七年，五千九百八十四万八千九百六十四。明神宗万历六年，六千六十九万二千八百五十六。此皆一代极盛之数也。虽曰计口算赋，唐、宋有司或不能行法，相率隐漏，然加倍其数，亦不过十千万而止矣。我大清受命以来，列祖列宗，天覆地载，涵濡生育。乾隆初年，户部奏各省人口之数即逾亿万。乾隆二十五年正月，奉上谕："今日户口日增，而各省田土不过如此，不能增益，正宜思所以流通，以养无籍贫民。"是年五月，又奉上谕："国家生齿繁庶，即自乾隆元年至今二十五年之间，滋生民数，不下亿万，而提封止有此数，馀利颇艰。古北口外一带沿边，内地民人前往种殖，成家室而长子孙，其利甚溥。设从而禁之，是厉民矣。今乌鲁木齐辟展各处，屯政方兴，客民既源源前往，将来阡陌日增，树艺日广，于国家牧民本图，大有裨益。"等因。圣人之言，所见远矣。而东之三省、西北之列藩，尚未计也。嘉庆、据嘉庆十七年，十八省户籍已有三亿六千一百六十九万三千一百七十九丁口。而在京之八旗，及各驻防人丁，不与其数。道光以至今日，统满、蒙、汉、回乃有四亿二千馀万之众。於戏盛矣哉！开辟以来之所未有也。然而列圣宵旰于上，百辟承宣于下，而海内之民犹若困顿无聊、汲汲不能谋生者，谓非由此极盛之民也乎哉？日本之地居我二十五之一，其人民乃居我十二之一，可谓夥矣。土非不饶，物非不丰，而民多憔悴困穷，则亦人满之患耳！承平日久，兵革不闻，疢疠无患，民生其间者，日增而月益，盖十倍于中古，数十倍于上古，而地之所产，华实之毛，薮泽之利，则自若也。譬犹陈一脔之肉于俎上，一人食之而果腹；数人则不足，聚数十人，则珍臠得食，犹不能饱矣。均田画井以授民，三代下既万不可行，逮今为尤甚。民无恒产，则不得不诈伪奸宄，竞争刀锥之末。争之愈甚，求之愈难，益相率为目前苟且剜肉补疮之计，经久之大利反不能兴，物产乃愈穷而愈绌。天下之耕而食、织而衣者，百之一耳。天下之不士不农不工不商者，比比皆是。其黠者，夤缘官吏，鱼肉豪富，或抱其刀笔筐箧之技、医卜星相之术，糊口于四方。其愚者潦倒乞食，群聚赌博，或结党为盗，甘触刑网而不顾。为上者兢兢然以法维持之，仅及于无事，稍或懈弛，则大乱作矣。故极盛之后，百数十年必一乱。乱之所由生，亦势之所使。然非必纲纪之败坏、政事之阙失也。彼欧罗巴全州之境，不及我国，而其民善于工商，无所不至。又得阿美利驾，又得澳大利亚，皆穷古不毛之地，移民垦辟，卒兴大利。其富也亦土满人稀之故也。嗟夫！古之善治民者，患其寡也，则为之谋生聚，于是有胎养之谷，生子之赏，养老慈幼之政，老女寡妇之禁。虑其满也，则为之设禁防，于是有三十而娶，二十而嫁之限，使分田画井，得计口而给，仁术乃不至于穷。及其既盛，乃不得不凿山通海，废阡毁陌，以兴自古未兴之利所，皆已然之迹也。逮夫今日，又不足以给，故山林薮泽不能封，矿穴宝藏不能秘，奇技淫巧不能禁，即其贸迁流散四出于海外者，亦不能止。非不知其不可，时势之所趋，有不得然者在也。惟欧罗巴人知之，故悉驱游民，使治旷土；惟日本人今亦知之，故力辟虾夷，广兴农桑。彼不知者，犹拘拘古制，藉口于生聚之谋、休养之德，亦未尝考古而准今，而欲匠人之以栈为楹，以柄容凿也。

卷一六　食货志二·租税

外史氏曰：尝稽日本榷税之数，益叹吾民之凿井耕田，真不知帝力之何有也。日本一岛国耳，国家岁入之款至五六千万元，府县之费又数百万供之国者，征敛之重，不待言；供之府县者，乃下至一饮一食之细，一技一艺之末，莫不有之，极古人所谓逮及纤悉者，非民脂民膏，何自来乎？设以吾民当此，必疾首蹙额以相告；为士大夫者，又或微言刺讥，咏歌而嗟叹，以为苛政之猛于虎矣。

顾余尝考欧罗巴人之治国，大抵如此。彼执政者，惟皇皇然虑金钱之流出，若国中所用，必预计其岁出之数，悉征之于民。彼以为取吾国之财治吾国之事，仍散之吾国之民，令行政举，非惟无害；而损富以益贫，调盈以剂虚，盖又有利存焉。徐而考其每岁出入之表，宫府所用皆有定数，果无蕴利厚藏之患。及询之欧罗巴人，亦终无一人怨其国之横征暴敛，愀然悲叹者也。日本之人，承旧藩六公四民、七公三民虐政之后，故十取二五，尚如出水火而登衽席。特以变法之过骤，行法之稍苛，亦间有投书纳匦、揭竿斩木以诉穷困者，然卒不为害。士大夫之不喜新法者，每生谤议，独未尝以此责执政也。

嗟夫！普天率土，各子其民，昏荒之国，蛮貊之邦，皆若有急公爱国之心，况我中土，素习礼教，聚四千亿万之赤子，竭力以事上，犹若虞不足者。臣尝求其故而不得，既乃知为取之过轻，征之又不如额之故也。唐虞三代取民之制，皆十一为准。白圭议二十取一，孟子以为不可。三代下治世，称汉唐宋明，然口赋丁钱之外，汉有盐铁利，唐有间架税，宋有月桩钱，明有金花银，杂赋尚不可胜数。独至我朝，仁厚之政，远迈三五，综饶瘠之地，不过四十取一，而东南粟米之征，西北力役之征，尚不相兼。於戏！德可为至也矣。名臣若靳辅、孙嘉淦，皆尝谓取赋过轻，耗羡不可撤。然以圣祖、世宗、高宗，圣圣相承，日以损上益下为心，故免租赐逋，迭下恩诏。又许令州县征及七成者免议。是皆旷古未闻之举。臣考是时，太平百馀年，无兵革之患，无旱潦之灾，司农所储乃有七千馀万之多，斯固千载一时不可多得之会也。承平日久，生齿日繁，物力日绌，岁之所入，征收又不如额，则益不足以用，故普赐田租，普免逋赋，可行于康熙乾隆之世，不可行于今。设关抽厘之举，始亦出于不得已。而咸丰同治之间，非是则不足殄巨寇、平大乱，诚以国用匮乏，入不敷出故也。今司农竭蹶，天下所共知，而永不加征之谕，皇祖有训，载在方策，事固万万不可行。然独不能稽田赋之额、耗羡之数，清查而实征之乎？东南之沙坦，西北之荒地，未及升科者，随在而有，亦当一一清厘。《会典》所载，如牙行税、落地税，或亦可申明旧章，仿照西法，择要而行之。取旧有之利，祛中饱之弊，还于朝廷，而公于天下，可以举百废、济贫民，安在其不可行也？夫国之为国，非如人之一身一家之有恒产者可比，故欲以一国之财治一国之事，舍租税之外，更无他法。世人徒见英、俄、法、美船炮之多、金帛之富，而不知其岁入租税至七千万磅之多。英国岁入约七千一百万磅，俄国岁入约六千六百万磅，法国岁入约七千二百万磅，德国岁入约七千八百万磅，惟美国近年岁入以次减少，然亦在三千万磅之间。假使中国岁入得有此数，比今日常税骤增五六倍，即铁甲轮路一切富强之具，咄嗟而办，亦复何难？正为岁入不足之故，无论外务，即内国政令，亦不得不苟且敷衍，能静而不能动，谓非取之过轻之故欤？

嘉庆、道光以来，圣主所以励名臣良民，所以颁贤吏者，未尝不曰任劳任怨。陶文毅之理漕粮，胡文忠之兴厘务，宁使怨归于己，必不使饷绌用匮贻朝廷寇乱之忧，其用心可谓独苦。三十年来，封疆大吏之肩荷艰巨、实心任事者，往往综核名实，清理弊窦，以修举庶政，盖其势不得不然。而不便己私者辄腾怨言，以言利之臣、苛酷之吏讥之，抑亦冤矣。若自诩为催科政拙者，偏隅或蒙小惠以博一己忠厚之名，则可相率而效尤，国何以立乎？士夫读书，徒见古君子之议薄赋敛，未尝考其时之狗彘食人，饿莩载道，当时所取几何？举古人之十取三四以议今日，亦兢兢然议减漕、议减厘。搢绅寡识，间又上书言事，相聚乞恩，若惟知朝廷应设官以卫民，不知百姓应竭力以奉公者，岂非不达时务之甚乎？上稽百世以上，旁考四海以外，未有如我大清之轻赋者，于此犹欲欠粮匿税，则可谓天地之大而犹有所憾矣。

卷一七　食货志三·国计

外史氏曰：天生民而立之君，使司牧之，亦惟以天下之财治天下之事，而理财之道得矣。秦汉以降，君尊而民远，少府、水衡、琼林、大盈，天子各谋其私藏，凡以供声色宴游之费者，惟内官宦寺得司其出入，虽宰执未尝过问。为百姓者不知国用之在何所，但以为日竭膏脂以供上用；而仁人智士深知财聚民散之害，又深恶以聚敛病民者，尽出于怀利事君之小人，由是相引为大戒。有国家之责者，君不敢复问有无，臣不敢复言兴利，而先王治国理财之道，反尽失矣。财也者，兆民之所同欲，政事之所必需者也。竭天下以奉一人，固万万其不可，诚能以民之财治民之事，以大公之心行一切之政，则上下交利而用无不足。秉国钧者，其何可讳而不言。

余考泰西理财之法，预计一岁之入，某物课税若干，某事课税若干，一一普告于众，名曰预算。及其支用已毕，又计一岁之出，某项费若干，某款费若干，亦一一普告于众，名曰决算。其征敛有制，其出纳有程，其支销各有实数，于预计之数无所增，于实用之数不能滥。取之于民，布之于民，既公且明，上下孚信。自欧罗巴逮于米利坚，国无小大，所以制国用之法，莫不如此。

臣尝读靳辅筹饷裕民之疏，谓："我朝理财之道，尚未复三代之古，盖入关定鼎之初，薄赋免徭，务在寡取而节用。即明知官吏俸薄，亦尚沿胜国俸钞折领之弊，姑仍旧贯而无所变革。然国用实有不足，为官吏者终不能毁家以纾国，竭私以报公，究不得不仍取诸民，不过于常赋之外变为火耗、秤馀一切之陋规。封疆大吏知地方税轻不足用，官吏俸薄不足赡，有明知其非法而不忍裁撤者。陋规极多之地，每省有十数州县，彼处脂膏以自润者，饱囊盈橐，一若分所应得。若硗瘠之地，上官悯其贫，必为之调剂，而贪饕官吏侵吞干没之不已，更百端为例外之求。彼以枵腹从公为名，辄巧取横征屡倍于正供，朝廷一无所利，而小民实受其害。余窃以为不如清查耗羡，核减陋规，明取之之为愈也。"臣伏维圣清家法，至仁极俭，内府之所需，曾不以问诸户部，成宪昭垂，二百馀载，大公无私，可谓至德矣；然而小民未之知也。乾隆以后，协饷日益繁，欠粮日益多，杂税日益免，河工、宗禄名粮之数日益钜。当嘉庆中叶，已屡诏廷臣，集议筹饷。咸、同之间，群盗毛起，逮乎克平，费饷盖不可胜数。至于近日，又筹海防，虽增加关税、厘金，而国用犹入不抵出；然而小民亦未之知也。我祖若父，蒙国家深仁厚泽久矣，谁非赤子，具有天良。往岁大乱之后，追念平日箪食壶浆，以迎王师者，不知凡几，足见朝廷恩德维系于民者至深。然蚩蚩者民，胼手胝足，日竭其力，以供租税，而国用所在，曾不得与闻。谬以为吾民膏血，徒以供上官囊橐。一旦有事，设法课税，令未及下，而小民惊相告语，已有惘然失措者。上下阻隔，猜疑横起，欲谋筹饷，势处至难。古人有言曰："藏之人思防之，帷之人思窥之。"余又以为不如举国用之数公布之于民之为愈也。臣考三代以来，损上益下，寡取薄敛，未有如我大清者，然国用不足，亦以今日为尤甚。雍正乾隆间，议以耗羡为养廉，盖实有见乎用之不足，不得不取之如额。而卅年以来，二三名大吏有通提一省杂供储为公用者，亦以通筹统计，势不得不尔。势不得不尔，则不如分别朝廷之上计，州县之留支，核需用之额明取之，即举应用之款实销之，并列所用之数公布之。以修庶政，以普美利，以昭大信，一举而数善备焉，是在谋国者经理之而已。

余昔读《周礼》，见夫天官、地官之司财货者，几于无地不赋，无物不贡，无人不征，无事不税，极至纤至悉，有后世桑宏羊、孔僅、蔡京、王黼之徒不肯为者。始疑周公大圣，不应黩货至此。既而稽六官所属五万馀人，无员额者尚不在内，乃知大府颁赇，凡官府都鄙之吏、转移执事之人，在官受禄者如此其多。以某赋治某事，又有定式，则一一仍散之民，朝廷固未留丝毫以自私也。窃意其时以岁终制用之日，必会计一岁之出入，书其贰行，悬之象魏，使庶民咸知。彼小民周知其数，深信吾君吾上无聚敛之患，凡所以取吾财者，举以衣食我，安宅我，干城我，则争先恐后，以纳租税矣。君民相亲，上下和乐，成周之所以极盛也。

日本近仿泰西治国之法，每岁出入书之于表，普示于民，盖犹有古之遗法焉。譬若一乡之中迎神报赛，敛钱为会，司事者事毕而揭之曰某物费几何，某事费几何，乡之人咸拱手奉予钱，且感其贤劳矣。此理财之法之最善者也。嗟夫！古昔封建之世，官物输之民，力役征之民，上之人垂拱其上，彼小民之事宜若可听民自为。而自古圣人必为之经理无端，而料民身家，征民粟帛，多取而民不为怨，亦信其以我之财治我之事故耳。三代圣王平天下、理财之道，不过举流通之财，行均平之政，无他道也。况夫今日，凡百官府之用，力役之征，无不出资而购之，颁禄以募之，国用之繁，盖十倍于古人。诚使以大公之心行一切之法，即令小民怀私，有怫欲而逆情者，尚当强而行之。况又沿习陋规，小民既已收纳，第取官吏之中饱为朝廷之正供，即以分给民之奉公者，吾民若之何不愿乎？夫三代之良法美意，秦汉后之不欲行者，举所用以普示之民，则不便君上之行私故也。以本朝至公之家法，其何惮而不行！祖宗知用之不足，而安于寡取者，开创则民信未孚，承平则国帑未匮，势不极，法不变故也。以今日值多事之秋，履至艰之会，则不变其何待！彼不愿核出入之数明取之、实用之、公布之者，不谓此为纷扰多事，即谓此为聚敛言利，殆为相沿之陋规，阴便其额之无定，得以上下其手，百端侵渔；阳利其用之不敷，得以推诿敷衍，无所事事，坐视政事之弛废，国家之贫乏，小民之困穷而漠然不顾，如秦越人之视肥瘠焉，而天下之患，将日久而日深矣。嗟夫！

卷一八　食货志四·国债

外史氏曰：中国未闻有国债也。周既东迁，王室衰微，赧王负债至筑台避之，天下后世以为耻笑，而周室亦随而倾覆矣。顾余考泰西诸国，莫不有国债，债之巨者，以本额计，至八亿万磅之多；以利息计，乃至岁出二千七百万磅；以全国岁入计，乃至尽五六年或七八年，或十馀年犹不足以偿；以全国户口计，乃至每人负债一百一十馀元，可谓夥矣。欧罗巴古时遇国库匮乏，则预揣其租税所入，借之富豪以应急需。其偿期甚迫，给利甚重，此特出于一时济急之方耳。其后，意大利共和政府始立方法，以借国债。西班牙、佛兰西仿而行之。及荷兰叛西班牙，广借国债以应军需，卒收其效而成独立之国。于是国债盛行。西历一千六百八十八年，英国亦募债。战争迭起，积年增多，至一千八百七十年，英吉利负债八亿万磅，佛兰西五亿五千万磅，俄罗斯三亿万磅，美利坚合众国五亿三千二百四十万磅。其他各国，莫不有债。即以英国而论，岁出利息二千四百二十七万磅，岁入租税七千一百四十五万磅，计十一年全额乃能偿清。当时全国户口三千八十万人，每人分计负债有一百一十馀元之多云。

世人皆谓西戎乐战，穷兵黩武，惟意所欲，盖由于府帑之充溢，金谷之富饶，此其说误矣。既而知其国债之巨，又谬疑府藏空虚，国计窘迫，一若负债累累不可计长久者，抑又非也。泰西诸国必预计一岁出入之款，量出为入，无所蓄积。国家一旦有大兵革、大政事，乃大开议院，议加征重赋。重赋加征之不足，于是议借债。余偿考其故，大概有二：一则内忧外患，纷争迭起，因以师旅，重以饥馑。当全国人民安危之所系，则议借债，此则暂纾目前之急，不得已而为之。如荷兰之叛西班牙、米利坚之拒英吉利是也。一则汽车、铁路、治河、垦田，经始大利，必集巨款，为全国人民公益之所关，则议借债。此则预计后来之利，有所为而为之。如日耳曼之开矿山、俄罗斯之造铁路是也。夫有国家者，既不能如人之一身有恒产，有生计，亦不能竭国家所有而抵偿于人。负债既重，终不能不分其负担于人民，取偿于租税。租税过重，民不能堪，国必随弱。故国债一事，非出于治穷无术，则实不应举。荷兰因负债过巨、横征暴敛以还国债，卒以弱国。虽然，因军事而借，则譬如祖父艰难拮据，为子孙图生业，所负之债己不能偿，而责偿于子孙，为子孙者，自不得辞。由公益而借，则譬如工场田野，荒芜不治，召集农工为之垦辟，即其垦辟所得之利以养农工，农工亦与分其利。故因一时窘迫，势出于不容己，偶一为之，亦不妨也。泰西政体，君臣上下，休戚相关，富家巨室，知国家借债，所以卫我室家，谋我田庐，而同袍同泽，并力合作之气，一倡百和，未尝不辇金输粟，争先而恐后，则其称贷也不难。逮夫事既平定，出资者岁给馀息，尚有微利，与自营生计无异，则其征偿也亦不迫。既为诸国习见之事，又非计日促偿之款，第分其岁入之一二以为子金，则其供息也亦不甚累。又况富商巨室，屡输于公，则下之于上，患难与同，忧乐与共，相维相系之义日益深，而国本日益固。西人每谓社稷可灭，而国不可亡，国债亦居其一端。是故内国之债，虽高如山阜，浩如渊海，西人视之若寻常，不为怪也。

若夫外国之债，则泰西之谈经济者，皆比之螫蛊，动色相戒，即时会方殷、后益极大，犹不敢不周详审重，极之计穷策尽而后举事。盖内国债虽有利有害，楚人失之，楚人得之，其利害系于一国；外国债则利在一时而害贻于他日，且利在邻国，而害中于本邦，但使借债过一千万，则每岁供数十万之息，比之古人和戎岁币犹有甚焉。近者如土耳其，如埃及，皆以负债之故，国库匮乏，岌岌可危，其覆辙可鉴也。而或者西人乃谓弱小之国，利于借债，负债愈重，则所借之大国，虑其损失，必加保护，而国可赖以不亡。嗟夫！有国家者，设想至此，是所谓自暴自弃，不足有为者矣！尚足与言哉！尚足与言哉！

卷一九 食货志五·货币

外史氏曰：楮币可以便民，不可以罔利者也。苟使持数寸脆薄之物，使天下之人饥藉以食，寒藉以衣，露处藉以安居，则造之易而赍之轻，天下之至便，无过于此矣；无如其不可。何也？金也，银也，铜也，是亦寒不可以为襦，饥不可以为粟，穴处不可以为屋，而天下之人奔走而求之，且萃五大部洲嗜欲不通、言语不达之辈，不约而同以此为利，则以布帛菽粟之不可交易，乃择一物之贵而有用者为币以适用，而金银铜实为适宜。若以楮为币，则直以无用为有用，虽以帝王之力，设为金银铜交易之禁，严刑峻法，驱迫使行，而势有所不能。且夫在唐有飞券，在宋有钞引，今银行钱店，罗列于市廛，人亦争出其宝货以易空楮。经商四海者，携尺寸之券，虽在数万里海外，悉操之则获，不异于载宝而往。于是禁飞券、禁钞引，必嚣然以为不便。而欧洲各大国，又有国家公立之银行，富商巨室举其家所有之金银，大者牛车，小者襁负，实输于其中，予一张之纸，则珍宝而藏之。日本初用楮币也，值相等者，价或重于真金，蚩蚩细民，给予钱则拒，给予纸则受，亦安在楮币之无用？今曰不可行者何？曰以楮币代金银，则可行；指楮币为金银，则不可行也。有金银铜，使楮币相辅而行，则便于民；无金银铜，凭虚而造，漫无限制，吾立见其败矣。晚近以来，物侈用糜，钱之直日轻，钱之数日多，直轻而数多，则其致远也难。成色有好丑，铸造有美恶，权量有轻重。民有交易，奸诡者得上下其手，以肆其诈伪。而金银铜之便以用者，又憎其繁重矣。代以楮币，则以轻易重，以简易繁，而人争便之。虽以中人之资，设市易银，纸币尚足以行，况以国家之力，有不趋之若鹜者乎？诚使国家造金银铜约亿万，则亦造楮币亿万示之于民，明示大信，永不滥造，防其赝则为精美之式，救其朽则为倒钞之法，设为银行以周转之，上下俱便，此经久之利也。

日本自明治四、五、六年，金银铜三货并铸，计值六千馀万，当时纸币八千馀万。虽其数既浮，民尚利之。既有萨摩之乱，骤加纸币二千六百万，加以银行之增发，公债之充溢，核楮币之数过于真钱几亿万。即使金钱不流出，而增造无艺，浮数过巨，势不得不贱；况又益以输入过多、金银滥出之害乎？前之以一元易金银货一元者，浸假而十一，浸假而十二，至今则十三四乃能易矣。金、元、明之行钞不过百年，及其弊也，钞百贯值钱一文耳，乃至不足偿楮墨之费。美利驾之行纸币，法兰西之行纸币，皆为时不久，值千值万之纸币，至不能谋一醉。今日值十之三四，将来殆不可问也。寻前明及美、法之弊，终至拉杂摧烧，废弃不用，转而用金银。吾稽日本新铸之货，多流出海外，存于国中者，不可问也。全国上下所流通者，纸币已耳。一旦不用，殆将转而易布帛菽粟矣。纸币日贱，物价日昂，贫民之谋生者日难于一日，既有岌岌不可复支之势。然以本国之币购本国之产，自相流转，尚可强无用为有用；购他国之货，则非以货易货不可矣。若或不幸，饥馑洊臻，敌国乘隙，终不能复举无用之楮币以购菽粟，以储枪炮，诚未知其税驾之何所也。《诗》有之曰："譬彼舟流，不知所届。"其今日日本纸币之谓乎？吾将拭目以观其补救之方也。

卷二〇　食货志六

外史氏曰： 古所谓理财之道，所以谆谆然垂戒者，要不外乎财聚民散。盖天地生财，止有此数，上盈则下虚，上益则下损，民膏民脂，日竭于上，饥寒交迫，父不能有其子，君不能有其臣，天下之大乱作矣。自古圣帝明王，未有不以聚敛为戒者也。虽然鹿台之财，武王因之；琼林之库，唐祖因之。失国者以聚敛，得国者即以其聚敛散之于民，而四海犹不知于穷困事变之极。逮夫今日，乃有祸患百倍于聚敛，至于民穷财尽，虽有圣贤，实莫如何者，是则尧、舜、禹、汤、文、武、周、孔之所不及料、所不及言者也。是何也？曰金钱流出海外也。晚近之世，弱肉强食，彼以力服人者，乃不取其土地，不贪其人民，威迫势劫，与之立约，但求取他人之财以供我用，如狐媚蛊人，日吸其精血，如短蜮射影日，中其荼毒，以有尽之财，填无穷之欲。日朘月削，祸深于割地，数倍于输币，百倍于聚敛，又不待言也。既经明效大验者，印度则亡矣，埃及则弱矣，土耳其则危矣。欧洲大国皆知其然，必皇皇然合君臣上下聚族而谋之：欲我国之产广输于人国，则日讨国人以训农，以惠工，于是有生财之道。欲我国所需悉出于我国，不必需者禁之绝之，必需者移种以植之，效法以制之，于是乎有抵御之术。欲他国之产勿入于我国，则重征进口货税，使物价翔贵，人无所利，于是乎有保护之法。凡所以殚精竭虑，析及秋毫者，诚见夫漏卮不塞。十数年后，元气剥削，必将胥一国而为人奴矣。

日本自开港通商以来，其所得者，在力劝农工，广植桑茶，故输出之货骤增；其所失者，在易服色，变国俗，举全国而步趋泰西，凡夫礼乐制度之大，居处饮食之细，无一不需之于人，得者小而失者大，执政者初不料其患之一至于此也。迩年来，杼柚日空，生计日蹙，弊端见矣。全国上下，知金钱流出之大害，乃哑哑然议改条约，欲加进口之税，免出口之税，庶以广财源而节财流，而大势败坏不可收拾，悔之晚矣。虽知其既晚，挽回于将来，补救于万一，及今犹可为也。今核明治五年至十二、三年海关出入之数，先详货币，次胪物品，次别国名，皆为提纲择要，比较数年以来，使天下之人晓然知其得失利害之所在。嗟夫！日本与诸大国驰骋，而十年之间，流出金钱乃逾亿万之多，其何以支？痛念兄弟之国窘急，若此不禁，为之太息而流涕也。而或者犹曰：是第据五港关吏报告之书，尚有流出金钱，不具于此者，则益非余之所敢知矣。

卷二一　兵志一·兵制

外史氏曰：开创多尚武，而守成则尚文；乱世多尚武，而治平则尚文；列国多尚武，而一统则尚文，自昔然矣。然而弛备者必弱，忘战者必危。自古右文之朝，莫如周成。周之初，三监胥靖，四夷宾服，而周公之戒成王曰："其克诘尔戎兵，以陟禹之迹，以行于天下。"言备之不可以已也；况于今日之列国，弱肉强食，眈眈虎视者乎？欧洲各国，数十年来，竞强角力，迭争雄霸，虽使车四出，樽敦雍容，而今日玉帛，明日兵戎，包藏祸心，均不可测。各国深识之士，虑长治久安之局不可终恃，皆谓非练兵无以弭兵，非备战无以止战。于是筑坚垒，造巨舰，铸大炮，日讨国人，朝夕训练，务使外人莫敢侮。东戎［戍］巴邱则西城白帝，务使犬牙交错之国，度权量力，相视而莫敢发。中国之论兵，谓如疾之医药，药不可以常服，所谓不得已而用兵也。泰西之论兵，谓如人之有手足，无手足不可以为人，所谓兵不可一日不备也。余尝旷观欧洲近日之事，益叹古先哲王以穷兵黩武为戒，其用意至为深远。澳、德、意、法，稽其兵籍，俱过百万。假使驱此数百万之兵，俾就业于农工商，岂不更善？夫竭百农工商之力，仅足以养一兵，必使亿万之农工商，竭蹶于畎亩之中，竞争于锥刀之末，徒以之坐耗于兵，筋力疲于锋镝，金银销于炮火，而尔猜我忌，迭增其数，尚无已时，自非好武佳兵，其弊乌至于此！然而事变之极，已至此极，虽使神圣复生，必不能闭关而治。无闭关之日，即终不能有投戈讲艺、解甲归田之日，虽百世可知也。嗟夫！今日之事，苟欲禁暴戢兵，保大定功，安民、和众、丰财，非讲武不可矣。日本维新以来，颇汲汲于武事，而其兵制多取法于德，陆军则取法于佛，海军则取法于英，故详著之。观此亦可知欧洲用兵之大凡，作《兵志》，为目三，曰兵制，曰陆军，曰海军。

外史氏曰： 中国三代，寓兵于民，无事则耕，有事则战。其不用也，举天下皆力农桑之民；其用也，举万乘皆决射御之士，兵与食俱无不足，其规模可谓善矣。然自战国以后，齐有技击，秦有锐士，即已兼用召募之法。暨唐府兵制坏，用张说之议，遂专用募兵。自是以后，民出食以养兵，兵出力以卫民，相沿至今，而兵与民遂不可复合。儒者好言古制，徒见唐宋养兵蠹国病民，骄惰无用，遂慨然思复三代之旧。不知募兵之害固大，以言乎征调，军书所至，鸡犬为空，邑里萧条，田园芜废，观于新安折臂之翁，石壕捉人之吏，民困于役，如此其甚，法安得而不变？夫古人用兵之日少，兵食出于一，即兵与民不必分；后世用兵之日多，兵食不得不分，即兵与民亦不能复合。征兵之变为募兵，盖亦世变所趋，不能不尔，非独中国，天下万国亦莫不然也。

然余考欧洲近日兵制，乃又由募兵而复为征兵。其法：男子二十使应征，四十五十而免役，少者壮而老者退职，老者退而少者又入营，故兵无羸弱之忧。其常备之兵有定额，即养兵之费亦有定额，然历三年即一人之饷得二兵之用，历六年即一兵之饷得三兵之用，故粮无虚糜之患。当为常备，民即为兵；训练既精，兵复为民。无事则全国之兵皆农工商，有事则全国之农工商皆兵，故国无虚耗之恐。观其按籍而稽，应时而调，同于古人料民之法。然所调之兵，仅征其力役，而兵之衣粮器械，皆别取其奉给于民，盖斟酌于征兵、募兵二法，各去其流弊而用其长，而又以时而训练，分年而更代，此非数百年穷研实践，未易得此精密之法也。日本仿此法，行之八年，虽未尝争战于邻国，而削平内乱，屡奏其功，数年之后，必更可观，亦可谓善变矣。

中国自唐宋至今，多用募兵，而募兵之法，固有不可骤变者，将旗一树，万夫云集，不患无兵，亦自有不必行此法者。余特以为抽换教练之法，似可采而用之也。国家岁糜千余万兵饷以养绿营，迨洪杨事起，乃至胥天下之兵无一可用。当事者有鉴于此，始创为练勇为兵之法。近年以来，稍稍精强，然国家既竭饷以养有用之勇，仍糜饷以养无用之兵，其何以持久？且今日之勇，固皆百战劲卒，可为干城；然再历十年，则此辈又且衰老，更何以善其后耶？嗟夫！今天下万国，鹰瞵鹗视，率其兵甲皆可横行，有国家者不于此时讲求兵制，筹一长久之策，其可乎哉！

卷二六　兵志六·海军

外史氏曰：英吉利之海军，盖天下莫强焉。当罗马强盛时，英王仅能备兵分戍海岸。其后多为三十对、四十对之小棹船，数之五六千，以之称强。及第七世显理王，西历一千四百八九十年间。始造大船。第八世显理王始专设海军省。一千五百一二年。为近日海军兵制之权舆。迨第一查勒士，一千六百一二十年间。遂造巨舰，能备巨炮百尊。及王维廉，遂有兵船一百七十三艘。一千七百年。女王安尼嗣立，复与法战，其数益增。自蒸汽之用广移之于行船，一变而为车轮，一千七百七十年始用火轮船。再变而用螺旋船。自火轮船出，海军为之一变，然车轮夹船不便于战，若遇敌舟连发巨炮，则己船为轮轨所碍，每至伤败。后螺旋船出，英国于一千八百四十三年特造舟试之，知其裨益甚多，乃定螺旋为常备舰。螺旋即暗轮，分作三四瓣，每瓣具其向背之势，如螺旋焉。自造炮之技愈精，船身薄不足御，一变而为蒙铁，当英法助土攻俄之战，竟用蒙铁船为浮炮台，其法以铁板盖覆外面，至一千八百六十年乃用之航海。船傅以厚四英寸之铁，法国创之，英国效之，及与美国战，常用此舰。他船终不能敌，于是各国争相效仿矣。再变而为铁甲船，其始不过厚四英寸、五英寸之铁，而各国竞造大炮，乃又加厚焉。现在英国一等战舰六号，其尤者十六至二十四英寸，其次者十二至十四英寸，二等战舰十一号，其尤者十至十二英寸，其次者八至十二英寸，若四五寸之铁，今又列为五六等战舰矣。自战舰之制日坚，炮力薄不足摧，一变而用巨炮，始多用百馀尊四十五十尊之炮。然炮多势必轻小，轻小则弹近而力薄，是一船虽收多炮之用，曾不能敌一巨炮之中，于是炮船兴焉。炮不必多，不过四尊，亦或二尊，而炮重至三十八吨。当南北美利坚合战时，北专以巨炮胜南也。再变而用环击炮。从前船上备炮多在左右，然专击一偏，运转不得自如，近多置于船之首尾上下，四旁可轰击，英国之罗窝丹舰创为之。夫英之海军，固已强矣。然余观数十年以来，屡变屡迁，日新月异，苟泥守其旧制，乌能强盛如此乎？

其船坚炮利，固天下所共知。余考其所以致胜之由，又有三焉：一曰兵权统于将。夫设险守国，厄要分屯，此乃陆军之制耳。若茫茫大洋，曾无畔岸，飙轮飞驰，瞬息千里，苟事权不统于一，则顾此失彼，击首遗尾，鲜不败矣。英之海军，均归海军卿节制，平时之巡察各洋，保卫属土，战时之分遣诸将，统率舰队，虽在数万里外海，电信飞传报，顷刻即达，莫不如身之使臂，臂之使指，其将旗所翻，包举四海有如此者！一曰将材出于学。古所谓"运用之妙存乎一心"者，以言乎兵法之不可泥古耳，非谓兵之不必学也。况今日造炮驶船，皆属专门，苟以不教民战，虽有炮，虽有船，不举而委之敌、弃之水者几希。即曰借材异国，而争战事起，皆守局外中立之条，咸解约去矣，仓卒遣将，能不误事？英则自太子、亲王、贵族子弟，皆使受兵学。风声所树，人人尚武，以得隶兵籍为荣。其教之之法，既详且备，而量能而授，循格而升，复无人不称职之弊。一遇有事，在商船、在外国者，咸在尺籍，应归调遣，其家颇牧而户孙吴，材不胜用有如此者。一曰器用储于国。非木无以成材，非铁无以济用，有木与铁而无谙熟之工匠，重大之机器，宽宏之船坞，亦无以舒急。战事一起，各国咸居局外，不得济军需，败则不可复振矣。英则官用既足，而平时日讨国人以搜军实，故民间造船之厂，铸炮之局，林立于国中。当与俄交战时，六年之间，公私并举，共造大小战舰炮船二百三十馀号。其取诸宫中，用无不足有如此者。夫是以摧西班牙，败法兰西，蹙俄罗斯，伏和兰，吞印度，侮我亚细亚，无往而不利也。

日本三岛之国，有似乎英，欲如英之强，固万万其不能。然当今之时，列国环视，眈眈虎视，故虽艰难拮据，亦复费二千万之金银，竭蹶经营，以成此一军，可谓知所先务矣。英国国会上院上其国王书曰：西历一千七百七年。"欲英吉利安富尊荣，愿吾王于万机中，以海军一事为莫急之务，至要之图。"嗟夫！有国家者其念兹哉！其念兹哉！

卷二七 刑法志一

外史氏曰：上古之刑法简，后世之刑法繁；上古以刑法辅道德故简，后世以刑法为道德故繁。中国士夫好谈古治，见古人画像示禁、刑措不用，则罜然高望，慨幕黄农虞夏之盛，欲挽末俗而趋古风，盖所重在道德，遂以刑法为卑卑无足道也。而泰西论者，专重刑法，谓民智日开，各思所以保其权利，则讼狱不得不滋，法令不得不密。其崇尚刑法，以为治国保家之具，尊之乃若圣经贤传。然同一法律，而中西立论相背驰。至于如此者，一穷其本，一究其用故也。余尝考中国之律，魏晋密于汉，唐又密于魏晋，明又密于唐，至于我大清律例又密于明。积世愈多，即立法愈密，事变所趋，中有不得不然之势，虽圣君贤相，不能不因时而增益。西人所谓民智益开则国法益详，要非无理欤？余读历代史西域、北狄诸传，每称其刑简令行，上下一心，妄意今之泰西诸国亦当如是。既而居日本，见其学习西法如此之详。既而居美国，见其用法施政，乃至特设议律一官，朝令夕改，以时颁布，其详更加十百倍焉，乃始叹向日所见之浅也。泰西素重法律，至法国拿破仑而益精密。其用刑之宽严，各随其国俗以立之法，亦无大异。独有所谓《治罪法》一书，自犯人之告发，罪案之搜查，判事之预审，法廷［庭］之公判，审院之上诉，其中捕拿之法、监禁之法、质讯之法、保释之法，以及被告辩护之法、证人传问之法，凡一切诉讼关系之人、之文书、之物件，无不有一定之法。上有所偏重，则分权于下以轻之；彼有所独轻，则立限于此以重之，务使上下彼此权衡悉平，毫无畸轻畸重之弊。窥其意，欲使天下无冤民，朝廷无滥狱。呜呼！可谓精密也已。余闻泰西人好论"权限"二字，今读西人法律诸书，见其反复推阐，亦不外所谓"权限"者。人无论尊卑，事无论大小，悉予之权，以使之无抑；复立之限，以使之无纵，胥全国上下同受治于法津［律］之中，举所谓正名定分，息争弭患，一以法行之。余观欧美大小诸国，无论君主、君民共主，一言以蔽之，曰以法治国而已矣。自非举世崇尚，数百年来观摩研究、讨论修改，精密至于此，能以之治国乎？嗟夫！此固古先哲王之所不及料，抑亦后世法家之所不能知者矣。作《刑法志》。

卷三二 学术志一

外史氏曰： 余观周秦间，儒者动辄曰孔墨，曰儒墨。以昌黎大儒，推尊孟氏，谓不在禹下，而亦有孔必用墨，墨必用孔之言。窃意墨子之说，必有以鼓动天下之人使之尊信者。今观于泰西之教，而乃知之矣。余考泰西之学，其源盖出于墨子。其谓人人有自主权利，则墨子之尚同也；其谓爱汝邻如己，则墨子之兼爱也；其谓独尊上帝，保汝灵魂，则墨子之尊天明鬼也。至于机器之精，攻守之能，则墨子备攻备突、削鸢能飞之绪馀也。而格致之学，无不引其端于《墨子·经》上下篇。当孟子时，天下之言半归于墨，而其教衍而为七，门人邓陵、禽猾之徒，且蔓延于天下。其入于泰西，源流虽不可考，而泰西之贤智推衍其说，至于今日而地球万国行墨之道者，十居其七。距之辟之于二千馀岁之前，逮今而骎骎有东来之意。呜呼！何其奇也。余足迹未至欧洲，又不通其语言文字，末由考其详。顾余闻东西之人盛称泰西者，莫不曰其国大政事、大征伐，皆举国会议、询谋佥同而后行；其荐贤授能，拜爵叙官，皆以公选；其君臣上下，无疾苦不达之隐，无壅遏不宣之情；其人皆乐善好施，若医院，若义学，若孤独园，林立于国中。其器用也，务以巧便胜；其学问也，实事求是，日进而不已。其君子小人，皆敬上帝，怵祸福；其法律，详而必行；其武备，修而不轻言战。余初不知其操何术致此，今而知为用墨之效也。

余读《墨子》诸篇，每引尧、舜、禹、汤之事以证其说。其说之善者，容亦有合于吾儒；而独其立教之要，旨专在于尚同、兼爱，则大异。彼谓等天下而同之，撒遂万物而利之。天下之人，喜人人得自伸其权，自谋其利，故便其说之行而乐趋之。交相爱则交相利，苟利于众则同力合作，故事易举；无所甚亲于父兄，无所甚厚于子孙，故推其爱于一国。而君臣上下，无甚差别，相维相系，而民气易固。学问则相长也，工巧则相示也，故互相观摩，互相竞争，而技艺日新。而又虑其以同禈同无所统而易于争乱也，故称天以临之，使人人知所敬而不敢肆，由是而教诫修焉。明法以范之，立义以制之，使人人知所循而不敢逞；讲武以防之，使人人有所惮而不敢犯，由是而政令肃焉，由是而武备修焉。彼欲行其尚同、兼爱之说，而精详如此，行之者其效又如此，胥天下而靡然从之，固无足怪。然吾以为其流弊不可胜言也。推尚同之说，则谓君民同权、父子同权矣；推兼爱之说，则谓父母兄弟，同于路人矣。天下之不能无尊卑、无亲疏、无上下，天理之当然，人情之极则也。圣人者知其然，而序以别之，所以已乱也。今必欲强不可同、不能兼者，兼而同之，是启争召乱之道耳！幸而今日泰西各国，物力尚丰，民气尚朴，其人尚能自爱，又恃其法令之明，武备之修，犹足以维持不败。浸假而物力稍绌，民气日嚣，彼以无统一、无差等之民，各出其争权贪利之心，佐以斗狠好武之习，纷然其竞起，天之不畏，法之不修，义之不讲，卒之尚同而不能强同，兼爱而无所用爱，必推而至于极分裂、极残暴而后已。执尚同、兼爱以责人，必有欲行均贫富、均贵贱、均劳逸之说者。吾观欧罗巴诸国，不百年必大乱。当其乱，则视君如弈棋，视亲如赘旒。而每一交锋，蔓延数十年，伏尸百万，流血千里。更有视人命如草菅者，岂人性殊哉？亦其教有以使之然也。前夫今日，争乱之事，吾已见之矣。后乎今日无道以救之，吾未知其争乱之所底止也。然则韩子之用墨，举其善而言之也。孟子之辟墨，举其弊而言之也。日本之学术，先儒而后墨。余故总论其利弊如此，作《学术志》：一、汉学；二、西学；三、文字；四、学制。

卷三二　学术志一·汉学

外史氏曰：日本之习汉学，萌于魏，盛于唐，中衰于宋元，复起于明季，迨乎近日，几废而又将兴。盖自王、段博士接踵而来，于是有《论语》、《五经》，而人始识字。隋唐遣使，冠盖相望，于是习文章辞赋，而君臣上下始重文。惟中间佛教盛行，武门迭起，士夫从事金革，不知有儒，汉学一线之延，仅赖浮屠氏得以不坠。而迨德川氏兴，投戈讲艺，藤、林诸人，卓然崛起，于是有为程朱学者，有为陆王学者，有为韩柳之文、王李之诗者，益彬彬称极盛焉。夫日本之传汉学也，如此其久，其习汉学也，如此其盛。而今日顾几几欲废之，则以所得者不过无用之汉学，刍狗焉耳，糟粕焉耳。于先王经世之本，圣人修身之要，未尝用之，亦未尝习之也。自唐以来，惟习诗文，自明以来，兼及语录。夫辞章之末艺，心性之空谈，皆儒者末流之失，其去道本不可以道里计；而日本之学者，乃惟此是求。千馀年来，岂谓无一人焉！欲举修齐治平之道见之施行者，而以武门窃权，仕者世禄之故，朝廷终不能起儒者于草莽，破格而用之。儒者自知其无用，亦惟穷而在下者，区区掇拾而逐其末。举国之人以读书者少，群奉为难能可贵；而儒者以少为贵，遂益高自位置，峻立崖岸，诩诩然夸异于人，曰吾通汉学。而究其拘迂泥古，浮华鲜实，卒归于空谈无补。有识之士固既心焉鄙之。一旦有事，终不能驱此辈清流，使之诵经以避贼，执笔以却敌。复见夫西人之枪炮如此，轮舶如此，闻其国富强又如此，则益以汉学者流为支离无足用，于是有废之之心。其几废也，夫亦彼习汉学者有以招之也。虽然，坐井观天曰天小者，非天小也。彼徒见日本之学者，亦遂疑汉学不过尔尔。至使狂吠之士，诋谖狎侮，以儒为戏，甚且以仁义道德为迂阔。以尧、舜、孔、孟为狭隘，而《孝经》、《论语》举束高阁。其见小不足与较，吾哀夫功利浮诈之习，中于人心，未知迁流所至也。且即以日本汉学论，亦未尝无用也。今朝野上下通行之文，何一非汉字？其平假名、片假名，何一不自汉文来？传之千馀年，行之通国，既如布帛菽粟之不可一日离，即使深恶痛绝，固万万无废理。况又辞章之末艺，心性之空谈，在汉学固属无用，而日本学者，正赖习辞章、讲心性之故，耳濡目染，得知大义。尊王攘夷之论起，天下之士一倡百和，卒以成明治中兴之功，则已明明收汉学之效矣，安在其无用也耶？此其事，当路诸公宜若未忘，吾是以知汉学之必将再兴也。方今西学盛行，然不通汉学者，至不能译其文。年来都鄙诸黉，争聘汉学者为之师，而文人学士，亦不如前此无进身之阶，汉学之兴，不指日可待乎？吾愿日本之治汉学者，益骛其远大者，以待时用可也。

卷三二　学术志一·西学

外史氏曰：以余讨论西法，其立教源于《墨子》，吾既详言之矣。而其用法类乎申韩，其设官类乎《周礼》，其行政类乎《管子》者，十盖七八。若夫一切格致之学，散见于周秦诸书者尤多。余考泰西之学，墨翟之学也，尚同、兼爱、明鬼、事天，即耶稣《十诫》所谓敬事天主、爱人如己。他如化征易，若蛙为鹑；五合水火土，离然铄金、腐水、离木；同，重体合类；异，二体不合不类，此化学之祖也。均，发均县，轻重而发绝，不均也；均，其绝也莫绝，此重学之祖也。一少于二，而多于五，说在重。非半弗斱倍，二尺馀尺，去其一；圜，一中同长；方，柱隅四讙；圆，规写攴；方，柱见股；重其前，弦其股。法，意规圆三，此算学之祖也。临鉴立景，二光夹一光，足被下光，故成景于上；首被上光，故成景于下；鉴近中，则所鉴大，远中，则所鉴小，此光学之祖也。皆著《经》上、下篇。《墨子》又有《备攻》、《备突》、《备梯》诸篇。《韩非子》、《吕氏春秋》，备言墨翟之技，削鸢能飞，非机器攻战所自来乎？又如《大戴礼》曾子曰："如诚天圆而地方，则是四角之不掩也。"《周髀》注："地旁沱四陨，形如覆槃。"《素问》："地在天之中，大气举之。"《易乾凿度》："坤母运轴。"《苍颉》云："地日行一度，风轮扶之。"《书考灵曜》："地恒动不止，而人不知。"《春秋元命苞》："地右转以迎天。"《河图括地象》："地右动，起于毕。"非所谓地球浑圆、天静地动乎？《亢仓子》曰："蜕地谓之水，蜕水谓之气。"《关尹子》曰："石击石生光，雷电缘气而生，可以为之。"《淮南子》曰："黄埃、青曾、赤丹、白礜、元砥，历岁生沜。其泉之埃，上为云，阴阳相薄为雷，激扬为电，上者就下，流水就通，而入于海。炼土生木，炼木生火，炼火生云，炼云生水，炼水反土。"中国之言电气者又详矣。机器之作，《后汉书》：张衡作候风地动仪，施关发机，有八龙衔丸，地动则振龙发机吐丸，而蟾蜍衔之。《元史》：顺帝所造宫漏，有玉女捧时刻筹，时至则浮水上，左右二金甲神：一悬钟，一悬钲。夜则神人按更而击。奇巧殆出西人上。若黄帝既为指南车，诸葛公既为木牛流马，杨么既为轮舟，固众所知者。相土宜、辨人体、穷物性，西儒之绝学。然见于《大戴礼》、《管子》、《淮南子》、《抱朴子》及史家方伎之传、子部艺术之类，且不胜引。至天文、算法，本《周髀》，盖天之学。彼国谈几何者，译称借根方为东来法。火器之精，得于普鲁斯人，为元将部下卒，彼亦具述源流。近同文馆丁韪良说："电气，道本于磁石引针、琥珀拾芥。"凡彼之精微，皆不能出吾书也。盖中土开国最先，数千年前环四海而居者，类皆蛮夷戎狄，鹑居蛾伏，混沌芒昧。而吾中土既圣智辈出，凡所以厚生利用者，固已无不备。其时，儒者能通天地人，农夫戍卒能知天文，工执艺事，得与坐而论道者，居六职之一。西人之学，未有能出吾书之范围者也。西人每谓中土泥古不变，吾独以为变古太骤。三代以还，一坏于秦之焚书，再坏于魏晋之清谈，三坏于宋明之性命，至诋工艺之末为卑无足道，而古人之实学益荒矣。大清龙兴，圣祖崛起，以大公无外之心，用南怀仁、汤若望为台官，使定时宪。经生之兼治数学者，类多融贯中西，阐竭幽隐，其精微之见于吾书者，皆无不乐用其长，特憾其时西人艺术犹未美备，不获博采而广用之耳。百年以来，西国日益强，学日益盛，若轮舶，若电线，日出奇无穷。譬之家有秘方，再传而失于邻人，久而迹所在，或不惮千金以购还之。今轮舶往来，目击其精能如此，切实如此，正当考求古制，参取新法，藉其推阐之妙，以收古人制器利用之助，乃不考夫所由来，恶其异类而并弃之，反以通其艺为辱，效其法为耻，何其隘也！

夫弓矢不可敌大炮，桨橹不可敌轮舶，恶西法者亦当知之，特未知今日时势之不同。古人用夏变夷之说，深入于中，诚恐一学西法，有如日本之改正朔、易服色、殊器械以从之者，故鳃鳃然过虑，欲并其善者而亦弃之，固亦未始非爱国之心。顾以我先王之道德，涵濡于人者至久，本朝之恩泽，维系于人者至深。所谓天不变道亦不变，终不至尽弃所学而学他人。彼西人以器用之巧、艺术之精，资以务财训农，资以通商惠工，资以练兵，遂得纵横倔强于四海之中，天下势所不敌者，往往理反为之屈，我不能与之争雄。彼挟其所长，日以欺侮我，凌逼我，终不能有簪笔雍容、坐而论道之日，则思所以扞卫吾道者，正不得不藉资于彼法以为之辅。以中土之才智，迟之数年，即当远驾其上。内则追三代之隆，外则居万国之上，吾一为之而收效无穷矣。曾是一惭之不忍，而低首下心，伈伈睨睨，为民吏羞乎？且器用之物，原不必自为而后用之。泰西诸国以互相师法而臻于日盛，固无论矣。日本蕞尔国耳，年来发愤自强，观其学校分门别类，亦骎骎乎有富强之势，则即谓格致之学，非我所固有，尚当降心以相从，况古人之说明明具在，不耻术之失其传，他人之能发明吾术者，反恶而拒之，指为他人之学，以效之法之为可耻，既不达事变之甚，抑亦数典而忘古人实学、本朝之掌故也已。

卷三三　学术志二·文字

外史氏曰：文字者，语言之所从出也。虽然，语言有随地而异者焉，有随时而异者焉，而文字不能因时而增益，画地而施行；言有万变，而文止一种，则语言与文字离矣。居今之日，读古人书，徒以父兄师长递相授受，童而习焉，不知其艰。苟迹其异同之故，其与异国之人进象胥舌人而后通其言辞者，相去能几何哉？余观天下万国，文字言语之不相合者，莫如日本。日本之为国，独立海中。其语言，北至于虾夷，西至于隼人，仅囿于一隅之用。其国本无文字，强借言语不通之国之汉文而用之。凡一切事物之名，如谓虎为於菟，谓鱼为鲰隅，变汉读而易以和音，义犹可通也。若文辞烦简、语句顺逆之间，勉强比附，以求其合，而既觉苦其不便。至于虚辞助语，乃仓颉造字之所无，此在中国齐、秦、郑、卫之诗，已各就其方言，假借声音以为用，况于日本远隔海外，言语殊异之国，故日本之用汉文，至于虚辞助语，而用之之法遂穷。穷则变，变则通。假名之作，借汉字以通和训，亦势之不容已者也。昔者物茂卿辈倡为古学，自愧日本文字之陋，谓必去和训而后能为汉文，必习华言而后能去和训。其于日本颠倒之读、错综之法，鄙夷不屑，谓此副墨之子、洛诵之孙，必不能肖其祖父。又谓句须丁尾，涂附字句以通华言，其祸甚于侏离鴃舌，意欲举一切和训废而弃之，可谓豪杰之士矣。然此为和人之习汉文者言，文章之道，未尝不可，苟使日本无假名，则识字者无几。一国之大，文字之用无穷，即有一二通汉文者，其能进博士以书驴券、召鲰生而谈狗曲乎？虽工，亦奚以为哉？

余闻罗马古时，仅用腊丁语，各国以语言殊异，病其难用。自法国易以法音，英国易以英音，而英法诸国文学始盛。耶稣教之盛，亦在举《旧约》、《新约》就各国文辞普译其书，故行之弥广。盖语言与文字离，则通文者少；语言与文字合，则通文者多，其势然也。然则日本之假名，有裨于东方文教者多矣，庸可废乎？泰西论者，谓五部洲中以中国文字为最古，学中国文字为最难，亦谓语言文字之不相合也。然中国自虫鱼云鸟，屡变其体，而后为隶书，为草书。余乌知夫他日者不又变一字体，为愈趋于简，愈趋于便者乎？自凡将训纂逮夫《广韵》、《集韵》，增益之字，积世愈多，则文字出于后人创造者多矣。余又乌知夫他日者不有孳生之字为古所未见、今所未闻者乎？周秦以下，文体屡变，逮夫近世，章疏移檄，告谕批判，明白晓畅，务期达意，其文体绝为古人所无。若小说家言，更有直用方言以笔之于书者，则语言文字几几乎复合矣。余又乌知夫他日者不更变一文体，为适用于今、通行于俗者乎？嗟乎！欲令天下之农工商贾、妇女幼稚皆能通文字之用，其不得不于此求一简易之法哉？

卷三四　礼俗志一

外史氏曰：五帝不袭礼，三王不沿乐，此因时而异者也。百里不同风，千里不同俗，此因地而异者也。况海外之国，服食不同，梯航远隔者乎？骤而观人之国，见其习俗风气，为耳目所未经，则惊骇叹咤，或归而告诸友朋，以为笑谑；人之观吾国也亦然。彼此易观，则彼此相笑，而问其是非美恶，各袒己国。虽聚天下万国之圣贤于一堂，恐亦不能断斯狱矣。一相见礼也，或拱手为敬，或垂手为敬，或握手为敬，或合掌为敬。一拜礼也，或稽首为礼，或顿首为礼，或俯首为礼，或鞠躬为礼，或拍手为礼。究其本原之所在，则天之生人也，耳目口鼻同，即心同理同。用礼之节文以行吾敬，行吾爱，亦无不同。吾以为异者，礼之末；同者，礼之本，其同异有不必论者。虽然，天下万国之人之心之理，既已无不同，而稽其节文，乃南辕北辙，乖隔歧异，不可合并，至于如此，盖各因其所习以为之故也。礼也者，非从天降，非从地出，因人情而为之者也。人情者何？习惯是也。光岳分区，风气间阻，此因其所习，彼亦因其所习，日增月益，各行其道，习惯之久，至于一成而不可易，而礼与俗，皆出于其中。是故，先王之治国化民，亦慎其所习而已矣。嗟夫！风俗之端始于至微，搏之而无物，察之而无形，听之而无声，然一二人倡之，千百人和之，人与人相接，人与人相续，又踵而行之，及其既成，虽其极陋甚弊者，举国之人习以为然，上智所不能察，大力所不能挽，严刑峻法所不能变。夫事有是有非，有美有恶，旁观者或一览而知之，而彼国称之为礼，沿之为俗，乃至举国之人，展转沉锢于其中而莫能少越，则习之囿人也大矣！古先哲王知其然也，故于习之善者导之，其可者因之，有弊者严禁以防之，败坏者设法以救之，秉国钧者其念之哉！作《礼俗志》，为类十有四：曰朝会，曰祭祀，曰婚娶，曰丧葬，曰服饰，曰饮食，曰居处，曰岁时，曰乐舞，曰游宴，曰神道，曰佛教，曰氏族，曰社会。

卷三四　礼俗志一·祭祀

外史氏曰：余考日本开国以来，国之大事，莫大于祀。有大祀，有中祀，有小祀，有四时祭，每年定日行之。有临时祭。常祀之外应祭者，随时祭之。每帝践祚，必举大尝祭，典礼最重。即位之后，即简内亲王帝女也。若无内亲王，依世次简女王卜之。为伊势大神宫斋主，曰斋宫；又简内亲王为贺茂大神斋主，曰斋院，以奉祭祀。凡时祭名有十三，行之十八：曰祈年，欲令岁灾不作，时令顺序。曰镇华，三轮、狭井之二祭也。春日华散，疫疠流行，乃祭以镇。曰神衣，伊势之祭也。其神服部，斋戒精洁，以织神衣。其丝用三河赤引之神调麻绩连，亦织敷和之衣，以供神明。曰大忌，龙田、广濑之二祭也。欲令山谷之水变而为甘泽，润苗稼，有福祥焉。曰三枝，率川之祭也。其祭酒之樽，饰以三枝之华。曰风神，龙田、广濑之二祭也。欲令沴风不吹，稼穑滋登。曰月次，若庶人宅神祭焉。曰镇火，卜部之徒祭于宫城四隅，以防火灾。曰道飨，卜部之徒祭于京城四隅，以逆鬼魅，飨遏路上，使不内入。曰神尝，神衣祭日即行之。曰相尝，大倭、住吉、大神、宂师、恩智、意富、葛木鸭、纪伊日前神等是也。其神主各受官币帛而祭之焉。曰镇魂，阳气曰魂，招其所离，以镇于身体中也。曰大被。除不祥也。

祈年于仲喜，镇华于季春，神衣于孟夏、孟秋，神尝亦于孟秋，大忌于孟夏、孟秋，三枝、风神于孟夏，月次、镇火、道飨于季夏、季冬，相尝、镇魂于仲冬。祈年、月次最重，百官集于神祇宫，中臣氏宣祝词，忌部氏班币帛。凡六月及十二月晦日大被，东西史部上被刀，读被词，讫，百官男女咸聚被所。中臣氏宣被词，卜部氏为解除。若其他临时之祭，盖不可胜数也。如霹雳神祭、镇灶鸣祭、镇水神祭、御灶祭、御井祭、镇御在所祭、镇土公祭、御川水祭、镇新宫地祭、八衢祭、行幸时祭、路次神祭、堺、大殿祭、宫城四隅疫神祭、祈雨神祭、遣师时祭、遣使造舶木灵并山神祭之类。考《延喜式》，群神列于祀典者，盖三千一百三十二座之多。凡神宫有神户，其调庸田租，概充神宫装饰及供神，调度所需财物、所供币帛出于官。若大祀，则令国司供纳以卜定之。其祭物，有绵丝、绵、布、米、豆，酒、稻、鱼、菜、盐、果，及坏盘、案席、弓马、刀盾之类，所司长官亲加检校，必令精洁，每［毋］许杂秽。别有御赎祭，所供物有铁人像二枚、衣二领、袴二腰、被二条等事，谓赎罪于神，令移祸于铁人也。御赎祭有一世一行者，有岁岁行之者。司祭祀者，有中臣、卜部、忌部，世其官，有祢宜、物部、猿女、内人、御巫司其事，皆给以禄。祭之先，分颁祭衣；祭之后，别给赏禄。凡斋戒，大祀一月，中祀三日，小祀一日，大祀散斋一月，致斋三日。散斋期内，诸司不得吊丧问疾，不得食肉，不判刑，不作乐。所司预告于官。官于散斋日平旦应告诸司，俾得斋戒。凡供物礼仪，有定式，有差等。中古特设神祇省一官，神祇伯之职，掌祭祀之典，领邦国之祝，凡祝部神户名籍，皆隶于此。视御巫之祷，《神祇式》九月神尝祭，十月镇魂祭，则御巫与其事。知龟卜之令，凡灼龟占吉凶，是卜部执业而统于神祇省。总判其官事。大副、少副为之贰，率其属而从事焉。神祇伯班于百僚之上，其奏事列于诸务之先，盖所以重之者如此。自王政衰微，祀典疏怠，逮乎近日，则诸教盛行，各宗其说。如耶稣教视一切神明皆若诞妄，则有以古人之祭典为鄙陋、为愚昧者。民智益开，慢神愈甚。虽然，以古先哲王之仁之智，而以禘尝治国，以神道设教，自有精义。盖其时人文草昧，所以化民成俗，不得不出于此。上以恪恭严肃事神，下以清静纯穆报上，固有非后世之所能及者矣。嗟夫！

卷三六　礼俗志三·游宴

外史氏曰：《后汉书》言倭人嗜饮食，喜歌舞，至今犹然。余闻之东人，大抵弦酒之资，过于饭蔬游宴之费，多于居室云。自桓武、嵯峨好游，赏花钓鱼，调鹰戏马，月或数举，上行下效，因袭成风。德川氏承战争扰攘之馀，思以觞酒之欢，销兵戈之气，武将健卒，皆赏花品茗，自命风流，游冶之事，无一不具。二百馀载，优游太平，可谓乐矣。然当其丸泥封关，谢绝外客，如秦人之桃花源，与人世旷隔。虽曰过于逸乐，而一国之人自成风气，要亦无害。及欧美劫盟，西客杂处，见其善居积、能劳苦，当路者始惊叹弗及。朝廷屡下诏书，兢兢焉以勤俭为务、佚荡为戒。族长以勉其子弟，官长以教其人民，虽风气渐积，难于骤挽，然可不谓知所先务乎？

卷三七　礼俗志四·神道

外史氏曰：神武之开基，崇神之肇国，崇神尊称曰御肇国天皇。神功之远征，一以神道行之。余考其创业垂统，仗剑而出师，造瓮而事神，则兵事出于神。剑曰神剑，矢曰天羽，韧曰天韧，则兵器出于神。以禊词洗罪，素戈鸣尊得罪于天祖，群神定议，去其爪发，使天儿屋命宣解除祝词以逐之根国。根国，谓下界也。神武既成帝业，使天种子命被除国中人民罪恶。害稼穑，污斋殿，谓之天罪。伤人奸淫蛊毒，谓之国罪。皆从其轻重，使请神祇而解除之。以探汤定讼，应神帝时，武内宿祢为其弟甘美内宿祢所潜，帝使二人请神于矶城川上探汤。其法，以泥置釜中煮沸，使探之。甘美内宿祢手烂，武内遂得伸冤。其后允恭帝以姓氏溷淆，亦命探汤以定真伪。则刑法亦出于神。因祀而制贡调，出于射曰弓端，出于技曰手末，崇神帝始因祀神课男女调役。则赋税亦出于神。因祀而设斋藏，沿其后而有内藏，沿其后而有大藏，则库藏亦出于神。《古语拾遗》云："当此时，帝与神相去未远，同一寝殿，神物官物，未有分别。宫内立斋藏，令斋部人世掌之。应神朝，以三韩贡献，更建内藏于斋藏旁，以分收官物，令阿知使主与百济博士王仁司其出纳，更定藏部。至雄略帝时，秦造酒领百八十种胜以纳贡，贡物充牣庭内。自此而后，诸国之调，年以盈溢，更立大藏，令苏我麻智校三藏，而秦氏司其出纳，东西汉部勘录其簿，是以秦汉之族，世为内藏、大藏主钥，此藏部之缘也。"因祀而有祝词。凡践祚则奏寿词，凡大会则奏国风，则礼乐亦出于神。历代诏书，每曰祭与政出于一，国有大事，若迁都，若迁宫，若与外国争战，必告于神。所得吴织、唐币及新罗玉帛，必供于神。时有水火、旱潦、疾疫、荒歉，必祷于神，固不独三种传国神器之赫赫在人耳目中也。余观上古之世，清静沕穆，礼神重祭，万国所同，而一切国政皆出于神道，则日本所独。世所传方士徐福之说，殆非无因欤！自崇神立国，始有规模，计徐福东来，已越百载，凡百政事，概缘饰以方士之术，当时执政者，非其子孙，或其徒党欤？曰剑，曰镜，曰玺，皆周秦制也。君曰尊，臣曰命、曰大夫、曰将军，亦周秦语也。或曰：日本上古盖无文字，所谓剑、镜、玺及大夫、将军之称，皆于传习汉文之后译而名之，不足为秦人东来之据。然考日本之传《论语》始于晋时，其编辑《国史》在隋唐间，既不用商周以前之称，又不用汉魏以后之制，则上世口耳相传，必有父老能言其故者。况若镜若玺，明明秦物，固有可据乎？或又曰：果使徐福东来，当时应赍文字，何待数世之后百济王仁始行传授？余又以为，徐福方士，不重儒术，其所携三千男女尽属童年，不习文字，本无足怪。又其时挟书有禁，自不能径携卷册而行，斯说也亦不足为难也。尔后国政，以出纳属之秦造，以禊词属之东西汉，若有特重于秦汉人者，当亦有故也。抑余考日本诸教流行，独无道教。盖所谓神道者，即为道教，日本固早重之。彼张鲁之米教、寇谦之符箓、杜光庭之科仪，反有所不必行矣。

卷三七　礼俗志四·佛教

外史氏曰：昔韩昌黎以谏迎佛骨贬潮州，其时关东西则有丹霞然、圭峰密；河北则有赵州谂、临济元；江表则有百丈海、沩山祐、药山俨；岭外则有灵山巅。其师友几遍天下，皆以超世之才智、绝人之功力，津梁后起，以合于菩提达摩之传。当公之辟佛，为佛极盛时，故极为其难。然自公之辟佛，人人有公辟佛之说据于胸中，所谓功不在禹下者此也。是说也，余闻之阳湖恽子居云。

余考日本之僧，其倡为宗教者，尤多俊杰。日本以神建国，排神说法，势所不行，于是乎最澄、空海推佛于神，援神于佛，以佛为体，以神为用，体用归乎一源。斯说一行，而混糅神佛，举国之神，无不佛矣。食色，性也，拂人之性，亦势所难行，于是乎亲鸾不离俗，不出家，蓄妻子，茹荤酒，谓烦恼者骸，而清净者心，学佛在心而不在迹。斯说一行，而道俗无别，举国之民无不僧矣。若夫源空之净土、日莲之法华，第以口唱佛号，即为佛徒，愈卑、愈简、愈浅、愈近、愈易修而愈溺人。日本之于道，既无周公、孔子倡明之于前，又无昌黎力辟之于后。彼僧徒者，鼓其说以煽动群伦，其化日本为佛国，亦无足怪也。宋人之辟佛也精，昌黎之辟佛也粗，然僧徒不畏宋人而恨昌黎，则以昌黎焚其庐、火其书之说行，而佛教自绝也。中国之说佛也精，日本之说佛也粗，然中国佛教不如日本之盛，则以亲鸾不离俗、不出家之说行，而人人得以自便也。夫天堂地狱之说，因果报应之谈，愚夫愚妇之所易惑。天下愚夫妇多，而贤士大夫少，知愚夫妇之所敬信，迎其机而导之，顺其情而诱之，因其利便而徇之，而吾说自无不行之数。僧者，其宗指不同，而其因国俗、顺人情以施教，则无不同，可不谓聪颖桀黠之士欤？

近日耶稣教之盛，遍于五洲，其所谓待人如己，于吾儒之道弥近理，而弥乱真者也。然其教行于中国，竭智尽力，仅能诱愚夫妇，而不能惑士大夫，盖其教以祀祖先、奉神祇为大禁。以中国圣帝明王四千馀年世世相传之礼，欲一旦废己而从之，势固万万有所不能故也。嗟夫！以彼国势之强，教徒之盛，寺宇之庄严，布施之广大，其财力可以无所不至，仅赖此祀祖先、奉神祇之习得互相楮柱，而柅之不行，谓非厚幸欤。苟使彼教之徒，有最澄、空海、亲鸾其人者，从吾俗以行彼教，吾未知其所底止也。虽然，佛教诋祆教为魔，祆教亦以佛教为陋。凡佛教之崇偶像、逞神通，至于戒杀、出家，无不与祆道相扞格、相水火者，而今之印度，信祆道者居十之五，是耶稣一教竟不难居佛之国，变佛之俗而夺而有之矣。念及此，不禁为之惴惴危惧也。

卷三七　礼俗志四·社会

外史氏曰：天之生人也，飞不如禽，走不如兽，而世界以人为贵，则以人能合人之力以为力，而禽兽不能故也。举世间力之最巨者，莫如联合力。何谓联合力？如炽炭然，散之数处或数十处，一童子得蹴灭之；若萃于一炉，则其势炎炎，不可向迩矣。如束箸然，物小而材弱，然束数十百枝而为一束，虽壮夫拔剑而斫之，亦不能遽断。凡世间物力皆有尽，独联合力无尽，故最巨也。余观泰西人之行事，类以联合力为之。自国家行政，逮于商贾营业，举凡排山倒海之险、轮舶电线之奇，无不藉众人之力以成事。其所以联合之故，有礼以区别之，有法以整齐之，有情以联络之，故能维持众人之力而不涣散，其横行世界莫之能抗者，恃此术也。尝考其国俗，无一事不立会，无一人不结党，众人习知其利，故众人各私其党。虽然，此亦一会，彼亦一会，此亦一党，彼亦一党，则又各树其联合之力，相激而相争。若英之守旧党、改进党，美之合众党、民主党，力之最大，争之最甚者也。分全国之人而为二党，平时党中议论，付之新闻，必互相排抵，互相偏袒，一旦争执政权，各分遣其党人，以图争胜。有游说以动人心者，有行贿以买人心者，甚有悬拟其党人之后祸，抉发其党人之隐恶以激人心者。此党如是，彼党亦如是。一党获胜则鸣鼓声炮，以示得意。党首一为统领、为国相，悉举旧党之官吏废而易置之，僚属为之一空，美国俗语谓之官吏逮捕法，谓譬如捕盗，则盗之党羽必牵连逮捕之也。举旧日之政体改而更张之，政令为之一变，譬之汉、唐、宋、明之党祸，不啻十百千倍，斯亦流弊之不可不知者也。

卷三八　物产志一

外史氏曰：物产之盛衰，国民之勤惰系焉，田野之芜治系焉，而国家之贫富强弱，无不系乎此。宇内万国，自古迄今，昭然若揭矣。今海外各国汲汲求富，君臣上下，并力一心，期所以繁殖物产者。若伊尹、吕尚之谋，若孙吴之用兵，若商鞅之行法，其竭志尽力，与邻国争竞，则有甲弛乙张，此起彼仆者。其微析于秋毫，其末甚于锥刀，其相倾相轧之甚，其间不能以容发。故其在国中也，则日讨国人，朝夕申儆，教以务财、力农、畜工，于己所有者，设法以护之，加意以精；于己所无者，移种以植之，如法以效之。广开农商工诸学校以教人。有异种奇植、新器妙术，则摹其形，绘其图，译其法而广传之。凡丝茶棉糖之类，必萃其类，区其品，开博览共进之会，以争奇竞美，褒其精纯，禁其饰匿，而进而劝之。而犹虑他国之产侵入我国，吾之力微，不能拒也，则重征进口货税，使人物腾贵，无相侵夺，而吾乃得徐起而收其效，于是乎有保护之法。泰西一千八百四十四年，美国初兴铁利。其时英国输入铁条，每一吨值三十六元，课税二十四元；又英国输入铁块，每百磅值三元三十钱，亦课税三元。盖重课人税，使价重于我，国产乃可以销流。俟国产王，税乃递减。西人名曰保护税。而犹虑己国之产不售于人国，吾之利薄不能盛也，则分设领事，遍遣委员，使察其风尚之所趋、人情之所习，而依仿其式，以投其好，于是乎有模造之法。又其甚者，商务不竞，继以兵战，一遇开衅，辄以偏师毁其商船，使彼国疲敝，不能复振，而吾乃得垄断，以图其利。如英之于荷兰，则尤争斗之甚者矣。泰西百徐年来，累世请求，上自王公贵人，下至佣贩妇女，皆心知其意，上以是为保富之方，下以是为报国之务。泰西人有恒言，疆场之役，十战九败，不足虑也，若物力虚耗，国产微薄，则一国之大命倾焉、元气削焉。彼盖筹之精而虑之熟矣。譬之一豪农之家，环四邻而居者，以所居近市，各出其瓜瓠果蓏之美，以图朝夕升斗之利，而为之主人者，一听其贱佣下婢栽培灌溉，曾不一问，欲以是争利，不亦难乎，不亦难乎！日本维新以来，亦兢兢以殖产为亟务，如丝之售于英、法，茶之售于美，海产之售于中国，则尤其所竭精敝神以求之者，可不谓知所先务与？《管子》曰："本富为上，末富次之。"太史公曰："善者因之，其次利导之，其次整齐之，其次教诲之。"有国家者，能勿念诸。作《物产志》。

卷四〇 工艺志

外史氏曰：形而上者谓之道，形而下者谓之器。形而上者，自上古以来，逮于尧、舜、禹、汤、文、武、周公、孔子，其所发明者备矣。形而下者，则自三代以后，历汉、魏、晋、唐、宋、金、元、明，犹有所未备也。余观开辟之初，所谓圣智，不过制医药，立宫室，制衣服，作器用，此皆后世所斥为"工艺之事"，而古人以其开物成务，尊为圣人。成周之制，官有六职，工与其一，而历世钟鼎，奉为宗彝，令子孙宝用。盖古之人所以重工艺者如此。后世士夫，喜言空理，视一切工艺为卑卑无足道，于是制器利用之事，第归于细民末匠之手，士大夫不复身亲，而古人之实学荒矣。今欧美诸国，崇尚工艺，专门之学，布于寰区。余尝考求其术，如望气察色，结筋搦髓，破腹取病，极精至能，则其艺资于民生。穷察物性，考究土宜，滋荣敷华，收获十倍，则其艺资于物产。千钧之炮，连环之枪，以守则固，以战则克，则其艺资于兵事。火轮之舟，飞电之线，虽千万里，顷刻即达，则其艺资于国用。伸缩长短，大小方圆，制器以机，穷极便利，则其艺资于日用。举一切光学、气学、化学、力学，咸以资工艺之用，富国也以此，强兵也以此，其重之也，夫实有其可重者在也。

中国于工艺一事，不屑讲求，所作器物，不过依样葫芦，沿袭旧式，微独不能胜古人。即汉唐之后，若五代之纸墨，宋之锦，明之铜炉，责之令人，亦不能为。所谓操刀引绳之辈，第以供人之奴役，人之鄙夷，亦无足怪也。虽然，以古人极重之事，坐令后世鄙夷之若此，此岂非士大夫喜言空理、不求实事之过乎！今万国工艺，以互相师法，日新月异，变而愈上。夫物穷则变，变则通。吾不可得而变革者，君臣也，父子也，夫妇也，凡关于伦常纲纪者皆是也；吾可得而变革者，轮舟也，铁道也，电信也，凡可以务财、训农、通商、惠工者皆是也。今之工艺，顾可忽乎哉？作《工艺志》。

诗

词

人境庐诗草

自 序

（甲戌　同治十三年四月八日　1874 年 5 月 23 日）

此诗两卷，盖《人境庐诗草》之副本也。十年心事，大略具此。已别命书人缮写，携之行囊。然予有戒心，虑妙画通神，忽有胠箧之者，故别存之，以当勇夫之重闭。诗固不佳，然亦征往日身世之阅历，亦验他日学问之进退。将来相见，风雨对床，剪烛闲话，出此一本，公度自证之，吾弟又共证之，亦一快也。什袭珍重，等闲不遽以示人。

四月浴佛日① 公度宪自书于汕头之行寓

自 序

（光绪十七年六月　1891 年 7 月）

余年十五六，即学为诗。后以奔走四方，东西南北，驰驱少暇，几几束之高阁。然以笃好深嗜之故，亦每以馀事及之，虽一行作吏，未遽废也。士生古人之后，古人之诗号专门名家者，无虑百数十家，欲弃去古人之糟粕，而不为古人所束缚，诚诚戛戛乎其难。虽然，仆尝以为诗之外有事，诗之中有人；今之世异于古，今之人亦何必与古人同。尝于胸中设一诗境：一曰复古人比兴之体；一曰以单行之神，运排偶之体；一曰取《离骚》乐府之神理而不袭其貌；一曰用古文家伸缩离合之法以

① 甲戌为同治十三年，浴佛日为四月八日。

入诗。其取材也，自群经三史，逮于周、秦诸子之书，许、郑诸家之注，凡事名物名切于今者，皆采取而假借之。其述事也，举今日之官书会典方言俗谚，以及古人未有之物，未辟之境，耳目所历，皆笔而书之。其炼格也，自曹、鲍、陶、谢、李、杜、韩、苏讫于晚近小家，不名一格，不专一体，要不失乎为我之诗。诚如是，未必遽跻古人，其亦足以自立矣。然余固有志焉而未能逮也。《诗》有之曰："虽不能至，心向往之。"聊书于此，以俟他日。

光绪十七年六月在伦敦使署　黄公度自序

康有为序

（光绪三十四年五月二十四日　1908 年 6 月 22 日）

嵚崎磊落轮囷多节英绝之士，吾见亦寡哉！苟有其人欤，虽生于穷乡，投于仕途，必能为才臣贤吏而不能为庸宦，必能为文人通人而不能为乡人；苟有其人欤，其为政风流，与其诗文之跌宕多姿，必卓荦绝俗而有其可传者也。吾于并世贤豪多友之，我仅其人欤，则吾乡黄公度京卿其不远之耶？公度生于嘉应州之穷壤，游宦于新加坡、纽约、三藩息士高之领事官，其与故国中原文献至不接也。而公度天授英多之才，少而不羁，然好学若性，不假师友，自能博群书，工诗文，善著述，且体裁严正古雅，何其异哉！嘉应先哲多工词章者，风流所被，故诗尤妙绝。及参日使何公子峨幕，读日本维新掌故书，考于中外之政变学艺，乃著《日本国志》，所得于政治尤深浩。及久游英、美，以其自有中国之学，采欧美人之长，荟萃熔铸而自得之，尤偈傀自负，横览举国，自以无比。而诗之精深华妙，异境日辟，如游海岛，仙山楼阁，瑶花缟鹤，无非珍奇矣。

公度长身鹤立，傲倪自喜，吾游上海，开强学会，公度以道员奏派办苏州通商事，挟吴明府德潇叩门来访。公度昂首加足于膝，纵谈天下事；吴双遣澹然旁坐，如枯木垂钓。之二人也，真人也，畸人也，今世寡有是也。自是朝夕过从，无所不语。闻公度以属员见总督张之洞，亦复昂首足加膝，摇头而大语。吾言张督近于某事亦通，公度则言吾自教告之。其以才识自负而目中无权贵若此。岂惟不媚哉，公度安能作庸人。卒以此得罪张督，乃闲居京师。翁常熟览其《日本国志》，爱其才，乃放湖南长宝道。时义宁陈公宝箴抚楚，大相得，赞变法。公度乃以其平日之学发纾之。中国变法，自行省之湖南起。与吾门人梁启超共事久，交尤深。于是李公端棻奏荐之，上特拔之使日本。而党祸作，公度几被逮于上海。日故相伊藤博文救之，乃免。自是久废无所用，益肆其力于诗。上感国变，中伤种族，下哀生民，博以环球之游历，浩渺肆恣，感激豪宕，情深而意远，益动于自然，而华严随现矣。公度岂诗人哉！而家父、凡伯、苏武、李陵及李、杜、韩、苏诸巨子，孰非以磊砢英绝之才郁积勃发而为诗人者耶？公度之诗乎，亦如磊砢千丈松，郁郁青葱，荫岩竦壑，千岁不死，上荫白云，下听流泉，而为人所瞻仰徘徊者也。

康有为序于挪威北冰海七十二度观日不没处，以为公度有诗，犹不没也。光绪三十四年夏至

黄遵楷初印本跋

（辛亥九月　1911 年 10 月）

右诗十一卷，先兄手自裒集而未付梓。先兄下世，海内文人学士，折柬相追，欲读其诗而知人者，迄无虚岁。虽然，先兄著述初行于世者，曰《日本杂事诗》，所以觇国情，纪风俗，译署之官版也。《日本国志》，所以述职，知所驻国之形势变迁，由于世界各国之形势变迁相逼而成，则本国之从违，当求合于世界各国之形势以为断。故其分门别类，勒成全书，亟自刊行者，意在于借观邻国，作匡时之策也。先兄之书，至今谈时局者未尝不推崇之。而先兄之遇，每夺于将行其志，卒至放弃，且以忧死。终其身皆仰成于长吏，未尝有独当方面，以行其所怀抱者。其于诗也，虽以馀事及之，然亦欲求于古人之外，自树一帜。尝曰：人各有面目，正不必与古人相同。吾欲以古文家抑扬变化之法作古诗，取《骚》、《选》乐府歌行之神理入近体诗。其取材，以群经三史诸子百家及许、郑诸注为词赋家不常用者；其述事，以官书会典方言俗谚及古人未有之物、未辟之境，举吾耳目所亲历者，皆笔而书之。要不失为以我之手，写我之口云。故其诗散见于宇内者，辄为世人所称颂。以非诗人之先生，而使天下后世，仅称为诗界革命之一人，是岂独先兄之大戚而已哉！

遵楷不肖，不能继承兄志有所建树，读先兄病笃之书，谓："平生怀抱，一事无成，惟古近体诗能自立耳，然亦无用之物，到此已无可望矣。"呜呼！先兄之不忍为诗人，而又不得不有求于自立之道，其怆怀

身世为何如耶！今海内鼎沸，干戈云扰，距先兄之下世者，仅六岁耳。先兄之不见容于当时，终自立于无用之地位，先兄之不幸，抑后于先兄者之不幸耶！然则先兄之哀集既竟，所不欲以付梓者，吾亦从而校雠以刊行之而已，夫复何言！

辛亥九月　五弟遵楷牖达谨跋

黄能立校刊后记
（辛未　1931 年）

先祖遗著《人境庐诗草》，凡十一卷，为其毕生心血之结晶。全集未付剞劂，先祖即已弃养。民国前一年岁辛亥，几经展转请托，始获刊成千部，以之分赠亲友，瞬已告罄，而所费已不资矣。流布未普，海内人士欲读此书者，时来责言。能立虽屡谋集众力，再行校刊，以副社会之望，二十年来，均以人事多变而罢。伏思先人心血，为子孙者均宜发扬光大，何能久令湮没不彰。兹谨以个人之力，负此流布之责，于民国十九年六月，再校付印，至二十年三月而蒇事。校印时有奇调奥义，获益于季岳杨老先生之启迪为多。而其俗体讹字，误于初版手民者，则承喻飞生先生指示不少。而徐志炘先生及先堂叔寿垣，且为分董印事之劳。诸先生之热诚爱护，所当深谢者也。先祖遗著，除此外，尚有《日本国志》四十卷、《日本杂事诗》二卷，早刊行于世。其文集若干卷，则拟俟诸异日云。

能立谨志

卷 一 七十二首
（同治三年至十二年　1864 年至 1873 年）

感 怀 三首

世儒诵《诗》、《书》，往往矜爪嘴。昂头道皇古，抵掌说平治。上言三代隆，下言百世俟，中言今日乱，痛哭继流涕。摹写车战图，胼胝过百纸。手持《井田谱》，画地期一试。古人岂我欺，今昔奈势异。儒生不出门，勿论当世事。识时贵知今，通情贵阅世。卓哉千古贤，独能救时弊。贾生《治安策》，江统《徙戎议》。

有清膺天命，仁泽二百年，圣君六七作，上追尧舜贤。熙隆全盛时，盖如日中天。帷阃外戚患，干戈藩镇权，煽虐奄人毒，炀灶权臣奸。百弊咸荡涤，王道同平平。迩者盗潢池，神州泠腥膻。治久必一乱，法弊无万全。谓由吏惰窳，亦坐民殷阗。当世得失林，未可稽陈编。儒生拾古语，谓当罪己愆。庚申之役，有上疏请下罪己诏者。显皇十一载，忧虞怵深渊。拔擢尽豪杰，力能扶危颠。惟念大乱平，正当补弊偏。且濡涫溪笔，看取穹碑镌。

吁嗟两楹奠，圣殁微言绝。战国诸子兴，大道几灭裂。劫灰出秦燔，六籍半残缺。皇皇孝武诏，群言罢一切。别白定一尊，万世循轨辙。遗书一萌芽，众儒互拾掇。异同晰石渠，讲习布绵蕝。戴凭席互争，五鹿角娄折。洎乎许郑出，褒然万人杰。宋儒千载后，勃窣探理窟。自诩不传学，乃剿思孟说。讲道稍僻违，论事颇迂阔。万头趋科名，一意相媚悦。圣清崇四术，众贤起颒颡。顾阎辟初涂，段王扬大烈。审意得古训，沉晦悉爬抉。读史辨豕亥，订礼分祖袭。上溯考据家，仅附文章列。儒于九流中，亦只一竿揭。矧又某氏儒，涂径各歧别，均之筐篚物，操此何施设。大哉圣人道，百家尽囊括，至德如渊骞，尚未一间达。区区汉宋学，乌足尊圣哲。毕生事钻仰，所虑吾才竭。

乙丑十一月避乱大埔三河虚　四首

六月中兴洗甲兵，金陵王气复升平。岂知困兽犹能斗，尚有群蛙乱跳鸣。一面竟开逋寇网，三边不筑受降城。细民坚壁知何益，翘首同瞻大帅旌。

《南风》不竞死声多，生不逢辰可若何！人尽流离呼伯叔，时方灾难又干戈。诸公竟以邻为壑，一夜喧呼贼渡河。闻说牙璋师四起，将军翻用老廉颇。

星斗无光夜色寒，一军惊拥将登坛。争功士聚沙中语，遇敌师从壁上观。谁敢倚公为砥柱，可怜报国只心肝。东南一局全输却，当局翻成袖手看。

七年创痛记分明，无数沙虫殉一城。己未二月，贼破嘉应，知州文壮烈公晟死之。从而殉者万馀人。逐鹿狂奔成铤走，伤禽心怯又弦惊。爷娘弟妹牵衣话，南北东西何处行？一叶小舟三十口，流离虎穴脱馀生。

拔自贼中述所闻　四首

红巾系我腰，绿纱裹我头。男儿重横行，阿嫂汝莫愁。
朝倾百斛酒，暮饱千头羊。时时赌博簺，夜夜迎新娘。
今日阿哥妻，明日旁人可。但付一马驮，何用分汝我。
四更起开门，月黑阴云堆。几时踏杀羊，老虎来不来？

潮州行

人生乱离中，所谋动乖忤。一夕辄三迁，踪迹无定所。自从居三
河，谓是安乐土。世情谁念乱，百事恣凌侮。交交黄鸟啼，此邦不可
处。一水通潮州，且往潮州住。是时北风寒，平江荡柔橹。行行将近
城，炊烟密如缕。行舟忽不前，有盗伏林莽。起惊贼已来，快橹飞如
雨。舟人急系舟，挥戈左右拒。翻惧力不敌，转逢彼贼怒，扣舷急相
呼，不如任携取。流离患难来，行箧无几许。但饱群贼囊，免更遭劫
虏。一声霹雳炮，杀贼贼遽去。虎口脱馀生，惊喜泣相语。回看诸弟
妹，僵伏尚如鼠。起起呼使坐，软语相慰抚。扶床面色灰，谬言不畏
惧。吁嗟患难中，例受一切苦。须臾达潮州，急觅东道主。剪纸重招
魂，招魂江之浦。

喜闻恪靖伯左公至官军收复嘉应贼尽灭　二首

诸侯齐筑受降城，狂喜如雷堕地鸣。终累吾民非敌国，嘉庆间剿办白
莲教匪，仁宗诏曰："自古只闻用兵于敌国，未闻用兵于吾民，如蔓延日久，是贼
是民，皆吾赤子，何忍诛戮。"显皇曾手书此诏，普告臣下云。又从据乱转升
平。黄天当立空题壁，赤子虽饥莫弄兵。天下终无白头贼，中原群盗漫
纵横。

恢恢天网四围张，群贼空营走且僵。举国望君如望岁，将军擒贼早
擒王。十年窃号留馀孽，六百名城作战场。今日平南驰露布，在天灵爽
慰先皇。

乱后归家　四首

遂有还家乐，跳梁贼尽平。举家开笑口，一棹出江城。儿女团圞
坐，风波自在行。惊魂犹未定，夜半莫呼兵。
即别潮州去，还从蓬辣归。累人行箧少，滞我客舟迟。颠倒归来
梦，惊疑痛定思。便还无处所，已喜免流离。

　　一炬成焦土，先人此敝庐。曾王父所建筑。有家真壁立，无树可巢居。小妇啼开箧，群童喜荷锄。苔花经雨长，狼藉满家书。

　　便免颠连苦，相依此一窝。窗虚添夜冷，屋漏得天多。豺虎中原气，蛟螭海上波。扫除勤一室，此志恐销磨。

送女弟　三首

　　阿爷有书来，言颇倾家赀。箱奁四五事，莫嫌嫁衣希。阿母开箧看，未看先长欷。吾家本富饶，频岁遭乱离。累叶积珠翠，历劫无一遗。旧时典衣库，烂漫堆人衣。今日将衣质，库主知是谁？扫叶添作薪，烹谷持作糜。尺布尚可缝，亲手自维持。行行手中线，离离五色丝。一丝一泪痕，线短力既疲。即此区区物，艰难汝所知。所重功德言，上报慈母慈。

　　中原有旧族，迁徙名客人。过江入八闽，展转来海滨。俭啬唐魏风，盖犹三代民。就中妇女劳，尤见风俗纯。鸡鸣起汲水，日落犹负薪。盛妆始脂粉，常饰惟綦巾。汝我张黄家，颇亦家不贫。上溯及太母，劬劳无不亲。客民例操作，女子多苦辛。送汝转念汝，恨不男儿身。

　　阿母性慈爱，爱汝如珍珠。一日三摩挲，未尝离须臾。今日送汝去，执手劳踟蹰。汝姑哀寡鹄，哀肠多郁纡。弟妹尚稚幼，呀呀求乳雏。太母持门户，人言胜丈夫。靡密计米盐，辛勤种瓜壶。一门多秀才，各自夸巾裾。粥粥扰群雌，申申詈女婆。女须婉以顺，朝夕承欢娱。欢娱一以承，我心一以愉。待汝一月圆，归来话区区。

二十初度

　　堕地添丁日，时平万户春。我生遂多事，臣壮不如人。离乱艰难际，穷愁现在身。摩挲腰下剑，龙性那能驯。

游丰湖　三首

　　西湖吾未到，梦想或遇之。囄囄水云乡，荷花交柳枝。今日见丰湖，万顷青琉璃。持问老东坡，杭颍谁雄雌？浃旬困积暑，泼眼惊此奇。恍如图画中，又疑梦寐时。人生为何事，毕世狂奔驰。黄尘没马头，劳劳不知疲。嗟我不能仙，岂能免人羁。要留一片地，自谋老来私。悠悠湖上云，耿耿我所思。下与鸥鹭盟，上告云天知。

浓绿泼雨洗，森森竹千个。亭亭立荷叶，万碧含露唾。四围垂柳枝，随风任颠簸。中有屋数椽，周遭不为大。罗山峙其西，丰湖绕其左。关门不见山，凿穴叠石作。前檐响秸秅，后屋旋水磨。扶筇朝看花，入夜不一坐。亭午垂湘帘，倦便枕书卧。偕妇说家常，呼儿问书课。敲门剥啄声，时有老农过。君看此屋中，非他正是我。行移家具来，坐待邻里贺。

斜阳照空林，徘徊未忍去。多恋究多累，掉头未可住。我生二十年，初受尘垢污。家计竭中干，俗状作先驱。飞鸟求枝栖，三匝方绕树。大海泛浮萍，归根定何处？渺茫发大愿，天意肯轻付。况今千里来，担簦期一遇。行锁矮屋中，蒸甄热毒注。密如营窠蜂，困似涸辙鲋。走雷转肠鸣，喝水乞沫呴。谁能出尘世，一脱束缚苦。回头望此湖，万顷迷烟雾。梦魂时一游，且记湖边路。

长子履端生

刚是花生日，春风蔼一庐。爱防牛折齿，惭咏《凤将雏》。急喜先求火，痴心到买书。长安传一纸，欢慰定何如？

杂 感 五首

少小诵《诗》、《书》，开卷动龃龉。古文与今言，旷若设疆圉。竟如置重译，象胥通蛮语。父师递流转，惯习忘其故。我生千载后，语音杂伧楚。今日六经在，笔削出邹鲁。欲读古人书，须识古语古。唐宋诸大儒，纷纷作笺注。每将后人心，探索到三五。性天古所无，器物目未睹。妄言足欺人，数典既忘祖。燕相说郢书，越人戴章甫。多歧道益亡，举烛乃笔误。

大块凿混沌，浑浑旋大圜。隶首不能算，知有几万年。羲轩造书契，今始岁五千。以我视后人，若居三代先。俗儒好尊古，日日故纸研。六经字所无，不敢入诗篇。古人弃糟粕，见之口流涎。沿习甘剽盗，妄造丛罪愆。黄土同抟人，今古何愚贤？即今忽已古，断自何代前？明窗敞流离，高炉蓺香烟。左陈端溪砚，右列薛涛笺。我手写我口，古岂能拘牵。即今流俗语，我若登简编。五千年后人，惊为古斓斑。

造字鬼夜哭，所以示悲悯。众生殉文字，蚩蚩一何蠢。可怜古文人，日夕雕肝肾。俪语配华叶，单词画蚯蚓。古近辨诗体，长短成曲引。洎乎制义兴，卷轴车连轸。常恐后人体，变态犹未尽。吁嗟东京后，世荼文益振。文胜失则弱，体竭势已窘。后有王者兴，张网罗贤俊。决不以文章，此语吾敢信。但念废弃后，巧拙同泯泯。欲求覆酱瓿，已难拾灰烬。我今展卷吟，徒使后人哂。

周公作《礼》、《乐》，谓矫世弊害。秦皇焚《诗》、《书》，乃使民聋聩。宋祖设书馆，以礼罗措大。吁嗟制艺兴，今亦五百载。世儒习固然，老死不知悔。精力疲丹铅，虚荣逐冠盖。劳劳数行中，鼎鼎百年内。束发受书始，即已缚杻械。英雄尽入彀，帝王心始快。岂知流寇乱，翻出耰锄辈。诵经贼不避，清谈兵既溃。儒生用口击，国势几中殆。从古祸患来，每在思虑外。三代学校亡，空使人材坏。

谓开明经科，所得学究耳。谓开制策科，亦只策士气。谓开词赋科，浮华益无耻。持较今世文，未易遽轩轾。隋唐制科后，变法屡兴废。同以文章名，均之等废契。譬如探筹策，亦可得茂异。狗曲出何经，驴券书博士。所用非所习，只以丛骂詈。亦有高材生，各自矜爪觜。祖汉夸考据，媚宋争义理。彼此互是非，是非均一鄙。茫茫宇宙间，万事等儿戏。作诗一长吟，聊用自娱喜。

哭张心谷士驹　三首

匆匆事业了潮州，竟认潮州作首丘。哀泣一家新故鬼，此邦与汝定何仇？君之生之婚之卒暨双亲之殁，皆在潮州。

半盂麦饭一炉香，终有人来拜墓堂。将为君立嗣。只恨锦囊无剩稿，《广陵散》绝并琴亡。君殁后，余搜其遗稿及其先人稿，均不可得。

一队同游少年辈，两年零落九原多。频频泪到心头滴，便恐明朝两鬓皤。

山　歌　九首

土俗好为歌，男女赠答，颇有《子夜》、《读曲》遗意。采其能笔于书者，得数首。

自煮莲羹切藕丝，待郎归来慰郎饥。为贪别处双双箸，只怕心中忘却匙。

人人要结后生缘，侬只今生结目前。一十二时不离别，郎行郎坐总随肩。

买梨莫买蜂咬梨，心中有病没人知。因为分梨故亲切，谁知亲切转伤离。

催人出门鸡乱啼，送人离别水东西。挽水西流想无法，从今不养五更鸡。

邻家带得书信归，书中何字侬不知。等侬亲口问渠去，问他比侬谁瘦肥。

一家女儿做新娘，十家女儿看镜光。街头铜鼓声声打，打着中心只说郎。

嫁郎已嫁十三年，今日梳头侬自怜。记得初来同食乳，同在阿婆怀里眠。

自剪青丝打作条，亲手送郎将纸包。如果郎心止不住，看侬结发不开交。

第一香橼第二莲，第三槟榔个个圆，第四夫容五枣子，送郎都要得郎怜。

生 女

拜佛拈花后，居然见汝生。系丝谁健妇，争乳奈雏兄。觅果年来事，游山嫁毕情。一齐到心坎，杯酒醉还倾。

庚午六月重到丰湖志感

湖光潋潋柳阴阴，又作堤边叉手吟。客与名山同惜别，人逢旧雨渐交深。何时葛令移家住，犹是莵裘养老心。自拣黄柑亲手种，他年看汝绿成林。

游潘园感赋

神山左股割蓬莱，惘惘游仙梦一回。海水已干田亦卖，主人久易我才来。栖梁燕子巢林去，对镜荷花向壁开。弹指须臾千载后，几人起灭好楼台。

香港感怀 十首

弹指楼台现，飞来何处峰？为谁刈藜藿，遍地出芙蓉。以鸦片肇祸，开港后进口益多。方丈三神地，诸侯百里封。居然成重镇，高垒尽狼烽。

岂欲珠崖弃，其如城下盟。帆樯通万国，壁垒逼三城。虎穴人雄据，鸿沟界未明。割地以后，每以海界争论。传闻哀痛诏，犹洒泪纵横。宣庙遗诏，深以弃香港为耻。

酋长虬髯客，豪商碧眼胡。金轮铭武后，香港城名域多利，即女主名也。宝塔礼耶蘇。火树银花耀，毡衣绣缕铺。五丁开凿后，欲界亦仙都。

盗喜逋逃薮，兵夸曳落河。官尊大呼药，官之尊者，亦称总督。客聚众娄罗。王面镌金宝，蛮腰跨革靴。斑阑衣服异，关吏莫谁何。港不设关。

沸地笙歌海，排山酒肉林。连环屯万室，地势如环，故名上中下三环。尺土过千金。民气多羶行，夷言学鸟音。黄标千万积，翻讶屋沉沉。

便积金如斗，能从聚窟消。蛮云迷宝髻，脂夜荡花妖。龙女争盘镜，鲛人斗织绡。珠帘香十里，难遣可怜宵。

《博物》张华志，千间广厦开。摩挲铜狄在，怅望宝山回。大鸟如人立，长鲸跋浪来。官山还府海，人力信雄哉！

流水游龙外，平波又画桡。佛犹夸国乐，奴亦挟天骄。御气球千尺，驰风马百骁。街弹巡赤棒，独少市声嚣。

指北黄龙饮，从西天马来。飞轮齐鼓浪，祝炮日鸣雷。他国军舰初至，必然炮二十一响，以敬地主，西人名曰祝炮。中外通喉舌，纵横积货财。登高遥望海，大地故恢恢。

遣使初求地，高皇全盛时。乾隆四十八年，英遣使马甘尼来朝，即以乞地为言。六州谁铸错，一恸失燕脂。凿空蚕丛辟，嘘云蜃气奇。山头风猎猎，犹自误龙旗。

寓汕头旅馆感怀寄梁诗五

策策秋声木叶干，百端萧瑟入心肝。颠风断渡铃能语，古月悬天镜独看。未到中年哀乐备，无多同调别离难。巡檐绕室行千遍，刚对孤灯又倚阑。

将至潮州又寄诗五

片帆遥指凤凰城，屈指家山尚几程。以我风尘憔悴色，共君骨肉别离情。一灯缩缩栖鸦影，四垒萧萧战马声。回首六年离乱事，梦馀犹觉客心惊。乙丑冬月避乱居潮州，兵退乃返。

铁汉楼歌

湿云漠漠山有无，登城四望遥踟蹰。颓垣败瓦不可踏，劫灰昏黑堆城隅。刬苔剔藓觅碑读，字缺半亦形模糊。公无遗像有精气，恍惚左右神风趋。忆公秉政宣仁日，自许稷契君唐虞。英名卓卓惊殿虎，辣手赫赫锄城孤。同文狱起事一变，先生遂尔南驰驱。洞庭寒夜走蛟蜃，潇湘清昼啼猩鼯。臣心万折必东去，一生九死长征途。岂知章蔡恨未雪，谓臣虽死犹馀辜。如飞判使暗挟刃，来取逐客寒头颅。梅州太守亦义士，告语先生声呜呜。先生湛然色不变，崛强故态犹狂奴。有朋谞诿细料理，对客醑饮仍歌呼。呜呼先生真铁汉，品题不愧眉山苏。一楼高插北城角，中有七尺先生驱。铁石心肠永不变，腾腾剑气光湛卢。荔丹蕉黄并罗列，无有远迩群南膜。军书忽报寇氛炽，官民空巷争逃逋。先生独坐北楼北，双眼炯炯张虬须。跳梁小鼠敢肆恶，公然裂毁无完肤。迩来涠濒渐苏息，无人收拾前规模。东坡已往仲谋死，起人忠义谁匡扶？金狄摩挲事如昨，铅水清泪流已枯。我来凭吊空恻怆，呀呀屋上啼寒乌。

和周朗山琨见赠之作

噫嘻乎儒生读书不识羞，动夸虎头燕颔径取万户侯。万户侯耳岂足道，乌知今日裨瀛大海还有大九州。贱子生辰南方陬，少年寂寂车前驺。当时乳虎气食牛，众作蝉噪嘻嗷喁。小技虫雕羞刻镂，中间离乱逢百忧。红尘蔽天森戈矛，我时上马看吴钩。呜呼不能用吾谋，驹伏辕下鹰在鞲。看人貂蝉出兜鍪，幡然一笑先生休。矢人为矢辋人辋，兰台漆书吾箕裘。且呼古人相绸缪，打头屋小歌声遒。亦手帖括吟咿嚘，时文国小原莒邹，要知假道途必由。习为谐媚为便柔，招摇过市希急售。盗窃名器为奸偷，平生所耻羞效尤。谤伤争来撼树蜉，非笑亦有枪榆鸠。立志不肯随沉浮，一齐足敌众楚咻。皇皇使者来轩辀，玄珠出水黝然幽，珊瑚入网枝相樛。不才如宪亦兼收，一头放出千人稠。其旁一客为马周，炯炯秋水横双眸。谓生此文无匹俦，即此已卜公侯仇。噫嘻吾文原哑呕，公竟许我海与丘。感公知己泪一流，以公才气命不犹。文不璜珮鸣琅璆，武不龙虎张旌旐。时时酒醑摩蒯缑，萧条此意将白头。至今不愿为闲鸥，乘风犹来海上游。海波正寒风飕飕，中有蝮蛇从鸽鸷。盲云怪雨无停留，老蛟欲泣潜鱼忧。何物小魅不匿廋，公然与龙为仇雠。苍梧回首云正愁，公从仙人来十洲。公其为龙求蟠虬，左揖洪崖右浮丘。招邀群策同力戮，号召百族相聚谋。铁锁重使支祁囚，赤文绿字光油油。重铭瑶宫修琼楼，呜呼此愿何时酬！

寄和周朗山

拍手引鸾凤，来从海上游。大鹏遇希有，两鸟忽相酬。金作同心结，刀期绕指柔。各平湖海气，商攉共登楼。

春夜怀萧兰谷光泰

深巷曾无车马喧，闭关我自枕书眠。平生放眼无馀子，与汝论交过十年。既觉梦都随雨去，半开花欲放春颠。隔墙红遍千株树，何日能来看木棉？

闻诗五妇病甚

中年儿女更情长，宛转重吟妇病行。终日菜羹鱼酱外，帖书乞米药抄方。

怀诗五

万族求饶益，营营各一途。俗情日纷扰，吾道便愁孤。波静鱼依藻，枝高凤在梧。昨书言过我，翻又费招呼。

为诗五悼亡作

画阁垂帘别样深，回廊响屧更无音。平生爱尔风云气，倘既消磨不自禁。

庚午中秋夜始识罗少珊文仲于矮屋中遂偕诗五共登明远楼看月少珊有诗作此追和时癸酉孟秋也

万蚕食叶蚕声醋，三条红烛光炎炎。忽然大声出邻屋，偷窥有客掀襕衫。狂吟高歌彻屋瓦，两目虎视方眈眈。此人岂容交臂失，闯然握手惊雄谈。问名识是将家子，《金版》《玉匮》素所谙。是时发策问兵事，胸中武库胥包含。我方掀帘促膝坐，昂头有月来屋檐。此人此月此楼岂可负此夕，辄邀吾友同追探。巍巍明远楼，高插南斗南。钲声鼓声宵戒严，我来不避官吏嫌。蹑衣径上梯百尺，凭栏要到塔七尖。天风吹衣怕飞去，汝我左右相扶搀。纤云四卷天不夜，空中高悬圆明蟾。沉沉矮屋两行瓦，昨者煮海今堆盐。回头却望望东海，囉囉烟气团蔚蓝。其馀人家亿万户，水波不动澄空潭。三更夜深风露重，下土万蚁齐黑醋。大千世界共此月，今夕只照人两三。虽然无肴元酒不得谋一醉，犹有惊人好句同掀髯。别来此月几圆缺，三人两地同观瞻。匆匆三年忽已过，秋风重磨旧剑镡。羊城相见执手笑，追述往事同呢喃。男儿竟作可怜虫，等此蓄缩缠窠蚕。少珊少珊我且与汝登越王之高台，白云往来驾两骖。试寻黄屋左纛旧霸业，《阴符》发箧温《韬》、《铃》。不然泛舟南海南，乘风破浪张长帆。要借五十犗饵钓此巨鳌去，刳腹裔内供口馋。使君于此自不凡，何苦徒作风月谈。要抟扶摇羊角直上九万里，埋头破屋心非甘。噫嘻乎，埋头破屋心非甘！

羊城感赋 六首

早潮晚汐打城门，玉漏声催铜鼓喧。百货均输成剧邑，五方风气异中原。舵舟舆轿山川险，帕首靴刀府帅尊。今古茫茫共谁语，越王台下正黄昏。

手挽三江尽北流，寇氛难洗越人羞。黄巢毒竟流天下，陶侃军难进石头。金陵未克以前，左帅致书曾文正公，谓当从广东进师。文正不谓然。左帅又言，于此始者此终，粤贼当灭于粤。后其言竟验。铤鹿偶然完首尾，烂羊多赖得公侯。欃枪扫尽红羊换，从此当朝息内忧。

际海边疆万里开，臣佗大长信奇才。平蛮看竖擎天柱，朝汉同登浴日台。南极星辰原北拱，东流海水竟西回。喁喁鹣鲽波涛阻，独有联翩天马来。

慷慨争挥壮士戈，洗兵竟欲挽天河。苦烦父老通邛笮，难禁奸民教尉佗。祆庙火焚氛更恶，鲛人珠尽泪犹多。纷纷和战都非策，聚铁虽坚奈错何！

战台祠庙岿然存，双阙嵯峨耸虎门。谁似伏波饶将略？犹闻蹈海报君恩。要荒又议珠崖弃，霸业弥思纛屋尊。最是凋零苏武节，无人海外赋《招魂》。

木棉花落絮飞初，歌舞冈前夜雨馀。阁道鸢声都寂寞，市楼蜃气亦空虚。骑羊漫诩仙人鹤，驱鳄难除海大鱼。独有十三行外柳，重重深护画楼居。

卷 二 五十七首
（同治十二年至光绪三年 1873年至1877年）

寄四弟 二首

雏雁毛羽成，各各南北飞。与君为兄弟，义兼友与师。师严或伤和，肝鬲君所知。阶前百尺桐，浓绿侵须眉。树根两坐石，一平一嵚崎。我坐拾落叶，君立攀高枝。此读彼吟哦，形影长相随。有时隔屋语，亦复穴壁窥。当时忘此乐，亦已乐不疲。人生欢聚时，何知苦别离。

匏瓜系不食，壮夫是所羞。出门望长安，远在天尽头。贡士亲署名，行作万里游。念此当乖离，恩情日绸缪。今年槐花黄，挂帆来广州。亦谓此恨浅，待我过深秋。秋风亦已过，别恨终悠悠。欲归不得归，飘蓬迹沉浮。登高插茱萸，重阳风飕飕。以汝异乡思，知我游子忧。千里远相隔，已恨归滞留。何况万里别，益以十年愁。

人境庐杂诗 八首

春风吹庭树，树树若为秋。忽作通宵雨，来登近水楼。湿云攒岫出，叠浪拍天流。不识新波长，沙边有睡鸥。

门前几株树，树外一亭茅。唼絮鱼行水，衔鸲鸟恋巢。月随瓜架漏，花入药栏交。难怪陶徵士，移居乐近郊。

亦有终焉志，其如绿鬓何。云闲犹作雨，水止亦生波。春暖先鸦起，湖宽让鲫多。门前亲种柳，生意未婆娑。

出屋梧桐长，都经手自栽。十年劳树木，百尺看成材。莽莽风云会，深深雨露培。最高枝上月，留待凤皇来。

紫藤花压架，开落到如今。旧雨伤黄土，残春怅绿阴。寻春犹惘惘，埋玉故深深。庭下闲叉手，多余恋旧心。

叶叶蕉相击，丛丛竹自鸣。萧萧传雨意，撼撼误秋声。露湿寒蛩寂，枝摇暗鹊惊。幢幢灯影暗，独坐到微明。

初日照高楼，迟迟树影收。苔痕缘壁漫，花气到帘留。春软鸡同粥，风和鹊亦柔。书声墙外过，有弟住东头。

耐冷斋头客，西宁学署斋名，时诗五客此。鳏鱼不寐馀。知君长犹坐，念我近何如？哀乐中年感，艰难远道书。杨梁诸子好，踪迹亦萧疏。

将应廷试感怀

二十馀年付转车，自摩髀肉问何如？暂垂鹏翼扶摇势，一学蝇头世俗书。荡荡天门争欲上，茫茫人海岂难居。寻常米价无须问，要访奇才到狗屠。

出 门

出门杨柳万条春，送我临歧意未申。得失鸡虫何足道，文章牛斗可能神。无穷离合悲欢事，从此东西南北人。手版脚靴兼帕首，任风吹堕软红尘。前辈戏语：西湖风月，不如东华软红香土。

由轮舟抵天津作

遥指天河问析津，茫茫巨浸浩无垠。华夷万国无分土，人鬼浮生共转轮。敌国同舟今日事，太仓稊米自家身。大鹏击水南风劲，忽地吹人落软尘。

水 滨

来牛去马看频频，独立苍茫此水滨。避面青山难见我，打头黄土信传人。东西市舶无分界，南北藩封此要津。七十二沽秋色满，不堪吹鬓半胡尘。

武清道中作 五首

始识风尘苦，吾生第一回。斗星随北指，云气挟东来。走竟偕牛马，臣初出草莱。海天千万里，南望几徘徊。

天到荒寒地，山犹懒刻镂。沙囒惟见日，树瘦尽如秋。长路漫漫苦，斜阳渺渺愁。岭南好时节，不为荔支留。

绿树如云拥，门前百尺桐。吾家正溪北，有弟住墙东。尽室团圝乐，行人梦寐中。茫茫百端集，到此意何穷。

唐魏风同俭，幽并气不豪。龙衣将瓦覆，牛矢压墙高。忧患家多口，荒凉地不毛。最怜罗马拜，中妇乞钱号。

居者与行者，劳劳同一叹。天恩才咫尺，民气不衣冠。地况穷荒远，人兼琐尾残。监门图一幅，谁上九重看。

早 行

堤长已历八九折，桥击犹闻四五更。凉风吹衣抱衾卧，残月在树啼乌声。东方欲明未明色，北斗三点两点星。腐儒饥寒苦相迫，驱车自唱行行行。

慷 慨

慷慨悲歌士，相传燕赵多。我来仍失志，走问近如何？到处寻屠狗，初番见橐驼。龙泉腰下剑，一看一摩挲。

月　夜
梧桐庭院凤凰枝，六尺湘帘趿地垂。长记绮窗相对语，二三更后夜凉时。

代柬寄诗五兰谷并问诸友　四首
入梦江湖远，撑胸天地宽。长安人踏破，有客独居难。短榻鸣虫寂，孤灯落叶寒。不禁儿女语，琐屑写君看。

万树秋风起，吾心吹不归。袖留孤刺在，书自百城围。大海容鸥住，高云有鸟飞。酒痕和泪渍，时一检青衣。

亲健都寄福，芳兰各自花。云扶王父杖，余祖年六十六矣。酒暖冷官衙。诗五尊人官西宁学博。巢燕长依母，栖乌又有家。诗五近方续娶。上堂如照镜，莫叹鬓丝华。

覆地桐阴绿，中为人境庐。刚柔分日课，兄弟各头居。草草常留饭，匆匆亦读书。近来仍过我，见我衮师无。

狂歌示胡二晓岑曦
飞鸟不若飙风，游鳞不若蓁龙。虚誉不若疑谤，速拙不若缓工。高台落日多悲风，我剑子剑弓子弓。与子指手青云中，但须塞耳甘耳聋。苍蝇营营无万数，下士大笑声潝潝。

重九日雨独游醉中作
吹面风多冷意酣，萧萧寒雨滴重檐。宵来一醉长安市，竟夕相思大海南。遍插茱萸偏我少，无端萍梗为谁淹？故山岁岁登高去，蟹熟鲈香酒压担。

别赖云芝同年
结客须结少年场，占士能占男子祥。为云为龙将翱翔，担簦跨马毋相忘。苍梧之水悠且长，中有浔山山苍苍。前有龙翰臣、吕月沧，后朱伯韩、王定甫，灵芝继起殊寻常。浑金璞玉其器良，皇皇使者铁网张。摩挲三之贡玉堂，凤凰飞飞上高冈。立足未稳天风刚，吹尔敛翼下八荒。长安纨裤［绔］多清狂，阔眉广袖时世妆。日醉杜曲歌韦娘，红裙翠襦围银觞。朝朝暮暮乐未央，子独闭门寻羲皇。青鞋破帽暗无光，时或彳亍书贾坊。邂逅揖我谓我臧，子之外家吾故乡。通明移家趋华阳，至今乡音犹未忘。西风牵手情话长，比邻胡二工文章。因我识子摅肝肠，桃笙棋褥铺绳床，敲冰煮茗焚清香，左陈钟鼎右缥缃，往往道古称先王。繁星窥户月在墙，甲夜至丙言尤详。子言少孤早罹殃，机声灯影宵啼鲞。阿母责读声琅琅，每至《蓼莪》泣数行。去年雏凤新求凰，左敖右翱招由房，和鸣锵锵期育姜。倚门倚闾久相望，不可以留行束装。春明门外多垂杨，寒雨乍断露始霜。今日送子天一方，贫士缩瑟无酒浆。只用好语深浅商，子足暂刖庸何伤。归与兄弟谋稻粱，问字之酒束脩羊。男唯女俞欢重堂，明年槐黄举子忙，呦呦鹿鸣谐笙簧，行听子歌承筐将。人生相见殊参商，吁嗟努力毋怠皇！

为萧少尉步青作

萧公，平远人，任河南永城县丞。咸丰五年，破城，妻女侄妇同时殉难。分祀昭忠、节烈祠。

守土穿官先败北，防河诸将亦笼东。哦松射鸭闲官耳，一死犹能作鬼雄。

乌之珠歌

毅皇帝马，领侍卫某所进，西安将军所购也。宫车晏驾，马悲鸣于景山林树之间，卒以不食毙。微臣闻而感焉。

北风雨雪门不开，景山暂作金粟堆。《黄竹歌》停八骏杳，一马鸣诉悲风哀。此马远自流沙至，铁花满身黑云被。将军甫奏天马徕，雄姿已有凌云意。凤臆麟身人未知，内官频促黄门试。天颜一顾喜出群，便入天闲登上驷。春郊三月杨柳丝，九衢夹道飞龙旗。卧瓜吾仗引金钺，霓幢羽葆随黄麾。乌皮靴声地橐橐，龙纹盖影云迟迟。十五善射作前导，亲王贝勒相追随。中一天人御飞鞚，蹑电追风尘不动。黄鞯朱氄镂金鞍，顾影不鸣更矜宠。路旁遥指衣黄人，侧睐龙媒神亦悚。沙平风软四蹄轻，不闻人声惟马声。银花佩吩露黄带，红绒结顶飘朱缨。少年天子万民看，望尘不及人皆惊。銮仪校尉独惆怅，轻车步辇空随行。从官空费千金产，苦索飞龙求上选。奚官善相阿敦调，有此神骏无此稳。一朝忽泣天花雨，日惨云冥愁楚楚。都是攀髯不逮人，并鲜慰情胜无女。万花溅泪柳愁含，御床不扫空垂帘。六宫共抱苍梧痛，万国还惊白奈簪。多时不见宫中驾，一马悲嘶夜复夜。自蒙拂拭众人惊，奚啻黄金长声价。青丝络头伏道旁，反因受宠丛讥骂。何如死殉侍昭陵，风雨灵旗驰石马。先皇御宇十三年，金床玉几少晏眠。黄巾甫平白帽扰，战马每岁从周旋。望骓礼拜木兰返，十年往事犹目前。中兴未集弓剑阒，岂独此马哀呼天！即今兵革犹未息，群胡化鬼扰西域。王师出关万虎貔，众马从人同杀贼。汝独一死报君恩，吁嗟龙性固难测。乌珠乌珠努力肯饱食，谅汝立功能报国。

田横岛

生王头，死士垄，一毛轻等丘山重。臣头百里走见王，王自趋前头不动。五百人头共一丘，人人视头同赘疣。背面事仇头亦羞，横来横来大者王小者侯，臣戴头来王勿忧。呜呼死士垄，乃为生王头。

和钟西耘庶常德祥津门感诗　八首

雷动星驰入贡车，舌人环列护爻间。但占风雨都来享，偶断苞茅便问诸。宅北曾分羲仲命，绥南远赐赵佗书。康熙中用汤若望、南怀仁为钦天监，皆西人。盟津八百争朝会，犹记征祥纪白鱼。

八荒无事息兵车，七叶讴吟洽里间。岂谓浮云变苍狗，竟教明月蚀詹诸。骊山烽火成焦土，牛耳牲盘捧载书。秋草木兰驰道静，白龙微服记为鱼。

六月中兴赋《出车》，金陵王气复充间。华夷共主皆思服，尧舜如天尚病诸。荡寇重编归汉里，和戎难下绝秦书。只应文物开王会，珥笔曾夸太史鱼。

狼膇遗种等高军，万族相从到尾间。魑魅入林逢不若，虾蟆吞月鉴方诸。昔闻靺鞨歌西乐，今见佉卢制左书。始受一廛壕镜地，有明师早漏多鱼。

执梃降王走传车，先擒月爱后东间。难言赤狄初何种，终痛庭坚祀忽诸。两帝东西争战国，九州大小混方书。喝喝鹈鲽来无路，久已纵横海大鱼。

电掣重轮走水车，风行千里献比间。移山未要嗤愚叟，捧土真能塞孟诸。黑齿雕题征鬼篆，赤文绿字诩天书。寻常弓矢疑堪用，闻道潮人驱鳄鱼。

莺声阁道碾安车，元老相从话跻间。未雨绸缪彻桑土，御冬旨蓄备桃诸。借筹幸辟同文馆，警鼓惊传奔命书。相戒鲂鲔休出入，吞声私泣过河鱼。

东西南北走舟车，虎穴惊看插邑间。七万里戎来集此，五千年史未闻诸。《考工》述物搜奇字，鬼谷尊师发秘书。教训十年民力盛，倘排犀手射鲸鱼。

福州大水行同张樵野丈荫桓龚霭人丈易图作

黑风吹海海夜立，倏忽平地生波涛。囊沙拥水门急闭，飞浪已越城墙高。漂庐拔木无万数，安得江犍淮阳包。众头攒动乍出没，欲葬无棹栖无巢。攀崖缘壁幸脱死，饥肠雷吼鸣嗷嗷。中丞视民犹己溺，急起冒突挥露桡。鸥鹏毁室商救子，鱼鳖满城资渡桥。况闻移粟苏喘息，自雍及绛来千艘。流离琐尾得安宅，无复登屋声三号。天灾流行国代有，难得官长劳民劳。海疆东南正多事，水从西来纷童谣。曲突徙薪广恩泽，愿亟靖海安天骄。

将应顺天试仍用前韵呈霭人樵野丈　四首

平生揽辔澄清志，足迹殊难出里间。万一铅刀堪小试，可容韫椟便藏诸。艑舲魏阙宵来梦，简练《阴符》夜半书。一第区区何足道，频番缘木妄求鱼。

辙乱旗翻屡败车，行吟憔悴比三闾。未知吾舌犹存否，终望臣饥得食诸。辛苦低头就羁靮，功名借径寄诗书。若论稽古荣车服，久已临渊不羡鱼。

旁午军书议出车，沿边鹅鹳列为间。眼看虎落环瓯脱，心冀燕仇复望诸。四海同袍征士气，频年赠策故人书。荷戈亦是男儿事，何必河鲂始食鱼。

齐东燕北走舟车，三载南云望倚闾。宦学无成便归去，父兄有命敢行诸。伤禽恶听连环弹，老蠹愁翻旧校书。碧海掣鲸公手笔，倘分勺水活枯鱼。

述怀再呈霭人樵野丈　三首

呜呼制艺兴，今盖六百年。宋元始萌蘖，明制皇朝沿。十八房一行，群蚁趋附膻。诸书束高阁，所习唯《兔园》。古今昏不知，各各张空拳。士夫一息气，奄奄殊可怜。黼黻承平时，无贤幸无奸。小丑一窃发，外患纷钩连。但办口击贼，天下同拘挛。祖宗养士恩，几费大官钱。徒积汗牛文，焉用扶危颠。到此法不变，终难兴英贤。中兴名世者，岂不出其间。

汉家耀武功，累叶在西北。车书四万里，候尉三重译。物腐虫蠹生，月盈詹诸蚀。鼠盗忽窃发，犬戎敢相逼。惜哉臣年少，不及出报国。中兴六月师，群阴归珍灭。臣虎臣方叔，持节布威德。如何他人睡，犹鼾卧榻侧。白气十丈长，狼星影未匿。群狐舞天山，尊者阿古柏。公与秦晋盟，隐若树一敌。王师昨出关，军容黑如墨。猖猖桀犬吠，尚迟有苗格。东南鬼侯来，昼伏夜伺隙。含沙射人影，鬼蜮不可测。虎威狐辄假，鸱视鼠每吓。今年问周鼎，明年索赵璧。恫疑与虚喝，悉索无不力。荡荡王道平，如行入荆棘。普天同王臣，咸愿修矛戟。荷戈当一兵，吾亦从杀贼。

两汉举贤良，六朝贵门第。设科不分目，我朝重进士。孔孟生今日，必就有司试。岂能无斧柯，皇皇行仁义。宪也少年时，谓芥拾青紫。五岳填心胸，往往矜爪嘴。三战复三北，马齿加长矣。破剑破后衣，年年来侮耻。下争鸡鹜食，担囊走千里。时时发狂疾，痛洒忧天泪。群书杂然陈，所志非所事。枘凿殊方圆，如何可尝试？今上元二年，诏书下黄纸。帝曰尔诸生，尔其应大比。纷纷白袍集，臣亦出载赟。既不莘野耕，又难漆雕仕。龙门虽则高，舍此何位置。抢才国所重，得第亲亦喜。绕床夜起舞，何以为臣子？

大　狱　四首

国耻诚难雪，何仇到匹夫？既传通道檄，翻弃入关缯。事竟成狙击，危同捋虎须。阴谋图一逞，攘外计何愚！

万里滇南道，空劳秉节臣。就令戎伐使，已累汉和亲。况坐王庭狱，惟诬化外人。在旁鹰眼睨，按剑更生嗔。

洗血拚流血，鲸鱼海上横。人方投袂起，我始奉书行。重镇劳移节，群儿虑劫盟。怀柔数行诏，悔过复渝平。

休唱攘夷论，东西共一家。疏防司里馆，谢罪使臣槎。讵我持英荡，容人击副车。万方今一概，莫自大中华。

别张简唐思敬并示陈缋尚元焯　二首

马首欲东王事亟，乘辕改北故人归。别君泥醉杯中酒，独我愁看身上衣。万绪一时齐扰扰，三年同客更依依。平安寄语吾家去，为道腰支近稍肥。

平生四海论人物，早有张陈在眼中。一举云霄希有鸟，频年尘土可怜虫。试思科第定何物，长此羁贫却恼公。归问白眉吾好友，可能追逐共云龙。

三十初度

学剑学书无一可，摩挲两鬓渐成丝。爷娘欢喜亲朋贺，三十年前堕地时。

将之日本题半身写真寄诸友

如此头颅如此腹，此行万里亦奇哉！诸公未见靴尖趯，待我扶桑濯足来。

又寄内子

十年欢聚不知愁，今日分飞独远游。知否吾妻桥上望，日本东京有吾妻桥。淡烟疏柳几行秋。

卷 三 四十八首
（光绪三年至七年 1877 年至 1881 年）

由上海启行至长崎 二首

浩浩天风快送迎，随槎万里赋东征。使星远曜临三岛，帝泽旁流遍裨瀛。大鸟扶摇抟水上，神龙首尾挟舟行。冯夷歌舞山灵喜，一路传呼万岁声。

满城旭影曜红旗，神武当年此肇基。竿木才平秦世乱，衣冠创见汉官仪。中原旧族流传远，长崎多有胜朝遗老后裔。四海同家聚会奇。此土地民成此国，有人尽日倚栏思。

西乡星歌

西乡隆盛既灭，适有彗星见于日本西南境，国人遂名之为西乡星。

人不能容此嶔崎磊落之身，天尚与之发扬蹈厉之精神。除旧布新识君意，烂烂一星光射人。人人惊呼伯有至，昨为大盗今为厉。海上才停妖鸟鸣，天边尚露神龙尾。神龙本自西海来，蹈海不死招魂回。当时帝星拥虚位，披发上诉九天阊阖呼不开。尊王攘夷平生志，联翩三杰同时起。锦旗遥指东八州，手缚名王献天子。河鼓一将监众军，中宫匼卫罗藩臣。此时赤手同捧日，上有一人戴旒冕，是为日神之子天帝孙。下有八十三州地，满城旭彩辉红轮。乾坤整顿兵气息，光华复旦歌维新。

无端忽唱征韩议，汝辈婞阿难计事。参商水火不相能，拂衣大笑吾归矣。归来落拓不得志，牵狗都门日游戏。鼻端出火耳后风，指天画地时聚议。夜半拊床欲为帝，奋梃大呼投袂起。将军要问政府罪，胡驱吾辈置死地？三千万众我同胞，忍令绞血输血税。死于饥寒死于苛政死于暴客等一死，徒死何如举大计。一时啸聚八千人，各负长刀短铳至。赤囊传警举国惊，守险力扼熊本城。雷池一步不敢过，天网所际难逃生。十二万军同日死，呜呼大星遂陨地！将军之头走千里，将军之身分五体。聚骨成山血作川，噫气为风泪如雨。此外喑呜叱咤之声势，化为妖云为沴气。骑箕一星复归来，狼角光芒耀天际。吁嗟乎！丈夫不能留芳千百世，尚能贻臭亿万载。生非柱国死非阎罗王，犹欲龋血书经化作魔王扰世界。英雄万事期一快，不复区区计成败。长星劝汝酒一杯，一世之雄旷世才。

石川鸿斋英偕僧来谒张副使误谓为僧鸿斋作诗自辩余赋此诗以解嘲

谓僧为官非秃鹙，谓官为僧非沐猴。为官为僧无不可，呼马应马牛应牛。先生昨者杖策至，两三老衲共联袂。宽衣博袖将毋同，只少袈裟念珠耳。师丹固非老善忘，鲁侯亦岂儒为戏！知公迹僧心亦僧，不复拘拘皮相士。先生闻当喜欲狂，自辩非僧太迂泥。但论普度一切心，安识转轮三世事。吾闻先达曾戏言，莫如为僧乐且便。世间快意十八九，只恨酒色须逃禅。入宫有妻案有肉，弃冠便作飞行仙。昨者大邦布令甲，宗门无用守戒法。周妻何肉两无忌，朝过屠门夕拥妾。佛如有知亦欢喜，重愿东来度僧牒。溯从佛法初来东，稻目以后争信崇。造经千卷塔七级，赐衣百袭粟万钟。帝王亦称三宝奴，上皇尊号多僧徒。七道百国输正税，民膏民血供浮屠。将军柄政十数世，争挽强弓不识字。斯文一脉比传灯，亦赖儒僧延不坠。西方菩萨东沙门，天上地下我独尊。尊君为僧固君福，急掩君口听我言。九方何必分黄骊，两兔安能辨雌雄。鸿飞宁记雪泥迹，马耳且任东风吹。

不忍池晚游诗 十五首

上野有不忍池，亦名西湖，近郊胜地也。余每喜晚游，长夏暑热，或夜深始归，得诗十数首。

开门看雨梦才醒，一抹斜阳映画屏。随着西风便飞去，弱花无力系蜻蜓。

蜃楼海气隐重城，浩浩风停远市声。四壁晚钟齐接应，分明不隔一牛鸣。

红板长桥雁柱横，两头路接白沙平。前呼后拥萧萧马，犹记将军警跸声。

如此江山信可怜，欢虞霸政百馀年。黄粱饱食红灯上，小户家家弄管弦。

百千万树樱花红，一十二时僧楼钟。白头乌哭屋梁月，此是侯门彼佛宫。王师东下，以上野为战场，故近处王侯邸第、梵王宫殿，大半荒废矣。

羯鼓鼕鼕舞折腰，银釭衔壁酒波摇。炉香袅处瓶花侧，不挂当时黑鞘刀。东人屋侧以隙地为供炉插花之所。旧时士夫皆佩双刀，宴饮时则悬于壁。今废此仪矣。

薄薄樱茶一吸馀，点心清露挹芙蕖。青衣擎出酒波绿，径尺玻璃纸片鱼。

鸦背斜阳闪闪红，桃花人面薄纱笼。银鞍并坐妮妮语，马不嘶风人食风。西人携眷出游者，每并辔齐行。

万绿沉沉嘒一蝉，迷茫水气化湖烟。无端吹坠丰湖梦，不到丰湖又十年。

绝远穷荒海外经，风灾鬼难渡零丁。谁知大地山河影，只一微尘水底星。

囉囉隔水几行竹，暗暗笼烟并是梅。微影模糊声荦确，是谁携屐踏花来。

柳梢斜挂月如丸，照水摇摇颇耐看。欲写真容无此镜，不难捉影捕风难。

不耐茫茫对此何，花如吉野月须磨。如鱼邪虎乌乌武，树底时时人唱歌。吉野之樱，须磨之月，为东方名胜之最。

三更夜深月上榱，荷花遥遥吐微馨。炉烟帖妥窗纱静，不解参禅也读经。

山色湖光一例奇，莫将西子笑东施。即今隔海同明月，我亦高吟

《三笠辞》。仲麻吕使于唐，将还，从明州上舟，望月作歌，世传为绝唱《三笠山辞》是也。

宫本鸭北以旧题长华园诗索和

绕榭山花红欲然，林中结屋屋如船。人来蓬岛无宾主，境比桃源别洞天。近事披图谈斗虎，谓英、俄二国因突厥事。旧游濡笔纪飞鸢。曾使高丽。登楼北望方多事，未许偷闲作散仙。

樱花歌

鸽金宝鞍金盘陀，螺钿漆盒携叵罗。伞张胡蝶衣哆啰，此呼奥姑彼檀那。一花一树来婆娑，坐者行者口吟哦，攀者折者手挼莎，来者去者肩相摩。墨水泼绿水微波，万花掩映江之沱。倾城看花奈花何，人人同唱樱花歌。道旁老人三嗟咨，菊花虽好不如葵。即今游客多于鲫，未及将军全盛时。将军主政国尚武，源蹶平颠纷斗虎。德川累世柔服人，渐变战场成乐土。将军好花兼好游，每岁看花载箫鼓。三百诸侯各质挐，争费黄金教歌舞。千金万金营香巢，花光照海影如潮。游侠聚作萃渊薮，真仙亦迷脂夜妖。合歌万叶写白贮，缠头每树悬红绡。七月张灯九月舞，一年最好推花朝。喷云吹雾花无数，一条锦绣游人路。明明楼阁倚空虚，玲珑忽见花千树。花开别县移花来，花落千丁载花去。十日之游举国狂，岁岁欢虞朝复暮。承平以来二百年，不闻鼙鼓闻管弦。呼作花王齐下拜，至夸神国尊如天。当时海外波涛涌，龙鬼佛天都震恐。欧西诸大日逞强，渐剪黑奴及黄种。芙蓉毒雾海漫漫，我自闭关眠不动。一朝轮舶炮声来，警破看花众人梦。我闻桃花源，洞口云迷离。人间汉魏了不知，又闻净土落花深四寸。每读《华严经》卷神为痴，拈花再拜开耶姬。上告丰苇原国天尊人皇百神祇，仍愿丸泥封关再闭一千载，天雨新好花，长是看花时。

陆军官学校开校礼成赋呈有栖川炽仁亲王

为将不知兵，是谓卒予敌。不教驱之战，岂能出以律。桓文节制师，苏张纵横策。制胜非有他，所贵在练习。日本二千年，本以武立国。幕府值季世，犬戎迭相逼。贤豪争勤王，蔚成中兴辟。环顾五部洲，沧海不可隔。函关一丸泥，势难复闭壁。勇夫且重闭，岂曰偃兵革。天孙茅缠蕺，高丽铁铸的。古岂无利器，今合借他石。近年欧罗巴，兵法盖无匹。广轮四海图，上下千年籍。择长以为师，悉命译人译。广厦千万间，多士宅尔宅。群萃而州处，乃受观摩益。使指固借臂，伏足固借翼。得一良将才，胜百连城璧。是日营门开，军容荼火赫。贤王代临雍，客卿咸就席。组练简一千，距跃习三百。拐马熟连环，飞炮鸣霹雳。亦有轻气球，凌风腾千尺。隼人与相扑，馀技及刺击。粲粲西人服，竦立咸屏息。王告汝多士，勖哉宜勉力。刃当摩厉须，锥乃脱颖出。千日可不用，兢惕在朝夕。王告汝多士，豺虎在有北。养汝民脂膏，为民出锋镝。汝能扞城民，俾汝公侯伯。多士曰唯唯，拜手受诏敕。使者睹兹礼，欢欣目屡拭。念余捧载书，相见藉玉帛。同在亚西亚，自昔邻封辑。譬若辅车衣，譬若掎角立。所恃各富强，乃能相辅弼。同类争奋兴，外侮日潜匿。解甲歌太平，传之千万亿。

都踊歌

西京旧俗，七月十五至晦日，每夜亘索街上，悬灯数百。儿女艳妆靓服为队，舞蹈达旦，名曰都踊。所唱皆男女猥亵之词。有歌以为之节者，谓之音头。译而录之，其风俗犹之唐人《合生歌》，其音节则汉人《董逃行》也。

长袖飘飘兮髻峨峨，荷荷！裙紧束兮带斜拖，荷荷！分行逐队兮舞傞傞，荷荷！往复还兮如掷梭，荷荷！回黄转绿兮授莎，荷荷！中有人兮通微波，荷荷！贻我钗鸾兮馈我翠螺，荷荷！呼我娃娃兮我哥哥，荷荷！柳梢月兮镜新磨，荷荷！鸡眠猫睡兮犬不呵，荷荷！待来不来兮欢奈何，荷荷！一绳隔兮阻银河，荷荷！双灯照兮晕红涡，荷荷！千人万人兮妾心无他，荷荷！君不知兮弃则那，荷荷！今日夫妇兮他日公婆，荷荷！百千万亿化身菩萨兮受此花，荷荷！三千三百三十二座大神兮听我歌，荷荷！天长地久兮无差讹，荷荷！

庚辰四月重野成斋安绎岩谷六一脩日下部东作鸣鹤蒲生𬘡斋重章冈鹿门千仞诸君子约游后乐园园即源光国旧藩邸感而赋此

泓峥萧瑟不可言，周遭水木围亭轩。夏初若有新秋意，褰裳来游后乐园。主人者谁源黄门，脱弃簪绂甘邱樊。夷齐、西山不可得，欲以此地为桃源。左挈舜水右澹泊，想见往往倾空尊。呜呼源平霸者起，太阿倒持归将军。黄门懿亲敢异议，聊借蕨薇怀天恩。一编帝纪光日月，开馆彰考非为文。高山九郎好痛哭，相继呼天叩帝阍。布衣文学二三子，协力卒使天皇尊。即今宾客纷裙屐，一堂笑语言温温。岂识当时图后乐，酒觞未举泪有痕。丰碑巍然颓祠倒，夕阳归鸦噪黄昏。愿起朱子使执笔，重纪竹帛贻子孙。

送宾户孔公使之燕京

《海外》《大荒经》，既称常方东。是有君子国，挂剑知儒风。唐宋时遣使，车书万里同。缁流唱金经，武士横雕弓。内国既多事，外使不复通。迩者海禁开，乘时多英雄。捧盘从载书，隔海飞朦艟。益知唇齿交，道谊在和衷。子今持使节，累叶家声隆。博学等黄备，抱德追菅公。冠垂华花枝，手撚梅花红。世所传《菅原道真奉使大唐图》，手持梅花二枝。考日本史，道真虽奉使命，实未来华。同行二三子，亦如贯珠鬈。子能弥阙失，竹帛铭汝功。今日送子去，东西倏转蓬。扶桑遥回顾，旭影多朦胧。仰瞻阙庭高，我心亦忡忡。

大　阪

黑面猴王今已矣，尚馀石垒迭城濠。江山入眼花光媚，楼阁凌虚海气豪。横列东西青雀舫，旁通三百赤栏桥。昨宵茗宴今花会，多少都人载酒遨。

游箱根　四首

危途远盘纡，径仄鸟迹绝。一步不敢前，双足若被刖。人呼兜笼来，纵横宽尺八。脚手垂郎当，腰背盘曲折。舆人出裸国，皮绉龟兆裂。螭蛟绣满身，横胸施绛袜。两肩乍抬举，双杖互扶挈。前枝后更撑，仰攀俯若跌。有如蚁旋磨，又似蛇出穴。趺趺上竹岾，蠢蠢爬沙鳖。噫风竹筒吹，汗雨蒸甑泄。劳倦时一歌，乡音鸟嘲哳。烟树绕千回，风花眩一瞥。峭壁俯绝壑，旁睨每挢舌。四山呼无人，一堕便永诀。畏途宁中止，弛担娄更迭。直穷绝顶高，始觉天地阔。

群峰插云中，结屋峰头住。囋囋万云海，凭空无寸土。开窗起看云，迷茫若无睹。一云忽飞来，一云不肯去。一云幻作龙，盘旋绕屋柱。关窗急遮拦，攒隙细如缕。须臾塞破屋，真气满庭户。解装张行囊，呼童共捞取。大风卷地来，团作黑烟聚。隐隐闻雷声，乍似婴儿怒。遥知百万家，已洒三尺雨。我方跂脚眠，梦骑赤龙舞。直倾天河水，远向并豫注。侧身起西望，梦堕云深处。时山西、河南大旱。

举国无名川，一湖何溟潆。环抱三百里，下窥五十丈。神武开辟来，亘古无消长。氿泉日穴出，泆流失归向。一碧湛空明，万象绝依傍。昂头只日月，两轮互摩荡。我来驾一舟，杳茫迷所往。谓是沧溟游，乘风破巨浪。何图众山顶，乃泛海荡荡。关东昔豪杰，割地争霸王。汤池据此险，漆城莫敢上。迩来司农官，又作填海想。凿脉干此湖，可得千沃壤。纷纷校得失，尧桀我俱忘。且作烟波徒，容与打双桨。

群山若堂防，依岩各构屋。家家争调水，曲筧引修竹，泠泠滴檐角，汩汩出岩腹。晓鸦犹未兴，已有游人浴。东屋鸣琴弦，西屋斗棋局，南屋垂钓竿，北屋罗简牍。蛟毫展凉簟，鹤氅被轻服。点白茶始尝，堆红果初熟。蕃舶从海来，蒲萄泛新渌。洪崖揖浮丘，萧史媚弄玉。鸡犬亦飞升，熊鱼得所欲。人生贵行乐，矧此神仙福。缠腰更骑鹤，辟俗还食肉。平生烟霞心，奈此桑下宿。行携《桃源图》，归我赍笃谷。

宫本鸭北索题晃山图即用卷中小野湖山诗韵

地球浑浑周八极，大块郁积多名山。汪洋巨海不知几万里，乃有此岛虱其间。关东八州特秀出，落落晃山天半悬。乱峰插云俯水立，怒涛泼地轰雷阗。坐令三百诸侯竭土木，朘民膏血供云烟。下有黑狮白虎踆踆跛伏阙下，上有琼楼玉宇高处天风寒。中间一人冕旒拟王者，今古拥卫僧官千。呜呼将军主政七百载，唯汝勋业差可观。即今霸图寥落披此卷，尚足令我开笑颜。古称海上蓬莱方壶圆峤可望不可即，我曰其然岂其然？

送秋月古香种树归隐日向故封即用其留别诗韵

昨日公侯今老农，飘然挂冠归旧封。忙时蜡屐闲扶筇，空山猿鹤长相从。觚棱帝阙春梦浓，醒来忽隔天九重。天风吹袂云荡胸，云胡不乐心溶溶。人生一别难相逢，落月屋梁思子容。他时子倘思吾体，鸡鸣西望罗浮峰。

近世爱国志士歌　十二首

日本自将军主政凡五百年，世不知有王。德川氏兴，授戈讲艺，亲藩源光国作《大日本史》，立将军传，略仿世家、载记及藩镇列传之例，世始知尊王之义。后源松苗作《日本史略》，赖襄作《日本外史》，益主张其说。及西人劫盟，幕府主和，诸藩主战，于是议尊王，议攘夷，议尊王以攘夷。继知夷之不可攘，复变而讲和戎之利，而大藩联衡，幕府倾覆，尊王之事大定矣。当家康初政，颇欲与外国通商。继而天草教徒作乱，遂一意锁港，杜绝内外，下令逐教士，炮击外船。甚至漂风难民，亦不许回国，处以严刑。识者深忧之，而未敢昌言也。外舶纷扰，屡战屡蹶。有论防海者，有议造炮舰者，有欲留学外国者，德川氏皆严禁之。唱尊王者触大忌，唱通番者犯大禁，幕府均下令逮捕。党狱横兴，株连甚众。而有志之士，前仆后起，踵趾相接，视死如归。死于刀锯，死于图圄，死于逃遁，死于牵连，死于刺杀者，盖不可胜数。卒以成中兴之业，维新之功，可谓盛矣。明治初年，下诏褒奖，各赠阶赏恤。今举其尤著十数人，著于篇，以兴起吾党爱国之士。

今日共尊王，九原君知否？化鹤倘将来，摩挲柳庄柳。山县昌贞，字柳庄，甲斐人。著《柳子》十三篇，首曰《正名》，谓"名不正则言不顺，今以二千余年之神统，三千万众之共主，而屈于一武人，名之不正孰甚焉"。后与竹内武部聚徒讲武。有上告者，告其考究江户险要，遂论死。

草莽臣正之，望阙辄哭谒。眼枯泪未枯，中有杜鹃血。高山正之，字仲绳，上野人。读史则泣，语王室式微则泣，访南朝诸将殉难之迹则泣，世名之"泣痴"。每至京师，必至二条桥遥望阙稽首曰："草莽臣正之昧死再拜。"拜毕又污。后西游久留米，自刃于旅寓。

怒鞭尊氏像，泣述《山陵志》。可怜默默斋，犹复《不恤纬》。蒲生秀实，字君平，下野人。作《山陵志》以寓尊王，作《不恤纬》以寓攘夷。路过东寺，见足利尊氏像，大声数其罪，鞭之数百，乃去。上书幕府，几陷重法，由是自号"默默斋"，不敢论事矣。

拍枕海潮来，勿再闭关眠。日本桥头水，直接龙动天。林子平，仙台人。好游，屡至长崎。接西人，考外事。尝谓自江户日本桥抵于欧罗巴列国，一水相通。彼驾巨舰，履大海如平地，视异域如比邻；而我不知备，可谓危矣。著《三国兵谈》及《三国通览》二书，欲合日本全国为一大城。幕府命毁其版，锢诸其藩。

文章亦小技，能动处士议。武门两石弓，不若一丁字。梁孟纬，字星岩，美浓人。少治陆王之学，工诗，与赖山阳齐名。外舰迭来，歌哭一寓于诗。戊午党狱，唱尊王者悉就缚。幕吏以星岩为其巨魁也，数其罪。时星岩已卧病，乃收其妻景婉，并下于狱。景婉亦能诗。

锁港百不知，惟梦君先觉。到今躲舌声，遍地设音学。渡边、华山二人，与高野长英等共译西书。英舰护送漂民归，幕府议曰："彼以护送为名，而阴图传教、通商，意殊叵测，断不可以一二细民弛禁。"华山等腹非之，乃作《躲舌小记》、《蕃论私记》、《慎机论》，长英亦著《梦物语》，皆驳攘夷之非。幕府遂下令搜捕，严锢之。

只一衣带水，便隔十重雾。能知四国为，独君识时务。佐久间启，字象山，松代人。喜读西书，凡铳炮及筑垒、造舰诸技，皆研究其术。尝创意制迅发铳，曰比旧法铳利三倍。当时萨、长、肥、土诸藩议防海者，多师象山云。为门人吉田松阴画策航海，事发，并下狱，久之乃释。时水户藩士结党连名，请宣布攘夷诏。象山独主开港，将上书诣山阶亲王，陈其利害，为暴客刺死。

大夫四方志，胡乃死槛车。倘遂七生愿，祝君生支那。吉田矩方，字松阴，长门人。受兵学于佐久间象山。象山每言今日要务，当周航四海，庶不致观人国于云雾中。会幕府托和兰购兵舰，象山又曰："仰给于外，不如遣人往学之为愈也。"幕府不纳。矩方闻之感愤。时墨舰泊浦贺港，象山实司警卫事，乃密谋夜以小舟出港近墨船，伪为渔人堕水者。墨人救之，乃固请于墨将披理，求附载。披理奇其才，以犯禁故，仍送致幕府，请勿罪。幕府锢之其藩，密书寄象山曰："知时务如先生，今之俊杰也。今之诸侯，何者可恃？神州恢复，如何下手？茫茫八洲，置身无处。丈夫死所，何处为宜？乞告我。"矩方卒被刑。维新以来，长门藩士之以尊王立功者，多其门人。在狱中，又尝引楠正成语草《七生灭贼说》，其英烈可想也。

宁死不帝秦，竟蹈东海死。当时互抱人，今亦骑箕尾。僧月照，西京清水寺住持也。美舰泊浦贺，孝明帝敕令修禳灾法，赐以御书。月照出入公卿门，日谋勤王之事。幕府尤忌之。遂改姓易装，偕西乡隆盛避难于萨摩。闻追捕又至，又走日向，泊舟御舟浦。会望夜，天月霁朗，开宴吟赏。酒酣作歌示隆盛，遂相抱投海。时戊午十一月也。同舟平野国臣等争入海拯之，而月照遂死。隆盛后立功，为维新三杰，与当路不协，愤愤起兵，今亦死。

手写御屏风，美哉犹有憾。君看红旗扬，神风扫夷舰。浮田一蕙，名可为，京师人，班画苑寄人。美舰之来，命其子八郎编入长洲队伍。既而和成，一蕙不胜愤。有乞画者，辄作《神风覆舰图》以与之。曾写御屏风，后上书论事。孝明询其人，则画人也。孝明叹曰："屏风所画，皆古来中兴事，朕对之实有惭色矣。"戊午党狱，一蕙父子亦拘系，寻押送江户。大学头池内某与八郎有旧交，同在狱，一日同鞠，池内意游移。及还囚室，怒骂之曰："汝非人也！大丈夫宁为沟中瘠，乌可屈节以事权贵哉！"久乃释之。

鸡鸣晓渡关，乌栖夜系狱。长歌招和魂，一歌一声哭。黑川登几，常陆村农黑泽信助之妻也。少习国学，善和歌。戊午党祸兴，幕府锢水户藩齐昭。或语登几曰："子亦忧国之士，宜韬晦避祸。"登几曰："吾虽巾帼，当走京师，以雪君冤。"乃伪为巡诣诸国神佛者，已抵京，幕吏捕之，登几慨然曰："妾忧腥膻污我神州，故求之神佛耳，岂为藩主夤缘要路哉！"乃系之狱。后八年，朝廷下褒辞曰："汝一弱女子，乃尽力王事，始终不变，艰险备尝。特赐米十石以养之。"

宗五汝宗五，呼天诉民苦。恨不漆头颅，留看民歌舞。佐仓宗五郎，下总国农人，为佐仓主堀田某封内民。堀田氏厚敛，民不能堪。农夫二百馀人合谋上诉。宗五郎曰："此事宜死生以之。"至江户，诉于堀田氏邸，诉于阁老久世和州，皆不允。宗五又曰："将军近日将谐东台庙，吾冒险为之，事终必成。"及期，乃缚诉疏于长竿头，潜匿下谷三枝桥下。将军乘大舆喝道来，宗五跃出投疏，卫士缚之。将军以责堀田氏。堀田氏乃轻税。而以越诉，故处宗五郎及其妻磔死，其子斩。既而堀田氏家多祟，乃为建祠，曰山口大明神，每岁以二月三日、八月三日祭之。

赤穗四十七义士歌

日本元禄十四年三月，天皇敕使聘于将军。将军命内匠头浅野长矩接伴。十四日，延使报谢诏命。仪未行，长矩卒拔刀击高家上野介、吉良义英。义英走仆不死。目付官就讯争故。长矩对："自奉命接伴，上野介每以非礼见遇，是以及事。"将军大怒，命囚长矩，责之曰："卿以愤争故，临国大礼，公然挥刃，以私怨灭公法。其赐死。"其弟大学头长广，收尸葬之泉岳寺。报至赤穗，长矩老臣大石良雄，聚众言曰："上野介尚在，吾曹惟有枕城而死耳。"共刺血盟誓，遣使告于长矩外亲户田氏定曰："内匠头有罪伏法，臣等谨服命矣。惟不共戴天之仇，俨然朝列，臣等无颜立于人世，敢含刃骈死，以殉孤城。请以此意报之目付官。"氏定答书曰："苟报之目付，达于公朝，恐将不利于大学头。"众乃更议。及收城使至，复请曰："浅野氏自胜国以来，世世蒙国恩。今大学头现在，愿赦罪继其家。"官使曰："诺。"良雄复语众曰："城亡与亡，乌敢以大学故而图存。虽然，舍此岂遂无死所哉！"各泣别去。明年三月，良雄等先后变姓名入江户，佯为贩夫，傔居义英第侧，以伺利便。义英畏仇，一夕三迁，莫测其踪迹。而尝以茶事为嬉，所喜茶人某，每会必与。大高忠雄乃佯为富商，从学茶燕法。十二月十日夜，义英将集饮于家，良雄等得茶人语，遂聚众举事。按第图，定部分。众皆戴铁兜，袤锁甲，外为救火吏服，担弓枪、长梯、大椎从之，神崎则休向导。夜四更至。至则挝门缘屋，乘高呼曰："内匠头家士为报仇来，敢出拒者斩。弱无力者、坐不动者，置之。"欢呼入室，每室烧烛，遍搜不能得，乃捕劫一人，导至寝所。有又英席卧被尚暖，众知其逃匿不远，更四出旁搜。间光兴至房侧，闻喓喓有耳语声，破户呼曰："得无在是耶!"众发矢奋枪薄之。房乃藏茶具者,有人乱掷物以拒。武林隆重揭烛,见一人着白衬衣在隐所,方拔刀欲起,隆重挽进,斫而殪之。额及背有枪痕,喜曰:"此非亡主所手击者哉!"乃吹螺啸聚,以竿悬首,拥往泉岳寺长矩墓所。良雄预作具名书二通:一留义英外厅,一遣人赍诣弹正官仙石久尚第,自明其报仇,非抗国法。良雄等既至寺,以橐盘盛义英首,又出匕首,置碑蹈上,锋刃外向,四十七士自呼名拜谒,环跪墓前,读祭文曰:"去年三月十四日之事,臣等卑贱疏远,不与知其状。然窃料我公与吉良、上野君,必有积怨深仇,非得已也。不幸仇人未得,而身死国除,遂以一朝之愤,而亡百年之业。臣等食君之禄,应死君之事,苟靦颜视息,他日蒙耻入地,将何面目见我公乎!臣等自谋此事,弃妻子,捐亲戚,奔走东西,不遑宁处,凡一年又二百七十日于兹矣,常虑溘先朝露,所志不遂,重为世笑。赖天之明,君之灵,昨夕四更,往攻吉良氏,臣等幸得藉手以毕先公未了之志。此匕首,昔公在时割所爱以赐臣者,今谨以奉上,请公以此甘心仇人,以洗宿恨。"读毕,起取盘上首,以匕首击之三。复相聚大哭。既出,见寺僧曰:"某等之事毕矣。"仙石久尚以事闻。将军命分囚之四诸侯邸。明年二月四日,就所拘之邸,令以屠腹死。命曰:"前者浅野内匠,所犯大不敬,论死如法。而吉良、上野介以无罪,原而不问,生杀皆出上旨。汝等乃诬以主仇,结徒聚众,执持弓矢,擅杀朝臣,大逆不道,其赐自尽。"众皆稽首曰:"自分应处极刑,乃赐剑自裁,此朝廷之仁也,某等死瞑目矣。"乃悉葬之长矩墓侧,各为立碑。府下吊祭者填凑成市,数月不已,咸称四十七义士,各搜辑其姓氏、年甲遗事,刊录成帙。所遗手泽,争宝藏焉。

四十七士人同仇,四十七士心同谋。一盘中供仇人头,哀哀燕雀鸣唧啾。泥首泣诉围松楸,臣等无状恐为当世羞。君虽有臣不能为君持干撇,君实有弟不获传国如金瓯。君亦有国民,不敢兴师修戈矛,犹复靦颜视息日日偷。臣等非敢国法仇,伏念国亡君死实惟仇人由。当时天使来,奉命同会酬,环门观礼千人稠。彼名高家实下流,高家世以知礼名,接伴官每事问之。骂我衣冠如沐猴,笑我朝会啼秃鹙。我君怒如鲠在喉,拔剑一军不复收,乌知仇人不死翻贻家国忧。臣等闻变行叹复坐愁,或言死拒或言死请无能运一筹。同官臭味殊薰莸,一国蒙戎如狐裘,最后决意报仇同力戮,洒血书誓无悔尤。

四十七士同绸缪,蹉间伺隙忽忽岁一周。昨夜四更月黑至鸱鹠,众皆衷甲撑铁兜。长梯大椎兼利锸，或逾高墉或逾沟。开门先刃铃下驹，大呼转斗如貔貅。彼仇人者巧藏驱，如椽银烛遍宅搜。神恫鬼怒人焉庚，闯然首出霜锋抽。彼盘之中血髑髅，先公犹识伧父面目不？此一匕首先公所赐绕指柔，请公含笑看吴钩，勿复赍恨埋九幽。臣等愿毕无所求，愿从先君地下游。国家明刑有皋繇，定知四十七士同作槛车囚，不愿四十七士戴头如赘疣，唯愿四十七士骈死同首丘。将军有令付管勾。网舆分置四诸侯。明年赐剑如杜邮，四十七士性命同日休。一时惊叹争歌讴，观者拜者吊者贺者万花绕冢每日香烟浮，一裙一屐一甲一胄一刀一矛一杖一笠一歌一画手泽珍宝如天球。自从天孙开国首重天琼锋，和魂一传千千秋，况复五百年来武门尚武国多贲育俦。到今赤穗义士某某某四十七人一一名字留，内足光辉大八洲，外亦声明五大洲。

罢美国留学生感赋

汉家通西域，正值全盛时。南至大琉球，东至高句骊，北有同盟国，帝号俄罗斯。各遣子弟来，来拜国子师。皇帝临辟雍，皇皇汉官仪。《石经》出玉簏，宝盖张丹墀。诸王立横卷，百蛮环泮池。於戏盛德事，慨想轩与羲。自从木兰狩，国弱势不支。环球六七雄，鹰立侧眼窥。应制台阁体，和声帖括诗。二三老臣谋，知难济倾危。欲为树人计，所当师四夷。奏遣留学生，有诏命所司。第一选隽秀，其次择门楣。高门掇科第，若摘颔下髭。黄背好八股，肯令手停披。茫茫西半球，远隔天之涯。千金不垂堂，谁敢狎蛟螭。惟有小家子，重利轻别离。纥干山头雀，短喙日啼饥。但图飞去乐，不复问所之。蓝缕田舍奴，蓬头乳臭儿。优给堂飧钱，荣颁行装衣。舟中东西人，相顾惊复疑。此乃婆人子，胡为来施施。使者挈乘槎，四牡光骓骓。郑重诏监督，一一听指麾。广厦百数间，高悬黄龙旗。入室阒无人，但见空皋比。便便腹高卧，委蛇复委蛇。借问诸学生，了不知东西。各随女师去，雏鸡母相依。鸟语日啾啁，庶几无参差。就中高才生，每有出类奇。其馀中不中，太半悲染丝。千花红毹甃，四窗碧琉璃。金络水晶柱，银盘夜光杯。乡愚少所见，见异辄意移。家书说贫穷，问于今何居？我今膳双鸡，谁记炊爨廖。汝言盎无粮，何不食肉糜？客问故乡事，欲答颜忸怩。嬉戏替戾冈，游宴贺跋支。互谈伊优亚，独歌妃呼豨。吴言与越语，病忘反不知。亦有习祆教，相率拜天祠。口嚼天父饼，手翻《景教碑》。楼台法界住，香华美人贻。此间国极乐，乐不故蜀思。新来吴监督，其僚喜官威。谓此泛驾马，衔勒乃能骑。征集诸生来，不拜即鞭笞。弱者呼箠痛，强者反唇稽。汝辈狼野心，不如鼠有皮。谁甘畜生骂，公然老拳挥。监督愤上书，溢以加罪辞，诸生尽佻达，所业徒荒嬉，学成供蛮奴，否则仍汉痴。国家縻金钱，养此将何为？朝廷命使者，去留审所宜。使者护诸生，本意相维持，监督意亦悔，驷马舌难追。使者甫下车，含怒故诋諆，我不知许事，我且食蛤蜊。监督拂衣起，喘如竹筒吹。一语不能合，遂令天地暌。郎当一百人，一一悉遣归。竟如瓜蔓抄，牵累何累累。当其未遣时，西人书交驰。总统格兰脱，校长某何谁。愿言华学生，留为国光辉。此来学日浅，难言成与亏，颇有聪颖士，利锥非钝椎。忽然筵席撤，何异鬈带褫。本图爱相助，今胡弃如遗？相公答书言，不过别瑕疵。一旦尽遣撤，哗然称为欺。怒下逐客令，施禁华工来。溯自西学行，极盛推康熙。算兼几何学，方集海外医。天士充日官，南斋长追随。广译《奇器图》，诸器何夥颐。惜哉国学舍，未及设狄鞮。矧今学兴废，尤关国盛衰。十年教训力，百年富强基。奈何听儿戏，所遣皆卑微，部娄难为高，混沌强书眉。坐令远大图，坏以意气私。牵牛罚太重，亡羊补恐迟。蹉跎一失足，再遣终无期。目送海舟返，万感心伤悲。按：美国留学生于辛巳年裁撤，奏请派往者曾文正公，募集学生者丰顺丁日昌，率往者吴川陈兰彬，后派出使大臣，前监督高州区谔良、新会容增祥，后监督南丰吴嘉善，其僚友为金某。初率学生继派副使为新会客阁，哈佛学堂，亦其手造云。

徐晋斋观察寿朋吴翰涛贰尹广霈随使美洲道出日本余饮之金寿楼翰涛即席有诗和韵以赠

铜琶高唱大江东，不许闲愁恼乃公。四海霸才能有几，翰涛《赠王弢园书》云"落落寰中两霸才"，又云"纵交深叹霸才稀"。今宵欢乐又偕同。狂呼酒盏看樊素，醉拭刀铿辨正宗。离别寻常休怅怨，男儿志本在飞蓬。

流求歌

白头老臣倚墙哭，颓髻斜簪衣惨绿，自嗟流荡作波臣，细诉兴亡溯天蹴。天孙传世到舜天，海上蜿蜒一脉延。弹丸虽号蕞尔国，问鼎犹传七百年。大明天子云端里，自天草诏飞黄纸。印绶遥从赤土颁，衣冠幸不珠崖弃。使星如月照九州，王号中山国小球。英鬈双持龙虎节，绣衣直指凤麟洲。从此苞茅勤入贡，艳说扶桑蚕如瓮。酉豪入学还请经，天王赐袭仍归赗。尔时国势正称强，日本犹封异姓王。只戴上枝归一日，更无尺诏问东皇。黑面小猴投袂起，谓是区区应余界。数典横征贡百牢，兼弱忽然加一矢。鲸鲵横肆气吞舟，早见降幡出石头。大夫拔舍君含璧，昨日蛮王今楚囚。畏首畏尾身有几，笼鸟惟求宽一死。但乞头颅万里归，妄将口血群臣誓。归来割地献商於，索米仍输岁岁租。归化虽编归汉里，畏威终奉吓蛮书。一国从兹臣二主，两姑未免难为妇。称臣称侄日为兄，依汉依天使如父。一旦维新时事异，二百馀藩齐改制。覆巢岂有完卵心，顾器略存投鼠忌。公堂才锡藩臣宴，锋车竟走降王传。刚闻守约比交邻，忽尔废藩夷九县。吁嗟君长槛车去，举族北辕谁控诉？鬼界明知不若人，虎性而今化为鼠。御沟一带水溶溶，流出花枝胡蝶红。尚有丹书珠殿挂，空将金印紫泥封。迎恩亭下蕉阴覆，相逢野老吞声哭。旌麾莫睹汉官仪，簪缨未改秦衣服。东川西川吊杜鹃，稠父宋父泣鹡鸰。兴灭曾无翼九宗，赐姓空存殷七族。几人脱险作遄逃，几次流离呼伯叔。北辰太远天不闻，东海虽枯国难复。毡裘大长来调处，空言无施竟何补？只有琉球恤难民，年年上疏劳疆臣。

卷 四 二十五首
（光绪八年至十一年　1882 年至 1885 年）

奉命为美国三富兰西士果总领事留别日本诸君子　五首

远泛银河附使舟，眼看沧海正横流。欲行六国连衡策，来作三山汗漫游。唐宋以前原旧好，弟兄之政况同仇。如何瓯脱区区地，竟有违言为小球。

占此江山亦足豪，凌虚楼阁五云高。人饶春气花多媚，山入波流地尚牢。六代风流馀蜡屐，百家磨炼惜名刀。廿年多少沧桑感，尽日凭栏首重搔。

海外偏留文字缘，新诗脱口每争传。草完明治维新史，吟到中华以外天。王母环来夸盛典，《吾妻镜》在访遗编。若图岁岁西湖集，四壁花容百散仙。

海水南旋连粤峤，斗星北望指京华。但烦青鸟常通讯，贪住蓬莱忘忆家。一日得闲便山水，十分难别是樱花。白银宫阙吾曾至，归与乡人信口夸。

沧溟此去浩无垠，回首江城意更亲。昔日同舟多敌国，而今四海总比邻。更行二万三千里，等是东西南北人。独有兴亚一腔血，为君户户染红轮。

为佐野雪津常民题觚亭

占得江山美，觚亭足胜游。高人欣对字，老子许登楼。海气鳌头日，天风鹏背秋。他时回首望，认此作并州。

海行杂感　十四首

正月十八日，由横滨展轮往美利坚，二月十二日到。舟中无事，拉杂成此。

东流西日奈愁何？荡以天风浩浩歌。九点烟微三岛小，人间世要纵婆娑。

稗瀛大海善谈天，卝女童男远学仙。倘遂乘桴更东去，地球早辟二千年。

叠床恰受两三人，衾镜盂巾位置匀。寸地尺天虽局蹐，尽容稊米一微身。

青李黄甘烂熳堆，蒲桃浓绿泼新醅。怪他一白清如许，水亦轮回变化来。食果皆购自欧、美二洲，储罐封固，出之若新摘者。水皆用蒸汽，一经变化，无复海咸矣。

中年岁月苦风飘，强半光阴客里抛。今日破愁编日记，一年却得两花朝。船迎日东行，见日递速，于半途中必加一日，方能合历。此次重日，仍作为二月初二，故云。

打窗压屋雨风声，起看沧波一掌平。我自冒风冲雨过，原来风雨不曾晴。

星星世界遍诸天，不计三千与大千。倘亦乘槎中有客，回头望我地球圆。

每每鸳鸯逐队行，春风相对坐调筝。才闻儿女呢呢语，又作胡雏恋母声。同舟西人，多携眷属。有俄罗斯公使夫妇，每夕对坐，弹琴和歌，其声动心。

偶然合眼便家乡，夜二三更母在床。促织入门蛛挂壁，一灯絮絮话家常。

是耶非耶其梦耶？风乘我我乘风耶？藤床簸魂睡新觉，此身飘飘天之涯。

一日明明十二时，中分大半睡迷离。黄公却要携黄㜷，余居东时，曾戏刊一印曰"东海黄公"。遮眼文书一卷诗。

家书琐屑写从头，身在茫茫一叶舟。纸尾只填某日发，计程难说到何州。

拍拍群鸥逐我飞，不曾相识各天涯。欲凭鸟语时通讯，又恐华言汝未知。

盖海旌旗辟道开，巨轮擘浪炮鸣雷。西人柄酌东人酒，长记通盟第一回。日本与泰西立约，实自嘉永癸丑美将披理以兵劫盟始。所率军舰七艘，由太平洋东来。同舟日本人有读《披理盟纪行》者，将至时，犹能指其出师处也。

逐客篇

华人往美利坚，始于道咸间。初由招工，踵往者多，数至二十万众。土人以争食故，哗然议逐之。光绪六年，合众国乃遣使三人，来商订限制华工之约。约成，至八年三月，议院遂藉约设例，禁止华工。感而赋此。

呜呼民何辜，值此国运剥。轩顼五千年，到今国极弱。鬼蜮实难测，魑魅乃不若。岂谓人非人，竟作异类虐。茫茫六合内，何处足可托？华人渡海初，无异凿空凿。团焦始蜗庐，周防渐虎落。蓝缕启山林，丘墟变城郭。金山蟹埒高，伸手左右攫。欢呼满载归，群夸国极乐。招邀尽室行，后脚踵前脚。短衣结椎髻，担篦蹑草屩。酒人率庖人，执针偕执鞜。抵掌齐入秦，诸毛纷绕涿。后有红巾贼，刊章指名捉。逋逃萃渊薮，趋如蛇赴壑。同室戈娄操，入市刃相斫。助以国网宽，日长土风恶。渐渐生妒争，时时纵谣诼。谓彼外来丐，只图饱囊橐。地皮足一踏，有金尽跳跃。腰缠得万贯，便骑归去鹤。谁肯解发辫，为我供客作。或言彼无赖，初来尽祖脯。喜如虫扑缘，怒则兽噬搏。野蛮性嗜杀，无端血染锷。此地非恶溪，岂容食人鳄。又言诸娄罗，生性极醒魗。居同狗国秽，食等豕牢薄。所需日百钱，大觳难比较。任彼贱值佣，我辈坐胲削。眼见手足伤，谁能忍毒蠚？千口音谂诐，万目瞪灼灼。联名十上书，上请王斟酌。骤下逐客令，此事恐倍约。万国互通商，将以何辞却？姑遣三人行，藉免众口铄。掷梭倘成卢，聊一试蒲博。谁知糊涂相，公然闭眼诺。噫嘻六州铁，谁实铸大错？从此悬厉禁，多方设局钥。丸泥便封关，重门复击柝。去者鹊绕树，居者燕巢幕。关讯到过客，郊游及游学。国典与邻交，一切束高

阁。东望海漫漫，绝远逾大漠。舟人呼卬须，津吏唱公莫。不持入关
繻，一来便受缚。但是黄面人，无罪亦箠掠。慨想华盛顿，颇具霸王
略。檄告美利坚，广土在西漠。九夷及八蛮，一任通邛筰。黄白红黑
种，一律等土著。逮今不百年，食言兽不怍。吁嗟五大洲，种族纷各
各。攘外斥夷戎，交恶罟岛索。今非大同世，只挟智勇角。芒砀红番
地，知汝重开拓。飞鹰倚天立，半球悉在握。华人虽后至，岂不容一
勺。有国不养民，譬为丛驱爵。四裔投不受，流散更安着？天地忽踞
踏，人鬼共咀嚼。皇华与大汉，第供异族谑。不如黑奴蠢，随处安浑
噩。堂堂龙节来，叩关亦是躩。倒倾四海水，此耻难洗濯。他邦互效
尤，无地容飘泊。远步想章亥，近功陋卫霍。芒芒问禹迹，何时版
图廓？

纪 事

甲申十月，为公举总统之期。合众党欲留前任布连，而共和党则举
姬利扶兰。两党哄争，卒举姬君。诗以纪之。

吹我合众筂，击我合众鼓，擎我合众花，书我合众簿。汝众勿喧
哗，请听吾党语。人各有齿牙，人各有肺腑。聚众成国家，一身比尺
土。所举勿参差，此乃众人父。击我共和鼓，吹我共和筂，书我共和
簿，擎我共和花。请听吾党语，汝众勿喧哗。人各有肺腑，人各有齿
牙。一身比尺土，聚众成国家。此乃众人父，所举勿参差。此党夸彼
党，看我后来绩。通商与惠工，首行保护策。黄金准银价，务令昭画
一。家家田舍翁，定多十斛麦。凡我美利坚，不许人侵轶。远方黄种
人，闭关严逐客。毋许溷乃公，鼾睡卧榻侧。譬如耶稣饼，千人得饱
食。太阿一到手，其效可计日。彼党斥此党，空言彼何益。彼党讦此
党，党魁乃下流。少作无赖贼，曾闻盗人牛。又闻挟某妓，好作狭邪
游。聚赌叶子戏，巧术妙窃钩。面目如鬼蜮，衣冠如沐猴。隐慝数不
尽，汝众能知不？是谁承馀窍，竟欲粪佛头。颜甲十重铁，亦恐难遮
羞。此党讦彼党，众口同一咻。某日戏马台，广场千人设。纵横乌皮
儿，上下若梯级。华灯千万枝，光照绣帷撤。登场一酒胡，运转广长
舌。盘盘黄须虬，闪闪碧眼鹘。开口如悬河，滚滚浪不竭。笑激屋瓦
飞，怒轰庭柱裂。有时应者者，有时呼咄咄。掌心发雷声，拍拍齐击
节。最后手高举，明示党议决。演说事未已，复辟纵观场。铁兜绣裲
裆，左右各分行。宝象黄金络，白马紫丝缰。橐橐安步靴，林林耸肩

枪。或带假面具，或手执长枪。金目戏方相，黑脸画鬼王。仿古十字军，赤帜风飘扬。齐唱爱国歌，曼声音绕梁。千头万头动，竞进如排墙。指点道旁人，请观吾党光。众人耳目外，重以甘言诱。浓绿苗芽茶，浅碧酿花酒。斜纹黑普罗，杂俎红甒甗。琐屑到钗钏，取足供媚妇。上谒士雕龙，下访市屠狗。墨尿与侏张，相见辄掌手。指此区区物，是某托转授。怀上花名册，出请纪谁某。知君有姻族，知君有甥舅。赖君提挈力，吾党定举首。丁宁复丁宁，幸勿杂然否。四年一公举，今日真及期。两党党魁名，先刻党人碑。人人手一纸，某官某何谁。破晓车马声，万蹄纷奔驰。环人各带刀，故示官威仪。实则防民口，预备国安危。路旁局外人，各各掠眼窥。三五立街头，徐徐撚额髭。大邦数十筹，胜负终难知。赤轮日可中，已诧邮递迟。俄顷一报来，急喘竹筒吹。未几复一报，闻锣惊复疑。抑扬到九天，啼笑奔千儿。夜半筹马定，明明无差池。轰轰祝炮声，雷响云下垂。巍巍九层楼，高悬总统旗。吁嗟华盛顿，及今百年矣。自树独立旗，不复受压制。红黄黑白种，一律平等视。人人得自由，万物咸遂利。民智益发扬，国富乃倍蓰。泱泱大国风，闻乐叹观止。乌知举总统，所见乃怪事。怒挥同室戈，愤争传国玺。大则酿祸乱，小亦成击刺。寻常瓜蔓抄，逮捕遍官吏。至公反成私，大利亦生弊。究竟所举贤，无愧大宝位。倘能无党争，尚想太平世。

冯将军歌

冯将军，英名天下闻。将军少小能杀贼，一出旌旗云变色。江南十载战功高，黄袿色映花翎飘。中原荡清更无事，每日摩挲腰下刀。何物岛夷横割地，更索黄金要岁币。北门管钥赖将军，虎节重臣亲拜疏。将军剑光方出匣，将军谤书忽盈箧。将军卤莽不好谋，小敌虽勇大敌怯。将军气涌高于山，看我长驱出玉关。平生蓄养敢死士，不斩楼兰今不还。手执蛇矛长丈八，谈笑欲吸匈奴血。左右横排断后刀，有进无退退则杀。奋梃大呼从如云，同拚一死随将军。将军报国期死君，我辈忍孤将军恩。将军威严若天神，将军有令敢不遵。负将军者诛及身，将军一叱人马惊。从而往者五千人，五千人马排墙进。绵绵延延相击应，轰雷巨炮欲发声，既戟交胸刀在颈。敌军披靡鼓声死，万头窜窜纷如蚁。十荡十决无当前，一日横驰三百里。吁嗟乎！马江一败军心慑，龙州拓地贼氛压。闪闪龙旗天上翻，道咸以来无此捷。得如将军十数人，制梃能挞虎狼秦。能兴灭国柔强邻，呜呼安得如将军！

九姓渔船曲

白石青溪波作镜，翩翩自照惊鸿影。本来此事不干卿，偏扰波澜生古井。使君五马从天来，八闽张罗网贤才。何图满载珊瑚后，还有西施网载回。西施一舸轻波软，原是官船当娃馆。玉女青庐隔牖窥，径就郎怀歌婉转。婉转偎郎倚郎坐，不道鲁男真不可。此时忍俊未能禁，此夕消魂便真个。门前乌柏天将曙，搴帷重对双星诉。君看银潢一道斜，小星竟向鹊桥渡。鹊桥一渡太匆匆，割臂盟寒忍负侬。不愿邮亭才一夕，宁将歌曲换三公。纷纷礼法言如雨，风语华言相诖误。欲乞春阴巧护花，绿章宁向东皇诉。略言臣到庚宗宿，大堤花艳惊人目。为求篷室梦泉丘，敢挈阿娇贮金屋。弹章自劾满朝惊，竟以风流微罪行。如何铁石心肠者，偏对梨涡忽有情。雅娘传语鸨媒妒，侬家世世横塘住。相当应嫁弄潮儿，不然便逐浮梁贾。张罗得鸟虽有缘，将珠抵鹊宁非误。祸水真成薄命人，微瑕究惜《闲情赋》。刚说高飞变凤凰，无端打散惊鸳鸯。金钗敲断都由我，团扇遮羞怕见郎。永丰坊柳丝丝绿，抛却一官剩双宿。莫将破甑屡回头，且唱同舟定情曲。

感 怀

下阻黄垆上九天，白云望断眼空悬。嗺嗺寒雨又寒食，浩浩长流总逝川。万里游惟图一饱，三年泪忍到重泉。此身俯仰都惭愧，鞅掌犹言我独贤。

卷 五 二十七首
(光绪十一年至十五年 1885年至1889年)

八月十五夜太平洋舟中望月作歌

茫茫东海波连天，天边大月光团圆。送人夜夜照船尾，今夕倍放清光妍。一舟而外无寸地，上者青天下黑水。登程见月四回明，归舟已历三千里。大千世界共此月，世人不共中秋节。泰西纪历二千年，只作寻常数圆缺。舟师捧盘登舵楼，船与天汉同西流。虬髯高歌碧眼醉，异方乐只增人愁。此外同舟下床客，梦中暂免供人役。沉沉千蚁趋黑甜，交臂横肱睡狼藉。鱼龙悄悄夜三更，波平如镜风无声。一轮悬空一轮转，徘徊独作巡檐行。我随船去月随身，月不离我情倍亲。汪洋东海不知几万里，今夕之夕惟我与尔对影成三人。

举头西指云深处，下有人家亿万户。几家儿女怨别离，几处楼台作歌舞。悲欢离合虽不同，四亿万众同秋中。岂知赤县神州地，美洲以西日本东，独有一客欹孤篷。此客出门今十载，月光渐照鬓毛改。观日曾到三神山，乘风竟渡大瀛海。举头只见故乡月，月不同时地各别。即今吾家隔海遥相望，彼乍东升此西没。嗟我身世犹转蓬，纵游所至如凿空。禹迹不到夏时变，我游所历殊未穷。九州脚底大球背，天胡置我于此中？异时汗漫安所抵，搔头我欲问苍穹。倚栏不寐心憧憧，月影渐变朝霞红，朦朦晓日生于东。

归过日本志感

旧游重到一凄然，电掣光阴又四年。老辈渐闻歌薤露，沧波真易变桑田。出关符传行人玺，横海旌旗下濑船。今日荷戈边塞去，可堪雪窖复冰天。

舟中骤雨

极天唯海水，水际忽云横。云气随风走，风声挟雨行。鹏垂天欲堕，龙吼海齐鸣。忽出风围外，沧波万里平。

到香港

水是尧时日夏时，衣冠又是汉官仪。登楼四望真吾土，不见黄龙上大旗。

到广州

秋风独上越王台，吊古伤今几霸才。表里山河故无恙，因越南事，今始解严。逍遥天海此归来。沧波森森八千里，圆月匆匆一百回。自抚头颅看髀肉，侧身东望重徘徊。

肇庆舟中

稳卧孤篷底，迷茫夜气微。使星正西向，零雨怅东归。灯影侵孤枕，波声荡四围。行藏无一是，万事付沾衣。

将至梧州志痛

洒尽灯前泪，偏沾身上衣。呼天惟负负，恋母尚依依。吹树风何急，寻巢鸟独飞。殷勤看行箧，在日寄当归。

游七星岩

归帆正借好风吹，却为看山误我期。急水渐趋江合处，奇峰横出路穷时。欲寻柯斧仙何处？肇庆有烂柯山，云即王质观棋之处。久困津梁佛亦疲。返景入林人坐久，昏鸦何事独归迟？

夜宿潮州城下

九曲潮江水，遥通海外天。客程馀百一，江路故回旋。犬亦乡音吠，鸥依岸影眠。橹声催欸乃，既有晓行船。

夜　泊

一行归雁影零丁，相倚双凫睡未醒。人语沉沉篷悄悄，沙光淡淡竹冥冥。近家乡梦心尤亟，拍枕涛声耳厌听。急趁天明催橹发，开门斜月带残星。

远　归

人人相见各开颜，载得春风入玉关。邻里关心问筐箧，儿童拍手唱刀环。且图傍岸牵舟住，竞说乘槎犯斗还。海外名山都看遍，杖藜还看故乡山。

乡人以余远归争来询问赋此志感

欢迎海客远游归，各认容颜半是非。六合外从何处说？十年来渐故人稀。糟床争送墙头酒，针线愁牵身上衣。旧识新交遍天下，可如亲戚话依依。

今　夕

相逢都怪鬓毛苍，今夕重依灯烛光。已去年华一弹指，无穷心事九回肠。云中蜃气楼台幻，海外龙堆道路长。身世茫茫何可说？呼儿炊饭熟黄粱。

春夜招乡人饮

春风漾微和，吹断檐前雪。寒犬吠始停，众客互排闼。出瓮酒子酽，欹壁烛奴热。花猪间黄鸡，亦足供铺餟。团坐尽乡邻，无复苛礼设。以我久客归，群起争辩诘。初言日本国，旧是神仙窟。珊瑚交枝柯，金银眩宫阙。云馀白傅宅，锦留太真袜。今犹骖鸾来，眼见非恍惚。子乘仙槎去，应识长生诀。灵芝不死药，多少祕筐箧。或言可伦坡，索地始未获。匝月粮惧罄，磨刀咸欲杀。天神忽下降，指引示玉牒。巨鳌戴山来，再拜请手接。狂呼登陆去，炮响轰空发。人马合一身，手秉黄金钺。野人走且僵，惊群鬼罗刹。即今牛货洲，利尽西人夺。金穴百丈深，求取用不竭。又言太平洋，地当西南缺。下有海王宫，蛟螭恣出没。漫空白雨跳，往往鱼吐沫。曾有千斛舟，随波入长舌。天地黑如盘，腥风吹雨血。转肠入轮回，遗矢幸出穴。始知出鱼腹，人人庆复活。传闻浮海舟，尽裹十重铁。叠床十八层，上下各区别。牛羊豕鸡狗，万物萃一筏。康庄九达间，周庐千户辟。船头逮船尾，巡行认车辙。其人好楼居，四窗而八达。千光璧琉璃，五色红鞣鞮。杰阁高入云，明明月可掇。出入鬼仙间，多具锁子骨。曾见高缅伎，行绳若飞越。犁鞬善眩人，变态尤诡谲。常闻海客谈，异说十七八。太章实亲见，然否待子决。诸胡饱腥膻，四族出饕餮。钉盘比塔高，硬饼藉刀截。菜香苜蓿肥，酒艳葡萄泼。冷淘粘山蟓，浓汁爬山鳖。动指思异味，琼子固不屑。古称美须眉，今亦夸白皙。紫髯盘蟠虬，碧眼闪健鹘。子年未四十，鬖鬖须在颊。诸毛纷绕涿，东涂复西抹。得毋逐臭夫，习染求容悦。子如夸狄强，应举巨觥罚。谬称夜郎大，能步禹迹阔。试披地球图，万国仅蚍虱。岂非谈天衍，妄论工剿窃。一唱十随和，此默彼又聒。醉喝杯箸翻，笑震屋瓦裂。平生意气颇，滔滔论不歇。到此穷诘屈，口箝舌反结。自作沧溟游，积日多于发。所见了无奇，无异在眉睫。《山经》伯翳知，《坤图》怀仁说。足迹未遍历，安敢遽排评。大鹏恣扶摇，暂作六月息。尚拟汗漫游，一将耳目豁。再阅十年归，一一详论列。

小　女

一灯团坐话依依，帘幕深藏未掩扉。小女挽须争问事，阿娘不语又牵衣。日光定是举头近，海大何如两手围？欲展地球图指看，夜灯风幔落伊威。

即　事

墙外轻阴淡淡遮，床头有酒巷无车。将离复合风吹絮，乍暖还寒春养花。一醉謷腾如梦里，此身飘泊又天涯。打窗山雨琅琅响，犹似波涛海上槎。

下水船歌

电光一掣光闪天，洪波直泻无回旋。饥鹰脱鞲兔走穴，驰轮下阪箭离弦。君看我舟疾如驶，世间快事那有此。潮头拍拍鸥乱飞，舟人叫绝篙师喜。一山当头一对面，倏忽两山都不见。群山转瞬眼欲花，况又山头云万变。江随山转气益骄，蹴沙啮石波横跳。山虽百折舟一直，拍耳惟觉风习习。风声水声相鼓荡，舷倾桅侧终无恙。风乘我耶我乘风，便凌霄汉游天上。年来足迹遍五洲，浮槎曾到天尽头。长风破浪奚足道，平生奇绝输此游。忽闻隔岸唱邪许，纤夫努力力如虎。百丈横牵上濑舟，三朝三暮见黄牛。

闲　关

郁郁松阴外，深深一闭关。暂游二万里，小住两三间。云懒随龙卧，风微任鸟还。墙头山自好，何必诩神山。

春暮偶游归饮人境庐

某水某山我故乡，今时今日好容光。频年花事春三月，独我蓬飘天一方。门外骊驹犹在道，堂前燕子稳栖梁。金盆月艳蒲萄绿，便拟狂飞千百觞。

拜曾祖母李太夫人墓

郁郁山上松，呀呀林中乌。松有荫孙枝，乌非反哺雏。我生堕地时，太婆七十五。明年阿弟生，弟兄日争乳。太婆向母怀，伸手抱儿去，从此不离开，一日百摩抚。亲手裁绫罗，为儿制衣裳。糖霜和面雪，为儿作铗馄，发乱为梳头，脚腻为暖汤。东市买脂粉，靧面日生香。头上盘云髻，耳后明月珰。红裙绛罗襦，事事女儿妆。牙牙初学语，教诵《月光光》。一读一背诵，清如新炙簧。三岁甫学步，送儿上学堂。知儿故畏怯，戒师莫严庄。将出牵衣送，未归踦闾望。问讯日百回，赤足足奔忙。春秋多佳日，亲戚尽团聚。双手擎掌珠，百口百称誉。我家七十人,诸子爱渠祖,诸妇爱渠娘,诸孙爱渠父。因裙便惜带,将缥难比素。老人性偏爱,不顾人笑侮。邻里向我笑,老人爱不差。果然好相貌,艳艳如莲花。诸母背我骂,健犊行破车。上树不停脚,偷芋信手爬。昨日探鹊巢,一跌败两牙。喷血喷满壁,盘礴画龙蛇。兄妹昵我言,向婆乞金钱。直倾紫荷囊,滚地金铃圆。爷娘拊我耳,劝婆要加餐。金盘脍鲤鱼,果为儿下咽。伯叔牵我手,心知不相干。故故摩儿顶,要图老人欢。儿年九岁时,阿爷报登科。剑儿大父傍,一语三摩娑。此儿生属猴,聪明较猴多。雏鸡比老鸡,异时知如何。我病又老耄,情知不坚牢。风吹儿不长,那见儿扶摇。待儿胜冠时,看儿能夺标。他年着我墓,相携着宫袍。前行张罗伞,后行鸣鼓箫。猪鸡与花果,一一分肩挑。爆竹响墓背,墓前纸钱烧。手捧紫泥封,云是夫人诰。子孙共罗拜,焚香向神告:儿今幸胜贵,颇如母所料。世言鬼无知,我定开口笑。大父回顾儿,此言儿熟记。一年记一年,儿齿加长矣!儿是孩提心,那知太婆事。但就儿所见,依稀记一二。太婆每出入,笼东挂一杖。后来杖挂壁,时见垂帷帐。夜夜携儿眠,呼娘搔背痒。展转千槌腰,殷殷春雷响。佛前灯尚明,窗隙见月上。大父搴帘来,欢笑时鼓掌。琐屑及乡邻,讥诃到官长。每将野人语,眴作鬼魅状。太婆悄不应,便知婆欲睡。户枢徐徐关,移踵车轮曳。明朝阿娘来,奉匜为盥洗。欲饭爷捧盘,欲羹娘进匕。大父出迎医,觑缕讲脉理。咀嚼分尝药,斟酌共量水。自儿有知识,日日见此事。几年举场忙,几年绝域使,忽忽三十年,光阴迅弹指。今日来拜墓,儿既须满嘴。儿今年四十,大父七十九。所喜颇聪强,容颜类如旧。周山看松柏,不要携杖走。跪拜不须扶,未觉躬伛偻。挂珠碧霞犀,犹是母所授。绣补炫锦鸡,新自粤西购。一手搴颔髭,一手振袍袖。打鼓唱迎神,红毡齐泯首。上头爇红香,中间酌黄酒。青箬苞黍粽,紫丝络莲藕。大父在前跪,诸孙跪在后。森森排竹笋,依依伏杨柳。新妇外曾孙,是婆定昏媾。阿端年始冠,昨年已取妇。随兄擎腰扇,阿和亦十五。长樛次当孙,此皆我儿女。青青秀才衣,两弟名谁某。少者新簪花,捧觞前拜手。次第别后先,提抱集贱幼。一家尽偕来,只恨不见母。母在婆最怜,刻不离左右。今日母魂灵,得依太婆否?树静风不停,草长春不留。世人尽痴心,乞年拜北斗。百年那可求,所愿得中寿。谓儿报婆恩,此事难开口。求母如婆年,儿亦奉养久。儿今便有孙,不得母爱怜。爱怜尚不得,那论贤不贤。上羡大父福，下伤吾母年。吁嗟无母人，悠悠者苍天！

遣闷

花开花落掩关卧，负汝春光奈汝何？天下事原如意少，眼中人渐后生多。声声暮雨萧萧曲，去去流光踏踏歌。今日今时有今我，茶烟禅榻病维摩。

寒食

几日春阴画不成，才过寒食又清明。霏霏红雨花初落，袅袅白波萍又生。栏外轻寒帘内暖，竹中微滴柳梢晴。浮云万变寻常事，一瞬光阴既娄更。

夜饮

长风吹月过江来，照我华堂在手杯。莫管阴晴圆缺事，尽欢三万六千回。胸中五岳撑空起，眼底浮云一扫开。玉管铜弦兼铁板，与君扶醉上高台。

《日本国志》书成志感

湖海归来气未除，忧天热血几时摅。《千秋鉴》借《吾妻镜》，四壁图悬人境庐。改制世方尊白统，《罪言》我窃比《黄书》。《王船山集》有《黄书》。频年风雨鸡鸣夕，洒泪挑灯自卷舒。

十月十九日至沪初随何大臣如璋使日本即于是日由上海东渡今十二年矣

百年有几相逢日，一别重来十二年。海水萍踪仍此地，岁星荔实忽周天。长江浪击轰云炮，绝漠寒深大窖毡。公正南归吾北上，欲论近事恨无缘。子峨先生自塞外赐环，由沪来潮，余方由港往沪，故差池不得相见。

由潮州溯流而上驶风舟行甚疾

借得南风便，无嫌上水船。千帆张鸟翼，一席尽鸥眠。树若迎人立，桅随倚枕偏。篙师相对语，今夕且神仙。

夜泊高陂其地多竹

一篷凉月冷于秋，万竹潇潇俯碧流。欲拟勾当留不得，明年何处梦黄州？

卷 六 六十四首

（光绪十六年至十七年 1890 年至 1891 年）

自香港登舟感怀

又指天河问析津，东西南北转蓬身。行行遂越三万里，碌碌仍随十九人。久客暂归增别苦，同舟虽敌亦情亲。龙旗猎猎张旆去，徙倚阑干独怆神。

过安南西贡有感　五首

沧海归来伏著书，平生豪气未全除。仰看趾趾飞鸢堕，转忆乡人下泽车。

高下连云拥百城，一江直溯到昆明。可怜百万提封地，不敌弹丸一炮声。

神功远拓东西极，圣武张皇六十年。不信王师倒戈退，翻将化外弃南天。

九真象郡吾南土，秦汉以前既版图。一自三杨倡议后，珠崖永弃不还珠。

班超投笔气如山，万里封侯出玉关。今岂无人探虎穴，宝刀难染血痕殷。

锡兰岛卧佛

大风西北来，摇天海波里。茫茫世界尘，点点国土墨。虽曰中国海，无从问禹迹。近溯唐南蛮，远逮汉西域，旧时《职贡图》，依稀犹可识。自明遣郑和，使节驰络绎。凡百马流种，各各设重译。金叶铸多罗，玉环献摩勒。每以佛光明，表颂帝威德。苏禄率群臣，渤泥挈尽室。阇斑被绣缦，扶服拜赤帝。是虽蛮夷长，窃号公侯伯。比古小诸侯，尚足称蒲璧。其他鸟了部，争亦附商舶。有诏镇国山，碑立高百尺。以此明得意，比刻之罘石。及明中叶后，朝贡渐失职。岂知蕞尔国，既经三四摘。铁围薄福龙，大半供鸟食。我行过九真，其次泊息力。婆罗左右望，群岛比虮虱。咸归西道主，尽拔汉赤帜。日夕兴亡泪，多于海水滴。行行复行行，便到师子国。浩浩象口水，流到殑伽山。遥望窣堵波，相约僧跻攀。中有卧佛像，丈六金身坚。右叠重累足，左握光明拳。虽具坚牢相，软过兜罗棉。水田脱净衣，鬌云堆华鬟。大青发屈蠡，围金耳垂环。就中白毫光，普照世大千。八十种好相，一一功德圆。是谁摄巧匠，上登忉利天。刻此牛头檀，妙到秋毫颠。或言佛涅槃，波罗双树间。此即荼维地，斯语原讹传。惟佛有神力，高踞两山巅。至今双足迹，尚隔十由延。或言古无人，只有龙鬼仙。其后买珠人，渐次成市廛。此亦妄造语，有如野狐禅。实则经行地，与佛有大缘。参天贝多树，由此枝叶繁。独怪如来身，不坐千叶莲。既付金缕衣，何不一启颜？岂真津梁疲，老矣倦欲眠。如何沉沉睡，竟过三千年？吁嗟佛灭度，世界眼尽灭。最先王舍城，大辟禅师窟。迦叶与阿难，结集佛所说。尔来一百年，复见大会设。恒河左右流，犍槌声不绝。其后阿育王，第一信佛法。能役万鬼神，日造八万塔。举国施与佛，金榜国门揭。九十六外道，群言罢一切。复遣诸弟子，分授十万偈。北有大月氏，先照佛国月。四开无遮会，各运广长舌。汉家通西域，声教远相接。金人一入梦，白马来负笈。绳行复沙度，来往踵相蹑。总持四千部，重译多于发。华言通梵语，众推秦罗什。后分律法论，宗派各流别。要之佉卢字，力大过仓颉。南有狮子王，凿字赤铜鍱。当时东西商，互通度人筏。但称佛弟子，能避鬼罗刹。遂使诸天经，满载商人篋。鸟喙荓子洲，畏鬼性骏怯。一闻地狱说，心畏睒摩杀。赖佛得庇护，无异栖影鸽。国主争布金，妃后亦托钵。尊佛过帝天，高供千白氎。乐奏梵音曲，讼听番僧决。向来文身人，大半着僧衲。达摩浮海来，一花开五叶。语言与文字，一喝付抹杀。十年勤面壁，一灯传立雪。直指本来心，大声用棒喝。非特道家统，附会入庄、列。竟使宋诸儒，沿袭事剽窃。最奇宗喀巴，别得大解脱。不生不灭身，忽然佛复活。西天自在王，高踞黄金榻。千百毡裘长，膜拜伏上谒。西戎犬羊性，杀人日流血。喃喃诵经声，竟能消杀伐。藏卫各蕃部，无复事鞭挞。即今奔巴瓶，改法用金桵。论彼象教力，群胡犹震慑。综佛所照临，竟过九州阔。极南到朱波，穷北逾靺鞨。大东渡日本，天皇尽僧牒。此方护佛齿，彼土迎佛骨。何人得钵缘，某日是箭节。庄饰紫金阶，供养白银阙。倒海然脂油，震雷响金钹。香云幢幡云，九天九地彻。五百虎狮象，遍地迎菩萨，谓此功德盛，当历千万劫，有国赖庇护，金瓯永无缺。岂知西域贾，手不持寸铁，举佛降生地，一旦尽劫夺。我闻舒五指，化作狮子雄，能令众醉象，败衄头笼东。何不救兽王，俾当敌人冲？我闻挶大力，手张祖王弓。射过七铁猪，入地千万里。何不矢一发，再张力士锋？我闻四海水，悉纳毛孔中，蛟龙与鱼鳖，众生无不容。何不口一吸，令化诸毛虫？我闻大千界，一击成虚空。譬掷陶家轮，极远到无穷。何不气一喷，散为鞞蓝风？我闻三昧火，烧身光熊熊。千眼金刚杵，头出烟焰红。何不呼阿奴，一用天火攻？我闻安息香，力能救毒龙。尾击须弥山，波涛声汹汹。何不呼小婢，悉遣河神从？我闻阿修罗，横攻善见宫。流尽赤蚌血，藕丝遁无踪。何不取天仗，压制群魔凶？我闻毗琉璃，素守南天封。薛荔鸠槃荼，万鬼声喁喁。何不饬鬼兵，力助天王功？惟佛大法王，兼综诸神通。声闻诸弟子，递传术犹工。如何敛手退，一任敌横纵。竟使清净土，概变腥膻戎？五方万天祠，一齐鸣鼓钟。遥望西王母，虎齿发蓬蓬。合上皇帝号，万宝朝河宗。佛力遂扫地，感叹摧肝胸。佛不能庇国，岂不能庇教。奈何五印度，竟不闻佛号。古有《韦陀》书，云自梵天造。贵种婆罗门，挟此肆凌傲。凡夫钝根辈，分定莫能校。自佛倡平等，人各有业报。天堂与地狱，善恶人所召。卑贱众首陀，吹螺喜相告。亦有婆罗门，渐渐服教导。食屑鹙鸠行，夜行鹡鸰叫。涂灰身半裸，拜月脚左跷。各弃事天业，回向信三宝。大地阎浮提，慈云遍覆帱。何意梵志辈，势盛复鼓噪。灰死火复然，尾大力能掉。别创温都名，布以人皇诏。佛头横着粪，诃骂杂嘲诮。尽驱出家人，一一出边徼。外来波斯胡，更立祆神庙，千牛拜火光，万马拜日曝。嗣后摩诃末，采集各经要。一经衍圣传，一剑镇群暴。谓此哥罗尼，实以教忠孝。天使乘白马，口宣天所诰。从则升九天，否则杀左道。教主兼霸王，黄屋建左纛。继以蒙古主，挟势尤桀骜。以彼转轮王，力大谁敢较。迩来耶苏徒，遍传《新旧约》，载以通商舶，助以攻城炮。谓天只一尊，获罪无所祷，一切土木像，荒诞尽可笑，顶上舍利珠，拉杂付摧烧。竟使佛威德，灯灭树倾倒。摩耶抚钵哭，迦叶捧衣悼。像法二千年，今真末劫到。恶王魔波旬，更使众魔娆。天人八部众，谁不生悲恼？噫嗟五大洲，立教几教皇。惟佛能大仁，首先唱天堂。以我悲悯心，置人安乐乡。古分十等人，贵贱如画疆。惟佛具大勇，自弃铜轮王。众生例平等，一律无低昂。罪畏末日审，报冀后世偿。佛说有弥勒，福德莫可当。将来僧祇劫，普渡胥安康。此皆大德慧，倾海谁能量。古学水火风，今学声气光。辩才总无碍，博综无不详。独惜说慈悲，未免过主张。臂称穷鸽肉，身供饿虎粮。左手割利刃，右手涂檀香。冤亲悉平等，善恶心皆忘。愈慈愈忍辱，转令身羸尪。兽蹄交鸟迹，一听外物戕。人间多虎豹，天上无凤凰。虎豹富筋力，故能恣强梁。凤凰太文彩，毛羽易摧伤。惟强乃秉权，强权如金刚。吁嗟古名国，兴废殊无常。罗马善法律，希腊工文章。开化首埃及，今亦归沦亡。念我亚细亚，大国居中央。尧舜四千年，圣贤代相望。大哉孔子道，上继皇哉唐，血气悉尊亲，声名被八荒。到今四夷侵，尽撤诸边防。天若祚中国，黄帝垂衣裳。浮海率三军，载书使四方。王威镇象主，鬼族驯狼骦。归化献赤土，颂德歌白狼。共尊天可汗，化外胥来航，远及牛贺洲，鞭之如群羊。海无烈风作，地降甘露祥，人人仰震旦，谁侮黄种黄？弱供万国役，治则天下强。明王久不作，四顾心茫茫。

温则宫朝会

万灯悬耀夜光珠，绣缕黄金匝地铺。一柱通天铭武后，三山绝岛胜方壶。如闻广乐钧天奏，想见重华《盖地图》。五十馀年功德盛，女娲以后世应无。

重　雾

硉硉成何事，有船吾欲东。百忧增况瘁，独坐屡书空。雾重城如漆，寒深火不红。昂头看黄鹄，高举挟天风。

伦敦大雾行

苍天已死黄天立，倒海翻云百神集。一时天醉帝梦酣，举国沉迷同失日。芒芒荡荡国昏荒，冥冥蒙蒙黑甜乡。我坐斗室几匝月，面壁惟拜灯光王。时不辨朝夕，地不识南北。离离火焰青，漫漫劫灰黑。如渡大漠沙尽黄，如探岩穴黝难测。化尘尘亦缁，望气气皆墨。色象无可名，眼鼻若并塞。岂有盘古氏，出世天再辟。又非阿修罗，搅海水上击。忽然黑暗无间堕落阿鼻狱，又惊恶风吹船飘至罗刹国。出门寸步不能行，九衢遍地铃铎声。车马鸡栖匿不出，楼台蜃气中含腥。天罗磕匝偶露缺，上有红轮色如血。暖暖曾无射目光，凉凉未觉炙手热。吾闻地球绕日日绕球，今之英属遍五洲，赤日所照无不到，光华远被天尽头。乌知都城不见日，人人反抱天堕忧。又闻地球气蒸腾化为雨，巧算能知雨点数。此邦本以水为家，况有灶烟十万户。倘将四海之雾铢积寸算来，或尚不如伦敦城中雾。

在伦敦写真志感

人海茫茫着此身，苍凉独立一伤神。递增哀乐中年感，等是寻常行路人。万里封侯从骠骑，中兴名相画麒麟。虎头燕颔非吾事，何用眉头郁不申。

得梁诗五书

廿年踪迹半天下，数尽新交总不如。四海几人真我友，万金一纸当家书。相期云汉高飞鹄，难忘江湖同队鱼。事事蹉跎落人后，可堪君尚逐前车。余得拔萃后四年，举于乡。诗五亦知之。余常以此为戏。

今别离　四首

别肠转如轮，一刻既万周。眼见双轮驰，益增中心忧。古亦有山川，古亦有车舟。车舟载离别，行止犹自由。今日舟与车，并力生离愁。明知须臾景，不许稍绸缪。钟声一及时，顷刻不少留。虽有万钧柁，动如绕指柔。岂无打头风，亦不畏石尤。送者未及返，君在天尽头，望影倏不见，烟波杳悠悠。去矣一何速，归定留滞不？所愿君归时，快乘轻〔氢〕气球。

朝寄平安语，暮寄想思字。驰书迅已极，云是君所寄。既非君手书，又无君默记。虽署花字名，知谁箝缄尾。寻常并坐语，未遽悉心事。况经三四译，岂能达人意！只有班班墨，颇似临行泪。门前两行树，离离到天际。中央亦有丝，有丝两头系。如何君寄书，断续不时至？每日百须臾，书到时有几？一息不相闻，使我容颜悴。安得如电光，一闪至君旁。

开行喜动色，分明是君容。自君镜奁来，入妾怀袖中。临行剪中衣，是妾亲手缝。肥瘦妾自思，今昔毋得同。自别思见君，情如春酒浓。今日见君面，仍觉心忡忡。揽镜妾自照，颜色桃花红。开箧持赠君，如与君相逢。妾有钗插鬓，君有襟当胸，双悬可怜影，汝我长相从。虽则长相从，别恨终无穷。对面不解语，若隔山万重。自非梦来往，密意何由通。

汝魂将何之，欲与君相随。飘然渡沧海，不畏风波危。昨夕入君室，举手搴君帷。披帷不见人，想君就枕迟。君魂倘寻我，会面亦难期。恐君魂来日，是妾不寐时。妾睡君或醒，君睡妾岂知。彼此不相闻，安怪常参差。举头见明月，明月方入扉，此时想君身，侵晓刚披衣。君在海之角，妾在天之涯。相去三万里，昼夜相背驰。眠起不同时，魂梦难相依。地长不能缩，翼短不能飞，只有恋君心，海枯终不移。海水深复深，难以量相思。

忆胡晓岑

一别匆匆十六年，云龙会合更无缘。隔邻呼饮记同巷，积岁劳思吝一笺。无数波涛沧海外，何时谈话酒杯前？太章走遍东西极，天外瀛洲别有天。

感　事　三首

酌君以葡萄千斛之酒，赠君以玫瑰连理之花。饱君以波罗径尺之果，饮君以天竺小团之茶。处君以琉璃层累之屋，乘君以通幰四望之车。送君以金丝压袖之服，延君以锦缦围墙之家。红氍贴地灯耀壁，今夕大会来无遮。褰裳携手双双至，仙之人兮纷如麻。绣衣曳地过七尺，白羽覆髻腾三叉。襜褕乍解双臂袒，旁缀缨络中宝珈。细腰亭亭媚杨柳，窄靴簇簇团莲华。膳夫中庭献湩乳，乐人阶下鸣鼓笳。诸天人龙尽来集，来自天汉通银槎。衣裳阑斑语言杂，康乐和亲欢不哗。问我何为独不乐，侧身东望三咨嗟？

吾闻弇州西有极国，积苏累块杳无极。又闻昆仑山高万馀里，增城九重天尺咫。此皆钧天帝所都，聚窟亦属神仙徒。元洲长洲本幻渺，丹水赤水疑有无。又闻西方大秦国，远轶南海波斯胡。水晶作柱夜光络，绣缕织罽黄金涂。黎轩善眩虽略妄，张骞凿空原非诬。谈天足征邹子说，《盖地》亦列王母图。东西隔绝旷千载，列国崛兴强百倍。道通南徼仍识途，舟绕大郎竟超海。衣裳之会继兵车，跂行蠕动同一家。穆满辙迹所不到，今者联翩来乘槎。吁嗟乎！芒芒九有古禹域，南北东西尽戎狄。岂知七万馀里大九洲，竟有二千年来诸大国。

地球浑浑周八极，天设区域限西北。绳行沙度不可涉，黑风况畏罗刹国。咄哉远人来扣关，凿地忽通西南蛮。贾胡竟到印度海，师船还越大浪山。婆罗苏禄吾南土，从此汉阳咸入楚。长蛇封豕恣并吞，喁喁鹣鲽来无路。可仑比亚尤人豪，搜索大地如追逃。裹粮三月指西发，极目所际惟波涛。行行匝月粮且罄，舟人欲东鬼夜号。忽然大陆出平地，一钓手得十五鳌。即今美洲十数国，有地万里民千亿。世人已识地球圆，更探增冰南北极。精卫终偿填海志，巨灵竟有擘山力。华严楼阁虽则奇，沧海桑田究难测。堂堂大国称支那，文物久冠亚细亚。流沙被德广所及，却特威远蔑以加。宋明诸儒骛虚论，徒诩汉大夸皇华。谬言要荒不足论，乌知壤地交犬牙。鄂罗英法联翩起，四邻逼处环相伺。着鞭空让他人先，卧榻一任旁侧睡。古今事变奇到此，彼己不知宁勿耻。持被入直刺刺语不休，劝君一骋四方志。

寄怀左子兴领事秉隆

古人材艺今俱有，却是今人古不如。十载勋名辅英荡，一家安乐寄华胥。头衔南岛蛮夷长，手笔西方象寄书。闻说狂歌敲铁板，大声往往骇龙鱼。

送承伯纯厚吏部东归

他日是非谁管得，当前聚散亦飘蓬。茫茫海水摇天绿，说到归心谅总同。

岁暮怀人诗　三十六首

三年秉节辉英荡，万里持戈老玉门。太息韩江流水去，近来心事与谁论？何子峨宫詹。

卅年冷署付蹉跎，归去空山卧薜萝。写到哀辞哭金鹿，黄门老泪定无多。潘孺初户部。

既死奸谀胆尚惊，四夷拱手畏公名。一篇荐士通天表，独尔怜才到鲰生。邓铁香鸿胪。

门第将军双戟围，长安花好马如飞。只怜同听秋声馆，瘦竹疏桐鹤不肥。志伯愚宫詹仲鲁编修。

祭酒今为天下师，帝尧苗裔汉官仪。文星光照银潢水，流到人间万派奇。盛伯熙祭酒。

要使天骄识凤麟，传闻星使出词臣。毡裘大长惊相问，李揆中朝第一人。李仲约侍郎。

岛夷史读《吾妻镜》，清庙节传《我子编》。写取君诗图我壁，自夸上下五千年。文芸阁编修。

自笑壶丘慑郑巫，有时弹指说兰阇。四朝盟会文山积，排比成书有意无。袁爽秋户部。

十载承明校石渠，搜罗《七录》更无馀。传闻《大典》藏蛮貊，欲访人间未见书。王芾卿户部。

天竺新茶日本丝，中原争利渐难支。相期共炼补天石，一借丸泥塞漏卮。陈次亮户部。

怀仁久熟《坤舆志》，法显兼通佛国言。闻说荷囊趋译馆，定从绝域念辕轩。沈子培户部。

典属从公欲请缨，吓蛮草诏喜谈兵。迷云毒雾飞鸢坠，曾佐星轺万里行。杨虞裳刑部。

汉学昌明二百年，儒林中有妇人贤。绛纱传授宣文业，自诩家姑王照圆。王莲生编修。

天边雄镇北门管，海内通儒东塾书。膝下传经幕中檄，数君才调有谁如？于晦若侍郎。

释之廷尉由参乘，博望封侯自使槎。官职诗名看双好，纷纷冠盖逊清华。张樵野廷尉。

一疏尊崇到许君，壁中古字发奇芬。郋亭弟子湖州法，讽籀人人解《说文》。汪柳门侍郎。

粉署归来作昼眠，花砖徐步日如年。不知新旧《唐书》注，红烛增修得几篇？唐春卿侍讲。

赤嵌城高海色黄，乍销兵气变文光。他年番社编《文苑》，初祖开山天破荒。邱仙根工部。

老去头陀深闭关，悔将游戏到人间。杨枝骆马今都去，负杖闲看乌石山。龚霭人方伯。

百人同队试青衫，记得同歌宵雅三。上溯乾嘉数毛郑，瓣香应继著花庵。温慕柳检讨。

高柳深深闭户居，看儿画扇妇抄书。著书注到萍蒲懒，恨不将身化作鱼。胡晓岑明经。

结客须结少年场，占土能占男子祥。二十年前赠君语，于今憔悴鬓微霜。赖云芝孝廉。

走遍环球西复东，莼鲈归隐卧吴淞。可怜一副伤时泪，洒尽吞花卧酒中。王紫铨广文。

十洲三岛浮槎去，汗漫狂游久未还。输与清闲阳朔令，朝朝挂笏饱看山。陈雁皋明府。

闻君近入焦山去，欲访要离伴伯鸾。一个蜗庐置何处？漫山风雨黑如磐。梁星海太守。

娓娓清谈玉屑霏，仲宣体弱不胜衣。十年面壁精勤甚，多恐量腰减带围。黄仲韬编修。

骨肉凋零感慨多，玉关人老鬓微皤。金壶自写《神伤赋》，每念家山辄奈何！许竹篔星使。

教儿兼习蟹行字，呼婢闲调𪄠舌音。十载蓬莱作仙吏，公庭花落屋庐深。杨星垣观察。

珠江月上海初潮，酒侣诗朋次第邀。唱到招郎《吊秋喜》，桃花间竹最魂消。陈乙山工部。

石鼓摩挲拜孔林，每谈佛性说仙心。赤松辟谷知难学，要学先生戏五禽。钟子华茂才。

拔萃簪花十五馀，倾城看杀好头颅。不知今日灵和柳，犹似当年张绪无。陈再芗明经。

风雨寒更守一庐，墓门夜夜泣啼乌。多情人惯伤心语，更谱哀弦十斛珠。刘少尊秀才。

十七年来又悼亡，续弦仍复谱求皇。鬖鬖四十罗敷喜，摩捋郎须细看郎。梁诗五孝廉。

两两鸳鸯挟凤雏，调羹食性各谙姑。一家寿母红氍拜，最羡君家家庆图。梁辑五孝廉。

新声五十瑟弦调，爱我诗曾手自抄。远隔蓬山思甲帐，此生无福比文箫。

悲欢离合无穷事，迢递羁危万里身。与我周旋最怜我，寒更孤烛未归人。

春游词

垂柳含春春意多，几分婀娜几婆娑？车声怒马尘黄曲，桥影横虹水绿波。并坐竞夸中妇艳，缓归争唱少年歌。黄鸡白日堂堂去，欲唤玲珑奈老阿！

郁　郁

郁郁久居此，依依长傍人。梨花今夜雨，燕子隔年春。门掩官何冷，灯孤仆亦亲。车声震墙外，滚滚尽红尘。

登巴黎铁塔

塔高法国三百迈突，当中国千尺。人力所造，五部洲最高处也。

拔地崛然起，峻峥矗百丈。自非假羽翼，孰能蹑履上？高标悬金针，四维挂铁网。下竖五丈旗，可容千人帐。石础森开张，露阙屹相向。游人企足看，已惊眼界创。悬车倏上腾，乍闻辘轳响。登塔者皆坐飞车，旋引而上。人已不翼飞，迥出空虚上。并世无二尊，独立绝依傍。即居最下层，登眺之处，分为三层。其最下层高五十迈突，当中国十六丈四尺。高已莫能抗。苍苍覆大圜，森芒列万象。呼吸通帝座，疑可通胏夵。自天下至地，俯察不复仰。但恨目力穷，更无外物障。离离画方罫，万倾开沃壤。微茫一线遥，千里走河广。宫阙与城垒，一气作苍莽。不辨牛马人，沙虫粉扰攘。我从下界来，小大顿变相。未知天眼窥，么麽作何状。北风冰海来，秋气何飒爽。海西数点烟，英伦郁相望。缅昔百年役，西历一千三百余年，法国绝嗣，英王以法王四世非立外孙，欲兼王法国，法人不允，遂开战争，凡九十余年，世谓之百年之役。裂地争霸王。驱民入锋镝，倾国竭府帑。其后拿破仑，盖世气无两。胜尊天单于，败作降王长。欧洲古战场，好胜不相让。即今正六帝，各负天下壮。等是蛮触争，纷纷校得丧。嗟我稊米身，厄弱不自量。一览小天下，五洲如在掌。既登绝顶高，更作凌风想。何时御气游，乘球恣来往。扶摇九万里，一笑吾其傥！

苏彝士河

龙门竟比禹功高，亘古流沙变海潮。万国争推东道主，一河横跨两洲遥。破空推凿地能缩，衔尾舟行天下骄。他日南溟疏辟后，大鹏击水足扶摇。南美洲之巴拿马，方疏凿未毕。

九月十一夜渡苏彝士河

云敛天高暑渐清，沉沉鱼钥夜三更。侵衣雪色添秋冷，绕槛灯光混月明。夜渡此河，皆于船头置电灯，光照数十里，两岸沙堆，皎洁如雪。大漠径从沙碛度，双轮徐碾海波平。忽思十五年前事，曾在蓬莱岛上行。日本南海道播磨峡中，亦两岸相接，而山清雅，令人移情，丁丑冬过此。

舟泊波塞是夕大雨盖六月不雨矣

流沙亘千里，绝塞比龙堆。飞隼盘云去，明驼载水来。破荒三尺雨，出地一声雷。溽暑都销尽，当风殊快哉！

卷 七 五十首

（光绪十七年至二十年 1891年至1894年）

夜登近海楼

曾非吾土一登楼，四野风酣万里秋。烂烂斗星长北指，滔滔海水竟西流。

昂头尚照秦时月，放眼犹疑禹画州。回首宣南苏禄墓，记闻诸国赋共球。

续怀人诗 十六首

创获奇香四百年，散花从此遍诸天。支那奇字来何处？絮问蔫菸说药烟。日本伊藤博文。君能通古今事，多智谋，口含烟不辍。尝问余："哥伦坡得南北美洲，始有淡巴菰，今四百年耳。而华人乃有蔫字、菸字，何故？"余言："蔫本香草，菸为败叶，皆假借字。"君意释然。然唐译《毗耶那杂事律》云："在王城婴病，吸药烟瘳损。佛言以两碗相合，置孔，引长管吸之。"其式如今阿拉伯人歙烟筒，但木知所用何药物耳。

帕首靴刀走北门，竟从逋盗作忠臣。一腔热血兴亚会，认取当年蹈海人。榎本武扬。

宪宪英英伟丈夫，不将韬略学孙吴。恨无舞袖回旋地，戏倒天吴拆海图。大山岩。

不关魏晋兴亡事，自署羲皇上古人。白竹兜笼黄木屐，科头可用护寒巾。浅田惟常。君本德川氏遗臣，后遂不仕。维新后毡衣革履，君概置不用，独乘竹兜笼，以二人舁之行，不着帽。余赠以道士巾，则大喜。会亲友仿其式而椓造之。

得诗便付铜弦唱，对局何曾玉袜输。绕鬓青青好颜色，绝伦还似旧髯无。重野安绎。东人称君为三绝，一能诗，一善弈，一美髯也。

长华园里好亭楼，每到花时载酒游。岁岁花开频入梦，桑干梦醒梦并州。宫本小一。君官外部，有园曰长华，岁岁觞余于此。临别时为诵贾浪仙句，故云。

袖中各有赠行诗，向岛花红水碧时。只恨书空作唐字，独无炼石补天词。大沼厚、南摩纲纪、龟谷行、岩谷脩、蒲生重章、青山延寿、小野长愿、森鲁直、冈千仞、舻元邦，皆诗人也。壬午春，余往美洲，设饯于墨江酒楼，各赋诗送行，多有和余留别韵者。森槐南，鲁直之子，年仅十六，兼工词，曾作《补天石传奇》示余。真东京才子也。别后时时念之。

一龛灯火最相亲，日日车声辗曲尘。绝胜海风三日夜，拿舟空访沈南频。宫岛诚一郎，君住曲町，与使馆隔一街耳。每见辄论诗。昔画师沈南蘋客长崎。赖山阳闻其名走访之，阻风三日夜，及至，而南蘋已归，以为平生恨事。

已破家山剩故侯，秦筝赵瑟尚风流。可能网载西施去，不解风波不解愁。秋月种树。

曾观《菩萨处胎卷》，又访《那须国造碑》。直引蛇行横蟹足，而今安用此毛锥？岩谷脩、日下部东作，皆工书法。日本谓西人为蟹行书，而伊吕波假名乃如画蛇。

无端碌碌随官去，仍是铿铿说教师。黄面瞿夷金指爪，可曾嫁毕女先医？麦嘉缔，本美国教师，张副使邀作随员。在宁波时，养金氏女习西医。近闻纽约考试得一等官医文凭。日本归时，已二十五岁，夷言夷服，言他日当为觅嫁黄种人云。

几年辛苦赋同袍，胆大于身气自豪。得失鸡虫何日了，笑中常备插靴刀。傅烈秘。同官金山领事，初行限制华工例，余与傅君遇华船至，则出视。一日过海关，有工人群集，一人出一手枪指余辈云："如敢引华人入境，当以此相赠。"君手摸靴中铳，复笑谓之曰："汝敢否！"

绕朝赠策送君归，魏绛和戎众共疑。骂我倭奴兼汉贼，函关难闭一丸泥。朝鲜金宏集。光绪六年，曾上书译署，请将朝鲜废为郡县，以绝后患。不从，又请遣专使主持其外交。廷议又以朝鲜政事向系自主，尼之。及金宏集使日本，余为作《朝鲜策》，令携之归，劝其亲中国，结日本，联美国。彼国君臣集众密议，而闻者哗噪，或上书诋金为秦桧，并弹射及余，谓习圣教而变夷言，盖受倭奴之指使，而为袄教说法云。

褒衣博带进贤冠，礼乐东方万国看。尺二玺书旗太极，是王外戚是王官。闵泳翊。奉使美国时，在金山见之。其国书称大朝鲜国开国五百有几年。闵即王妃之弟云。

东方南海妃呼豨，身是流离手采薇。深庭骊龙都睡熟，记君痛哭赋《无衣》。琉球马兼才。初使日本，泊舟神户，夜四鼓，有斜簪颓髻、衣裳褴褛者，径入舟，即伏地痛哭。知为琉球人。又操土音，不解所谓。时复摇手，虑有倭人闻之。既出一纸，则国王密敕，为言今日阻贡，行且废藩，终必亡国。令其求教于使者臣也。

波臣流转哭涂穷，犹自低回说故宫。中有丹书有金印，蛮花仙蝶粉墙红。向德宏。向、马皆世族，德宏一微官，然间关渡海，屡求救援，国亡后，誓死不归，或言今犹寓闽中云。王宫有花名胡蝶红，亦德宏所言。

新嘉坡杂诗　十二首

天到珠崖尽，波涛势欲奔。地犹中国海，人唤九边门。南北天难限，东西帝并尊。万山排戟险，嗟尔故雄藩。

本为南道主，翻拜小诸侯。巧夺盟牛耳，横行看马头。黑甜奴善睡，黄教佛能柔。遂划芒芒迹，难分禹画州。

华离不成国，黔首尚遗黎。家蓄獠奴段，官尊鸭姓奚。英官护卫司，用华文译其姓为奚，最贪秽。神差来却要，天号改撑犁。《益地》图王母，诸蛮尽向西。

王屋沉沉者，群官剑佩磨。开衙尊鸟了，检历籍娄罗。巢幕红鹰集，街弹白鹭多。独无关吏暴，来去莫谁何。

裸国原狼种，初生赖豕嘘。吒吒通鸟语，袅袅学虫书。吉贝张官伞，干兰当佛庐。人奴甘十等，只愿饱朱儒。

纣绝阴天所，梨鞾善眩人。偶题木居士，便拜竹王神。飞蛊民头落，迎猫鬼眼瞋。一经簪笔问，语怪总非真。

化外成都会，迁流或百年。土音哓呶舌，火色杂鸢肩。马粪犹馀臭，牛医亦值钱。奴星翻上座，甜鼎半成仙。

不着红蕖袜，先夸白足霜。平头拖宝鞭，约指眩金钢。一扣能千万，单衫但裲裆。未须医带下，药在女儿箱。

绝好留连地，留连味细尝。侧生饶荔子，偕老祝槟榔。红熟桃花饭，黄封椰酒浆。都缦都典尽，三日口留香。

舍影摇红豆，墙阴覆绿蕉。问山名漆树，计斛蓄胡椒。黄熟寻香木，青曾探锡苗。豪农衣短后，遍野筑团焦。

会饮黄龙去，驮经白马来。国旗飏万舶，海市幻重台。宝藏诸天集，关门四扇开。红髯定何物，骄子复雄才。

远拓东西极，论功纪十金。如何伸足地，不到尽头天。宝盖缝花网，金函护叶笺。当时图职贡，重检帝尧篇。

以莲菊桃杂供一瓶作歌

南斗在北海西流，春非我春秋非秋。人言今日是新岁，百花烂熳堆案头。主人三载蛮夷长，足遍五洲多异想。且将本领管群花，一瓶海水同供养。莲花衣白菊衣黄，夭桃侧侍添红妆。双花并头一在手，叶叶相对花相当。浓如旃檀和众香，灿如云锦纷五色。华如宝衣陈七市，美如琼浆合天食。如竞箛鼓调筝琶，蕃汉龟兹乐一律。如天雨花花满身，合仙佛魔同一室。如招海客通商船，黄白黑种同一国。一花惊喜初相见，四千馀岁甫识面。一花自顾还自猜，万里绝域我能来。一花退立如局缩，人太孤高我惭俗。一花傲睨如居居，了更妩媚非粗疏。有时背面互猜忌，非我族类心必异。有时并肩相爱怜，得成眷属都有缘。有时低眉若饮泣，偏是同根煎太急。有时仰首翻踌躇，欲去非种谁能锄。有时俯水瞋不语，谁滋他族来逼处。有时微笑临春风，来者不拒何不容。众花照影影一样，曾无人相无我相。传语天下万万花，但是同种均一家。古言猗傩花无知，听人位置无差池。我今安排花愿否，拈花笑索花点首。花不能言我饶舌，花神汝莫生分别。唐人本自善唐花，或者并使兰花梅花一齐发。飙轮来往如电过，不日便可归支那。此瓶不干花不萎，不必少见多怪如橐驼。地球南北倘倒转，赤道遇人寒暑变。尔时五羊仙城化作海上山，亦有四时之花开满县。即今种花术益工，移枝接叶争天功。安知莲不变桃桃不变为菊，回黄转绿谁能穷？化工造物先造质，控抟众质亦多术。安知夺胎换骨无金丹，不使此莲此菊此桃万亿化身合为一。众生后果本前因，汝花未必原花身。动物植物轮回作生死，安知人不变花花不变为人。六十四质亦么麽，我身离合无不可。质有时坏神永存，安知我不变花花不变为我。千秋万岁魂有知，此花此我相追随。待到汝花将我供瓶时，还愿对花一读今我诗。

眼　前
眼前男女催人老，况是愁中与病中。相对灯青恍如梦，未须头白既成翁。添巢燕子双雏黑，插帽花枝半面红。不信旁人称岁暮，且忻生意暖融融。

寓章园养疴
海色苍茫夜气微，一痕凉月入柴扉。独行对影时言笑，排日量腰较瘦肥。平地风波听受惯，频年哀乐事心违。笠檐蓑袂桄榔杖，何日东坡遂北归？

番客篇
山鸡爱舞镜，海燕贪栖梁。众鸟各自飞，无处无鸳鸯。今日大富人，新赋新婚行。插门桃柳枝，叶叶何相当。垂红结彩球，绯绯数尺长。上书大夫第，照耀门楣光。中庭寿星相，新氅供中央。隐囊班丝细，坐褥棋局方。两旁螺钿椅，有如两翼张。中悬剥风板，动摇时低昂。丹楹缀锦联，掩映蛎粉墙。某某再拜贺，其语多吉祥。水纹铺流黄，蚊帱挂碧绡，犀毗堆红箱。华灯千百枝，遍地红藤簟，泼眼先生凉。地隔衬搜白，深深竹丝帘，内藏合欢床。局脚福寿宇，点画皆银镶。旁室铜澡盆，满储七香汤。四壁垂流苏，遍绕曲曲廊。庭下众乐人，西乐尤铿锵。异口铜洞箫，芦哨吹如簧。此乃故乡音，过耳音难忘。手拍声镗镗，喇叭与毕栗，骤听似无腔。白人挈妇来，手携花满筐。鼻端撑眼镜，碧眼深汪汪。贪饮如渴羌，蚩蚩巫来由，肉袒亲牵羊。裹头波斯胡，到此均同乡。嘻嘻妇女笑，入门道胜常。蕃身与汉身，涂身百花露，作作腾光芒。影过壁亦香，洗面去丹粉，露足非白霜。单衫缠白叠，沓沓靸履声，偕来每双双。红男并绿女，论价难为偿。尖履拖红帮，垂垂赤灵符，滟滟绯交珰。背后红丝缘，簇新好装束，争来看新郎。头上珊瑚顶，学步工趋跄。交辫成文章，新制绀绫袿，衣补亦宝装。今行亲迎礼，吉日复辰良。前导青罗伞，一色紫丝缰，薄纱宫灯样，白昼照路旁。帕首立候人，白鹭遥相望。到门爆竹声，捧出新嫁娘。举手露约指，如枣真金刚。腰悬同心镜，衬以紫荷囊。盘金作绲带，强分名衣裳，平生不着袜，今段破天荒。车轮曳踵行，蛮婢相扶将。丹书悬红纸，华焰光煌煌。第一拜天地，第二礼尊嫜。其他学敛袆，事事容仪庄。拍手齐欢呼，已闻歌鲦鹾。点心嚼月饼，钉座堆冰糖。流连与波罗，争以果为粮。赤足络绎来，薄纸批牛肪，今日良宴会，使我攒眉尝。引手各传饭，有杭有黄粱。蒲桃百瓶酒，破碎用斗量。拇战声琅琅，颇黎小海鸥，举白屡十觞。食物十八品，呼么复喝六，影戏纷牵丝，幻人巧幢。蓝衫调鲍老，玉瞳辉文康。出看戏舞场，蹴鞠肩背飞，迅若惊凫翔。白打唱《回波》，引杖相击撞。既醉又饱腹，金吾今弛禁，赌钱亦无妨。初投升官图，意取富贵昌。意钱十数人，相聚捉迷藏。到手十贯索，冈利各筹防。名为叶子戏,均为钱神忙。醉呼解醒酒,渴取冰齿浆。饮酪拣灌顶,烹茶试头纲。吹烟出菸叶,消食分槟榔。旧藏淡巴菰,其味如詹唐。倾壶挑鼻烟,来自大西洋。一灯阿芙蓉,吹气何芬芳。分光然石油,次第辉银钉。入夜有火戏,语客留徜徉。行坐纷聚散,笑谈呼汝卬。中一蒜发叟,就我深深商。指问座上客,脚色能具详。上头衣白人,渔海业打桨。大风吹南来,布帆幸无恙。初操牛头船,旁岸走近港。今有数十轮,大海恣来往。银多恐飞去,龙阛束万镪。多年甲必丹,早推蛮夷长。左边黑色儿,乃翁久开矿。宝山空手回,失得不足偿。忽然见斗锡,真乃无尽藏。有如穷秀才,得意挂金榜。沉沉积青曾,未知若干丈。百万一紫标,多少聚钱蜥。曷鼻土色人,此乃吾乡党。南方宜草木,所种尽沃壤。椰子树千行,丁香花四放。豆蔻与胡椒,岁岁收丰穰。一亩值十钟,往往过所望。担粪纵馀臭,马牛用谷量。利市得三倍,何意承天贶。右坐团团面,实具富者相。初来锥也无,此地甫草创。海旁占一席,露处辟榛莽。蜃气嘘楼台,渐次铲叠嶂。黄金准土价,今竟成闾巷。有如千户侯,列地称霸王。善知服食方,百味作供养。闻有小妻三,轮流搔背痒。长颈狖猴面,此物信巨驵。自从缚马足,到处设鱼网。夥颐典衣库,值十不一当。一饮生讼狱,谁敢倾家酿。搜索遍筐箧,推敲到盆盎。自煎婴〔罌〕粟膏,载土从芒砀。鸡泪窃更鸳,颠倒多奇想。龙断兼赝鼎,巧夺等劫掠。积钱千百万,适足供送葬。君看末座客,挥扇气抗爽。此人巧心计,自负如葛亮。千里封鲊羹,绝域通枸酱。积著与均输,洞悉万物状。锦绣离云爵,妙能揣时尚。长袖善新舞,胡卢弃旧样。千帆复万箱,百货来交广。遂与西域贾,逐利争衰旺。即今论家资,问富过中上。凡我化外人,从来奉正朔。披衣襟在胸,剃发辫垂索。是皆满洲装,何曾变服着。初生设汤饼,及死备棺椁。祀神烛四照,宴宾酒三酌。凡百丧祭礼,高曾传矩矱。风水讲龙砂,卦卜用龟灼。相法学《麻衣》,推命本《碌碌》,礼俗概从同,口述仅大略。千金中人产,咸欲得封爵。今年燕晋饥,捐输颇踊跃。溯从华海来,大抵出闽骆。当我鼻祖初,无异五丁凿。传世五六叶,略如华覆萼。富贵归故乡,比骑扬州鹤。岂不念家山,无奈乡人薄。一闻番客归,探囊直启钥。西邻方责言,东市又相斫。亲戚恣欺凌,鬼神助咀嚼。曾有和兰客,携归百囊橐。眈眈虎视者,伸手不能攫。诬以通番罪,公然论首恶。国初海禁严,立意比驱鳄。借端累无辜,此事实大错。事隔百馀年,闻之尚骇愕。谁肯跨海归，走就烹人镬。言者袂掩面，泪点已雨落。满堂杂悲欢，环听咸唯诺。到此气惨伤，箫鼓歇不作。橐橐拍板声，犹如痛呼謈。道咸通商来，虽有分明约。流转四方人，何曾一字著？堂堂天朝语，只以供戏谑。譬彼犹太人，无国足安托？鼯鼠苦无能，橐驼苦无角。同族敢异心，颇奈国势弱。虽则有室家，一家付飘泊。仓颉鸟兽迹，竟似畏海若。一丁亦不识，况复操笔削。若论佉卢字，此方实庄岳。能通左行文，千人仅一鹗。此外回回经，等诸古浑噩，不如无目人，引手善扪摸。西人习南音，有谱比合乐。孩童亦能识，识则夸学博。识字亦安用，蕃汉两弃却。愚公传子孙，痴绝谁能药？近来出洋众，更如水赴壑。南洋数十岛，到处便插脚。他人殖民地，日见版图廓。华民三百万，反为丛驱雀。螟蛉不抚子，犬羊且无鞟。比闻欧澳美，日将黄种虐。向来寄生民，注籍今各各。《周官》说保富，番地应设学。谁能招岛民，回来就城郭？群携妻子归，共唱太平乐。

养疴杂诗　十七首

病疟经年，医生劝以出游，遂往槟榔屿、麻六甲、北蜡等处，假居华人山庄，所见多奇景，随意成吟，亦未录草。病起追忆之，尚得数十首。

万山山顶树参天，树杪遥飞百道泉。谁信源头最高处，我方跂脚枕书眠。

月黑风高树影沉，鸟噤虫息夜愔愔。柴门似有谁遥撼，晓起纵横虎迹深。

树密山重深复深，穿云渡水偶行吟。欲寻归路无牛矢，转问无人迹处寻。

高高山月一轮秋，夜半椰阴满画楼。分付驯猿攀摘去，渴茶渴酒正枯喉。

钧天一醉梦模糊，喔喔鸡鸣病渐苏。南斗起看翻在北，不知仍是注生无？

老妻日据灶觚听，邻有神符治病灵。佛祖不如天使贵，劝余多诵《可兰经》。

波光淡白月黄昏，何物婆娑石上蹲。欲废平生无鬼论，回头却是黑昆仑。

处裈残虱扫除清，绕鬓飞蚊不一鸣。高枕胸中了无事，如何不睡又天明？

桃花红杂柳花飞，水软波柔碧四围。五尺短绳孤棹艇，小儿欢曳鳄鱼归。

一溪春水涨懞懞，闲曳烟蓑理钓丝。欲觅石头无坐处，却随野鹭立多时。

竹外斜阳半灭明，卷帘攲枕看新晴。雨尘飘漾香烟袅，中有蛛丝屋角横。

单衣白袷帐乌纱，寒暖时时十度差。冬亦非冬夏非夏，案头常供四时花。

颓墙残月竹冥冥，闪闪微灯三两星。绛帕白衣偏袒舞，时闻巷犬吠流萤。

灯红月白可怜宵，羯鼓如雷记里遥。异种名花新合乐，知谁金屋别藏娇。中西流娟所生女，以父母异种，故皆色白发黑，非常美秀。富商多纳为姬妾，别营屋居之。夜半月高，弦索齐鸣，而击鼓唱歌，均沿用巫来由旧习，往往声闻数里。

千形万态树扶疏，欲唤无名口又茹。重译补笺新草木，马留名字蟹行书。

一声长啸海天空，声浪沉沉入海中。又挟馀声上天去，天边嘹唳一归鸿。

荡荡青天一纸铺，团团红日半轮孤。波摇海绿云翻墨，谁写须臾万变图？

卷 八 五十七首
（光绪二十年至二十三年 1894年至1897年）

悲平壤①

黑云革山山突兀，俯瞰一城炮齐发。火光所到雷硠礚，肉雨腾飞飞血红。翠翎鹤顶城头堕，一将仓皇马革裹。天跳地踔哭声悲，南城早已悬降旗。三十六计莫如走，人马奔腾相践蹂。驱之驱之速出城，尾追翻闻饿鸱声。大东喜舞小东怨，每每倒戈飞暗箭。长矛短剑磨铁枪，不堪狼藉委道旁。一夕狂驰三百里，敌军便渡鸭绿水。一将囚拘一将诛，万

---

① 《初稿抄本》无此诗，杨徽五《榕园续录》云："《悲平壤》、《台湾行》诸作，则先有其题，家居时乃补作。"以下《东沟行》、《哀旅顺》、《哭威海》等同此。

五千人作降奴。

东沟行①

囉囉北来黑烟起，将台传令敌来矣，神龙分行尾衔尾。倭来倭来渐趋前，绵绵翼翼一字连，倏忽旋转成浑圆。我军瞭敌遽飞炮，一弹轰雷百人扫，一弹星流药不爆。敌军四面来环攻，使船使马旋如风，万弹如锥争凿空。地炉煮海海波涌，海鸟绝飞伏蛟恐，人声鼓声噤不动。漫漫昏黑飞劫灰，两军各挟攻船雷，模糊不辨莫敢来。此船桅折彼釜破，万亿金钱纷雨堕，入水化水火化火。火光激水水能飞，红日西斜无还时，两军各唱铙歌归。从此华船匿不出，人言船坚不如疾，有器无人终委敌。

哀旅顺②

海水一泓烟九点，壮哉此地实天险。炮台屹立如虎阚，红衣大将威望俨。下有深池列巨舰，晴天雷轰夜电闪。最高峰顶纵远览，龙旗百丈迎风飐。长城万里此为堑，鲸鹏相摩图一噉。昂头侧睨何眈眈，伸手欲攫终不敢。谓海可填山易撼，万鬼聚谋无此胆。一朝瓦解成劫灰，闻道敌军蹈背来。

哭威海③

台南北，若唇齿；口东西，若首尾；刘公岛，中间峙。嗟铁围，薄福龙；龙偃屈，盘之中；海与陆，不相容。敌未来，路已穷；敌之来，又夹攻；敌大来，先拊背。荣城摧，齐师溃；南门开，犬不吠；金作台，须臾废。万钧炮，弃则那。炮击船，我奈何！船资敌，力犹可；炮资敌，我杀我。危乎危，北山嘴；距南台，不尺咫；十里墙，薄如纸；李公睡，戴公死。寇深矣，事急矣！麾海军，急上台；雷轰轰，化为灰。山号跳，海惊猜，击者谁？我实来。南复北，台乌有；船子子，东西口。天大雪，雷忽发；船蔽裂，龙见血。鬼夜哭，船又覆；地日蹙，龙局缩。坏者撞，伤者斗；破者沉，逃者走。噫吁戏！海陆军，人力合，我力分。如蠖屈，不得伸；如斗鸡，不能群。毛中虫，自戕身；丝

---

① 此诗亦系戊戌回乡后补写。
② 此诗戊戌回乡后补作。
③ 此诗戊戌回乡后补作。

不治，丝愈棼；火不戢，火自焚。遁无地，谋无人。天盖高，天不闻。四援绝，莫能救。即能救，谁死守？炮未毁，人之咎。船幸存，付谁某？十重甲，颜何厚！海漫漫，风浩浩。龙之旗，望杳杳。大小李，愁绝倒。岿然存，刘公岛。

偕叶损轩大庄夜谈

频岁华胥睡未酣，又扶残醉到江南。更无旧雨谁堪语？欲访名山奈未谙。花尚含苞春过半，月刚留影夜初三。丁当檐铁君休问，抽得闲身且絮谭。

乙未二月二十七日公祭沈文肃公祠

管弦合沓钟鼓喧，左炉右鼎腾香烟。翩然被发乘云下，知公未遂神龙蟠。凭阑东望大江去，旁通闽海百由延。增城赤嵌矗孤岛，下有膏沃千良田。柘浆荼蕣作银气，红尘四合城郭阗。生番攫人食人肉，侧有饿虎贪垂涎。当时倭奴轶我界，公统王师居中权。大官婩婉主和议，公唾谓不值一钱。侧闻近者议输币，乃竭水衡倾铜山。南门管钥东流柱，摇摇竟如风旄悬。流求两属忽改县，举族北辕王东迁。公言尺寸不许让，兴灭继绝兼保藩。毡裘大长议分岛，公尚摇手谓不然。岂期舐糠遂及米，神州亦竟污腥膻。巍峨巨舰古未有，凿破混沌成方圆。《考工》作记智述物，云房石栈相钩连。后来汉帜成一队，椎轮筚路推公先。病中呢喃造铁甲，欲聚众铁城三边。东沟一战炮雷震，轰轰洞击七札穿。人船兵甲各糜化，虫沙万数鱼鳖千。威海刘岛据坚要，漆城孰上池难填。蝝息蜷伏不敢出，如引铁锁封喉咽。天骄横肆地险失，坐令蚍蚁咸无援。曹蜍李志奄奄气，仰求敌国垂哀怜。言为众生乞生命，手书降表黄龙笺。恐公闻此气山涌，妄语诡公船犹全。就中邓林二死士，跼蹐烈火沉重渊。愿公遣使携葆羽，垂手接引援上天。金戈铁马英灵在，倘借神力旋坤乾。吁嗟公去十六载，今日何月时何年。捧觞再拜席未散，又闻奔命囊书传。是日闻澎湖之警。

为同年吴德潇寿其母夫人

罗太恭人，渠县人。归澄江知府吴公笏丞，道光己丑进士。

郁郁龙象山，松柏森苍苍。中有丹山鸟，哀鸣复回翔。树下即方池，池旁多鸳鸯。封缸有美酒，罗列东西厢。新妇厨下来，徐徐捧羹汤。长孙华花冠，幼孙明月珰。再拜拜寿母，愿母举一觞。呼潇汝来前，未言泪盈眶。瞿瞿心目中，渴尝须臾忘。汝父初闻丧，星奔去澄江。露宿衣鸡斯，雨泣铃郎当。沉沉永宁城，凄风摇阴房。切脉雾乱丝，背面欹空床。病名我不知，何由知医方？回头看我面，眼语诸儿郎。复指白衣冠，当作收敛装。汝时口啖饼，学哭嬉枢旁。为汝换锦袍，随兄爇炉香。朝发泸州头，丹旐魂飞扬。暮宿巴江尾，白鸡鸣凄怆。体夫罥重棺，骑奴嘲空囊。家有垂白母，犹待儿治丧。遥遥二千里，如何到家乡？明年汝兄归，捧棺交汝兄。逝者遂已矣，存者称未亡。我今七十三，忽忽四十霜。食梅难得甜，啖蔗难得浆。何图见孙曾，欢笑同此堂。潇也奉母言，手书告其朋。同年黄遵宪，曾历各海邦。西俗重妇女，安居如天堂。一簪值十万，一衣百万强。登楼客持裾，试马夫引缰。梦中不识役，剼乃身手当。虽则同女身，苦乐何参商？吁嗟三代后，女学将毋忘。执业只箕帚，论功惟酒浆。所托或寒微，持身备嫔嫱。拳拳事女君，缩缩足循墙。人权绌已甚，世情习为常。周婆欲制礼，胡儿惟有娘。将此语人人，人人疑荒唐。人生于父母，犹戴日月光。同是鞠育恩，谁能忍分张？当时黔蜀交，塞道嘷豺狼。驱儿就兄学，虎口儿勿惊。黄巾动地来，捉人锁琅珰。弃家匿深山，视盎无宿粮。蜀姜与蜀锦，殷勤远寄将。口书勉儿学，儿学毋怠荒。山中多黄檗，甘苦母自尝。母苦儿则知，不知母何望。潇今富学行，非母曷有成。斯实备父德，岂徒慰姑嫜。作妇甘卑屈，为亲宜显扬。显扬万分一，恩义终难详。盘龙恭人诰，雕螭节孝坊。悠悠《鹿鸣》诗，并坐歌笙簧。歌我《述德篇》，彤管何芬芳。持节谢有母人，念兹永勿忘。

马关纪事①　　五首

既遣和戎使，翻贻骄倨书。改书追玉玺，绝使复轺车。唇齿相关谊，干戈百战馀。所期捐细故，盟好复如初。

卅载安危系，中兴郭子仪。屈迎回鹘马，羞引汉龙旗。正劳司宾馆，翻惊力士椎。存亡家国泪，凄绝病床时。

括地难偿债，台高到极天。行筹无万数，纳币一千年。辽、金岁币银二十万两，以今计之，合一千年乃有此数。恃众忘蜂虿，惊人看雀鹯。伤心

---

① 此诗戊戌回乡后补作。

偿博进，十掷辄成鞭。

竟卖卢龙塞，非徒弃一州。赵方谋六县，楚已会诸侯。地引相牙犬，邻还已夺牛。瓜分倘乘敝，更益后来忧。

蕞尔句骊国，群知国必亡。本图防北狄，迁怒及西皇。患转深蝉雀，威终让虎狼。朝鲜自主后，日本公使三浦某合党谋乱，扰及王宫。王避居于俄罗斯使馆半年。弟兄同御侮，莫更祸萧墙。

晚渡江

扰扰悲生事，孤篷自往还。霞红眉欲笑，山绿鬓遥删。鱼底星辰睡，鸥边天地闲。号咷矶外水，莫更向人间。

降将军歌①

冲围一舸来如飞，众军属目停鼓鼙。船头立者持降旗，都护遣我前致词。我军力竭势不支，零丁绝岛危乎危。龟鳖小竖何能为？岛中残卒皆疮痍。其馀鬼妻兵家儿，锅底无饭枷无衣。纥干冻雀寒复饥，六千人命悬如丝。我今死战彼安归？此岛如城海如池。横排各舰珠累累，有炮百尊枪千枝。亦有弹药如山齐，全军旗鼓我所司。本愿两军争雄雌，化为沙虫为肉麋。与船存亡死不辞，今日悉索供指麾。乃为生命求恩慈，指天为正天鉴之。中将许诺辞不欺，诘朝便为受降期。两军雷动欢声驰，磷青月黑阴吹风。鬼怕催促不得迟，浓薰芙蓉倾深卮。前者阖棺后舁尸，一将两翼三参随。两军雨泣咸惊疑，已降复死死为谁？可怜将军归骨时，白幡飘飘丹旐垂。中一丁字悬高桅，回视龙旗无孑遗。海波索索悲风悲，悲复悲，噫噫噫！

五月十三夜江行望月

洒泪填东海，而今月一圆。江流仍此水，世界竟何年。横折山河影，谁攀阊阖天？增城高赤嵌，应照血痕殷。

台湾行②

城头逢逢雷大鼓，苍天苍天泪如雨。倭人竟割台湾去，当初版图入

---

① 此诗戊戌回乡后补作。

② 此诗戊戌回乡后补作。

天府。天威远及日出处，我高我曾我祖父。艾杀蓬蒿来此土，糖霜茗雪千亿树。岁课金钱无万数，天胡弃我天何怒。取我脂膏供仇虏，眈眈无厌彼硕鼠。民则何辜罹此苦？亡秦者谁三户楚，何况闽粤百万户。

成败利钝非所睹，人人效死誓死拒。万众一心谁敢侮，一声拔剑起击柱。今日之事无他语，有不从者手刃汝。堂堂蓝旗立黄虎，倾城拥观空巷舞。黄金斗大印系组，直将总统呼巡抚。今日之政民为主，台南台北固吾圉。不许雷池越一步，海城五月风怒号。飞来金翅三百艘，追逐巨舰来如潮。前者上岸雄虎彪，后者夺关飞猿猱。村田之铳备前刀，当辄披靡血杵漂。神焦鬼烂城门烧，谁与战守谁能逃？一轮红日当空高，千家白旗随风飘。搢绅耆老相招邀，夹跪道旁俯折腰。红缨竹冠盘锦绦，青丝辫发垂云髾。跪捧银盘茶与糕，绿沉之瓜紫蒲桃。将军远来无乃劳，降民敬为将军犒。将军曰来呼汝曹，汝我黄种原同胞。延平郡王人中豪，实辟此王土来芬茅，今日还我天所教。国家仁圣如唐尧，抚汝育汝殊黎苗，安汝家室毋诪诪。将军徐行尘不嚣，万马入城风萧萧。呜呼将军非天骄，王师威德无不包。我辈生死将军操，敢不归依明圣朝。噫嚱吁！悲乎哉！汝全台，昨何忠勇今何怯，万事反复随转睫。平时战守无预备，曰忠曰义何所恃？

度辽将军歌①

闻鸡夜半投袂起，檄告东人我来矣。此行领取万户侯，岂谓区区不余畀。将军慷慨来度辽，挥鞭跃马夸人豪。平时搜集得汉印，今作将印悬在腰。将军向者曾乘传，高下句骊踪迹遍。铜柱铭功白马盟，邻国传闻犹胆颤。自从弭节驻鸡林，所部精兵皆百炼。人言骨相应封侯，恨不遇时逢一战。雄关巍峨高插天，雪花如掌春风颠。岁朝大会召诸将，铜炉银烛围红毡。酒酣举白再行酒，拔刀亲割生彘肩。自言平生习枪法，炼目炼臂十五年。目光紫电闪不动，袒臂示客如铁坚。淮河将帅巾帼耳，萧娘吕姥殊可怜。看余上马快杀贼，左盘右辟谁当前？鸭绿之江碧蹄馆，坐令万里销烽烟。坐中黄曾大手笔，为我勒碑铭燕然。么麽鼠子乃敢尔，是何鸡狗何虫豸？会逢天幸遽贪功，它它籍籍来赴死。能降免死跪此牌，敢抗颜行聊一试。待彼三战三北馀，试我七纵七擒计。两军相接战甫交，纷纷鸟散空营逃。弃冠脱剑无人惜，只幸腰间印未失。将

---

① 此诗戊戌回乡后补作。

军终是察吏才，湘中一官复归来。八千子弟半摧折，白衣迎拜悲风哀。幕僚步卒皆云散，将军归来犹善饭。平章古玉图鼎钟，搜箧价犹值千万。闻道铜山东向倾，愿以区区当芹献。藉充岁币少补偿，毁家报国臣所愿。燕云北望忧愤多，时出汉印三摩挲。忽忆《辽东浪死歌》，印兮印兮奈尔何！

闰月饮集钟山送文芸阁学士廷式假归怀陈伯严吏部三立

泼海红霞照我杯，江山如此故雄哉。马蹄蹴踏西江水，相约扶桑濯足来。

用写经斋体送叶损轩之申江

几日萧疏雨滴檐，送君一舫水新添。闰馀桐叶闲来数，去后桃花笑复拈。索和诗笺停玉版，判依文稿阁牙签。夫馀立国今何似，为我探询海外髯。

立秋日访易实甫顺鼎遂偕游秦淮和实甫作　外补一首

袖里《魂南》一束诗，茫茫相对两情痴。看扬玉海尘千斛，喜剩青溪橹一枝。鹢首赐人天亦醉，龙泉伴我世谁知？死亡无日难相见，况又相逢便说离。

又和实甫

九州莽莽匆匆走，两鬓萧萧渐渐枯。欲访蓬莱难附鹤，暂攀杨柳可藏乌。笔留白石飞仙语，袖有青溪小妹图。犹是人间干净土，莫将乐园当穷途。

玄武湖歌和龙松岑继栋

大江滚滚流日夜，降幡屡竖石头下。别有苍茫一片湖，山势周遭潮不打。湖光十里擎风荷，游人竞说安乐窝。船头箫管驴背酒，吴娘楚客时经过。城南暑郁蒸如瓮，汗雨横流湿衣缝。箫鼓欣停战伐声，篷船合作清凉梦。一客新自天边来，唐春卿侍郎。一客卧起丛书堆。龙松岑户部。承平公子文章伯，同坐有沈蔼苍、王雪澄两观察、何诗孙太守。酒龙诗虎争崔嵬。天风浩浩三万里，吹我犯斗星槎回。河山不异风景好，今者不乐何为哉？江城明媚雨新霁，菱叶莲莲送香气。井阑莫问燕支山，钟声尚认鸡鸣埭。闲闲十亩逍遥游,莽莽六朝兴废事。珠楼绮阁未渠央,青盖黄龙奈何帝。盛衰漫唱《百年歌》,哀乐且图今日醉。酒波光溢金叵罗,银鲈锦鸭甘芳多。强颜作欢攒眉饮,茫茫对此如愁何。夕阳映郭空波明,柳丝漾绿芦芽青。平生旧游若在眼,仿佛上野湖心亭。上野西湖,为日本东京游宴佳处。美酒肥牛酣大嚼,头冠腰箭恣欢谑。遥想将军渡海归,相从凯唱从军乐。

九月初三夜招袁重黎柯巽庵

梁节庵、王晋卿诸君小饮和节庵韵。

袅袅风波又此秋,青溪几曲映清流。疏篷剪烛人重话,短鬓簪花老渐羞。杯影惊心倾海水,角声催晚逼城楼。兼葭别有凄凄恨,不向中央怨阻修。

上海喜晤陈伯严

飒飒秋风夜气深,照人寒月肯来临。矶头黄鹄重相见,海底鳗鱼未易寻。伯严到沪,访我三日不值。大地山河悲缺影,中年丝竹动欢心。横流何处安身好?从子商量抱膝吟。

题黄佐廷赠尉遗像 三首

佐廷,名季良,番禺人。光绪十年七月初三日,在闽江扬武船中殉难。诏以云骑尉承袭。方敌船围困马江,佐廷自以照像寄其父道平,自言能为忠臣即是孝子。卒践其言,年仅二十五耳。

波海旌旗爇血红,防秋诸将尽笼东。黄衫浅色靴刀备,年少翻能作鬼雄。

不如乌鸟《陈情表》,生属猴年寄母书。读到季良男百拜,泪痕点点照衣裾。

不将褒鄂画凌烟,飒爽英姿尚凛然。一语冲君冠上发,有人降表写龙笺。

赠梁任公同年 六首

列国纵横六七帝,斯文兴废五千年。黄人捧日撑空起,要放光明照大千。

佉卢左字力横驰,台阁官书帖括诗。守此毛锥三寸管,丝柔绵薄谅难支。

白马东来更达摩，青牛西去越流沙。君看浮海乘槎语，倘有同文到一家？

寸寸河山寸寸金，狐离分裂力谁任？杜鹃再拜忧天泪，精卫无穷填海心。

又天可汗又天朝，四表光辉颂帝尧。今古方圆等颅趾，如何下首让天骄？

青者皇穹黑劫灰，上忧天坠下山隤。三千六百钓鳌客，先看任公出手来。

寄 女 三首

团团鸡子黄，滟滟花猪肉。双鸡日馈泪，毋许窃更鹜。饭蒸杭稻香，酒泼葡萄绿。庖丁日解牛，碎切煮烂熟。吹沫成白波，碾尘积红曲。罨以自然鼎，浓过留香粥。我日啜此计，十载未餍足。勿告而翁知，知之恐眉蹙。牛旁侍阎罗，黄金狞四目。云欲取屠人，横叉入地狱。佛自爱众生，我自食天禄。嗟予患疟后，负风几欲伏。计臂小半分，量腰剩一束。两颊旋深涡，而今渐平复。须白一二茎，双鬓尚垂绿。朝朝软饱后，行行扪余腹。寄汝近时影，祝我他时福。

江南二三月，夹道花争妍。谁家女如云，各各扶婢肩。碧罗湖水媚，茜纱秋云娟。就中最骄诩，绣罗双行缠。一裙覆百金，一袜看千钱。婷婷复袅袅，纤步殊可怜。笑谓蛮方人，半是赤足仙。新样尖头鞋，略仿浮海船。上绣千鸳鸯，下刺十丈莲。指船大如许，伸脚笑欲颠。汝辈闻此语，当引扇障颜。父母谁不慈，忍将人雕镌。幸未一缸泪，买此双拘挛。迩闻西方人，设会同禁烟。意欲保天足，未忍伤人权。吁嗟复吁嗟，作俑今千年。

宝塔高十层，巍峨天主堂。塞人欲上天，引手能扶将。指挥十字架，闪闪碧眼光。土人手执筆，驱之如虎狼。苏州大都会，新辟通商场。蜃气嘘作楼，马鬣化为墙。行有女欧丝，条条出空桑。载我金钱去，百帆复千箱。我奉大府檄，奔走吴之江。一月三往来，往来趁夜航。彼酋领事官，时时从商量。喜则轩眉笑，怒或虬髯张。岂免斗唇舌，时复摅肝肠。世人别颜色，或白亦或黄。黑奴汝所知，汝曾至南荒。昔有女王国，曾封亲魏王。文身易断发，鳞介被冠裳。自我竖降幡，亦附强国强。汝弟捧地球，手指海中央。区区黑子大，胡为战则赢？汝母口诵经，佛国今何方？如何伏魔者，怒目无金刚？聪明汝胜母，书付汝参详。慎勿给人看，看则疑荒唐。

感怀呈樵野尚书丈即用话别图灵字韵

海南巨鳄顽不灵，非人非鬼绝睹聆。诎强弥隙百无策，罔两铸鼎谁能铭？方今五洲犹户庭，云帆飙舰来不停。海波漫漫桀不掩，天阙荡荡门无扃。突然太行扼井陉，欲上无梯驰无轮。守门猰㺄黑犬吠，传书杳杳飞鸢青。背盟绝客出何经？更索巨岛屯飞舲。蛙蛤相呼只取闹，蚊蟒撄人先染腥。我生遇合如径廷，累百感心万劳形。西迹万里大漠绝，东居三年曬雨零。于今忽作闭口瓶，焚香依佛昼锁厅。平生踪迹默自数，将南忽北飘浮萍。故乡梅花今已馨，在山泉水催我听。归携片石问君平，客槎奈犯牵牛星。

放歌用前韵

归来归来兮穷鬼舍我揶揄鬼不灵，我目无睹耳无聆。迷阳迷阳伤吾足，岂能绝漠渡碛远勒《燕然铭》。平生履海如户庭，风轮逐地驰不停。忽然凤皇受诒鸩告绝，百灵闭门门昼扃。行趋太行越井陉，莫绁马兮朝展轮。攀云观日俯视众山小，复走江南江北饱看青山青。不然痛饮读《骚经》，望衡九面浮湘舲。秋风袅袅一叶渡江去，金焦山下下探水窟蛟龙腥。噫吁乎！穷边瓯脱多王廷，尚有五岳留真形。我乡我土大有好山水，犹能令我颜丹鬓绿不复齿发嗟凋零。肩囊腰剑手钵瓶，归来归来兮左楼右阁中有旋马厅。二松五柳四围杂桃李，坐看风中飞絮波中萍。寒梅著花幽兰馨，《小山》、《招隐》君其听。归来归来兮菜香饭熟茶馀睡觉独自语，京华北望恋恋北斗星。

题樵野丈运甓斋话别图

光绪丙戌，尚书奉使美国，道出广州，倪豹岑中丞为作此图。

四海复四海，九州更九州。既逾海西极，尚非天尽头。今之墨利坚，佛说牛贺洲。通商五十载，聚众千百俦。金椎南北道，铁耜东西畴。世族庚氏庚，专门辆人辆。吉莫制革履，蒙戎缝旃裘。下至洒削技，亦挟瓦塯售。人人掔金归，金山高瓯篓。初辟合众国，布告东诸侯。红黄黑白种，万族咸并收。无端画禹迹，不使隙地留。争食哄鸡虫，别味殊薰莸。横下逐客令，相率合力戮。丸泥封函关，划道分鸿沟。欲使越地舟，同歌箜国篌。公时秉英荡，御侮持干揗。逆阪善转丸，密室工藏驱。谓有百金产，当免南冠囚。按约往美之华工，应往来自便。美人谓诡托者多，亦欲限禁。凡犯禁者，概加以囚禁。公与外部议：华工在美，苟有千金产者，即不许禁。已诺行，而华工不解此意，转以哄争废约。凿山通蚕丛，筑台高环榴。拔帜已归汉，右袒翻为刘。议此约时，上下议员颇有祖护华工者。岂图五丁力，竟招众楚啾。华言造蛮语，越调腾怨讴。我时居京都，逢人说因由。恨不后车从，参预前箸筹。乙酉九月，遵宪归自美国。明年春，公由豹岑中丞驰檄召至广州，命仍充金山总领事。宪以限禁华工之例，祸争未已，虑不胜任，力辞。而争约出于华氏，亦非意计所及也。逮公唱刀环，我复随轩辀。契阔六七载，烟波杳悠悠。忽然地轴翻，东海嗟横流。黄尘滚滚来，蔽天森戈矛。辽东十万家，血染红髑髅。何物掉尾鲸，公然与龙仇。中有枳首蛇，飞飞从鸽鸶。盲云杂怪雨，波寒风飕飕。鲂鲔戒出入，蛟螭互蟠蟉。公复探虎穴，径驱车前驹。丝綮暗无华，云旌惨垂旒。谓我识涂马，召我来咨诹。橄我千里船，搿我百尺楼。战旗卷风急，腊鼓催年遒。竦立诵玺书，未语鲠在喉。皇帝问东皇，两国非寇仇。元元一家子，所愿兵革休。侧闻哀痛诏，泪珠荧双眸。何期尺一书，按剑明珠投。和戎盟已定，辟港事方稠。我奉大府檄，寻约毋效尤。夜郎挟天骄，自比黑面猴。鸮音不革响，马逸难维娄。定议法六条，未审然与不。喜公告典属，语妙言无邮。公亦定载书，气夺藩之酋。颇如云从龙，上下相应求。平生蹑公后，学步随沉浮。公使美、日、秘三国，使日本国。宪初官日本参赞，继任美国总领事。超擢出骖乘，公由皖南道奉旨召见，授三品卿，充总理各国事务大臣，宪亦从候补道奉使德国。误犯凌斗牛。公使日本不纳，宪亦因德使误听，致生违言。凡公所亲历，我亦穷追搜。古称绝域使，例比谭天邹。献环诩《盖地》，折箑夸防秋。《王会》征《职贡》，使父亲怀柔。今日渡西海，受节先包羞。紫凤短褐倒，黄龙清酒酬。与公共此役，积岁丛百忧。艰难比天险，嗟怨惟鬼谋。一灯话畴昔，累夕言呫嗫。宪也初识公，同客齐之罘。哦诗商旧学，漉酒酹新笿。抵掌当世务，时时摩躏揉。尔时会秦赵，重狱穷共兜。时以滇南苗人杀马嘉利事，合肥傅相与威妥玛会议于此。吁嗟海大鱼，已如鱼中钩。尚能跋巨浪，展翼摩天游。指东覆蟠木，图南包小球。环顾四海波，依然完金瓯。即当绘图时，今亦一星周。二老话升平，一室何清幽。入门竹数竿，翠覆云油油。登盘献橙橘，绕屋围松楸。茫茫大瀛海，寸地才一沤。门前水只尺，便通浮海舟。海水绿摇天，中函今古愁。公自翔丹凤，我行从白鸥。再阅二十年，重对话绸缪。

和沈子培同年曾植

荡荡门开翼不飞，九天为正有天知。鸩媒绝我言何巧，猿臂封侯数本踦。缥缈三山信徐市，横纵六里听张仪。云中指点回车路，且任东风马耳吹。

游仙词仍用沈乙庵韵

玉宇扬尘海尽飞，丁宁无遗世人知。误移紫凤图难补，欲探青鸾足又踦。恶水叠经鬼罗刹，散仙犹诩汉官仪。思归送远天风曲，遥听红墙玉笛吹。

元朱碧山银槎歌

> 王阮亭《居易录》："槎，元银工朱碧山制，吏部侍郎孙北海家物。"《苑西集》又云："宋荔裳观察所藏，后归于余。"冯海宴《金石索》言："近藏曾宾谷家，左镌'朱华玉造'，右'至正壬寅'，图书'碧山'二字，皆小篆也。"或仿其制，出以宴客，为作此歌。

华灯照夜张铜荷，酒池滟滟吹白波。主人醉客出奇器，错落绝胜银颇罗。玉芒锋杀巧削楮，珊枝盘屈纷交柯。中虚龙腹深兀兀，下锐凤尾飞莎莎。滑稽满注妙能转，浑脱安稳平不颇。拍浮凌波舞白鸟，蜿蜒张翅旋丹螺。槎头有人五铢服，挟书傲睨颜微酡。蓬莱三山在台琖，《逢原记》："李适之酒器有蓬莱琖，上有三山，象三岛。"靴尖一趯时来过。下镌"至正壬寅"字，朱华手造无差讹。吁嗟大元起漠北，灭国五十挥天戈。大瓶昇酒四白象，行幕鸣鼓千明驼。珠盘玉瓮鸦鹘石，万邦琛赆来求和。使星任指东西极，亦饮白鹄擎金鹅。承平日久文物盛，巧工亦复高巍峨。一杯流传六百载，急觞饮我忧益多。天乎平户覆舟后，寇来又见东海倭。玉尘百斛输不尽，黄龙十舰弃则那。绣衣使者虽四出，强颜媚敌还遭诃。即今回槎令逐客，竟隔上阑遮银河。《居易录》："杯有篆二十八字云：'欲度银河隔上阑，时人浪说贯银湾。如何不觅天孙锦，只带支机片石还？'"追思虞揭作高会，《苑西集》：元时虞、揭二公，各令碧山制槎为寿。朝回花底恒鸣珂，清谈定穷星宿海，欢饮应赋《天马歌》。海鸥盗去杯羽化，尚窃形似工研磨。坐观桑田几兴废，如抚铜狄三摩娑。肆工述物亦若瘝，朝官退食无委蛇。攒眉对饮长太息，银槎银槎奈尔何！

为何翔高兵部藻翔题象山图 四首

裨瀛大海四围环，半在虚无缥缈间。天戴尧时州禹迹，分明认取自家山。

叩门海客偶谈瀛，发箧《阴符》或论兵。縻尽虫沙剩猿鹤，拭干残泪说闲情。

说教祆神方造塔，讹言王母又行筹。年来洗耳胸无事，一味贪眠看水鸥。

十七史从何处说，茫茫六合赋何愚。骑驴倒看云烟过，只好商量入画图。

酬曾重伯编修 二首

诗笔韩黄万丈光，湘乡相国故堂堂。谁知东鲁传家学，竟异南丰一瓣香。上接孟荀骋论纵，旁通骚赋楚歌狂。澧兰沅芷无穷竟，况复哀时重自伤。

废君一月官书力，读我连篇新派诗。《风》《雅》不亡由善作，光丰之后益矜奇。文章巨蟹横行日，世变群龙见首时。手撷芙蓉策虬驷，出门惘惘更寻谁？

上黄鹤楼

矶头黄鹄日东流，又此阑干又此秋。乙未五月客鄂，方与客登楼，忽闻台湾溃弃之报，遂兴尽而返。鼾睡他人同卧榻，婆娑老子自登楼。能言鹦鹉悲名士，折翼天鹏慨督州。洒尽新亭楚囚泪，烟波风景总生愁。

上岳阳楼

巍峨雄关据上游，重湖八百望中收。当心忽压秦头日，近见西人势力范围图，竟将长江上下游及浙江、湖南指入英吉利属内矣。画地难分禹迹州。从古荆蛮原小丑，即今砥柱孰中流？红髯碧眼知何意，挈镜来登最上头。是日有西人登楼者。

长沙吊贾谊宅

寒林日薄井波平，人去犹闻太息声。楚庙欲呼天再问，湘流空吊水无情。儒生首出通时务，年少群惊压老成。百世为君犹洒泪，奇才何况并时生。

书 愤 五首

一自珠崖弃，胶州。纷纷各效尤。旅顺、大连湾、威海卫、广州湾。瓜分惟客听，薪尽向予求。秦楚纵横日，幽燕十六州。未闻南北海，处处扼咽喉。

岂欲亲豺虎，联交约近攻。如何盟白马，无故卖卢龙。光绪二十二年使俄密约，已以胶州许之。一着棋全败，连环结不穷。德取胶州，俄人不问。论者已知意在旅顺矣。四邻墙有耳，言早泄诸戎。

扰扰无穷事，吁嗟景教行。乍闻袄庙火，已见德车旌。过重牵牛罚，横挑啮犬争。挟强图一逞，莫问出师名。杀二教士，遂失胶州。

古有羁縻地，今称喻领州。竟闻秦失鹿，转使鲁无鸠。各国势力范围图，独中国无分。地动山移恐，天悬日坠忧。君看黑奴国，到此属何洲？

弱肉供强食，人人虎口危。无边画瓯脱，有地尽华离。争问三分鼎，横张十字旗。波兰与天竺，后患更谁知？

支 离

举鼎膑先绝，支离笑此声。穷途竟何世，馀事作诗人。技悔屠龙拙，时惊叹蜡新。剖胸倾热血，恐化大千尘。

卷 九 一三五首

（光绪二十四年至二十五年 1898 年至 1899 年）

纪 事

贯索星连熠熠光，穹庐天盖暮苍苍。秋风鼓吹妃呼豨，夜雨铃声劬秃当。十七史从何处说，百年债看后来偿。森森画戟重围柝，坐觉今宵漏较长。

放 归

绛帕焚香读道书，屡烦促报讯何如。佛前影怖栖枝鸽，海外波惊涸辙鱼。上海道蔡钧，遽以兵二百名围守，捧枪鹄立，若临大敌。寓沪西人，惧余蹈不测，议聚众劫余他徙，而日本驻京公使亦请于总署。余虑其重滋余罪也，转为之栗惧。此地可能容复壁，廿五夜，得总署报云："查康未匿黄处，上意业已释然，已有旨放归"云。无人肯就问筮舆。玉关杨柳辽河月，却载春风到旧庐。

九月朔日启程由上海归舟中作

月黑霜凝点客衣，寥天雁影乍南飞。一池水问干何事，万里风劳远送归。测镜回看星贯索，解装待问石支机。旁人莫误三能望，遥指银潢望紫微。

到　家

处处风波到日迟，病身憔悴尚能支。少眠易醒藏蕉梦，多难仍逢剪韭时。大海走鳗寻有迹，老翁失马卜难知。援琴欲鼓《拘幽操》，月在中天天四垂。

感　事　八首

授受元辰纪上仪，帝尧训政典留贻。谁知高后垂帘事，又见成王负扆时。九鼎齐鸣惊雊雉，千金悬格购龙医。白头父老纷传说，上溯乾嘉泪欲垂。

上变飞腾赤白囊，两端首鼠疾奔忙。刚闻赤板连名奏，便召长枪第六郎。驰骑锁门谋大索，屯桥阻水伺非常。珠襦武帐诸臣侍，亟诏明晨幸未央。

推车弄顶看文康，变态真如傀儡场。五百控弦谋劫制，一丸进药失先尝。传书信口诃西母，改制称尊托素王。九死一生仍脱走，头颅声价重天亡。

金瓯亲卜比公卿，领取冰衔十日荣。东市朝衣真不测，南山铁案竟无名。芝焚蕙叹嗟僚友，李代桃僵泣弟兄。闻道诟天兼骂贼，好头谁斫未分明。

父子相从泣狱扉，老翁七十荷征衣。一家草索看生缚，三寸桐棺待死归。凿空虚槎疑汉使，涉江奇服怨湘妃。可怜时俊才无几，瓜蔓抄来摘更稀。

下诏曾宣母子离，初闻逐谏后答儿。心肝谁奉藏衣诏？骨肉难征对簿词。一网打馀高鸟尽，九泉曲处蛰龙知。恩牛怨李原无与，莫误忠奸读党碑。

师未多鱼遂漏言，如何此事竟推袁？栢人谁白孱王罪，改子终伤慈母恩。金狊庿凉含隐痛，杯弓蛇影负奇冤。五洲变法都流血，先累维新案尽翻。

太白星芒月色寒，五云缥缈望长安。忍言赤县神州祸，更觉黄人捧日难。压己真忧天梦梦，穷途并哭海漫漫。是非新旧纷无定，君看寒蝉噤众官。

人境庐之邻有屋数间余购取其地葺而新之有楼岿然独立无壁南武山人为书一联曰陆沉欲借舟权住天问翻无壁受呵因足成之

半世浮槎梦里过，归来随地觅行窝。陆沉欲借舟权住，天问翻无壁受呵。偶引雏孙问初月，且容时辈量汪波。湾湾几曲青溪水，可有人寻到钓蓑。

寒夜独卧虹榭

今时何时我非我，中夜起坐心旁皇。风声水声乌乌武，日出月出团团黄。层阴压屋天四盖，寒云入户山两当。回头下视九州窄，高飞黄鹄今何方？

小饮息亭醉后作

斜日江波听鹧鸪，鹧鸪啼处是吾庐。酒酣仍作思乡梦，径仄难为《益地图》。偶约故人同茗苧，居然丈室坐莲须。朝朝捧牍应官去，忽忆吴江老钓徒。

仰　天

仰天击缶唱乌乌，拍遍阑干碎唾壶。病久忍摩新髀肉，劫馀惊抚好头颅。箧藏名士株连箱，壁挂群雄豆剖图。敢托鸩媒从凤驾，自排阊阖拨云呼。

雁

汝亦惊弦者，来归过我庐。可能沧海外，代寄故人书。四面犹张网，孤飞未定居。匆匆还不暇，他莫问何如。

酬刘子岩同年瑛

铁汉楼高天四垂，岭云愁护党人碑。看花每溅啼鹃泪，绕树难安飞鸟枝。何地可名清净土，思君忽到太平时。一家乐寿兼文福，呼聿吟书买写诗。

己亥杂诗 八十九首

我是东西南北人，平生自号风波民。百年过半洲游四，留得家园五十春。

亦曾忍死须臾坐，正用此时持事来。今午垂帘春睡起，拥炉拈箸拨寒灰。

自携蜡屐自扶筇，偶亦偕行挈小童。积习未除官样俗，袖中藏得歇烟筒。

斜阳桥背立移时，偶有人过偶颔之。商略雨晴旋散去，不曾相识亦忘谁。

云中水火界相争，相触相磨便作声。此是寻常推阻力，人间浪作震雷惊。《起世经》言雷声：一、云中风界与地界相触著；二、风界与水界相触著；三、风界与火界相触著，譬如树枝相揩，即有火虫。又谓虚空中生电光，以二电相触相对，相磨相打，故出光。此即西人干湿气相磨成雷电之说。力学气学，已见于佛经矣。

跳珠雨乱黑云翻，事外闲云却自闲。看到须臾图万变，终愁累却自家山。

老健真应饱看山，看山谁得几时闲？屡将游钓诳猿鹤，迟恐山灵笑汝孱。

梦回小坐泪潸然，已误流光五十年。但有去来无现在，无穷生灭看香烟。

日光野马息相吹，夜气沉沉万籁微。真到无闻无见地，众虫仍着鼻端飞。

抛书午倦睡醒时，走听盲翁负鼓词。漫说是非身后误，上场人事类儿嬉。

天下英雄聊种菜，山中高士爱锄瓜。无心我却如云懒，偶尔栽花偶看花。

费尽黄金匝地铺，算来十笏只区区。无端尚被西邻责，何况商量《益地图》。人境庐之邻有废屋，余以二百万钱购得之。然纵横不过数丈，而邻居逼处，更无可展拓，偶有营造，辄来责言。

曲阑十步九徘徊，三面轩窗四扇开。夸道华严弹指现，只怜无地著楼台。

墙外垂杨尽别家，平分水竹颇争差。万花烂漫他年事，第一安排旋复花。

无端苞拆复挼莎，误尽人非郭橐驼。甫见萌芽生意尽，对花负负奈花何！接梅花四五枝已生根矣，而浇花人日拆视而搔摩之，卒不得生。

忍向当门再种兰，露翻风打莫重看。思量空谷安身好，犹恐他时画地难。种兰。

秋淫天漏雨萧萧，展叶抽条各自骄。同作绿阴同蔽日，如何修竹肯弹蕉。种竹、种芭蕉。

略买胭脂画折枝，明窗护以璧琉璃。物从中国名从主，绿比波薐红荔支。绛藤、丹砂菊，皆德意志种，植之甚盛。余考中国花果，从海外来者，如葡萄、苜蓿，人所共知。此外名无定字，字从音译，如波罗蜜、波罗之类，大抵皆是。荔子或作离支，又作利支，知非华声。然今西南洋无此物。余询之西人，乃知本阿剌伯种也。今之玻璃，《汉书·西域传》作璧流离，《说文》作璧珊，亦译音之名。

絮棉吹入化春衣，渡海山薯足疗饥。一任转输无内外，物情先见大同时。

乱草删除绿几丛，旧花别换日新红。去留一一归天择，物自争存我大公。种月季花。

农业传家稷世官，可知粒食出艰难。安夸天降忘人力，转当寒冰覆翼看。《吕览》有《上农》、《任地》、《辨土》三篇，多述后稷之言。盖农家相传农学，尝谓"茀厥丰草，种之黄茂"一章，乃辨土宜察物性之学，训诂家失其旨矣。至"诞降嘉种，贻我来年"，亦颂后稷配天之功，等于造物，非谓从天而降也。

三千年上旧花枝，颇怪风人不入诗。我向秦时明月问，古时花可似今时。《诗》有桃李花，有梅实，而不及梅花。赋咏梅花，始于六朝，极盛于唐。以植物之理推之，古时花未必佳，后接以他树而后盛耳。

移桃接李尽成春，果硕花浓树愈新。难怪球西新辟地，白人换尽旧红人。

筚路桃弧展转迁，南来远过一千年。方言足证中原韵，礼俗犹留三代前。客人来州，多在元时，本河南人。五代时，有九族随王审知入闽，后散居八闽。今之州人，皆由宁化县之石壁乡迁来，颇有唐、魏俭啬之风，礼俗多存古意，世守乡音不改，故土人别之曰"客人"。方言多古语，尤多古音。陈兰甫先生云证之周德清《中原音韵》，多相符合。大埔林海岩太守则谓"客人"者，中原之旧族，三代之遗民，殆不诬也。

男执干戈女甲裳，八千子弟走勤王。崖山舟覆沙虫尽，重带天来再破荒。梅州之土人，今惟存杨、古、卜三族。当南宋时，户口极盛，其后绍、昺播迁，文、陆号召，土人争从军勤王。崖山之覆，州人士死者十盖八九，井邑皆空，故"客人"从他邑来。今丰顺、大埔，妇人皆戴银髻，称孺人，相传为帝昺口敕，此亦足补史传之缺也。

野外团焦岭上田，世传三十子孙千。元时古墓明朝屋，上覆榕阴六百年。土著有传世四五十者，从宁化来者，皆传二十馀世。朔其始基，知为元时矣。孙枝蕃衍，多者数千人，少亦千人。入明以后，坟墓世守无失。元时墓存一二而已。明时筑室，亦有存者。

宰相表行多谱牒，大宗法废变祠堂。犹存九两系民意，宗约家家法几章。各姓皆聚族而居，皆有祠堂。纠赀设牌，视捐金之多寡，以别位置。初意以联宗族，通谱牒。而潮州、惠州流弊亦或滋讼狱、生械斗，故乾隆间，江西巡抚辅德有禁祠之奏。

世守先姑德象篇，人多列女传中贤。若倡男女同权论，合授周婆制礼权。妇女皆勤俭，世家巨室亦无不操井臼、议酒食、亲缝纫者。中人之家，则无役不从，甚至务农业商，持家教子，一切与男子等。盖"客人"家法世传如此。五部洲中，最为贤劳矣。

宵娘侧足跛行苦，楚国纤腰饿死多。说向妆台供媚妾，人人含笑看黎涡。有耶稣教士语余：西人束腰，华人缠足，惟州人无此弊，于世界女人，最完全无憾云。

反哺难期妇乳姑，系缨竟占女从夫。双双锦裸鸳鸯小，绝好朱陈嫁娶图。多童养媳，有弥月即抱去，食其姑乳者。

一声声道妹相思，夜月哀猿和《竹枝》。欢是团圆悲是别，总应肠断妃呼豨。土人旧有山歌，多男女相思之辞，当系獠、蜑遗俗。今松口、松源各乡尚相沿不改，每一辞毕，辄间以无辞之声，正如妃呼豨，甚哀厉而去。

华灯挂壁祝添丁，吉梦征兰笑语馨。日问神游到何处，佛前别供处胎经。日者言胎有神，某日在门，在碓磨，在厨灶，在仓库，在房床，在厕，在炉，在鸡栖，如兴工作，犯其神，则堕胎，或胎残缺。世皆遵信之。

海国能医山国贫，万夫荷臿转金轮。最怜一二虬髯客，手举扶馀赠别人。州为山国，土瘠产薄。海道既通，趋南洋谋生者，凡岁以万计，多业采锡，遇窖藏则暴富。近则荷兰之日里，英吉利之北蜡、槟榔屿，法兰西之西贡，皆有积赀至百数十万者。总计南洋华商，"客人"居十之三。同治年，有叶来事在吉隆，与土酋斗争，得其地。卒以无力割据，归之英人。此与坤甸罗大伯事略相类。

秀孝都居弟子行，人人阴骘诵文昌。迩来《云笈》传抄贵，更写鸾经拜玉皇。嘉道以来，所谓学术，只诵阴骘文耳。尝谓国朝学案，应别编文昌一振。近更有玉皇教，以关帝、吕祖、文昌为三圣，所传经卷，均自降鸾来，如《明圣经》之类。大抵本道家名目，而附会以儒家仁孝、释氏因果之说，士大夫多崇信之。

枯骨如龟识吉凶，狐埋鸠占不相容。一年讼牒如山积，不为疑龙即撼龙。溺于风水祸福之说，讼狱极多。

螺壳漫山纸蝶飞，携雏扶老语依依。红罗伞影铜箫响，知是谁家扫墓归。扫墓每在墦间聚食，喜食螺，弃壳于地，足以征其子孙之众多也。乐用铜箫，亦土俗。

老树栖鸦子又孙，青青松柏半为薪。眼中酒化杯中泪，拜手今承主祭人。拜曾祖母李太夫人墓。

恨无永叔泷冈表，亦愧羲之誓墓文。说甚微官邀薄禄，纸钱在地酒浇坟。拜先母吴太夫人墓。

树静风停梦不成，枕函侧倚泪纵横。荷荷引睡施施溺，竟夕闻娘唤女声。扫墓归不寐，隔壁有抚儿者，终夜有声。

黄鹄都非五尺童，日催人老日龙钟。呼名摩顶回头道，两颊差如百岁翁。随李伯陶先生谒其母钟太孺人，年九十八矣。"百岁翁"，谓余高祖也。

五十年前事未忘，白头诸母说家常。指渠堕地呱呱处，老屋西头第四房。

一路春鸠啼落花，十龄学步语牙牙。锦袍曾赋小时月，月照恒河鬓已华。十龄学为诗，塾师以梅州神童蔡蒙吉"一路春鸠啼落花"句命题。余有"春从何处去，鸠亦尽情啼"语。师大惊，次日令赋"一览众山小"。余破题云："天下犹为小，何论眼底山。"因是乡里甚推异之。"小时不识月"，余进学时赋题也。

忽想尻轮到五洲，海泓烟点小齐州。丁年破浪乘风兴，画壁留图作卧游。

岁星十二遍周天，绕尽圆球剩半环。法界楼台米家画，总输三岛小神山。余客海外十二年，环游地球，所未渡者大西洋海耳。山水秀明，日本为胜。

长恨古人吾不见，又疑诸史半欺谩。女工铜镜委奴印，亲手摩挲对面看。委奴国王之印，神功皇后之镜，皆现存博物馆中。

乌呼碑下吊忠臣，蹈海人人耻帝秦。震地哭声涂地血，大东扶起一红轮。德川氏之末，有处士高山九郎，见宫阙望山陵则痛哭。继而蒲生君子作《山陵志》，岩垣松苗修《国史略》，赖襄著《日本政纪》，世始知尊王。及美、英劫盟，举国复哗言攘夷，而将军主和，捕戮志士，前仆后起，则又唱尊王以攘夷。逮大藩连结，幕府倾覆，终知夷不可攘，再变而讲和戎之利。维新之业，成于二三豪俊，实基于在下之仁人君子心力之为也。呜呼！

滔滔海水日趋东，万法从新要大同。后二十年言定谳，手书《心史》并函中。在日本时，与子峨星使言："中国必变从西法。其变法也，或如日本之自强，或如埃及之被逼，或如印度之受辖，或如波兰之瓜分，则吾不敢知，要之必变。将此藏之石函，三十年后，其言必验。"

一夫奋臂万人呼，欲废称臣等废奴。民贵遂忘皇帝贵，莫将让国比唐虞。华盛顿。

当时传檄开荒令，今日关门逐客书。浪诩皇华夸汉大，请看黄种受人锄。华盛顿之拒英也，布告各国，言美利坚土广人稀，无论红黄黑白各种，到美国者，均一律看视。而光绪八年，竟行禁制华工之例。

赫赫红轮上大空，摇天海绿化为虹。从今要约黄人捧，此是扶桑东海东。归舟行太平洋，明日到日本矣。五更起，坐舵楼中待日出。极目所际，惟见水耳。俄顷，有万道虹光，上下照映，而日出矣，大如五车轮，顷刻已圆，势极迅疾。

四百由旬道路长，忽逢此老怨津梁。沉沉睡过三千岁，可识西天有教皇。由香港至锡兰岛。岛有卧佛，长三丈馀，佛灭度后即造此像云。

上烛光芒曜日星，东西并峙两天擎。象形文字鸿荒祖，石鼓文同石柱铭。埃及国石柱，为周以前物，字多象形。郭筠仙侍郎所谓体近大篆也。

一刀截断大河横，省却图南六月程。海客欢呼土民怨，债台高筑与天平。苏彝士河。

琼阙丹房曜彩霞，烂红玫瑰雨天华。外孙鲁酒皇娥瑟，同醉西方阿母家。英皇即位，今六十四年矣。普鲁斯王是其外孙，俄皇、丹主皆姻戚。贵寿福禄，世所希有。所居有五色宫殿。玫瑰花，皇族徽章也。

生是天骄死鬼雄，全欧震荡气犹龙。世间一切人平等，若算人皇只乃公。拿破仑纪功碑。

万灯悬耀夜光珠，照出诸天夜燕图。缨络网云花散雨，居然欲界有仙都。桑斯勒塞，法国之极大都会也。

长夜漫漫日不光，黑风吹我堕何方？苍天已死黄天立，惟见团团鸡子黄。九十月之交，伦敦每有大雾，咫尺不辨。余居英时，白昼然灯凡二十三日，车马非铃铎不敢行。

眼底尘惊世界微，天风浩浩吹人衣。便当御气乘球去，饱看环瀛跨海归。巴黎铁塔，高一千尺。

浮沉飘泊年年事，偶寄闲鸥安乐窝。急雨打窗浪摇壁，无端平地又风波。到新嘉坡二年，因患疟久病，初养痾章园。园在小岛，屋据海石上，风定月明，洁无纤翳，惟狂风一吼，则飞浪往往溅入窗户间，如泛舟大海中也。

云为四壁水为家，分付名山改姓佘。瘦菊清莲艳桃李，一瓶同供四时花。潮州富豪佘家，于新嘉坡之潴水池边筑一楼，三面皆水。余借居养疴。主人索楼名，余因江南有佘山，名之曰佘山楼。杂花满树，无冬无夏，余手摘莲菊桃李同供瓶中，亦奇观也。

上山如画重累人，结屋绝无东西邻。襟间海上一丸月，屐底人间万斛尘。余养疴至槟榔屿，有谢姓者，邀余住竹士居。居在万山顶，初用土人舁篮舆而往，至峻绝处，则引手攀援而上，如猿猱然；再用一人护余足到山顶，绝巘俯海，一无所见，惟月初出时，若在我襟带间矣。

甑蒸汗雨郁如珠，两腋清风习习俱。浴过凉波三百斛，才知灌顶妙醍醐。客南洋群岛者，每晨起辄灌顶，用水数十斛。考《北史·徐之才传》，曾以此法治伏热病，盖以水制汗，使不敢出，久之，则并所受郁热滂沛而出，觉竟体清凉矣。

三年团扇在怀袖，六月重裘仍带围。万里归槎北风急，经旬却换五时衣。余客旧金山四年，全用夹衣；居英伦一年，未脱棉衣；庚寅六月间，曾御裘；住新嘉坡三年，仅一单衣，正二月或用薄纱。惟甲午十一月中旬，由坡回华，十日间炎风朔雪，每日更换，到上海乃重裘矣。

蟹行草字画伩卢，蜡印红鹰两翼舒。君主花名民主押，箧中留得两除书。官领事者，其主国例有文凭，日本名曰"认可状"。余官旧金山、新嘉坡总领事，存英君主、美民主签押官文各一纸，上有花字，末作一蜡印，印作巨鹰，舒翼独立，大如盘。

梦里似曾迁海外，醉中不觉到江南。用东坡语。茫茫人海浮沉处，添得闲鸥又二三。香涛制府署两江总督，于受事日，即电奏调余回华，同时奏调者二三人，然有赋闲者。

我行遍历三天下，松寥一阁天下奇。两鼎蟠螭碑瘗鹤，还有椒山手写诗。焦山。

黄鹤高楼又槌碎，我来无壁可题诗。擎天铁柱终虚语，空累尚书两鬓丝。黄鹤楼已毁，南皮制府常语宾僚："将来炼铁有效，当改造铁壁，庶免火灾。"然铁政一局，黄饷五六百万，已易官为商矣。

御屏丹笔记名新，天语殷殷到小臣。九牧盛名吾岂敢，知非牛李党中人。数年以来，人才保荐，疆臣则陈右铭中丞二次，张香涛督部三次，刘岘庄督部、王夔石督部、荣仲华督部、廖毂似中丞，朝官则李苾园尚书、唐春卿侍郎、张野秋侍郎、徐子静侍郎各一次，而邓铁香鸿胪于光绪九年保奏使才，已有"久困下僚"之语。闻得旨交军机处记存，凡十数次云。

丹楼彩日画中看，初上鸾坡举步难。劳动九重前席问，绣衣门外立天官。故事，道府以下官，必先行引见，乃得召见。余因总理衙门征召至京，本有由吏部带领引见之旨，而部议尼之，乃奉特旨预备召见，盖异数也。

尧天到此日方中，万国强由法变通。惊喜天颜微一笑，百年前亦与华同。召见时，上言："泰西政治何以胜中国？"臣奏："泰西之强，悉由变法。臣在伦敦，闻父老言，百年以前，尚不如中华。"上初甚惊讶，旋笑颔之。

奉使虚闻结德车，却回舞袖到长沙。青鸾传到东皇信，又泛蓬莱八月槎。

三诏严催倍道驰，《霸朝》一集感恩知。病中泣读维新诏，深恨锋车就召迟。戊戌二月，上命枢臣进《日本国志》，继再索一部。奉使日本，由上特简，三诏敦促，有"无论行抵何处，着张之洞、陈宝箴传令攒程迅速来京"之谕。然余以久病，恨未能遽就道也。

冷月严霜照一灯，柝铃风送响腾腾。案头英荡门前戟，岂有蓬蒢覆庾冰。到沪病益亟，乃乞归，已奉旨俞允。或奏称康、梁尚匿余处，盖因其藏匿日本使馆而误传也。有旨命两江总督查看。上海道蔡钧张大其事，派兵围守。然余之所居，本上海道公所，且当时康已在香港矣。

七十尚书出负戈，三闾憔悴怨湘波。抚琴欲鼓《拘幽操》，辄唱臣难唤奈何。

竟写梅边生祭祠，亦歌塞外送行诗。候人鹄立门如海，浪语风闻百不知。围守之兵，擎枪环立，如设重围，外人不知为所犯何事，疑为大狱。险语惊人，遍海内外，知交探问，隔绝不通。然即问及余，余亦不知也。八月二十六夜，乃得旨放归。

怜君胆小累君惊，抄蔓何曾到友生。终识绝交非恶意，为曾代押党碑名。八月二十五日得一纸曰：□①与□绝交。然乙未九月，余在上海，康有为往金陵谒南皮制府，欲开强学会，□力为周旋。是时，余未识康，会中十六人有余名，即□所代签也；又闻□与康至交，所赠诗有"南阳卧龙"之语。及康罪发，乃取文悌参劾之折，汇刊布市，盖亦出于无奈也。

环门松竹喜相迎，倚树安栖鸽不惊。对镜头颅顾妻笑，几乎此事却干卿。到家。

菜佣酒保笑言欢，偶数江湖几谪官。瓜蔓环门兰在室，呼儿重检《汉书》看。

花落庭空对紫薇，画帘重处漾斜晖。衔雏燕子浑无赖，眼见人瞋故故飞。

寒灯说鬼鬼啾啾，夜雨言愁我欲愁。只有蓬山万重隔，未容海客说瀛洲。

---

① 夹注中□，指梁鼎芬。

左列牛宫右豕圈，冬烘开学闹残年。篱边兀坐村夫子，极口娲皇会补天。

寒炉爆栗死灰然，酒冷灯昏倦欲眠。惊喜读书声到耳，细听仍是《八铭篇》。《八铭篇》，乡塾时文课本也。

风雨鸡鸣守一庐，两年未得故人书。鸿离鱼网惊相避，无信凭谁寄与渠。

颈血模糊似未干，中藏耿耿寸心丹。琅函锦箧深韬袭，留付松阴后辈看。

古佛孤灯共一龛，无人时与影成三。何方化得身千百，日换新吾对我谭。

地球捧问海中央，多少红毛国几方？听说龙飞周甲宴，挽须要去问英皇。小孙及外孙皆八九岁。

相约儿童放学时，小孙拍手看翁嬉。平生两事轰轰乐，爆竹声腾鹞子飞。粤俗呼纸鸢为鹞子。

镜中岁岁换容仪，讳老无妨略镊髭。今日发茆悬不起，星星知剩几茎丝。

蜡馀忽梦大同时，酒醒衾寒自叹衰。与我周旋最亲我，关门还读自家诗。

己亥续怀人诗　二十四首

白发沧江泪洒衣，别来商榷更寻谁？闲云野鹤今无事，可要篮舆共扶持。义宁陈右铭先生。

纷纭国是定维新，一疏惊人泣鬼神。寻遍东林南北部，一家钩党古无人。宛平徐子静。

荐贤略似孔文举，下狱还因吕步舒。一编选佛科名录，便是司空城旦书。贵筑李苾园先生。

金华讲殿共论思，圣祖文宗旧典贻。指问鸡栖庭下树，可容别筑凤凰池？海盐张菊生。

优孟衣冠笑沐猴，武灵胡服众人咻。问君薙发新王令，换却顽民多少头。咸阳李孟符。

龙泉知我剑随身，三斗撑胸热血新。是我眼中神俊物，熊罴男子凤凰人。凤凰熊秉三。

南岳云开筇路初，归来秋雨卧相如。零星几卷灵鹣阁，只算江郎制锦馀。元和江建霞。

我歌乐府《寿人》曲，君作师儒绍圣篇。烂漫众雏环我拜，登堂公瑾是同年。达县吴季清。

文如腹中所欲语，诗是别后相思资。三载心头不曾去，有人白皙好须眉。义宁陈伯严。

念我平生同队鱼，又念丈人屋上乌。翩翩公孙才似舅，因君问讯今何如。长沙俞恪士、南昌罗邠岘。伯严子名衡恪，即其甥也。

臣罪当诛父罪微，呼天呼父血沾衣。白头元鬓哀蝉曲，减尽维摩旧带围。宛平徐研父。

一卷生花《天演论》，因缘巧作续弦胶。绛纱坐帐谈名理，胜似麻姑背痒搔。福州严又陵。

兼综九流能说佛，旁通四部善谈天。红灯夜雨围炉话，累我明朝似失眠。仁和夏穗卿。

平生著述老经师，绝妙文章幼妇词。今日皋皮谈改制，《黄书》以外录《明夷》。善化皮鹿门。

闪电双眸略似嗔，知君龙性未能驯。同游莫学梁园客，自负山膏好骂人。福州郑苏庵。

自家家法自家妆，乡里传夸马粪王。花样时文笋尖脚，可容儿女再商量。鄞县王菀生。

船山大隐师承远，东海褰冥学派新。编到《沅湘耆旧录》，难为君称作龙身。浏阳欧阳瓣姜。

屈指中兴六七公，论才考德首南丰。笼人意气谈天口，转似区区隘乃翁。湘乡曾重伯。

少年罪状在《金荃》，中岁骖鸾便学仙。《魂北》《魂南》今哭遍，再倾泪海哭桑田。龙阳易实甫。

四壁青山乱叠书，蓬蒿没径闭门居。记曾元子坊边遇，手挈筥篮贯柳鱼。丹徒陈善馀。

相约乘槎万里遥，天风吹散各蓬飘。屋梁月黑思君梦，忽梦平生吴铁乔。顺德何蔚高。

头颅碎掷哭浏阳，一凤而今剩楚狂。龟手正需洴澼药，语君珍重百金方。浏阳唐钹臣。

背负灵囊欲大包，东西游说日谈谈。冶佣酒保相携去，幸免门生瓜蔓抄。顺德麦孺博、南海韩树园、三水徐君勉。

谬种千年《兔园册》，此中埋没几英豪。国方年少吾将老，青眼高歌望尔曹。李炳寰、蔡艮寅、唐才质。

腊月二十四日诏立皇嗣感赋　四首

汉家累叶子孙千，朱果祥占瓜瓞绵。十世忽遭阳九厄，再传失纪仲壬年。《千秋金鉴》惩储贰，九降纶音慎择贤。今日小宗承大统，典书岂忘帝尧篇。

先皇遗恨鼎湖弓，世及家传总大公。谁误礼经争继统，妄拚尸谏效孤忠。弟兄共托施生莠，男子偏迟吉梦熊。片纸病中哀痛诏，前星翘首又移宫。

齐东野语尽荒唐，读诏人人泣数行。怪事闻呼奈何帝，佹诗敢唱厉怜王。袖中禅代谁经见？管外窥天妄测量。钩尽甘陵南北部，庶人横议亦刊章。

家居撞坏虑纤儿，天下膏粱百不知。朝贵预尊天子父，王骄甘作贼人魁。亢龙守蛰存身日，瘈狗相牙掷骨时。玉匣缄名黄带盛，承平重忆说雍熙。

卷　十　七十六首
（光绪二十六年　1900 年）

庚子元旦　二首

喔喔天鸡又一鸣，双悬两曜展光明。承天仰看金轮转，震地讹传玉斧声。汉厄愁看正月卯，代来几协大横庚。自歌太乙迎神曲，终望馀年见太平。

乐奏钧天梦里过，瀛台缥缈隔星河。重华仍唱卿云烂，大地新添少海波。千九百年尘劫末，东西南国战场多。南洋、非洲均有战争。未知王母行筹乐，岁岁添筹到几何？

杜　鹃

杜鹃花下杜鹃啼，苦雨凄风梦亦迷。古庙衣冠人再拜，重楼关锁鸟无栖。幽囚白发哀蝉咽，久戍黄沙病马嘶。未抵闻鹃多少恨，况逢春暮草萋萋。

初闻京师义和团事感赋　三首

无端桴鼓扰京师，犹记昌陵鼎盛时。今日黄天传角道，非徒赤子弄潢池。冠缨且教宫人战，绣裾还充司隶仪。昼夜金吾曾不禁，未知盗首定何谁？

九百《虞初》小说统，神施鬼设诩兵谋。明知篝火均狐党，翻使衣冠习狗偷。养盗原由十常侍，诘奸惟赖外诸侯。竹筐麻瓣书团字，痛哭谁陈恤纬忧？

博带峨冠对旧臣，三年缄口讳维新。尽将儿戏尘羹事，付与尸居木偶人。绍述政行皆铁案，党人狱起又黄巾。即今刚赵来宣抚，犹信投戈是义民。

寄怀丘仲阂逢甲

沧海归来鬓欲残，此身商榷到蒲团。哀弦怕听家山破，醇酒还愁来日难。绕树乌寻谁屋好，衔雏燕喜旧巢安。朝朝曳杖看山去，看到斜阳莫倚栏。

感事又寄丘仲阂　二首

万目眈眈大九州，神丛争博正探筹。何堪白刃张拳党，大刀会、义和拳。更扰黄花落地秋。嘉庆癸酉，本于八月置闰，钦天监奏改为次年二月。而教匪所传经有"二八中秋，黄花落地"之语，贼党以为预兆，定谋纠乱。及改闰，林清等乃于九月十五日作乱于京师。石破真惊天压己，陆沉可有地理忧。前番尚得安身处，莫说寒芜赤嵌愁。

三边烽火照甘泉，闻道津桥泣杜鹃。帝释亦愁龙汉劫，天灾况值鼠妖年。流离苦语传黄蘖，盗窃迷香幻白莲。嘉庆中，白莲教匪倡乱，凡九年。传习京畿者，又变为八卦、荣华、红阳、白易诸名。今之义和拳，即离卦中徒党。见《那文毅公奏疏》。漫写哀辞金鹿痛，人间何事不颠连。

述　闻　八首

太阿倒授又移权，便到玄黄血战年。狂喝枭卢天一笑，怒呵狗脚帝三拳。垂虹上贯重轮日，泻海横分九点烟。毕竟图王图作贼，无端殿下比雷癫。

皇京一片变烟埃，二百年来第一回。荆棘铜驼心上泪，觚棱金爵劫馀灰。螟蛉果赢终谁抚，猿鹤沙虫总可哀。只望木兰仍出狩，銮舆无羔贼中来。

说有苍天不死方，盗泉一饮众皆狂。人言细柳都儿戏，我欲传芭哭国殇。鬼吏三官明作贼，神兵六甲解擒王。古今多少昏荒事，并付盲翁负鼓场。

一拳打碎旧山河，两手公然斗柄授。鹨鹊往来谣语恸，鱼龙曼衍戏场多。火焚祆庙连烽燧，辙涸羁臣乞海波。至竟辽东多浪死，尚夸十万剑横磨。

拔帜先登径上台，炮声震地忽轰雷。一齐扰扰嗟鱼烂，万目眈眈看虎来。铁铸六州成大错，衣香七市付沉灰。联盟守约连名奏，赖有维持半壁才。

禹迹芒芒画九州，到今沧海竟横流。合纵敢拒三天下，雪耻将寻九世仇。事势可如骑虎背，功名偏赏烂羊头。是谁画诺谁传诏？一纸明贻万国羞。

忽洒龙漦翳太阴，臣天主窳到于今。风轮坏劫天难补，磐石无人陆竟沉。揖盗开门终自误，虐臣衅鼓果何心。当时变政翻新案，早使忧臣泪满襟。

飞角侵边局早输，国家虽缺尚金瓯。剪分鹑首天何醉，再拜鹃声帝独忧。藉寇终除钩党祸，函图看送罪臣头。祖功宗德王明圣，岂有乾坤一掷休。

七月十五夜暑甚看月达晓

空庭树静悄无鸦，太白光芒北斗斜。破碎山河犹照影，广寒宫阙定谁家？光残银烛谈偷药，热逼金瓯看剖瓜。满酌清尊聊一醉，漫愁秋尽落黄花。

南汉修慧寺千佛塔歌

塔为南汉刘𬬱时建。弟一层有铭文曰："敬劝众缘，以乌金铸造首行千佛塔七层于敬州修慧寺，二行创塔亭，供养虔，繄归善土，望三行皇躬玉历千春，四行瑶图万岁，然愿郡坛□□，□□五行康平，禾麦丰饶，军民宁□，□六行雨顺调，□境歌咏，□□□□七行方隅。次以九宥三涂，□□□八行乐，亡魂滞魄，咸证人天。□□九行周围，常隆瞻敬。以大宝八年十行乙丑岁大吕之月，设斋庆赞。"十一行铭皆阴文。以光孝寺东西铁塔证之，其三面当尚有题名，如乾亨寺铜钟款，或并有众缘弟子名，然无从寻视矣。此塔创建至今九百馀年，《广东通志》、《嘉应州志》皆失载，即吴石华广文《南汉金石志》，搜罗极富，亦不之及。塔高约三四丈，上七层为铁铸，下垒土筑成，无从攀登，故不知塔顶有铭。乙丑兵燹以后，略毁而未坏。嗣为群儿毁伤，日久遂圮。余归里后求之邻家，得塔一方，续得第五层全层由下而上，塔铭在第一层，馀准此。又得第三、第四层之三方，乃第二层之一方。考第二层有七十七佛，像分五层，每层小佛十六，大佛一，占小佛位四。第三层六十七佛，亦五层，每层小佛十四，大佛如上式。第四层五十七佛，亦五层，每层小佛十二，大佛如上式。第五层三十七佛，分四层，每层小佛十，大佛如上式。由是推知第六层有十二佛，当是两层，每层六佛。每面二百五十佛，合计则千佛也。最高之七层为合尖顶，应无像。第四层大佛旁有小字曰"东方善德佛"，"北方相德佛"，"西方无量寿佛"，南方残缺，以释典考之，当是"南方栴檀德佛"。佛皆趺坐敛袖，乘以莲花。自第二层至第六层，皆方隅，下有檐宽约四寸，檐角有蟾蜍形，似以之系铃者。唯第一层无檐，有立像二，在两偶，似是四天王，其数应不在佛中也。考敬州于南汉主刘晟乾和三年，即潮州之程乡县升为州，领县一。修慧寺不入志中，寺址亦未悉所在。此塔距余家仅数牛鸣地，岿然立冈上，亦无塔亭。故老传言：乾隆初年，由前州牧王者辅于今之齐洲寺移来，寺去塔不远。然修慧寺何以易名，志既失载，又无碑可证矣。余所得残整各块，均置于人境庐，其塔铭则供息亭中，已嘱温慕柳检讨补入新志中，复作此诗以志缘幸。

天龙不飞海蛟起，遥斥洛州为刺史。万事萧闲署大夫，仍世风流作天子。无愁天子安乐公，黄屋左纛夸豪雄。当时十国均佞佛，此国佞佛尤能工。八万四千塔何处，敕司特用乌金铸。石趺铁盖花四围，宫使沙门名列署。千家设供争饭僧，百姓烧指添燃灯。一州政得如斗大，亦造窣堵高层层。

此塔周围佛千位，十方弟子同瞻礼。宝林铜钟广劝缘，云华石室谁作记。坐花共数莲几枝，剔锈尚馀铭百字。铭文共一百十五字，完好者九十九字。下言人鬼共安康，上祝国皇寿千岁。嘻嘻刘氏五十年，一方岭蜓殊可怜。画地为牢聚蛇毒，杀人下酒垂蛟涎。离宫深处即地狱，铁床汤镬穷烹煎。兔丝吞骨龙作醢，诸刘遗种无一全。人人被发欲上诉，亡魂怨魄谁解冤？

编玉为堂柱念四，媚川采珠人八千。垒山日输赎罪石，入城亦费导行钱。钱王媚佛善搜括，比此尚觉差安便。卖儿贴妇竭膏血，一塔岂有功德缘。尔时王此昏荒国，方诩极乐忉利天。红云张宴饱荔子，素馨如雪堆花田。朝出呼鸾引幢盖，暮归走马委珠钿。鱼英供壶甘露味，翠屏舞镜春风颠。大体双双学猪媚，微行侧侧携蟾仙。楼罗检历纵嬉戏，候窗设监酣醉眠。女巫霞裾坐决事，彼昏只倚常侍贤。自谓此乐千万岁，还丹不服贪流连。谁知执梃降王长，屈指造塔刚七年。

星流雨至时事改，风轮转劫无不坏。铜壶滴漏几须臾，倏忽到今九百载。金蚕往往卖珠市，玉鱼时时出银海。康陵荒废马坟空，此塔金身岿然在。赐田补钵亦荒芜，废像模铜失光彩。人间理乱百不闻，菩萨低眉犹故态。

吁嗟乎！佛虽无福亦无殃，而今宗教多荒唐。木铎广招诸弟子，天主教之传教者，名曰主教，曰神父，曰司铎。白绢妄说空家乡。《啸亭杂录》：白莲教以道祖为重，有天魔女巫诸名位。所传经卷，以"真空家乡无生父母"八字为真言，书于白绢，暗室供之。中西同异久积愤，一朝糜烂如蜩螗。谁人秉国竟养盗，坐引强敌侵畿疆？天魔纷扰修罗战，神兵六甲走且僵。大千破碎六种动，恐与佛国同沦亡。长安北望泪如泻，空亭徘徊夕阳下，问佛不言佛羊哑。赵佗窃号何真降，孰能保此一方者？

五禽言　五首

不如归去！不如归去！博劳无父鹦无母，生小零丁长艰苦。毛羽虽成不自主，归去归去，归何处？不如归去！

姑恶姑恶！小姑谣诼。小姑谗我有间时，狞奴黠婢日助虐。十年不将雏，自叹妾命薄。作窠犹未成，亦愿受鞭扑。一意报姑恩，云何姑不乐？姑恶姑恶！

泥滑滑！泥滑滑！北风多雨雪，十步九倾跌。前日一翼剪，昨日一臂折，阿谁肯护持，举足动牵掣。仰天欲哀鸣，口噤不敢说。回头语故雌，恐难复相活。泥滑滑！

阿婆饼焦！阿婆饼焦！阿婆年少时，羹汤能手调，今日阿婆昏且骄。汝辈不解事，阿婆手自操。大妇来，口哓哓；小妇来，声嚣嚣；都道阿婆本领高。豆萁然尽煎太急，炙手手热惊啼号。阿婆饼焦！

行不得也哥哥！行不得也哥哥！黑云盖野天无河，枝摇树撼风雨多，骨肉满眼各自他。三年病损瘦到骨，还欲将身入网罗。一身网罗不敢惜，巢倾卵覆将奈何？行不得也哥哥！

再　述　五首

誓师仗钺大王雄，虐使连声晋宋聋。万国谈瀛惊创见，八方震电怒环攻。寇来直指齐云观，兵起谁张救日弓？况是黑龙江上月，旌旗光照血波红。

玺书皇帝问东皇，亲爱从来昆弟行。岂有行人真坐罪，忍看邻国到唇亡。刚闻穷海通飞雁，翻又穿庐纵盗羊。五百岛民如并命，膏腴割尽可能偿。

存亡危急上呼天，联乞皇天悔祸延。朝议正为刘氏袒，里优忽唱李公颠。主盟牛耳方推长，宾馆鸿胪竟首悬。误尽攘夷南宋论，况逢毒手又空拳。

噂噂元老语踦间，沓沓群臣当殿趋。玉磬赂人终所客，翠华到处即迁都。预愁清酒黄龙约，尽倒天吴紫凤图。忍听王孙路旁泣，延秋月黑乱啼乌。

羽檄飞驰四百州，先防狼角后髦头。两端首鼠盟吴楚，一国蒙戎党李牛。天意岂忘黄种贵，帝星犹幸紫微留。横流忍问安身处，北望徘徊漆室忧。

七月二十一日外国联军入犯京师

压城云黑饿鸥鸣，齐作吹唇沸地声。莫问空拳驱市战，徐闻扈跸六军惊。波臣守辙还无恙，日驭挥戈岂有名。闻道重臣方受节，料应城下再寻盟。

闻车驾西狩感赋

史臣新纪中兴年，应数西迁第一篇。嵩室刚呼千万岁，帝车同仰九重天。齐人野语纷多故，海客谈瀛每浪传。今日君颜亲咫尺，秋风箫鼓竞导前。

有以守社稷为言者口号示之

万一群胡竟合围，城危援绝势难支。要知四海为家日，终异诸侯失国时。夺使只如争虎穴，劳王非敢战鱼丽。溥天颂德三年久，请听回中鼓吹辞。

中秋夜月

曾闻太姆会群仙，霞缛云纲敞绮筵。齐唱《人间可哀曲》，却忘天上是何年。横争丛博抃孤注，醉掷陶轮碎大千。剩取山河月中影，不成沧海不成田。

读七月廿五日行在所发罪己诏书泣赋

读诏人人泣数行，朕躬不德股肱良。三年久已祈群望，此罪明知在万方。表里山河故无害，转旋日月定重光。婆娑凤尾亲批诺，遥想天颜惨不扬。

谕剿义和团感赋

是民是贼论纷歧，铸鼎图奸始共知。黄带亦编流寇传，绣衣重睹汉官仪。自天下降愚黔首，为帝驱除比赤眉。伏剑直臣犹未瞑，料应喜见中兴时。

闻驻跸太原

南海昆明付劫灰，西风汾水雁声哀。勤王莫肯倡先晋，乐祸人犹奉子颓。兵甲谁清君侧恶，衣冠各自贼中来。壶浆夹道民争献，愿祝桥从万里回。

闻车驾又幸西安

群公累月道旁谋，扰扰干戈未敢休。大白去天真一握，裨瀛环海更西流。河山形势成牛角，神鬼威灵尚虎头。端王所统虎头营，仍随扈西行。差喜长安今夜月，千年还照帝王州。

久旱雨霁丘仲阆过访饮人境庐仲阆有诗兼慨近事依韵和之　二首

生菱碎尽剩湖光，未落秋花半染霜。举目山河故无恙，惊心风雨既重阳。麻鞋衮衮趋天阙，华盖迟迟返帝乡。话到黄龙清酒约，唏嘘无语忍衔觞。

兼葭秋老卧江湖，有客敲门梦乍苏。海外瀛谈劳炙輠，电中天笑诧投壶。自循短发羞吹帽，相对新亭喜雨珠。太白孤云高两角，不知曾湿汉旌无？

再用前韵酬仲阆　二首

夜雨红灯话《梦粱》，人言十事九荒唐。任移斗柄嗟王母，枉执干戈痛国殇。博戏几人朱果掷，劫灰遍地白莲香。残山一角携君看，差喜无须割地偿。

北望钧天帝所都，诏书昨拜执金吾。羞言玉玺褒新事，凄绝霓旌《幸蜀图》。牛李尚寻钩党祸，晋秦能作一家无？尊王第一和戎策，谁唱迎銮作先驱？

三用前韵 二首

秋草滦河辇河路荒，牛车重又冒风霜。国人争看天魔舞，帝女难言神鹊祥。今尚拳拳持玺绶，人言籍籍扑缣囊。芜蒌豆粥艰辛处，应忆东朝乐未央。

无人伏阙谏青蒲，事误都由七尺孤。当璧咸尊十阿父，折箠思服小单于。黄袯拥护难为妇，宝玦凄凉乞作奴。同此王称同此祸，早知金狄谶非诬。

四用前韵 二首

撼门环哭呼高皇，钟虡何人奉太常。堕地金瓯成瓦注，在天贯索指银潢。归元缥箧催函送，计口缗钱责币偿。索偿至四百五十兆两，以户口计之，是每人一缗钱也。岂独汉唐无此祸，五洲惊怪国人狂。

聚语踦闾二大夫，报书未服五单于。华离倘免分瓜苦，梦乱难迟蔓草图。借口岂徒征纪酃，空拳尚欲曜威弧。祷天莫作迁延役，早已荆榛万骨枯。

五用前韵 二首

盗玺曾闻罪瓒襄，如何在鼎九刑忘。君臣相顾如骑虎，父子难为隐攘羊。今日家居谁撞坏？老身社饭自思量。忽传罪己兴元诏，沾洒青霄泪万行。

掩抑鱼轩赋载驱，吞声在野鹆趺趺。扈行尚纵花门贼，入卫难征竹使符。旧梦百年仍锁港，残山半壁欲迁都。最怜黄鹤楼中客，西望长安泪眼枯。奏称"臣等自五月以来，惊魂欲断，泪眼将枯"云。

六用前韵 二首

噫嘻诸将敢连衡，传檄清奸告四方。狼角尽除尘尽扫，龙颜重奉日重光。到今北阙犹朝拱，岂有西邻妄责偿。汾水秋风太行雨，几人南望感勤王。

天何沉醉国何辜，横使诸华扰五胡。照海红灯迎圣母，惊人铜版踏耶稣。奇闻竟合诸天战，改色愁看《盖地图》。到此鹊喧鸠聚语，犹夸魔术诩神符。

七用前韵　二首

扰扰横开傀儡场，四方传笑国昏荒。梦鹦终悔临朝武，氏蜉应编异姓王。赐剑乍悲吴命短，执戈又吊《楚辞》殇。赖奸掩贼知难活，歼我良人孰索偿。谓南北殉难遭害诸君子。

落叶秋风怨帝梧，天寒谁为送寒襦。六宫亦写《寒丁帖》，九牧旁观《罔两图》。列仗黄麾函促送，蒙头毡氎病应苏。转旋龙驭归何日，恨未前驱手执殳。

八用前韵　二首

惊天重鼓女祸簧，横逼君弦变履霜。跪地习闻提冒絮，夺门祸遂起萧墙。日中倾蜺何无忌，海外医龙竟有方。闻道八神齐警跸，人间早既唱《堂堂》。

鸾声夹道听欢呼，重睹官仪返上都。三月麟裘思德化，诸天龙节护曼殊。崇德初年，西藏达赖禅师遣使驰贺，奏称为曼殊皇帝。中央土复尊黄帝，十等人能免黑奴。赖我圣君还我土，人人流涕说康衢。

天津纪乱　十二首

九载妖魔乱，先朝宝训垂。又逢年厄闰，复演卦重离。善禁刀能厌，神奸鼎共知。何堪三辅地，梦乱遂如丝。

竟屈将军贵，焚香启阁迎。踔经龙滴泪，图怪鸟罗平。大礼分舆马，同仇赋甲兵。红巾随衣绣，携手便偕行。

栈道烧先绝，军书阻不通。九天方设险，六国已环攻。雾暗军氛墨，波飞战血红。鹰瞵兼鹗视，高飐大旗风。

一概拳捶碎，喧腾万口哗。噫风倾海市，笑电掉雷车。薪积袄神火，莲开地狱花。忍看灰炮毒，糜尽万虫沙。

露布明光奏，翻夸士气扬。执戈童卫国，麾扇女勤王。赤手能擒虎，红头看烂羊。伤心骄愤诏，雪耻报先皇。

广募楼罗历，夸强曳落河。摩云飞白燕，出地叫苍鹅。空手婆猴技，齐声天马歌。赤流鸣咽水，犹逴剑横磨。

二伯分藩地，诸胡互市场。虎牢同郑戍，鱼烂竟梁亡。仗剑空神博，霆轮又国殇。相州师一溃，从此隳边防。

谁绘流民状，冤霜苦泣零。沙黄嗥饿犬，月黑尾流萤。倭堕抛家髻，郎当阁道铃。不徒标卖宅，遍地帖《零丁》。

官作胡奴役，魔将鬼界围。惊雷从掌起，酣梦忽头飞。神亦钉铜版，人难护铁衣。吞声说离乱，辛苦客逃归。

谁信勤王檄，都成乌合徒。兵篦纷白劫，国鬓哭朱儒。张脉当螳臂，空谭捋虎须。计穷惟矢死，一死岂偿辜。

都统开牙治，威仪比汉官。共和成宙合，馀怒及师团。锦绣千人伞，琅珰大吏冠。更留鞭血地，说付贼民看。

古有蚩尤雾，师君又水仙。未闻召金狄，几欲死苍天。照影神人镜，弹词瞽女弦。并归《妖乱志》，传述太平年。

京乱补述　六首

王屋沉沉者，翻闻篝火鸣。潢池纷盗弄，枉矢竟流行。白棓天魔舞，丹书鬼卒名。人言十常侍，内应早连盟。

一炬咸阳火，群飞京洛尘。自天来剑侠，无地立环人。囊射匈奴血，鞭麾小婢神。将军三十六，妖服尽黄巾。

天竟生藜祸，人争唱《董逃》。空闻宣虎节，莫肯解牛刀。举国成狂病，群官作贼曹。驴王兼狗相，踊跃喜同袍。

万国纷驰檄，传闻客馆攻。鱼枯将海涸，龙睡尚天聋。雷斗枪云黑，星飞弹雨红。不堪掘残冢，肆虐到神丛。

亦有诛奸疏，泣陈王室忧。裂麻要帝诺，攀槛碎巨头。月晕蓬星见，山倾铁血流。终看胡骑人，抉眼在城楼。

热铁飞轮下，城门牡早亡。手持忘玉玺，事误泣金床。弃甲逃神将，函头索贼王。虏尘重扰扰，又换八旗扬。

京　师

郁郁千年王气旺，中间鼎盛数乾嘉。可怜一炬成焦土，留与东京说梦华。鹳鸽来巢公在野，鸱鸮毁室我无家。登城不见黄旗影，独有斜阳咽暮笳。

三哀诗　三首

袁爽秋京卿

士生板荡朝，非气莫能济。国家有妖孽，尤贵养正气。公官典客时，正值艰难际。初言义和拳，本出大刀会。先皇铸九鼎，早既斥魑魅。明明白莲教，遗孽传苗裔。邪术金钟罩，不过弄狡狯。宗社三百年，岂可付儿戏！继言诸大国，各有白马誓。预储大万金，始可戮一士。矧持英荡来，堂堂大国使。一客不能容，反纵瘈犬噬。问罪责主人，将以何辞对？封事两留中，痛哭再上疏。彼贼敢横行，实挟朝贵势。奈何朝廷尊，公与匪人比？盲师糊涂相，骄将偃蹇吏。掷国作孤注，作事太愦愦。速请黄钺诛，无得议亲贵。幸清君侧恶，斧钺臣不避。当璧天子父，不敢为尊讳。天潢盗弄兵，语直斥王字。呜呼批鳞难，况触投鼠忌。朝衣缚下狱，众口咸诟詈。白刃露霜锋，黄巾走尘骑。阿师呼大兄，红带夹道侍。欢哗杀二毛，万头相倾挤。公甫下囚车，拜问臣何罪？刑官纵马来，大骂囚无礼。岂容发口言，指天复画地。呼天声未终，滚地头已坠。恶耗四海传，何人不雨泪？

识公十数年，相见辄倒屣。追述潘邓说，许我以国器。公赠诗有"孺初、伯讷两孤标，说士推君器后凋"之句。同辈六七贤，推公最强记。喜谈佛老学，语我求出世。知公真名士，不独善文艺。未知比干心，竟为直谏碎。我实知公浅，负负心内愧。马关定约后，公来谒大吏。青梅雨翛翛，煮酒论时事。公言行箧中，携有《日本志》。此书早流布，直可省岁币。我已外史达，人实高阁置。我笑不任咎，公更发深喟。今日读公疏，倘得行公意。四百五十兆，何至贻民累。不独民累祛，中国咸受惠。即彼附贼徒，亦缓须臾毙。斥公助逆人，黄泉见亦悔。苍苍天九重，今尚浮云蔽。痛公不言隐，开卷辄流涕。盗首既伏诛，知公不为厉。定为社稷忧，骑龙谒天帝。

吴季清明府

世界随转轮，成坏各有劫。适值倾覆时，万法不必说。以君循吏才，三年官于越。无端桴鼓鸣，伏莽寇窃发。山县斗大城，城头黑云压。纷纷彼狼心，跃跃欲猪突。君昔理常平，手曾治大猾。鸮音不能革，生性成梼杌。到此播流言，官实通贼牒。作贼兼作官，满城耳喧聒。城中西教徒，积恶鬼罗刹。闪闪苍鹰眼，磨刀咸欲杀。

公知事不可，大声作瞋喝。反激虿蛊怒，一霎尽灭裂。非无防御使，蠢蠢怯如鳖。噤不发一言，坐视民劫夺。此客甫断头，彼奴复流血。乱刃白雨点，混杀到手滑。猘犬狂号跳，奔马肆蹄啮。但是县衙人，一见辄摧挫。郎当子若孙，衣破脚不袜。同僚不肯留，望门走托钵。指名遍搜牢，牵发互辫结。驱羊入屠肆，执箠尚鞭挞。天堂变地狱，肉花碎片割。同时遭荼毒，彼此造何业？君一家遇难后，并尸于天主堂。堂中教士被害者共六人，少妇幼儿，皆以刀齑割其肉。肉既尽，乃毙之。君当就缚时，自知当永诀。上念我佛恩，如何得解脱。下伤我母慈，如何保生活。可怜八十母，萧条几黄发。

追忆六年前，春酒寿筵设。君披宫锦袍，手执先朝笏。公瑾与伯符，同年小一月。我歌《寿人》曲，登堂来拜谒。孙曾六七枝，一一芝兰苗。最小耳银珰，嫩面白胜雪。谁料彩衣舞，回旋仅一瞥。覆巢无完卵，雏鸟鸣亦绝。闻今既半年，未悉子存殁。家人畏惊倒，相戒咸结舌。入则围红裙，出乃易墨绖。母尚倚闾望，朝夕拜菩萨。念子归何迟，此别太契阔。家人诡以大府调往剿贼告其母。岂知望子台，早既堆白骨。以君精佛理，凤通一切法。明知入世事，如露如泡沫。佛力犹有尽，何况身生灭。将头临刃时，定知不惊怛。独怪耶稣教，瓣香曾未爇。如何偕教徒，一例受磨折。观君遭万变，已足空一切。只有《黄鸟》歌，哀吟代呜咽。

唐轶臣明经

呜呼汉家厄，十世到我皇。上承六七圣，德泽遍八荒。麛裘三月政，讴歌不能忘。忽传有疾诏，遍求千金方。千人万人和，重鼓女娲簧。珠襦坐武帐，奔走何跄跄。神鹊衔果来，天女实发祥。今当尧舜朝，益宜简元良。恩赐太子衣，有心见庬凉。恻恻君弦声，晨寒哀履霜。瀛台百尺高，远隔海中央。齐东野人语，传说多荒唐。贼相与瞽师，发短心甚长。亟欲奉前星，高置中宫旁。猪王一无知，好勇徒强梁。群小争拥戴，妄夸国富强。待封狼居胥，同进万年觞。

天适降神人，人人空拳张。张我虎神威，何难驱群羊！家家白莲花，满城吹迷香。直挑强邻怒，横纵国人狂。各国会师来，长驱莫敢当。遂令《春秋》笔，天王狩河阳。呜呼当此时，国势如螳螂。东南外诸侯，亟亟宜勤王。上以肃宫禁，下以靖欃枪。外以杜邻责，免索岁币偿。奈和裘蒙戎，失路迷怅怅。转令一匹夫，起为董公倡。遥闻誓群师，风云奉龙骧。多鱼忽漏言，一网归沦亡。

画虎竟不成，刲羊亦无益。成败非所论，此志良可伤。人言秘箧中，别藏法三章。意实主民权，假托尊王纲。又言三日谷，纵兵肆跳踉。掳掠得几何，概许归橐囊。是皆莫须有，秘狱谁能详。江南群盗薮，纷纷说连衡。倘若出此策，自毁周身防。铸铁成大错，引刀还自戕。明明勤王师，转以贼名扬。君魂果衔冤，被发诉帝乡。援枹率犀甲，号召诸国殇。请帝乘白龙，还我苍天苍。芒芒此禹城，滔滔彼汉江。君听人间谣，处处歌《堂堂》。

和平里行和丘仲阏

潮阳县有碑曰“和平里”。碑九尺许，每字高二尺许，小字九，曰“宋庐陵文山文天祥题”。“和平里”，不见于《宋史》。惟邓光荐《丞相传》云：“公驻和平市，攻陈懿党，意后隔海港，步骑未能遽前。而陈懿乃迎导北师张弘正，潜具舟济，轻骑直造督帐。”刘岳申《传》云：“公方饭五坡岭，步骑奄至，公不得脱，服脑子不死。众拥之上马，见张弘正于和平，大骂求死。”和平盖即此地。初，潮之士民请公移行府于潮。公进潮阳，诛懿党刘兴，适邹沨、刘子俊等，亦以民兵数千自江西至。《指南录》所谓“稍平群盗，人心翕然”，即此时事。邓中甫云：“因潮之民，阻山海之险，使假以岁月，增兵峙粮，以立中兴之本，亦吾国之莒、即墨也。乃逆懿惧诛，潜师夜袭，卒陷绝地，谓非天乎!”公于祥兴元年十一月屯潮阳，即往和平市。十二月十五日，趋海丰，入南岭。二十日被执，越七日入虏营。讨逆寇于此，见虏帅亦于此，先后凡一月有奇。里人获公书，珍袭而摹刻之，以公忠义之气，感人之深也。百世之下犹兴起，况亲见公书者耶？固其宜也。仲阏归自台湾，客于潮，作诗寄余。岁暮感事，因追和之，距文山住此时六百二十四年矣。庚子岁除前三日。

丰碑巍巍土花碧，大书“和平”字深刻。此乡曾驻勤王师，下马来拜文信国。澄潭小渚风不波，奇卉美箭枝交柯，手携酒壶背钓蓑，彼是文山安乐窝。日气火气蒸湿暑，人声鬼声杂风雨，身倚穷墙立圜土，此乃南冠囚絷处。少日里居殊安康，中年国难多抢攘。最公一生所践履，大都惶恐滩与零丁洋。红尘蔽天走胡骑，海水群飞无立地。飘流绝岛君若臣，行在朝衣频拭泪。自从辛苦贼中来，万死一生艰险备。今夕何夕梦稍安，此身却在和平里。想见淋漓落笔时，满腔揽辔澄清志。八千子弟方募兵，欲倚即墨复齐城。有田有成众一旅，天若祚宋期中兴。摩崖上刻浯溪颂，安知不署臣结名。崖山一哭舟尽覆，公竟囚车随北征。吁嗟乎！从古未闻纯是夷虏世，德祐即位，太后诏语。剪分鹑首天何醉。拨乱无闻平贼功，劫盟莫讲和戎利。丘生丘生吾与汝，坐视金瓯缺复碎。想公驰檄召勤王，对我父老愧欲死。公魂归天在柴市，今日邻军犹设祭。矧公画日亲笔书，字字风霜留正气。孤城隐隐烟雾遮，大江溅沫飞春沙。《指南录·集杜驻潮阳》云："寒城朝烟淡，江沫拥春沙。"寒山片石月来照，中有光芒非公耶！

卷十一　十九首
（光绪二十七年至三十年　1901年至1904年）

聂将军歌

聂将军名高天下闻，虬髯虎眉面色赭，河朔将帅无人不爱君。燕南忽报妖民起，白昼横刀走都市。欲杀一龙二虎三百羊，是何鼠子乃敢尔？将军令解大小团，公然张拳出相抵。空拳冒刃口喃喃，炮声一到骈头死。忽来总督文，戒汝贪功勋。复传亲王令，责汝何暴横。明晨太后诏，不许无理闹。夕得相公书，问讯事何如？皆言此团忠义民，志灭番鬼扶清人。复言神拳斫不死，自天下降天之神。国人争道天魔舞，将军墨墨泪如雨。呼天欲诉天不闻，此身未知死谁手，又复死何所！

大沽昨报炮台失，诏令前军作前敌。不闻他军来，但见聂字军旗人复出。雷声毗毗起，起处无处觅。一炮空中来，敌人对案不能食；一炮足底轰，敌人绕床不得息。朝飞弹雨红，暮卷枪云黑。百马横冲刀雪色，周旋进退来夹击。黄龙旗下有此军，西人东人惊动色。敌军方诧督战谁，中旨翻疑战不力。此时众团民，方与将军仇。阿师黄马褂，车前鸣八驺。大兄翠雀翎，衣冠如沐猴。亦有红灯照，巾帼赢兜鍪。昨日拜赐金，满车高瓯窦。京中大官来，神前同叩头。懿旨五六行，许我为同仇。奖我兴甲兵，勉我修戈矛。将军顾轻我，将军知此不？军中流言各哗噪，作官不如作贼好。诸将窃语心胆寒，从贼容易从军难。人人趋叩将军辕，不愿操兵愿打拳。将军气涌遍传檄，从此杀敌先杀贼。将军日午罢战归，红尘一骑乘风驰，跪称将军出战时，闱门众多偻罗儿，排墙击案抱旌旗，嘈嘈杂杂纷指挥。将军之母将军妻，芒笼绳缚兼鞭笞，驱迫泥行如犬鸡，此时生死未可知，恐遭毒手不可迟，将军将军宜急迫。将军追贼正驰电，道旁一军路横贯。齐声大呼聂军反，火光已射将军面。将军左足方中箭，将军右臂几化弹。是兵是贼纷莫辨，黄尘滚滚酣野战。将军麾军方寸乱，将军部曲已云散。将军仰天泣数行，众狂仇我谓我狂。十年训练求自强，连珠之炮后门枪。秃襟小袖氎毵装，蕃身汉心庸何伤！执此诬我谗口张，通天之罪死难偿，我何面目对我皇？外有虎豹内豺狼，警警犬吠牙强梁，一身众敌何可当？今日除死无可望，非战之罪乃天亡。天苍苍，野茫茫，八里台，作战场。赤日行空尘沙黄，今日被发归大荒。左右搀扶出裹疮，一弹掠肩血滂滂；一弹洞胸胸流肠，将军危坐死不僵。白衣素冠黑裲裆，几人泣送将军丧，从此津城无人防。将军母，年八十，白发萧骚何处泣？将军妻，是封君，其存其殁家莫闻。麻衣草屦色憔悴，旁人道是将军子。欲将马革裹父尸，万骨如山堆战垒。

夜　起

千声檐铁百淋铃，雨横风狂暂一停。正望鸡鸣天下白，又惊鹅击海东青。元杨允孚《滦京杂咏》："新腔翻得《凉州曲》，弹出天鹅避海青。"自注曰："海青击天鹅，新声也。海东青者，出于女真，辽极重之。"沉阴瞳瞳何多日，残月晖晖尚几星。斗室苍茫吾独立，万家酣梦几人醒？

群　公　四首

群公衮衮各名声，一死鸿毛等重轻。事事太阿权倒授，人人六等罪分明。兵威肯薄牵牛罚，党论犹嗟走狗烹。闻道谏臣归骨日，柳车迎拜极哀荣。

遁逃无地呼无天，到此惟馀冒刃拳。启秀、徐承煜为联军所拘，卒见杀。廷雍亦被杀。甲仗空迎回纥马，联军入保定，廷雍出迎之。血衣竟染汉臣鞭。操戈逼父心先死，联军入城后，承煜托名保家全宗，逼乃父徐桐自经死。接剑呵人目尚悬。杀许侍郎、袁太常之诏，实出启秀手，监视行刑者，即徐承煜。鹭立鹰瞵旗夹道，看君忍辱赴重泉。启秀伏法时，八国各以兵押送，均闭目不视云。

各戴头颅万里行，九州无处可偷生。上尊犹拜养牛赐，五鼎先看福鹿烹。庄王在蒲州，赵舒翘及英年在西安，皆赐死。断狱总应名国贼，犯颜犹记与天争。有谕称："首祸诸臣，叫嚣躁突，总在肘腋"云云。伤心祸首兼戎首，万骨虽枯恨未平。毓贤戍新疆，行至兰州，伏诛。

途穷日暮更何求，白首同拼一死休。衔刃尚希忠烈传，盖棺免索太师头。刚毅、徐桐、李秉衡皆自尽。彗星扫地应除旧，祸水滔天幸绝流。九庙有灵先诏在，朝衣趋谒定应羞。嘉庆癸酉八月，上以遇变，下罪己诏，中有"教匪变生肘腋，实由诸臣酿成汉、唐、宋、明未有之变"云。

奉谕改于八月廿四日回銮感赋

翘首齐瞻辇路尘，又迟銮驾阻时巡。翠华望遍今天下，玉玺犹持一妇人。万里河难塞瓠子，谕称"雨潦难行，且河决冲毁行宫，今方改造"云。九霄星未转钩陈。三公一国狐裘赋，谁是安危社稷臣？

和议成志感

天乎叔带召戎来，举国倾危九庙哀。拳勇竟遭王室乱，首谋尚纵贼人魁。谓革王戴漪未死。失民更为丛驱爵，毕世难偿债筑台。坐视陆沉谁任责，事平敢望救时才。

启銮喜赋

千官万骑奉龙骧，踽踽爻间扈从忙。罪首既诛昏墨贼，民心犹戴往黄皇。神灵拥护华舆稳，父老欢迎麦饭香。回首南山宫阙峻，定知在莒永无忘。

车驾驻开封府

竿摩辙乱逼西迁，琐尾流离倏一年。奉母蒙尘犹在郑，迎王望雨待归燕。诸侯香草方毡幕，西母蟠桃又绮筵。举首长安知日近，肯留河上再迁延。

李肃毅侯挽诗 四首

骆胡曾左凋零尽，大政多公独主持。万里封侯由骨相，中书不死到期颐。屦弧卒挽周衰德，华衮优增汉旧仪。赐方龙补服，历来汉宫所未有。他如赏紫缰，赐三眼花翎，于京师建专祠，均异数也。官牒牙牌书不尽，盖棺更拜帝王师。

连珠臣炮后门枪，天假勋臣事业昌。南国旌旗三捷报，北门管钥九边防。平生自诩杨无敌，诸将犹夸石敢当。何意马关盟会日，眼头铅水泪千行。

毕相伊侯久比肩，外交内政各操权。抚心国有兴亡感，量力天能左右旋。赤县神州纷割地，黑风罗刹任飘船。老来失计亲豺虎，却道支持二十年。公之使俄罗斯也，遵宪谒于沪上。公见语曰："连络西洋，牵制东洋，是此行要策。"及胶州密约成归,又语遵宪曰:"二十年无事,总可得也。"

九州人士走求官,婢膝奴颜眼惯看。满箧谤书疑帝制,一床踞坐骂儒冠。总无死士能酬报,每驳言官更耐弹。人哭感恩我知己,廿年已慨霸才难。光绪丙子,余初谒公,公语郑玉轩星使,许以霸才。

寄题陈氏崝庐　二首

前者主人翁,我曾侍杖履。后者继主人,雁行吾兄弟。滔滔大江流,前水复后水。一息不停留,百川互输委。翁昔笑倚栏,早识生灭理。蓬蓬马鬣高,万古藏于是。一官甫归来,乃无托足地。生当大乱时,忠贤或祈死。人至以死祈,世事可知矣!嗟嗟我华种,受生即患始。尽是无父人,呼天失怙恃。弱肉供强食,谁能保没齿?翁今顺化去,万事责可已。呼龙下大荒,倘作种游戏。屋后《瘗鹤铭》,是翁记默示。阶前红杜鹃,是子所染泪。鹤冢鹊巢间,乃我寄题字。揣翁垂爱心,万一肯留视。

负墙一病叟,吞声几欲哭。居此三四世,手执茅衣屋。作犬不守门,作猱不升木。坐令田荒芜,万事付手束。自官教我耕,暂学种蔬蔌。横纵济尽通,方整帛有幅。门前桑竹茶,坐我树阴绿。携儿哺鸡雏,反盉有馀粥。倘官遂设施,庶几一年蓄。何期麦尝新,不及今兹熟。炭船溯湘来,篙工偶托足。称官老陈米,意比凶年谷。长沙露行客,肩桃笑歌逐。城中诸娄罗,莫敢侵半菽。沉沉石墨缘,穷搜到地轴。家家易金归,乐祸天雨粟。人人他不知,只知小人腹。帝清爱下民,赖官锡民福。官胡弃民归,世亦嫌薄禄。江神夹海若,蹴我国日蹙。无人救饥溺,听我饱荼毒。社时操豚蹄,待向墓前祝。

病中纪梦述寄梁任父　三首

阴风飒然来,君提君头颅。自言逆旅中,倏遇狙击狙。闪电刃一挥,忽如绛市苏。道逢两神人,排云上天衢。此挹褰民袖,彼褰烈士襦。邂逅哭复歌,互讯今何如。君言今少年,大骂余非夫。当服九世仇,折箠笞东胡。逐逐挥日戈,弯弯射天弧。孰能张网罗,尽杀革命徒。汝辈主立宪,宁非愚欲迂。我方攲枕听,鸣鸡乱惊呼。残日挂危檐,犹照君眉须。遥知白日光,明明耀子躯。子魂渡海来,道有风波无?蛟螭日攫人,子行犹坦途。悬金购君头,彼又安蔽辜。在在神护持,天固弗忍诛。君头倚我壁,满壁红模糊。起起拭眼看,噫吁瓜分图！

我生托此国，举国重科第。记昔持墨卷，出应群儿试。梦谒文宣王，旁立朱衣吏。手指平头宪，云是汝名字。尔时意气盛，年少矜爪嘴。谓彼牛医儿，徒一唐名士。不如《党锢传》，人人主清议。汪汪千顷波，陋比涔蹄水。捧龟诟天呼，区区竟余畀。乌知当是时，东海波腾沸。攘夷复尊王，佥议以法治。立宪定公名，君民同一体。果遵此道行，日几太平世。我随使槎来，见此发深喟。呜呼专制国，今既四千岁。岂谓及余身，竟能见国会。以此名我名，苍苍果何意。人言廿世纪，无复容帝制。举世趋大同，度势有必至。怀刺久磨灭，惜哉吾老矣！日去不可追，河清究难俟。倘见德化成，愿缓须臾死。

子今归自美，云梦俄罗斯。愤作颠倒想，故非痴人痴。中原今逐鹿，此角复彼犄。此鹿竟谁得，梦境犹迷离。辽东百万家，战黄血淋漓。不特薄福龙，重重围铁围。哀彼金翅鸟，毛羽咸离披。方图食小龙，展翼漫天池。鼓衰气三竭，遍体成疮痍。吁嗟自专主，中俄条约中之称。天鉴明在兹。人人自为战，人人公忘私。人人心头血，濡染红日旗。我今托中立，竟忘当局危。散作枪炮声，能无惊睡狮。睡狮果惊起，牙爪将何为？将下布宪诏，太阿知在谁？我惭嘉富洱，子慕玛志尼。与子平生愿，终难偿所期。何时睡君榻，同话梦境迷。即今不识路，梦亦徒相思。

据《人境庐诗草》民国十九年六月长孙能立
重校印本

人境庐诗词曲赋选辑

古从军乐乙丑　七首

男儿为名利，敢以身殉贼。东南有穷寇，兵氛幸未息。腰间三尺刀，一日三拂拭。欲行语耶娘，耶娘色如墨。去矣上马去，笑看黄金勒。

前营接后营，云有十万兵。军书举十卷，罗列兵姓名。其中十三四，馀粮吞馀□。朝廷方筹饷，主将金满籯。

前营卢雉呼，后营筝琶鸣。隔河列万帐，萧萧马无声。寇来冲我军，坚壁不与争。借问主将谁，酣醉正未醒。从来整以暇，乃称善用兵。

昨日贼兵移，我军尾其后。道有妇女哭，挟以上马走。夫婿昨伤死，还遗行怀酒。耶娘欲牵衣，手颤不敢救。今日报战功，正赖尔民首。

百人驱一贼，贼势少退却。辄惧困兽斗，不复穷追索。普天同王土，岂有分厚薄。我辈思立功，且以邻为壑。

纵寇如养鹰，用兵如脱兔。寇来我先遁，寇去我不顾。昨夜出掠野，卒然与贼遇。喧称奏凯归，斩馘以百数。急磨盾鼻墨，明日驰露布。

露布如流星，飞入甘泉宫。天子坐明堂，下诏嘉尔功。貂冠孔雀翎，头上光熊熊。破格求将材，国恩有独隆。寄语屠狗辈，故友今英雄。

军中歌　二首

将血拭刀光，刀光皎如雪。不愿砍人头，只愿薙贼发。

能识《千字文》，不如一石弓。寄语屠狗辈，故友今英雄。

邻妇叹丙寅

寒霜凄凄风肃肃，邻妇隔墙抱头哭。饥寒将奈卒岁何，哭声呜呜往以复。典衣昨得三百钱，不堪官吏相逼促。纷纷虎狼来上门，手执官符如火速。哀鸣不敢强欢笑，笑呼阿兄呼阿叔。只鸡杯酒供一饭，断绝老翁三日粥。虎狼醉饱求无已，持刀更剜心头肉。自从今年水厄来，空仓只有数斗谷。长男远鬻少女嫁，剖钱见血血漉漉。官吏时时索私囊，私囊不许一钱蓄。小人何能敢负租，而今更无男可鬻。明日催租人又来，眼见老翁趋入狱。呜呼！眼见老翁趋入狱，遥闻长官高堂上，红灯绿酒欢未足。

二十初度　三首

皎皎长安月，漫漫京洛尘。出门今六载，万里望吾亲。阿母忙开酿，山妻笑买春。捧觞遥北向，稽祝八千椿。

我翁须发白，六十到平顶。自小承怜惜，将何解隐忧！十年兵革乱，终日稻粱谋。画肚知何策，人间富可求！

无数童䲡乐，匆匆忽已过。诗书抛废半，岁月乱离多。夜夜阴符策，朝朝弹铗歌。人生近三十，万事莫蹉跎。

新嫁娘诗①　五十二首

前生注定好姻缘，彩盒欣将定帖传。私看鸾庚偷一笑，个人与我是同年。

脉脉春情锁两眉，阿浓刚及破瓜时。人来偶语郎家事，低绣红鞋佯不知。

屈指三春是嫁期，几多欢喜更猜疑。闲情闲绪萦心曲，尽在停针倦绣时。

问娘添索嫁衣裳，只是含羞怕问娘。翻道别家新娶妇，多多满叠镂金箱。

金钗宝髻新妆束，私喜阿侬今上头。姊妹旧时嬉戏惯，相看霞脸转

---

① 　1960年版《人境庐集外诗辑》辑此诗51首；1989年《梅州文史》第2辑刊载黄秉良辑此诗为52首。今以《人境庐集外诗辑》为底本，与张永芳《黄遵宪佚作〈新嫁娘诗〉版本对勘》一文所附52首对校，并补录一首。

生羞。

烛影花光耀数行，香车宝马陌头忙。红裙一路人争看，问是谁家新嫁娘？

珊珊云步下舆初，几个阿鬟取次扶。未展花颜先露眼，不知夫婿貌何如？

青毡花席踏金莲，女使扶来拜案前。最是向人羞答答，彩丝双结共郎牵。

洞房四壁沸笙歌，伯姊诸姑笑语多。都道一声恭喜也，明年先抱小哥哥。

腰悬宝镜喜团圆，髻插银花更助妍。一见便教郎解带，此时心醉态嫣然。

背面常教依壁角，私情先已到衾窝。千回百转难猜度，毕竟宵来事若何？

谁家年少看新娘，戏语谑词闹一房。恼煞总来捉人臂，要将香盒捧槟榔。

酒阑人静夜深时，闻道郎来佯不知。下整钗头还理鬓，任他催唤故迟迟。

个人催促那人看，此际思量正两难。毕竟惊鸿飞去好，管他窗外没遮阑。

深藏被底心偏怯，乍解衾情笑亦庄。私怪檀郎太轻薄，破题先索口脂香。

云鬟低拥髻斜敧，此是千金一刻时。又是推辞又怜爱，桃花着雨漫支持。

月影和烟上画梁，双鬟悄立整罗裳。守宫的的争矜艳，未许人前理宝床。

卿须怜我我怜卿，道是无情却有情。几次低声问夫婿，烛花开尽怕天明。

香糯霏屑软于绵，纤手搓来个个圆。玉碗金瓯分送后，大家齐结好姻缘。

情意生疏怕见人，半含娇态半含颦。她家姊妹频来看，只管垂头弄绣巾。

单衫轻卸怯微寒，皓质生香浸玉盘。背立锦屏深曲处，生憎女伴惯偷看。

几分羞涩更矜持，心善防人人不知。乍见郎来佯掩避，背人却向绣帷窥。

惯要低头私匿笑，有时回面却含娇。传神恰好春工画，此是新婚第二宵。

鸡头凝白火齐丹，未许郎君仔细看。恰好深深碧罗帐，巧将灯影替遮阑。

暗中摸索任伊人，到处香肌领略真。两腋由来生怕痒，故将玉臂曲还伸。

玉钩青帐放迟迟，细腻风光应独知。生怕隔墙人有耳，嘱郎私语要呢呢。

鸳衾春暖久勾当，红日三竿已上楼。蓦听笑声窗外闹，新人今尚未梳头。

鬓云高拥学盘鸦，一抹轻红傍脸斜。不识新妆合时否，倩人安个鬓边花。

青油雨撒碧油缸，更送鱼双鸡一双。新串三朝馂女后，并肩絮语坐纱窗。

锦衣学制怕难工，彩线拈来任意缝。同伴笑夸针黹好，脸波一笑向人红。

整鬓迎人当带笑，薰衣呼婢偶含嗔。新来几日生兼熟，一种情怀绝可人。

零星细事米同盐，刚要当家尽未谙。夜尽共郎详细述，鸳帷深处语喃喃。

锦茵低坐茜裙抛，乍觉心慵懒扫蛾。为念别来新阿母，思儿情更比儿多。

箱囊收拾上金车，一月圆时更转家。何许归期向郎道，画栏开到石榴花。

迎门旧侣笑呵呵，东阁重开镜细磨。最是夜深相絮语，娘前羞道一声他。

杏黄衫子在云箱，今日无端天气凉。吩咐侍儿归去取，却将红豆寄情郎。

钿车归去笑声喧，瞥见情郎悄不言。却待无人相密约，夜深潜启绣楼门。

平生从不识相思，今日才知此事奇。归去为郎稠迭语，一般滋味两人知。

听得唤眠伴咳唾，只因羞睡懒趋承。宵深不耐郎催促，还把齐纨灭了灯。

低笑轻怜情意投，此乡真个是温柔。一枝红玉软如锦，递与香郎作枕头。

玉镜遮开秋水明，茜纱窗启晓光迎。拈毫悄语烦郎手，学画双眉尚未成。

十二珠帘护绣房，恹恹春困凭湘床。羞眸斜睇娇无语，烂嚼红绒欲唾郎。

曲曲雕阑夜已铺，背灯偷解绣罗襦。娇羞不敢同郎看，十幅屏风秘戏图。

偶然唐突变容光，做个生疏故试郎。一枕芙蓉向郎掷，道郎今夜莫同床。

袖中携得绿荷包，戏与藏讴赌那宵。还是枣仁是莲子，道郎果甚是推敲。

鸳鸯被底久向衾，美满恩情值万金。深闭翠屏无个事，私将锦带结同心。

几日情怀费我猜，腰支无力眼难抬。枕边密与檀郎语，怪底红潮信不来。

私将香草佩宜男，自顾腰围自觉惭。形迹怕教同伴睹，见人故意整罗衫。

银灯红处坐商量，个里疑团那得详。好向花神密祈祷，嘱郎明日去烧香。

报产麟儿乍寝床，一时欢笑到重堂。锦绷抱向怀中看，道似阿爷还似娘。

闲凭郎肩坐绮楼，香闺细事数从头。画屏红烛初婚夕，试问郎还记得不？

自家刚自做新娘，又见他家闹洞房。戏语倍工情胜昔，偷将私语教情郎①。

山 歌 六首
土俗好为歌，男女赠答，颇有《子夜读曲》遗意。

---

① 此首录自张永芳文末附录第44首。

送郎送到牛角山，隔山不见侬始还。今朝行过记侬恨，牛角依然弯复弯。

阿嫂笑郎学精灵，阿姊笑侬假惺惺。笑时定要和郎赌，谁不脸红谁算赢。

做月要做十五月，做春要作四时春。做雨要做连绵雨，做人莫做无情人。

见郎消瘦可人怜，劝郎莫贪欢喜缘。花房胡蝶抱花睡，如何安睡到明年。

人人曾做少年来，记得郎心那一时。今日郎年不翻少，却夸新样好花枝。

人道风吹花落地，侬要风吹花上枝。亲将黄蜡粘花去，到老终无花落时。

买　书庚午　三首

古人爱后人，念无相饷遗。白头老著书，心传后人知。古人不并世，已恨我生迟。犹赖一卷书，日与古人稽。我生最爱此，旁人呼为痴。明知难遍读，虽多亦奚为。但念如良友，不可须臾离。见虽无多言，别当长相思。

我家梅水东，亦有屋三椽。分为东西头，藏书于其间。少小不知爱，悔不读十年。中间劫火焚，字字成云烟。今日欲买书，又恨囊无钱。有如嗜酒人，无福居酒泉。道旁逢曲车，辄复口流涎。流涎终不得，默默我自怜。凡物当其无，乃知事艰难。

一切身外物，皆非我生有。我意招之来，偶然入我手。未必贤子孙，世世能相守。二百三百年，得此兕甲寿。但念我竟痴，爱书如爱友。我年若满百，亦共周旋久。此中有因缘，不得谓之偶。所以我买书，市廛竟日走。交臂或忽失，无心或又取。

榜　后庚午　五首

满城风雨叶声干，瑟瑟秋深酿小寒。千佛经摊名细读，三山路远到良难。诸公自作违心论，当局谁能冷眼看？昨日今宵又明岁，一齐情绪入心肝。

两鬓青青默自怜，不知迟我又何年？折磨少受庸非福，文字无灵敢怨天。入世畏人讥小草，在山容我作清泉。长安万里吾亲舍，只愧趋庭未有缘。

人人科第羡登仙，制义抡才五百年。子集论文删帖括，祖宗养士费官钱。伤心曲学徒阿世，屈指中兴得几贤。安用毛锥谇一掷，有人纳粟出输边。

无穷事愿付蹉跎，转瞬韶华极易过。署行看人夸具庆，厚颜宁我愧登科。转移风气终非易，阅历名扬既算多。依旧青衫依旧我，光阴人墨又相磨。

又踏槐花一次忙，未知此愿几时偿。满车难慰操啼［蹄］祝，待价何能韫椟藏，早岁声华归隐晦，旁人得失议文章。出门一笑吾归矣，闻道东篱菊已黄。

朝鲜叹①

有北有北鄂罗斯，展翼巨鹫张牙狮，欲囊卜合鞭四陲。梦中伸脚直东下，谅尔无过土耳其。吁嗟乎朝鲜！吾为朝鲜危。一解。

雌王宝剑猴王刃，迩来又唱征韩论，踌躇四顾权且忍。有人欲杀西邻牛，宰肉平分先一分。吁嗟乎朝鲜！何以待日本？二解。

四夷交侵强邻逼，皇皇者华黯无色，保藩字小有何力！黄龙府又黑龙江，方醢小龙供鸟食。吁嗟乎朝鲜！汝毋恃上国。三解。

前有檀君后卫满，夜郎自大每比汉，几经内属几外叛。黄幄拜天九叩头，受降又留百世患。吁嗟乎朝鲜！恨不改郡县。四解。

尊汉如天使如父，前儿在子求保护，四邻环伺眈眈虎。不能鸡口作牛后，高下句骊定谁土。吁嗟呼朝鲜！奈何不自主？五解。

山中之天海中市，中央如砥可辟世，列强画作局外地。赢颠刘蹶百兴亡，任我华胥闭门睡。吁嗟乎朝鲜！安得如瑞士！六解。

峨冠博带三代前，蜷伏蠖息海中间，犹欲锁港坚闭关。土崩瓦解纵难料，不为天竺终波兰。吁嗟乎朝鲜！朝鲜吾忍言？七解。

越南篇②甲申

於戏我大清，堂堂海外截。封贡三属藩，有若古三蘖。流求忽改

---

① 此诗据梁启超《饮冰室诗话》。《诗话》云此诗"盖癸未所作"，即光绪九年（1883年）作。

② 此诗据梁启超《饮冰室诗话》。题下注"甲申"，为光绪十年（1884年）。按中法战争中签订条约之事在光绪十一年（1885年），故"甲申"疑误。

县，句骊不成国。右臂既恐断，两足复悲刖。今日南越南，戎夏又交掉。芒芒吊禹迹，眼见日乖剌。溯当始祸萌，事由一身龊。无端犯王师，妄持虎须捋。天威震迭久，又恐张挞伐。尔时路易王，挟强逞饕餮。铤鹿急难择，饮鸩姑止渴。虽逢国步艰，鞭长远莫及。假威许蒙马，染指思食鳖。偶思许田假，遂挟秦权喝。南北万里海，从此生交涉。道咸通商来，来往寄蓄舶。搏兔逞狮威，含鼠纵鸥吓。可怜雏雄王，蠢蠢正似鸭。丰岐初王地，手捧土一撮。弱肉供强食，一任鸾刀割。神弩不能飞，天柱亦随折。尾击须弥翻，掌鸣太华擘。山河寸寸金，攫取到手滑。新附裸狼腌，今复化鬼蟓。海口扼尔吭，定知国难活。同治中兴初，滇南扰回鹘。购运佛郎机，苦嫌鸟里阔。时有西域贾，请从间道达。直溯富良江，万里若庭阔。一符挟万枪，绝无吏纠察。归言取九真，无复烦兵卒。但鸣一声炮，全国归钤辖。豕蛇荐食心，闻此益坚决。遂以法王法，运彼广长舌。到今割地约，终画花名押。缅稽白雉来，初见於越纳。眉珠窃弩归，每每附南粤。颛臾等附庸，思摩当一设。或随降王梃，或拜夫人节。中间贤太守，龙度推土燮。远地日归化，常朝非荒忽。唐初设都护，穷海益震慴。安南仅道属，何尝称国别。陵夷五季乱，渐见蛮夷猾。曲矫与吴丁，拥兵日猖獗。方叹黎侯微，又歌李华发。陈氏甫代齐，虞公复不腊。中朝节度名，初未敢抹杀。帝号聊自娱，后乃纵僭窃。壮哉英国公，桓桓仗黄钺。三擒名乇归，悬首在观阙。龙编入鳞册，得地十七八。复古郡县治，南人咸大悦。狼子多野心，豺勇复冒突。疆场互彼此，王命迭予夺。逮明中叶后，中干国力竭。置君无定棋，遣将多覆辙。遂议珠崖弃，坐视金瓯缺。巍峨鬼门关，从此论异域。夜郎妄比汉，更有吠尧桀。黎莫新旧阮，此亡彼兴勃。版图二千年，传国数十叶。雁去复雁来，狐埋更狐掘。蛮触虽屡争，同种出骆越。得失共一弓，磨击非两铍。而今入法界，尽将汉帜拔。吁嗟铜柱铭，真成交趾灭。乾隆全盛时，四海服鞭挞。忽有黎大夫，求救旄邱葛。兴灭字小邦，皇皇大义揭。出关万熊罴，一月奏三捷。元夜失昆仑，忽而全师蹶。猿鹤与沙虫，万骨堆一穴。尔时金川平，国威震穷发。方统羽林军，大会长杨猎。西北五单于，渭桥伏上谒。当此我武扬，何难国耻雪！鹓剿索伦兵，人人肃慎笤。倘命将军行，径取此獠杀。废藩夷九县，明正蹀田罚。赤土与朱波，左提复右挈。凯乐奏《兜离》，文化拓苍颉。或者南天南，尽将海囊括。胡为奸虏谋，转信中行说。金人作化身，非人就是物。桃根将李代，一意防虫啮。是何黎邱鬼，变态极诡谲。谓秦岂无人，尔蛮何太黠！妄称佛诞日，亲拜天菩萨。化身魔波旬，竟许日三接。直从仇虏中，跻之亲王列。哀哀马革尸，弃置情太恝。赝鼎纳神奸，于史更污蔑。明明无敌兵，忽当小敌怯。岂其十全功，势成强弩末？抑当倦勤年，乐闻有苗格？每论武皇功，怪事呼咄咄。噫嘻大错铸，奚啻九州铁。迄来百年事，言之更蹙蹙颇。国小亦一王，乃作无赖贼。乌艚十总兵，拏盗纵出没。国饷藉盗粮，公与海寇结。嗣后红巾乱，更作狼鼠窟。外人诘庇盗，遇事肘屡掣。王师迭出关，徒作驱鱼獭。闻今越南王，自视犹滕薛。君臣共鼾睡，忘是他人榻。无民即无地，地维早断绝。黄图转绿图，旧色尽涂抹。譬如黑风船，永堕鬼罗刹。何时楚南土，复编史《梼杌》。滇粤交犬牙，天地画瓯脱。舐糠倘及米，剥肤恐到骨。不见彼波兰，四分更五裂。立国赖民强，自弃实天孽。不见美利坚，终能脱羁绁。我来浪泊游，仰视鸢跕跕。神祠铜鼓声，海涛共呜咽。精卫志填海，荆卿气成蜺。安得整乾坤，二三救时杰。共倾中国海，洒作黄战血。地编归汉里，天纪亡胡月。

出军歌 八首

四千馀岁古国古，是我完全土。二十世纪谁为主？是我神明冑。君看黄龙万旗舞，鼓鼓鼓！

一轮红日东方涌，约我黄人捧。感生帝降天神种，今有亿万众。地球蹴踏六种动，勇勇勇！

南蛮北狄复西戎，泱泱大国风。蜿蜒海水环其东，拱护中央中。称天可汗万国雄，同同同！

绵绵翼翼万里城，中有五岳撑。黄河浩浩流水声，能令海若惊。东西禹步横庚庚，行行行！

怒搅海翻喜山撼，万鬼同一胆。弱肉磨牙争欲啖，四邻虎眈眈。今日死生求出险，敢敢敢！

剖我心肝挖我眼，勒我供贡献。计口缙钱四万万，民实何仇怨！国势衰微人种贱，战战战！

国轨海王权尽失，无地画禹迹。病夫睡汉不成国，却要供奴役。雪耻报仇在今日，必必必！

一战再战曳兵遁，三战无馀烬。八国旗飚筋鼓竞，张拳空冒刃。打破天荒决人胜，胜胜胜！

军中歌 八首

堂堂堂堂好男子，最好沙场死。艾灸眉头瓜喷鼻，谁实能逃死？死只一回毋浪死，死死死！

阿娘牵裾密缝线，语我毋恋恋。我妻拥髻代盘辫，濒行手指面：败归何颜再相见，战战战！

戟门乍开雷鼓响，杀贼神先王。前敌鸣箛呼斩将，擒王手更痒。千人万人吾直往，向向向！

探穴直探虎穴先，何物是险艰！攻城直攻金城坚，谁能漫俄延！马磨马耳人磨肩，前前前！

弹丸激雨刃旋风，血溅征衣红。敌军昨屯千罴熊，今日空营空。黄旗一色盘黄龙，纵纵纵！

层台高筑受降城，诸将咸膝行。降奴脱剑鞠躬迎，单于颈系缨。四围鼓吹铙歌声，横横横！

秃发万头缠黑索，多少戎奴缚。绯红十字张油幕，处处夷伤药。军令如山禁残虐，莫莫莫！

不喜封侯虎头相，铸作功臣像。不喜燕然碑百丈，表示某家将。所喜军威莫敢抗，抗抗抗！

旋军歌 八首

金瓯既缺完复完，全收掌管权。胭脂失色还复还，一扫势力圈。海又东环天右旋，旋旋旋！

辇金如山铜作池，债台高巍巍。青蚨子母今来归，偿我民膏脂。民膏民脂天鉴兹，师师师！

玺书谢罪载书更，城下盟重订。今日之羊我为政，一切权平等。白马拜天天作证，定定定！

鹫翼横骞鹰眼恶，变作旄头落。盖海艨艟炮声作，和我凯旋乐。更谁敢背和亲约，约约约！

秦肥越瘠同一乡，并作长城长。岛夷索虏同一堂，并作强军强。全球看我黄种黄，张张张！

五洲大同一统大，于今时未可。黑鬼红蕃遭白堕，白也忧黄祸。黄祸者谁亚洲我，我我我！

黑山绿林赤眉赤，乱民不冥贼。镞羌破胡复灭狄，虽勇亦小敌。当敌要当诸大国，国国国！

诸王诸帝会涂山，我执牛耳先。何洲何地争触蛮，看余马首旋。万邦和战奉我权，权权权！

幼稚园上学歌　十首

春风来，花满枝，儿手牵娘衣。儿今断乳儿不啼，娘去买枣梨，待儿读书归。上学去，莫迟迟。

儿口脱娘乳，牙牙教儿语。儿眼照娘面，娘又教字母。黑者龙，白者虎，红者羊，黄者鼠。一一图，一一谱，某某某某儿能数。去上学，上学去。

天上星，参又商。地中水，海又江。人种如何不尽黄？地球如何不成方？昨归问我娘，娘不肯语说商量。上学去，莫徜徉。

大鱼语小鱼：世间有江湖。小鱼不肯信，自偕同队鱼，三三两两俱。可怜一尺水，一生困沟渠。大鱼北鹏鸟，小鱼饱鹈鹕。上学去，莫踟蹰。

摇钱树，乞儿婆。打鼗鼓，货郎哥。人不学，不如他。上学去，莫蹉跎。

邻儿饥，菜羹稀；邻儿饱，食肉糜；饱饥我不知。邻儿寒，衣裤单；邻儿暖，袍重襦；寒暖我不管。阿爷昨教儿，不要图饱暖。上学去，莫贪懒。

阿师抚我，抚我又怒我；阿师詈我，詈我又媚我。怒詈犹可，弃我无奈。上学去，莫游惰。

打栗凿，痛呼暑；痛呼暑，要逃学。而今先生不鞭扑，乐莫乐兮读书乐！上学去，去上学。

儿上学，娘莫愁；春风吹花开，娘好花下游。白花好靧面，红花好插头，嘱娘摘花为儿留。上学去，娘莫愁。

上学去，莫停留。明日联袂同嬉游：姊骑羊，弟跨牛；此拍板，彼藏钩。邻儿昨懒受师罚，不许同队羞羞羞！上学去，莫停留。

小学校学生相和歌　十九首

来来汝小生，汝看汝面何种族？芒砀五洲几大陆，红苗蜷伏黑蛮辱。虬髯碧眼独横行，虎视眈眈欲逐逐。於戏我小生，全球半黄人，以何保面目？

来来汝小生，汝所践土是何国？身毒沦亡犹太灭，天父悲啼佛祖默。四千馀岁国仅存，盖地旧图愁改色。於戏我小生，胸中日芥蒂，芒芒此禹域。

来来汝小生，人于太仓稊米身。人非群力奚自存，裸虫三百不能群。菹龙柙虎人独尊，非众生恩其谁恩？於戏我小生，人不顾同群，世界人非人。

来来汝小生，汝之司牧为汝君。尊如天帝如鬼神，伏地谒拜称主臣。汝看东西立宪国，如一家子尊复亲。於戏我小生，三月麑裘歌，亦曾歌维新。

来来汝小生，汝身莫作瓶器盛。牛儿马儿堕地鸣，能饮能食能步行。三年鞠我出入腹，须臾失母难生成。於戏我小生，佛亦报亲恩，忘亲乃畜生。

听听汝小生，人各有身即天职。一身之外皆汝敌，一身之内皆汝责。人不若人吾丧吾，怙父倚天总无益。於戏吾小生，绝去奴隶心，堂堂要独立。

听听汝小生，天赋良能毋自弃。谁能三头与六臂？谁不一心辖百体？听人束缚制于人，是犬縶尾牛穿鼻。於戏我小生，汝非狼疾人，奈何不自治？

听听汝小生，汝辈即是小团体。相亲相爱如兄弟，如友相助如盟会。一群苟败羊尽亡，敢惮为牺私断尾。於戏我小生，六经新注脚，要补合群谊。

听听汝小生，人不可无谋生资。嘴短懒飞雀啼饥，游手坐食民流离。黄金世界正在手，人出只手能维持。於戏我小生，而今廿世纪，便是工战期。

听听汝小生，人人要求普通学。不愿百鸟出一鹗，不愿牛毛变麟角。空谈高论不中书，一任代薪束高阁。於戏我小生，三年几巍科，何补国昏弱？

听听汝小生，我爱我书莫如史。此一块肉抟抟地，轩顼传来百馀世。先公先祖几经营，长在我侬心子里。於戏我小生，开卷爱国心，掩卷忧国泪。

听听汝小生，人言汝国多文辞。彼尖尖笔毛之锥，此点点墨染于丝。何物蟹行肆蚕食，努力努力争相持。於戏我小生，世无文弱国，今非偃武时。

听听汝小生，欲求国强先自强。食案以外即战场，剑影之下即天堂。偕行偕行若赴敌，朝歌夕舞黑裲裆。於戏我小生，生当作铁汉，死当化金刚。

听听汝小生，雪汝国耻鼓汝勇。芙蓉熏天天梦梦，鬼幽地狱随地涌。吸我脂膏扼我吭，使我健儿不留种。於戏我小生，谁甘鱼烂亡，忍此饮鸩痛！

勉勉汝小生，同生吾国胥吾民。南音北音同华言，左行右行同汉文。索头椎髻古异族，久合炉冶归陶甄。於戏我小生，愿合同化力，抟我诸色人。

勉勉汝小生，既为国民忍作贼！国民贵保民资格，国民要有民特色。任锄非种任瓜分，心肝直比黑奴黑。於戏我小生，焚尽白降幡，有我无他国。

勉勉汝小生，汝读何书学何事？佛经耶约能救世？宗教神权今半废。莫问某甲圣贤书，我所信从只公理。於戏我小生，口唱汉儿歌，手点《尧典》字。

勉勉汝小生，汝当尽职务民义。嬴颠刘蹶几兴废，蚩蚩不问官家事。栋折榱崩汝所知，天坠难逃天压己。於戏我小生，誓竭黔首愚，同救苍天死。

勉勉汝小生，汝当发愿造世界。太平升平虽有待，此责此任在汝辈。华胥极乐华严庄，更赋六合更赋海。於戏我小生，世运方日新，日进日日改。

菊花砚铭①

杀汝亡璧，况此片石。衔石补天，后死之责。还君明珠，为汝泪滴。石到磨穿，花终得实。

庚子事变感怀佚诗②

新亭对景莫沾衣，当日题诗海外归。坐对虞渊看日薄，一听邻笛久成啼。

黄公度廉访

---

① 梁启超菊花砚为唐才常赠，谭嗣同题铭诗，江标椠刻，戊戌政变时丢失。1902 年（光绪二十八年）黄遵宪致函梁启超，告以找到该砚，并写此砚铭。录自《饮冰室诗话》第 170 节。

② 据张永芳著《黄遵宪研究》。

侠客行①

忽而大笑冠缨绝，忽而大哭继以血。大笑者何为？笑我鼎镬甘如饴。大哭者何为？哭尔众生长沉苦海无已时。吁嗟！笑亦何奇，哭亦何奇，胸中块垒当告谁？平生胸吞路易十四十八九，挟山手段要为荆轲匕首张良椎。仗剑报仇不惜死，千辛万挫终不移。致命何从容，宁作可怜虫？岁寒知松柏，劲草扶颓风。君不见当今老学狂涛何轰轰，国魂消尽兵魂空。安得人人誓洒铁血红，拔出四亿同胞黑暗地狱中。

满庭芳②

弄玉箫柔，飞琼瑟缓，当筵齐唱新声。玉环绣葆，提抱上银觥。其弟子有三四岁能作书画者。争画云松仙鹤，更气毫、字写长生。褰裳拜，绛纱弟子，中女象文明。　　　谁知巾帼内，有钟离养志，道韫垂名。想墨江富岳，毓秀钟灵。都羡史家彤管，传伟人、压倒公卿。蒲生氏《近世伟人传》中有女史传。君自笑、梅花同日，愿结岁寒盟。

花蹊女史生日赋词祝之

岭南黄遵宪

贺新郎③

乙未五月芸阁南归，饮集吴船，各抚《贺新郎》词，以志悲欢。

凤泊鸾飘也，况眼中苍凉烟水，此茫茫者！一片平芜飞絮乱，无复寻春试马。又渐渐夕阳西下。水软山温留扇底，展冰奁试照桃花写，影如此，泪重洒。

寻思罗袖临行把，竟明明蛟绡分剪，公然割舍。天到无情何可诉，只合埋忧地下！但何处得开酒社？相约须臾。毋死去，尽丁歌甲舞，今宵且。看招展，花枝惹。

---

① 据钱仲联先生手录，原载《广益丛报》分类合订排印本卷十二（苏州大学图书馆藏。据钱先生推定，约写于作者 1905 年去世前不久）。

② 迹见花蹊是日本明治时代女书画家，创办东京神田女子学校"迹见学园"（现迹见学院女子大学）。黄遵宪于光绪四年迹见辑录的名人题词集《彤管生辉帖》题《满庭芳》词，于光绪六年出版。

③ 此词原刊文廷式《云起轩词钞》。作于"乙未五月"，即光绪二十一年五月。辑入《人境庐集外诗辑》。

双双燕①　题兰史罗浮记游图

罗浮睡了，试召鹤呼龙，凭谁唤醒。尘封丹灶，剩有星残月冷。欲问移家仙井。何处觅、风鬟雾鬓？只应独立苍茫，高唱万峰峰顶。

荒径，蓬蒿半隐。幸空谷无人，栖身应稳。危楼倚遍，看到云昏花暝。回首海波如镜。忽露出、飞来旧影。又愁风雨合离，化作他人仙境。兰史所著《罗浮游记》，引陈兰甫先生"罗浮睡了"一语，便觉有对此茫茫、百端交集之感。先生真能移我情矣。辄续成之。狗尾之诮，不敢辞也。又兰史与其夫人，旧有偕隐罗浮之约，故"风鬟"句感及之。

天　香②

实甫以鹿港香见惠，言"比宋末龙涎何如"，因抚此调志感。

黄熟仙乡，白光净域，金银与土同价。神丛一博，十斛珠玉，撒手公然割舍。沧波渺渺，烟断处、蓬莱干也。多少鲛人红泪，湿透临行冰帕。　　天南采鸾谁跨？香包上刻一跨鸾人。认分明、鬻香长者。拉杂李僵唐湿，一齐捣麝。便有蜃楼云气，才过眼、还随海波泻。归去庐山，且分莲袍［社］。实甫有别业在庐山。

天　香

实甫购鹿港香，归作扶鸾清供，又抚此赠之，录乞拍正。

心字篆成，头香烧过，沉沉碧落今夜。呼云引鹤，倾海敕龙，邀取灵箫鸾驾。银屏珠箔，问老母、可〈曾〉睡也？海外人间天上，絮絮家长细语。　　几度断肠花谢。又天风、雨新好者。新归连环肠断，不曾放下。拈到手中密线，此香又名线香，教萨保、重寻锦袍襕。线灭香销，灰终不化。

贺新凉

实甫临别，再抚此调见寄，次韵奉答，即送其还湘。

滚滚波东泻。剩六朝、媚人残月，一钩如画。黑塞青林都照过，还照空梁屋瓦。真要听、秋坟子夜。魂北魂南归何处？看蛟螭、白昼龙堂打。斩马剑，仍放下。　　鸥夷一舸君行也。展眉头、大千秋色，愁

① 此词原载刊梁启超《饮冰室诗话》。辑入《人境庐集外诗辑》。
② 载易顺鼎《四魂外集·魂海集》，录自赵慎修《黄遵宪的集外词》（原载《中华文学史料（一）》）。约写于光绪二十一年。以下四首同此。

来莫怕。燕子板桥名士卿，付与柳生平话。听满坐、笑言哑哑。南部烟花东京梦，又承平、气象欢兵罢。谇谇乐，忘灯炧。

贺新郎
用前韵，题王木斋《吴船听雨图》。

乱雨跳珠泻。认王郎、乌衣年少，倚舷读画。生长六朝烟水地，久把乌篷当瓦。又听贯、吴娘子夜。烂熟江南肠断句，叠愁心、还任梅黄打。声声橹，丁帘下。   白头海客才归也。十九年、蛟宫鼋窟，风波吓怕。难得西窗红烛影，留作巴山雨话。看凫雁、随人哑哑。以水为家真乐境，便绿蓑、青笠归来罢。悄悄对，篆烟炧。

金缕曲①
便作沾泥絮，也相随，花娇莺婢，任风飞起。吹得一池春水皱，明晓干卿甚事。早弹尽千丝红泪。刚是飞琼身一见，剩绕梁三日箫声媚。都压倒，众桃李。   呼天宛转天应醉，更好绝乱粗服，病恹恹地。不必真个消魂也，今日魂都消矣。还说甚人天欢喜。许借昆仑仙枕卧，便丁歌甲舞从头起。迷离眼，请君视。

吾家山谷作倚语，秀师呵其应堕拔舌地狱，涪翁笑曰："空中语耳。"聊藉以解嘲。

金缕曲
实甫题《吴船听雨图》和韵奉答。破绮语戒，故作"畔离骚"以广其意。

海水随杯泻。剩残山、青溪几曲？丁签如画。干尽桃花纨扇泪，莫论六朝宫瓦。又黑到、漫漫长夜。唤取花奴催羯鼓，便手如、白雨声声打。今不乐，休放下。   一年容易秋风也。听乌篷、凄凄戚戚，逼人惊怕。我欲逃禅君破戒，且作拈花情话。何苦要、龙痴羊哑。一味妇人醇酒乐，把百年、乐尽歌才罢。君莫管，酒灯炧。

粉蝶儿慢②
题马淑畹女士《小罗浮仙馆百蝶图》。

---

① 录自钱仲联编《黄公度先生年谱》。《年谱》记，同治十三年"十一月五日观剧，有《金缕曲》"。

② 据上海图书馆藏《徐乃昌亲友尺牍》原件，徐积馀，名乃昌。

吹粉成烟，团香作梦，双影翩翩对舞。尽中央四角，总花房来去。得意马蹄香十里，随踏软红尘土。任东风，着意吹、只愿镇长一处。

尔汝。葛仙夫妇。展冰奁、画了鸦黄眉妩。借丹砂醮笔，又重修蝶谱。翠羽偕栖好仙乡，不识合离风雨。问梅花、汝三生，能修到否？

遵宪初稿

（黄氏公度）

积馀词长拍正

人境庐散曲①同治庚午

题州牧彭翰孙南屏《磊园诗事图》。园在嘉应州廨侧，南屏任州牧，就园营治花圃，觞咏其间，逐嘱画师写图。

（好事近）馀事也劳劳，趁官暇，吟情越高。大家拍手笑，相招，觅得诗天一角。

（山花子）诗天一角，休嫌小，当时迹已萧条。剔繁芜，砍薛雪消，洗荒凉，砌草人高，看吹过，春风一遭。东边西边烟插苗，前头后头脂坼苞。泼眼花光，远近遮要。

（驮环著）尽经营得巧，尽经营得巧，靠石安花，引水供鱼，结巢留鸟。一曲红阑稳抱。恰好茶炉酒盏，早安排几多诗料。看剪灯，蓬〔篷〕窗人悄，听击钵，朱梁韵绕。新旧调，短长谣，总笔底生花，与春争闹。

（近仙客）唤小吏把诗钞，尽日垂帘忙不了。这诗兴，月儿青天样高，胜西园，雅集图描。不信看这幅新奇稿。

（红芍药）者一个拥着锦袍，那一个系着银毫。者一个欹斜纱帽，那一边手写芭蕉，那一边看花索笑。算中间烛影红摇，便分现东坡貌。

（菊花新）俺想起尚书红杏气偏豪，便占住名园暮与朝，清福此中销，做一个闲鸥先导。

（驻马听）满眼蓬蒿，二百年来事尽消。风花过眼，雨水融痕，雪泥散爪。花神返去来难召，楚弓复得谁难料。难得诗豪，辟荒芜重迕著江南老。

---

① 录自吴天任著《黄公度先生传稿》第八章新派诗之鼓吹，"同治庚午"为同治九年。

（会河阳）听说江南，邮程未遥，有南国水土环绕。心焦，怕竹笋香肥莼羹味饱，动乡思，使君归了。须信这里的风光好，莫将那故里的酸咸较。

（红芍药）仰高行，似斗与杓，哦新韵，似玉和瑶。只为着生春手，便妙把甘棠万家种了。清闲赢得我逍遥，呼奚奴落花静扫。听花间跋履声高，一齐来领先生教。

（尾声）长官似此清应少，宰相传家福自饶，须补上、芍药金围带一条。彭翰孙上代曾任宰相。

小时不识月① 以 "小时不识月，呼作白玉盘" 为韵

碧宇光澄，青春梦绕。旧事茫茫，予怀渺渺。月何分于古今，人犹忆乎少小。举头即见，依然皓魄团团；总角何知，漫道小时了了。昔李青莲神仙骨格，诗酒生涯。偶琼筵之小坐，向玉宇而翘思。清影堪邀，且喜三人共盏；韶华易逝，那堪两鬓已丝。未知过客光阴，几逢圆月；每望广寒宫阙，便忆儿时。细数前尘，尚能仿佛。灯共人篝，果从母乞。鬓边之玉帽斜欹，膝下之彩衣低拂。骑来竹马，长干之侣欢然；梦入绳床，湘管之花鄂不。偶绮阁之春嬉，见玉阶之月色。忽流满地之辉，莫解中情之惑。几时修到，竟如七宝装成；何处飞来，不用一钱买得。只昨夜高擎珠箔，偶尔招邀；似春风吹入罗帏，未曾相识。何半钩兮弯环，复一轮兮出没。羡珠斗之光凝，更星潢之艳发。相逢倍觉依依，怪事辄呼咄咄。倘使层梯取得，愿登百尺之台；只应香饼分来，误指中秋之月。问天不语，愈极模糊。屡低头而思起，奈欲唤而名无。阿姊聪明，搴帘学拜；群儿三五，捉影相娱。几从华屋秋澄，凝眸谛视；每见银河夜转，拍手欢呼。如此心情，犹能揣度。曾圆缺之几回，已容颜之非昨。恐蟾兔其笑人，竟江湖之落魄。偶然今夕重逢，愿有新诗之作。想当日铜鞮争唱，都如宵梦一场；箕几番玉镜高悬，未及少年行乐。因慨夫老大依人，关山作客。桃园春色之宵，牛渚秋江之夕。谢公别处，客散天青；宛水歌中，沙寒鸥白。历数游踪，都成浪迹。空学浣花老友，儿女遥怜；只同中圣浩然，风流自适。孰若髫挽青丝，头峣紫玉。捉花底之迷藏，向墙阴而踯躅。银床高卧，翻疑地上霜华；翠袖同

---

① 该赋作于 "同治丁卯"。佚名评："端庄流丽，情文相生，令人一读一击节。" 据钱仲联辑《人境庐杂文钞》（载《文献》第七辑，1981 年 3 月版）。

看，未解闺中心曲。可惜流光弹指，此景难追；即今皎魄当头，童心顿触。盖其别翻隽语，故作疑团。真粲花之有舌，拟琢玉以成盘。早岁香名，艳说谪仙位业；扁舟午夜，饱看采石波澜。仰公千载，对月三叹。我自惭绿鬓华年，曾无才调；恨未识锦袍仙客，相与盘桓。

黄遵宪年谱简编

清道光二十八年戊申（1848 年） 一岁

三月二十四日（4 月 27 日）①　　出生于广东嘉应州城东门外攀桂坊。

黄遵宪，字公度，别署东海公、法时尚任斋主人、水苍雁红馆主人、观日道人、布袋和南、公之它、拜鹃人、人境庐主人等。

高祖润，字朴泉，家贫，以典肆业致富，高祖母钟氏，子十人。

曾祖学诗，字词海，朴泉第六子，经商，诰赠荣禄大夫。曾祖母李。

祖际昇，字允初，词海第六子，从商，祖妣梁氏，继祖母萧、梁氏。

父鸿藻，字砚宾，号逸农，允初长子。咸丰丙辰科并补行乙卯科举人，由户部主事改官知府，先后督办南宁、梧州厘务，加三品衔升用道，署思恩府知府。母吴，庶母刘、吴。同母弟遵模，字采汀，广西候补知府；遵路，字公望，州庠生；遵楷，字牖达，举人，署福建厦门同知；长妹珍玉，次妹碧玉。庶弟遵实，字实甫，庶妹芳玉。

遵宪娶叶氏。子四：长子冕，履端，字伯元；鼎崇，履和，字仲雍；履刚，早殇；璇泰，履丰，字季伟。长女当樛，次女当荪。

孙延豫、延绰，冕出；延凯、延毓、延武、延缵，鼎崇出；延绪、延超，璇泰出。

道光三十年庚戌（1850 年） 三岁

与曾祖母同起卧，得口授《千家诗》，未几全部成诵。

---

① 黄遵宪出生时间，一说道光二十八年三月二十四日，一说四月二十七日。其原因疑是阴历与阳历记时混淆所致，有待再考。本年谱姑且从阴历三月二十四日（4 月 27 日）说。岁数按虚岁算。

八月　开蒙。塾师李伯陶，字学源。

咸丰六年丙辰（1856 年）　九岁

父砚宾中式本省乡试举人。

咸丰七年丁巳（1857 年）　十岁

学为诗，塾师以梅州神童蔡蒙吉"一路春鸠啼落花"句命题，对有"春从何处去，鸠亦尽情啼"句。师大惊，次日令赋"一览众山小"，破题云"天下犹为小，何论眼底山"。

咸丰八年戊午（1858 年）　十一岁

七月　曾祖母李太夫人殁。后遵宪作《曾祖母李太夫人述略》。
季弟牖达遵楷生。

咸丰九年己未（1859 年）　十二岁

作《王右军书兰亭序赋》，乡先辈张榕轩石手书其牍称："昔欧阳公有云，三十年后，世人知有子瞻，不知有老夫人。前贤畏后生，他日请念之。"

同治元年壬戌（1862 年）　十五岁

父砚宾往京师。
遵宪与同里姑夫张心谷（士驹）及从兄锡璋被里中称三才子。
秋　师□凤曹在咏花书屋招饮赏菊，作万忘会，后时以诗社招邀。

同治二年癸亥（1863 年）　十六岁

始从事于学，谓宋人之义理、汉人之考据，均非孔门之学。

同治三年甲子（1864 年）　十七岁

六月　清军攻陷天京。《人境庐诗草·感怀》有"惟念大乱平，正当补弊偏"诗句。

同治四年乙丑（1865 年）　十八岁

三四月间　嘉应大饥，米斗至千五百钱，祖父允初与州人捐资煮粥赈济，全活甚众。

十月二十一日　太平军康王汪海洋攻破嘉应州城。

十一月　全家避往大埔三河虚。有《乙丑十一月避乱大埔三河虚》诗。继而往潮州住。有《潮州行》诗。

同治五年丙寅（1866 年）　十九岁

上年清军攻陷嘉应州城，遵宪本年回嘉应。有《乱后归家》诗。

同治六年丁卯（1867 年）　二十岁

春　结识胡晓岑（曦），与其同应院试，入州学。试题为李白诗"小时不识月"。

夏　至惠州，游丰湖。有《游丰湖》诗。

秋　至广州应本省乡试，不售。

同治七年戊辰（1868 年）　二十一岁

作《杂感》诗云："我手写我口，古岂能拘牵。即今流俗语，我若登简编。五千年后人，惊为古斓斑。"萌生别创新诗之意。

二月十二日　长子伯元生。

同治八年己巳（1869 年）　二十二岁

十一月　同石社友人游南溪，作《南溪纪游》诗。

同治九年庚午（1870 年）　二十三岁

六月　至惠州，重游丰湖。有志游诗数首。

秋　至广州，应乡试，未售，榜后有诗作。

八月十五日　偕罗少珊（文仲）、梁诗五（居实）夜登广州明远楼赏月，有诗作。

九月二十四日　至潮州，闻二叔鸾藻卒于家，即驰归。过香港，有《香港感怀》诗十首。过汕头、潮州，俱有诗作。月末返家。

是年　因研究天津教案事件，阅读《万国公报》和江南制造局译刊的书刊，研心时务自此始。

同治十年辛未（1871 年）　二十四岁

岁试第一名，补廪膳生。

同治十一年壬申（1872 年） 二十五岁

取拔贡生。周朗山（琨）于院中得其文，见面时夸曰："过岭以来所见士，君一人耳。"

十二月 致周朗山函论诗谓，"诗固无古今"，"苟能即身之所遇，目之所见，耳之所闻，而笔之于诗，何必古人？我自有我之诗者在矣"。

同治十二年癸酉（1873 年） 二十六岁

三月十九日 周朗山病卒于佛山之舟中。有《哭周朗山》诗。

七月 至广州，以拔贡生应广东省乡试，未售。与胡晓岑同寓广州仙湖街。重阳节后回嘉应。

同治十三年甲戌（1874 年） 二十七岁

四五月间 应廷试，由海道北上，经天津，入京师，寓嘉应会馆，与胡晓岑等过从甚乐。

六月 廷试不售。留京师，侍任户部主事之父砚宾。在京师受何如璋（子峨）侍讲、邓铁香（承修）侍御等推重。

八月 与胡晓岑登陶然亭及与胡晓岑告别京师，均有诗作。

十一月 观剧，作《金缕曲》。

光绪元年乙亥（1875 年） 二十八岁

七月 随侍父砚宾客天津、烟台。秋间患病几殆。

十一月 丁日昌奉任福建巡抚，欲延遵宪入幕，其因将应顺天乡试而不果。

光绪二年丙子（1876 年） 二十九岁

客烟台，结识龚霭人（易图）、张樵野（荫桓）两观察，与张荫桓"哦诗商旧学"，"抵掌当世务"。时，李鸿章奉命来烟台与威妥玛会议云南发生马嘉利被杀事。在此，遵宪初见李鸿章，李对郑藻如称其为霸才。

八月 中式顺天乡试第一百四十一名举人。入赀以五品衔拣选知县用。

十二月 翰林院侍讲何如璋出使日本，以遵宪充使日参赞官。

光绪三年丁丑（1877 年） 三十岁

春 因日本萨摩兵乱，中国使团暂缓行期。

十月 十九日，何如璋具报出洋日期及随使人员。二十二日，随使团三十余人在上海登海安兵轮，次日，自吴淞出海。二十六日，抵日本长崎港。

十一月初三 泊神户，夜四鼓，琉球国臣马兼才来谒，痛哭，以日人阻贡废藩，终必亡国，奉其国王命求救于使臣。

十一月十二日 抵横滨。二十四日，随何如璋、张斯桂两使向日皇呈递国书，是为中日通好千余年来，首次奉皇帝国书，待以邻交之礼。

光绪四年戊寅（1878 年） 三十一岁

在日本参赞官任内，使馆中事多待其决。

使馆公务之暇，与日本士大夫广泛交游。与日本汉学家进行笔谈，交流中日文化，留下大量史料。其中与大河内辉声（源桂阁）、宫岛诚一郎、冈千仞、增田贡等笔谈手稿有所整理面世。

是时，日本正处明治维新初期，倡导民权，遵宪初闻颇感惊怪，既而取卢梭、孟德斯鸠之说读之，心志为之一变，知太平世必在民主。与何如璋使臣言："中国必变从西法。其变法也，或如日本之自强，或如埃及之被逼，或如印度之受辖，或如波兰之瓜分，则吾不敢知，要之必变。将此藏之石函，三十年后，其言必验。"

八月 向石川鸿斋介绍："《红楼梦》乃开天辟地、从古到今第一部好小说，当与日月争光，万古不磨者。恨贵邦人不通中语，不能尽得其妙也。""论其文章，直与《左》、《国》、《史》、《汉》并妙。"

秋 草创《日本杂事诗》。

十月 为日人儿玉士常编辑的《中学习字本》撰序。

十月二十七日 与源桂阁及石川鸿斋笔谈时指出："琉球小国，从古自治，近为贵国小儿辈（执政之流）所欺凌。彼臣服我朝五百馀年，欲救援之。""近来太政官乃告琉球阻我贡事，且欲干预其国政，又倡言于西人，既与我言明归日本，专属鼠偷狗窃之行，可耻孰甚?"

父砚宾由户部主事改知府，分发广西。

光绪五年己卯（1879 年） 三十二岁

是年 任驻日使馆参赞。

正月　为日本浅田宗伯撰写《先哲医话》跋。浅田宗伯，号识此、栗园，旧幕府医官，隐居不仕，著医书三十多种，此其一种。遵宪拟"他日归，将致之医院，以补《金匮石室》之缺"。

闰三月　在日本与王韬（紫诠）结识。此后，"三日不见，则折简来招"，王韬"每参一事"，遵宪"亦为首肯"。

同月　为日人石川鸿斋撰《日本文章轨范》序。

春　《日本杂事诗》脱稿。遵宪居日二年，政事之暇，问俗采风，著《日本杂事诗》二卷，都一百五十四首，叙述风土，记载方言，错综事迹，感慨古今。稿本缮录，上呈总理各国事务衙门。七月，总理衙门以同文馆聚珍版印行。

七月　王韬归国，遵宪将《日本杂事诗》抄清稿呈上，"乞痛加斧削，乃付手民"。

九月　《日本杂事诗》稿埋藏于东京隅田川畔源桂阁林园中，立碑亲书"日本杂事诗最初稿冢"，旁书"公度应桂阁属"，阴面刻源桂阁所作"葬诗冢碑阴志"。

九月　撰《养浩堂诗集》跋，称"诗之为道，性情欲厚，根柢欲深。此其事似在诗外，而其实却在诗先，与文章同之者也"。十二月十九日作《冈千仞诗评》，其意同此。

是时　日本谋割夺我藩属琉球国，遵宪为何如璋拟稿致总理各国事务衙门及北洋大臣数十函。认为"琉球迫近台湾，若专为日属，改郡县、练民兵，资以船炮，扰我边陲，台澎之间，将求一夕之安而不可得"。"今日本国势未定，兵力未强，与日争衡，犹可克也。隐忍容之，养虎坐大，势将不可复制"。

光绪六年庚辰（1880 年）　三十三岁

是年　任驻日使馆参赞。

二月　王韬在香港循环报馆以活字版重印《日本杂事诗》，并为之撰序。

二月　题《近世伟人传》。

四月　杨守敬（惺吾）抵日，任使馆随员，遵宪告以广为搜集唐抄宋刻，杨因有日本访书之举，后校刻《古逸丛书》。

五月　为浅田栗园《仙桃集》作序，又有评《万国史记序》及《与某论冉求仲由书》。

六月　为城井锦原《明治名家诗选》及冈千仞《藏名山房集》撰序。

七月十五日、十六日、八月二日　与朝鲜修信使金宏（弘）集笔谈。八月，为金宏集代撰《朝鲜策略》一篇，认为"朝鲜一土，实居亚细亚要冲，为形势之所必争。朝鲜危，则中东之势日亟"，"然则策朝鲜今日之急务，莫急于防俄"，防俄之策，"曰亲中国，结日本，联美国，以图自强而已"。

光绪七年辛巳（1881年）　三十四岁
是年　任驻日使馆参赞。

三月　为浅田栗园撰《牛渚漫录》序。

春　为冈千仞撰《北游诗草》序。

五月　为安井息轩撰《读书馀适》序。

六月　为宫岛诚一郎（栗香）撰《养浩堂诗集》序。

八月　评《斯文一斑》。

光绪八年壬午（1882年）　三十五岁
春　奉命调任美国三富兰西士果（旧金山）总领事。有《留别日本诸君子》诗五首。

正月十八日　由横滨展轮往美国，二月十二日抵美接任。有《海行杂感》诗十四首。

三月　华工往美始于道咸年间，多达二十万人。是年三月，美国国会议决通过限制中国移民律例，禁止华工往美。遵宪有感于此，而赋《逐客篇》诗。

七月至十二月间　黄遵宪与驻美使臣郑藻如密切沟通，对美国排华行为展开交涉，以维护华侨华人的合法权益。期间，黄遵宪《上郑钦使》多件禀报与美交涉的情况。

是年　在日参赞任上，"创为《日本国志》一书，朝夕编辑，甫创稿本，复奉命充美国总领事官，政务麇密，无暇卒业，盖几几乎中辍"。

是年　父砚宾任广西文闱外监试。

光绪九年癸未（1883年）　三十六岁
是年　任美国旧金山总领事。

正月至二月间　继续向驻美使臣郑藻如禀报与美国排华事件进行交涉的情况。

光绪十年甲申（1884 年）　三十七岁

是年　任美国旧金山总领事。

六月十六日　致函宫岛诚一郎，告以"我国创建铁道，若数年之间，南北东西，纵横万里，均有是道，则捷转运而利征调，可富可强，不复受外人欺侮。兴亚之机，莫要于此"。

九月　邓承修鸿胪保奏使才，称黄遵宪"允困下僚"，得旨交军机处记存。

十月　亲见美国民主与共和两党竞选总统，共和党获胜，有《纪事》诗纪之。竞选中"大则酿祸乱，小亦成击刺"，"至公反成私，大利亦生弊"。

十二月　冯子材提督于镇南关外大破法国军，有《冯将军歌》，称赞"闪闪龙旗天上翻，道咸以来无此捷"。时，父砚宾方督办广西南宁梧州厘务，力筹军饷，挹注于此军务。

光绪十一年乙酉（1885 年）　三十八岁

八月十二日　总领事任满解任回国，九月抵广州，即赴梧州省父砚宾。旋归嘉应。其诗作有《八月十五夜太平洋舟中望月作歌》、《归过日本志感》、《到香港》、《到广州》、《将至梧州志痛》、《远归》及《乡人以余远归争来询问赋此志感》等。

十月　于梧州以木版自刊《日本杂事诗》。首有重刊《自序》，末附日人石川英跋文。"自序"言"余在外九年，友朋贻书询外事者，邮筒络绎，余倦于酬答，辄以此卷应之"。

十一月八日　葬母于梧州城西门外湖阳唇，并撰《先妣吴夫人墓志》。

光绪十二年丙戌（1886 年）　三十九岁

春　张荫桓继郑藻如任出使美国、日斯巴尼亚、秘鲁国大臣，道出广州，由倪女蔚中丞召遵宪至广州，荫桓仍欲命其充旧金山总领事。其以限禁华工之例，祸争未已，虑不胜任，力辞。

又，两广总督张之洞命其为巡察南洋诸岛，又因《日本国志》已成初稿，弃置可惜，均谢而不往。家居有暇，乃闭门编纂，几阅两载。

光绪十三年丁亥（1887年） 四十岁

春 拜祭曾祖墓，有《曾祖母李太夫人述略》，作《拜曾祖母李太夫人墓》诗。

五月 《日本国志》撰成。该书采书二百余种，费时八九年，为类十二，凡四十卷，都五十余万言。以此"副朝廷咨诹询谋之意"，"并以质之当世士夫之留心时务者"。全书撰录"皆详今略古，详近略远。凡涉西法，尤加详备，期适用也"。纪事之外，又于志前志后，以"外史氏曰"名义，评论其是非得失。志中小注，旁及中外古今，以明变通之理。

《日本国志》稿本写成四份，分别送总理各国事务衙门、李鸿章、张之洞和自存。

薛福成为之撰序，称《日本国志》为"奇作也"。"他日者家置一编，验日本之兴衰，以卜公度之言之当否可也"。

光绪十四年戊子（1888年） 四十一岁

十月 携《日本国志》北上，赋闲京师年余。

十一月 致北洋大臣李鸿章函称，《日本国志》已缮录成帙，请"俯赐大咨，移送总署，以备查考"。十一月十七日，李鸿章将其咨送总理衙门备览。

光绪十五年己丑（1889年） 四十二岁

是年 居京师，先后结识志锐、志钧、李文田、文廷式、袁昶、王颂蔚、陈炽、沈曾植、王懿荣、于式枚、唐景崧、丘逢甲、梁鼎芬、黄绍箕、许景澄等。

六月 致前两广总督张之洞函称，《日本国志》经营八载，杀青已竟，复自展阅，"不远千里，挟书自呈，欲得一言以为定论，可否俯赐大咨径送总理衙门，统候卓裁"。六月二十八日，张之洞代为咨呈，称《日本国志》"实为出使日本者必不可少之书"。

冬 薛福成奉命出使英法意比四国。冬，袁昶为总理衙门章京，密荐遵宪，被命以二品顶戴分省，补用道充任驻英二等参赞。

是年 父砚宾充广西文闱内监试，冬署思恩府知府。

光绪十六年庚寅（1890年） 四十三岁

在伦敦任驻英使馆参赞。

正月 十一日，薛福成自上海乘法国"伊拉瓦第"船放洋。十六日，遵宪如约携次子及一仆，从嘉应来香港登轮，经安南西贡、新加坡、锡兰岛、红海、苏彝士河、地中海，二月十六日抵法国马赛，十九日抵巴黎。三月初四日抵伦敦，十七日随薛使觐见英女王维多利亚温则行宫，呈递国书。使馆上行奏折由薛福成自任之；下行之文批及公牍，遵宪任之。使馆重要事项，尤以对外交涉事宜，薛使必征询遵宪意见，拟缮与英外交部官员约晤问答草稿。

七月 将命为出使日本大臣，或沮之，遂罢。

七月 作《日本杂事诗》改订本自序称："余于丁丑之冬，奉使随槎，既居东二年，稍与其士大夫游，读其书，习其事，拟草《日本国志》一书，网罗旧闻，参考新政，辄取其杂事，衍为小注，弗之以诗，即今所行《杂事诗》是也。"又云："使事多暇，偶翻旧编，颇悔少作，点窜增损，时有改正，共得诗数十首，其不及改者，亦姑仍之。"改订本二卷，上卷删二首、增八首，下卷删七首、增四十七首，共二百首。

九十月间 致蔡若毅观察书，陈湖广总督张之洞创办炼铁局一事之难：一购买之难；二运送之难；三架造之难；四制造之难。称"详举其难，并非惮其难而欲中止也"。"炼铁一局，尤今之急务"，此局"关系于亿万众之脂膏、数十年之国脉，至远且大"。建议"应先得铁矿、炭矿，将铁与炭寄到英国，请人明验，然后定式购器，觅地造厂，既与商人订购机器，又必须包装包建造，至安装机器能运行之日为止"。

十二月二十日 致函宫岛诚一郎《日本国志》已成书，"私谓翔实有体，盖出《海国图志》、《瀛寰志略》之上"。《日本国志》称道日本维新以来"步武西法，二十年来，遂臻美善"。"至于今年，遂开国会，一洗从前东方诸国封建政体"。

是年 开始自辑诗稿。

光绪十七年辛卯（1891年） 四十四岁

是年 任驻英国使馆参赞，移任新加坡总领事。

二月 初九日祖父允初病逝于家。是月作《先祖荣禄公述略》。

六月 撰《人境庐诗草自序》，论作诗称："仆尝以为诗之外有事，诗之中有人；今之世界于古，今之人亦何必与古人同。尝于胸中设一诗境：一曰复古人比兴之体；一曰以单行之神，运排偶之体；一曰取《离骚》乐府之神理而不袭其貌；一曰用古文家伸缩离合之法以入诗。"

七月　总理各国事务衙门奏准设立新加坡总领事，以遵宪调任。

八月五日　致函胡晓岑，告以"欲作《客话献征录》一书，既使乡之后进知水源木本，氏族所自出。而以俗语通小学，以今言通古语，又可通古今之驿，去雅俗之界，俾学者易于为力"。并告"十月可到新加坡"。八月，离英赴任。

过法国，登巴黎铁塔，九月十一日夜渡苏彝士河。

九月三十日　抵新加坡。

十月九日，接总领事任。

十二月二十七日　父砚宾殁于家。遵宪回籍治丧，总领事官事务由翻译官那华祝代理。

光绪十八年壬辰（1892年）　四十五岁

四月　回籍治父丧假满，回任新加坡总领事。

五月　上书出使英法意比大臣薛福成禀报考察南洋各岛情形称，英属新加坡等处，华人日增，所有落地产业、沿海贸易，华人占之七八。其往来贸易与内地互相关涉者，约有数端：一曰船舶；一曰财产；一曰逃亡；一曰拐诱；一曰诬告。"有空拳而出，捆载而归者，乡邻姻族，视为鱼肉，每每勒索讹诈，及不遂，则有富商而指贩卖猪仔者，以良民而诬为曾犯奸盗者"。五月二十八日，薛福成批禀称，出巡南洋各岛情形，极为详晰，足见实事求是之意，至为欣慰。

五月十四日　薛福成札饬黄遵宪严查华商船只贩私结会事宜。遵宪照会英官员，规定凡驶艇者，须得商号担保，并缴款千元作质，劫杀侨客主之风遂绝，侨众安焉。

星马一带华侨，各组会党，时以小故相仇杀。遵宪先召客属同乡，次及广闽各属侨民，晓以大义，劝其息争。其不服者，再三劝喻，如仍顽执者，由领事照会当地英政府引渡，遣回内地惩治。各地党徒因而敛迹，会党自行解散。

十二月十日　代表清政府以一等第一双龙宝星荣典颁授柔佛苏丹，以酬其善待华侨及赈济灾区难民之厚意。

光绪十九年癸巳（1893年）　四十六岁

是年　任新加坡总领事。

五月　禀报薛福成称，南洋各岛华民不下百余万人，"虽居外洋已百余年，正朔服色仍守华风，婚姻宾祭，亦沿旧俗。近年来各省筹赈筹防，多捐巨款"。"观其拳拳本国之心，知圣泽之浃洽者深矣"。惟担忧归国"以为长官之查究，胥吏之侵扰，宗党邻里之讹索"，"挟资回国之人，有指为逋逃者，有斥为通番者，有谓其运军火接济海盗者，有谓其贩卖猪仔要结洋匪者，有强取其箱箧肆行瓜分者，有拆毁其屋宇不许建造者，有伪造积年契券藉索逋欠者"，"因是不欲回国"。提出"今欲扫除积弊，必当大张晓谕，申明旧例既停，新章早定，俾民间耳目一新，庶有裨益"。五月十六日，薛福成称"黄遵宪体察既深，见闻较熟，故言之详切如此"。据此奏请申明新章豁除海禁折。七月初十日，朱批军机处议奏。八月初四日，军机大臣等遵议申明新章，豁除海禁，恭折具陈。朱批：依议。

六月六日　上薛福成禀称，大小白蜡及石兰峨之吉隆一地，产锡最旺，华人日增，气象方兴未艾，拟请大小白蜡共设副领事一员，吉隆设副领事一员，"可资约束而筹保护"。

遵宪履任新加坡二年，患疟久病，初养疴"章园"；后往槟榔屿，住"竹士居"；亦借居"佘山楼"，并为之题名。

接任新加坡总领事后，以倡导学术文风为己任，将原"会贤社"易名为"图南社"，按月课题，奖励学人。作《晓谕采访节妇示》，"凡我商绅人等，宜各周咨博访，据实直陈，上以邀朝廷绰楔之荣，下以表闾阎彤管之美"。

光绪二十年甲午（1894 年）　四十七岁

三月　邮致《日本国志》稿巴黎出使英法意比大臣薛福成，请为之序，并称"方今研史例而又谙外国情事者，无逾先生，愿得一言以自壮"。薛福成序称"此奇作也，数百年来鲜有为之者"，"他日者家置一编，验日本之兴衰，以卜公度之言之当否可也"。

五月十六日　薛福成解任回国，到新加坡，遵宪率那三等往见，以马车迎至领事府憩息，夜设宴席。

五月至九月　因晋边奇荒，出而劝赈。入秋后，又因顺直水灾，惨过晋饥，仍又接边。数月来，"前后共捐银一十三万馀元，概由电汇寄合肥傅相察收"。

八九月，京师同人劝亦义赈，救灾如火，即筹备银一千元，伸规银七百三十两，汇寄京师同人义赈局收。

九月　中日战争事起，清军屡败。湖广总督张之洞移署两江，以筹防需人，受事之日，即电奏调遵宪回国。

十一月中旬　遵宪由新加坡总领事解任归国，先抵上海，后至江宁。

十二月　张荫桓奉命以全权大臣使日议和，檄召遵宪有所咨询。

光绪二十一年乙未（1895 年）　四十八岁

至江宁，谒见两江总督张之洞，康有为记其"昂首足加膝，摇头而大语"，"目中无权贵若此……卒以此得罪张督"。陈衍称张之洞（广雅）"置之闲散，公度甚不乐"。

正月　张荫桓奉命为使日议和，为日方所拒，改命李鸿章为全权大臣赴马关开议。李行前托张荫桓举荐熟悉公法条约而有智略文笔的随员。张复电亟推遵宪，谓"黄遵宪熟倭掌故，文笔智略均佳"。

二月二十七日　公祭沈文肃公葆桢祠，是日，闻日本海军寇澎湖之警。

二月二十八或二十九日　寒食日，与沈瑜庆、陈谅山、叶大壮、梁鼎芬等同游江宁莫愁湖。有诗作。

三月　中日《马关条约》订立。撰有《哭威海》、《马关纪事》、《降将军歌》等诗。

四月　《马关条约》签订，台湾及澎湖列岛被日本割占。遵宪致建候书中叹道："新约既定，天旋地转。东南诸省所恃以联络二百馀年所收为藩篱者，竟拱手而让之他人；而且敲骨吸髓，输此巨款，设机造货，夺我生业"。"时势至此，一腔热血，无地可洒"。

四月　袁昶来江宁，见张之洞，携《日本国志》，谓："此书早布，可省岁币二万万。"

五月　赴湖北办理教案，"方与客登黄鹤楼，忽闻台湾溃之报，遂兴尽而返"。

五月中旬　自武昌东下返江宁。行前与约陈三立面商二三要事。

时文廷式学士将南归，与梁鼎芬等饮集吴船，各抚《贺新郎》词以志悲欢，有《吴船听雨图》记之。遵宪词有"凤泊鸾飘也"句。

闰五月　又饮集钟山，送文廷式有诗。又有送叶损轩（大壮）之申江诗。

六月十八日　立秋日，访易顺鼎观，偕游秦淮河；与龙继栋、唐春卿、沈蔼苍、王秉恩、何维朴游玄武湖，均有诗作。

六月二十八日　致函王秉恩（雪澄），商议上海耶松厂款项、鄂局经费等事项。

七月　张之洞派候补道黄遵宪驰赴上海，会同上海道与法国领事商结五省未结教案。

七月　康有为开京师强学会。

九月　康有为在上海开办强学会。遵宪名列十六人之中，由梁鼎芬代签。既而偕吴季清扣访康有为，昂首加足于膝，纵谈天下事。

九月二十日　致电张之洞，请核示议妥徐州、泰州、阳湖朱姓三教案事宜，以便遵照签押。二十一日，张之洞回电："徐州、泰州、阳湖朱姓三案，所议尚妥，即照此定议。"十月十一日，致梁鼎芬函告，"数日之间既定三案。而忽接法使来电，横生波澜，尚须旬日，乃能毕议"。

十一月十二日　致函梁鼎芬表示，"强学会之设，为平生志事所在，深愿附名其末"。并称赞"长素聪明绝特，其才调足以鼓舞一世"，认为"惟此会之设，若志在译书刻报，则招罗名流十数人，逐渐扩充，足以集事；乃欲设大书藏、开博物馆，不能不集款，即不能不兼收并蓄"，以为"当局者当慎简，入会者当博取"。

十一月　呈报江南教案现均议结，日内分案详叙，请分饬各地方官遵办。

十一月　京师强学会遭御史杨崇伊疏劾被封禁，上海强学会亦中止。

十二月四日　新任直隶总督、北洋大臣王文韶奏调黄遵宪赴北洋差委，任总办水师营务处，并奉旨谕准。电请张之洞"臂助"。张不放人。

十二月二十九日　张之洞将回任湖广总督前，上保荐人才折称："奏调江南差委分省补用道黄遵宪，学识赅通，心思沉细，洋务素能精心考求。近日委办五省教案"，"与法领事精思力辩，批隙导窾，该领事颇就范围，挽回甚多"。"其长于洋务，确有明征，堪胜海关道之任"。

光绪二十二年丙申（1896 年）　四十九岁

正月初四日　张之洞奏称："今黄遵宪议办江苏教案，深悉外洋情状法律，操纵兼施，准驳中肯，尚为顺手。法总领事似颇多就范之处。若另委他员，断不能如此妥惬。"并进而请"准将黄遵宪由臣调往湖北差委，并仍办理南洋五省教案。上海有事，仍可随时派令回江"。"如此办法，似于湖北荆、汉、宜三处通商事务及江南五省教案均有裨益。"光绪帝"着照所请"。

正月　李鸿章任致贺俄皇加冕头等专使大臣，兼聘问德法英美诸国，遵宪于上海谒之。李称"连络西洋，牵制东洋，是此行要策"。

二月十三日　刘坤一电奏，"该道既为法领事信服，在沪与议，当易就范。且苏、浙、鄂、湘［川］四口通商，曾商总署，拟均在沪由该道与商"。请准将该道暂留两江，俟各事大致商定，鄂有安事，再令往来其间。二月二十四日，光绪帝谕军机大臣等，"电寄刘坤一，道员黄遵宪着暂留江苏，办理教案、商务各事宜"。黄遵宪留在苏州，刘坤一以全权委其与日本总领事开议苏州开埠通商之事。

三月至五月间　与日本驻沪领事交涉苏州开埠事宜，奔走江宁、苏州、上海间，一月三往来。所拟苏州商埠章程六条，其要旨：允许日商租赁用地；道路许其不纳地租；租赁期为十年；租地内杂居华人，归我管理；道路公地，归我自筑。遵宪称此为"施政之权在华官，管业之权在华民"。"收回本国辖地之权，不蹈各处租界流弊，抚衷自问，差幸无负。"刘坤一认为该章程条款"委曲从权，仍操纵在我"，不蹈各处租界流弊。总理衙门以为用意微妙，深合机宜，允以照行。有官员密奏称苏州开埠所议极善，请饬川督一律照行。谕旨依议。

苏州开埠六条也引来外间诟病。前驻日本箱根副领事刘庆汾致电张之洞批评六条章程。张之洞致电江苏巡抚赵舒翘和黄遵宪，要求黄遵宪修改。遵宪认为张"不考本末，横生议论，殊为可惜"。

而日方对六条"竟全行废弃"，遵宪慨叹："国势屡弱至此，念之实为寒心。中国士夫阁于时势，真不啻十重云雾。"慨叹"自来办事人多，成事人少；论事人多，解事人少"。"国势如此，空言何补"。

三月　始召梁启超，并约与汪康年、吴季清、邹凌瀚在上海商议创办时务报馆事宜。五月，与朱之榛书，商设时务报馆，"藉此大声疾呼，为发聋振聩之助"，函告盛宣怀，与一二同志创办报馆，"欲以裒集通人论说，记述各省新政，广译西报，周知时事"，以"转移风气"。遵宪自捐金一千元为开办费，并向友人进行募捐。

七月初一日　《时务报》出版。汪康年为经理，梁启超主笔政，每旬一册，每册二十余页，分论著、恭录谕旨、奏折录要、京外近事、域外报译、西电照译等栏。遵宪称赞梁启超"年甫廿二岁，博识通才，并世无两"。

约是时，上某星使书论外交官尽能办事者，谓大抵有挪展之法，如一事期效八成，则先以九成十成出之，以期退步；有渐摩之法，如既切而复磋，既琢而复磨，以求精到，如得寸则一寸，得尺则一尺，以期渐进是也；有抵制之法，如此事不便于我，则兼及他事不便于彼者藉以牵制，如甲事有益于彼，则别寻乙事有益于我者以索其酬报是也。又谓于固执己见，则诿以彼国未明我意，于争执己权，则托于我国愿同协办；于要求己利，则谬谓两国均有利益。不斥彼之说为无理，而指为难行；不以我之说为必行，而请其酌度；不以彼不悦不怿，而阻而不行；言语有时而互驳，而词气终不愤激；词色有时而受拒，而请谒终不惮烦；议论有时而改易，而主意终不游移。将之以诚恳，济之以坚贞，守之以含忍。

七月二十五日　函告陈三立，五省教案已一律清结，即于二十一日回宁销差，即请咨北上办引见，到天津留住。表示"奔走半年，举呕尽心血之六条善章，彼族概行翻案，实可痛惜。此半年中差自慰者，《时务报》耳"。

八月十日　遵宪闻津海关道有职位，总署仍饬遵宪一手经理苏州商务，"遂变销差而为请假，不复须咨文"，于八月十日登"海晏"号北上，十五日到天津，等待晋京引见。

八月　李鸿章使俄回国，签订中俄密约，语遵宪："二十年无事，总可得也。"

十月十二日　赴京师，十三日光绪帝下旨预备召见，十六日召见，十九日以四品卿衔命为驻德国公使。二十一日再次召见。召见时，光绪帝问："泰西政治何以胜中国？"奏："泰西之强，悉由变法。臣在伦敦，闻父老言，百年以前，尚不如中华。"光绪帝"初甚惊讶，旋笑颔之"。

十月　总理衙门以遵宪为出使英国大臣，中国海关总税务司英人赫德，以遵宪任新加坡总领事时，坚持检查外国运军械船只，与赫德抗争，因中以蜚语，使不得行。

十月十九日，以道员四品卿衔出使德国大臣，时德国正谋占胶州，恐遵宪来折其机牙，故以官阶小为辞而拒受之。

十月二十九日　电告张之洞谓："此次来京，召见两次，上垂意甚殷，廿五召见张侍郎，连称'好！好！'惟国事过弱，终虑不堪驱策，孤负圣恩耳。"

十一月初　梁启超为《日本国志》撰后序。

光绪二十三年丁酉（1897 年）　五十岁

正月　致函前新加坡总督施密司，详述任总领事时，商人缴存运载烟土的偿税保金经过，以及该款共四万元存于琼商蔡文宝处，其后提交库务司收贮情形。然而，"德国朝廷因闻此等无端之谤，故遂递行辞却，不允仆充中国驻德大臣"。"所云勒收此税一事，则今尚有公禀存案，可核而知"。

正月至二月间，致函梁鼎芬倾吐使德、英事不成后心情，称"遵宪平生视富贵泊如，于进退亦绰绰。然而此刻胸中抑郁，为平昔所未经"，"居此数月，益觉心灰。译署几作战场，猖狺之吠，直无休日"。

三月　与唐文治、张元济等京师名士于崇效寺观牡丹。又过何翔高谈日本事，并题《象山图》。

三月十日　致汪康年书谈时务报馆章程的重要性，"此馆章程，即是法律"。"章程不善，可以酌改，断不可视章程为若有若无之物"。"宪纵观东西洋各国，谓政体之善，在乎立法、行政歧分为二，窃意此馆当师其意"。

三月二十一日　致汪康年书谓"《日本杂事诗》为初到东瀛时作"，成于光绪五年。"此书寓意尚有与《国志》相乖者，时有删改"。

五月　新授湖南长宝盐法道。

五月三十日　谒户部尚书翁同龢，长谈，重在延德人、练德法。

六月初六日　与日本驻华公使矢野文雄曰："二十世纪之政体，必法英之共主。"胸中蓄此十数年，未尝一对人言。矢野力加禁诫。

六月十五日　向翁同龢辞行，明日起身，长谈："第一事开学堂；二事缓海军，急陆军，十五万人已足；三事海军用守不用战。三大可虑：一教案，一流寇，一欧洲战事，有一于此，中国必有瓜分之势。论人才少许可。于晦若、沈子培、姚子良，沈尚能办事。盛杏荪、郑苏戡、梁启超、叶锡勇、杨文骏，并好才。"

六月十六日　出京赴湖南长宝盐法道任。因陈宝箴一再电促，决意不回家，即由沪赴湘。二十六日至沪，七月初往江宁，七月底过湖北，八月入湘。至沪，因主张《时务报》举董事，几与汪康年决裂。登黄鹤楼，有《上黄鹤楼》诗。登过岳阳楼，有《上岳阳楼》诗，诗中有"当心忽压秦头日，画地难分禹迹州"句，注谓："近见西人势力范围图，竟将长江上下游及浙江、湖南指入英吉利属内矣"，又注："是日有西人登楼者。"抵长沙，吊贾谊宅，有《长沙吊贾谊宅》诗。

八月　原任长宝盐法道李经羲升湖南按察使晋京，遵宪履湘任，即署理湖南按察使。

九月　十六日，张之洞致电陈宝箴、黄遵宪，指斥《时务报》第四十册梁启超所作《知耻学会叙》，内有"放巢流甗"一语，"太悖谬"，称"报馆为今日开风气、广见闻、通经济之要端，不可不尽力匡救维持"，令"此册千万勿送"。十七日，陈宝箴复函张之洞谓此册尚未到，"预饬停发，并嘱公度电致卓如，以副盛意"。同日，黄遵宪致函张之洞，"既嘱将此册停派，并一面电卓如改换，或别作刊误，设法补救"，表示以后"所作报文，宪当随时检阅，以仰副宪台厚意"。

九月　谭嗣同等主张设立时务学堂。黄遵宪"甫经到湘，即闻湘中官绅有时务学堂之举"。在陈宝箴、黄遵宪支持下，湖南时务学堂于本月开始筹办。

是年底　拟《湖南保卫局备忘录》，备办之事三十二项。

光绪二十四年戊戌（1898 年）　五十一岁

正月二十三日　翁同龢日记记，光绪帝向他"索黄遵宪《日本国志》，臣对未洽，颇致诘难"。遵宪记：二月，光绪帝"命枢臣进《日本国志》，继再索一部"。

二月　致王秉恩函告以"弟仍署臬篆，兼及保卫局、迁善所、课吏馆及学会、学堂各事，殊觉日不暇给"。

二月　仿泰西警察局之法，参《周官》、《管子》之法，筹设保卫局，拟订《湖南保卫局章程》四十余条，先行公布。其"意在官民合办，使诸绅议事而官为行事"。二月九日，奉湘抚陈宝箴之札，将保甲团防局裁撤，改办保卫局，并被委任为总办。三月，又公布《保卫局增改章程》。保卫局拟分三十局，统城内外以三万户计，每局约辖一千户，每二百户即举一户长，每千户共举五户长，以该处居民、商店充其选。遇事即邀集各户长议事，绅士到局公议，照章程而行。

依附保卫局而行者，还有迁善所五所，拟订《湖南迁善所章程》三十四条，二月下旬刊发。迁善所归保卫局管辖，迁善所一切事务，均归保卫局总办稽查管理，迁善所所容留失业人和犯人，皆延聘工匠，教令工作，俾有以养生，不再犯法。

设立课吏馆，欲使候补各员讲求居官事理，研习吏治刑名诸书。二月，呈复《会筹课吏馆详文》奉湘抚陈宝箴札，总理课吏馆一切事务。三月，拟订并公布《改定湖南课吏馆章程》三十六条。

二月　发表在南学会第一、二次讲义，题为《论政体公私人必自任其事》。"讲义"意在"启民智、倡民治"，"去郡县专政之弊"。"由一府一县推之一省，由一省推之天下，可以追共和之郅治，臻大同之盛轨"。

三月　回长宝盐法道本任。

闰三月　刊发《禁止缠足告示》，胪举女性缠足危害曰：废天理、伤人伦、削人权、害家事、损生命、败风俗、戕种族。期望不缠足一事家喻户晓，早除一日，即早脱一日之厄，以存天理，以敦人伦，以保人权，以修家事，以全生命，以厚风俗，以葆种族。任盐法长宝道、署理湖南按察使期间，重视清理积案、治理刑监，甄别一批错案，惩处一些办案错误的官员。四月公布《通饬各州县札》，规定管狱十五条，以资同僚遵照执行，勿再玩忽因循，狃于积习，致干严谴。

闰三月三日，湖广总督张之洞内召，四日，遵宪电贺，并称"此事关系中国安危"。十二日，张电问遵宪，"尊意有何救时良策"？十六日，黄遵宪电复：中国"至今日已明明成瓜分之局。俄、法、德皆利在分我土地，惟英以商务广博，倭以地势毗连，均利我之存，不利我之亡。故中国是必以联络英、倭为第一要义"。"欲破瓜分之局，必须令中国境内断不再许某国以某事独专其利、独擅其权而后可"。"故必须设法预图，守我政权，将一切利益公分于众人而后可"，许各国入我内地筑路、开矿、通商、传教。"国势既定，乃能变法，以图自强。变法以开民智者为先"，广设报馆，博译日本新书，各省设学堂，开学会。"先务之急，尤在罢科举，废时文"。

闰三月二十日　梁鼎芬致电遵宪，谓"兄欲挟湘人以行康学"，"国危若此，祈兄上念国恩，下恤人言，勿从邪教，勿昌邪说，如不改，弟不复言"。

闰三月二十一日　张之洞电陈宝箴，以《湘学报》及《湘报》时有偏谬，亟宜谕导阻止，尤切嘱黄遵宪随时留心救正。

四月二十三日　诏定国是，光绪帝决意变法。

四月二十五日　徐致靖奏保通达时务人才有黄遵宪及康有为、谭嗣同、张元济、梁启超。

四月二十六日　光绪帝谕：湖南长宝盐法道黄遵宪着该督抚送部

引见。

四月 《日本杂事诗》长沙富文堂重刊本，自跋云为第九次刊印，"此乃定稿，有续刻者，当依此为据"。

五月 湖南岳麓书院山长王先谦据书院学生宾凤阳等上书，指斥黄遵宪有"主张民权之说"；徐仁铸来后，"多推崇康学"；康有为弟子梁启超"大畅师说"，湘省民心"顿为一变"，于二十二日，向巡抚衙门递交"湘绅公呈"，攻击黄遵宪等，并联名函告京中湖南同乡官，谓陈宝箴紊乱旧章，不守祖宗成法。湘籍京官请徐树铭揭参，为光绪帝申斥。

六月二十三日 奉命以三品京堂充出使日本大臣。三诏敦促。二十四日电催黄遵宪来京，"现在计已起程，无论行抵何处，着张之洞、陈宝箴催令趱程速来见"。二十七日，黄遵宪致电张之洞，告以"职道以感冒故未启程，月初稍愈即行"。七月八日，电张之洞，"宪初七交印，即日启程"。十日，总署电催"希速即来京请训，赶八月杪到未，勿迟为要"。十一日，总署又催黄遵宪迅速来京，限于八月内驰赴日本接任，毋得稽延。

七月六日 与吴德潇联名发表《创办时务报总董告白》。

七月二十八日 七月初八日自长沙启程，二十八日电张之洞，告以二十三日到沪。"宪病到沪小变，医言因积疾成肺炎，必须调养。现在赶紧调理，焦急万状"。

七月 六月初六日，奉旨将上海《时务报》改为官报，派康有为督办。汪康年将《时务报》停办，改办《昌言报》。康有为电刘坤一，称汪抗旨不交。七月，"着黄遵宪道经上海时，查明原委，秉公核议电奏。毋任彼此各执意见，致旷报务"。二十八日，黄遵宪致电张之洞，申述《时务报》创办原委，"总之，此事系将公报改作官报，非将汪报改作康报也"。

八月 六日，北京发生政变，慈禧太后下令训政。十三日，杀谭嗣同等六君子。二十一日，黄遵宪因病，请刘坤一"奏请开差"。当日上谕："出使日本国大臣黄遵宪因病开去差使"，改派李盛铎充任。二十二日致张之洞电告以"宪日内即回籍调理"。时，有奏称康有为、梁启超尚藏匿遵宪处，实属藏匿日本使而误传，慈禧太后密电两江总督查看。二十四日，上海道蔡钧派兵二百围守。围守之兵，捧枪鹄立，若临大敌。英日表示若处理不公，将约同干涉。

二十五夜，得总署报，康有为未匿黄处，二十六日夜，乃得旨放归原籍梅州。九月一日，自上海启程。有《九月朔日启程由上海归舟中作》及《到家》诗。

是年　浙江官书局翻印《日本国志》，为第二版；上海图书集成印书局出版铅印本，是为第三版。

光绪二十五年己亥（1899 年）　五十二岁

回归梅县后，住故里"人境庐"，有《人境庐之邻有屋数间，余购取其地，葺而新之，有楼岿然，独立无壁，南武山人，为书一联，曰"陆沉欲借舟权住，天问翻无壁受呵"，因足成之》诗篇。

九月　撰刘瓯庵《盆瓴诗集》序。

十一月二十三日　跋日人副岛沧海孔子诗。

十二月二十四日　慈禧太后立溥儁为大阿哥。有《腊月二十四日诏立皇嗣感赋》四首。

是年　作《己亥杂诗》八十九首、《己亥续怀人诗》二十四首。

光绪二十六年庚子（1900 年）　五十三岁

四五月间　自戊戌归里，不与世事。李鸿章授两广总督，迭次以函电召邀出山，勉赴督辕一谒。李问治粤之策，答以莫先于设巡察、免米厘。李以设警察、开矿产事相托。然事无可为，一意辞谢。

五月　义和团事起。六月，八国联军陷天津，七月陷北京，慈禧太后挟光绪帝避西安。期间，纪庚子事变诗较多，有《初闻京师义和团事感赋》三首、《感事又寄丘仲阆》二首、《述闻》八首、《七月二十一日外国联军入犯京师》、《读七月廿五日行在所发罪己诏书泣赋》及《闻车驾又幸西安》等。又拟作《拳团篇》长诗，未成。

九月　李兴锐任江西巡抚，欲邀遵宪相助，婉却之。

十月　作《李母钟太安人百龄寿序》及《古香阁诗集》序。

冬　丘逢甲访"人境庐"，抚时感赋，迭相唱和。十二月，丘逢甲跋遵宪诗曰："四卷以前为旧世界诗，四卷以后乃为新世界诗。茫茫诗海，手辟新洲，此诗世界之哥伦布也。变旧诗国为新诗国，惨淡经营，不酬其志不已，是为诗人中嘉富洱……为诗人中俾思麦。"

光绪二十七年辛丑（1901 年）　五十四岁

是年　致陈三立书，悼念其父陈宝箴逝世。忆戊戌年陈宝箴送别时，"于湘舟中洒泪满袖，云相见无时，宪视为甚易。何意闲云野鹤竟不获再奉篮舆也"。详忆别后三年经历，七月到沪后患脾泄，病困中不知京中变局。八月六日政变，十三日得杀士抄报，"乃知有母子分党变故"。至二十三日，"知湘中官吏一网打尽，始有馀波及我之恐"。明日"即已操戈入室，下钥锁门"，"继增兵围守，擎枪环立，若临大敌，如是者三日"。二十六日，"查明康未匿黄处"，乃有旨放归。九月到家。时李鸿章督粤，迭次函电召邀，赴省相见，以设警察、开矿产之事相委，然事无可为而辞谢。及归，义和团之变作。函称："弟平生凭理而行，随遇而安，无党援，亦无趋避，以为心苟无瑕，何恤乎人言，故亦不知祸患之来。自经凶变，乃知孽不必己作，罪不必自犯，苟有他人之牵连，非类之诬陷，出于意外者。然自有此变，益以信死生之有命、祸福之相倚。"

是年　为嘉应里人张榕轩钞辑先辈诗稿重加编订的《梅水诗传》撰序。序文末谓："自物竞天择、优胜劣败之说行，种族之存亡，关系益大。凡亚细亚洲古所称声明文物之邦，均为他族所逼处"。"即轰轰然以文化著于五洲如吾辈华夏之族，亦叹式微矣"，"凡我客人，诚念我祖若宗，悉出于神明之胄，当益骛其远者大者，以恢我先绪，以保我邦族，此则愿与吾党共勉之者也"。

八月　李鸿章卒，有《李肃毅侯挽诗》四首，深予讽刺。

八月　《辛丑条约》订立后，作《和议成志感》诗，有"失民更为丛驱爵，毕世难偿债筑台。坐视陆沉谁任责，事平敢望救时才"诗句。

光绪二十八年壬寅（1902 年）　五十五岁

一月　去岁修黄氏家谱，大致编竣，是月初六日撰《攀桂坊黄氏家谱》序。序末谓："若夫立德立功立言，以图不朽，俾嘉应之黄，与金华、邵武二族并称于世，是则作谱者所祷以求之者夫。"

四月　致梁启超函，表示其所撰《南海传》"所谓教育家、思想家，先时之人物，均至当不易之论。吾所心佩者，在孔教复原，耶之路得，释之龙树，鼎足而三矣"。然"以为泰西富强由于行教，遂欲尊我孔子以敌之"，"此实误矣"。"今日但当采西人之政、西人之学，以弥缝我国政学之敝，不必复张吾教，与人争是非、较短长也"。"孔子为人极，为师表，而非教主。凡世界教主，无论大小，必嚣嚣然树一帜以告之人曰：'从我则吉，否则凶。'""而孔子则于伏羲、文周之卦，尧舜之典，禹汤之谟诰，未尝废之也"。"古之儒者言卫道，今之儒者言保教。夫必有仇敌之攻我，而后乃从而保卫"，"大哉孔子，包综万流，有党无仇，无所谓保卫也"。"大哉孔子，修道得教，无所成名，又何从而保卫之？""至孔子所言之理，具在千秋万世、人人之心。人类不灭，吾道必昌，何藉于保卫？"

五月　致梁启超函，论民权自由主张，谓"二十世纪中国之政体，其必法英之君民共主乎。胸中蓄此十数年，而未尝一对人言"。言初抵日本，初闻民权之说，颇惊怪，"既而取卢梭、孟德斯鸠之说读之，志为之一变，以谓太平世必在民主"。又谓"近年以来，民权自由之说遍海内外，其势长驱直进，不可遏止；而或唱革命，或称类族，或主分治，亦嚣嚣然盈于耳矣。而仆仍欲奉主权以开民智，分官权以保民生，及其成功，则君权、民权两得其平。仆终守此说不变，未知公之意以为然否"。

此函还对"天下哗然言学校"，谈其六点主张，谓："吾以为非有教科书，非有师范学堂为之先，则学校不能兴"；"吾以为所重在蒙学校、小学校、中学校"；"吾以为所重在普通学，取东西学校通行之本，补入中国地理、中国史事，使人人能通普遍之学，然后乃能立国，乃能兴学"；"吾以为《五经》、《四书》当择其切于日用、近于时务者，分类编辑为小学、中学书，其他训诂名物归入专门，听人自为之"；"吾以为学校务求其有成，科举务责人以所难，此不能兼行之事"；"今学校乃专为翰林、部曹、知县而设，然则声、光、化、电、医、算诸学，将弃之如遗乎，抑教以各业，俟业成而用之治民莅事乎？"

八月二十二日　与梁启超书谈杂歌谣体："吾以为不必仿白香山之《新乐府》、尤西堂之《明史乐府》，当斟酌于弹词粤讴之间，或三、或九、或七、或五、或长短句，或壮如陇上陈安，或丽如河中莫愁，或浓至如焦仲卿妻，或古如成相篇，或俳如俳技辞。易乐府之名而曰杂歌谣，弃史籍而采近事。"

八月　致梁启超函，告以"近方拟《演孔》一书，书凡十六篇，约万数千言，其包含甚广，未遂成书者，因其中有见之未真、审之未确者，尚待考求耳"。

十一月　致梁启超函评价曾国藩"为国朝二百馀年，应推为第一流"，"其学问能兼综考据、词章、义理三种之长"，"然此皆破碎陈腐、迂疏无用之学，于今日泰西之科学、之哲学未梦见也"。"彼视洪杨之徒，张总愚陈玉成之辈，犹憎窃盗贼，而忘其为赤子，为吾民也"。"其所尽忠以报国者，在上则朝廷之命，在下则疆吏之职耳。于现在民族之强弱，将来世界之治乱，未一措意也"。"欧美之政体，英法之学术，其所以富强之由，曾未考求"。

函中谓游东西洋归，"所学屠龙之技，无所可用"，"盖其志在变法、在民权"。及戊戌新政，"遂欲捐其驱以报国矣！自是以来，愈益挫折，愈益艰危，而吾志乃益坚"。

十一月　致梁启超函论中国政体，谓"二十世纪之中国，必改而为立宪政体"。

是年　致严复书谓，"《天演论》供养案头，今三年矣。本年五月获读《原富》，近日又得读《名学》，隽永渊雅，疑出北魏人手"。函中提出："今日已为二十世纪之世界矣，东西文明两相接合。而译书一事以通彼我之怀，阐新旧之学，实为要务。公于学界中，又为第一流人物，一言而为天下法则，实众人之所归望者也。仆不自揣量，窃亦有所求于公。第一为造新字。次则假借。次则附会。次则谰语。次则还音。又次则两合。第二为变文体。一曰跳行，一曰括弧，一曰最数，一曰夹注，一曰倒装语，一曰自问自答，一曰附表附图，此皆公之所已知已能也"。"公以为文界无革命。弟以为无革命而有维新"。

是年　写定《人境庐诗草》。

光绪二十九年癸卯（1903年）　五十六岁

十二月　以嘉应兴学会议所会长名义发表《敬告同乡诸君子》公启，谓"鄙人环游海外，历十数年，深知东西诸大国之富强由于兴学，而以小学校为尤重，名之曰普及教育，谓无地无学，无人不学也。又名之曰义务教育，谓乡之士夫、族之尊长，各有教子弟之职，各负兴学之□也"。"凡兴办学务，必须有师范生，有教科书，有地方，有款项，四者缺一，不能兴学。而师范生非教育不能成。……鄙人已拣派二人往日本弘文学院学师范，明年夏间可以卒业回国"。"所望吾乡诸君子，各就己乡中学拣择端谨有志、聪颖自爱之士二三人，开具名单，缄送兴学会议所，准于今年年底截止，俟明岁开学时，传集就学，以一年卒业"。公启还对教科书、办学处所、经费、课程等方面提出设计要求。"普及小学校，系专为大局计，专为将来计"。"鄙人尚拟设一学堂，名曰补习学堂，兼综各科而择行之。又拟设一讲习会，略仿专门学校，俾分科肄业，以期速成"。

同月稍后，又以兴学会议所会长名义公布《嘉应犹兴会章程》，共列十二条。其宗旨："此会名曰犹兴会，以时务期知今，以新学求切用，以专门定趋向，以分科求速效，以自治为精神，以合群求公益。"

光绪三十年甲辰（1904 年）　五十七岁

三月二十五日　复侄黄伯权函，知其已考得游学正取，举家忻喜，望不负期望。

四月二十八日　致五弟遵楷函，详述病况，开春以后，肺病旧疾复作，抑郁沉闷，如坐愁城中，稍一劳力，作一急步，则喘起。日渐赢瘦，饮食亦无滋味。感叹自己"平生怀抱，一事无成，惟古今体诗能自立耳。然亦无用之物，到此已无甚可望矣。惟望弟侄辈各自努力，以期立德立功耳"。

七月四日　致函梁启超谓："当明治十三四年，初见卢骚、孟德斯鸠之书，辄心醉其说，谓太平世必在民主国无疑也。既留美三载，乃知共和政体万不可施于今日之吾国。自是以往，守渐进主义，以立宪为归宿，至于今未改。"又谓："仆近者见日本人之以爱国心、团结力，摧克大敌也。专以普及教育为目的，既发端于一乡，并欲运动大吏，使遍及全省。虽责效过缓，然窃谓此乃救中国之不二法门也。"

十一月二十二日　致函杨徽五、黄篑孙，告以"师范学堂中事，意欲将拟定办法函告侄台，惟刻下尚未能酌定"。嘱其"在东洋应预谋者，为延聘东人一事，前函所云古城贞吉，试一询问能来与否"。

冬　作《病中纪梦述寄梁任父》诗三首。是为《人境庐诗草》存末首诗。

光绪三十一年乙巳（1905 年）　五十八岁

一月十八日　熊希龄以"吾党方针，将来大计"函商。是日，遵宪在复梁启超函中谓："若论及吾党方针、将来大局，渠意盖颇以革命为不然者。然今日当道实既绝望，吾辈终不能视死不救。吾以为当避其名而行其实，其宗旨：曰阴谋，曰柔道；其方法：曰潜移，曰缓进，曰蚕食；其权术：曰得寸则寸，曰辟首击尾，曰远交近攻。"

函中谓："弟所患为肺管微丝泡，舒缩之力不能完全，此在今日医术中，尚无治疗之方"。"余之生死观略异于公，谓一死则泯然澌灭耳；

然一息尚存，尚有生人应尽之义务，于此而不能自尽其职，无益于群，则顽然七尺，虽躯壳犹存，亦无异于死人"。"无辟死之法而有不虚生之责，孔子所谓'君子息焉，死而后已'。未死则无息已时也"。函中勉励梁启超谓："公学识之高，事理之明，并世无敌。若论处事，则阅历尚浅，襄助又乏人。公今甫三十有三，欧美名家由报馆而躐居政府者所时有，公勉之矣！公勉之矣！"

一月　致狄平子函有"自顾弱质残驱，不堪为用矣。负此身世，感我知交"语。

二月二十三日　病卒于家，享年五十八岁。

中国近代思想家文库

康有为卷	张荣华　编
宋育仁卷	王东杰、陈阳　编
汪康年卷	汪林茂　编
宋恕卷	邱涛　编
夏曾佑卷	杨琥　编
谭嗣同卷	汤仁泽　编
吴稚晖卷	金以林、马思宇　编
孙中山卷	张磊、张苹　编
蔡元培卷	欧阳哲生　编
章太炎卷	姜义华　编
金天翮、吕碧城、秋瑾、何震卷	夏晓虹　编
杨毓麟、陈天华、邹容卷	严昌洪、何广　编
梁启超卷	汤志钧　编
杜亚泉卷	周月峰　编
张尔田、柳诒徵卷	孙文阁、张笑川　编
杨度卷	左玉河　编
王国维卷	彭林　编
黄炎培卷	余子侠　编
胡汉民卷	陈红民、方勇　编
陈撄宁卷	郭武　编
章士钊卷	郭双林　编
宋教仁卷	郭汉民、暴宏博　编
蒋百里、杨杰卷	皮明勇、侯昂妤　编
江亢虎卷	汪佩伟　编
马一浮卷	吴光　编
师复卷	唐仕春　编
刘师培卷	李帆　编
朱执信卷	谷小水　编
高一涵卷	郭双林、高波　编
熊十力卷	郭齐勇　编
任鸿隽卷	樊洪业、潘涛、王勇忠　编
蒋梦麟卷	左玉河　编
张东荪卷	左玉河　编

图书在版编目（CIP）数据

中国近代思想家文库. 黄遵宪卷/陈铮编. —北京：中国人民大学出版社，2014.10

ISBN 978-7-300-20170-2

Ⅰ. ①中… Ⅱ. ①陈… Ⅲ. ①思想史-研究-中国-近代②黄遵宪（1848～1905）-思想评论 Ⅳ. ①B250.5

中国版本图书馆 CIP 数据核字（2014）第 238902 号

中国近代思想家文库
黄遵宪卷
陈铮 编
Huang Zunxian Juan

出版发行	中国人民大学出版社		
社　　址	北京中关村大街 31 号	**邮政编码**	100080
电　　话	010－62511242（总编室）	010－62511770（质管部）	
	010－82501766（邮购部）	010－62514148（门市部）	
	010－62515195（发行公司）	010－62515275（盗版举报）	
网　　址	http://www.crup.com.cn		
经　　销	新华书店		
印　　刷	涿州市星河印刷有限公司		
开　　本	720 mm×1000 mm　1/16	**版　　次**	2014 年 11 月第 1 版
印　　张	34.5 插页 1	**印　　次**	2025 年 1 月第 3 次印刷
字　　数	543 000	**定　　价**	117.00 元

版权所有　　侵权必究　　印装差错　　负责调换